Os Cátaros
e a
Heresia Católica

Hermínio C. Miranda

os
CÁTAROS
e a heresia católica

© 2002 by Herminio C. Miranda

Instituto Lachâtre
Caixa Postal 164 – cep 12.914-970 – Bragança Paulista – SP
Telefone: (11) 4063-5354
Página na internet: www.lachatre.org.br
Email: editora@lachatre.org.br

3ª edição, 2ª reimpressão – Setembro de 2018
2.000 exemplares
Do 14.501 ao 16.500

Programação Visual da Capa
César França de Oliveira

Revisão de Texto
Cristina da Costa Pereira

A reprodução parcial ou total desta obra, por qualquer meio, somente será permitida com a autorização por escrito da Editora
(Lei no 9.610 de 19.02.1998)

Impresso no Brasil
Presita en Brazilo

CIP-Brasil. Catalogação na fonte

M642c   Miranda, Hermínio Correa de, 1920-2013.

Os cátaros e a heresia católica / Herminio C. Miranda, 3ª edição, Bragança Paulista, SP: Lachâtre, 2018.

464 p.

1.Catarismo. 2.Albigenses. 3.Heresias da Igreja 4.Espiritismo I.Título. II.Bibliografia

CDD 133.9   CDU 133.7

Sumário

Apresentação, 7
1 – Os varais da memória, 11
2– Opções de abordagem, 17
3 – Os cátaros e o Languedoc, 25
4 – Bernardo vai ao Languedoc, 53
5 – Com que sonhavam os cátaros?, 75
6 – O catarismo como doutrina religiosa, 85
7 – Uma reformatação do catolicismo, 149
8 – As duas faces da Cruzada, 227
9 – "Queimar não é responder!", 309
10 – Montségur e o que restou dos sonhos, 353
11 – Moldura histórica, 427
Apêndice – Catarismo e nazismo, 445
Bibliografia, 461

APRESENTAÇÃO

> Não vos ocupeis destes homens: deixai-os. Pois, se o seu intento ou a sua obra provém dos homens, destruir-se-á por si mesma; mas se, ao invés, verdadeiramente vem de Deus, não conseguireis arruiná-la. Não vos exponhais ao risco de serdes encontrados combatendo contra Deus.
>
> Gamaliel (At 5,38-39)

Tomei contato com o catarismo pela primeira vez, nas páginas do *Reformador*, em artigo do próprio professor Hermínio C. Miranda. A história daquele povo culto, em meio a tanta ignorância, destemido mas pacífico e que buscava apenas restaurar o cristianismo nas suas origens apostólicas me comoveu muito mais do que poderia esperar. Li avidamente a obra *Os cátaros e a reencarnação*, do dr. Arthur Guirdham, indicada no referido artigo, e revi tantas das cenas descritas na obra como se as tivesse presenciado, sempre sob intensa emoção.

O interesse pela página histórica do catarismo me levou, em 1996, a visitar toda a região do Languedoc e conhecer de perto a herança daquele movimento tão barbaramente massacrado. Visitei Béziers, a primeira cidade a ser atacada pela cruzada contra o catarismo, e pude adentrar a catedral, hoje reconstruída no mesmo local daquela que foi queimada por determinação das próprias autoridades católicas, à época, para que o povo que nela se abrigara fugisse da ferocidade do exército invasor e não perecesse queimado, pelo único crime de tentarem vivenciar um cristianismo como aquele dos primitivos homens do Caminho. Fui a Carcassonne,

À esquerda, vista da antiga muralha e torres da cidade fortificada de Carcassone, França cidade medieval de tal maneira preservada que nos leva a uma viagem no tempo de cerca de oitocentos anos, onde me constrangeu conhecer de perto os instrumentos de tortura para interrogatório e confissão dos cátaros, utilizados pela 'Santa' Inquisição, que surgia naquela época. Visitei cidades e castelos onde a nobreza católica, tocada pelos ensinamentos e testemunhos dos 'puros', defendeu bravamente aquela gente incapaz de levantar o braço para ferir o inimigo, mesmo que fosse para salvar a própria vida: Mirepoix, Minerve, Lastour, Queribus... Adentrei o Ariège, região cuja vegetação inóspita me evocava distantes recordações que desconhecia em mim, e cheguei a Montségur, verdadeiro memorial a nos tocar as consciências a respeito de a que ponto a intolerância e a ignorância humanas podem nos levar. Nesse local, a 16 de março de 1244, uma fogueira gigantesca praticamente botava fim a um dos movimentos mais belos que a história da religião pôde testemunhar no Ocidente. É inenarrável a emoção de ultrapassar os pórticos do castelo onde ficou sitiado o último bastião cátaro. Trouxe dessa viagem dezenas de fotos, folhetos, livros e pequenas lembranças (dei ao Hermínio uma pequena pedra colhida nos arredores do castelo de Montségur, pois achava que talvez assim poderia transmitir-lhe um pouco da emoção que senti no local), mas o que obtive de mais valioso dessa 'peregrinação' cátara foi uma profunda consciência da importância da tolerância e do mais absoluto respeito às ideias contrárias e àqueles que as defendem, por mais estranhas estas ideias e pessoas possam nos parecer. Quantos crimes a humanidade vem cometendo pelo simples fato de alguns discordarem da crença dominante! Quantos mártires a intolerância tem criado e quanto atraso ao desenvolvimento das ideias em nosso planeta!...

Para fugir um pouco das intensas emoções que aqueles locais me traziam, busquei conhecer outras regiões de interesse histórico, mas, por mais que achasse que me distanciava do lugar onde os cátaros estiveram circunscritos, deparava-me com eles a cada passo. Lyon, a terra onde nasceu o Codificador, apresentou-se para mim como o local onde se reuniram os exércitos para iniciarem a cruzada contra o catarismo. Fui à Itália. Florença não mais se me afigurava como a cidade dos Medici e berço da Renascença, mas o principal centro de difusão das ideias cátaras na Toscana e na Lombardia. Alcancei Assis, atrás das histórias do Poverello, para descobrir que, após a morte de Francisco, alguns de seus discípulos mais diretos tentaram inutilmente se refugiar junto aos cátaros do Languedoc para não serem trucidados nas mãos dos homens da Igreja. Decidida-

Os Cátaros e a Heresia Católica 9

mente havia algo que me levava a reencontrar aquele povo e aquela ideia. Retornei decidido a insistir com o professor Hermínio para que ele prosseguisse num projeto antigo que me havia confidenciado: o de contar a saga dos cátaros em livro. Em nosso país é praticamente inexistente a literatura sobre esse movimento.

Mas a viagem entre os cátaros ainda continuaria, para grande surpresa minha, aqui mesmo no Brasil. Envolvido muito particularmente com os trabalhos de pesquisa do querido L. Palhano Jr., já que suas obras vinham chegando aos poucos para publicação, participei de diversas reuniões junto ao CIPES.[1] Em outubro de 1999, em Vitória, ES, numa dessas reuniões, discutíamos a presença do espírito de Jesus de Nazaré na condução dos movimentos sinceros que buscam restaurar sua mensagem, desde o período primitivo, quando o próprio Cristo apareceu a Paulo na estrada de Damasco, à presença do espírito de Verdade junto a Allan Kardec, auxiliando-o na escrita e minuciosa revisão dos textos que comporiam a codificação espírita, incluindo suas 'aparições' por toda a história do cristianismo, sempre cheia de 'heresias' a tentarem relembrar-lhe a mensagem original. Após as discussões, passamos a um período de atividades mediúnicas. Durante comunicação de excelsa entidade, através da mediunidade de um dos presentes, de forma inesperada, encontrei-me, talvez num processo de desdobramento, novamente lá, de volta ao Ariège, em Montségur... na véspera do malfadado dia... Eu, naquele momento, transformado em testemunha da história... O castelo como nos seus tempos de origem... um grupo de homens e mulheres estavam reunidos, oprimidos ante a fatalidade da rendição certamente seguida de morte, no dia imediato. A segurança da verdadeira fé na mensagem do Cristo seria suficiente para dar-lhes ânimo para ultrapassarem aquele derradeiro testemunho? Um dos presentes, médium, levanta a voz e por ele fala o próprio Cristo: – A paz esteja entre vós. Eis que vos mando novamente como cordeiros em meio a lobos ferozes. Não deveis temer aqueles que vos podem abater os corpos, mas não a vida. Bem-aventurados sois vós, perseguidos da incúria humana pela fidelidade à minha mensagem, pois estarei eu próprio a recebê-los, amanhã, no reino celestial.

---

[1] CIPES (Círculo de Pesquisa Espírita), instituição modelar presidida por L. Palhano Jr., cujos resultados das pesquisas estão apresentados em diversas obras publicadas pela Lachâtre, destacando-se entre elas *Transe e mediunidade, O livro da prece, O significado oculto dos sonhos, Evocando os espíritos, Laudos espíritas da loucura, Viagens psíquicas no tempo* e *Obsessão, assédio por espíritos*. Nosso querido e saudoso L. Palhano Jr. desencarnou no dia 14 de novembro de 2000, deixando monumental obra que servirá de modelo a quem se interessar pela moderna pesquisa científica do espiritismo.

No dia seguinte, à semelhança dos mártires cristãos nos circos romanos, eles seguiram para serem jogados à fogueira, cantando e estranhamente felizes, como a perceberem suave presença invisível aos olhos obnubilados pela cegueira da intolerância.

Em virtude da forte emoção que me dominava, retornei daquela 'visão' sem condições de narrar, naquele momento, aos demais companheiros de reunião a maravilhosa experiência que havia presenciado, o que faço finalmente, com a gentil aquiescência do autor, nestas páginas, à guisa de apresentação da obra.

Poderiam alguns leitores perguntar por que um autor reconhecidamente espírita escreveria sobre uma seita herética medieval e essa obra viria a ser publicada por uma editora também reconhecidamente espírita. Há alguma relação entre espiritismo e catarismo que justificasse esse interesse? Sem dúvida, para o espiritismo, o movimento cátaro tem ainda relevante papel, pois vem ratificar a inclusão da doutrina dos espíritos entre as correntes cristãs, de onde tanto esforço tem sido feito para que seja excluída. Mais do que isso, *Os cátaros e a heresia católica* demonstra que o espiritismo é o estuário onde vêm desembocar tantas das tradições cristãs heterodoxas combatidas de maneira pertinaz pela ortodoxia católica, apenas por buscarem escavar, dos sedimentos estranhos que se sobrepuseram à mensagem do Cristo, a cristalina fonte do evangelho.

Ninguém poderá, honestamente, negar as origens cristãs do espiritismo após conhecer a doutrina cátara que vigorou nos séculos 12 e 13, no Languedoc.

Este livro do professor Hermínio C. Miranda é uma espécie de pão a ser repartido – da mesma maneira como era feito nas cerimônias do cristianismo primitivo e repetido séculos depois pelos cátaros – entre aqueles que buscam o verdadeiro sentido do cristianismo. Você está convidado a sentar-se para conosco partilhar do seu pedaço.

Alexandre Machado Rocha.
Niterói, 8 de dezembro de 2001.

1 – Os Varais da Memória

Foi aí por volta de 1935, um tanto mais, um pouco menos, que li na *História da civilização*, de Joaquim Silva – livro didático no qual comecei a soletrar as fascinantes estórias da história –, algo sobre as heresias que se implantaram e se propagaram pelo sul da Europa nos tempos medievais. Não eram mais que dois ou três parágrafos sumários e não me lembro que seitas o autor teria mencionado nominalmente; creio, porém, que entre as citadas não figurava a dos cátaros. Um nome, contudo – *albigenses* –, ficou-me pendurado como ociosa bandeira, nos imensos varais da memória. E ali ficaram, balançando-se à brisa amena daqueles tempos descuidados da adolescência durante os quais tanto nos empenhamos na redescoberta da vida.

Sem saber como nem por quê, a palavra me dizia algo que eu não estava entendendo e nem procurei fazê-lo àquela altura. Não era o primeiro enigma da minha existência e nem seria o último, ainda mais que, sem enigmas a resolver, não há vida que se preze.

Devo ter lido esparsa e bissextamente, algo sobre os heréticos medievais durante as décadas seguintes, mas disso não tenho muito a lhes contar.

Quarenta e três ou quarenta e quatro anos mais tarde, a dois ou três passos da aposentadoria das atividades profissionais, chegou-me às mãos um exemplar de *The cathars and reincarnation*, do dr. Arthur Guirdham.

Nem sei mesmo se devo dizer que o livro chegou a mim, dado que eu é que fui ao seu encontro, na excelente biblioteca da Sociedade Brasileira de Cultura Inglesa. Estava recém-chegado da Inglaterra, como que à minha espera.

Foi também o primeiro sopro mais forte a agitar a bandeira que pendia pacientemente da memória há tantos anos. Os cátaros a que se referia o autor eram uma espécie de sinônimo para albigenses. Ou, para dizer as coisas de outro modo, chamavam-se albigenses os cátaros que viviam em Albi ou em suas imediações, no Languedoc, ao sul da França.

A temática do livro suscitou em mim uma paixão à primeira vista. Descobri que Guirdham, um velho psiquiatra aposentado, escrevera duas outras obras para contar a singular aventura de seu reencontro consigo mesmo e com antigos companheiros – aliás, companheiras. Trucidados há setecentos anos pela Inquisição, haviam renascido na Inglaterra contemporânea e viviam, sem se conhecer pessoalmente, num raio geográfico de algumas dezenas de quilômetros, em torno de Londres.

Fragmentos de um amplo e complexo quebra-cabeça começaram a emergir espontaneamente em sonhos e lampejos intuitivos, na lembrança dos diferentes componentes do grupo. Enquanto isso, entidades retidas estrategicamente na dimensão espiritual trabalhavam nos bastidores da invisibilidade para que as pessoas envolvidas se reencontrassem, como que por acaso, e as informações fossem compondo o quadro desejado.

Mandei vir os demais livros do doutor. Ele fora um antigo *parfait* (sacerdote) cátaro no século 13 e sofria de um pesadelo recorrente, no qual um sujeito mal-encarado aproximava-se dele com assustadoras intenções.

Uma jovem e bela senhora procurou-o certa vez – ele era um psiquiatra – para tentar livrar-se de um pesadelo semelhante: um sinistro indivíduo aproximava-se, enquanto ela dormia no chão, disposto a executá-la a punhaladas. O sonho acontecia há anos, pelo menos uma vez por semana, e ela despertava aos berros, pondo em polvorosa a família e até os vizinhos, tão grande era o espalhafato.

Além da 'coincidência' de médico e paciente terem pesadelos com o mesmo 'enredo', descobririam mais tarde que o sujeito do sonho dela era o mesmo do sonho dele, um tal Pierre de Mazerolles.

Descobririam, ainda, que o dr. Guirdham em sua antiga existência como sacerdote cátaro e uma jovem, a atual sra. Smith, viveram no Languedoc um lindo caso de amor, tão lindo e intenso que ainda repercutia, pelo menos na memória dela, mais de sete séculos depois. Ele se chamara Roger-Isarn e teria seus cinquenta e muitos anos, talvez sessenta. Ela, uma adolescente, a quem ele tratava carinhosamente de Puerília (de *puer* = criança, em latim).

Os livros do doutor constituem um depoimento vivo e pungente em torno do que ele considera apropriadamente um caso de "reencarnação grupal", como está escrito no pórtico do volume intitulado *We are one another*. Pouco a pouco, juntando fragmentos, desenhos, palavras soltas, nomes de gente, famílias, cidades, castelos, acidentes geográficos, o autor vai montando o cenário, identificando personagens, redescobrindo os conteúdos religiosos e os rituais do catarismo, bem como recuperando a memória dos eventos históricos de que o grupo participou naquela sofrida época de nobres ideais e, ao mesmo tempo, marcada por inomináveis crueldades e obstinadas perseguições.

Segundo o autor, a história começou a desenrolar-se em março de 1962, *The cathars and reincarnation* teve sua primeira edição em 1970 e a segunda – a que eu li –, em 1976. Foi uma busca articulada, um projeto coletivo muito bem elaborado, no qual cada um dos componentes da equipe tinha seu papel e o momento certo de entrar em cena com suas falas e suas revelações.

Não se trata, portanto, de um jogo cego de coincidências ou acasos e sim de uma planejada e intencional recuperação da memória cátara. Por alguma razão que provavelmente ainda não entendemos em toda a sua extensão e profundidade, cátaros reencarnados e desencarnados resolveram chamar a atenção para os seus ideais de um cristianismo devolvido às suas origens, suas raízes, sua pureza primitiva, um cristianismo ainda perfumado pelo hálito do Cristo, sincronizado aos ritmos de seu coração generoso, iluminado por sua sabedoria e, acima de tudo, aquecido pelo seu amor.

De minha parte, já escrevera que, no meu entender, cristianismo quanto mais velho e mais próximo de suas origens, melhor.

Enfim, eu me sentia, no mínimo, tão empolgado pelo catarismo quanto o dr. Guirdham. Queria saber mais a respeito dos sonhos que sonharam os cátaros e das dores que experimentaram ao tentar viver aqueles sonhos que se transformaram em pesadelos seculares.

Alguns anos – mais de vinte – e muitos livros depois, chego à imodesta conclusão de que poderia até partilhar com você – leitor/leitora – um pouco do que me foi possível aprender, não como erudito historiador, mas como interessado curioso, sobre aquele espantoso momento histórico.

O livro, como de praxe, deve falar por si mesmo e é o que me proponho fazer com este que você tem agora nas mãos; penso, no entanto, que o autor pode e deve dizer algo sobre como e por quê o escreveu.

A despeito do tom algo severo que você vai encontrar repetidamente no texto que se prepara para ler, este livro *não é* um libelo contra a Igreja católica e nem mesmo contra a Inquisição, que constituem, juntas e separadamente, aspectos dominantes dele.

Há que se lembrar em situações como esta o ensinamento e o exemplo irretocáveis do Cristo, ao condenar o erro, não aquele que erra, que sempe acolheu compassivamente e despediu com amor.

Como está dito alhures, é passada a hora das acusações e das condenações – o que importa aqui é uma limpa e desapaixonada releitura do período e do ambiente histórico-geográfico em que surgiu e tentou implantar-se o catarismo, especialmente no Languedoc francês. Uma reflexão grave, meditada e serena sobre o que realmente aconteceu ali e que lições podemos aprender com o episódio.

O fenômeno cátaro é bem mais conhecido hoje do que há algumas décadas, em vista da riqueza do material coletado, analisado e criteriosamente exposto por pesquisadores pioneiros como René Nelli e Jean Duvervoy, bem como, mais recentemente, os de uma segunda geração, como Anne Brenon e Michel Roquebert.

A imagem que emerge desses e de outros escritos mais recentes é a de um movimento muito mais importante e, no seu melhor sentido, mais *ambicioso* do que seria possível supor-se há algum tempo.

Ainda não se disse tudo sobre o catarismo. Não gosto muito do advérbio *jamais*, neste contexto, mas dificilmente se dirá tudo quanto precisaríamos e gostaríamos de saber. Resta a esperança de que um dia se consiga recuperar a perdida documentação que os líderes cátaros preferiram despachar secretamente para esconderijo seguro às vésperas do massacre de Montségur, em 16 de março de 1244.

Uma das razões pelas quais não sabemos mais e melhor sobre o catarismo está em que as informações de que dispomos continuam sendo as proporcionadas basicamente pela óptica deformada de seus adversários registradas em atas, relatos, correspondência, depoimentos e papéis oficiais da Igreja católica.

Não se preservou na história a palavra e o testemunho dos cátaros. O que deles temos nas atas inquisitoriais – por mais preciosas que sejam como documentos históricos – é o depoimento deles filtrado pela visão de seus perseguidores. Mesmo assim, não foram, usualmente, testemunhos de quem pudesse e estivesse autorizado a falar sobre o que realmente pensavam e o que propunham seus líderes e pensadores. Não são muitos

Os Cátaros e a Heresia Católica 15

Cruz que, por determinação da
Inquisição, era costurada às roupas dos
simpatizantes do catarismo

os *parfaits* e as *parfaites* que figuram nesses papéis. O depoente mais comum é o *croyant*, surgido do povão, autêntico, singelo, puro nas suas intenções, mas despreparado. Eram seguidores e simpatizantes devotados à causa, mas tecnicamente ainda não integrados à Igreja marginalizada e, por essas mesmas razões, incapazes de testemunhos esclarecedores, bem ordenados, com apoio nas estruturas de pensamento da doutrina cátara.

O depoimento de algum *parfait* ou *parfaite*, por outro lado, não seria, por óbvias razões, informativo como desejaríamos de um entrevistado livre para falar de si, de suas ideias e práticas. A pessoa que ali estivesse – fosse lá quem fosse – estava sob a pressão de um sistema implacável que se regia por leis próprias a partir do pressuposto de que o depoente era um destestado herético pronto a contaminar toda a civilização com suas nefastas e inaceitáveis ideias. Sua liberdade, seus bens, sua vida e a dos seus familiares e amigos, estava tudo nas mãos de seus interrogadores. Podiam estes recorrer até a tortura física, além da moral, para obter a qualquer custo ético uma 'confissão' de culpabilidade que os autorizasse a despachar logo o acusado para as masmorras, para a fogueira ou para um arsenal de punições tidas por mais brandas, como a tomada dos bens, o exílio, o uso de um sinal identificador – usualmente uma cruz de pano costurada às roupas – ou as humilhantes cerimônias públicas de retratação e penitência.

Em requintes de insanidade, restos mortais de heréticos que, de alguma forma, escaparam à execução ao vivo foram arrancados ao túmulo para serem queimados em praça pública como exemplo aparentemente 'edificante', mas na realidade puro e simples ato de terrorismo.

Não é propósito deste livro, portanto, montar novo mecanismo inquisitorial para apontar o dedo acusador para quem quer que seja e desenterrar cadáveres seculares para queimá-los nas fogueiras do ódio reacesas pela intolerância. Mesmo porque, como disse Camille Desmoulins a Robespierre, citando, aliás, Rousseau: "Queimar não é responder!"

Se os interrogássemos hoje – sem pressões, torturas ou ameaças, pelo amor de Deus! –, que teriam a dizer aqueles que praticaram tantas atrocidades? Que resposta? Que justificativa? Fizeram-no por amor ou, como se dizia, "pela maior glória" de Deus? Em nome do Cristo? Em defesa da fé católica? Honestamente interessados em preservar a pureza doutrinária do cristianismo? Seria, aliás, o catolicismo a verdadeira face do cristianismo, o do Cristo?

A resposta a todas essas questões era e continua sendo *não!* A ética, a tolerância, a caridade, o amor fraterno, a compreensão não têm idade, tamanho ou gradação.

Ademais, entre a Igreja dominante e a dos cátaros, que retomavam escrupulosamente o pensamento de Jesus e seguiam seus passos, tanto quanto possível à humana condição, qual seria a verdadeira heresia?

Tenho dito.

2– Opções de Abordagem

Não é tão fácil, como poderia supor o estudioso apressado, uma correta avaliação do catarismo em si, em termos de uma nova proposta religiosa, sua teologia, seus ritos e, ainda, sua história particular e mais o impacto que causou nas estruturas e nos eventos políticos, sociais, econômicos e, naturalmente, religiosos de seu tempo e que constituem objeto da historiografia panorâmica em geral.

O fenômeno cátaro é complexo demais para uma abordagem de mera curiosidade apressada. Ele exige concentrada atenção, amplas leituras e demoradas meditações.

Mesmo aqui, no parágrafo inicial de um texto que pretende ser meramente informativo, mas não pode deixar de ser também opinativo, começamos a observar a sutil intromissão de aspectos dos quais o autor terá que decidir entre várias opções interpretativas. Por exemplo: o catarismo é uma "nova proposta religiosa"? Ou seja, seria uma reforma no pensamento religioso? Ou, quem sabe, uma retomada de antigos conceitos abandonados, esquecidos ou deformados no correr dos séculos? Seria o catarismo uma corrente religiosa que simplesmente se implanta ou reimplanta-se no contexto social e desenvolve sua tarefa? Teria vindo para combater e, eventualmente, eliminar outros credos e instituições ou apenas dar o seu recado, sem qualquer empenho proselitista? Teria intenções mais quantitativas do que qualitativas? Em outras palavras: estariam empenhados mais na vivência de um código de comportamento do que na formação de um núcleo de poder eclesiástico nos moldes adotados com tanto êxito pela Igreja católica? Claro que qualquer instituição humana dessa natureza exige um mínimo de hierarquia e, portanto, de estrutura administrativa com suas normas de procedimento e sob inevitável liderança. Os cátaros parece terem conseguido esse meio-termo algo distanciado dos exageros burocráticos de uma autoritária hierarquia sacerdotal e a acefalia mais ou menos anárquica de uma instituição aberta, sem lideranças diretoras e ordenadoras.

Ainda no âmbito do parágrafo inicial identificamos outro aspecto a merecer algumas especulações adicionais. Realmente foi de grandes proporções o impacto do catarismo na vida política, religiosa, social e econômica de seu tempo, mas não apenas no período que vai desde suas origens até a eliminação do derradeiro cátaro. Mais do que isso, o movimento suscitado pelos cátaros parecia dotado de extraordinária vitalidade e capacidade de recuperação após as mais rudes mutilações. Pareciam eles tão certos dessa faculdade renovadora que, mesmo depois de aparentemente extinta para sempre, conservou-se a intuição de que voltaria a florescer em futuro que ficou até definido profeticamente num verso em língua occitana que se preservou e que assim dizia: "*Al cap de set cens ans verdego le laurel*", ou seja: "Ao cabo de setecentos anos o (ramo de) louro brotará de novo." O dr. Arthur Guirdham transcreve o verso logo na primeira página de *The cathars and reincarnation*. Certamente por entender, com boas razões, aliás, que o antigo trovador-profeta estaria se referindo ao reencontro que antigos cátaros marcaram para acontecer na Inglaterra do século 20. Há uma espantosa precisão de setecentos anos, a contar do horrendo massacre de Montségur, o último reduto cátaro, em 16 de março de 1244, tido por símbolo da extirpação final do que a Igreja entendia por seita maldita.

Coincidência ou não, Guirdham teve a primeira notícia acerca do assunto em 1938, ao ler algo sobre os albigenses no livro intitulado *Provence*, de Ford Madox Ford, autor que não tinha, a seu ver, entendimento mais aprofundado da filosofia do catarismo. Sem que o doutor tivesse a mínima ideia consciente de que começava ali a desenvolver-se o projeto do reverdecimento, o inspirado trovador acertara na mosca com a sua profecia. Basta fazer as contas: entre 1244 e 1938, decorreram seiscentos e noventa e quatro anos, ou seja, setecentos anos menos seis. Não dá nem um por cento de erro!

Ao tempo em que o dr. Guirdham e suas antigas companheiras de ideal cátaro se redescobriam na Inglaterra do século 20, havia já, é verdade, considerável bibliografia centrada basicamente em torno dos albigenses.

Os Cátaros e a Heresia Católica ✤ 19

No livro *Die Katharer*, de Arno Borst, concluído em dezembro de 1952 e publicado por Anton Hiersemann, em Stuttgart, Alemanha, em 1953, o autor lista 282 títulos bibliográficos. É bem verdade que muito desse material de referência e apoio foi colhido em artigos, ensaios, atas da Inquisição ou em livros e documentos históricos não espeficamente dedicados ao estudo da heresia albigense, em que referências a ela são incidentais ou meramente ilustrativas. Há, no entanto, obras como a do inglês Allix, de 1691, que estudava "as igrejas albigenses". Nesse mesmo ano, saíra a *Histoire des albigeois et des vaudois ou barbets*, em dois volumes. A temática é abordada em vários livros publicados no século 19, a partir de 1841, como a de Compayré. No livro de Cledat (em francês), de 1887, figura em anexo uma tradução do *Ritual cátaro*, o que também acontece com a de Cunitz (em alemão), de 1852.

Destacam-se, na bibliografia de Borst, as muito citadas obras de Douais – sete títulos, um deles em dois volumes – e o estudo de Peyrat, *Histoire des albigeois – les albigeois et l'inquisition*, em três volumes, publicada entre 1870 e 1872. A lista invade o século 20, citando dezenas de estudos publicados desde 1903 até 1952, ano em que Borst concluiu seu próprio estudo, como vimos. Em suma, o autor alemão consultou praticamente todos os textos ao seu alcance, na língua materna e em várias outras, como francês, italiano, espanhol, inglês e latim.

Não é de admirar-se, pois, que Borst se tenha tornado um clássico, uma referência. No prefácio à nova edição (1995) de *Écritures cathares*, de René Nelli, Anne Brenon o coloca (p. 11) nesse mesmo nível de confiabilidade, *The mediaevan manicheism*, de Steven Runciman, de 1937 (tradução francesa de 1949), e *La réligion des cathares – étude sur le gnosticisme de la basse antiquité et du moyen âge*, de 1949. (Apenas para não deixar escapar a oportunidade, registro minha simpatia pela posição de Runciman, que coloca o catarismo como nova manifestação do gnosticismo.)

Brenon observa, a seguir, que, quando do aparecimento da primeira edição de *Écritures cathares*, em 1959, a opinião dominante dos historiadores era a de que o catarismo medieval vinha, indiscutivelmente (*sans discussion*, diz ela), do zoroastrismo e do maniqueísmo através do paulinismo e do bogomilismo. Aliás, mais do que simples opinião, a Igreja definira o catarismo como heresia maniqueísta. Nelli – *apud* Brenon – "tinha suas reservas e suas dúvidas acerca de tal 'filiação mecanicista' do catarismo."

Por isso, era "nos evangelhos e entre os filósofos cristãos que ele buscava as origens do catarismo" – acrescenta ela. Esta é a orientação que prevalece entre os historiadores contemporâneos (seu prefácio, vamos lembrar, está na reedição de 1995), ou seja, a de que o catarismo é mais uma "forma sobretudo representativa de cristianismo entre outras do que um corpo estranho artificialmente enxertado na carne do cristianismo medieval".

Tanto quanto posso opinar, essa é também a minha postura, não apenas quanto ao catarismo, mas quanto ao gnosticismo, que também não foi um corpo estranho no cristianismo primitivo, mas uma visão espiritual que incluía harmonicamente os conceitos fundamentais do pensamento do Cristo. Você, leitor/leitora, encontrará essa tese em meu livro *O evangelho gnóstico de Tomé*. Em outro livro meu, *Cristianismo – a mensagem esquecida*, considero que o cristianismo tal como o conhecemos hoje – e que pouco difere do cristianismo medieval – não passa de uma heresia vitoriosa (vitoriosa?!), entre as muitas que sempre floresceram em torno da Igreja desde os primeiros séculos.

Como você percebe, aproximadamente ao mesmo tempo em que o dr. Guirdham começava a ter seu interesse atraído para o catarismo, alguns historiadores vasculhavam os empoeirados arquivos que conservavam fontes ainda não consultadas. É o caso de Arno Borst, que trabalhou com impressionante volume de material de consulta. Para que seu livro pudesse ter sido concluído em 1952, suas pesquisas devem ter sido iniciadas, no mínimo, uma década antes.

Quanto aos gnósticos, não foram cristãos transviados ou heréticos, e sim pessoas voltadas para a realidade espiritual – preexistência, sobrevivência, reencarnação, comunicabilidade entre 'vivos' e 'mortos' – que *também* adotavam os ensinamentos de Jesus. Da mesma forma que os cátaros, mais tarde, o que os gnósticos desejavam era um retorno ao cristianismo de origem, bem junto às suas fontes, ou seja, tal como fora ensinado e praticado pessoalmente pelo Cristo. Algo assim como uma leitura espírita do pensamento de Jesus.

Se você me perguntar se o Cristo pregou conceitos semelhantes aos do espiritismo, minha resposta será a de que não são apenas semelhantes, são os mesmos. O espiritismo, por outro lado, adotou a moral cristã, igualmente pregada e exemplificada pelo Cristo, que, por mais que se insista, não cuidou de fundar uma Igreja, como lhe atribui a mais que suspeita, incongruente passagem do *Tu es Petrus...*, indubitável enxertia posterior destinada a fortalecer a hierarquia eclesiástica.

Em outro ponto deste livro retomaremos a discussão destes aspectos. Por enquanto, é necessário enfatizar que a temática do catarismo despertou o crescente interesse de várias gerações e, à medida que os estudiosos se debruçavam sobre os enigmas e desafios nela contidos, muitas foram as interpretações que cada autor teve a oferecer do fenômeno cátaro. Não faltaram teorias e hipóteses fantasistas, especialmente para preencher vazios inexplicáveis ou ainda inexplicados.

Pouco a pouco, no correr do tempo, começou a emergir imagem mais nítida dos cátaros, ou no mínimo menos difusa e especulativa. Ainda assim, o catarismo continua sendo um desafio para o historiador e é natural que as recentes safras de livros, ensaios e artigos tenham sido mais sóbrias e tão objetivas quanto possível sobre aspectos que ainda permanecem obscuros.

Da extensa e variada bibliografia de Arno Borst, por exemplo, não constam autores de grande relevo que estavam àquela época – metade da década de 1950 – mergulhados nos arquivos, como René Nelli, Jean Duvernoy, Zoé Oldenbourg, Fernand Niel, e, posteriormente, Michel Rocquebert e Anne Brenon, que, ao escrevermos estas linhas, é diretora do Centro Nacional de Estudos Cátaros René Nelli e secretária de redação da revista *Heresis*, respeitada e prestigiosa publicação especializada.

Outra dificuldade frequentemente assinalada na adequada avaliação do fenômeno reside no fato de que os cátaros pouco falam de si mesmos. Seja porque foram naturalmente reservados quanto ao que poderíamos considerar a "intimidade" de sua doutrina e de suas práticas, seja porque documentos e textos seus tenham sido destruídos deliberadamente ou se perderam. O que melhor se preservou sobre eles foi a visão que deles tinham seus adversários, principalmente nas longas e meticulosas atas inquisitoriais.

Na Introdução a *Écritures cathares*, René Nelli chama a atenção para o fato de que está ali reunida "a totalidade dos escritos cátaros que chegaram até nós". Isso num livro de apenas trezentas e cinquenta páginas, muitas das quais ocupadas com os comentários de Nelli e, ainda, os que Anne Brenon acrescentou à edição de 1995. É pouco.

Figuram ali *A ceia secreta, ou Interrogatio Johannis, O livro dos dois princípios*, o *Tratado cátaro anônimo, O ritual cátaro*, o *Ritual de Dublin* e as *Três prédicas* atribuídas a Pierre Authié – um dos derradeiros *parfaits* – significativamente preservadas em atas inquisitoriais que registraram dois depoimentos diante de Jacques Fournier – futuro papa Bento XII – e um perante Geoffroy d'Ablis.

Ficamos sem saber que livros eles estudavam além do Novo Testamento, de Atos dos Apóstolos e das Epístolas, que assuntos debatiam nas suas tertúlias internas e que outras obras teriam escrito.

Papa Bento XII, cujo nome verdadeiro era Jacques Fournier, inquisidor no vilarejo de Montaillou.

Eis aí um mapeamento sumário e certamente impreciso e incompleto do território que temos a explorar. Para não nos perdermos em aspectos de menor relevo para os propósitos deste modesto estudo – que se contenta em ser mera notícia sobre a fascinante temática dos cátaros –, contornaremos controvérsias, sem as ignorar, e também sem os ignorar, não

Os Cátaros e a Heresia Católica 23

nos demoraremos mais do que o necessário em estudos mais antigos, a fim de nos concentrarmos em publicações mais recentes, que incorporam avaliações revisionistas suscitadas por pesquisas e descobertas ocorridas na segunda metade do século 20.

Apenas para citar dois exemplos deste tipo de reavaliação, *Le vrai visage du catharisme*, de Anne Brenon, "Nova edição revista e aumentada", de 1995 e a alentada (mais de 500 páginas) e a esperada *Histoire des cathares – hérésie, croisade, inquisition du XIème au XIVème siècle*, de Michel Roquebert, publicada em 1999, pela Perrin.

Para finalizar, um sumário depoimento.

Não me comprometo com você, leitor/leitora, com uma impessoal, asséptica e incolor neutralidade no trato do problema cátaro. Não seria honesto e nem mesmo possível. O escritor leva para o âmbito do texto que produz seus cacoetes, suas ideias, idiossincrasias e convicções, sua visão pessoal, enfim, do assunto eleito. A escolha da temática em si já é – e não poderia deixar de ser – uma tomada de posição.

Sem que isto represente uma tese nem esforço catequético ou proselitista, estarei empenhado em oferecer neste livro uma leitura espiritual do catarismo, como a tenho oferecido sobre outros assuntos: o próprio cristianismo – em *Cristianismo – a mensagem esquecida –*, o autismo – *Autismo, uma leitura espiritual*, o gnosticismo – *O evangelho gnóstico de Tomé* –, a biografia de alguns vultos históricos, *Guerrilheiros da intolerância*, sobre Hipácia, Giordano Bruno e Annie Besant – e *As sete vidas de Fénelon*.

Minha formação cultural é a espírita. Sinto-me confortável com os postulados básicos da doutrina dos espíritos. Cultivo por todos os que discordam de tal postura meu respeito fraterno, e por qualquer 'adversário' ideológico, a devida admiração pelo brilho e a elegância com que eventualmente exponha suas ideias e as justifique.

A atitude é particularmente desejável num livro como este, no qual se relembra a espantosa agonia dos cátaros, simplesmente porque ousaram pensar diferente daqueles que se tinham por donos absolutos da verdade, da vida e da morte de todas as criaturas.

Foi esse tipo de intolerância e prepotência que armou uma Cruzada (Cruzada, de cruz, a cruz do Cristo, o grande ícone cristão!) e acendeu fogueiras para expurgar a terra de pessoas que viam o Cristo e seus ensinamentos por uma óptica diferente, mas eram, ainda assim, cristãos e dos bons. Mais do que isso, foi desse núcleo de rancores, fanatismo, sombras, ódios e dores que emergiu a Inquisição.

Ao tomar conhecimento de meu projeto de escrever este livro, uma pessoa amiga me perguntou inesperadamente: "Qual o objetivo dessa obra?"

Boa pergunta essa. Não havia pensado em colocar as coisas de modo explícito, mesmo porque, na minha mente, ou melhor, do lado inconsciente dela, o objetivo estava bem claro, ainda que não verbalizado: chamar a atenção para o fato de que mais uma vez, desde tempos imemoriais, a realidade espiritual foi rejeitada e, desta vez, rechaçada a ferro, fogo, sangue, mutilações, lágrimas, torturas e massacres.

Nutro a esperança de que, reavivando a memória dessas angústias, a gente consiga, um dia, conviver civilizadamente com irmãs e irmãos nossos que pensam de modo diverso. Ou, quem sabe, poderemos todos pensar juntos em torno das mesmas verdades – respeitando matizes pessoais de entendimento – e praticar juntos o mesmo tipo de amor que figura de modo tão destacado na mensagem imortal do Cristo.

Quem sabe se estudando as razões pelas quais tanto se matou por mera discordância ideológica, possamos alcançar mais adiante um estágio evolutivo em que se dicorde tolerantemente, sem matar ninguém?

3 – Os Cátaros

e o Languedoc

"Escrever a história dos cátaros – adverte Michel Roquebert logo na primeira frase da Introdução à sua *Histoire des cathares* (p. 15) – é escrever pouco a pouco a da perseguição que sofreram."

Dois implacáveis instrumentos de trituração foram postos a funcionar para essa tarefa inglória: as Cruzadas e a Inquisição. Ainda que tenhamos testemunhado posteriormente – e continuemos a assistir enquanto estas linhas são escritas, já no século 21 – o funcionamento de mecanismos também destinados a promover genocídios, espanta-nos saber que o deliberado processo de exterminação movido contra os cátaros não foi concebido e implementado por um sanguinário ditador ateu ávido de poder, mas pelas lideranças político-religiosas da época. A iniciativa do desencadeamento do massacre coube ao papa, representante supremo do Cristo na terra, em nome do Cristo e contra um segmento da população religiosa que venerava o Cristo, estudava os mesmos textos evangélicos e procurava praticar seus ensinamentos. O que a nova seita rejeitava eram os desvios doutrinários, os dogmas, a pompa, a arrogância e principalmente a prática dita religiosa, ou seja, o comportamento dos representantes daquela Igreja poderosa que tanto se descaracterizara e se degradara em comparação com a dos tempos apostólicos.

"O catarismo – lembra Anne Brenon (p. 27) – foi um evangelismo." É verdade. Era uma modalidade de cristianismo arcaico, em busca de suas origens, empenhado na tarefa de resgatar a pureza primitiva exemplificada nas parábolas, no Sermão do Monte e, prioritariamente, entre os demais textos, no Evangelho de João, em Atos dos Apóstolos e nas epístolas. A prece preferida, o Pai Nosso; os ritos, reduzidos ao mínimo.

O sacramento básico – o único, afirma Roquebert (p. 21) e confirma Brenon – "era o *consolamentum*, conferido pela imposição de mãos, batismo dito de "fogo e do espírito" – em oposição ao "batismo da água dos católicos".

Os cátaros esforçavam-se no trabalho permanente da purificação, em busca da perfeição espiritual – daí o título de *parfaits* e *parfaites* atribuídos aos seus pregadores. O comportamento individual era o de um heroico ascetismo feito de renúncias e privações: vestimentas simples, rústicas, de cores sóbrias, usualmente negra ou azul-escuro, alimentação frugal não-carnívora – exceto o peixe, cuja reprodução se considerava espontânea, assexuada –, a abstinência sexual, renúncia total à propriedade pessoal, prática da não-violência, recusa ao juramento e ao emprego da mentira, mesmo as consideradas 'inocentes'. Outra coisa: não eram profissionais da religião, remunerados pelo exercício das funções sacerdotais. Viviam do trabalho manual, às vezes pesado e grosseiro. Muitos eram tecelões, como o apóstolo Paulo. Bens que porventura possuíssem eram entregues à instituição ao se filiarem. Podiam dizer, como Pedro: "Não tenho prata nem ouro, mas o que tenho te dou!" E curou o paralítico. Também eles curavam, quando possível – e muitos eram até médicos. Cuidavam dos doentes e feridos com o mesmo desprendido e devotado espírito de caridade que animara os primeiros cristãos.

"Se queres ser perfeito – ensinou o Cristo ao jovem rico (Mateus 19,21) – vai, vende tudo o que possuis, dá aos pobres e terás um tesouro nos céus. Depois, vem e segue-me."

Os cátaros tomaram esse e outros ensinamentos ao pé da letra, embora não exigissem o mesmo rigor comportamental dos seguidores, os *croyants*.

Tinham, por isso – como assinala Roquebert (p. 24) – todo o direito ao título de "bons cristãos", ou, simplesmente cristãos. "Afastados do caminho, certamente – prossegue o historiador francês –, dissidentes, sim, em relação à liturgia e aos dogmas elaborados pela Grande Igreja, mas cristãos, ainda assim, na exata medida em que acatavam uma única revelação, a trazida pelo Cristo, e tinham como única referência, o Novo Testamento."

O propósito não era o de destruir pela força o modelo de cristianismo vigente. Não tinham as condições mínimas de poder civil, político e militar para um confronto com a Igreja católica e nem o gosto por uma disputa dessa natureza e porte, embora contassem com a simpatia e o apoio velado ou explícito de grande parte da nobreza.

Se o fizessem, estariam em contradição com tudo aquilo que ensinavam e praticavam e no que acreditavam. Que cada um escolhesse seus caminhos, como estavam eles escolhendo os seus, arrostando considerável resistência e pressões. Nada mais ambicionavam que estudar, divulgar e praticar o cristianismo tal como o entendiam, de volta às suas origens. Eram, contudo, veementes nas críticas à Igreja dominante, que tinham como de inspiração demoníaca.

Quando condes, barões e cavalheiros tomaram armas contra as Cruzadas, não o fizeram senão indiretamente pelos cátaros e a religião deles e muito menos instigados por eles. Claro que esse fator teve seu peso na decisão, mas o que estava em jogo naquele momento eram, prioritariamente, as propriedades, os títulos, as tradições, a liberdade de todos, enfim. O Languedoc estava sendo invadido e depredado por um exército estrangeiro. Oficialmente a motivação da campanha militar era o combate à heresia, que precisava ser erradicada para que a *Pax Romana* da Igreja voltasse a imperar. Logo, porém, o invasor deixaria cair a máscara.

Foi contra aquela gente pacífica, ordeira, verdadeiramente cristã que a Igreja investiu com todos os recursos terrenos de que dispunha, e eram muitos, arregimentando para a sua causa o poder civil da nobreza. Seu poder de barganha era irresistível. Em troca do empenho de reis, nobres e até aventureiros, a Igreja tinha muito a oferecer. O engajamento nas Cruzadas era regiamente pago com indulgências, ou seja, a garantia de um lugar cativo no céu em decorrência do perdão dos pecados. Não se investira o papa do poder de "ligar e desligar", que suas decisões seriam automaticamente referendadas por Deus no céu? Além disso, cuidava-se também de proteger-lhes os bens terrenos, dado que, pelo tempo em que estivessem disputando a guerra contra os infiéis – no caso os hereges cátaros –, os participantes da Cruzada gozavam de imunidades e garantias, como a suspensão do pagamento de dívidas pessoais, enquanto suas propriedades eram declaradas invioláveis.

Isto, claro, se a pessoa estivesse do lado certo da disputa. No caso da Cruzada contra os albigenses, a "Guerra Santa", o papa assegurou aos seus guerreiros o direito às propriedades alheias que viessem a conquistar, bem como os respectivos títulos nobiliárquicos. Foi assim que Simon de

Gravura medieval sobre
Simon de Monfort

Monfort, o grande estrategista da Cruzada, de um nobre francês de menor expressão tornou-se o poderoso conde de Toulouse, em substituição ao seu legítimo titular. Numerosas outras propriedades e seus respectivos títulos mudaram de mãos por esse mesmo processo iníquo.

Nesse feio e cruel jogo político valia tudo: traições, crueldade, violência, tortura, matança indiscriminada de civis, crianças, mulheres, idosos, mesmo que fossem católicos convictos e praticantes.

Os nobres dispunham de mini-exércitos pessoais compatíveis com o poder e a riqueza de cada um, mas grande parte dos combatentes da Cruzada – ensina Zoé Oldenbourg (p. 21) – "era de profissionais da guerra, sempre felizes ante uma honrosa (sic) oportunidade de se baterem". Em outras palavras, rudes aventureiros sem princípios, sem lei nem religião, que matavam e saqueavam por prazer e sobre os quais os nobres não tinham controle ou autoridade. Ficavam esses bandos mercenários por conta de seus próprios líderes e só a eles obedeciam. Não eram, pois, piedosos "soldados de Deus", empenhados em defender a fé católica. Nada tinham a ver com a motivação do conflito e nem cuidavam de saber ao certo por que causas estavam combatendo.

Falando dos massacres, especificamente do ocorrido na tomada de Béziers, Zoé Oldenbourg (p. 172) escreve que eles figuram "entre as piores atrocidades da história de todos os séculos", mais espantosos ainda por terem sido praticados sob a liderança de uma instituição religiosa, que, pelos excessos cometidos, teve a duvidosa "honra de se tornar uma exce-

Os Cátaros e a Heresia Católica 29

ção monstruosa até mesmo às normas da guerra. Eis um fato – prossegue a autora – cujo significado não há como minimizar".

Referindo-se a Simon de Montfort, comandante militar da Cruzada, declara Roquebert (p. 142), que "a piedade não era senão a máscara da ambição".

É preciso acrescentar que a campanha foi supervisionada por Arnaud-Amaury, abade de Cîteaux (arcebispo de Narbonne a partir de 1212), investido da autoridade suprema de legado papal, que, em momentos cruciais, tinha sempre a palavra final.

A esmagadora e brutal conquista de Béziers deu o tom da campanha, ao estabelecer um clima de terrorismo que levou o pânico a toda a população do Languedoc e muito contribuiu para as vitórias subsequentes. Era melhor entregar-se logo aos invasores, numericamente superiores e militarmente preparados, do que expor-se à matança indiscriminada, ao saque, aos incêndios e ao arrasamento das cidades.

O extermínio dos cátaros não constitui uma história bonita, de heroísmos e nobres motivações, ou, pelo menos, a de uma guerra como outras tantas, mas pavorosa exibição de crueldade, de ódio, de insensibilidade contra uma comunidade civilizada e culta para os padrões da época e que somente desejava viver em paz com suas crenças e suas práticas.

A campanha militar encerrou-se tecnicamente com a tomada de Montségur, em 1244, onde foram queimados vivos mais de duzentos cátaros, homens e mulheres, numa só fogueira gigantesca, que iluminou os céus com as chamas do ódio e deixou espalhadas no chão da história "as cinzas da liberdade", na dramática expressão que Michel Roquebert colocou no título de um de seus livros. Mas a guerra de extermínio não estava sendo suficiente. A heresia passou à clandestinidade, como os cristãos primitivos ao tempo da perseguição movida pelos imperadores romanos. Tentou esconder-se não por covardia, mas para sobreviver, renascendo repetidamente de suas próprias cinzas, a fim de continuar pregando e exemplificando os ensinamentos do Cristo.

A Igreja entendeu necessário inventar instrumento mais poderoso, ainda que aparentemente mais sutil, a fim de localizar, caçar e exterminar todos os remanescentes, até o último. A tarefa caberia à Inquisição, oficialmente estabelecida em 1233.

Não há, realmente, como minimizar tanto horror, como se fosse a coisa mais natural do mundo ou, no mínimo, compreensível, exterminar seres humanos somente porque pensavam de modo diverso daqueles que, no momento, tinham o poder nas mãos.

Ao relembrar, porém, os fatos históricos daquele período é necessário não assumir de novo a rubra coloração do ódio contra os que os desencadearam. Não estamos aqui para reacender fogueiras nem para apontar o dedo acusador para os culpados, mas para tentar aprender a lição contida no episódio. A Igreja pagou elevado preço pela insanidade de uns tantos líderes insensíveis. A Cruzada contra os albigenses terminou com a derrota moral dos supostos vencedores. A Inquisição incumbiu-se de escrever-lhes o epitáfio.

Nem todos se dão conta das dramáticas repercussões dessa falsa vitória. Era mais um dos conflitos suscitados em torno da proposta renovadora contida nos conceitos fundamentais da realidade espiritual. Lamentavelmente, sete ou oito séculos depois ela continua mal conhecida, quando não ignorada.

Estaríamos hoje em estágio muito mais avançado de entendimento e paz se, em lugar do modelo de cristianismo que tais 'vitórias' preservaram, o catarismo houvesse conseguido sobreviver às perseguições que marcaram sua trajetória. Do doloroso confronto ressalta a evidência de que não é ao catarismo que deve ser atribuída a pecha infamante da heresia. O que os cátaros desejavam era precisamente resgatar os ensinamentos do Cristo há muito soterrados em considerável massa de entulho deformador e de pesados interesses terrenos.

Num dos seus momentos de intuição, Anne Brenon se pergunta (p. 99) se:

> [...] não seria possível considerar o catarismo um daqueles paleocristianismos, adormecido, esquecido e um tanto fossilizado num monte Atos qualquer, bruscamente revivido num período histórico que lhe oferecia todas as condições favoráveis. Não é por acaso – prossegue Brenon – que tantos evangelismos espontâneos se levantaram ao mesmo tempo de uma ponta à outra da cristandade, aí por volta do ano mil.

Se a autora precisasse da minha opinião, eu diria que não só é possível assim pensar, como necessário e correto, se é que pretendemos explicar o fenômeno histórico-religioso do catarismo, que não aconteceu por acaso, impulsionado por um jogo cego de coincidências e acasos. A tentativa de voltar às origens para resgatar a pureza primitiva do verdadeiro cristianismo tem, necessariamente, de resultar de um projeto meticulosamente elaborado em dimensões cósmicas que escapam à percepção de nossos sentidos habituais. Para dizer a mesma coisa de outra maneira: mais do que qualquer outro, o movimento cátaro resultou de decisões conscientes e responsáveis tomadas na dimensão espiritual da vida por entidades de elevada condição evolutiva, insatisfeitas com os rumos tomados pela instituição que se arvorara em representante exclusiva do Cristo divinizado na terra.

Como também assinala Zoé Oldenbourg (pp. 67-68), os cátaros estavam recuperando uma tradição cristã mais antiga que a adotada pelos católicos, o que nos autoriza a depreender que, no entendimento deles, a Igreja de Roma é que se tornara uma 'heresia' ao se descartar da "pureza original da Igreja dos Apóstolos".

Lê-se no texto escrito para a quarta capa da tradução francesa do livro de Arno Borst algo que se situa nessa mesma óptica.

> Este impressionante estudo [está escrito ali] leva de fato o leitor a se perguntar sobre se a história não seria um perpétuo recomeçar, onde cada evento surge de um esquema anterior e traz consigo potencialidades que ressurgirão alguns séculos mais tarde. Há [prossegue inesperadamente o texto] uma transmigração do evento como há uma transmigração da alma. É o que se poderia denominar a mística da história, pelo que é útil à nossa época prescrutar o significado disso.

Para levar avante esse projeto de "transmigração" a que alude o autor desse texto, reencarnaram-se, no tempo certo e nos locais apropriados, numerosos espíritos dispostos a recompor as verdadeiras estruturas doutrinárias do cristianismo.

Tenho aqui um depoimento pessoal a fazer. Reitero, antes, para lembrar a você que me lê, que a minha leitura do catarismo é espírita. Vejo a 'heresia' cátara e o movimento por ela suscitado na Idade Média pela óptica da realidade espiritual, não apenas teórica, especulativa, intelectual, mas experimental. O catarismo foi um dos movimentos precursores do espiritismo ordenado no século 19, pelo prof. Rivail (Allan Kardec). E isto aconteceria naquela mesma França que, pela força das armas e associada ao poder articulador e de pressão da santa Sé, anexara o belo e rico território do Languedoc.

São significativos os pontos comuns entre catarismo e espiritismo, a partir de conceitos como o da preexistência e sobrevivência do ser e o da reencarnação. Da mesma forma que o espiritismo, o catarismo não aceitava a reencarnação de espíritos humanos em animais. Quanto à moral, os cátaros, como os espíritas, adotaram, sem vacilações ou deformações, a de Jesus. Sobre os aspectos religiosos propriamente ditos, rejeitavam a divindade do Cristo, todos os sacramentos, exceto o batismo, que, no entanto, reverteram à sua função original de um procedimento iniciático, símbolo da admissão do noviço à comunidade religiosa. Tal como nas primitivias práticas cristãs, o batismo era ministrado por imposição de mãos (passes), um batismo do espírito e do fogo e não pela água. Os cátaros rejeitavam o inferno, a trindade divina, o resgate dos 'pecados' pelo sangue do Cristo. Cada um é o artífice de sua própria redenção, conseguida por um comportamento correto perante as leis divinas.

Nos longos anos – quase quarenta ao escrever estas linhas – de intercâmbio espiritual com os 'mortos', em trabalhos mediúnicos, nosso grupo teve oportunidade de receber várias entidades envolvidas com o catarismo ou com as Cruzadas.

Lembro-me de uma que acreditou piamente na redenção de seus pecados e na consequente salvação por ter participado da gloriosa *Militia Christi*, numa Cruzada. O mínimo que esperava era uma recepção honrosa e condigna do lado de lá da vida, onde o Cristo ou o próprio Deus estariam a postos para recebê-lo de braços abertos. Pois não havia matado e morrido em defesa da fé? Em vez disso, seu antigo e sábio mentor espiritual explicou-lhe paternalmente, mas com óbvio desapontamento, que não era nada daquilo. Teria de voltar e começar tudo de novo.

Entre os ex-cátaros com os quais conversamos – através da mediunidade, naturalmente – encontramos alguns mais conformados com as angústias e crueldades experimentadas pessoalmente ou pelos seus familiares, companheiros e amigos. Mais de sete ou oito séculos depois, no entanto, ainda carregavam consigo sequelas de dores, decepções e desencantos. O impacto da tragédia mudou o rumo de suas trajetórias evolutivas e trouxe a alguns insuportável carga de revolta e de agonias. Afinal de contas, não foram bandidos nem perturbadores da ordem pública – queriam apenas viver pacificamente suas convicções religiosas baseadas, aliás, nos ensinamentos e na exemplificação do Cristo.

Um deles, em particular, deixou em nós profundas marcas, pela pungência dos conflitos que arrastava consigo há séculos. Destruíram-lhe as plantações e os rebanhos, tocaram fogo nos bosques e nas matas, incendiaram-lhe a mansão, reduzindo tudo a ruínas irrecuperáveis. Em seguida, executaram-lhe toda a família, um por um, jovens, velhos, mulheres, crianças e mais os servidores. Ele ficou para o fim, para que pudesse testemunhar ao vivo todo aquele horror. Não era um herege? Tinha de sentir na própria pele todo o poder da 'cólera divina'.

Dizia, em pranto, que as propriedades, as plantações e os rebanhos poderiam ser reconstituídos, mas o desespero da impotência ante o massacre de seus familiares foi a sobrecarga que o levou, aí sim, a transformar-se num bandido.

Em vidas subsequentes, na Terra, eliminava os antigos algozes que identificava reencarnados sob novas roupagens físicas. "Você sabe – comentou – que nós sabíamos como fazer isso."

Aquele não era, contudo, o caminho que pretendera seguir, e nem o que traçara para si mesmo quando "esteve lá", no passado distante. Conhecia os mecanismos das leis divinas e tinha consciência dos erros que cometia e dos compromissos que assumia ao exercer compulsivamente a vingança. Sabia até que a vingança não nos livra das dores e, sequer, as atenua; pelo contrário, nos confirma nelas, mas o ódio que se aninhara em seu coração revelara-se mais poderoso do que suas crenças, seus conhecimentos e seu desejo de ser um bom cristão. Isto ainda mais o agoniava, uma vez que indiretamente estava permitindo que seus torturadores do passado continuassem a alimentar sua revolta e a levá-lo a crimes tão hediondos quanto os que sofrera pessoalmente e pelos seus.

Estava cansado de tudo. Não foi difícil, por isso, convencê-lo a abandonar o tenebroso projeto para retomar o processo evolutivo naquele distante ponto em que o seu universo pessoal desabara à sua volta. Precisava, agora, ir ao reeencontro de seus amores, seus amigos, sua vida, e, principalmente, de si mesmo e até de seus antigos adversários, desta vez em busca de perdão, entendimento e paz.

Ante um depoimento como esses, a gente se pergunta: "E os torturadores, os inquisidores, os que mandavam desenterrar cadáveres de 'hereges' para cumprir com os restos mortais o medonho ritual de queimar aquele que, de uma forma ou de outra, escapara ao 'merecido' castigo? Por onde andaram ao longo de mais de meio milênio? Onde e em que posição espiritual estarão hoje? Arrependidos? Alienados? Pacificados? Ao cabo de indescritíveis sofrimentos retificadores? Mais tolerantes? Ou ainda empenhados em denunciar, perseguir, caluniar, oprimir, impor?"

Um desses ex-cátaros com os quais dialogamos disse-nos que grande parte dos antigos romanos que perseguiram os cristãos dos primeiros tempos reencarnara-se como cátaros, dispostos a se redimir. Daquela vez, foram eles os algozes dos cristãos, forçando-os à clandestinidade, escondidos em bosques e cavernas, sem pouso certo, mal vestidos, mal alimentados, mas determinados a praticar e divulgar os ensinamentos do Cristo. Vinham agora vivenciar, como vítimas, o mesmo tipo de intolerância e opressão que exerceram outrora.

Historiadores e historiadoras do catarismo sempre destacaram, com respeito e admiração, a serenidade e determinação e, com frequência, alegria, com as quais os cátaros caminhavam para a fogueira, tal como os antigos cristãos, diante das chamas, da crucificação e das feras do circo.

São as *simetrias históricas* a que me tenho referido em outros escritos.

Na capa da *Histoire des cathares*, de Michel Roquebert, figura o quadro de Berruguete (1450-1504), encomendado por Torquemada para 'decorar' as paredes de um convento na cidade de Ávila, terra de Teresa. A tela retrata um dos rotineiros espetáculos públicos de cremação de hereges. A cena, como destaca a nota ao pé da quarta capa, é anacrônica, de vez que são Domingos (de Guzmán), que nela aparece com destaque, presidindo o evento, morrera doze anos antes de instituída a Inquisição. De qualquer modo, ali está retratado o espetáculo da execução dos hereges, não muito diferente, em essência, dos que eram promovidos para o público romano de outrora.

É passada a hora de fazer acusações, definir culpabilidades ou prolatar sentenças condenatórias. Não estamos aqui como juízes, mesmo porque a própria Igreja tem expressado publicamente alguns pedidos de perdão.

A Cruzada contra os cátaros, por exemplo, não se limitou a exterminar os hereges. Também católicos foram destroçados, multidões deles, até mesmo quando buscavam refúgio em igrejas, como em Béziers. Consultado a respeito de como proceder para distinguir católicos e heréticos, Arnaud Amaury, abade de Cîteaux e legado papal, teria solucionado o problema de modo radical: "Massacrem todos! – comandou ele. Deus saberá quais são os seus."

Não há autencidade histórica para a frase, que pode ter sido inventada por algum cronista, mas o espírito foi esse, mesmo porque, no fragor dos assaltos, não havia como distinguir uns dos outros. E ninguém ali estava cogitando de fazer triagem para evitar o sacrifício de inocentes.

Além das matanças, a campanha desestabilizou as estruturas social, política e econômica da região. A duras penas e no correr dos tempos, a vida iria se recuperando lentamente dos desacertos que lhe foram impostos, mas as cicatrizes e deformações que ficaram no corpo e na alma dos tempos – e da Igreja dominante –, tornaram-se marcas indeléveis, testemunho vivo de uma total alienação entre a doutrina de amor e tolerância ensinada pelo Cristo e as atrocidades praticadas em seu nome por aqueles que se punham como seus representantes na Terra.

A história não deve e não precisa, como fez a Inquisição, desenterrar cadáveres para queimá-los nas fogueiras do ódio póstumo fantasiado de defesa da fé, mas a memória das gentes deve ficar atenta para que horrores daquela natureza não mais se repitam. Não é necessário condenar os mandantes dessas barbaridades, dado que o próprio ato

Queima de hereges, pintura encomendada por Torquemada a Pedro Berruguete, 1490, Museu do Prado, Madri

praticado é, em si mesmo, sentença inapelável a ser cumprida pela dor ou pelo amor em algum tempo no futuro que está à espera de todos nós.

A leitura número mil e um

Antes de prosseguir, me parece oportuna uma visão retrospectiva do movimento cátaro.

Por alguns séculos, as seitas heréticas do sul da Europa despertaram apenas o interesse moderado e ocasional de uns tantos eruditos curiosos e nem sempre suficientemente preparados para uma boa análise do fenômeno. É preciso, por outro lado, admitir que as fontes primárias de informação eram escassas e não muito confiáveis, dado que iam dar, usualmente, em documentos e registros criados por aqueles que se incumbiram de sufocar o movimento ainda no nascedouro, antes que se tornasse ameaça mais concreta ao sistema religioso dominante.

Em muitas regiões, as heresias extinguiam-se prontamente e passavam mais ou menos despercebidas, como eventos localizados, sem maior expressão histórica.

Na resenha que preparou para seu livro, Arno Borst cita uns poucos autores – geralmente eclesiásticos – como Rudolf der Kahle (morto em 1046 ou 1049), um monge clunisiano errante que se dedicou a um estudo mais amplo sobre os heréticos que considerava, indiscriminadamente, "precursores do Anti-Cristo." Teria sido esse mesmo Kahle quem, pela primeira vez, se propôs a refutar as teses heréticas.

No dizer de Anne Brenon (p. 40), o primeiro documento histórico conhecido que se refere a "uma heresia dualista, pregada em Bizâncio e na Bulgária, pelo papa Bogomil (Amigo de Deus)", foi uma carta subscrita por Cosmas, o Padre, e datada do ano 970.

Segundo ela, o catarismo surgira cerca de vinte anos antes de forma já perfeitamente reconhecível, numa ampla área geográfica que ia da Itália à Renânia, da Champagne à Aquitânia, passando por Orléans e Toulouse.[2] Tinha, portanto, o formato de um movimento articulado, aparentemente programado para surgir, ao mesmo tempo e com as mesmas ou muito semelhantes características, no início do segundo milênio.

Isso quer dizer que o catarismo ensaiava seus primeiros passos, mas ainda não era conhecido por esse nome. O termo seria empregado pela primeira vez, em 1163, nos escritos de Eckbert, cônego da catedral de Schönau, que demonstra certo grau de familiaridade com a seita.

Em debate com os hereges em Bonn, anota meticulosamente seus argumentos. Em outro encontro em Mayence – eram cerca de quarenta hereges –, a polêmica teria ficado mais acesa e o diligente cônego os fez expulsar da cidade. Foi nos sermões que redigiu para combater a heresia que, no dizer de Brenon (p. 46), surgiram "a palavra e a etimologia que estavam destinadas a tamanho sucesso: "Esses heréticos – escreveu Eckbert – não hesitam em se intitular *Catharos*, isto é, Puros."

---

[2] Quem mais minuciosamente estuda a distribuição geográfica e histórica do catarismo é Jean Duvernoy. Seus livros – um sobre a parte religiosa, outro sobre a história – tornaram-se clássicos da literatura especializada.

Os Cátaros e a Heresia Católica ✠ 37

Ironias semelhantes ou ainda mais ásperas e até cruéis figuram com relativa frequência na documentação histórica sobre os cátaros, maciçamente de autoria dos severos e poderosos adversários católicos da seita.

Para a Inquisição, mais tarde, os *parfaits* e as *parfaites* seriam os heréticos consumados, (*perfectus*, acabado, pronto) para serem entregues ao famigerado "braço secular". Trata-se de expressão eufemística atrás da qual se tentava esconder a óbvia e cruel verdade do assassinato das vítimas. A Igreja incumbia-se do procedimento – a perseguição, o interrogatório, a tortura e a condenação do herege – mas, tecnicamente, não se responsabilizava pela execução, que ficava aos cuidados das autoridades civis. Chegava-se ao detalhe de recomendar a estas que não lhe derramassem o sangue. Ou seja, podiam matar à vontade – e era para isso que o herético lhes era encaminhado – mas, por favor, não com derramamento de sangue. O método mais prático era, portanto, o da fogueira.

Lemos, contudo, no dramático depoimento da sra. Smith – a antiga Puerília de Roger-Isarn [Ver Arthur Guirdham, *The cathars and reincarnation*] – que, à medida que seu corpo ia sendo consumido pelo fogo, o sangue pingava das veias rompidas e chiava nas brasas. Tudo quanto ela desejava naquele momento de desesperada agonia era ter sangue suficiente para apagar as chamas.

Somente um século depois de Rudolf der Kahle, citado por Arno Borst, é que o termo *cátaro* começou, portanto, a se tornar conhecido. De qualquer modo, o autor alemão está certo em afirmar (p. 10) que, "para seus contemporâneos católicos, os hereges constituem mais objeto de curiosidade e de horror do que tema para estudos sérios".

Brenon recolheu, no entanto, como também Borst, numerosos documentos sobre a nova heresia, principalmente de autoria de prelados católicos com ela envolvidos, mas não faltaram entre tais notícias históricas textos de cronistas laicos.[3] Brenon cita vários deles – Adhémar de Chabannes, Raoul Glaber e André de Fleury[4] e outros. Estes cavalheiros, certamente de boa cepa católica, denunciavam com azedo zelo – se me

---

[3] Convém lembrar ao leitor e à leitora que é cronista, hoje, aquele que escreve crônicas, estilo literário leve, destinadas usualmente ao jornalismo, mas, nas suas origens, a crônica era uma "narração histórica, ou registros de fatos comuns, feitos por ordem cronógica", como ensina Aurélio. Os antigos cronistas eram, portanto, historiadores. Como um pouco – não muito – de erudição cai bem, pode-se acrescentar que *Chronos*, um dos numerosos deuses gregos, era o patrono do tempo.

[4] Não faltam representantes da família Fleury na história francesa. Todos eles, suponho eu, antepassados do caro amigo Euclides Fleury, que muito colaborou comigo para guiar meus

permitem o zumbido da expressão –, o censurável procedimento dos pregadores maniqueus que, no dizer de Adhémar, negavam a cruz e a doutrina católica, seduziam o povo em Toulouse e na Aquitânia, "tinham o ar de monges e fingiam a castidade". Acrescenta que esses heréticos foram queimados em Toulouse, o que permite a Brenon situá-los no tempo, entre 1015 e 1025.

Isto quer dizer que já naquele tempo se queimava gente pelo simples fato de pensar de modo diferente.

Esse mesmo Adhémar refere-se a manifestações heréticas em Orléans, em 1022. Desta vez, segundo o escandalizado cronista, não foi só a gente do povão que os tais pregadores seduziram com suas falas, dado que encontraram heréticos até mesmo entre "elevados membros do clero da catedral". O rei Robert, o Piedoso, que fazia de Orléans a capital de seus domínios, mandou queimar dez cônegos que, no dizer de então, "tinham o ar mais religioso do que os outros, tendo sido comprovado que eram maniqueus" (p. 40).

Outros cronistas declaram que dois entre esses dez cônegos condenados figuravam entre os mais sábios de Orléans, notadamente Etienne, "o próprio confessor da rainha Constance". Um escândalo! O que demonstra, aliás, que os pregadores heréticos estavam bem preparados para a tarefa de uma inteligente argumentação que, a despeito dos riscos de vida envolvidos, convencia até prelados de elevado nível intelectual e hierárquico.

Ao norte da Itália também já se queimavam heréticos por esse tempo, como aconteceu entre 1030 e 1040, em Milão. Junto com eles foram incinerados Gerald, o heresiarca – fundador da seita – e até a condessa local.

No entender de Anne Brenon, o catarismo já estava lá, de corpo inteiro. As práticas e os ensinamentos eram os mesmos, como assinala Jean Duvernoy: a imposição de mãos, o *consolamentum*, o estudo dos Evangelhos e das Epístolas, a continência sexual, a abstinência de produtos de origem animal, a rejeição ao batismo pela água, à eucaristia e à própria cruz. Os cátaros, mesmo antes de serem conhecidos por esse nome, queriam um Cristo vivo, sobrevivente e participante, ainda ensinando e exemplificando pela palavra preservada nos textos evangélicos.

É preciso lembrar, ainda – e disso também fala Anne Brenon (p. 41) –, que foi por essa mesma época, aí pelo ano 1025, que o bogomilismo se constitui em igreja através da Macedônia e da Bulgária. Não há dúvida: o

primeiros passos ainda incertos na busca pela realidade espiritual de maneira racional e pelos caminhos adequados.

catarismo brotava por toda parte com surpreendente vigor e inesperada e inexplicável coerência doutrinária. Com o que, uma vez mais, evidenciam-se um planejamento global e prévio e uma consistência ideológica praticamente uniforme, quanto às variadas emergências histórico-geográficas.

Nos próximos três quartos de século, a partir de 1050, os cronistas deixaram um tanto à margem os hereges ditos maniqueus para cuidar de assunto mais palpitante – o da reforma gregoriana, com a qual a Igreja pretendia refazer sua própria maquiagem. Essa aragem de esperança – suspeita Brenon – de uma renovação oficial do cristianismo talvez tenha criado expectativas demasiado otimistas entre aqueles que tentavam fazer exatamente isso, ou seja, purificar, clarear, devolver o cristianismo à sua espontânea beleza e simplicidade primitivas.

Infelizmente, as expectativas não se confirmaram e, cessada a brisa da esperança, a partir dos anos 1130/1140, grupos organizados ressurgem por toda parte. Daí em diante, os documentos se tornam "mais abundantes, mais variados e mais explícitos".

Brenon, que não disfarça suas simpatias pelo catarismo, observa que os heréticos que figuram nas crônicas desse tempo assumem feição própria e adquirem denominação identificadora, tanto no Oriente quanto no Ocidente.

E começam a tomar posições mais nítidas no contexto político-social. À exceção de grupos constituídos por pessoas de mais elevada condição, como os de Constantinopla – informa Brenon (p. 44) –, os novos cristãos da Bósnia vêm das classes menos favorecidas e mais exploradas da sociedade, e "assumem caráter subversivo em relação aos poderes constituídos". Ou seja, não se contentam em reformular o cristianismo, querem também novo modelo político-social, nova economia, novo mundo, onde todos possam viver em paz com Deus e seus semelhantes.

É oportuno assinalar neste ponto que o movimento ideológico suscitado por Jan Huss, no século 15, assumiria características semelhantes, extrapolando a área puramente religiosa para envolver-se no debate político-social, com vistas a uma reformulação ampla e profunda do modelo administrativo da sociedade, a começar pela educação. Esta, aliás, foi uma das tônicas da Reforma Protestante, no século 16, que assumiu como tarefa prioritária a reestruturação do ensino.

Apenas para lembrar: Huss, como os cátaros antes dele, foi também queimado vivo, em 1415. Pelas mesmas razões e da mesma maneira, seu amigo e discípulo Jerônimo de Praga foi executado pelo fogo no ano seguinte.

Outra curiosidade: Huss renasceria no início do século 19, em 1804, como Dénizard Rivail, o futuro Allan Kardec, para dar prosseguimento ao seu projeto renovador. A fogueira consome a matéria que constitui o corpo físico das pessoas, não o ser espiritual e nem as ideias que trazem para implementar no planeta que nos tem servido de morada desde tempos imemoriais.

Na pesquisa de regressão de memória que realizamos em 1967, Luciano dos Anjos, vasculhando os arquivos psíquicos de sua participação na Revolução Francesa, lembra o audacioso aparte que ele, então como Camille Desmoulins, fez às acusações de Robespierre. "Queimar não é responder!" – gritou do auditório.

Não se poderia dizer que o aparte custou-lhe a vida, porque Camille já estava 'marcado' para morrer, ainda que não explicitamente, mas deu ao "Incorruptível" a esperada deixa para mandá-lo logo para a guilhotina. Ver, a propósito, o livro *Eu sou Camille Desmoulins*.

Tanto os cátaros como Huss e Jerônimo de Praga e outras milhares de pessoas sacrificadas na fogueira porque contestavam ideias tidas por indiscutíveis provaram que o fogo realmente não responde a nada, senão dizendo 'sim' à intolerância.

À medida que lança suas raízes em solo fértil, cresce e floresce por toda parte, mostra sua cara e seus propósitos, fala sobre sua ideologia e cuida de suas práticas religiosas, a heresia 'maniqueísta' começava a assustar os poderes constituídos, especialmente a Igreja.

De início ainda foi possível ir exterminando pelo fogo pequenos grupos constituídos, aqui e ali, tratando a heresia como surtos mais ou menos localizados e ainda sob controle. Aí pela primeira metade do século 12 não é mais possível, no entender de alguns prelados mais atentos e radicais, contemporizar com o crescente movimento herético.

Entre 1135 e 1139, o arcebispado de Colônia e seu bispado de Liège despertam para o risco de verem crescer a olhos vistos a "nefasta heresia" a espalhar 'blasfêmias' por toda parte, como se lê na comunicação que o capítulo da catedral de Liège envia ao papa Lucius II, em 1145, juntamente com um "herético penitente" por nome Aimeric (Brenon, p. 45).

Os heréticos – denuncia o documento – negam a remissão dos pecados pelo batismo, consideram inútil o sacramento da eucaristia, tanto quanto a imposição de mãos por parte dos bispos na consagração de novos prelados e afirmam que ninguém receberá o Santo Espírito sem o mérito adquirido pelas boas obras, ou seja, pelo bom comportamento.

Os Cátaros e a Heresia Católica 41

Para eles, o juramento é crime. E mais: que não há outra igreja legítima senão a deles. Têm até "prelados como nós" – algo inconcebível para a época –, queixam-se os escandalizados autores da acusação.

Pelo que denuncia a carta, a heresia difunde-se a partir de florescente núcleo localizado em Mont-Aimé. É esse mesmo Mont-Aimé – lembra Brenon – que vamos reencontrar, cerca de um século mais tarde, "na sinistra crônica da repressão católica em grande escala".

Há outro documento daquela mesma época (1143) e da mesma região (Colônia) e com semelhantes acusações. Desta vez, é uma carta de Everwin, prior dos premonstratenses[5] de Steinfeld, dirigida a Bernardo de Clairvaux (1090-1153), que Borst identifica (p. 12), como "o homem que reinava sobre a cristandade e que havia sustentado debates pessoais com os cátaros no sul da França e os conhecia bem". Não é exato, porém, que, ao receber a carta, Bernardo já houvesse estado no Languedoc, aonde ele iria somente cerca de dois anos depois, em 1145. (Conversaremos sobre isso mais adiante.)

O diligente prior se mostra consternado na sua carta ao futuro santo. A seita herética havia sido descoberta recentemente – informa – e alguns deles compareceram à igreja local, sendo que dois, o que passava por bispo e seu companheiro, empenharam-se num debate com prelados e leigos, na presença do senhor arcebispo e grandes nobres católicos. E defendiam – continua Everwin – a heresia com palavras do Cristo e do Apóstolo. (Os evangelhos e as epístolas, presumivelmente as de Paulo).

Por isso, adianta a carta, foram levados à fogueira e queimados.

"O que é mais admirável – espanta-se – é que não apenas suportaram o suplício do fogo com paciência: eles o fizeram com alegria..." Algo absolutamente inconcebível!

Não sei se estaria eu lendo na carta do excelente prior mais do que ela quer dizer, devo, contudo, comentar que sinto perpassar pelo texto mais do que a expressão de uma perplexidade, um testemunho de admiração e até de respeito pela bravura daquela gente que morria feliz pelo Cristo.

> Os que vieram à igreja [conclui o autor da carta] nos disseram que eles constituem uma multidão espalhada por toda a parte e que têm com eles muitos de nossos clérigos e monges. Os que foram queimados nos disseram, em sua defesa, que essa heresia permanecera escondida até agora desde o tempo dos apóstolos e

---

[5] Ordem religiosa fundada por são Norberto. Prior, como se sabe, é o superior de um convento de monges.

que se conservou na Grécia e em outros países. Esses heréticos se dizem 'Apóstolos' e têm seu próprio Papa. (Brenon, p. 45)

O documento, muito bem analisado por Anne Brenon,[6] declara que os heréticos "foram arrancados à força pela multidão e levados à fogueira, a despeito de que alguns clérigos eruditos pareciam interessados no debate e na troca de argumentos". Isto, no entender de Brenon (p. 46), demonstra claramente a consciência que tinham tais "sucessores dos apóstolos" de pertencer a uma "Igreja universal". Sabiam ainda que seus companheiros "estavam espalhados bem além da Renânia até a Grécia e que reivindicavam, sem ambiguidades, a sucessão apostólica".

Em suma, os cátaros, nas suas diversas denominações locais e a despeito de diferenças doutrinárias – não muito significativas, aliás –, constituíam, àquele ponto, um movimento de grande porte espalhado pelo mundo, senhores de uma ideologia consistente, bem fundamentada nos textos evangélicos e exposta de maneira lúcida e convincente. Mostravam-se cultos, de comportamento pessoal irrepreensível e tinham dos problemas humanos uma visão espiritual que parecia ressurgir, com eles, de outros fracassos históricos no passado.

Leiam este antológico texto que Anne Brenon oferece à página 58 de seu livro: "Abramos os livros cátaros, ouçamos o que seus adversários encontraram para responder à sua lógica de fria luminosidade: *tanta esperança espiritual dorme ainda à margem de seus manuscritos de que mil leituras atentas ainda não se deram conta.*" (Destaquei, por óbvias razões.)

Houve um tempo em que supunha, na minha visão doutrinária, que eu estaria identificando no catarismo mais denso conteúdo espiritual do que realmente lá estivesse. Suspiro, aliviado, ante a competente avaliação de Brenon, que acrescenta, para encerrar: "A esperança não tem idade, ainda que as palavras a tenham. A Idade Média fez calar os cátaros e isso constitui razão suficiente para tentar restituir-lhes a palavra."

Também esse, em escala bem menor, é o meu propósito neste livro. Não tenho a erudição histórica dos autores em que me apoio para escrever estas reflexões e nem acesso às suas fontes ou o alcance da cultura pessoal de cada um deles e delas. Estou me valendo do que nos ensinam para tentar ouvir os que os cátaros disseram antes de serem obrigados a se

---

[6] Ver (apud Michel Roquebert, p. 53) "*La lettre d'Everwin de Steinfeld à Bernard de Clairvaux: un document essentiel et méconnu*", na revista *Heresis*, número 25, de dezembro de 1955), pp. 7-28.

calar pelo fogo que consumiu seus corpos. Estou em busca da leitura mil e um do que, no poético dizer de Brenon, dorme ainda à margem de seus manuscritos. Também acredito, como ela, que a esperança não tem idade. Um dia a realidade espiritual encontrará, afinal, seu nicho definitivo na mente e no coração de todos nós. Os cátaros voltarão a falar e não mais se calarão, ainda que sob outro nome, em outras terras e tempos.

O cenário geopolítico

Estávamos falando dos cátaros e do Languedoc como se já soubéssemos quem são eles, como surgiram na história, o que realmente pensavam e pretendiam e que região é essa que adotou o nome de Languedoc.

Dos cátaros, já sabemos um pouco; vejamos agora o contexto em que viveram, especialmente ali, no sul da França, onde mais intensa e bem-sucedida foi a atuação da heresia.

Desejo ressalvar que a palavra 'heresia' é utilizada aqui com muitas e graves restrições.

Recorrendo ao *Aurélio*, aprendemos o seguinte: *Verbete: heresia[Do gr. haíresis, 'escolha', pelo lat. haeresis + -ia.] S. f.1. Doutrina contrária ao que foi definido pela Igreja em matéria de fé.2. Ato ou palavra ofensiva à religião.3. Fig. Contra-senso, tolice.*

Como se pode ver, o termo não possuía, nas suas origens, qualquer conotação pejorativa ou discriminatória. *Heresia*, que herdamos do grego, através do latim, queria simplesmente significar uma escolha. Quem escolhe, logicamente, está no exercício de sua liberdade de optar por uma ou mais de várias alternativas. Tal liberdade, contudo, não era concedida e nem tolerada pela Igreja. O herético ou herege não seria, pois, e necessariamente, aquele que prefere uma doutrina *contrária* à da Igreja ou *ofensiva à religião*, e sim uma doutrina, prática ou ensinamento *diferente* daqueles que a Igreja tenha resolvido definir como padrão.

Ofensiva à religião por quê? Só existe uma religião? A minha não pode ser diferente? Sendo diferente, tem de ser necessariamente contrária? A diferença de avaliação tem de gerar obrigratoriamente um conflito e degenerar-se em confronto armado?

No contexto deste livro, portanto, as palavras *heresia, herege* ou *herético* estarão sendo empregadas como simples rótulos, pela força da tradição histórica, mas sem qualquer conotação discriminatória. O depoimento praticamente unânime dos historiadores especializados nos convence de

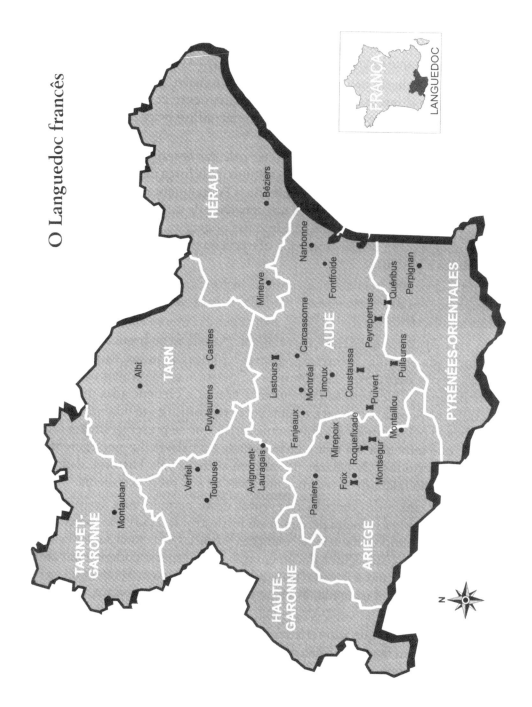

que o catarismo apresentava-se com conteúdo muito mais próximo das origens e, portanto, mais cristão do que o modelo que a Igreja – mais que oferecia ou propunha –, impunha como verdade única e absoluta.

Outro aspecto: mencionei a tradição histórica como força consagradora das expressões em discussão e isso é verdadeiro, mas a afirmativa pede algumas ressalvas significativas.

A visão histórica que temos do catarismo é a que ficou predominantemente documentada em bulas, decretos, registros, crônicas, estudos, cartas e relatos de autoria de representantes da hierarquia eclesiástica, desde o mais obscuro pároco até o papa, ou de pessoas intimamente ligadas e credenciadas pela Igreja. Esse retrato, obviamente parcial e muitas vezes rancoroso e até odiento, é ampliado e retocado pelas numerosas atas inquisitoriais que se preservaram nos arquivos. Mas o que temos na sua quase unanimidade é a palavra dos perseguidores e não a dos perseguidos. Os cátaros passam em silêncio pela História, dado que praticamente não falam de si mesmos nos anais de sua própria tragédia.

A versão cátara dos dramáticos eventos desse período ou a avaliação que possam ter elaborado a respeito perdeu-se ou foi destruída. Não creio, porém, que eles tenham tido tempo suficiente e condições propícias à elaboração de registros dessa natureza. Se existe alguma documentação dessa espécie poderia estar entre o material que constituiu o famoso 'tesouro' cátaro, retirado secretamente, na calada da noite, para local ignorado, às vésperas da queda de Montségur, em 1244.

Há algumas décadas, escrevi um pequeno artigo intitulado *Bem-aventurados os heréticos*, para dizer que não teríamos o cristianismo se o Cristo não houvesse sido um herético em face da religião dominante em seu tempo. Tanto quanto me é dado saber, parece que eu mesmo tenha sido marcado pelo estigma da heresia, em algumas de minhas passagens pela Terra, em vidas que se foram.

Feito esse preâmbulo, que acabou ficando mais longo do que eu pretendia, retomenos a proposta de um exame do contexto geográfico, histórico e sociopolítico em que a heresia cátara fincou suas raízes, "verdejou", no dizer do cronista, floresceu e, finalmente, foi implacavelmente esmagada. A história do catarismo é a de um sonho que virou pesadelo.

O Languedoc, região localizada no sul da França, compõe-se dos seguintes departamentos:[7] Hérault, Gard e Ardèche e partes do Alto Loire,

---

[7] *Départment* é o nome atribuído, na França, às diferentes divisões territoriais que compõem o país, ou seja, o que seriam os estados no Brasil e nos Estados Unidos, por exemplo.

Lozère, Tarn, Tarn-et-Garonne, Alto Garonne e Arriège. A configuração atual não difere da que predominava na antiga província, que, por sua vez, era parte integrante da província romana da Gallia Narbonensis, que ligava a Itália à Espanha.

Se você prestar atenção ao nome Languedoc, perceberá que ele é formado pela expressão *langue d'oc*, ou seja, a *língua do oc*. O nome da língua falada por um povo está usualmente associado ao nome do próprio país – o português a Portugal, o inglês à Inglaterra ou o francês à França e assim por diante. No caso específico que estamos examinando, o Languedoc poderia ser caracterizado como aquela região na qual o povo usava a palavra *oc* para dizer *sim*, ao passo que mais ao norte, na França, o *sim* dizia-se com o termo *oïl*.[8] A língua do *oc* era também conhecida como occitano, da palavra Occitânia, que, por sua vez, foi o nome atribuído pelos romanos à região a fim de distingui-la da Aquitânia. Na antiga Occitânia, que incluía o Limousin, o Languedoc, a antiga Aquitânia e parte dos Alpes franceses, a língua comum era o occitano, dialeto derivado do latim, naturalmente, como todas as demais línguas românicas, o português inclusive.

De qualquer modo, occitano e languedociano (ou língua do oc) são tratados como sinônimos nas fontes que consultamos para escrever este livro que você está lendo.

Original maneira de distinguir duas línguas e duas regiões diferentes! Ficamos, então, com a pergunta: "Mas o Languedoc não integrava o território francês?" A resposta é sim e não, mais não do que sim.

A partir do século 13 – esclarece a *Enciclopédia Britânica* (a eletrônica) – passou a chamar-se Languedoc o território do vasto condado feudal de Toulouse, que incluía toda a área geográfica onde se falava o languedociano (ou occitano).

Se a coisa está lhe parecendo confusa, não se aflija – ela é, de fato, confusa em vista das complexidades das estruturas político-jurídicas e dos costumes medievais.

Ficamos sabendo, por exemplo, que, a despeito de toda a amplitude do território que possuíam nominalmente, o poder dos condes de Toulouse era consideravelmente limitado pelas peculiariadades do sistema de vassalagem.[9] Isso porque os demais nobres ou proprietários de territórios dentro do condado deviam, teoricamente, obedidência ao seu titular, mas

---

[8] Pronuncia-se tal como em português, por causa do trema sobre o 'i'. No francês contemporâneo, 'sim' é expresso pela palavra 'oui', evolução da forma medieval 'oïl'.
[9] Verbete: vassalagem S. f.1. Estado ou condição de vassalo.

conservavam parte substancial de suas respectivas autonomias. Tecnicamente o vassalo – como ensina Aurélio – era "aquele que dependia dum senhor feudal, a quem estava vinculado por juramento de fé e homenagem". Ou seja, era um feudatário, um súdito, subordinado e, em muitos casos, pagava até tributos. Tal subordinação, no entanto, poderia ser meramente formal, sem qualquer compromisso maior. Este tipo de vassalagem independente era praticado pela Igreja, que tinha a posse e o uso de vastas propriedades dentro dos condados, ducados ou principados e não estava sujeita a prestar contas a ninguém, senão às autoridades religiosas, desde o bispo até o papa.

Além disso, as pequenas cidades que começaram a se desenvolver dentro do sistema escolhiam suas próprias autoridades locais e mantinham sua autonomia em relação ao senhor feudal, no caso específico, o conde de Toulouse.

Vimos que o território que constiuía o Languedoc fazia parte integrante da província romana da Gallia Narbonenses, que se estendia da Itália até a Espanha. Isso desde o ano 121 antes do Cristo. Roma era a senhora do mundo e exercia profunda influência cultural em seus domínios.

Mas os povos, como as pessoas, nascem, vivem e morrem, por mais poderosos que sejam. E quanto mais alto subiram na escalada do poder, maior e mais desastroso o tombo. As sucessivas invasões dos chamados povos bárbaros promoveram o desmantelamento do Império Romano; a antiga província passou ao controle dos visigodos, no século quinto, sendo no século sexto parcialmente conquistada pelos francos (futuros franceses). A Septimânia, uma faixa junto do mar, foi também conquistada parcialmente pelos árabes, na sua rápida expansão pelo mundo, no início do século oitavo. Em 759 os francos retomaram esse território, que, durante o governo dos reis carolíngios (pertencentes à dinastia do imperador Carlos Magno), funcionava como faixa de proteção à Aquitânia. A região toulousiana foi anexada àquele território em 924, data que marca a origem do condado de Toulouse. Em 1050, os condes de Toulouse eram senhores não apenas da Toulousiana e Septimânia, mas também, de Quercy, Rouergue e Albi, mais para o norte, donos, portanto, de um dos maiores territórios da França.

A *Britannica*, cujo verbete *Languedoc* estamos consultando para esta notícia sumária, informa que foi aí pela metade do século 12 que os cátaros – uma seita maniqueísta – ganharam o suporte dos nobres da região. Esse tipo de apoio pode realmente ter-se tornado mais visível por essa época, mas Zoé Oldenbourg, por exemplo, indica na sua tabela cronológica o ano 1002 para as primeiras execuções de cátaros em Orléans e Toulouse, onde dez cônegos da igreja de Sante-Croix foram queimados vivos. No concílio de Reims, em 1049, pela primeira vez, surge a denúncia oficial do surgimento da nova seita herética na França.

A heresia expandia-se assustadoramente, dado que no concílio de Tours, em 1163, foram renovadas as denúncias sobre "os progressos ameaçadores da nova heresia (o catarismo)" (Oldenbourg, p. 551).

Na verdade, não há como acompanhar a dramática história dos cátaros através de simples leitura de uma tabela cronológica. O tema é muito mais complexo do que parece e isto se pode verificar pela abundante literatura hoje existente sobre eles, muita da qual com dados nitidamente revisionistas, que alteram substancialmente as avaliações iniciais de historiadores mais antigos. Michel Roquebert, para citar apenas um e dos mais recentes, ao lado de várias obras de fôlego, exclusivas ou em colaboração com outros autores, escreveu entre 1970 e 1998, cinco volumes sobre a epopeia cátara, com cerca de três mil páginas. A sua *Histoire des cathares*, como vimos, é um grosso volume de mais de 500 páginas e saiu em 1999. Acrescentemos outros monstros sagrados como René Nelli, Jean Duvernoy, além da própria Anne Brenon.

Acabamos de ver, por exemplo, que a *Britannica* se refere ao catarismo como seita maniqueísta.[10] Lemos, contudo, em Anne Brenon – *Le vrai visage du catharisme*, p. 28 –, que, "em plena Idade Média cristã, os cátaros pregam exclusivamente as escrituras cristãs: nem uma frase da abundante literatura religiosa de Mani, que era, no entanto, bastante difundida em todo o Oriente (foi traduzida até para o chinês) e não é copiada ou utilizada por nenhum pregador cátaro".

Na verdade, a dificuldade em avaliar corretamente o que se passou na história com os cátaros e as demais seitas paralelas reside, precisamente, na abundante e, com frequência, contraditória literatura sobre o assunto.

Brenon se mostra particularmente interessada, no seu premiado livro (*Prix Notre Histoire*, 1990), em mostrar, como diz o título, a "verdadeira face do catarismo". Empenhou-se, pois, em desembaraçá-lo de especulações fantasistas, que considera, à sua maneira criativa de escrever, "interpretações oníricas", empenhada em difundir um "catarismo exótico". Que o catarismo tenha sido dualista, não há dúvida, mas que se tenha caracterizado como maniqueísta, não.

[10] O maniqueísmo será melhor analisado a partir da página 84 (Capítulo 6).

Retomaremos o assunto, para exame mais detido de tais aspectos.

Foi essa a nova religião que se inseriu no Languedoc.

Para encerrar – provisoriamente, já se vê – estas notas falta dizer que foi ali que se desenrolaram os episódios mais dramáticos do confronto da heresia com a religião dominante. Sem dúvida, no entanto, o catarismo não é fenômeno histórico-religioso puramente languedociano. Anne Brenon recomenda, logo no início de seu livro, "abrir os horizontes", a fim de entendê-lo melhor. ".. o catarismo – escreve (p. 17) – não se apresenta como fenômeno isolado nem no espaço nem na História, nem no tempo".

A avaliação da autora é correta e confere com a opinião do autor do texto impresso na quarta capa da tradução francesa da obra de Arno Borst, como vimos.

O florescimento da seita cátara e sua brutal eliminação projetou profundas alterações na geografia política do Languedoc. A cruzada lançada pelo papa Inocêncio III, em 1209, duraria, em diferentes campanhas, até meados do século. O vasto condado de Toulouse passou das mãos de seus

Papa Inocêncio III
(afresco do Mosteiro de São Bento, em Subiaco)

titulares para as de Simon de Monfort, o comandante militar da Cruzada. Em 1222 parte do condado retornou aos antigos titulares, na pessoa de Raymond VII. No esforço de tentar preservar o título e as propriedades na família, Raymond concordou – e tinha como recusar? – em casar sua filha Jeanne com Alphonse de Poitiers, irmão do rei Luís IX, o futuro são Luís. Bem que tentou, num segundo casamento, um filho homem, que lhe proporcionasse remota e improvável oportunidade de reverter as antigas e duras cláusulas do tratado que assinara com a França. Não deu certo. O casal morreu sem herdeiro masculino e o que restava do antigo condado passou tecnicamente à propriedade de Jeanne. Com a morte de Jeanne e o marido, em 1271, também sem herdeiros, o condado foi anexado, afinal, pela coroa francesa.

O Languedoc continuou sob a pressão da má sorte. Na Guerra dos Cem Anos, não apenas sofreu invasões pelo oeste, mas penou sob a ganância e a corrupção dos representantes do rei francês, que chegaram a suscitar violentas manifestações de protesto do povo, cansado da extorsão. Seguiu-se uma rebelião de camponeses, a dos *Tuchins*, entre 1382 e 1383.

No século 15, o Languedoc foi reestruturado administrativamente como governo, e do século 16 em diante, em *généralités* (generalidades), a de Montpellier e a de Toulouse. Houve durante a Guerra dos Cem Anos (1337-1453) um esboço de autonomia local que assegurava alguns privilégios, como o poder de tributação. Somos informados de que somente o Parlamento de Paris era mais importante do que o de Toulouse, instituído em 1443. O sistema durou até o advento da Revolução Francesa em 1789.

No século 16, o Languedoc – novamente às voltas com seitas e 'heresias' – tornou-se importante núcleo do protestantismo francês. E uma vez mais as autoridades laicas, como no passado, colaboraram com as religiosas no sentido de tentar impor o catolicismo, o que precipitou a reação dos *Camisards*, camponeses protestantes.

Quanto à geografia física, o Languedoc é formado pelas terras baixas mediterrâneas da França, que se estendem dos Pireneus cerca de 200 quilômetros no sudoeste até a margem direita do rio Ródano e, na direção norte, até a sua junção com o rio Isère. A presença da malária desencorajou o desenvolvimento da região até o século 19. Por isso, as cidades mais antigas ficam predominantemente no interior, longe do mar.

O catolicismo é majoritário na baixada além das montanhas de Cévennes. Há, contudo, núcleos protestantes em torno de Florac, em Lozère e Vignan, Nîmes e Arlès, no Gard. O catolicismo tem presença mais forte no maciço central e menos significativa nas planíces. No Gard há numerosos grupos de maçons, enquanto que emigrantes repatriados da Argélia e imigrantes espanhóis e italianos se fixaram no Haute-Garonne, Hérault, Gard e Tarn. Informação adicional da *Britannica*: o Partido Comunista conta com numerosos adeptos pelo Languedoc afora. Enfim, uma boa e representativa mistura de ideologias político-religiosas.

Esse é o Languedoc que você encontrará, se resolver visitá-lo neste início de século 21.

Os enciclopedistas da *Britannica* acrescentam algumas informações preciosas e práticas se você quiser mesmo conhecer a bela região, onde a história fala de cada pedra, árvore, montanha ou castelo. E às vezes, em vez de falar, chora. E você ficará sem saber se as lágrimas são de dores ainda não resolvidas ou de saudade.

Eis algumas referências de sabor, digamos, turístico: o Languedoc produz excelente vinho moscatel, sendo de notar-se o *Bristelle*, bebida suave, de fermentação artificialmente interrompida para receber outros tratamentos, antes de pô-lo, como sói acontecer – permitam-me o uso do arcaico e esquecido verbo soer, que quer dizer *como de costume*, ou *como acontece* – em preguiçoso e respeitável sossego para envelhecer no ócio com dignidade.

A culinária local faz abundante uso do azeite de oliva e do alho. Na Cévennes os bons cozinheiros e cozinheiras usam banha de porco. No Languedoc você pode, ainda, provar um bom *aigo bouillido*, preparado com alho e o *oulade*, batata temperada com a carne de porco e várias ervas, provavelmente secretas, como em toda boa receita culinária. Falam-nos, ainda, os autores ou autoras do verbete, que o *aligot* é um purê (desculpe, *purée*) de batata e queijo temperado a alho, naturalmente. Preciosas informações, essas. Boa viagem!

Surpresa final, pelo menos para mim, o ignorante: a língua occitana, que deu nome a toda aquela região meio mágica, continua sendo amplamente falada em torno de Nîmes e Uzès e também no Haute-Loire e em Ardèche.

O verbete específico sobre o occitano – *Occitan language* –, também conhecido como languedoc, como já sabemos, ou provençal, é falado por cerca de um milhão e quinhentas mil pessoas. Isso mesmo: um milhão e meio de pessoas. Toda essa gente usa o francês como língua oficial e cultural, mas prefere os dialetos occitanos no dia-a-dia. Informa-se ainda que a doce língua dos trovadores medievais, tão parecida com o português, não mostra o menor sinal de que esteja em extinção.

Esses modernos dialetos, no testemunho da *Britannica*, pouco mudaram desde a Idade Média, ainda que um tanto influenciados pela permanente convivência com o francês. O occitano se parece bastante com o catalão,[11] mas sua fonologia e sua gramática estão mais próximas do espanhol do que do francês.

Com estas preciosas informações podemos verificar que o Languedoc preserva vestígios dos antigos tempos, quando a mesma língua era falada pela vasta região que incluía expressivas fatias geográficas da Itália, Espanha e França. O bálsamo dos séculos cicatrizou as feridas deixadas pela Cruzada e o vento frio dos Pireneus espalhou pelo ar e pelos campos as cinzas das fogueiras acendidas pela Inquisição. Cinzas de gente! Tudo em nome de Jesus, o Príncipe da Paz... Mas talvez você ainda ouça no gemido daqueles ventos, lamentos de remotas dores que ainda estão doendo...

---

[11] Estou escrevendo os primeiros capítulos deste livro em Caxambu, a bela estância hidromineral do Sul de Minas. Se não estivesse aqui, talvez nem me lembraria de que os proprietários de um dos hotéis locais, que costumávamos frequentar, fossem catalãos. Conversamos sobre o assunto mais de uma vez. Mostraram-me livros e publicações outras na língua deles, aliás, irmã da nossa. E, por associação, surge-me outro episódio ainda mais remoto. Estávamos numa lanchonete no Flushing, bairro de Nova York, onde trabalhei na década de 1950, quando ouvi um casal ao nosso lado conversando numa língua que me parecia extraordinariamente familiar. Pensei até que fossem brasileiros, talvez com algum sotaque. Aproximei-me, curioso, para perguntar. Falavam galego, explicaram-me felizes por nos conhecerem. O galego é mais uma das muitas línguas românicas, ou seja, provindas do latim. Segundo informa o infalível *Aurélio*, foi a que menos evoluiu entre os idiomas da Península Ibérica.

4 – Bernardo vai ao Languedoc

Prometi no capítulo anterior retomar o episódio da participação de Bernardo de Clairvaux para análise mais aprofundada. Recorro, inicialmente, à *Vie de Saint Bernard, abbé de Clairvaux*, de Vacandard e à *Histoire des cathares* (*1145: la mission de saint Bernard*, pp. 54-56), no qual Michel Roquebert cuida do envolvimento do influente monge no problema cátaro. Estou usando deliberadamente o termo *problema*, dado que essa é a dimensão que o movimento adquire dos diversos pontos de vista sob os quais for estudado e não apenas religioso, mas histórico, político, social, cultural e até econômico.

Roquebert, aliás, caracteriza a missão de Bernardo no Languedoc, em 1145, de "particularmente significativa".

Bernardo já se pronunciara acerca das "heresias neomaniqueístas", como se lê em Vacandard (Tomo Segundo, pp. 206 e seg.). É nesse livro que vamos encontrar relato mais minucioso do episódio ocorrido em Colônia, narrado por Everwin, prior do convento de Steinfeld, em carta a Bernardo, como vimos.

Vários heréticos haviam sido encaminhados ao tribunal presidido pelo arcebispo. Ao serem interrogados, alguns deles "reconheceram seus erros – escreve Vacandard (p. 218) e abjuraram". Dois ou três, no entanto, contestaram formalmente as acusações que lhes foram dirigidas.

Submetidos à prova da água fria,[12] fracassaram, com o que se teria evidenciado a culpabilidade deles. Longe de se intimidar, obstinaram-se

---
[12] Consistia essa prova em atirar a pessoa na água de um rio ou mar. Se boiasse, seria considerado inocente, na presunção de estar sob a proteção divina. Se afogasse, era culpado.

São Bernardo: "A fé deve ser obtida pela persuasão, não pela imposição"

destemidamente na sustentação de suas heresias. O texto informa que facilmente os clérigos presentes repeliram a argumentação pretensamente evangélica do acusado que se fazia passar por bispo da seita (provavelmente um *parfait*) e o levaram a calar-se.

Os heréticos solicitaram, então, que lhes fosse permitido tomar por advogados os doutores da comunidade e que se fixassem dia e hora para debate público.

Caso seus defensores perdessem a causa, prometiam submeter-se; do contrário, preferiam morrer do que renunciar às suas convicções.

Não se sabe se lhes foi concedida a defesa solicitada, mas, após três dias de doutrinação e pressão para que abjurassem, os acusados continuavam firmes nos seus propósitos.

Irritado com essa obstinação, o povo precipitou-se sobre eles e – "a despeito da oposição do tribunal", o que é no mínimo duvidoso –, levaram os teimosos hereges para a fogueira, "onde num instante foram tomados pelas chamas".

Profundamente impressionado pela incrível coragem demonstrada pelos heréticos no enfrentamento do suplício, Everwin resolveu escrever a Bernardo de Clairvaux, pedindo-lhe uma explicação para o que lhe parecia inexplicável.

Na melhor tradição de sua época e com a força de sua autoridade, Bernardo respondeu ao perplexo abade de Steinfeld que o demônio havia infundido neles aquela determinação, da mesma forma pela qual inspirara a Judas a disposição para se enforcar.

Não deixou, contudo, de censurar o procedimento adotado. A seu ver, com aquele gesto impulsivo, o povo nada conseguira senão produzir falsos mártires, e nisso havia ultrapassado os limites. "Se aprovamos o zelo religioso demonstrado – escreve Bernardo – não aprovamos de nenhum modo o que foi feito, dado que a fé deve ser obtida pela persuasão e não pela imposição." Se você prefere o latim: "*Fides suadenda est, non imponenda.*" A frase caracteriza uma atitude humanitária, apela à tolerância e marca posição, mas nem sempre ou quase nunca foi praticada, especialmente naqueles duros tempos do crê ou morre.

O autor aproveita o ensejo desse episódio para analisar o pensamento de seu biografado em face dos confrontos heréticos *versus* Igreja católica. Como a Inquisição, de tenebrosa memória, somente seria instituída oficialmente pelo papa Gregório IX, cerca de um século depois, em 1233, o termo, no texto de Vacandard, deve ser tomado no seu sentido primitivo de mera inquirição ou averiguação.

Gregório IX, papa que instituiu a Inquisição, em 1233

Já há algum tempo Bernardo vinha atento ao problema das heresias. Censurava abertamente os bispos e mesmo os nobres leigos pelo descuido ou indiferença ante "as raposas que rondavam a vinha do Senhor". Queria das autoridades presença mais atuante na defesa da Igreja, mas não se esquece de recomendar que os culpados porventura descobertos sejam tratados com doçura. Que sejam conquistados pela força dos argumentos e não pelo poder das armas. Que seus erros sejam refutados e, se possível, reconduzidos ao seio da Igreja católica. Se persistissem em suas heresias, que fossem até excomungados, mesmo que necessário aprisioná-los, a fim de impedir que prosseguissem em sua atividade destrutiva. A obrigação dos que dispõem da espada é a de conter os malfeitores.

> Em suma [conclui o futuro santo], a Igreja e o Estado cristão têm, cada um, seus deveres nitidamente estabelecidos : a Igreja defende seus dogmas pela arma que lhe é própria – a palavra, e o

Estado não intervém senão para proteger o bem mais precioso de sua gente – a fé, aberta ou veladamente atacada.

Vacandard – também sacerdote e autor católico, não nos esqueçamos – entende ser essa a correta e tradicional atitude da Igreja e vai buscar na história eclesiástica atitudes semelhantes à de Bernardo: santo Agostinho, por exemplo, prescreveu a tolerância para com os heréticos de seu tempo, recomendando que fossem tratados com brandura. Mais tarde, desenvolveu o que o autor caracteriza como "uma espécie de teoria das perseguições legítimas", que incluía a famosa entrega ao braço secular (poder civil) como instrumento de intimidação, no esforço de levar o acusado a refletir melhor sobre a questão religiosa. Para ele, contudo, o procedimento tinha de ser circunscrito em bem definidas limitações. Quando lhe foi colocada a questão da pena de morte, Agostinho reagiu com "generosa indignação". "A ideia de que se pudesse derramar o sangue de um cristão em nome da Igreja lhe causava horror." (Vacandard, p. 222)

São João Crisóstomo, outra autoridade invocada pelo biógrafo de Bernardo, é de opinião que "Não se deve matar o herético; fazer isto seria *introduzir no mundo uma guerra imperdoável.*" No entender de Vacandard, Bernardo concorda com tais posições moderadas, mas a "guerra imperdoável" estava para acontecer no Languedoc, a partir de 1209, a menos de meio século após a morte de Bernardo, em 1153.

O monge de Clairvaux não teria, por certo, como impedir a espantosa Cruzada contra os cátaros, verdadeiro massacre de uma comunidade pacífica, num embate sangrento de cristãos contra cristãos. O fato de se caracterizarem os cátaros como integrantes de uma comunidade de heréticos a serem exterminados não muda a condição de que também eles eram cristãos, que simplesmente divergiam em interpretações e posturas adotadas pela Igreja, na leitura que faziam do cristianismo.

Bernardo fazia parte do sistema e também ele assumiu, por vezes, atitudes radicais e intolerantes, naquilo que lhe parecia a defesa da Igreja; concordou até, ainda que relutantemente, em colocar sua convincente oratória a serviço da ingrata causa da segunda Cruzada, empenhada na 'libertação' da Terra Santa –, mas, se dependesse dele, provavelmente a história não teria testemunhado o desolador espetáculo de crueldade promovido, em nome do Cristo, pela Cruzada contra os cátaros, no início do século 13.

Ao adotar as posturas moderadas de Agostinho, João Crisóstomo e outros, se é que a elas acrescenta algo de seu, é, ainda – no entender de

Vacandard (p. 223) – para atenuar as severidades porventura contidas nelas. "É pelo menos duvidoso – acrescenta o biógrafo – que ele concorde em seguir até o fim a teoria agostiniana da perseguição moderada. *Fides* – repete – *suadenda est, non imponenda*." O que ele pede ao poder civil – conclui – "é a proteção à fé dos católicos contra os artifícios abertos ou secretos dos heréticos; o resto é problema da Igreja e somente a ela compete castigar os filhos indóceis ou infiéis", nos termos de seus códigos de direito eclesiástico.

Esse é o homem que vai ao Languedoc em 1145, com o objetivo de trazer de volta ao aprisco da Igreja todos os filhos e filhas transviados que lhe for possível dissuadir. Sem imposições.

Bernardo vinha da tradição de Cîteaux, "ordem fundada – ensina Anne Brenon (p. 20) – com o duplo objetivo de certo despojamento no estilo e na maneira de ser em relação ao luxo e à profusão dos beneditinos, e de um engajamento regular de intelectuais dedicados à pregação ao povo cristão e sobretudo contra os heréticos".

A visita de Bernardo ao Languedoc "foi organizada – segundo Roquebert (p. 54) – por iniciativa do legado pontifício, escandalizado ante a inércia das autoridades locais e pela impunidade de que gozava principalmente Henri de Lausanne", figura notória e popular na região. (Falaremos dele, daqui a pouco.)

Roquebert se confessa em dificuldades, em seu livro de 1999, para explicar tal "permissividade" de parte do poder civil, como também, da parte do povo occitano em geral, em relação às crenças religiosas. Realmente é estranho que numa época de tanta severidade e rigidez da parte da Igreja católica, tenha sido possível criar-se no Languedoc esse clima de tolerância que, de certa forma, estava facilitando a divulgação, implantação e consolidação da 'perigosa' seita cátara.

Como simples espectador do *show* de erudição histórica a que assistimos nos livros especializados na apaixonante saga dos cátaros, arrisco-me a oferecer uma hipótese: teria renascido ali, naquela região, verdadeira multidão de pessoas programadas para atuar em diferentes papéis no desempenho da tarefa de promover uma renovação religiosa. Não se trata, desta vez, de simples reforma. A tônica seria uma passagem do cristianismo a limpo, um retorno às suas origens, às fontes de suas primitivas águas lustrais, que se haviam poluído irrecuperavelmente no correr do tempo. É de se relembrar, neste ponto, a informação de que Paulo é aconselhado pelo Cristo póstumo, manifestado mediunicamente, que não deixasse de ir a Corinto para o trabalho que o aguarda, pois havia lá numerosas pessoas que se comprometeram, antes de renascer, com a tarefa da implantação do cristianismo. É o que se depreende do texto, em que o Cristo informa que existe lá grande número de pessoas predispostas ao acolhimento da doutrina e das práticas cristãs.

De qualquer modo, a "tolerância de fato" que predominava em todo Languedoc causa certa perplexidade em Roquebert. No seu dizer, "ajusta-se mal ao que se sabe ou se acredita saber da mentalidade medieval" (p. 55). Não seria motivada, essa tolerância, por um propósito deliberado de parte dos occitanos em preservar a liberdade de consciência, noção que não fora ainda concebida – "teorizada" é a palavra de Roquebert – naquela época?

À falta de evidências que sirvam de sustentação a qualquer hipótese explicativa, Roquebert sugere (p. 56) que "talvez se tratasse de um valor difuso, uma espécie de 'bem comum', nascido do longo hábito de testemunhar a convivência pacífica de diferentes religiões".

Lembra, para ilustrar sua teoria, a convivência pacífica de três correntes religiosas importantes, no século quinto, quando "o arianismo dos conquistadores visigodos se justapôs ao catolicismo romano do clero e às crenças e aos cultos dos povos autóctones (nativos)".

Informa, ainda, que os judeus, particularmente numerosos nos domínios dos condes de Toulouse, conviviam há muito tempo em boa paz com os cristãos. Na Espanha – também afetada pela 'heresia' cátara, não nos esqueçamos – cristãos e muçulmanos entendiam-se razoavelmente bem nos seus contatos econômicos e culturais.

> Em suma [conclui o autor francês (p. 56)], deveríamos saber que, no Languedoc, nem todo mundo professava necessariamente a mesma religião e a diversidade de crenças talvez fosse considerada ali coisa tão natural que não se cogitava de saber em nome de quem vinham combatê-la.

Se Roquebert precisasse da minha manifestação, teria não apenas a concordância, mas o aplauso pelo seu achado histórico. A tolerância religiosa assumira no Languedoc a condição de um estado de espírito do qual talvez, conscientemente, nem se dessem conta as populações locais.

Para mais uma ilustração, Roquebert conta uma historinha verídica da melhor qualidade e que a ele próprio pareceria anacrônica, caso não houvesse sido relatada pelo cronista Guillaume de Puylaurens, historiador e sacerdote católico e, portanto, insuspeito.

Foi assim: em setembro de 1207, em debate promovido entre valdenses, cátaros e católicos em Pamiers, no condado de Foix, um nobre por nome Pons Adhémar de Roudeille declarou ao bispo Foulque, de Toulouse, que jamais acreditou que a Igreja romana tivesse contra os heréticos "argumentos tão numerosos e tão eficazes".

"Então – respondeu-lhe o prelado – por que o senhor não os expulsa de seus domínios?"

"Não podemos fazer isso – foi a resposta de Pons Adhémar. – Fomos criados juntos, temos primos entre eles e observamos que eles vivem honradamente..."

Os argumentos não seriam tão "numerosos e eficazes", como os via o cavalheiro Pons de Adhémar, mas sua tolerância pelas divergências ideológicas certamente fala com eloquência do verdadeiro entendimento que ele revela ter do problema da liberdade de consciência e expressão.

E pensar que esse clima de fraterna convivência perdurava tranquilamente a menos de dois anos da Cruzada, lançada em 1209. É o caso de perguntar-se: quais eram, afinal de contas, as raposas que rondavam a vinha do Senhor? Quem seriam os lobos a espiar de longe as ovelhas que pastavam mansamente na doce, quase idílica região do Languedoc?

Como assinala Zoé Oldenbourg (p. 121), na sua análise do confronto catarismo *versus* catolicismo, não há como espantar-se da reação da Igreja ao problema da heresia no Languedoc; ela foi, desde logo, "de uma intolerância absoluta e sem concessões". A historiadora aprecia a questão dentro de uma óptica de compreensão, se é que esta é a palavra adequada à situação, ao declarar que "o cristianismo romano não detinha o monopólio da intolerância. Uma religião forte – prossegue –, que se torna religião de Estado, oprime com toda boa-fé, porque qualquer oposição lhe parece sacrilégio e ofensa a Deus". E conclui, dizendo que tais igrejas não conseguem desembaraçar-se de seus fanáticos da mesma forma que uma pessoa não amputa o próprio braço ou a perna. Os fanáticos seriam, portanto, uma espécie de mal necessário à sobrevivência do sistema. O que estava em jogo nos confrontos era a própria vida da Igreja, o que justificaria o fanatismo. E havia muita coisa em jogo, muito poder terreno, vultosos interesses materiais, tudo isso recoberto com o manto sutil e incontestável do poder de ligar e desligar. Se as criaturas dependiam da Igreja para salvar as próprias almas do fogo do inferno, como desobedecer, contestar ou simplesmente murmurar sobre o poder civil que a Igreja exerce por si mesma e através do "braço secular"? O arsenal utilizado para obter tais resultados era amplo, variado, indiscutível e alcançava desde o camponês inculto, passando pelos artesãos, pela nascente burguesia até chegar aos nobres locais e, além, aos reis e imperadores, se e quando necessário.

A excomunhão – que, no correr do tempo, perdeu toda a eficácia como instrumento de pressão – excluía o contestador da sociedade. Ele passava a ser como um leproso com o qual ninguém desejava ou podia manter qualquer relacionamento sem expor-se também à cólera das autoridades eclesiásticas. Era um poder de vida e morte sobre toda a comunidade, a família, os bens e títulos de cada um. Inocêncio III, como vimos, simplesmente decretou que as propriedades tomadas aos barões heréticos, bem como seus títulos nobiliárquicos, passariam automaticamente para aqueles que os derrotassem. Foi assim que Simon de Monfort passou a ser conde de Toulouse, para citar apenas um exemplo.

A Igreja se tornara um Estado dentro do Estado, titular de mandato divino, organizada para administrar a vida humana desde antes do nascimento até depois da morte, como costumava 'provar', de textos evangélicos nas mãos. Com esses instrumentos, manipulados com implacável obstinação e arbitrariedade, criava e mantinha um intimidador clima de tensão social, quando não de terror.

Como também esclarece Oldenbourg, a Igreja cátara não representava qualquer perigo nem para a moral pública, nem para a vida social, ou para as autoridades civis – mas eram evidentes os riscos a que expunha a Igreja romana.

Por tudo isso, mesmo correndo risco semelhante de perder a vida, a família e os bens, eram muitos os que começaram a perceber na pregação cátara e, principalmente, no comportamento de seus líderes, a esperança de criar-se uma sociedade mais justa e descontraída, a partir de uma nova religião tolerante, compreensiva e humana. Além do mais, os representantes do clero católico, notadamente aqueles de nível hierárquico mais elevado, viviam distanciados do povão. Os cátaros, ao contrário, tinham acesso à nobreza, da qual muitos deles saíram, convertidos à heresia, sem ignorar, contudo, a convivência fraterna com os simples e destituídos. Com estes partilhavam suas carências e os assistiam nas dificuldades e nas doenças, fossem ou não companheiros de crença. Desejavam outra ordem social e econômica, na qual cada um tivesse espaço próprio e pudesse viver em liberdade e em paz com Deus, o semelhante e o mundo.

O contraste entre a compreensão e a solidariedade dos cátaros e a severidade frequentemente arbitrária e prepotente da Igreja romana contribuiu para o rápido crescimento da seita.

Além do mais, os representantes da Igreja viviam na opulência, muitos deles eram senhores de ricas propriedades, titulares da nobiliarquia local, tinham seus próprios mini-exércitos. Não faltava, entre eles, os que praticassem discreta ou escancaradamente a corrupção.

A avaliação de Bernardo de Clairvaux ao chegar ao Languedoc, em 1145, é desoladora na sua eloquência.

> As basílicas [escreveu ele] estão vazias de fiéis, os fiéis sem sacerdotes e os sacerdotes sem honra. Não há mais senão cristãos sem Cristo. Os sacramentos se acham vilipendiados, as festas religiosas não mais se realizam. As pessoas morrem no pecado. Priva-se às crianças da vida em Cristo ao lhes recusar a graça do batismo.

Esse lamento tem mais de uma leitura. Bernardo via as igrejas vazias e os sacerdotes desonrados não somente porque não estavam pregando e praticando o verdadeiro cristianismo, ou porque a hierarquia católica se distanciara do povo, ou ainda porque mantinha a todos sob um regime de temor, vizinho do terror, mas porque os fiéis estavam se bandeando para a heresia.

A verdade, porém – como raciocina Oldenbourg (p. 120) –, é que a Igreja não tinha como deixar de atacar duramente a heresia. A pessoa que está com a roupa pegando fogo – diz ela – lança mão de todo e qualquer meio para extinguir as chamas. Lembra que, mesmo assim, nem todos os recursos são legítimos, mas, por esse tempo, a Igreja se tornara "uma potência totalitária e, portanto, opressora e desenvolvera a tendência a considerar como legítimo aquilo que servia aos seus interesses temporais". (E aos de seus dirigentes, pode-se acrescentar.)

Foi esse o clima que Bernardo encontrou ao chegar em 1145 ao Languedoc, onde, no dizer de Vacandard (p. 224), a situação religiosa era ainda mais desoladora do que nas igrejas do Norte da França. Entendeu-se chegada a hora de Bernardo interferir como o conceituado médico que vem para a cabeceira do doente desenganado, em estado desesperador.

Não se definira, ainda, com a desejável nitidez a presença dos cátaros na região, embora lá estivesse a heresia implantada por esse tempo. As preocupações da Igreja centravam-se nos distúrbios religiosos provocados por certo Henri de Lausanne, monge itinerante, discípulo e continuador de Pierre de Bruys, caracterizado por Michel Roquebert como "cura dofinês (*dauphinois*), violentamente contestador", que acabou queimado vivo em Saint-Gilles, aí por volta do ano 1140.

Bernardo tivera oportunidade de escrever sobre (e contra) as heresias de Pierre e, segundo Roquebert (p. 52), conheceu pessoalmente a Henri, "monge apóstata e culto", que até abrigara por algum tempo na própria comunidade de Clairvaux. De lá, saiu novamente para a sua vida aventurosa, após ter-se retratado de suas heresias perante um Concílio reunido em Pisa. Retomou, em seguida, sua atividade subversiva, instalando-se, em torno de 1136, em Toulouse, onde a indiferença do conde Alphonse-Jourdain pela questão religiosa garantia a impunidade das diversas seitas heréticas que prosperavam na região, como as conhecidas pelos nomes de *arianos* e *tecelões*. Finalmente, em 1145, quando Bernardo iniciava sua pregação no Languedoc, Henri foi preso e morreu nas masmorras do conde.

Pelo que dele apurou Vacandard, tratava-se de um sujeito ainda jovem, muito culto, alto, bonitão ("pele fina, voz sonora, olhar vivo"), cabelos presos por uma tira, barba longa e dotado de excelente poder de comunicação. Andava descalço, frequentava as altas rodas da nobreza, mas falava também ao povo. "O elegante apóstolo – denuncia Vacandard (p. 225) – a todos seduzia com seu charme pessoal, especialmente os jovens e as mulheres."

Não é, pois, de se admirar que o charmoso pregador subversivo – no enfático e talvez exagerado dizer de Vacandard – tenha, por assim dizer, "descristianizado o Languedoc em menos de dez anos".

Já há algum tempo, Bernardo vinha sendo informado da calamitosa situação e até solicitado a comparecer pessoalmente para cuidar da crise que ameaçava as estruturas da Igreja na região. Foi Albéric, cardeal de Ostia e legado papal, que voltou à carga de modo mais veemente e conseguiu convencer Bernardo a aceitar o desafio. O prestigioso monge, futuro santo, contava a essa altura cinquenta e cinco anos de idade e tinha pela frente mais oito anos de vida. Sua saúde, que nunca fora boa, passava por um ponto mais baixo. Mesmo assim, se pôs a caminho no mês de maio para a longa e penosa viagem. Chegou a Poitiers, "*au bout de forces*", no dizer de Vacandard, ou seja, nos extremos limites de suas parcas resistências físicas. Desencorajado, pensou até em desistir da missão. Recuperou-se, contudo, e seguiu viagem.

De cidade em cidade, demorando-se usualmente para pregar e informar-se da situação, Bernardo traçou em Orléans, ao que se supõe, o itinerário com destino a Toulouse. Farão parte integrante da comitiva Henri, não o monge apóstata, mas bispo de Chartres e legado papal, bem como Geoffroy de Lèves e Raymond, bispo de Agen.

Já se dirigira antecipadamente ao conde, por carta, na qual dissera:

> Irei, ainda que bastante enfermo do corpo, a essa região particularmente arrasada pelo selvagem Henri. Expulso de toda a França por causa de sua malícia, ele aí encontrou asilo e desencadeou com toda segurança seu furor contra o rebanho do Cristo em seus domínios. Cabe ao senhor, ilustre príncipe, decidir se isso convém ou não à sua honra. Quanto ao mais, não me admiro de que aquela ardilosa serpente haja conseguido enganá-lo, dado que, se ele não possui a virtude da piedade, tem toda a aparência de possuí-la.

O tom é severo e típico de um convicto defensor da sua Igreja. Há algum tempo vinha o papa preocupado com o que acontecia no Languedoc, onde se criara um estado de coisas "impensável e inadmissível aos olhos de todo sincero católico" – escreve Oldenbourg (p. 122). A perigosa seita atingira o próprio coração da cristandade, como enfatiza a autora. Tratava-se de uma região tradicionalmente cristã, próspera, influente, ativo centro de atividades comerciais, núcleo de uma civilização universalmente admirada e que, no entanto, estava prestes, não apenas a prescindir da Igreja católica, mas rejeitar abertamente sua autoridade em proveito de uma religião nova. É o que acrescenta Oldenbourg.

Em suma, na avaliação das autoridades católicas, estava em risco, não só a Igreja, mas toda a estrutura da civilização medieval, administrada àquela época pela força de um tácito pacto político-religioso dotado de incontestável poder de pressão.

Na ansiosa tentativa de evitar um colapso total, o papa dirige veementes apelos aos poderosos da época – especialmente ao rei de França –, e não poupa advertências e até veladas ou explícitas ameaças.

Vale-se dos recursos de que dispõe, enviando à crítica região afetada, seus legados, escolhidos entre monges cistercienses da ordem reformada por são Bernardo. "Essa ordem – esclarece Oldenbourg (p. 131) – representava, na Igreja, o partido da austeridade, da reforma dos costumes e da disciplina, o partido da instransigência, a força atuante da Igreja". A palavra deles, no entanto, é recebida com indiferença. Por isso, renovam-se as esperanças, quando o próprio Bernardo parte para o Languedoc.

Partindo de Orléans, Bernardo dá uma volta por Bergerac, Périgueux, Sarlat e Cahors, precedido sempre por sua reputação de santidade e sendo "recebido como um anjo descido dos céus", como assinala Vacandard (p. 233). A curiosidade atraía grande número de pessoas; o carisma e a eloquente palavra do abade faziam o resto, trazendo de volta ao rebanho – pelo menos ali, no calor da emoção – numerosas ovelhas transviadas.

Em Sarlat, por exemplo, onde se previra alguma resistência, Bernardo lançou mão de recurso extremo, que Vacandard caracteriza como "meio de conversão extremamente delicado".

Foi assim: apresentaram ao monge alguns pães para que ele os abençoasse. Bernardo pediu aos céus nada menos que um milagre. "Eis aqui – disse, dirigindo-se ao povo – o sinal pelo qual vocês poderão reconhecer a pureza de nossa doutrina e o erro dos heréticos. Os doentes que comerem deste pão ficarão curados."

Evidentemente apreensivo ante a amplitude da promessa, o bispo de Chartres tentou aliviar a responsabilidade, acrescentando ser necessário que o pão fosse comido com fé. "Não, não – declarou Bernardo –, qualquer pessoa que o coma ficará boa, para que se saiba que somos verdadeiros enviados de Deus."

Tamanha eram a confiança e a convicção do pregador, que o povo nem esperou para conferir o milagre: converteu-se na hora.

Bernardo e seus companheiros chegaram a Toulouse em meados de junho (1145) e foram recebidos com as homenagens de praxe. Por via das dúvidas e sem disposição para enfrentar o desafio, Henri, o monge herético, preferiu desaparecer discretamente. Sua fuga proporcionou a Bernardo o tema central de sua pregação. Que apóstolo era aquele que temia o testemunho de um debate público? Além disso, o eminente pregador contava com a expectativa de que toda aquela gente, ainda que momentaneamente seduzida pela heresia, guardasse no coração "um resto de religião", no dizer de Vacandard.

Mas a carismática eloquência do pregador não produziu os esperados resultados junto aos teimosos toulousianos. Bernardo queixou-se docemente a Deus.

Parece que faltava um 'milagre'. O que logo aconteceria. Ao cair da noite, alguém pediu-lhe que fosse atender a um cônego gravemente enfermo, paralítico das duas pernas e que não contava mais com os recursos da

Os Cátaros e a Heresia Católica 65

medicina da época, da qual ele próprio fora praticante. O doente queria se confessar com Bernardo e ousou pedir-lhe que o curasse. O abade de Clairvaux ouviu-lhe a confissão e se emocionou com o apelo do homem, já desenganado, à espera da morte. Ao sair, reiterou suas 'queixas' a Deus: "Senhor – orou – esta gente deseja um sinal. Não conseguiremos de outro modo sua conversão. Até quando tardareis a vos mostrar?"

Diz-se, com base em testemunha ocular (Vacandard, p. 235), que na mesma hora o homem levantou-se da cama e foi para a Igreja cantar o *Te Deum*, junto de seus companheiros.

Estava dado o sinal. No dia seguinte, a igreja transbordava de gente. Todos queriam ver e ouvir o taumaturgo e "os toulousianos se converteram em massa".

Mas nem tudo eram flores.

Rumo a Albi, a comitiva passou por Verfeil, "verdadeiro ninho de heréticos", onde o clima era ostensivamente hostil a Bernardo, que ainda não experimentara nenhum fracasso total nos seus apelos ao povo do Languedoc.

Com apoio nos textos muito consultados e citados de Guillaume de Puylaurens, Vacandard diz que Bernardo teria amaldiçoado a cidade rebelde. Sacudiu o pó de suas sandálias, deixou-a para abrigar-se num lugarejo vizinho, que ficaria com o nome de Vila São Bernardo.

Verfeil – folha verde – prestava-se à maldição. O abade teria dito: *"Viride folium, dessiccat te Deus!"*, ou seja, "Folha verde, que Deus te desseque!". Pelo que consta, a praga 'pegou'. Em poucos anos, as famílias ricas locais ficaram arruinadas e toda a região, reduzida a extrema pobreza. Setenta e cinco anos mais tarde, passando por ali e contemplando a desolação, são Domingos lembrar-se-ia inevitavelmente do abade de Clairvaux.

A campanha de Bernardo no Languedoc não obteve o esperado êxito, de vez que a Igreja se veria forçada a suscitar contra a heresia, que continuava a expandir-se, a Cruzada de 1209, sessenta e quatro anos depois, e, como nem isso tenha sido suficiente, a Inquisição, instituída oficialmente em 1233. Ao que tudo indica, o prestigioso abade chegara tarde demais; não havia como deter a heresia, que se enraizara mais profundamente do que se julgava no imaginário popular.

Por isso, historiadores laicos, notadamente entre os mais recentes, não hesitam no emprego da palavra fracasso, pura e simplesmente, sem nuanças ou gradações, para avaliar a tentativa do futuro santo. Se você lê, no entanto, apenas *Bernardo de Claraval*, de Ailbe J. Luddy (Editorial Aster

[1959?] Lisboa, tradução do original inglês *Life and Teachings of St. Bernard*, por Eduardo Saló), ficará com a impressão de que a pregação de Bernardo alcançou o mais pleno êxito, liquidando com a heresia no sul da França. O capítulo em que o assunto é tratado intitula-se caracteristicamente "Completo triunfo sobre os hereges".

"Henrique (o monge herético) foi preso pouco depois de o santo deixar Languedoque – escreve Luddy, em conclusão (p. 460) – e parece haver permanecido o tempo que lhe restava de vida na prisão." A heresia desapareceu com o herege para romper de novo de forma mais intensa um quarto de século mais tarde, quando já não havia um são Bernardo para atacá-la.

Referindo-se ao êxito que coroou o zelo e a eloquência do santo abade, Ratisbone diz: "São Bernardo refreou a erupção da heresia do século doze. Que teria sucedido se existisse um São Bernardo no século dezesseis? Que sucederia se existisse agora?" – *Histoire*, II, 182.

Especulação por especulação, podemos também alinhar as nossas. Que sucederia, recorrendo-se ao conceito das vidas sucessivas, se Bernardo, renascido, fosse situado no contexto da Reforma Protestante? Estaria contra ou a favor? Onde estaria e o que estaria fazendo o antigo abade, novamente renascido, no século vinte, por exemplo, quando o próprio conceito de religião vem sendo escrutinizado, revisto, reformulado, contestado ou simplesmente ignorado quando não triturado pela crescente síndrome de alienação espiritual em que vivemos?

Além do mais, a verdade é que, por mais poderosos que tenham sido seu carisma e sua oratória, Bernardo não reduziu a heresia ao silêncio obsequioso, a fim de reabrir os amplos espaços incontestados que a Igreja estava habituada a ocupar. Com as Cruzadas e a Inquisição, mais tarde, exterminou-se o herege, não as ideias que pregavam ou os sonhos que sonharam.

O livro de Luddy é um panegírico e, por isso mesmo, pouco atento à verdade histórica, de vez que o objetivo de tais escritos é o de ressaltar as excelentes virtudes de seus heróis, o que deve ser respeitado, como louvável testemunho de admiração. A história, como qualquer outro pronunciamento, pode e deve ser também opinativa, mas o leitor deve ficar sabendo onde fica a informação pura e desataviada e onde se planta a opinião do autor sobre o que relata. São coisas diferentes. De qualquer modo, convém acrescentar que o livro de Luddy traz o *Nihil obstat* e o *Imprimatur* do bispado de Coimbra, datado de 14 de dezembro de 1959.

Vacandard, abade e capelão do Liceu de Rouen, é também grande admirador de seu biografado; a obra foi premiada pela Academia Francesa, o que atesta sua boa qualidade literária, e mereceu a honra de um breve do papa Leão XIII. Sua visão, contudo, é mais moderada do que a de Luddy.

Ao concluir o módulo no qual narra a missão de Bernardo ao Languedoc, Vacandard informa que, pouco depois de chegar de volta a Clairvaux, o abade soube da prisão de Henri, o monge apóstata condenado a passar o restante de sua vida nos calabouços do bispo de Toulouse. Não consta que seus antigos seguidores tenham manifestado qualquer interesse por sua sorte, ou melhor, sua falta de sorte. "O silêncio e a maldição – comenta Vacandard (p. 240) – caíram sobre seu nome, até o dia em que o protestantismo reabilitou sua memória, saudando nele um precursor da reforma."

O biógrafo de Bernardo escrevia a um tempo – a edição de que me sirvo está datada de 1920 e o exemplar faz parte do sétimo milheiro de exemplares – em que eram frequentes em textos católicos os ataques, às vezes impiedosos e azedos, à Reforma do século dezesseis. Tanto quanto sei, já não há tanta rejeição e hostilidade, pelo menos explícitas, a partir do Concílio Vaticano II, convocado por João XXIII, e que, no dizer de alguém, fez soprar um vento mais forte que escancarou as janelas do Vaticano, que não mais se fecharam hermeticamente, como dantes.

Vacandard não dá, contudo, por liquidada a heresia languedociana, cujo sucesso atribui exageradamente aos esforços pessoais de Henri.

Como vimos em Anne Brenon, pelo menos desde o ano 970, na carta de Cosmas, o Padre, se menciona uma heresia dualista que estava sendo pregada em Bizâncio e na Bulgária, cento e setenta e cinco anos, portanto, antes da incursão de Bernardo pelo Languedoc. A heresia não havia, pois, começado com Henri e nem sua prisão liquidava com ela, como se poderia crer se tivéssemos apenas textos semelhantes ao de Luddy.

Vacandard acha justa a punição infligida ao monge, considerando-a "absolutamente conforme os costumes do tempo, aliás, merecida" – acrescenta (p. 240).

O próprio Bernardo estava certo de que a heresia não fora extirpada e, segundo Vacandard, nem acreditava na sua extinção a curto prazo, dado que recomendava às autoridades de Toulouse a perseguição aos líderes remanescentes, que deveriam ser feitos prisioneiros ou, pelo menos, que fossem "caçados de vossas paragens, pois é perigoso dormir na vizinhança de serpentes".

Para o diligente biógrafo do futuro santo, o relato de Geoffroy – cronista oficial que acompanhava o abade nas suas andanças – tem um colorido de otimista confiança "da qual o historiador não partilha". É pouco provável que a maioria dos toulousianos se tenha convertido à ortodoxia católica, por mais eloquente que tenha sido a palavra do grande pregador. Como o tempo haveria de confirmar, a missão de Bernardo – no entender de Vacandard – terminou antes que ele pudesse ter concluído ou consolidado sua obra. "Seria preciso pelo menos um ano inteiro a mais para assegurar definitivamente o triunfo da ortodoxia em Albi e no Languedoc." (p. 238)

No meu entender, o próprio Vacandard demonstra exagerado otimismo. A ideia de uma reformulação do cristianismo era mais forte do que se supunha, não apenas àquela época, mas, pelo que podemos perceber, até hoje. O projeto dos cátaros frustrou-se porque se levantaram contra ele não somente os poderes religiosos, civis e militares reunidos na Cruzada, como o terrorismo ainda mais implacável e cruel da Inquisição. Na realidade, do ponto de vista religioso – se assim podemos dizer – a Cruzada fracassou. Ou não teria sido necessário inventar a Inquisição. O 'sucesso' da Cruzada foi meramente político, pelas conquistas que promoveu em benefício direto ou indireto da coroa francesa, como reconhecem os historiadores modernos.

Bernardo certamente não aprovaria tais métodos, mas tanto estava certo de que era necessário dar continuidade ao seu trabalho que, reiterando conselhos que lhes passara de viva voz, recomendava aos toulousianos que não acolhessem pregadores desconhecidos sem as devidas credenciais do papa e aprovação do bispo local. Tais 'intrusos' podem ter a aparência piedosa mas não a virtude correspondente. Eles "misturam novidades profanas às palavras celestes, o veneno ao mel".

O biógrafo duvida de que esses conselhos tenham sido seguidos à risca pelos toulousianos. "O sonho do abade de Clairvaux não se realizou." A heresia henriquiana propriamente dita, na verdade, desaparecera, mas:

> [...] foi para se mesclar e se confundir com outra heresia ainda mais perigosa. Vinte anos mais tarde – prossegue (p. 241) – o maniqueísmo, fortalecido pelas tentativas de Pierre de Bruys e de Henri desencadeava seu furor por todo o Languedoc. Bernardo não previu esse espantoso flagelo ou, se o fez, morreu com a satisfação de havê-lo exorcismado, tanto quanto isso estava no poder de um homem fazê-lo.

Os Cátaros e a Heresia Católica 69

Temos observado em Vacandard[13] e outros autores, principalmente católicos, constantes referências às características maniqueístas das heresias do ano mil que, pouco a pouco, iriam se definindo melhor como catarismo, e isso nos leva a algumas reflexões adicionais que julgo oportuno colocar neste ponto, embora o tema seja tratado em maior profundidade adiante, neste livro.

Zoé Oldenbourg e Arno Borst não insistem nesse aspecto.

Borst destaca prioritariamente os aspectos gnósticos e dualista das heresias da época. O maniqueísmo figura no seu texto de modo meramente tópico. "A mais clássica e rigorosa forma de gnose dualista – escreve à p. 58 –, o maniqueísmo, tornou-se, sendo ele próprio uma religião específica, o tipo perfeito da heresia cristã."

Em nota de rodapé, na página seguinte, ressalva enfaticamente: 1.Os maniqueístas têm sido considerados como precursores imediatos dos cátaros por autores que não estavam bem informados acerca destes últimos. 2. "Espero – escreve mais adiante, nessa mesma nota – poder demonstrar que o título de maniqueístas, tão frequentemente empregado hoje – seu livro, como vimos, é de 1952 –, é completamente inadequado para os cátaros."

Oldenbourg sugere (p. 48) que as heresias surgidas nas regiões rurais do Languedoc talvez fossem mera "sobrevivência do misticismo celta cristianizado". É relevante tal observação no sentido de que lembra – como em outros autores – as influências célticas sobre o que seria o catarismo. Ou, para colocar a mesma ideia de outra maneira: os cátaros estariam, a meu ver, recuperando o cristianismo primitivo, sem dúvida, mas no contexto daquelas origens, princípios ideológicos – mais do que teológicos – que já haviam figurado em antigas religiões esquecidas. Os pensadores cátaros não fizeram uma salada mais ou menos aleatória de ideias colhidas aqui e ali, no tempo e no espaço; eles elaboraram um corpo doutrinário, grupando os mesmos conceitos fundamentais que sempre participaram e participam até hoje de qualquer contexto gnóstico que se preze: preexistência e sobrevivência do ser, reencarnação, imortalidade, responsabilidade pessoal de cada um por seus atos. Isso aponta, por conseguinte, não para um critério de 'salvação' coletiva, mas para um trabalho pessoal, individualizado, dentro de si mesmo, em busca daquilo a que o Cristo chamava de o Reino de Deus.

---

[13] O capítulo XXV de Vacandard, Vol. II, é intitulado "Bernardo e as seitas heréticas" e se compõe de dois módulos: 1. Refutação das heresias neomaniqueístas, e 2. Viagem ao Languedoc.

Os celtas, para mencionar apenas um daqueles antigos cultos, estavam entre os que preconizaram modelo semelhante. E os gnósticos também, cerca de setecentos anos antes dos cátaros.

Daí, em parte, como adverte Oldenbourg, a dificuldade em convencer os heréticos do Languedoc de que estavam errados. Os argumentos doutrinários batiam, no seu dizer, "contra um muro inabalável", de vez que os cátaros não eram católicos dissidentes; tinham, ao contrário, perfeita consciência e convicção de pertencerem a uma religião "que jamais teve coisa alguma a ver com o catolicismo, a uma religião mais antiga do que a Igreja".

Eu estaria em desacordo com Oldenbourg se ela houvesse empregado o termo *cristianismo* em lugar de *catolicismo*, dado que o cristianismo do Cristo, ou melhor, de Jesus, incluía aqueles mesmos conceitos aos quais temos nos referido reiteradamente aqui e que foram mais difundidos e praticados e, há muito mais tempo, no Oriente.

Na verdade, como lembra Oldenbourg (p. 49), a maior parte das heresias surgidas na Europa ocidental, a partir do século 11, eram tidas por seus contemporâneos como maniqueístas, provavelmente por causa da insistência num mal-entendido dualismo. A autora ressalva, no entanto, que isto constituía "simples maneira de dizer", dado que esses heréticos não admitiam qualquer vinculação com Mani. O que vamos ver confirmado em Anne Brenon daqui a pouco. Para Oldenbourg, portanto, os cátaros "nada tinham a ver com os maniqueístas e nem com os que se intitulavam cristãos". Estou admitindo aqui a palavra cristão, porque no texto de Oldenbourg, ela figura entre aspas, como que a chamar a atenção para o fato de que se faziam passar por cristãos, quando, na verdade, eram católicos.

Proponho ficarmos um pouco mais com essa autora, dado que neste como em outros aspectos fundamentais temos umas tantas concordâncias, o que muito me alegra. Mencionando Niel, destaca que os historiadores modernos – seu livro, convém lembrar, é de 1959 – chegam até a considerar que *"o catarismo não é uma heresia, mas uma religião que nada teria em comum com o cristianismo"*. (Destaquei.)

E corrige, dizendo a seguir que seria mais exato dizer que a heresia cátara *"não teria nada em comum com o cristianismo tal qual dez séculos de história da Igreja fizeram dele"*. (p. 49. Também aqui, o destaque é meu.)

Estou de pleno acordo com sua oportuna e competente ressalva. Leitor e leitora, porventura interessados nas minhas reflexões a respeito dessa temática, devem ler o livro *Cristianismo – a mensagem esquecida*.

Antes dos cátaros, os gnósticos tentaram uma releitura do cristianismo que, ao tempo deles, já começava a trilhar os descaminhos ou, no dizer de Luciano dos Anjos, o atalho.[14] Tais ideias, igualmente tidas por subversivas pelos chamados Pais da Igreja – lembra, ainda, Oldenbourg – foram condenadas e como que se recolheram ao silêncio, mas apenas por algum tempo. Nunca foram totalmente apagadas da memória dos povos e, de tempos em tempos, ressurgem, teimosa e até obstinadamente, como vimos testemunhando, expondo-se a sucessivos reexames por parte da história, especialmente a das ideias e, entre estas, as de natureza religiosa.

Se é que ainda precisamos de mais argumentos, temos, ainda, dois testemunhos de peso para nos convencer de que os cátaros nada têm a ver com o maniqueísmo: Anne Brenon e Michel Roquebert.

Brenon liquida o assunto em pouco mais de duas páginas, sob o sugestivo título de "Reboliço acerca dos maniqueus". Em justa e merecida homenagem, diz ela que os fundamentos e manifestações do catarismo tornaram-se conhecíveis a partir dos estudos de René Nelli e Jean Duvernoy. O primeiro, ao extrair dos tratados dualistas a essência da filosofia deles, e o outro que, no primeiro volume de *La Religion*, revelou minuciosamente a eclesiologia e as práticas da igreja cátara.

Referindo-se às disputas ideológicas da época, esclarece Brenon (p. 35) que, tanto valdenses – que tinham suas diferenças com os cátaros – quanto católicos, combatiam o adversário comum, acusando-o de dualista e maniqueu. Esta palavra, como também o termo *ariano*, teria "escorrido por si mesma", da pena de algum clérigo erudito nutrido pela literatura patrística.[15] Os termos eram considerados suficientemente insultuosos. Além do mais, poupavam maiores esforços de pesquisa e argumentação, de vez que podiam ser reutilizados no combate aos desvios doutrinários assim catalogados, antigas refutações já prontas e consagradas com os argumentos necessários nos seus devidos lugares.

Mas, como adverte Brenon, a controvérsia entre valdenses e católicos contra o catarismo tinha de se readaptar e trabalhar melhor as fontes pa-

---

[14] Ver seu livro *O atalho* (Lachâtre), no qual cuida dos desvios que, a seu ver, estariam ocorrendo no movimento espírita brasileiro.

[15] Textos de autoria dos chamados Pais da Igreja, grandes teóricos e formuladores da doutrina católica. Provavelmente, você não achará duas listas que citem o mesmo número e os mesmos nomes, ou, ainda, que cubram idêntico período onde começa a literatura patrística e onde termina. Há quem diga que Bernardo de Clairvaux teria sido o último dos Pais da Igreja. Outros encerram a fase patrística bem antes dele.

trísticas consultadas em busca de estratégia mais eficaz na luta ideológica contra o adversário comum.

> De fato [conclui a historiadora (p. 36)] os grandes 'doutores universais' do cristianismo oficial, os Bernard de Clairvaux [são Bernardo], os Allain de Lille, cederam com vantagem, a pena aos 'práticos' – que haviam tido ao vivo experiência com a dialética dos cátaros – e a especialistas que haviam meditado longamente os argumentos contidos nos tratados dualistas.

Brenon se refere, neste ponto, aos valdenses convertidos ao catolicismo, para o qual levaram sua experiência pessoal com a temática dos cátaros.

No entanto, nenhum resultado se teria obtido no combate ao catarismo sem o recurso às armas e, principalmente, à repressão inquisitorial. Passara, portanto, a época dos Bernardos e dos Allain de Lille. E, com eles, o argumento de que os cátaros seriam nova edição viva dos maniqueus.

Pouco antes (p. 28), Brenon já firmara posição à sua moda enfática de expressar-se: os cátaros pregavam exclusivamente sobre textos cristãos, nem uma frase da abundante literatura religiosa de Mani – amplamente difundida pelo Oriente – foi copiada ou utilizada por pregadores cátaros. E mais; nem um traço dos ensinamentos budistas. O fundamento de toda essa pregação era a mensagem do Cristo. "O catarismo – dirá ela mais adiante (p. 33) – foi uma religião cristã baseada numa interpretação dualista das escrituras."

Pregavam eles um "cristianismo diferente" (p. 32). "Seus conhecimentos – prossegue –, sua familiaridade e a prática com os textos não eram gratuitos, e sim sustentados por um pensamento e uma lógica vigorosos e convincentes."

Pouco acima, nessa mesma página, a historiadora escrevera, com inequívoco toque de admiração e respeito, que os pregadores cátaros não podiam ser considerados laicos, amadores, despreparados; eram, ao contrário, "profissionais, temidos pela Igreja de Roma justamente pela ampla cultura teológica e o hábito de apresentarem argumentos fundados na Escritura".

No prefácio escrito para a nova edição (1995) de *Écritures cathares*, de René Nelli, Brenon reitera sua convicção nesse sentido, ao escrever (p. 12) que:

> Os cátaros medievais não tinham, certamente, qualquer necessidade de recorrer aos textos maniqueus [que, aliás, eles ig-

noravam e dos quais jamais se utilizaram], para constatar que a Igreja romana não seguia mais o exemplo dos apóstolos, praticava uma piedade de caráter formalista e supersticioso e se envolvia nos negócios do mundo.

Não há, pois, nada de maniqueísmo no catarismo – apenas uma releitura dualista dos evangelhos.

Nesse mesmo tom, Michel Roquebert define logo na Introdução, a linha de abordagem por ele adotada em seu livro, pulverizando erros mais sutis ou mais grosseiros de intepretação cometidos por autores desatentos ou mal informados. Um desses, talvez o mais comum, a seu ver, foi o de considerar o catarismo seita neomaniqueísta, numa retomada da religião de Mani, do século terceiro, em pleno coração da civilização cristã ocidental.

Ainda que se admita – como o faz Roquebert – a existência de alguns pontos em comum entre as duas correntes religiosas, o catarismo não é – como foi proposto por várias "gerações de historiadores" (Roquebert, p. 22) e ainda hoje insistem alguns autores – um prolongamento ou desenvolvimento do maniqueísmo que passou pelo bogomilismo dos Bálcãs.

Se havia alguma dúvida acerca desse aspecto, não mais se justifica a partir da descoberta do *Livro dos dois princípios*, pelo padre dominicano Antoine Dondaine, em 1939, em Florença. A obra é um tratado de teologia, ou melhor, resumo redigido em 1250 da obra original de João de Lugio (Giovanni?), teólogo cátaro de Bérgamo, na Itália. No mesmo ano (coincidência?) descobriu-se, em Praga, um tratado cátaro anônimo, atribuído a Durand de Huesca, ao que tudo indica, de origem occitana, datado, provavelmente, do início do século 13.

São estas, no dizer de Roquebert "preciosas descobertas, que proporcionaram, enfim, acesso direto à doutrina cátara", que até então havia sido estudada através dos reflexos projetados em textos gravemente comprometidos por deformações insanáveis, de autoria de seus mais ferrenhos adversários.

Teremos oportunidade de comentar esses e outros textos mais adiante, com base em *Écritures cathares*, de René Nelli.

Como assinala Roquebert, para admiração de muitos, os escritos cátaros "não deixam absolutamente nada a transparecer que possa evocar qualquer influência do maniqueísmo". (p. 23) "Ao contrário – lê-se adiante –, eles não cessam de se afirmar cristãos, e nada menos, nada mais."

Ante essa enfática avaliação dos que sabem o que estão dizendo, vamos, portanto, reiterar aqui: *os cátaros nada têm a ver com o maniqueísmo*.

É admissível, portanto, que Bernardo, no século doze, possa ter considerado o catarismo como seita maniqueia, mas tal vinculação é, hoje, inaceitável.

5 – COM QUE SONHAVAM OS CÁTAROS?

Vimos nos livros consultados para as reflexões alinhadas neste capítulo a confirmação do óbvio, ou seja, cada autor aborda o tema de sua escolha com seus próprios recursos intelectuais e culturais, suas idiossincrasias, seus preconceitos, simpatias e antipatias.

Borst, por exemplo, acha que "o dogma da transmigração" [reencarnação] nada tem a ver com o pensamento cristão. Não é verdade, tem sim. Não, até concordo com ele, se tomarmos como referência o catolicismo ou o protestantismo, mas sim, certamente, se recorrermos ao pensamento e aos ensinamentos originais de Jesus. E, uma vez mais, sugiro a você que leia também *Cristianismo – a mensagem esquecida*, ou, se preferir texto mais breve, *A reencarnação na Bíblia*.

Por mais que os textos bíblicos em geral e, notadamente, os evangélicos tenham sido expurgados ou que tenha a mensagem da reencarnação sido camuflada, deliberadamente ou não, ela está, definitivamente, contida em várias e significativas passagens, até mesmo no Antigo Testamento.

Numa delas, o Cristo declara explicitamente ser João Batista o antigo profeta Elias reencarnado. Em outra referência, ele acha estranho que Nicodemos ignore ser preciso "nascer de novo" para se alcançar o estado de pureza espiritual para o qual Jesus emprega a expressão "Reino de Deus". Ou seja, para se processar a evolução espiritual de cada um de nós é necessário reencarnar-se, viver muitas vidas na carne depois de um período de intermissão no mundo espiritual, desde que a 'morte' promoveu o desligamento da alma ao cabo da existência anterior na Terra.

E não se trata aqui de uma expressão metafórica, como pretendem algumas correntes religiosas dentro do próprio cristianismo, o "*born again*" dos pregadores de língua inglesa, e sim de começar nova existência na carne.

Pois era exatamente isso que o Cristo estava dizendo a Nicodemos.

A *Bíblia de Jerusalém* (de orientação católica) optou pela expressão "nascer do alto", embora admita, em nota de rodapé, "nascer de novo" como alternativa possível para tradução do original.

> Essa opção [escrevi em *A reencarnação na Bíblia* (p. 25)] introduz complicações e obscuridades desnecessárias. Primeiramente, no entendimento da letra: que é nascer do alto? Em segundo lugar, se fosse essa a expressão, a pergunta de Nicodemos não teria sentido. Tanto entendeu ele que era realmente nascer de novo que perguntou: "Como pode um homem nascer, sendo velho? Porventura pode *tornar a entrar no ventre de sua mãe e renascer*?"

Por mais que essa ideia espantasse o perplexo Nicodemos, era exatamente isso que Jesus lhe dizia, ou seja, que o estado de maturação espiritual imprescindível à conquista do Reino de Deus, só se alcança através de longa fieira de vidas sucessivas dedicadas ao aprendizado e à experimentação, tanto quanto à correção de desvios, principalmente os de comportamento.

Exatamente o que pensavam os cátaros, aliás.

Por isso, o entendimento do catarismo exige abordagem que leve em conta a realidade da reencarnação, sobre a qual se apoia a estrutura ideológica por eles construída. Brenon diz, acertadamente, que sem o Cristo não há catarismo. Podemos acrescentar que, igualmente, não há catarismo sem a doutrina das vidas sucessivas.

Não chegaria ao extremo de dizer que falta essa percepção à grande maioria dos historiadores, pensadores e analistas do catarismo, mas são ainda escassas, tímidas ou de todo ausentes as referências a esse aspecto fundamental do pensamento cátaro, que precisaria ser enfatizado para, como propõe Anne Brenon (p. 17), "abrir os horizontes". Ela utiliza-se da expressão para ressaltar que "o catarismo não se apresentou como fenômeno isolado nem no espaço, nem na História, nem no tempo". O catarismo – diz ela, algumas linhas abaixo – "afetou toda a Europa". Eu acrescentaria que ele afetou todo o mundo em que vivemos, pelo que sonhou realizar de nobre e construtivo na sua reformulação não apenas religiosa, mas política, social, educacional e até econômica. E afetou não apenas a época em que "se apresentou" como diz Brenon, mas no correr dos séculos seguintes pelo que *deixou* de fazer. Ou melhor pelo que não deixaram que os cátaros fizessem, como estavam programados.

Sem qualquer autoridade acadêmica ou de historiador para o que se segue, insisto contudo em dizê-lo, com apoio na experiência de cerca de quarenta anos de diálogo com entidades espirituais, em tarefas mediúnicas. É que a dura e apaixonada rejeição ao catarismo e as angústias que suscitou em multidões massacradas a ferro e fogo ainda repercurtem pelos desvãos da dor, onde vive número incalculável de seres sofridos que não tenham conseguido administrar serenamente a revolta e as injustiças de que foram vítimas somente porque desejavam um mundo melhor e o estavam construindo diligentemente.

Como vimos há algumas páginas atrás, muitos daqueles seres inconformados saíram em campo em busca de vingança e perseguições pelos séculos afora. A dor que doía neles parecia não ter alívio, nem cura e nem fim, mesmo porque o exercício da vingança, em vez de aplacar o sofrimento, mantém a chaga aberta a sangrar e doer.

Um deles declarou-se capaz de identificar em pessoas reencarnadas, como ele próprio, antigos inquisidores e torturadores, ou mandantes. "Você sabe – confidenciou-nos – que nós tínhamos como saber de tais coisas".

E o tempo perdido nesses sofrimentos inomináveis? E os seres amados chacinados ao vivo, ante a impotência de pais, maridos, esposas, filhos e amigos?

E não são apenas as entidades espirituais que mencionam tantas angústias depois de tantos séculos.

Em *The cathars and reincarnation* (p. 23, mas também em várias outras oportunidades) – o dr. Guirdham toca o nervo exposto de sua rejeição ainda não resolvida pela Igreja católica.

Pessoa dotada de faculdades mediúnicas que lhe assegurou ter sido ele um cátaro, aliás, um *parfait*, acrescentou que "a melhor preparação para a próxima etapa estava em livrar-se (ele) do (seu) ódio ao catolicismo romano".

Ainda criança, sem nada saber de suas antigas vivências cátaras, ele descreve o pavor inexplicável que experimentava ante as coisas da Igreja, edifícios e até pessoas como freiras a caminhar pelas ruas em pleno século vinte, na Inglaterra contemporânea.

> Estava sempre com medo da capela [declara em *A Foot in both Worlds* (p. 5)]. Estava sempre com medo das freiras e, para mim, me sentia sempre como que mergulhado num crepúsculo quando as via. Minhas primeiras lembranças são a beleza das árvores e o terror da capela. Eu temia as freiras por causa das suas roupagens escuras e as mangas que me pareciam asas de corvo. Não sabia que meu medo era mais antigo do que as freiras, o sacerdote e a própria capela. Amava o arranjo das árvores contra o céu, mais ainda porque me sentia protegido por elas. Com esse pavor da Igreja e esse amor pelas árvores, eu estava começando por onde terminara minha outra vida.

Estava se 'lembrando' dos tempos que viveu na clandestinidade, incerto sobre o dia de amanhã ou a noite que se aproximava, esforçando-se por sobreviver a fim de continuar passando ao semelhante a mensagem de paz, entendimento, fraternidade e esperança a todos quantos encontrava pelos caminhos, nos bosques e esconderijos ou na intimidade de residências acolhedoras.

Ainda doíam nele as dores morais, mais do que as físicas, de sete séculos atrás... E, então, a gente se pergunta: e as dores dos que provocaram tais dores? Por onde andam eles? O que andam fazendo? O que pensam? Com o que sonham entre um pesadelo e outro? Já se teriam regenerado ou, pelo menos, estariam trilhando penosamente as ásperas veredas do resgate?

Mas não foi somente os seres humanos as vítimas daquele aflitivo espetáculo de insensatez e crueldade, foram também o país, a civilização que ali estavam sendo construídos passo a passo.

De tudo quanto tenho lido e estudado sobre a temática do catarismo, que me fascina e ao mesmo tempo me deixa melancólico, René Nelli me parece mais sensível e atento aos aspectos que me tocam em maior profundidade. Na primeira parte de *Les cathares* ele colocou um título dramático e expressivo: "Uma civilização abortada. O esboço de uma sociedade futura." Para o erudito historiador, o modelo da civilização que os cátaros estavam implantando no Languedoc e acabou impiedosamente massacrada era original, criativo, renovador e representava já o esboço de uma nova sociedade. O catarismo estava conseguindo modificar pacificamente e para melhor as estruturas e práticas do medievalismo, arcaicas, preconceituosas e elitistas.

Os Cátaros e a Heresia Católica 79

E, para isso, o contexto languedociano parecia e era apropriado; reagia às inovações com positiva receptividade que ainda hoje chama a atenção e até surpreende os historiadores.

Depois de considerar que o fenômeno cátaro deve ser estudado sob dois aspectos distintos – como heresia e como civilização original –, Nelli observa (*Les cathares*, p. 9) que, as ideias cátaras se difundiram com sucesso em vários países da Europa, mas foi sobretudo no Languedoc que se caracterizou no seu segundo aspecto, ou, no mínimo, como "expressão espiritual mais bem acabada duma *civilização específica*, com sua cultura, seus costumes, suas leis etc." (Destaque meu.)

Lembra que havia cátaros também na Itália, mas eram grupos minoritários, ou seja, "fenômeno marginal". No sul da França, no entanto, "a doutrina e o modo de vida dos cátaros traduziram a alma e a profunda sensibilidade de todo um povo". Acrescenta que esse fenômeno de integração foi natural e espontâneo ao representar "certa maneira de ver e de sentir o mundo, típica da sociedade occitana, tão diferente da que se poderia considerar àquela época da sociedade francesa e que somente se interessava pelo norte do país".

Anne Brenon acrescenta, em *Le vrai visage du catharisme* (p. 39), que a heresia " foi um movimento de afirmação mais do que de contestação". Confirmando a avaliação de Nelli, ensina nesse mesmo livro (p. 146) que, tanto os documentos quanto o próprio curso da História demonstram sem contestação que "a Occitânia foi a região europeia onde o contexto sociocultural e econômico foi o mais favorável à implantação do cristianismo cátaro".

Sinto-me encorajado, ante comentários de tal natureza, a acreditar na minha teoria ou hipótese – como você prefira – segundo a qual essa 'coincidência' de uma doutrina inovadora encontrar terreno propício e até acolhedor em vasta região europeia não tenha sido mera coincidência. Ela foi produzida deliberadamente no âmbito de um projeto de grandiosa amplitude e profundidade destinado a mudar de uma vez para sempre os rumos do pensamento religioso da humanidade. Um projeto que teria considerado, entre outras variáveis e componentes, vasto movimento de reencarnações coletivas. Em outras palavras: renasceu ali, especificamente, verdadeira multidão de entidades previamente comprometidas com a execução do plano, tanto nos altos escalões da sociedade, para o apoio logístico do movimento, quanto entre a massa maior de figuras anônimas – o povo, artesãos, mercadores, os primeiros burgueses de uma sociedade emergente.

Fantasias! – dirão o leitor e a leitora céticos. Mas – pergunto-me eu – de quantas 'fantasias' são feitas as realidades de hoje. Ou serão as de amanhã? Quantas vezes a sólida doutrina das vidas sucessivas tem sido – e ainda é – acusada de ser fantasiosa? Ao que sorri das minhas fantasias, portanto, posso responder fraternalmente e sem arrogâncias com algumas das minhas convicções. Sobre a reencarnação, por exemplo... E me pergunto ainda que tipo de civilização teríamos hoje, após pelo menos sete séculos de uma inteligente e responsável cultura reencarnacionista. Pois era precisamente isso que os cátaros queriam e estamos todos lamentando que eles tenham sido exterminados como indesejáveis e perigosos à própria comunidade humana que estavam trabalhando para reformatar, recorrendo mais uma vez à moral do Cristo.

Ia-me esquecendo de acrescentar: sabem que título Anne Brenon colocou no módulo do seu livro em que aborda o curioso fenômeno de que o povo parecia preparado para receber os cátaros? Assim: *"Une société prédisposée a l'Hérésie?"* – pergunta-se ela. Se dependesse de minha resposta, cuidaria de concordar e até aplaudir sua intuição, pois acho mesmo que a sociedade occitana estava predisposta a acolher a heresia de braços e corações abertos.

Por tudo isso e mais o que apenas podemos imaginar ou inferir, Nelli declara enfaticamente que a queda do catarismo "representa a destruição de toda uma civilização, o estrangulamento de uma cultura e de um modo de vida que teriam verdadeiramente gerado uma nação tão diferente da França do Norte, como a Espanha ou a Itália. Sem dúvida alguma, isso foi um transtorno na história do mundo".

Assino embaixo.

Will Durant escreve num dos seus livros – creio que em *Vida da Grécia* – que a civilização grega suicidou-se na insensata disputa entre Atenas e Esparta. Há, portanto, civilizações que se suicidam. Outras morrem de velhice, amolecidas, exauridas, de morte natural. Creio que se pode citar para exemplo a Roma antiga, que não tinha mais o antigo vigor para resistir às invasões dos bárbaros. Já estava agonizante quando eles chegaram. Muitas delas, contudo, como a dos cátaros, morrem estranguladas antes de realizarem seus sonhos que, de repente, viraram pesadelos.

Mas por que tanto valorizo – numa tese que pode parecer esdrúxula e insustentável – o conceito das vidas sucessivas como componente de um modelo de civilização?

São várias as razões que conduzem a essa formulação. Em *primeiro* lugar, os gnósticos – no sentido mais amplo do termo e não na conotação meramente sectarista ou religiosa – sempre estiveram certos quanto ao relevo que concedem à constante busca do conhecimento (gnose) como fator de evolução e, eventualmente, de libertação. "Conhecereis a verdade – diz 'O Livro' – e a verdade vos libertará."

Em *segundo* lugar, quer a gente queira ou não, concorde ou não, a reencarnação não constitui objeto de fé, crença ou crendice – é lei natural, como o ciclo das estações e demais ritmos cósmicos, a gravidade, a chuva, o sol... Não se trata de crer ou não – ou você sabe dela ou a ignora, seja porque não sabe mesmo, seja porque deseja ficar onde e como está e não quer saber dela.

Em *terceiro* lugar – e aqui pode ser invocado o componente político – a reencarnação é um princípio, digamos, democrático, no sentido de que oferece a todos indistintamente, no correr das vidas, as mesmas oportunidades de crescimento, experimentação, aprendizado e maturação. Em face da reencarnação não há como justificar privilégios e nem discriminações por motivo de sangue, raça, cor, nascimento, nacionalidade, sexo ou o que seja. Os cátaros tinham livre trânsito nas camadas mais altas da sociedade de seu tempo, tanto quanto entre as classes destituídas que compunham as massas. Por eles, estaria praticamente nivelada a sociedade, na qual todos eram iguais perante a lei divina. Não discriminavam as mulheres, ao contrário, em atitudes nitidamente pioneiras, abriram para elas amplos espaços de participação e liderança no movimento. Muitas delas foram *parfaites* dinâmicas, respeitadas e destemidas, até a hora final da pena máxima pelo fogo. Na verdade, foram as mulheres – plebeias ou nobres, principalmente estas –, que mais corajosamente se dedicaram à nova heresia. "... as mulheres – escreve Brenon (p. 191) – são, de uma ponta à outra da história, a chave de fidelidade que uniu o catarismo occitano ao seu território cordial".

Brenon supõe – *peut-être*, diz ela (p. 199) – ter sido a crença dos cátaros na reencarnação a força que "tenha solapado mais profundamente a instituição matrimonial fundada pela Igreja romana", que exigia a mais absoluta submissão da mulher ao marido.

Não que isso, lembra a historiadora, implicasse necessariamente "desestabilização da família, apenas estabelecia tendência a um relacionamento em bases igualitárias. Os *parfaits* ensinavam – diz um depoente ao seu inquisidor – "que as almas dos homens e as das mulheres não têm diferença entre si, mas que Satã, o príncipe deste mundo, havia colocado a diferença nos corpos..."

Brenon vai mais além, ao considerar que:

> [...] não apenas as *parfaites,* mas até as simples *croyantes* não tinham qualquer razão filosófica para considerar seus maridos como senhor a quem devessem obediência e submissão. Ele não passava [conclui Brenon (p. 194)] de uma alma divina em peregrinação, como todas as demais, e somente Deus seria capaz de discernir, entre os esposos, qual delas estava mais adiantada nos caminhos do Bem...

Podemos, a esta distância no tempo, imaginar o quanto relevantes reformulações como essa inquietavam os mais conservadores, especialmente os sempre atentos patrulheiros interessados na "defesa da fé" e na "pureza" das práticas e dos costumes tradicionais.

Mas não foi somente nesses aspectos que a reencarnação era considerada; ela foi a referência básica, um dos mais relevantes – senão o mais destacado –, o verdadeiro princípio ordenador da ideologia cátara, como ainda veremos aqui mesmo neste livro.

O conceito das vidas sucessivas carrega consigo implicações verdadeiramente assustadoras, ameaçadoras para a Igreja, no sentido de que subverte todo o sistema e racha as bases em que se apoiavam sua estrutura doutrinária e suas práticas.

É pouco provável que a Igreja se tenha dado conta de toda a gravidade e extensão do risco que corria e por quê. Intuitivamente, no entanto, e sem entrar em minúcias e nas razões, ela identificou no movimento cátaro o grande e perigoso inimigo que precisava ser esmagado implacavelmente, de qualquer modo. Do contrário, não teria suscitado uma impensável Cruzada exterminadora que punha em sangrento confronto pessoas que liam os mesmos textos, oravam ao mesmo Deus e seguiam ou deviam seguir os passos do mesmo Cristo.

De qualquer modo, tendo percebido ou não as implicações mais amplas e profundas do que estava em jogo, a doutrina das vidas sucessivas punha e continua pondo, por si mesma, em questionamento posturas e conceitos de que a Igreja não poderia e não pode até hoje abrir mão sem uma reformatação que a descaracterize por inteiro e para sempre.

A realidade da reencarnação é dotada de curioso poder aglutinador e, ao mesmo tempo, subversivo no sentido de que desestabiliza todo o edifício doutrinário das igrejas que se dizem do Cristo, como ideia nuclear de um conjunto de conceitos que se ajustam, integram-se e interagem como um todo. Isto se torna mais evidente quando confrontada com a ideologia católica resultante de antigas cristalizações dogmáticas e tidas por irremovíveis e imutáveis.

Se a reencarnação é mesmo um fato – como é –, então a preexistência também é, tanto quanto a sobrevivência do ser à morte corporal. Se o 'morto' volta à vida, para dar prosseguimento ao seu projeto evolutivo pessoal, mesmo quando 'condenado' às 'penas eternas', então o inferno é uma grotesca ficção insustentável. Se as vidas na carne são muitas, não há criação de uma alma ou espírito para cada pessoa que nasce. Não há, portanto, 'pecado original', 'juízo final', nem ressurreição dos 'mortos', nem destinação póstuma final – céu ou inferno. Não há salvação coletiva, promovida pelo sangue do Cristo derramado na cruz, e sim o resultado de longo e difícil trabalho individual de aprendizado e aperfeiçoamento. O castigo divino é reinterpretado como oportunidade que a lei oferece a toda criatura de se recompor perante as leis que ela própria desrespeitou, nesta ou em outras existências. A 'salvação' não está reservada aos que seguirem fielmente e sem o mínimo desvio, as rígidas normas e procedimentos ditados pela Igreja, mas – a longo prazo ou a mais curto prazo, segundo os esforços pessoais de cada um – a todos os seres humanos.

Ao contrário da Igreja católica que seguia, vigilante e atentamente, os passos de seus fiéis, desde o primeiro choro ao nascer até o último suspiro, ao morrer – o batismo, a confissão, a comunhão, a obrigatoriedade da presença às missas, o matrimônio, a extrema-unção e outros procedimentos –, o catarismo exigia de seus *parfaits* e *parfaites* as maiores renúncias, o procedimento reto, o compromisso com a verdade, o exercício da fraternidade e a dedicação não-profissional à instituição, mas não impunha aos *croyants* as mesmas normas. A presunção era a de que não estariam instruídos e preparados para isso. Aliás, a verdadeira Igreja cátara era constituída pelos *parfaits* e *parfaites*; os *croyants* e as *croyantes* eram como que aspirantes, participavam de algumas atividades, compareciam às pregações, pediam e ouviam conselhos e ensinamentos, e até frequentavam um dos raros 'sacramentos' cátaros, como a partilha do pão abençoado, mas não tinham obrigações ou compromissos maiores com a Igreja cátara.

Como se pode perceber, eram e continuam sendo de insuspeitada amplitude e profundidade as implicações decorrentes da doutrina reencarnacionista.

Além disso tudo, pelo retorno às fontes primitivas do cristianismo, o catarismo evidenciava, por contraste, mazelas institucionais, ideológicas e práticas que não interessavam à Igreja expor à crua luz do dia. Eram desvios graves de há muito consolidados e aceitos ou, pelo menos, tolerados pela sociedade. Com a ressalva, feita por Nelli (*Les cathares*, p. 11) de que "os grandes senhores feudais – a despeito do apego todo exterior que demonstravam ter pela Igreja católica – eram ainda mais anticlericais (do que os cátaros), se bem que por diferentes razões. O catarismo – conclui Nelli – constituía para eles pretexto para se livrarem da tirania de Roma".

Os cátaros sonhavam, pois, com modificações profundas e extensas na sociedade, de cima embaixo. Queriam uma total reformatação da civilização e não apenas uma simples troca de alguns dogmas por outros.

6 – O Catarismo como Doutrina Religiosa

Temos feito neste livro referências ocasionais ao que poderíamos considerar teologia cátara, mas ainda não nos detivemos para uma exposição metódica e tão didática quanto possível do catarismo como religião.

É o que nos propomos a fazer a seguir.

Diz Nelli que, às vésperas da Cruzada contra os albigenses, o catarismo se apresentava como "um conjunto doutrinário muito complexo, refletindo influências gnósticas não-maniqueias, elementos gnósticos especificamente maniqueus e concepções judaico-cristãs" (*Écritures cathares*, p. 21).

Julgo oportuno trazer, para confronto com a de Nelli, a avaliação de Anne Brenon, tal como a lemos em *Le vrai visage du catharisme* (p. 100):

> Descrito pelos comentaristas do século 20 como herdeiro das gnoses paleocristãs, por recorrer aos mitos da queda dos bons espíritos, como neoplatonismo, por seu espiritualismo total e otimista, como maniqueísmo por seu dualismo metafísico, como agostinismo, porque nega o livre-arbítrio, como origenismo, pelo fato de crer na reencarnação, e até como cirurgião da cabala judaica, do sufismo e mesmo do budismo, o catarismo não se deixa aprisionar em nenhum quadro muito bem definido. Da mesma forma que podemos ser dualistas, sem ter lido Mani, pode-se ser idealista e espiritualista, sem ter lido Platão ou Plotino, mesmo apoiando-se em Aristóteles.

A expressão "influências gnósticas não-maniqueias" é uma sutileza do sempre brilhante Nelli. Evidentemente, ele quer dizer com isso que o catarismo acolheu preceitos gnósticos que não estavam contidos no maniqueísmo, mas também outros tantos claramente maniqueus.

Tal suposição se reforça com a nota de rodapé que o autor introduziu neste ponto, ao assinalar que, na opinião de Söderberg, em *La religion des cathares*, "o maniqueísmo era uma corrente gnóstica, ainda que sua concepção dualista seja diferente".

Aliás, tenho me referido com certa frequência a este aspecto – o de que a corrente gnóstica emerge de tempos em tempos e mais adiante mergulha de novo na obscuridade e no silêncio das correntes subterrâneas para reemergir em outros cenários ou contextos histórico-geográficos. A cada vez que se apresenta, nesse movimento cíclico, parece experimentar suas próprias forças, testar o ambiente e deixar sua mensagem, como que interessado em que não a esqueçam. E a cada vez se mostra com o mesmo buquê básico de ideias, mas as flores com a quais se adorna podem ter perfumes e cores diferentes e até serem diferentes das que escolheu da vez anterior.

Tenho repetidamente reiterado que, no meu entendimento, as constantes, as ideias fundamentais desse buquê são as que informam a realidade espiritual. Ou seja: a doutrina das vidas sucessivas como núcleo, miolo, eixo em torno do qual se agrupam, orbitam e interagem as demais – preexistência, sobrevivência, imortalidade do ser, causa e efeito, responsabilidade pessoal de cada um pelos seus atos, gestos, palavras e até intenções ou pensamentos. Costumam figurar nesse conjunto ideológico formulações teóricas sobre Deus, o problema do mal ou uma ética comportamental, e ainda aspectos práticos, tais como o intercâmbio entre 'vivos' e 'mortos', alguns (poucos) rituais e reduzida estrutura hierárquica. Em outras palavras: a constante de uma libertação pelo conhecimento que tem sido da própria essência do movimento em suas diferentes manifestações na história.

Em algumas de suas próprias 'reencarnações', o gnosticismo pode até apresentar-se como simples movimento laico de ideias, sem, necessariamente, colocar Deus no centro de suas especulações ou proporcionar-lhe qualquer destaque especial. Creio que podemos contar, como integrante desta variedade, o neoplatonismo, por exemplo, que manteve suas características filosóficas, sem assumir feição religiosa, senão incidentalmente ou por reflexo, nas suas projeções e consequências.

Por isso, as flores escolhidas pelo catarismo para compor seu buquê podem ter sido diferentes nas suas cores, nos perfumes e na beleza, mas eram ainda basicamente as mesmas das demais correntes gnósticas, talvez com enfeites e arranjos diversos.

Nelli e Brenon parece entenderem o fenômeno de modo semelhante.

Ele, ao comentar que, "se apenas levarmos em conta as semelhanças que apresenta em confronto com as religiões e filosofias anteriores, seria necessário identificar no catarismo uma espécie de 'evangelismo' renovado, interpretando a Bíblia e o pensamento de Paulo no sentido de tradições mais antigas, ao mesmo tempo gnóstica e maniqueia".

E ela, por ler no catarismo conteúdos de outras crenças, religiões, tradições e filosofias, sem, contudo, identificar-se com nenhuma de suas fontes inspiradoras, nem se proclamar herdeiro de nenhuma delas, busca, apenas, uma refecundação das mesmas ideias fundamentais, a fim de iluminar recantos ideológicos ainda obscuros e dar seguimento à eterna procura do conhecimento libertador, sem preocupar-se com rótulos ou fórmulas.

Tanto Nelli como Brenon chamam a atenção para o fato de que identificar no catarismo ideias semelhantes às de outras doutrinas não é o mesmo que "estabelecer entre elas uma filiação real ou possível" (Nelli) ou alertando-nos para o fato de "que se pode ser dualista sem ter lido Platão ou Plotino" (Brenon).

Estou de pleno acordo com ambos. Já Saint-Exupéry assinalara, em *O pequeno príncipe*, texto aparentemente inocente e descomprometido, a preocupação universal das pessoas em colocar rótulos em tudo e em todos, como se isso facilitasse o entendimento das coisas. Qual o seu nome? Onde você mora? Quantos anos tem você? Quantos dígitos tem seu saldo no banco? Ou você não tem conta em banco?

O catarismo é dualista? Então é uma continuação do maniqueísmo. Introduziu no seu contexto a doutrina das vidas sucessivas? Filia-se, portanto, à corrente reencarnacionista, que passa pelo budismo, por Platão, Orígenes, pelos gnósticos e continua no espiritismo kardequiano. Mistura tudo isso? Então é eclético ou, pior que isso, caracteriza-se como um sincretismo difuso e confuso.

Penso que há realmente, na tradição antiga a que se refere Nelli, uma fonte comum de verdades ainda não adequadamente exploradas, porque têm passado a maior parte do tempo circulando como correntes subterrâneas imanifestadas, na clandestinidade do chamado ocultismo, ou incorporadas a movimentos filosóficos e religiosos marginais rejeitados e até perseguidos, como o catarismo e, antes dele, o gnosticismo do segundo século, ou ainda insatisfatoriamente conhecidos, como o espiritismo kardequiano.

O certo é que as correntes dotadas de identidade ou características gnósticas obstinam-se em se oferecer, de tempos em tempos, com propostas não propriamente de mudança radical para a desgastada face das religiões predominantes, especialmente as 'ocidentais', mas como criativa e renovadora opção ideológica.

Em outras palavras: faltam nas religiões tradicionais do Ocidente conceitos indispensáveis ao melhor entendimento da vida. Tais conceitos desenvolveram-se e amadureceram há muitos séculos no Oriente, mas têm encontrado severa e teimosa resistência no seu reiterado esforço de uma fertilização cruzada que revigore o movimento e as estruturas religiosas ocidentais, algumas das quais já nasceram obsoletas ou foram vitimadas por um processo de irreversível obsolescência que as deixou descaracterizadas em relação às suas próprias origens.

Nesse ínterim, contudo, tornaram-se núcleos de poder político, econômico e social, no qual a máscara religiosa mal disfarça a verdadeira face e os objetivos que perseguem.

Isso aconteceu porque, na bem achada expressão de Elaine Pagels (em *The gnostic gospels*), os dirigentes do cristianismo primitivo, por exemplo, escoada a fase inicial de encantamento com a doutrina do Cristo, fizeram uma "opção quantitativa", que produzia poder, em vez da qualitativa, que visava à maturação espiritual do ser humano.

O catarismo apresenta-se na história como reemergência da mesma corrente ideológica renovadora que fracassara das vezes anteriores, no esforço de chamar a atenção do ser humano para a sua própria face espiritual. Àquela altura, porém, a religião quantitativa estava por demais fortalecida e entrincheirada no sistema político-social do medievalismo e conseguiu não apenas rejeitar a proposta espiritualizante – e, portanto, qualitativa – como esmagar o movimento que a propunha. A expectativa foi a de que tal estrangulamento fosse definitivo para que jamais houvesse tentativa semelhante de lembrar ao ser humano que é um espírito imortal, sobrevivente e reencarnante, acoplado temporariamente a um corpo material, que não passa de mero instrumento de trabalho no mundo visível.

Não é, pois, de se espantar a severidade, a desconfiança e o temor segundo os quais os cátaros consideravam a matéria como veículo do mal.

Da mesma forma que os gnósticos, setecentos anos antes, vir para a matéria era castigo ou, no mínimo, risco calculado. Era expor-se às tentações do mal; era adormecer na carne, como sonâmbulo e embriagado, ignorante de sua verdadeira condição espiritual, praticamente morto para essa realidade.

Os Cátaros e a Heresia Católica 89

Daí a divisão dos seres naquilo a que Émile Gillabert (em *Jesus et la Gnose*) chamou de as "três ordens": hílicos [materiais], psíquicos e pneumáticos. Essa trilogia corresponde, a meu ver, à triplicidade do ser – corpo físico, alma e espírito – adotada pelos gnósticos como já o fora por Paulo e o seria posteriormente pelos cátaros e, ainda mais tarde, no século 19, pelos instrutores da doutrina dos espíritos codificada por Allan Kardec.

Essa mesma trilogia deve ainda ser levada em consideração no entendimento das três modalidades de batismo, ou seja, o tipo de mergulho que cada uma de tais categorias pratica, ao longo dos ciclos de morte-renascimento-morte – na água, no fogo purificador e em si mesmos.

Acredito que os cátaros a tenham trabalhado sob a inspiração dessa mesma trilogia na estruturação do movimento. Neste caso, os hílicos ou materiais – ignorantes ou indiferentes à sua verdadeira natureza – seriam os que não se interessavam ou até hostilizavam o catarismo; os psíquicos – já alertados para a sua condição espiritual e atentos ao processo evolutivo do aprendizado – seriam os *croyants* e as *croyantes*, em geral e, finalmente, os pneumáticos ou espirituais, os *parfaits* e as *parfaites*, conscientes de sua condição e já consagrados pelo *consolamentum*, o batismo do espírito, como veremos daqui a pouco.

> É importante, contudo, assinalar [escrevo em *O evangelho gnóstico de Tomé*], como lembra Gillabert, que os gnósticos não propõem adiar o encontro com a verdade maior libertadora para quando alcançarmos os planos superiores do Pleroma, no chamado Reino de Deus, mas alertam para a conveniência e até necessidade de conhecê-la, pelo menos em parte, enquanto ainda estamos por aqui, no mundo, mergulhados na matéria. É o que ensina o Evangelho de Felipe (texto gnóstico), ao declarar: "Convém que nos tornemos homens pneumáticos antes de sair deste mundo. Aquele que recebeu o Todo, sem dominar tais lugares, não poderá dominar aquele lugar."

Voltaremos ao assunto quando do exame mais detalhado do *consolamentum*.

A rota que vai do gnosticismo ao catarismo pode ter passado antes por Paulo, cujas epístolas revelam admirável conhecimento da ideologia que iria também inspirar a doutrina gnóstica. Teria sido mera coincidência? Teria Paulo antecipado o gnosticismo de dois séculos depois?

Ou teriam os gnósticos recorrido também a Paulo, como os cátaros parece terem feito cerca de um milênio depois? Não tenho como assegurar isto, mas uma leitura gnóstica das epístolas de Paulo pode surpreender o leitor desatento.

Como Paulo viveu antes dos gnósticos, não poderia estar copiando nada de sua doutrina, mas é evidente que o Apóstolo dos Gentios se revela bem familiarizado com sutilezas e achados gnósticos e, mais do que isso, dirige-se a um público leitor igualmente informado do assunto. O que confirma, a meu ver, que o próprio cristianismo primitivo possuía evidente conteúdo gnóstico. Para dizer de outra maneira: sutilezas da realidade espiritual que serviram à elaboração da doutrina dos gnósticos e, mais tarde, à dos cátaros, eram familiares a Paulo. É perfeitamente possível detectar-se no cristianismo nascente, por sua vez, nítida compreensão e aceitação da doutrina das vidas sucessivas. Os apóstolos demonstraram, mais de uma vez, perfeito entendimento das referências do Cristo à questão das vidas sucessivas.[16]

Procurei fazer o paralelo entre gnosticismo e cristianismo primitivo – especialmente o pauliniano – em *O evangelho gnóstico de Tomé*, ao qual tomo a liberdade de encaminhar leitores e leitoras interessados em aprofundar um pouco mais o entendimento desse aspecto.

Pode-se considerar, portanto, que – com variações pouco significativas – a mesma corrente ideológica emergiu no cristianismo dos primeiros tempos, no gnosticismo entre o segundo e terceiro séculos, no catarismo medieval e no espiritismo ordenado por Allan Kardec, em meados do século dezenove.

Déodat Roché, aliás, não ignorou o espiritismo, a mais recente emergência de alguns dos postulados gnósticos. Ele se refere a *O porquê da vida*, de Léon Denis, como o livro que mais o impressionou. Não teve o mesmo interesse – embora as tenha lido atentamente – pelas obras de Kardec. Elas figuravam na biblioteca e em assíduas leituras de seu pai, Paul Roché, um tabelião. Depois de muitos estudos de religião comparada, Déodat optaria pelos livros de Rudolf Steiner, a quem dedica, "em testemunho de veneração e de gratidão", *Survivance et Immortalité de l'Âme*.

Quanto ao problema da conexão do catarismo com o maniqueísmo ou, como querem alguns, de sua filiação à importante seita, ainda está em dis-

---

[16] Isto se comprova na mesma passagem em que Jesus lhes fala de Elias reencarnado em João Batista. Mateus encerra o episódio com um comentário que não deixa a menor dúvida quanto ao entendimento dos que ouviram a declaração do Cristo sobre Elias, que já viera e o ignoraram, fazendo dele "quanto quiseram": "Os discípulos – escreve – compreenderam, então, que ele lhes falava de João Batista".

cussão no momento em que escrevo (início de 2001) este livro. O clima de tais debates, contudo, tornou-se menos aquecido. Reconhece-se que o catarismo tenha adotado em suas formulações doutrinárias aspectos que figuram também no maniqueísmo. Para os adversários católicos, no entanto, principalmente os inquisidores, como já tivemos oportunidade de referir aqui, os cátaros eram uma revivescência pura e simples do maniqueísmo. Como assinala Anne Brenon, o rótulo era cômodo e poupava maiores esforços, de vez que o maniqueísmo tornara-se uma heresia conhecida e condenada pelos pensadores católicos dos primeiros tempos, entre eles, os grandes 'doutores' da Igreja. Os argumentos com os quais estes teólogos 'liquidaram' o maniqueísmo ainda estavam disponíveis e bastava recorrer a eles, sem ter que inventar nada de novo no combate ao que se considerava uma reedição da antiga heresia. René Nelli opina (*Écritures cathares*, p. 24) no sentido de que "... todo o catarismo ocidental estaria ligado ao maniqueísmo pelos elos intermediários do paulicianismo e do bogomilismo", ainda que a conexão entre entre paulicianos e maniqueus não seja absolutamente certa, nem entre paulicianos e bogomilos. No entanto, continua ele, "tal conexão é inegável entre bogomilos e cátaros".

Tal linha de filiação – ainda na visão de Nelli – "é a única hipótese capaz de dar conta da ressurreição do maniqueísmo no Ocidente cristão". Para o eminente historiador todos os matizes do pensamento cátaro "pertenceriam ao maniqueísmo (...) *como gnose dualista*". (Destaque meu.)

Esta ressalva é significativa e deve ser considerada com atenção. Depreende-se dela que não é propriamente a heresia maniqueísta que estaria de volta ao cenário histórico do pensamento religioso, mas a *gnose dualista* contida no maniqueísmo.

Exemplos de tais conteúdos: a doutrina dos dois princípios, a ideia de que "o verdadeiro Deus, por não ter criado o mal, não dispunha desse recurso para combater o mal e que, portanto, acabava sempre vencido no tempo, ainda que vencedor em termos de eternidade. Incluía-se, ainda, o tema do conflito desencadeado no céu, onde o homem primordial luta contra o mal e é derrotado, e mais a doutrina da queda dos anjos, também eles vencidos pelo mal, mesmo sem haverem pecado no exercício do livre-arbítrio.

Importante assinalar, contudo, que o caráter geral do catarismo, ainda segundo Nelli, devia-se à gnose no seu sentido filosófico e cultural mais amplo e não especificamente à gnose maniqueísta. Entre tais características: a salvação pelo conhecimento e pela iniciação; a teoria da emanação, especialmente no chamado dualismo mitigado, segundo o qual o Cristo e Lúcifer 'emanam' ambos do Deus Bom; o mito da organização do mundo por uma potência (entidade) maligna ou, no mínimo, usurpadora dos poderes divinos; a crença de que a alma faliu porque não soube exercer satisfatoriamente o livre-arbítrio que lhe fora concedido, mas que seria salva pelo conhecimento e pela auto-purificação; a relevante concepção do ser humano no seu aspecto tríplice: espírito, alma e corpo; a salvação final, como uma espécie de direito e destinação de todas as criaturas, e outras tantas.

Ao cabo de considerações de caráter panorâmico, Nelli conclui (p. 25) que se pode "ver claramente que o *dualismo absoluto* (radical) parece-se muito mais com o antigo maniqueísmo, ao passo que o *dualismo mitigado* parece muito mais 'gnóstico' do que maniqueu".

É necessário, ainda – lembra Nelli – não esquecer "a atmosfera de elevada espiritualidade cristã na qual se desenvolveu o catarismo, que se inscreve em movimento mais amplo de renovação religiosa de conteúdo evangélico".

Para concluir sua síntese, escreve Nelli: "É certo que os cátaros jamais falaram de Mani, nem de Sophia, nem dos Eons: eles citam exclusivamente os Evangelhos e as próprias palavras de Jesus Cristo." (p. 25)

Gosto da competente avaliação do catarismo pelo prof. Nelli. Ele se mostra sensível a matizes que escaparam ou não interessaram a alguns, não nega a influência do maniqueísmo na formatação do catarismo, mas coloca as coisas em perspectiva e hierarquia adequadas. Ao mesmo tempo, não minimiza as complexidades da doutrina cátara e nem as substanciais modificações que sofreu – diz ele – entre 1180 e 1280, tanto na França quanto na Itália, o que dificulta ao historiador rastreamento mais confiável e acurado de todos os detalhes do pensamento cátaro nas diferentes épocas.

Há que se levar em conta, por outro lado, a escassez da documentação legitimamente cátara, de vez que a totalidade dos textos autênticos cabe, com todos os comentários e notas explicativas, num único volume (*Écritures cathares*) que não chega a trezentos e cinquenta páginas.

E me pergunto: seriam esses os livros mais representativos da doutrina cátara? Ademais – e isto também assinala Nelli –, não há como se dar conta de toda a mitologia cátara, "tão poética e contraditória", comenta ele –, nem em numerosos depoimentos que podem representar, em muitas oportunidades, "a fantasia individual (dos depoentes) registrada pelos inquisidores".

Estamos, porém, falando de maniqueísmo, gnosticismo e dualismo sem antes termos uma conversa à parte. Façamos, portanto, uma pausa para buscar melhor entendimento destas coisas.

Os Cátaros e a Heresia Católica 93

Precisamos, para isso, recorrer a outra fonte de informação; no caso, *An encyclopaedia of occultism*, de Lewis Spence[17].

O verbete sobre o maniqueísmo nos remete ao verbete sobre gnosticismo. É para lá que vamos. Antes de chegar, porém, façamos breve visita ao Aurélio. Que ensina o seguinte:

> **Maniqueísmo.** 1. Filos. Doutrina do persa Mani ou Manes (séc. III), sobre a qual se criou uma seita religiosa que teve adeptos na Índia, China, África, Itália e S. (Sul) da Espanha, e segundo a qual o Universo foi criado e é dominado por dois princípios antagônicos e irredutíveis: Deus ou o bem absoluto, e o mal absoluto ou o Diabo. 2. p. ext. Doutrina que se funda em princípios opostos, bem e mal.

Com isto, ficamos sabendo não apenas algo sobre o maniqueísmo como sobre o dualismo, ou seja, doutrina que cuida dos opostos. Como se percebe, não há menção específica de *Aurélio* aos cátaros, albigenses ou bogomilos, mas a referência à Itália e ao sul da Espanha é significativa, dado que as seitas que se implantaram em tais regiões na Idade Média estavam ideologicamente ligadas às do Languedoc francês e mantinham intercâmbio com elas, como sabemos.

O verbete sobre gnosticismo na *Enciclopédia* de Spence é longo e informativo, alertando, logo de início, para o fato de que várias seitas costumam ser consideradas gnósticas, ainda que, às vezes, amplamente divergentes. De qualquer modo, abrigavam-se todas sob a mesma terminologia rotuladora que vinha do grego *gnosis* (conhecimento). Spence menciona como integrantes dessa categoria, ainda que não das mesmas línguas, os termos ingleses *wizzard* (mago, feiticeiro) e *witch* (feiticeira), do qual derivou *witchcraft* (feitiçaria, bruxaria). A base semântica destas palavras – *wit*

---

[17] Spence é um escritor bem informado acerca do que alguns ainda chamam de ocultismo, ele inclusive. Sua *Enciclopédia* traz o seguinte subtítulo: "Compêndio de informações sobre as ciências ocultas, personalidades ocultas, ciência psíquica, magia, demonologia, espiritismo, misticismo e metafísica." O livro foi publicado orginariamente em 1920 e entre as "personalidades ocultas" não inclui o próprio Spence, razão pela qual nada posso dizer dele. Minha experiência de muitas consultas revela que nem sempre concordo com ele, mas que ele é bem informado, não resta dúvida. Tem até bom senso de humor. Se por acaso, você, leitor, é casado com uma mulher que prefere outros caminhos ideológicos, veja a dedicatória que Spence fez à dele: *"À minha esposa, que acredita em mim mais do que nas minhas crenças."*

– também se reporta ao sentido original, sabedoria, conhecimento, sendo o mago (*wizzard*) e a feiticeira ou bruxa (*witch*) "aqueles que sabem".

Segundo Spence, por essa terminologia distinguiam-se aqueles que *sabiam* dos que apenas se dedicavam a certos rituais e práticas sem maiores conhecimentos teóricos a respeito.

As seitas gnósticas assumiram formato próprio – e "definitivo", diz ele – simultaneamente com o cristianismo nas províncias orientais do Império Romano. Suas doutrinas eram constituídas por uma mistura de crenças indianas, egípcias, babilônicas e inspirados na Cabala judaica, bem como conceitos sacados à astrologia e à magia. Acrescente-se a isso alguma influência de Alexandria, "centro de conhecimento místico" e a do mitraísmo, ao qual, no entender de Spence – e estamos de acordo com ele neste ponto –, muito deve o cristianismo ocidental, ou seja, a Igreja católica.

Will Durant assinala, de fato, que, em vez de dar combate aos cultos ditos pagãos, a Igreja preferiu adotá-los, criando santos para substituir os deuses, celebrando rituais vistosos, influenciando a formação de doutrinas como a do fim do mundo e sobre os poderes do inferno, adotando vestimentas especiais para os celebrantes ou promovendo festividades religiosas para as mesmas épocas, de preferência de cultos já existentes. Diz-se até que a comemoração do Natal foi deslocada para 25 de dezembro para coincidir com a data máxima de religiões adoradoras do Sol, que, no hemisfério norte, inicia seu ciclo ascendente nessa época.

Mitra seria mediador entre Deus e os seres humanos, aos quais prometia a ressurreição numa vida futura de felicidade. Teria nascido sem pai nem mãe, saltando para a vida do âmago de uma pedra, numa caverna, sem ser visto por ninguém a não ser por alguns pastores. Veio ao mundo para acabar com o mal. Sua grande e lendária proeza foi o sacrifício de um touro, portador, aliás, de virtudes divinas. Da coluna vertebral do animal nascera o trigo, alimento diário das criaturas. O vinho equiparou-se ao seu sangue, tornando-se bebida sagrada utilizada na prática dos mistérios. O ritual de divinização prévia de um animal para depois comer de sua carne e beber seu sangue, a fim de participar das virtudes da divindade e livrar-se dos pecados, teria sido, segundo alguns, a origem remota da eucaristia. Resíduos dessa prática ficaram nos textos, quando se referem ao "Cordeiro de Deus", sacrificado em resgate pelos nossos pecados.

A maioria das seitas gnósticas era administrada por uma hierarquia sacerdotal iniciada na prática dos mistérios, das artes mágicas, astrologia, encantamentos, exorcismos, preparo de amuletos e talismãs. A Igreja, naturalmente, os considerava heréticos e feiticeiros e os perseguiam tenazmente.

Na Pérsia, eram condenados à morte, mas alguns converteram-se ao Islã e influenciaram com suas doutrinas e práticas as seitas dos *daroês* (pobres, em árabe), termo que Aurélio prefere ao mais conhecido, *dervixe*.

Spence inclui o maniqueísmo entre as seitas gnósticas, mas não se demora mais do que o estritamente necessário no assunto. Limita-se a dizer que a seita foi fundada por Mani, participante de uma ordem de magos, sendo profundo conhecedor de astrologia, medicina e magia, naturalmente.

"A seita – prossegue (p. 185) – foi anátema para a Igreja, e suas variações posteriores, paulicianos, cátaros, albigenses, *lollards* e, ainda mais tarde, os carbonários nunca deixaram de suscitar o fervor persecutório da Igreja."

É certo que ela sempre se manteve atenta a essas e outras 'variações' ou, mais amplamente, a qualquer movimento que pusesse em risco seu *status* e seu salvacionismo exclusivista, mas a caracterização do catarismo como nova manifestação do maniqueísmo ou como seita dele vinda em linha direta não tem o apoio dos especialistas contemporâneos, como temos visto.

O livro de Spence, contudo, é de 1920. Pouco ou nada se sabia do catarismo àquela época, a não ser o que figurava nos textos anti-heréticos, principalmente as atas da Inquisição.

O fato de o catarismo haver adotado práticas ou princípios doutrinários gnósticos e maniqueístas não o caracteriza necessariamente como seita gnóstica ou maniqueísta, da mesma forma que o espiritismo kardequiano seja seita gnóstica por adotar doutrinas que o gnosticismo *também* incorporou aos seus postulados. Conceitos como os de corpo/alma/espírito, preexistência, sobrevivência, imortalidade do ser e outros, como reencarnação, constituem verdades universais e não propriedade desta ou daquela corrente religiosa ou filosófica.

Os neoplatônicos também ensinavam tais aspectos, sem se preocupar com o conteúdo religioso, ou melhor, teológico embutido no seu ideário e nem com o proselitismo ou a perseguição de quem não pensasse como eles. E, no entanto, podem ser considerados verdadeiros gnósticos no sentido primordial do termo, ou seja, aqueles que buscam o conhecimento como método de aprimoramento individual.

Esses diversos movimentos ideológicos foram buscar os elementos formadores de suas doutrinas em fontes comuns e à disposição de todos e que constituem o acervo cultural da humanidade. Têm, por isso, todo o direito de trabalhar com as ideias que integram tal acervo, selecionar as de seu interesse e experimentar com elas novas combinações reformuladoras. Afinal de contas, evoluir consiste basicamente em substituir por novas, antigas e obsoletas ideias.

O catarismo concebeu um modelo renovado de abordagem às realidades da vida do ser humano na terra. Não inteiramente novo, dado que estava lançando mão de ideias e conceitos já conhecidos e experimentados, mesmo porque não inventamos a verdade, apenas a descobrimos gradualmente, em aproximações sucessivas. E nem precisavam inventar novas verdades ou, sequer, uma nova ética – estava tudo lá nos ensinamentos do Cristo. Era só trazer de volta esse conhecimento esquecido e soterrado por um entulho milenar.

Essa, aliás, foi a postura de Kardec e das entidades que elaboraram a doutrina dos espíritos. Não havia a menor necessidade de se criar uma ética inteiramente nova que jamais houvesse sido proposta e, principalmente, adotar um novo código de procedimento; bastava recorrer ao cristianismo original, ainda resgatável de suas próprias fontes, preservado na palavra do Cristo e na prática por ele adotada.

Antes de prosseguir, precisamos, ainda, de ligeira digressão. Temos mencionado várias vezes, neste texto, o componente dualista da doutrina cátara. Mas o que é mesmo dualismo? Embora seja esse um dos pontos fundamentais do catarismo, não creio necessário uma longa dissertação filosófica sobre o tema, quando uma consulta ao *Aurélio* basta para nos ajudar no entendimento desse aspecto, sempre que o encontrarmos referido nos textos de que estamos nos valendo para esta exposição.

Dualismo – ensina *Aurélio* – é a:

> Doutrina que, em qualquer ordem de ideias, admite a coexistência de dois princípios irredutíveis. Ex.: dualismo da alma e do corpo, do bem e do mal, da matéria e do espírito. P. ext. Coexistência de dois princípios ou posições contrárias, opostas: Havia nele o dualismo do bem e do mal.

"Da mesma forma que se pode identificar na Igreja cátara uma religião de Revelação e Salvação – escreve Anne Brenon (p. 58) – pode-se definir sua reflexão metafísica como *leitura dualista do Novo Testamento*". (Destaque meu.)

A Bíblia dos cátaros, traduzida em occitano a partir de texto latino anterior à Vulgata de são Jerônimo – que, por sua vez, serviria de base para a tradução dos valdenses –, pouco difere da católica, ensina Brenon. Com uma ressalva importante, que a autora destaca quanto aos versículos 3 e 4 do capítulo primeiro do Evangelho de João.

Vamos prestar atenção.

A tradução francesa da Vulgata, base-mestra dos textos contemporâneos, diz o seguinte:

João 1,3: *Tudo foi feito por ele, e nada do que foi feito não foi feito sem ele.*
João 1,4: *Nele estava a vida, e a vida era a luz...*

No texto languedociano lia-se o seguinte:
João 1,3: *Tudo foi feito por ele, e sem ele o nada foi feito...*
João 1,4: *O que foi feito nele era a vida, e a vida era a luz...*

Por simples curiosidade, vamos conferir com a tradução das Edições Paulinas, em língua portuguesa, aliás, também feita a partir do texto francês:
João 1,3: *Tudo foi feito por meio dele e sem ele nada foi feito de tudo o que existe.*
João 1,4: *Nele estava a vida e a vida era a luz...*

Referindo-se ao versículo 5 – "e a luz brilha nas trevas..." – os tradutores da *Bíblia de Jerusalém* comentam em nota de rodapé o seguinte: "A Luz (o Bem, o Verbo) escapa ao domínio das Trevas (o Mal, as potências do mal. (...) Outros traduzem: 'e as trevas não a compreenderam'."

Curiosamente, portanto, o comentário registrado no rodapé assume postura dualista, colocando em confronto Trevas/Luz, Bem/mal, Verbo/potências do mal.

Mas ainda não podemos considerar resolvido o problema da tradução desses dois importantes versículos, de vez que os valdenses optaram pelo que Brenon caracteriza como tradução "perfeitamente ortodoxa", escrevendo *"e alcuna cosa non es fayta sença lui"* (E coisa alguma foi feita sem ele). Na tradução cátara, no entanto, o texto dizia isto: *"e senes lui es fait nient"*. (E sem ele o nada foi feito.)

O que quer dizer tudo isso?

Segundo os cátaros, houve dois tipos distintos de criação: a verdadeira, as coisas que realmente existem, ou seja, as de Deus, e a ilusória, as que não têm existência real, e que se identificam com o "nada" e que foram feitas sem ele, ou, em outras palavras, "e sem ele o nada foi feito".

Em suma: o mundo material e visível, cá embaixo, não seria criação divina e teria, portanto, emanado ou sido criado por outro princípio, certamente o do mal. Isso porque não se poderia atribuir a criação do mal a um Deus bom e perfeito em todas as suas faculdades e atributos. O mal teria sido criado, portanto, por um deus secundário e mau, ou pelo próprio Demônio.

"Os cátaros jamais declararam – escreve Nelli (*Écritures cathares*, p. 29) – que os dois princípios fossem 'iguais': o princípio do mal somente manifesta sua própria imperfeição."

O bem, por outro lado, seria permanente, eterno, inextinguível, ao passo que o mal é temporário, destinado desde o início à total extinção, com a vitória final da luz sobre a treva. O que significa, em última análise, que todas as criaturas – o 'demônio', inclusive – serão salvas, entendendo-se salvação como depuração final, nos extremos limites da perfeição, se é que a perfeição os tem.

Por mais importante que seja, no entanto, a postura dualista dos cátaros, Brenon adverte – *Le vrai visage du catharisme*, p. 61:

> O dualismo não se resume, com efeito, numa constatação[18] moral da ação do bem e do mal neste mundo, ao antagonismo entre eles. A ser assim [continua], todas as Igrejas cristãs que creem em Deus e no diabo seriam dualistas. O verdadeiro dualismo [conclui] supõe independência absoluta de uma raiz do bem e uma do mal, uma em relação à outra.

Brenon cita a propósito disto a "pragmática tradução" de Raoul de Coggeshall, monge cisterciense, ao referir-se aos cátaros: "Aquela gente não crê que Deus se preocupe com as coisas humanas, nem que exerça qualquer ação ou poder sobre as criaturas terrestres..."

Como se pode observar, é mais complexa do que poderíamos imaginar a questão do dualismo. No fundo, porém, o que toda essa discussão revela é o esforço na busca de explicação racional para a presença do mal no mundo. Se tudo o que existe foi criado por Deus e se Deus é bondade e perfeição supremas, não poderia ele ter criado o mal e, nesse caso, quem o teria feito?

E não foi somente aos cátaros que esse problema filosófico interessou, mas a incontáveis pensadores, teólogos e filósofos anteriores e posteriores, até hoje.

De qualquer modo, não eram apenas os versículos iniciais do Evangelho de João que os cátaros usaram como fundamento de sua postura dualista, como adverte Brenon, mas também outras passagens.

É verdadeiro isso. Lemos, no *Livro dos dois princípios*, módulo intitulado *Tratado do livre-arbítrio* – tradução de René Nelli, *in Écritures cathares*,

---

[18] Recorro, como sempre, ao mestre Aurélio, que, de certa forma, abona o uso do galicismo ao escrever que: o termo é "muito expressivo e de largo uso, embora condenado pelos puristas".

Os Cátaros e a Heresia Católica 99

p. 88 e seguintes – a sólida argumentação do autor medieval do texto em favor de sua tese dualista.

Ou bem existe apenas um "princípio principial"[19] ou há mais de um.

E prossegue: "Se há apenas um e não vários, como sustentam os ignorantes, é necessário que ele seja bom ou mau. Não poderia, no entanto, ser mau, dado que, se o fosse, dele somente proviriam os males e não o bem, tal como disse o Cristo no Evangelho de Mateus: "Toda árvore boa dá bons frutos, mas a árvore má dá frutos ruins. A boa árvore não pode dar frutos ruins, nem a árvore má dar frutos bons." (Mat. 7,17-18); e Tiago, na sua epístola: "Porventura a fonte jorra, pelo mesmo olheiro, água doce e água salobra? Porventura, meus irmãos, pode a figueira produzir azeitonas ou a videira produzir figos? Assim, a fonte de água salgada não pode produzir água doce." (Tiago 3,11-12)[20]

Dito isso, o autor fala, a seguir, da bondade infinita de Deus, que os próprios adversários reconhecem, caracterizando-o como "bom, santo, justo e reto, chegando mesmo a chamá-lo Bondade pura, e declarando-o acima de toda louvação". Não pode, portanto, essa árvore boa por excelência produzir frutos maus. O mal não é, pois, de sua criação.

Esse texto – publicado em 1939, pelo padre Dondaine – é um resumo de obra bem mais ampla atribuída a Jean (Giovanni?) de Lugio, de Bergamo, Itália. Lugio, por sua vez, era *fils majeur* (filho maior = coadjutor) do bispo cátaro de Desenzano, e escrevera, aí por volta do ano de 1250, o texto encontrado por Dondaine.

É nele (ver *Écritures cathares*, p. 92) que lemos, não sem alguma surpresa, o módulo intitulado "Sobre a impossibilidade".

Argumentando com a impossibilidade de que "o passado não seja o passado (...) e o futuro não seja o futuro", discorre o autor medieval sobre o conhecimento que Deus tem, necessariamente, "de todas as causas necessárias à condução do futuro aos seus efeitos", ou seja, fazer com que o futuro aconteça tal como tenha sido previsto e não por acaso ou inesperadamente.

A conclusão do módulo sobre a impossibilidade, no *Livro dos dois princípios*, é também digna de destaque:

"Por consequência – lê-se –, é preciso reconhecer a existência de dois princípios: o do Bem e o do Mal, sendo este último fonte (*caput*) e causa da imperfeição dos anjos, como, aliás, de todo o mal."

---

[19] O termo *principial* não consta do *Aurélio*. Tenho, no entanto, de usá-lo por figurar na tradução francesa, no sentido particular de postulado inseparável das formulações iniciais da doutrina.

[20] Estou recorrendo, neste ponto, ao texto da *Bíblia de Jerusalém*, Edições Paulinas.

Creio que, a esta altura, teremos de nos demorar um pouco mais no exame do problema do mal, em vista de sua relevância no entendimento adequado da filosofia religiosa dos cátaros. E não apenas a deles, de vez que "O grande problema que parece haver engendrado a tentação dualista – escreve Nelli (*Les cathares*, p. 59) – e que tem constituído sempre a pedra de tropeço *de todos os teólogos* – é o problema do mal." (Destaque meu.)

Todo o esforço dos teólogos, ainda no dizer de Nelli (p. 59), consiste em "conciliar a ideia de um criador perfeito com a realidade de um mundo mau". Não falta, lembra Nelli, quem haja, por via de consequência, atribuído a Deus a responsabilidade pela criação do pecado, ou seja, do erro e, portanto, do mal.

É bem verdade que o conceito do livre-arbítrio, em oposição ao do determinismo – outro dualismo –, está fortemente acorrentado ao problema do mal. Os formuladores da doutrina cátara introduziram no sistema um elemento complicador ao considerar que o ser humano não é dotado da faculdade de escolher livremente suas opções de procedimento. Aliás, Lutero também pensaria desse modo no século dezesseis. É o que se pode conferir lendo sua disputa com Erasmo, partidário do livre-arbítrio.

Se o ser humano não dispõe do recurso à livre escolha, então, o erro não seria igualmente de sua responsabilidade e culpa. Errou porque não tinha condições de escolher melhor. Estaria predestinado a errar. E, nesse caso, Deus o teria criado já sabendo que aquele indivíduo não daria boa conta de si no contexto das leis cósmicas. Nesse caso, Deus seria duro, frio, cruel, indiferente ou até mau, ele próprio, ao criar alguém já destinado à maldade e, logicamente, ao sofrimento. E, portanto, não seria dotado de suprema bondade e justiça. Ou, então – segunda hipótese –, ele não saberia que aquela específica criatura iria escolher o erro e, consequentemente, não seria onisciente. Ou, ainda, não poderia tê-lo criado de modo a que ela não praticasse erro algum ou, no mínimo, errasse menos, caso em que não seria onipotente.

Nelli lembra, por outro lado, que, no uso do livre-arbítrio que lhe foi outorgado, o ser humano poderia até revoltar-se contra seu Criador e enveredar pelo caminho do mal.

Por isso, ao dotar a criatura da capacidade de escolher livremente seu destino, inclusive errando, praticando deliberadamente o mal, Deus teria, afinal de contas, criado um mundo igualmente mau. Ou, então, como lembra Nelli, Deus não seria bom.

Foi ante esse dilema, insolúvel por outros processos, que teria sido imaginado um Deus bom e outro mau ou, no mínimo, menos bom. Alguns teóricos teriam encontrado, para isso, apoio nos textos bíblicos. Para eles, o Deus mau, severo, ciumento, vingativo, castigador e até cruel seria Javé, do Antigo Testamento, enquanto o Deus bom, pai amoroso, justo, paciente, o do Novo Testamento.

Outros teólogos, prossegue Nelli mais adiante, procuram contornar a dificuldade, alegando que o mal não existe, e sim o bem relativo, o que reduziria o mal a uma presença transitória, mal menor, em etapas intermediárias do processo evolutivo do ser.

A visão pode ser até algo sedutora, mas não explicaria, segundo Nelli (p. 60), "a existência do sofrimento em suas mais monstruosas manifestações" – torturas, genocídios, estupros etc.

Os dualistas consideram resolvido o dilema com a invenção de um Deus bom e outro mau. Eles seriam coexistentes, tendo o Deus absolutamente bom criado tudo quanto se refere ao amor, ao bem e à pureza. Enquanto isso, o Deus mau seria responsável pela introdução do mal no universo.

Dentro de tal concepção caberia ao ser humano combater o mal dentro de si até desfazer-se completamente dele, substituindo-o gradativamente pela prática do bem, do amor, da justiça, da fraternidade.

De qualquer modo, mesmo adotando a dualidade proposta anteriormente por outras ideologias [religiosas ou não], entre as quais o maniqueísmo, os cátaros introduziram significativa, ainda que sutil, modificação ao considerar – diferentemente dos maniqueus – bem e mal não como princípios da mesma força e poder. Para eles, o bem seria imutável, eterno, permanente, ao passo que o mal estaria sujeito à instabilidade, à transitoriedade e, portanto, à entropia e eventual extinção num mundo regenerado, purificado, livre, afinal, do erro.

Mesmo aí, contudo, não me parece bem definida a concepção dualista bem/mal, em termos de catarismo ou de maniqueísmo. Para que isto fosse possível, os praticantes do bem não seriam dotados da faculdade da livre escolha, de vez que o bem somente pode gerar o bem. Por outro lado, o maus errariam devido "ao funesto dom da liberdade". Aliás, como lembra Nelli, santo Agostinho – aliás, ex-maniqueu – já afirmara que o livre-arbítrio leva *sempre* a criatura à prática do mal.

Mas, se os maus continuam a errar sempre no exercício pleno do livre-arbítrio, dificilmente ou nunca teriam condições de se tornarem bons, com o que perpetuariam o mal no mundo.

Por outro lado, quer o mal tenha sido ou não criado por Deus, ele constitui problema com o qual temos todos de conviver. O fato de atribuir-se sua criação ao Deus único ou a um Deus secundário e até mau não altera em nada a posição do ser humano perante a maldade e as imperfeições do mundo, que fazem parte do nosso contexto educativo.

O poblema do mal – vê-se logo – tem de ser discutido no contexto ideológico que leve em conta não apenas a realidade das vidas sucessivas, mas seu indispensável complemento – o conceito do livre-arbítrio. Sem a liberdade de escolha – como queriam os cátaros e, mais tarde, Lutero –, não há como explicar o processo evolutivo. A discussão da origem do mal é, portanto, não apenas irrelevante, como envereda pelo atalho de uma errada escolha de premissas, deslocando o problema para a área meramente especulativa da necessidade de um Deus secundário.

Não há espaço no pensamento filosófico e teológico para esse tipo de entidade. Ou Deus mau seria: 1) coeterno com o Deus bom e, neste caso, estaríamos diante do diteísmo e não do monoteísmo; ou 2) teria sido criado posteriormente, por quem, senão pelo Deus bom?

O que interessa, portanto, é dispormos de um programa inteligente para lidar adequadamente com a realidade do mal, da qual não há como fugir, pelo menos em nosso atual estágio evolutivo.

Os cátaros, como, no passado, os gnósticos do segundo século, tinham tudo para resolver corretamente o problema, uma vez que ambas essas correntes de pensamento religioso estavam convictas da realidade das vidas sucessivas, no correr das quais os seres humanos vão introduzindo correções de rumo no procedimento individual.

A solução ao problema é de ordem prática, não teológica ou metafísica, e se resume em traçar uma estratégia para lidar com a realidade do mal. Como, aliás, propôs o Cristo, ao ensinar e exemplificar uma doutrina de comportamento e não especificamente teológica. O Cristo não escreveu nenhum tratado de teologia para explicar como havia surgido o mal e muito menos cuidou de atribuir sua criação a Deus ou a qualquer outra entidade secundária. O mal existe e precisa ser levado em conta no dia-a-dia da vida terrena ou póstuma.

Quando se coloca o problema do erro, do mal, do escândalo, a postura de Jesus é a mesma: corrigir-se a criatura para que não sofra mais. "Vai – disse ele ao ex-paralítico na fonte de Betesda – e não peques mais, *para que não te aconteça coisa pior.*" (João 5,14) "Vai – ensinou à adúltera – e *de agora em diante*, não peques mais." (João 8,11)

Em relação ao escândalo foi, novamente, explícito, ao declarar: "É *inevitável* que haja escândalos, mas ai daquele que os causar!" (Lucas 17,1)
O que se depreende de tais ensinamentos?

Primeiro: que Jesus vincula o sofrimento, a dor, e, portanto, o mal, ao pecado, ao erro. O mal não figura no seu pensamento como criação divina nem demoníaca, e sim consequência do erro cometido pelo próprio ser humano.

Segundo: o escândalo – outra manifestação do mal – é *inevitável*, obviamente porque decorre da própria imperfeição humana e não porque Deus o haja criado.[21]

Terceiro: a dor e o sofrimento não devem ser, necessariamente, arrolados como males, de vez que constituem instrumentos corretivos e principalmente educativos e, portanto, curativos, para as mazelas morais desta ou de outras existências na carne.

Ao considerar a matéria como criação do Deus mau ou de Satã, ainda mais se complicavam as coisas para a teologia gnóstica e a cátara. Compreende essa postura, no sentido de que estavam ambas as correntes interessadas em preservar o chamado Deus Bom, em toda a sua pureza, perfeição e bondade. Só que, com isso, deslocava-se o núcleo do problema para uma área especulativa inadequada.

Na sua abordagem à espinhosa questão, escreve Anne Brenon (*Le vrai visage du catharisme*, p. 62) reproduzindo o pronunciamento de um dos derradeiros cátaros: "Há dois mundos – ensinava ele –, um visível e outro invisível. Cada um deles com seu próprio Deus. O invisível tem o Deus bom, que salva as almas. O outro, o visível, tem o Deus mau, que faz as coisas visíveis e transitórias."

Desse modo, a única saída do pensamento cátaro para o problema do mal consistia em considerá-lo transitório e destinado a desaparecer com o eventual desaparecimento da matéria densa. No mundo visível (material) nada é estável, de vez que tudo o que se manifesta está sujeito à corrupção e à morte. Daí porque o mundo visível tornou-se o território do mal, do sofrimento, da violência, enquanto o Deus bom somente se ocupa da contraparte invisível da criação, duradoura, eterna, incorruptível.

René Nelli (*Écritures cathares*, p. 26) rastreia essa postura ao conceito maniqueísta, segundo o qual Deus não dispõe dos recursos do mal para combater o mal.

---

[21] Mais uma vez, estou citando a tradução da *Bíblia de Jerusalém*. Outros tradutores têm usado o termo *necessário* em vez de *inevitável*, bem mais enfático.

O apoio estaria no texto de algum discípulo de Mani – ou do próprio – recolhido por Alexandre de Licópolis e que assim diz: "Elevando-se, um dia, a Matéria divisou, ao longe, a Luz divina e desejou apoderar-se dela. Deus cogitou, então, dos meios de rechaçá-la. E como não tinha mal algum com o qual pudesse opor-se-lhe, enviou ao seu encontro uma Alma incumbida de unir-se a ela e, em seguida, destacar-se dela para causar-lhe a morte."

Segundo Nelli, "nessas poucas linhas está contida a própria essência do maniqueísmo e do catarismo".

Ou seja, como o Deus bom não poderia ter criado o mal, ele não tem como opor-se ao mal. O pressuposto, então, é o de que o mal somente se combate com o mal.

Não deixa de ser estranho e até paradoxal que uma doutrina nitidamente cristã, como a dos cátaros, voltada para a pureza primitiva do cristianismo, tenha enveredado por especulações teológicas inconsistentes que não apenas criam desvios sem retorno no entendimento do problema do mal, como se chocam com os fundamentos do pensamento do Cristo, para quem o mal se combate com o bem, o ódio, com o amor, a ofensa, com o perdão, a bofetada na face, com a oferta da outra face.

Ao discorrer sobre o problema do mal no catarismo, Anne Brenon recorre (p. 62) ao que Pierre Clergue, o cura herético de Montaillou, declarou ao bispo inquisidor Jacques Fournier:

> Deus fez apenas os espíritos, o que não se corrompe e não se destrói, pois as obras de Deus permanecem na eternidade; mas todos os corpos que podem ser vistos ou sentidos, como o céu e a terra e tudo o que por aqui se encontra, à única exceção dos espíritos, foi o diabo, príncipe deste mundo, que os fez e, porque os fez, está tudo sujeito à corrupção, dado que ele nada pode fazer de estável e firme.
>
> Mais que o bem e o mal, no sentido moral [comenta Brenon (p. 63)], o catarismo opunha o eterno ao transitório, o verdadeiro ao ilusório, o inalterável ao corruptível, o ser ao nada: dualismo ontológico e metafísico, mais do que ético. O Deus de amor dos Bons Cristãos (os cátaros) não está, de modo algum, envolvido com a desordem e a confusão temporais: ele não é Deus de vingança, de cólera e de morte; não é um temível juíz, e nem impiedoso mandante de sacrifícios purgatoriais. Ele é o princípio do ser e do eterno. Foi o diabo que inventou a morte.

"Os cátaros – diz ela, mais adiante – não sacralizaram as coisas visíveis."

As reflexões de Brenon e Nelli nos ajudam a formular ideia de onde e como os cátaros – e também os gnósticos e os maniqueus – se perderam na formulação de sua estratégia para abordagem ao problema do mal.

É verdade que Deus nada tem de vingativo, colérico ou punitivo a despachar implacavelmente para o purgatório ou para o inferno aqueles que erraram. Esse é, na concepção cátara, o irado Deus do Antigo Testamento, não o Deus do Novo Testamento, que Jesus apresenta como justo, bom, tolerante e paciente. Mas para que criar um Deus alternativo, somente porque não estamos conseguindo explicar a nós mesmos o problema do mal?

Por outro lado, a morte não é castigo e maldade, e sim recurso necessário à renovação da própria vida, mesmo porque ela não é o fim, o mergulho no nada, como muito bem sabiam cátaros e gnósticos.

Além do mais, não há inferno nem purgatório, tanto quanto não há céu de deleites, onde os 'mortos' gozariam pela eternidade afora as exaustivas mordomias da monótona ociosidade.

Do que se depreende que as reformulações do pensamento religioso costumam ter sempre pela frente certo volume de entulho ideológico a ser examinado meticulosamente para selecionar o que realmente pode e deve ser aproveitado e remover-se do caminho o que se tornou inservível e até prejudicial ao projeto de renovação do pensamento.

Uma simples e aparentemente inocente premissa – a de que Deus, por ser bom, não pode ter criado o mal – acarretou, por conseguinte, desastroso desvio doutinário, que invalidou tudo o que se procurou criar de renovador em torno do problema.

Michel Roquebert – que, como o título indica, cuida mais da história dos cátaros do que de suas ideias – tem acerca do problema do mal, uma interessante abordagem, que vale a pena consultar.

Na discussão do problema, ainda na Introdução de seu livro (p. 23), declara que os textos cátaros encontrados em 1939 pelo padre Dondaine – o muito lido e discutido *Livro dos dois princípios* e o *Ritual*, atribuído a Durand de Huesca – "não deixam absolutamente transparecer coisa alguma que possa evocar qualquer influência do maniqueísmo. Ao contrário – prossegue mais adiante –, não cessam de se afirmar cristãos e nada menos, nada mais que isso".

Alerta, ainda – com um toque evidente de irritação – que o principal argumento sobre o qual Jean de Lugio fundamentou sua doutrina do dualismo é o de que "não podendo a mesma causa produzir, ao mesmo tempo, determinado efeito e o seu oposto, os princípios dos contrários são necessariamente opostos".

No entender de Roquebert, a colocação foi tirada, "quase que palavra por palavra", da *Metafísica* de Aristóteles. A mesma ideia repercute nos versículos de Mateus, há pouco citados, aqui mesmo, neste livro, segundo os quais a árvore má produz maus frutos, ao passo que a boa produz bons frutos. A mesma concepção básica está na Epístola de Tiago, ao mencionar a fonte que não pode jorrar pela mesma abertura água doce e a salobra.

Isto, no dizer de Roquebert, teria levado Lugio a concluir que, sendo o bem e o mal opostos um ao outro, a origem deles tem de ser, necessariamente, de princípios contrários; no caso o Deus bom e o Deus mau.

"Em suma – enfatiza Roquebert (p. 24) –, é preciso despojar o catarismo dessa falsa aura de exotismo e de esoterismo."

Aliás, Anne Brenon pensa de modo semelhante, condenando, não menos veemente do que Roquebert, "a falaciosa 'aura' de mistério que envolve o catarismo". Para ela, o catarismo foi um fenômeno histórico vivido pelo povo e precisa ser tratado com respeito. E por que não – pergunta-se – com amor? Daí sua proposta de não se ocupar da refutação de tais desvios, ponto por ponto; ela prefere desenhar "a verdadeira face do catarismo", título do seu importante livro, por entender que "a pesquisa histórica fez o seu trabalho, os documentos falaram, o catarismo não é mais misterioso".

Você que me lê está cansado de saber que não me julgo dotado de competência suficiente para entrar nessa disputa de gente grande, mas tanto quanto cabe a todos nós dizer o que pensamos, eu poria aqui alguns reparos.

É natural e desejável que os verdadeiros pesquisadores e historiadores – Nelli, Duvernoy, Roché, Roquebert, Brenon e outros – se empenhem em remover dos estudos cátaros o entulho que se tenha porventura acumulado à sua volta ou sobre ele, mas não me parece que se deva jogar fora o aspecto dito esotérico ou ocultista, ainda que seja, às vezes, caracterizado como irracional. Não é irracional, como parece a alguns. Tanto quanto se pode perceber de todo o material colocado à disposição do estudioso, o catarismo é uma doutrina espiritualista, reencarnacionista, atenta à realidade espiritual e, provavelmente – embora isto não tenha sido (ainda) explicitamente reconhecido –, interessada no intercâmbio entre 'vivos' e 'mortos'.

Os Cátaros e a Heresia Católica ✠ 107

Não sei, portanto, se convém – como diz Roquebert – "despojar o catarismo da aura de exotismo e de esoterismo". Se deceparmos do catarismo a realidade espiritual por ser, aprioristicamente, tida por exótica e esotérica, estaremos desconsiderando o mais relevante de seus conteúdos ideológicos.

Não há como discordar desses estudiosos no honesto empenho que demonstram em revelar, como diz Brenon, a verdadeira face do catarismo. Para mim, contudo, para ser verdadeira essa face precisa dos traços, das cores, contornos e matizes do espiritualismo reencarnacionista, por mais que desejemos considerar a doutrina da reencarnação como esotérica ou ocultista. A reencarnação é um fato, lei natural e não crença ou, pior, crendice.

O nítido posicionamento dos cátaros como cristãos – e eles o são, de fato e de direito – não os impede – ao contrário – de adotar o princípio renovador e reordenador contido na doutrina das vidas sucessivas, a que se refere explicitamente o próprio Cristo.

Quanto a se considerarem cristãos autênticos, há praticamente uma unanimidade entre os diversos historiadores do catarismo. Trata-se de "um cristianismo – escreve Roquebert (p. 24) – e os cátaros tinham toda a razão de se intitularem 'Bons Chrétiens', ou melhor, simplesmente 'Cristãos'".

E prossegue: "Apartados, certamente; dissidentes quanto à liturgia e ao dogma elaborados e definidos pela Grande Igreja; mas cristãos mesmo assim, na exata medida em que havia para eles uma só revelação, aquela da qual o Cristo foi o portador, sendo o Novo Testamento a única referência..."

Poder-se-ia perguntar – como o faz Roquebert – se é possível a alguém dizer-se cristão e dualista, no sentido de que Deus não poderia, na sua infinita bondade, criar o mal que, evidentemente, assola o mundo imperfeito em que vivemos.

Eu diria que sim, pode-se ser cristão e dualista, não no estreito sentido de que Deus tenha de ser repartido em dois, um mau e outro bom, para explicar o mal. O dualismo, não apenas nesse sentido, constitui evidência por si mesmo e está por toda parte: luz/treva, bem/mal, amor/ódio, feminino/masculino, prazer/dor etc. etc., como percebeu a filosofia chinesa há milênios.

A pergunta de Roquebert pode até ser convocada para questionamento a outros aspectos que também nos interessam aqui. Por exemplo: pode alguém considerar-se cristão e reencarnacionista? E, novamente, eu diria que sim, como se vê na doutrina formulada a partir das instruções dos espíritos ao professor Rivail (Allan Kardec).

Roquebert tem, contudo, outra pergunta a formular, neste mesmo contexto, e esta vai, a meu ver, ao verdadeiro cerne da questão: "... por que os doutores católicos dos séculos 12 e 13 viam os cátaros como neomaniqueístas ou, na verdade, nada mais do que maniqueístas, quer dizer, tudo, menos cristãos?"

Boa, excelente pergunta essa. Ainda hoje, decorridos mais de sete séculos da extinção do catarismo como movimento religioso organizado, há estudiosos que continuam a considerar os cátaros maniqueus reemergidos das dobras da história.

Reformulando e ampliando seu próprio questionamento, insiste Roquebert em manifestar sua perplexidade ante a "verdadeira alergia" dos teólogos católicos, desde os Pais da Igreja, no segundo século, a qualquer alternativa que, recusando-se a procurar a origem do mal no exercício do direito de escolha da criatura, imputa-a a outro princípio que não ao Deus supremo e bom?

A questão que se coloca, portanto, no entender de Roquebert, é muito mais complexa e profunda do que se poderia julgar por uma avaliação apressada do dualismo. Não se trata apenas de atribuir a origem do mal a uma divindade secundária, e sim que o problema das origens do mal constitui a chave mestra de todo um "dispositivo doutrinário", no seio do qual surgiu "não apenas uma cosmologia [estrutura do universo], mas também, uma teologia, uma soteriologia [a doutrina da salvação do ser humano] e uma eclesiologia radicalmente diferentes do sistema elaborado pela Grande Igreja".

Ou seja, a Igreja tinha àquele tempo uma elaborada, tradicional e consolidada estrutura de pensamento que, certamente, ruiria de alto abaixo se permitisse que contestadoras ideologias religiosas paralelas conseguissem implantar doutrinas como a que gnósticos e cátaros propunham.

O problema continua em pauta, dado que a situação da "Grande Igreja" ainda é a mesma, quando suas alquebradas doutrinas são postas em confronto com "dispositivos" – para usar o termo de Roquebert – contestadores como o das vidas sucessivas.

Admitida a validade da doutrina da reencarnação – como, aliás, já está – o que fará a Igreja de dogmas e conceitos como céu, inferno, purgatório, juízo final, ressurreição dos mortos, salvacionismo exclusivo, sacramentos e tantos outros?

Até o momento em que estamos aqui a conversar, a Igreja tem agido com toda a discrição, ignorando a realidade da reencarnação, mas até quando poderá fazê-lo ante o crescente volume de incontestáveis evidências?

E a repercussão disso em outros aspectos de vital importância para a Igreja como doutrina e como movimento? Trindade divina, por exemplo, e mais, divindade de Jesus, infalibilidade papal, a necessária intermediação do sacerdócio entre Deus e as criaturas humanas e coisas desse tipo?

Podemos observar, portanto, que o problema do mal vem sendo mesmo uma pedra no caminho de pensadores e teólogos no correr dos tempos. Assim foi com os gnósticos e, posteriormente, com os cátaros.

Como teria a doutrina dos espíritos enfrentado a questão?

São numerosas as referências ao assunto não apenas nas obras básicas, como também em escritos subsequentes.

Para não alongar mais do que o necessário a pesquisa, creio suficiente recorrer ao que Allan Kardec escreveu no terceiro capítulo de *A Gênese*, livro publicado em janeiro de 1868, pouco mais de um ano antes da morte de seu autor.

O raciocínio inicial de Kardec é semelhante ao dos gnósticos e dos cátaros, ou seja, o de que, sendo Deus "o princípio de todas as coisas", a criação do mal é incompatível com seus atributos de sabedoria, bondade, perfeição e justiça. "O mal que observamos – completa – não pode, pois, ter n'Ele sua origem."

Se, por outro lado, atribuíssemos a criação do mal a outro ser – Arimã ou Satanás, lembra – essa entidade seria igual ou inferior a Deus. No primeiro caso, teríamos duas potências rivais em luta permanente; no segundo caso, sendo o criador do mal inferior a Deus, estaria necessariamente a ele subordinado. Não sendo igual, não seria coeterno e, portanto, teria tido começo. E, se foi criado, só pode ser também uma criatura de Deus, com o que Deus teria, portanto, "criado o Espírito do Mal", proposta absolutamente inaceitável, irracional e ilógica, além de "incompatível com a infinita bondade de Deus", como assinala Kardec. Não há, por outro lado, como negar a existência do mal e nem que ele tenha uma causa.

Como ficamos, então?

Kardec aborda a questão com a preliminar de que há duas categorias distintas de males: aqueles que o ser humano pode evitar e os que independem de sua vontade, como os flagelos naturais.

Na sua visão limitada, sem capacidade para entender em maior profundidade e amplitude "todos os desígnios do Criador", o ser humano é levado, muitas vezes, a considerar injustas e maléficas "coisas que ele acharia justas e admiráveis se lhes conhecesse a causa, a finalidade e consequências".

Quanto aos males suscitados pelos flagelos naturais – temporais, enchentes, vulcões, tremores de terra – ainda que, a rigor, a humanidade não tenha sobre eles controle absoluto, nem assim Kardec exime o ser humano de responsabilidade pessoal em muito do que ocorre nesse sentido. Com o que ele se antecipa em mais de um século ao intenso debate contemporâneo em torno da proteção ao meio ambiente, lembrando que podemos "evitar, ou, pelo menos, atenuar em grande parte, os efeitos de todos os flagelos naturais".

Ainda que se atribuísse a Deus a criação dos "flagelos naturais", há que entender que eles não se enquadram rigidamente na caterogira de males. São apenas recursos corretivos e educativos embutidos nas leis cósmicas, a fim de que o ser humano não chegue ao paroxismo de destruir o próprio ambiente de que necessita para suas experimentações com a vida.

Os arrasadores temporais que provocam enchentes, deslisamentos, afogamentos, destruição de vidas e de propriedades não são males em si e por si mesmos, devidos, como se costuma comentar, à cólera divina, mas efeito do mal originário do mau trato imposto ao meio ambiente.

Esse mal originário identifica-se na derrubada de matas, na exploração predatória do solo e do subsolo, erosão, desertificação, quebra, enfim, da equação universal do equilíbrio ecológico. O que não passa de exercício abusivo do livre-arbítrio.

Nessa mesma ordem de ideias, a morte não deve e nem precisa ser considerada um mal, e sim recurso natural da lei divina destinado a promover a renovação da vida.

Por tudo isso, Kardec adianta que a sociedade tem condições de se organizar a fim de neutralizar, ainda que não consiga evitar de todo, as calamidades a que está exposta, lançando mão de recursos adequados de saneamento básico, fertilização do solo, construção de habitações mais saudáveis e sólidas. As ciências – acrescenta – podem contribuir para melhorar "as condições de habitabilidade do globo e a soma de seu bem-estar".

"Podem", disse ele. "Poderiam", diríamos hoje, quando a ciência e sua criatura – a tecnologia –, colocando-se a serviço de uma economia predatória e interessada apenas no imediatismo do lucro a qualquer preço e sacrifício, são as que mais decisivamente contribuem para a degradação progressiva do meio ambiente.

Que podemos esperar de toda essa atividade consciente e irresponsável, senão os males (os males!) de um dramático e perfeitamente evitável sofrimento coletivo em futuro próximo? Precisaríamos de um Deus secundário ou do demônio para criar esse quadro de angústias, quando o próprio ser humano se incumbe de fazê-lo?

Mesmo assim, Kardec adverte que "A dor é o aguilhão que impele o homem para a frente, na senda do progresso."

É verdade isso. "Chega um momento – raciocina Kardec – em que o excesso do mal moral torna-se intolerável e faz com que o homem sinta a necessidade de mudar de caminho."

É hora de buscar soluções criativas, sensatas, corretivas para substituir estruturas e conceitos obsoletos, prejudiciais – e, portanto, maléficos.

Mesmo que não disponha de capacidade suficiente de controle sobre determinados tipos de mal, portanto, o ser humano pode interferir sobre as causas e as condições em que se produzem para reduzir-lhes o impacto destrutivo e até evitar que ocorram.

Mais numerosos, contudo – adverte Kardec – são os males que o próprio ser "cria por seus próprio vícios, os que provêm de seu orgulho, de seu egoísmo, de sua ambição, de sua ganância, de seus excessos em todas as coisas". E lembra as guerras com todo o seu cortejo de calamidades, a opressão e a maior parte das moléstias.

Há, por exemplo, um limite natural para a satisfação das necessidades; excedido tal limite – o que é feito, via de regra, voluntária e conscientemente, no pleno exercício de seu livre-arbítrio – o indivíduo sofre-lhe as consequências desastrosas: doenças, mazelas, achaques e até a morte, que resultam – no dizer de Kardec – "de sua imprevidência, e não de Deus".

Para mais correta avaliação do pensamento de Allan Kardec a respeito do assunto, é preciso ler toda a sua dissertação (*A gênese*, capítulo III) e consultar as numerosas referências espalhadas pela sua obra, em particular e pela literatura doutrinária espírita, em geral.

De volta aos cátaros, creio estarmos autorizados a inferir que a dogmatização do conceito de que o mal teria, necessariamente, de ser criado por Deus, ainda que um Deus secundário ou satânico, contaminou aspectos vitais de uma lúcida e competente visão do cristianismo em toda a sua primitiva pureza.

Estou expondo minha petulância a dizer tal coisa, depois que Anne Brenon declarou – em *Écritures cathares* (p. 14) – que Jean Duvernoy muito contribuiu para "tornar não-dogmática a face do catarismo".

Concordo, em princípio, com Brenon e Duvernoy, mas não posso deixar de experimentar considerável desconforto perante a obstinação em atribuir-se a Deus a criação do mal, que vem pelo menos desde o maniqueísmo, passou pelo gnosticismo e alcançou o catarismo.

Nada encontro nos ensinamentos do Cristo, tão meticulosamente estudados e metabolizados pelos formuladores do catarismo, que justifique a necessidade filosófico-religiosa de um diteísmo (dupla divindade), para usar o termo de Roquebert. Como também não se apoia em qualquer palavra do Cristo a ideia de que o ser humano seja privado do exercício de seu livre-arbítrio.

Ao ligar a dor, o sofrimento com inevitáveis consequências do pecado, do erro e, portanto, do mal – "Vai e não peques mais para que não te aconteça coisa pior" –, o Cristo deixou bem claro que dor e sofrimento constituem sinais de alarme a denunciar comportamento equivocado perante as leis que regem o universo ético e, mais do que isso, a convocar a criatura para a tarefa, às vezes penosa e difícil, da reparação. Não porque errou perante um Deus zangado, vingativo e pronto a castigar, mas porque aquele que erra entra em dissonância com a harmonia das leis e precisa reajustar-se a elas. É o que exige do pecador sua própria consciência insatisfeita que traz escritas em si mesma as ordenações reguladoras da vida, que ela sabe ter desobedecido deliberadamente, por mais que pretenda ignorá-las.

Aqui se introduz mais um complicador, que me parece oportuno trazer para a nossa conversa.

Lê-se na Introdução de René Nelli (*Écritures cathares*, p. 74) para o *Livro dos dois princípios* a seguinte observação: "O primeiro desses tratados (*Sobre o livre-arbítrio*), de uma dialética muito rigorosa, constitui um todo coerente, ainda que tenha recebido, como parece, após o capítulo "No qual se prova que o livre-arbítrio não existe", uma espécie de adendo que completa, aliás bem, a argumentação."

No módulo intitulado "Que é necessário eliminar a noção de livre-arbítrio" o autor medieval do texto não deixa dúvidas, declarando ser "evidente que tudo quanto se encontra de bom nas criaturas de Deus vem diretamente dele e por ele". Não há, pois, como escolher. Se o mal ocorre, mesmo entre "o povo de Deus, não provém do verdadeiro Deus e nem se manifesta por seu intermédio". Ou seja, viria do Deus mau e por este se manifestaria.

Nelli coloca, à página 104, uma nota explicativa: "Sem o Deus bom, ninguém faria o bem; mas sem o Diabo ninguém teria 'inventado' o mal."

O mesmo Nelli reitera – *Les cathares* (p. 118) – sua admiração pelos "muito inteligentes argumentos" de Lugio em favor da negação do livre-arbítrio, no seu entender (de Nelli) "quase nada aperfeiçoados depois dele".

Estou consciente de que isso não quer dizer que Nelli também seja contrário à doutrina do livre-arbítrio, apenas estaria reconhecendo o brilho da defesa que fez da tese o pensador medieval.

De minha parte, por mais brilhantes que sejam os argumentos, não vejo como acolher o conceito da inexistência da livre escolha. É o que estamos, consciente ou inconscientemente, praticando a cada momento de nossas vidas. "Viver é escolher", foi uma das frases que coloquei em texto produzido certa vez sobre o assunto.

A propósito, sugiro ao leitor e à leitora, possivelmente interessados em mais prolongado exame do assunto, o capítulo intitulado "Quem inventou o mal?" que escrevi para *O evangelho gnóstico de Tomé*.

Sem a capacidade de escolha e decisão, seríamos simples robôs programados para agir de determinada maneira e, nesse caso, o erro não seria um mal, mas decorrência natural da condição de seres incapazes de decidirem-se por esta ou aquela opção, ou seja, entre o bem e o mal. Estaríamos, dessa maneira, sem o mérito das boas ações e sem a responsabilidade culposa pelo mal porventura praticado.

Ainda a propósito desse tema, desejo contar uma experiência pessoal.

Manifestou-se certa vez, em nosso grupo de trabalhos mediúnicos, uma entidade extremamente inteligente e dotada de excelente poder de argumentação, que também rejeitava por completo a doutrina do livre-arbítrio.

Debatemos longamente e com veemência. Eu não estava preparado para perceber seu ponto de vista logo de início e com a necessária clareza, o que o irritava sobremaneira. Para mim – e isso lhe disse repetidamente –, todos nós somos livres de escolher qualquer uma das várias opções de comportamento que se nos oferecem a cada momento que passa.

Mas ele insistia que não era nada disso. Até que escolher você pode; o problema, contudo, é que a lei cósmica dá com uma das mãos e tira com a outra. Ou seja, permite, dá, mas cobra. É como se não desse e isso não constitui nada que se pareça com concessão ou oferta graciosa. Queria dizer com isso que você pode até errar à vontade, mas que adianta o 'proveito' obtido do erro cometido se terá que repor tudo nos seus devidos lugares, mais cedo ou mais tarde?

Talvez até ele 'visse' na 'face' do Deus sutil de Einstein um sorriso meio irônico, como que a pensar sobre aquele que erra: "Ele não sabe de nada...Vai ver só o que lhe acontece!"

Para o interlocutor daquela noite, portanto – e ele voltaria em outras oportunidades –, senão o próprio conceito do livre-arbítrio, pelo menos seu exercício sempre foi puro engodo, uma astúcia das leis divinas. Tinha, por isso, velha pendência com a própria divindade que ao mesmo tempo permitia e não permitia que ele fizesse tudo quanto bem entendesse.

"Bem – disse-lhe eu –, o que você pretende, então, é a total irresponsabilidade pelos seus atos e isso não é possível num universo solidário e ordenado, no qual uma só postura desrespeitada poderia disparar o mecanismo do caos."

Talvez estivesse me lembrando ali, naquele momento, do verso de Francis Thompson, segundo o qual "não se pode tocar uma flor sem incomodar uma estrela".

Para concluir: nosso querido irmão declarou-se vencido, mas não convencido. E vencido não pela minha 'brilhante' argumentação, que de modo algum o convencera, mas pelo seu próprio cansaço. Estava exausto, vazio, desencantado, sem rumo e sem perspectivas. Entregava-se à lei cósmica a fim de dar início ao longo e doloroso processo do resgate, de vez que tinha consciência das culpas e dos desvios contidos no seu igualmente longo e atormentado currículo espiritual.

Não me ocorreu a crueldade de perguntar a ele, naquele momento supremo de suas vidas, se ele estava, afinal, tomando de livre escolha uma decisão de tal gravidade e amplitude ou porque, sem livre-arbítrio, estivesse apenas sendo forçado a entregar-se.

Responderia, certamente, pela segunda alternativa. Seja como for, dotado ou não da faculdade de escolha, estou certo de que ele passaria, dali em diante, a optar por um procedimento que não o envolvesse cada vez mais no pesado e escuro manto da culpa, que vinha arrastando há séculos, talvez milênios.

A gente fica, então, a se perguntar sobre se vale a pena errar. A resposta é não; claro que não vale, e nem é inteligente, a não ser dentro de um hipotético sistema que sancionasse a total irresponsabilidade individual, o que não é o caso.

E outra pergunta: as dores e angústias pelas quais tem de passar aquele que causou dores e angústias no semelhante devem ser classificadas como males criados por um Deus mau ou pelo Demônio? Não serão, ao contrário, instrumentos que uma generosa e benevolente lei cósmica colocou à nossa disposição exatamente para que entendamos que não vale a pena errar? E que, ao mesmo tempo, nos põe nas mãos os instrumentos de que necessitamos para nos recompor com as ordenações cósmicas desrespeitadas? Sem a dor do resgate, teríamos mesmo de recorrer ao mitológico inferno de algumas teologias desavisadas que, estas sim, pressupõem um Deus mau e vingativo que não perdoa e pune pela eternidade o erro de um momento de desvario. E a crer-se em insustentáveis interpretações textuais, castiga nos descendentes, até a quarta geração, o erro dos ancestrais!

Gnosticismo, catarismo e o espiritismo contemporâneo organizado por Allan Kardec adotam a doutina da reencarnação como eixo ideológico em torno do qual giram seus postulados. Teriam outros aspectos em comum?

Têm. É o que pretendemos ver a seguir.

Consultemos, em primeiro lugar, *Écritures cathares*, de René Nelli, livro ao qual Anne Brenon acrescentou material novo e comentários atualizadores à edição de 1995.

Vamos, de início ao *Livro dos dois princípios*, atribuído a Jean (Giovanni?) Lugio, publicado pela primeira vez em 1939, pelo padre Antoine Dondaine, O. P.

Como vimos, Lugio foi vigário ou "filho maior" (coadjutor, como sabemos) do bispo cátaro de Desenzano, importante centro da heresia, na Itália. Ele havia escrito aí por volta de 1250 um volumoso tratado no qual se manifesta pelo dualismo absoluto (radical), em oposição ao dualismo mitigado.

O texto que figura em *Écritures cathares* – cerca de cem páginas – foi traduzido pelo próprio Nelli, sendo, no dizer deste, "a única obra teológico-filosófica escrita por um cátaro, que chegou até nós" (p. 73).

Referindo-se ao conceito da impossibilidade, o "Tratado do Livre-arbítrio" – um dos 'capítulos' de *O livro dos dois princípios* –,o autor concebe Deus "*causa suprema de todas as causas*". (Destaque meu.) É nesse mesmo texto que o autor medieval escreve: "dado que o futuro tenha sido absolutamente determinado no pensamentos de Deus (...) para que o futuro se produza".

Pouco antes, à página 89, após uma citação de Paulo (Romanos 11,33), comenta o autor que "A causa primeira se coloca acima de tudo quanto se possa dizer."

Confira-se, agora, com *O livro dos espíritos* (Allan Kardec) Livro Primeiro, As causas primárias, questão número 1: Que é Deus? Resposta: "Deus é a *inteligência suprema, causa primária de todas as coisas*".

Uma observação e uma curiosidade: a) a pergunta formulada por Kardec despersonaliza a divindade, ao indagar *que* é e não *quem* é Deus; b) em *A memória e o tempo*, escrito no final da década de 1970, ofereci algumas reflexões em torno da possibilidade de o futuro já existir. A especulação destinava-se a examinar mais de perto os mecanismos da profecia e da premonição e especialmente a desconcertante faculdade de que são dotadas certas pessoas de 'irem ao futuro' e voltar para contar o que viram, da mesma forma que, pela regressão de memória 'vão' ao passado. Como, aliás, se o tempo fosse também um *local*. (Ver, a propósito, o livro *Eu sou Camille Desmoulins*, escrito de parceria com Luciano dos Anjos.)

Ora, se é possível a alguém – e isso está amplamente demonstrado que é – ir ao futuro e ver antecipadamente as coisas que ainda irão acontecer, ou seja, coisas que ainda *não* aconteceram, então o futuro já existe.

Imaginei, para tentar explicar a mim mesmo o inexplicável, a teoria de que, não podendo Deus ignorar o futuro e nem ser tomado de surpresa pelos eventos futuros, ele já o havia criado e, portanto, a despeito de toda a lógica, o futuro já existe.

A teoria nem a mim convenceu, claro, mesmo porque eu estava tomando Deus como personalidade ('ele'), quando, em verdade, 'ele' é conceituado, na palavra dos espíritos, como "*inteligência* suprema" (despersonalizada) e não uma *pessoa*, melhor: não um ser antropomorfo.

De qualquer modo, mal sabia eu, àquela época (1979), da existência dos cátaros e praticamente nada ou perto de zero sobre a doutrina que eles professavam.

Foi, portanto, uma surpresa encontrar num tratado cátaro do século treze formulação filosófica senão igual, pelo menos semelhante à minha, imaginada no século 20. Não estou, obviamente, me vangloriando, pois não haveria razão para isso, e sim manifestando minha perplexidade.

Ao discorrer sobre as conexões do catarismo com a gnose – em seu sentido lato –, menciona René Nelli (p. 24), entre outras, a ideia de que o ser humano se apresenta sob um tríplice aspecto: espírito, alma e corpo.

Na Introdução a *O livro dos espíritos*, VI – Resumo da Doutrina dos Espíritos, Kardec caracteriza o ser humano como *corpo*, ou ser material, semelhante ao dos animais e animado pelo mesmo princípio vital; *alma* ou ser imaterial, espírito encarnado no corpo e, finalmente, o laço que une a alma ao corpo, para o qual ele criaria o neologismo *perispírito*.

Em resposta a um questionamento seu (questão 134 e seguintes), vê-se que os instrutores espirituais consideram a alma como espírito encarnado, mas admitem ligeira matização, dizendo que "as almas não são mais do que espíritos".

Isto quer dizer que também na doutrina ensinada pelas entidades espirituais o ser humano é corpo físico, alma e espírito, faltando à doutrina cátara, pelo menos de modo explícito, o conceito de perispírito, como envoltório, ou melhor, corpo energético modulador semelhante ao corpo físico.

Em *Alquimia da mente* procurei desenvolver algumas especulações em torno da possível matização entre os conceitos de alma e espírito. Proponho ali, uma série igualmente dupla de conceitos como personalidade/individualidade, estar/ser, transitoriedade/permanência, consciente/inconsciente, hemisfério cerebral esquerdo/direito, razão/intuição. A alma (personalidade) seria uma 'projeção' do espírito incumbida de gerenciar o dia-a-dia da vida, enquanto a entidade estiver acoplada ao corpo físico, ao passo que o espírito (individualidade) ficaria nos bastidores, mais atento ao macrocosmos, à permanência do que à transitoriedade, mesmo assim, contudo, monitorando de perto a alma/personalidade.

Disse há pouco que falta à concepção cátara de ser humano o corpo invisível ou psicossoma, para o qual Kardec propôs o termo *perispírito*. Não sabemos ao certo se os pensadores cátaros tinham ou não conhecimento desse aspecto. Tudo indica que sim, em vista de figurarem tais conceitos na literatura cristã primitiva com a qual estavam eles perfeitamente familiarizados. O mesmo se pode dizer das técnicas e procedimentos de intercâmbio com os habitantes do mundo invisível e até que a praticassem, dado o importante espaço que a realidade espiritual ocupa naqueles textos.

Como atentos estudiosos do cristianismo primitivo, no qual foram buscar suas doutrinas e suas práticas, não poderiam ter ignorado aquilo que, no dizer de alguns autores, ficou conhecido como pneumatismo (de *pneuma* = espírito), isto é, as práticas mediúnicas. Referências nesse sentido são abundantes na literatura cristã primitiva, especialmente em Atos dos Apóstolos, nas epístolas de Paulo e em vários outros escritos. O Evangelho de João e Apocalipse, por exemplo, textos nitidamente mediúnicos devidos à participação de entidades espirituais que acompanhavam da invisibilidade o movimento cristão nascente.

Aliás, ao identificar no ser humano três aspectos distintos – corpo, alma e espírito – os cátaros estavam apoiados em Paulo (I Tes. 5,23), em que se lê: "O Deus da paz vos conceda santidade perfeita; e que vosso *espírito*, vossa *alma* e vosso *corpo* sejam guardados de modo irrepreensível para o dia da vinda de nosso Senhor Jesus Cristo."

A *Bíblia de Jerusalém* comenta, em nota de rodapé, que...

> [...] essa divisão tripartida do homem (espírito, alma e corpo) só aparece aqui, nas cartas de Paulo. Aliás [prossegue], Paulo não tem uma 'antropologia' sistemática e perfeitamente coerente.

> Além do corpo e da alma, vemos aparecer aqui o espírito, que pode ser o princípio divino, a vida nova em Cristo, ou *a parte mais elevada do ser humano aberta à influência do Espírito.*

Fico com a alternativa que destaquei, pois é exatamente isso de que se trata. Antecipando o que se diria a Kardec mil e oitocentos anos mais tarde, Paulo demonstra conhecer a sutil, mas clara matização entre alma e espírito, conceito que também os cátaros adotariam.

Não encontramos nos documentos cátaros que se preservaram, referência ao que Kardec chamou perispírito, ou seja, o corpo espiritual, mas esta concepção também está em Paulo, que reiteradamente falou disso, especialmente na Primeira Carta aos Coríntios, ao cuidar do delicado tema da ressurreição, no capítulo 15. O que ressuscita – diz ele – é o corpo espiritual, não o físico, que se decompõe.

É necessário chamar a atenção para a evidência de que ressuscitar, neste contexto, não teria, a rigor, coisa alguma a ver com o dogma da ressurreição. O termo está empregado no sentido semântico original ressuscitar, ou seja, levantar-se, surgir de novo, e não o de restituir a vida ao corpo físico do qual alma e espírito já se tenham desprendido. É o espírito que se levanta e abandona o corpo morto que se lhe tornou inservível.

Como atentos leitores dos textos evangélicos, de modo especial os de Paulo e de João, não deve ter escapado aos cátaros a noção de corpo espiritual em confronto com a de corpo físico.

O mesmo pode dizer-se do exercício da mediunidade, sobre o qual Paulo – outra vez ele – foi didático e explícito nos capítulos 12, 13 e 14 na mesma Primeira Carta aos Coríntios. O 12º capítulo cuida da classificação metódica dos "carismas", ou seja, das diversas faculdades mediúnicas, o décimo terceiro coloca amor/caridade como da própria essência do intercâmbio com os espíritos e o décimo quarto trata da parte experimental, ou seja, da prática mediúnica propriamente dita.

Em outros pontos de seus escritos, Paulo menciona suas próprias faculdades, como o dom de falar em línguas desconhecidas (xenoglossia), e as constantes e oportunas manifestações do próprio Cristo póstumo, que o aconselhava, orientava e lhe dava o necessário apoio nos momentos mais difíceis.

"Paulo – resume o dr. Guirdham em poucas palavras (*We are one another*, p. 169) – ocupa-se da interpretação do cristianismo *no seu aspecto espiritista*. (Itálicos meus.) Ele menciona corpos espirituais e físicos."

O intercâmbio espiritual continuou mais ativo do que nunca naqueles tempos iniciais nos quais se definia a estratégia de divulgação dos ensinamentos de Jesus. Os grupos tinham seus próprios médiuns (às vezes o termo utilizado é o de profeta) ou contavam com a colaboração ocasional de médiuns itinerantes. Preservou-se o nome de um destes: Ágabo. Esses médiuns foram figuras de relevo e prestígio no movimento. Onde quer que chegassem, nas suas andanças, eram agraciados com o primeiro lugar na hierarquia local, dado que a palavra deles não era a dos homens, mas a dos espíritos, que, do mundo invisível, guiavam os passos ainda incertos do cristianismo nascente.

Foi numa sessão mediúnica em Antioquia que surgiu a instrução no sentido de que Barnabé e Paulo (ainda Saulo) saíssem a pregar a palavra do Cristo aos gentios. O texto é claro e não precisa de qualquer distorção interpretativa. Havia ali "profetas e doutores", entre os quais Barnabé, Simeão, Lúcio de Cirene e ainda Manaém, irmão de leite[22] do tetracarca Herodes, e Saulo. Certo dia, em reunião para celebrar o culto, disse-lhes o espírito manifestante que Barnabé e Paulo fossem destacados para a tarefa missionária.[23]

O texto exibe indícios de manipulação redacional posterior, ao referir-se à entidade como "Espírito Santo", conceito teológico inexistente àquela época. Aliás, ao que tudo indica, essa entidade seria o próprio Cristo póstumo, que assim se expressa: "Separai-me Barnabé e Saulo para a obra a que os *destinei*."

O Evangelho de João, documento predileto de estudo para os cátaros, guarda características de caráter mediúnico. Diferentemente dos outros três – os sinóticos –, ele começa onde os outros terminaram. Fala nele o Cristo sobrevivente a transmitir novas instruções e ensinamentos através do discípulo com o qual era mais familiarizado, evidentemente dotado de faculdades mediúnicas. Psicografia? Ditado? Inspiração? Psicofonia? Não se sabe, mas ali está o diálogo entre o Mestre já recolhido à dimensão espiritual e os discípulos que permaneceram na Terra por mais algum tempo.

São numerosos e convincentes os exemplos de intercâmbio entre 'vivos' e 'mortos' no contexto do cristianismo primitivo. O leitor e a leitora interessados deverão recorrer aos livros *Cristianismo – a mensagem esquecida* ou *As marcas do Cristo*, nos quais tive oportunidade de tratar o assunto em maior amplitude.

---

[22] A expressão "irmão de leite" significa naturalmente que a mãe de Manaém amamentara também o futuro tetrarca.
[23] Consultar, a respeito, o início do capítulo 13 de Atos dos Apóstolos.

É uma pena que não tenham chegado até nós – pelo menos até agora –, senão os poucos documentos cátaros que René Nelli traduziu e comentou em *Écritures cathares*.

A leitura de Arthur Guirdham acende a pequena chama de uma tímida esperança de que um dia possamos recuperar valiosos documentos cátaros desaparecidos.

É certo que a Igreja destruiu tudo quanto lhe caiu nas mãos, que ficavam na extremidade do longo braço punitivo da Inquisição.

Por mais que isto possa chocar historiadores empenhados em livrar o catarismo de seus aspectos ditos 'esotéricos', 'parapsicológicos' ou 'ocultistas', o dr. Guirdham encontrou, reencarnadas na Inglaterra do século vinte, algumas de suas ex-companheiras cátaras do século treze. Entre elas, Esclarmonde de Pereille,[24] filha de Raymond de Pereille, senhor do castelo-fortaleza de Montségur. O velho médico inglês identifica a antiga *parfaite* reencarnada apenas como "Miss Mills", certamente para proteger-lhe a privacidade. Enquanto isso, Braïda – que fora irmã de Roger-Isarn (o atual dr. Guirdham) – continuava na dimensão espiritual, de onde se comunicava regularmente com o grupo, através das faculdades mediúnicas de "Miss Mills".

É preciso reiterar, neste ponto, que o dr. Arthur Guirdham não foi nenhum amalucado visionário obcecado por fantasias ocultistas, mas, ao contrário, um bom e sólido psiquiatra britânico, mais para o lado do ceticismo e dotado do que a língua inglesa costuma chamar de "*horse-sense*", literalmente "senso de cavalo" ou melhor, bom-senso.

Intrigado pelas progressivas revelações mediúnicas que lhe chegavam ao conhecimento, resolveu tirar tudo a limpo. Estudou o assunto, manteve longos e numerosos contatos pessoais e epistolares com os professores Jean Duvernoy e René Nelli, que muito o ajudaram nas suas pesquisas. Mais do que isso, os dois eminentes especialistas chegaram à conclusão de que, em caso de dúvida entre o que os historiadores *supõem* ou *inferem* e o que diziam a sra. Smith – outra ex-cátara – e Miss Mills, era melhor ficar com elas, que estavam sempre certas nas suas informações, por mais estranho que lhes possam ter parecido os meios de obtê-las e as fontes de onde provinham.

---

[24] Roquebert, Duvernoy e Anne Brenon optaram pela grafia *Pereille*, que adoto aqui por uma questão de coerência com os textos históricos que me servem de apoio para este livro. O dr. Guirdham, no entanto, prefere *Perella*, que consta dos textos mediúnicos transmitidos pela entidade Esclarmonde por intermédio de "Miss Mills". Vejo que Zoé Oldenbourg também adota esta última grafia.

A antiga *parfaite* reencarnada mostrava-se particularmente interessada na destinação do famoso 'tesouro' retirado secretamente de Montségur, pouco antes da queda do último reduto cátaro, em 16 de março de 1244.

"Tanto quanto podemos dizer – escreve Guirdham, *We are one another* (p. 168) – o tesouro consistia de raros e antigos manuscritos."

Tais preciosidades, ao que apurou Guirdham – e os historiadores o confirmam –, foram escondidas em diferentes locais. Esperamos que um dia sejam descobertas e nos digam autorizadamente um pouco mais do que ainda ignoramos do pensamento cátaro.

Apenas para mencionar um paralelo (mais um), convém lembrar que os preciosos livros dos gnósticos dos séculos segundo/terceiro de nossa era foram também retirados secretamente de onde estavam e escondidos em diferentes locais pelo deserto e lá permaneceram razoavelmente bem preservados durante cerca de mil e seiscentos anos.

O desmantelamento dos centros de estudos gnósticos e a precipitada ocultação de seus livros – ou melhor, rolos de papiro e pergaminho – foram devidos às campanhas exterminadoras das tropas romanas.

Se podemos aceitar a informação de nosso amigo espiritual ao qual me referi anteriormente – segundo o qual reencarnaram-se como cátaros no Languedoc antigos romanos perseguidores de cristãos –, então é porque a roda cármica deu uma volta completa para colocar os romanos de então como perseguidos, cerca de setecentos anos depois. A simetria e o *timing* são quase que perfeitos. A lei cósmica costuma, às vezes, produzir tais reviravoltas. Não porque tenha posto em ação um frio plano de castigo ou vingança, mas para que a gente aprenda de uma vez por todas que a dor que se inflinge ao próximo vai doer em nós mesmos no tempo devido.

Os documentos gnósticos escondidos aí pelo século quarto foram descobertos em meados do século vinte e constituem hoje tesouro arqueológico, cultural e histórico de inestimável valor reunido sob o nome comum de a Biblioteca de Nag Hammadi.[25]

Não é nada fácil, contudo, promover uma confiável avaliação da doutrina cátara em toda a sua profundidade e extensão. Tanto quanto posso perceber, vemos nos numerosos textos históricos publicados sobre o catarismo

---

[25] Outro importante achado arqueológico – coincidentemente em meados do século vinte – foi o da documentação deixada pelos essênios em várias cavernas nas desérticas imediações do mar Morto. Também a seita dissidente que se fixara em Qumram parece ter escondido seus preciosos manuscritos sob a pressão de eventos que acabaram resultando na sua extinção.

alguns pontos de consenso em espaço onde ainda transitam discordâncias, incertezas, teorias, suposições e especulações, que variam ao sabor de cada estudioso e segundo suas ideias, idiossincrasias e formação cultural.

Vemos, por exemplo, em Anne Brenon a busca da "verdadeira face do catarismo", postura que ela destacou para intitular seu livro. Se ela, competente e erudita historiadora, está empenhada em desenhar a face verdadeira, é precisamente porque a antiga heresia se apresenta com muitas faces e até máscaras que não lhe assentam. Ela se queixa – com toda razão, aliás – de que existem até faces comercializáveis, como produto de consumo para fins turísticos.

Como diz a própria Brenon, você pode ser dualista sem ser, necessariamente, maniqueísta. Do mesmo modo que se pode ser cristão sem ser católico ou protestante. O diteísmo – uma dupla de deuses – é lido por alguns nos textos cátaros e formalmente rejeitado por outros que ali não o identificam.

É preciso considerar, ainda, que qualquer religião renovadora enfrenta o problema já referido neste livro, de trabalhar com dados, conceitos e elementos de outras crenças e descrenças, teologias, rituais, estruturas teológicas e administrativas e até antigas tradições adotadas por religiões ainda vivas ou extintas.

De todo esse sistema de ideias e conteúdos, o que irá servir para reutilização e reformulação e o que deve e precisa ser descartado por obsoleto e inservível? Quando se pretende construir uma casa nova no lugar da antiga, nada impede que algum material da demolição seja reciclado por ser comum à técnica da construção civil – pedra, por exemplo, quem sabe alguma madeira, telhas. Mesmo assim, sobrará sempre grande quantidade de entulho que precisa ser removido.

O modelo de cristianismo institucionalizado que substituiu o primitivo, tal como ensinado por Jesus, incluiu nas suas estruturas doutrinárias e, principalmente, em suas práticas ritualísticas pesada quota de material reciclado de religiões de seu tempo e de outras, mais remotas. Entendiam os formuladores dessa nova 'face' do cristianismo ser necessário facilitar adesões.

O catarismo parece ter conseguido livrar-se razoavelmente bem de tal sistema de reciclagem de falsos valores religiosos, despojando-se de formalidades, reduzindo ao mínimo práticas ritualísticas e sacramentárias, tanto quanto estruturas administrativas. Rejeitou, por exemplo, a missa, o culto da paixão do Cristo – queriam um Cristo vivo, vitorioso, ainda atuante com os ensinos que se preservaram no Novo Testamento e coisas desse tipo. Tornou-se, como lemos em vários autores, um cristianismo sem a cruz, o cristianismo do sermão do monte, do Pai Nosso, do sim, sim; não, não, sem juramentos, sem mentiras ou meias-verdades.

Não há como esquecer, por outro lado, que grande parte da documentação de que hoje dispomos sobre o catarismo – e ela é abundante e tem sido, sem dúvida, de enorme utilidade – foi produzida pela Inquisição, com as inevitáveis deformações e distorções que isso representa.

Não temos em primeira mão o pensamento dos cátaros, senão o que se preservou nos poucos escritos até agora descobertos e que Nelli reuniu em *Écritures cathares*, como estamos vendo.

Déodat Roché declara em *L'église romaine et les cathares albigeois* (p. 73) que não conhecemos a metafísica dos cátaros.

Uma dessas distorções foi flagrada por Anne Brenon. Referindo-se ao *Livro dos dois princípios*, observa a historiadora (p. 127) que "os tratados anti-heréticos se empenham em apresentar o catarismo italiano como um grupo heterogêneo de seitas que se estraçalhavam em torno de concepções folclóricas como a da criação da lua e das estrelas por Lúcifer, a partir da coroa de Eva..." O debate, contudo, é reposto "em nível adequado teológico e filosófico da melhor qualidade", com a leitura do *Livro dos dois princípios*, autenticamente cátaro". Acrescenta mais adiante (p.129) ser "necessário não superestimar a importância do confronto entre dualismo absoluto e dualismo mitigado, arranjado para atender às necessidades da polêmica anti-herética".

Por isso, referindo-se ainda ao catarismo italiano, propõe "considerar sadiamente as coisas, ou seja, com uma visão objetiva; não somos inquisidores – enfatiza – nem defensores da ortodoxia ameaçada".

Estou fazendo esta longa digressão para reiterar as dificuldades que se põem ainda hoje, a despeito de toda a literatura sobre o catarismo à disposição do estudioso; continua sendo difícil saber o que realmente pensavam os cátaros de aspectos de seu rico ideário que não tenham vazado para os registros inquisitoriais.

Tanto quanto posso apurar, não eram frequentes os depoimentos de *parfaits* e *parfaites* diretamente aos inquisidores. Falavam do catarismo, respondendo usualmente a perguntas dirigidas, os simples e despreparados *croyants*. Um ou outro *parfait* ou *parfaite* que depusesse, não iria, evidentemente, discorrer sobre as 'intimidades' e complexidades do pensamento cátaro e, ainda que o fizessem, não se sabe como suas ideias foram configuradas no texto final das famigeradas atas.

Abriu-se, portanto, amplo espaço para as especulações individuais de cada estudioso.

Depois de conversarmos, aqui mesmo neste livro, sobre o severo dualismo que teria levado à concepção do diteísmo (duas divindades), lemos em Déodat Roché (p. 77) este veemente pronunciamento:

> Detemo-nos há séculos diante destas palavras: absolutos e mitigados, como diante de limites intransponíveis! Ora, o cátaros não admitiam senão um único Deus e, no entanto, percebiam a necessidade moral de distinguir os *dois princípios* do bem e do mal. Desde o início responderam afirmativamente à questão da unicidade de Deus, mas não desvendavam o dualismo dos *dois princípios* [vale o pleonasmo pela ênfase] aos olhos dos inquisidores, sempre prontos a verem dois deuses... [Itálicos meus.]

Pouco adiante, volta esse mesmo autor ao tema, explicando que o dualismo, para os cátaros, era uma realidade cósmica, ou seja, universal.

> O mal [prossegue] é efetivo, real, positivo como o bem, e todos os cristãos admitem o dualismo de Deus e de Satã. Por que, então, esse ataque, que dura séculos, contra os cátaros, que jamais contraditaram a unicidade de Deus? Toda essa corrente crítica [insiste] vem de santo Agostinho, que sustentava contra Fausto de Mileva que o mal não tem existência real, não sendo senão a ausência do bem. É preciso rever a fundo tais posições [conclui] que foram assumidas contra os primeiros maniqueus e que se mantêm há séculos.

René Nelli (*Les cathares*, p. 164) coloca as coisas de modo diverso. Sob certos aspectos – que menciona – "... o catarismo inscreve-se na tradição do cristianismo, mas nada existe nele que não possa ter sido retirado do Evangelho de João, dos textos escriturísticos, de Lactâncio, de Orígenes e de santo Agostinho. Na verdade – conclui –, ele parece provir quase diretamente de 'certo' agostinismo".

Para Nelli, "o dualismo cátaro representa uma doutrina intermediária entre o monismo agostiniano e o dualismo maniqueu".

Depois de trazer para o debate toda essa gente erudita, me sinto com direito a algumas reflexões pessoais.

Impressionou-me consideravelmente a enfática observação de Déodat Roché, há pouco citada, segundo a qual os cátaros admitiam um único

Deus, e nem poderiam deixar de ser monoteístas, de vez que seus textos de consulta e instrução eram os do Novo Testamento. Ainda que encontremos numerosas citações do Antigo em *O livro dos dois princípios*, por exemplo. Pelo que testemunhamos nos escritos cátaros, as especulações de seus estudiosos giravam em torno da meticulosa análise dos evangelhos, com destaque maior para o de João, e as epístolas, predominantemente as de Paulo.

Encontro, no entanto, em *Earliest christianity*, Vol. I, pp. 248-249, instigantes observações de Johannes Weiss, precisamente acerca do monoteísmo e que poderiam inspirar uma releitura no problema do dualismo radical suscitado no debate acerca do catarismo. Apesar da severa oposição do monoteísmo ao paganismo – ensina Weiss – houve uma corrente judaico-cristã que "construiu uma espécie de ponte entre os dois" com o objetivo de abrir espaço no culto nascente para as experiências religiosas dos gentios e que não poderiam simplesmente ser descartadas como ilusórias.

Weiss entende ainda que Paulo jamais proporia essa acomodação, de vez que classificou de "vergonhosa escravidão" o intercâmbio dos coríntios (I Cor. 12,2) e dos gálatas (Gal. 4,8), com "seres sobrenaturais", dado que os "chamados deuses" não eram deuses coisa nenhuma, mas demônios (I Cor. 10,20). A versão espanhola usa a expressão "deuses mudos", em I Cor. 12,2.

Tal conceito, lembra Weiss (p. 248), "figurava no pensamento grego da época e acabou sendo incorporado à doutrina ortodoxa da Igreja antiga".

Paulo opunha-se, de fato e com vigor, ao politeísmo pagão que poderia, a seu ver, 'contaminar' o indiscutível monoteísmo judeu, que Jesus confirmara e foi adotado pelo cristianismo nascente. Não lhe era nada estranho, por outro lado, fazer acomodações no modo de proceder com aqueles que o ouviam ou liam seus escritos. Dirigindo-se aos coríntios (I Cor. 9,19-23), fala do seu "salário" como pregador, destacando que se fez "servo de todos, a fim de ganhar o maior número possível. Para os judeus – prossegue –, fiz-me como judeu, a fim de ganhar os judeus. Para os que estão sujeitos à lei, fiz-me como se estivesse sujeito à lei, para ganhar aqueles que estão sujeitos à lei, se bem que não esteja eu sujeito à lei, para ganhar aqueles que não estão sujeitos à lei." E assim foi: fez-se fraco, pelos fracos, tornou-se "tudo para todos, a fim de salvar alguns a todo custo".

Em pontos essenciais, contudo, era intransigente. Como no caso em discussão; ele parece dirigir-se a egressos de antigas religiões pagãs que se haviam convertido ao cristianismo, tanto quanto a cristãos mais experimentados que, não obstante, estavam adotando ideias e práticas que o cristianismo não poderia aprovar, como o politeísmo.

De qualquer modo, Weiss conclui – e é isto que nos interessa aqui – o seguinte:

"Em consonância com o judaísmo de seu tempo, Paulo prosseguiu com a *quase* dualista concepção de que o mundo estava sob o domínio de Satã, que, em outra oportunidade (II Cor. 4,4), caracterizou explicitamente como "o deus deste mundo". Realmente, é o que diz ao referir-se aos "incrédulos, dos quais *o deus deste mundo* obscureceu a inteligência, a fim de que não vejam brilhar a luz do evangelho da glória de Cristo, que é a imagem de Deus".

A expressão é obviamente metafórica, como também, entre os cátaros, a ideia de um deus mundano, envolvido nas origens e nas manipulações do mal e não um incongruente Deus secundário de existência real.

Weiss lembra, ainda, que "o mundo pagão era regulado pelos poderes demoníacos". Esse conceito, obviamente, não poderia ser simplesmente descartado ou arrancado aos cultos pagãos, de uma hora para outra, sem alienar logo de início aqueles que se predispunham a aderir ao cristianismo.

Seja como for, não deve ter escapado ao exame dos intelectuais formadores da doutrina cátara essa postura de Paulo, por quem tinham especial admiração e respeito. Não que fossem, por isso, estimulados a conceber um deus secundário – de vez que também eram convictos monoteístas – mas a metáfora de "um deus deste mundo" não se choca necessariamente com o conceito do monoteísmo.

Faremos, neste ponto, uma pausa a fim de retomar a discussão de outras abordagens à doutrina cátara. Temos visto reiteradamente nesta conversa que quase não se fala de catarismo sem mencionar também maniqueísmo e gnose ou gnosticismo, tanto quanto cristianismo primitivo.

É como se cada estudioso do assunto tivesse que fazer um bolo com os mesmos ingredientes básicos, mas reservasse a si mesmo o privilégio de usar seus próprios critérios quanto à dosagem dos componentes da receita e à adição ou eliminação de tal ou qual tempero.

Vemos, por essa óptica, avaliações pessoais que vão desde o extremo, segundo o qual o catarismo seria uma espécie de 'reencarnação', ou ressurgimento, sem tirar nem pôr, do dualismo maniqueísta, até o outro extremo, de que ignorou por completo o maniqueísmo ou, ainda, apenas selecionou dele alguns princípios, sem que isso nos autorize a considerá-lo uma continuação, nem, muito menos, corrente ideológica filiada à doutrina de Mani ou herdeira dela.

Pode-se dizer algo parecido a respeito da interação catarismo/gnosticismo. Ou, se você preferir, catarismo/gnose, em visão mais ampla e genérica. A doutrina cátara não se identifica com o gnosticismo do segundo século a ponto de ser considerada mera continuação dessa corrente religiosa, mas há entre elas aspectos relevantes em comum.

Para não trazer para o âmbito deste livro mais do que o necessário ao entendimento deste aspecto, insisto em sugerir a você que me lê a leitura de *O evangelho gnóstico de Tomé*, em que o assunto foi tratado com maior amplitude.

A propósito, sempre é bom a gente dar uma espiada nos historiadores não especializados, e até meio bissextos, como H. G. Wells, a fim de contemplar as construções ideológicas como que de fora, sem estar envolvido nas paixões, cuja temperatura sempre sobe quando falam telólogos ou mais apaixonados historiadores das religiões.

Em *The outline of history* – de muitas leituras e releituras, desde a juventude –, encanta-me a inteligente postura do escritor britânico e alguns de seus *insights* acerca do cristianismo nascente.

Para Wells, Jesus foi "a semente, não o fundador do cristianismo" (p. 527), e os textos evangélicos, a despeito de "adições miraculosas e inacreditáveis, obrigam-nos a dizer: 'Aí está o homem. Essa parte da sua história não poderia ter sido inventada'."

Há, por certo, adições inacreditáveis, mas que os chamados milagres sejam colocados sob suspeita, não concordo, a não ser pela inadequação da rotulagem. O chamado milagre não é uma derrogação das leis cósmicas, e sim evento ocorrido dentro de um conjunto de leis ainda ignoradas ou mal conhecidas.

Quanto ao mais, Wells foi, a meu ver – e isso está dito em *Cristianismo, a mensagem esquecida* –, um dos escritores laicos que melhor entendeu a doutrina do Cristo.

> Esta doutrina do Reino de Deus [escreve (p. 530)], que foi o ensinamento fundamental de Jesus e que desempenha papel tão irrelevante nos credos cristãos, é certamente uma das mais revolucionárias que jamais tenham tocado e modificado o pensamento humano. Não se admira que o mundo daquele tempo não haja

conseguido perceber todo o seu significado e se tenha recolhido em desalento até mesmo ante o entendimento parcial dos desafios que ela representava para as instituições e os hábitos humanos prevalecentes.

É verdade isso. O que propunha o Cristo não era uma nova religião, e sim um novo modelo de comportamento humano perante Deus, a vida, a morte, a convivência social, a ética, o amor. Citando o deão Inge, escreve ainda o autor de *The outline of history* (p. 537):

> São Paulo – diz o deão Inge em um de seus *Outspoken Essays* – entendeu o que a maioria dos cristãos jamais percebeu, ou seja, que o Evangelho do Cristo não é *uma* religião, mas religião em si mesma no seu mais universal e mais profundo significado.

Por isso, diz Wells pouco adiante (p. 535), Jesus "foi grande demais para os seus discípulos". E se pergunta mais adiante: "É de se admirar que até hoje esse galileu seja grande demais para os nossos diminutos corações?"

Mas por que tanto Wells a esta altura? Simplesmente pela sua correta avaliação da figura e dos ensinamentos do Cristo e pela nitidez de sua compreensão do relevante papel que o cristianismo *deixaria de realizar* na história.

Anne Brenon e René Nelli têm visão parecida sobre o catarismo que se apresenta como novo e vigoroso modelo não apenas religioso, mas social, no seu mais amplo sentido. Para Brenon (p. 39) o projeto cátaro foi o de "estabelecer – na terra e não no Reino dos céus – uma era de justiça e de igualdade social", de vez que era um "movimento de afirmação mais do que de contestação".

Wells tinha, quanto ao conceito do Reino de Deus, entendimento parecido com o de Brenon. Para ele, contudo, bastava realizá-lo dentro de cada um de nós, para que automaticamente ele se projetasse 'lá fora', no mundo, no dia-a-dia de nossas vidas. Sem dúvida alguma era o que os cátaros também pensavam.

Eis porque, no entender de Wells, a história do cristianismo primitivo "é a história da luta entre os reais ensinamentos e o espírito de Jesus de Nazaré [de um lado] e [de outro lado] as limitações, ampliações e mal--entendidos dos homens muito inferiores que o amavam e o seguiram na Galileia e que foram os portadores e guardiães de sua mensagem à humanidade".

"A religião numa comunidade mundial – escreve Wells mais adiante (p. 544) – não representa muitas coisas, mas uma só", sendo por isso inevitável que as demais religiões existentes à época em que o cristianismo estava no nascedouro interagissem com a nova.

Jesus convocou todos, mulheres e homens, para "um projeto gigantesco – escreve Wells – para a renúncia de si mesmos e renascimento num reino de amor". Era mais fácil, contudo, "borrifar-se com um pouco de sangue" dos animais sacrificados, do que livrar-se da maldade e da competição; comer um pedaço de pão e tomar um gole de vinho na ilusão de estar iluminando-se com a própria essência da divindade, oferecer velas acesas em lugar do coração, raspar a cabeça e conservar a ardilosa intimidade do cérebro dentro dela.

Atacando, em seguida, o velho problema da intolerância, discorre o escritor inglês sobre as dificuldades internas enfrentadas pela Igreja e "sua indigestão de heresias: arianos, paulicianos, gnósticos e maniqueus".

No entender de Wells, se a Igreja tivesse sido "menos autoritária e mais tolerante sobre a variedade intelectual teria sido, talvez, ainda mais poderosa do que foi".

Porque não cuidou de sê-lo – podemos nós inferir – e porque a esmagadora maioria dos cristãos preferiu continuar na cômoda prática dos rituais supostamente purificadores – batismo, confirmação, confissão, comunhão – em vez de modificar-se intimamente, o cristianismo verdadeiro teve de 'reencarnar-se' por inteiro no catarismo medieval, a fim de tentar começar tudo de novo.

Era tarde demais. Ao incontestável poder civil que conseguira conquistar e consolidar, a Igreja acrescentara as carregadas tonalidades da intolerância e da arrogância.

Se Wells está certo na sua leitura – e para mim, está –, mais uma vez na sua história, a Igreja, que se dizia a única herdeira e continuadora do cristianismo primitivo, tinha diante de si, em confronto com o catarismo, a oportunidade de rever suas posturas doutrinárias e de procedimento. O modelo religioso dos cátaros não deixava de ser contestador, claro, mas empenhava-se, prioritariamente, em ser, no dizer de Brenon, afirmativo, mostrando como viver o evangelho em vez de tirar proveito material dele.

Tanto quanto posso avaliar e tanto quanto me sinto encorajado a ousar, penso que, mesmo optando por um mínimo possível de teorização teológica, o catarismo poderia e deveria ter sido doutrinariamente ainda mais despojado, sem ocupar-se de ideias e conceitos puramente especulativos e complicadores, como a necessidade de pressupor uma entidade diferente de Deus, a fim de tentar explicar a origem do mal, bem como discorrer sobre a queda dos anjos, optar pela inexistência do livre-arbítrio, radicalizar a rejeição à matéria.

É bem verdade, que Déodat Roché chama, acertadamente, a atenção para o fato de que os cátaros eram monoteístas. E nem poderiam deixar de sê-lo. Mas será que a única explicação para o surgimento do mal teria que necessariamente exigir um Deus secundário? O mal não seria, antes, um desvio do bem, opção consciente ou inconsciente do ser humano por um procedimento equivocado?

Não, segundo o que se depreende da doutrina cátara, porque o ser humano não disporia de livre-arbítrio para escolher. Mas sem livre-arbítrio não teria o ser humano o mérito de seus acertos e nem o ônus de seus erros. E, nesse caso, Deus já nos criaria predestinados irrevogavelmente ao bem ou ao mal.

Sem competência suficiente para resolver o complexo problema, a corrente cátara, que teria optado pelo diteísmo, acabou enveredando por complicações desnecessárias e explicações que nada explicam. Ou teriam partido de premissas e dados equivocados que funcionam sempre como falsas pistas e levam, obviamente, a incertos e imprevisíveis destinos.

O mal existe e temos de conviver com essa realidade, quer tenha sido ela criada ou não por Deus. Não é explicitando suas origens ou especulando sobre quem o teria criado que vamos decidir o que fazer dele. Não dependemos de tal explicitação para saber como agir. O Cristo não considerou necessário identificar o criador do mal ou definir suas origens; limitou-se a nos deixar como herança cultural e ética uma singela e eficaz doutrina de comportamento. Ligou, nesse sentido, o erro ao sofrimento, em clara advertência de que a prática do mal acarreta dor. Não vemos, em nenhuma parte de seus ensinamentos, conceitos que justifiquem ou sugiram a negação do livre-arbítrio. Pelo contrário, ao recomendar o "vai e não peques mais", deixou claro que temos, sim, o poder e a capacidade de escolher entre errar e não errar.

Não me parece, pois, correto supor que, por serem dualistas, atentos à prática do bem e à do mal, os cátaros tenham optado pelo diteísmo. O que se depreende dos raros escritos que deles temos é que estavam buscando explicações para a aparente contradição de que, sendo sumamente bom e perfeito, Deus não poderia ter criado o mal. E precisaria tê-lo feito? Ou o mal resulta simplesmente dos erros que cometemos consciente ou inconscientemente contra as leis reguladoras do equilíbrio cósmico? Não precisaria a ordem universal de normas que impeçam a anarquia? O mal não está na utilização equivocada dos talentos e recursos naturais, neutros em si mesmos?

Deus teria, por exemplo, criado o fogo como um dos elementos primordiais da vida. O fogo aquece as noites geladas, funde os metais, purifica, ilumina, fornece calor necessário à vida. No entanto, esse mesmo fogo serviu à crueldade para queimar vivos seres humanos tidos arbitrariamene por heréticos. Seria este último um fogo diferente, criado por uma entidade diferente? O aço da enxada não é o mesmo do punhal? O alimento suficiente que nutre não é o mesmo que mata pelo excesso? A flor que embeleza e perfuma não pode ser matéria-prima para a produção de morfina e de heroína? A luz solar que ilumina o bom é diferente e vem de origem diversa da que ilumina e aquece o mau? Se todos se salvam, ou seja, chegam aos patamares cada vez mais próximos da perfeição, a própria condição de ser mau é passageira, é impermanente, transitória, mero estágio evolutivo, como, aliás, também entendiam os cátaros. A prática do bem tende, portanto, para a ordem, a harmonia, a estabilidade e a pureza, quando o ser espiritual não necessitará mais da reencarnação para reaprendizado e resgate corretivo.

Depois de todas essas especulações, poderíamos dizer como Shakespeare: *Too much ado about nothing*, muito reboliço a troco de nada, tempestade num copo dágua. A proposta explicação tornou-se inexplicável. O problema colocado pelo mal não está na ocasional definição de sua origem, mas em como lidar com o desafio que ele representa.

Restam, ainda, algumas reflexões sobre a rejeição à matéria. E nisso, como em tantos outros aspectos essenciais, a doutrina cátara revela seus vínculos e semelhanças com a dos gnósticos, que também consideravam a matéria bruta com enorme desconforto e desconfiadas reservas.

Releve-me, você que me lê, a insistência, mas gostaria de recomendar-lhe mais uma vez, que lesse também *O evangelho gnóstico de Tomé*, em que a temática do dualismo espírito/matéria está mais desenvolvida.

O mergulho na matéria – está escrito lá – é considerado uma degradação, equivalente ao mito da queda, um período de esquecimento e ignorância, em que o ser fica a dormitar como que embriagado, esquecido de suas origens e desinteressado de sua destinação, envolvido pelas mordomias que o mundo proporciona como ridícula compensação pelo que se perdeu.

A matéria embrutece, aprisiona, sufoca. Nela, o ser espiritual adormece, embriaga-se.

Segundo o *Evangelho de Felipe*, texto que também compõe a preciosa Biblioteca de Nag Hammadi, o patamar da perfeição produz uma vestimenta de luz perfeita e qualifica a pessoa para admissão ao reino de Deus. O ideal, para o autor desse texto, é que o indivíduo se torne perfeito "antes de deixar o mundo", ou seja, enquanto ainda envolvido pelo denso manto da matéria, ou não terá como partilhar do convívio com os perfeitos que o antecederam, mesmo porque "homem livre é aquele que adquiriu o conhecimento". Catarismo puro!

"Conhecereis a verdade – está em João – e a verdade vos libertará." Não se admira, pois, que tanto gnósticos como cátaros tenham optado pelo estudo mais aprofundado do Evangelho de João, tido por esotérico, ocultista, de formato e conteúdo tipicamente mediúnicos. O Cristo que fala em João é o Cristo póstumo, mediunicamente manifestado. Em confronto com os sinóticos, que deram destaque aos aspecos biográficos de Jesus e começam pelo seu nascimento, em João as referências biográficas são incidentais; o que importa são os ensinamentos que ampliam e esclarecem aspectos apenas referidos de passagem enquanto ele viveu seus curtos anos de pregação.

Em *O ensinamento autorizado*, texto gnóstico, cuida o autor não-identificado, do tema recorrente de que a alma tem origem divina e está em conflito com os percalços da matéria, da qual somente se livra pelo conhecimento. Para esse autor, a alma se deixou seduzir e aprisionar pelos prazeres que a matéria proporciona. "O corpo físico – ensina – surgiu do gozo e o gozo veio da substância material. Por isso a alma se tornou irmã deles", ou seja, desceu ao nível do gozo e da matéria, abastardando-se. "Tendo deixado o conhecimento atrás de si (pelo esquecimento provocado pela reencarnação) – queixa-se ainda o autor gnóstico – a alma recaiu na bestialidade." E acrescenta: "Nossa alma está enferma porque habita uma casa (corpo físico) de pobreza, enquanto a matéria aplica-lhe golpes nos olhos, desejando cegá-la."

O evangelho de Tomé, o Contendor, lamenta aquele que "põe suas esperanças na carne, a prisão perecível". Torna-se mais explícito pouco adiante, ao condenar aquele que "ama a intimidade com a mulher" e "o poluído relacionamento com ela", lembrando que "os poderes do corpo" resultarão em aflições.

A mesma postura cátara perante a sexualidade e, de certa forma, a de Paulo, o mais 'gnóstico' dos apóstolos, que preferia a abstinência, mas entendia ser melhor "casar do que abrasar".

Aliás, o *Evangelho de Felipe* parece repercutir Paulo, ao aconselhar: "Não tema a carne nem a ame. Se você a temer, ela o dominará. Se você a amar, ela o engolirá e o paralisará."

Em todas essas referências e em outras tantas reproduzidas em *O evangelho gnóstico de Tomé* – especialmente no capítulo VII – "Dicotomias conflitantes" –, encontramos a insistente doutrina dos riscos suscitados pelo acoplamento à matéria. O que resultou na formulação de severas renúncias entre gnósticos e cátaros.

Para os gnósticos – como ficou anotado no parágrafo final daquele módulo:

> [...] a ignorância é esquecimento, embriaguez, morte, prisão, sonolência, acomodação aos artifícios da matéria, ao passo que o conhecimento é libertação e vida, é pureza e perfeição, é retorno a Deus, é redenção, não no sentido messiânico, mas trabalho pessoal de cada um na sua intimidade, escavando as raízes do mal e extirpando-as para que brilhe a luz imanente no ser, que vem da luz e a ela retorna.

De qualquer modo, não é difícil entender as razões imediatas da rejeição dos gnósticos e dos cátaros pela matéria. O retorno da entidade espiritual sobrevivente a novo corpo físico em cada reencarnação sempre foi e continua tendo seu componente de risco calculado de insucesso. Por melhores que sejam as intenções do ser reencarnante, por mais cuidadosos que sejam seus planos retificadores para uma nova existência – e todos nós contamos com o apoio de bons e competentes amigos que nos ajudam a elaborá-los –, a realidade da execução está sujeita a muitas e sutis variáveis e condicionamentos. Um destes reside em nossa própria capacidade de fazer as opções corretas não mais com a lucidez de espíritos temporariamente livres, mas contidos pelas muitas e severas limitações que a matéria densa impõe, entre as quais, a mais grave, a do esquecimento até de nossa condição de espíritos imortais.

A doutrina da queda dos anjos deve ter sido concebida para tentar explicar as dificuldades que encontramos para levar a bom termo como seres encarnados os projetos evolutivos elaborados para cada existência vivida na Terra.

Atentos à condição de seres espirituais acoplados temporariamente ao corpo físico, gnósticos e cátaros estavam razoavelmente informados sobre tais aspectos e se esforçavam por manter uma linha de ação que promovesse os objetivos programados para mais uma existência terrena.

Isto explica a sensível diferença de comportamento entre os *parfaits* e as *parfaites*, de um lado, e os *croyants*, de outro. Enquanto estes não tinham praticamente qualquer compromisso especial com a Igreja cátara – eram apenas aspirantes –, aqueles se submetiam a um severo ascetismo que incluía o celibato, a abstinência de carnes na alimentação, entregues a uma apostolar e penosa vida errante, a caminhar daqui para ali, ensinando, ajudando, aconselhando, cuidando dos doentes – alguns eram até médicos. Não estavam eles interessados na prática de profissionalismo religioso e nem em recompensa material, senão a passageira hospedagem tradicional e a frugal alimentação.

A profissão mais comum entre eles era a de tecelão, como a de Paulo. O termo *tisserant* (tecelão) surge frequentemente em documentos mais antigos, nas referências aos 'hereges', como se pode conferir na biografia de são Bernardo, de Vacandard, e nos escritos do próprio abade de Clairvaux.

As reservas a aspectos materiais da vida propagavam-se a outras áreas de conhecimento, suscitando a formulação de elaborados procedimentos que não se chocassem com os postulados básicos da doutrina. Seria incorreto dizer-se que os cátaros substituíram dogmas da Igreja católica por outros de sua própria criação, mas alguns aspectos de seu ideário eram, de fato, cristalizados e inegociáveis. Foi em razão da rigidez da atitude doutrinária perante a matéria que eles adotaram o docetismo dos gnósticos do século 2. Para eles – como depõe Nelli (*Les cathares*, p. 75):

> [...] o Cristo não se manifestou em corpo real, de carne e sangue (dado que a matéria é criação satânica). Sua aparência era puramente fantasmal e pertencia antes à ilusão do que à realidade. Os cátaros [prossegue] adotavam, portanto, postulados do docetismo, que negavam a realidade carnal de Jesus. Há, contudo, no docetismo gradações: alguns afirmavam que o Cristo se revestira de um envoltório angélico; outros, que seu corpo, composto de substância livre de qualquer corrupção, semelhava-se à que os espíritos decaídos haviam deixado no céu, aguardando a redenção de cada um.

Mais adiante, no livro, Nelli informa que o Cristo ocultava sua própria luminosidade, "como ensina a verdadeira doutrina dualista", e que não foi sacrificado na cruz para salvar os seres humanos, pois não havia formado um corpo material por intermédio de Maria. "Seu 'sacrifício' – prossegue

Nelli (p. 101) – como sustentavam os antigos maniqueus, teve lugar no céu e consistira em que, para libertar todas as parcelas do espírito divino ainda retidas à força na matéria, consentira livremente em encarnar-se em toda a manifestação cósmica."

Aqui chegado, o Cristo *adombrou*[26] na Virgem.

> Então [diz conhecida prece cátara] Deus desceu dos céus com os doze apóstolos e se *adombrou* na Virgem Maria. Ainda que a 'explicação' do *exemplum* – acrescenta Nelli – tenha sofrido influência do vocabulário católico [no sentido, aliás, de manifestação na visibilidade], é evidente que o cátaro que nô-la expõe continua docetista: a encarnação foi apenas aparente. O Cristo não oculta sua luz própria para renascer como homem de uma mulher, mas porque, para vencer o príncipe das trevas, é necessário que ele penetre de algum modo as trevas. A fim de ensinar os

---

[26] Isabel Saint-Aubyn, tradutora de Nelli para o português, converteu o termo '*adombré*' em '*encarnado*' e '*adombra*' em '*encarnou*'. Essa é, de fato, uma das opções possíveis, mas que não me pareceu contextualmente das mais corretas. Em verdade, o livro cuida, nessa passagem, do conteúdo docetista do catarismo, ou seja, a doutrina segundo a qual o Cristo não possuía corpo material regularmente gerado como o de qualquer ser humano, mas um corpo imaterial. Aliás, as palavras *doceta*, *docetismo* vêm do grego *dokein* = *aparente*. Para o docetismo, portanto, o corpo do Cristo era apenas aparente, não-físico. O que exclui, para os cátaros, a possibilidade de se haver revestido de células materiais no processo usual de encarnação no corpo de uma mulher. Observa-se, por outro lado, que o termo francês '*adombré*' ('*adombrer*', no infinitivo) tem um antepassado arcaico '*aombré*'. Ambos trazem em si um componente retirado da palavra *ombre* = *sombra*. O sentido pretendido, portanto, pelos autores medievais, entre os quais certamente Nelli foi buscar a inusitada palavra, é o de que o Cristo não se encarnou através do um processo normal de gestação humana, mas teria como que "passado como sombra" por Maria, ou ainda, "mergulhado na sombra", com a ajuda dela. Como, aliás, confirma Nelli logo a seguir em consonância, por sua vez, com o componente docetista da doutrina cátara e no gnosticismo. Para esclarecimento de tal aspecto, recorri aos amigos Virgínia e Osmar Ramos Filho e seus maravilhosos dicionários. Curiosamente, em um dos meus modestíssimos dicionários (*Novo Dicionnario Francez-Portuguez*, de José da Fonseca, edição Aillaud, Paris-Lisboa, 1900), adquirido num sebo, claro, encontro como sentido figurado de *ombre* (sombra), a palavra *aparência* que vimos há pouco como tradução do grego *dokein*. E em sentido poético, como *alma*, *espírito* (de um morto), *avantesma*, *espectro*, *larva*, *fantasma*. Se você consultar o Aurélio para saber o que é *avantesma*, se verá encaminhado ao termo *fantasma*. Confesso, com justificável orgulho, que não precisei fazer essa consulta, porque o termo *avantesma* figurava no vocabulário de dona Helena, minha mãe, que, provavelmente o ouvira de seu pai português.

seres humanos a vencerem, por sua vez, ao Demônio era preciso tornar-se visível e manifestar-se a eles sob forma que lembrasse a deles próprios.

Mais adiante (p. 147), ao definir o *Docetismo* no seu vocabulário, Nelli escreve o seguinte:

> Doutrina segundo a qual Jesus Cristo não viveu na terra senão em aparência, em imagem. A maior parte dos cátaros acreditava que o Cristo se revestira de um corpo espiritual, vestimenta angélica perfeitamente real, mas invisível aos olhos de carne, de sorte que sua humanidade física era apenas ilusória.

Seria, portanto, algo parecido com uma materialização, fenômeno que a doutrina dos espíritos situa na chave dos "efeitos físicos".

Escrevendo sobre Belibaste, considerado o último *parfait*, Anne Brenon informa (p. 97) que para ele o Cristo era um anjo que Deus teria adotado como seu filho e o nome desse anjo era João.

No trecho do depoimento de Arnaud Sicre à Inquisição – que Brenon transcreve, lê-se o seguinte:

> "O Pai Santo disse: 'Não há entre vocês alguém que queira ser meu filho?' Um dos espíritos presentes, por nome João, levantou-se então e escreveu no Livro... Ele desceu do céu, e surgiu como criança recém-nascida em Belém".
>
> Parece-me [acrescentou Arnaud Sicre, ainda no seu depoimento] que o herético [Belibaste] disse que santa Maria tinha o ventre crescido como se estivesse grávida, pois a criança surgiu ao seu lado e ela pensou, de vez que sua gravidez desaparecera, que havia tido aquela criança, ainda que não a houvesse carregado dentro de si e nem tido o parto...

Embora Belibaste tenha deixado imagem um tanto foclórica, aventureira, sem o preparo cultural e a formação moral dos antigos *parfaits*, parece reproduzir com fidelidade a essência do docetismo predominante entre os cátaros e que, cerca de setecentos anos antes fora igualmente adotado pelos gnósticos.

Brenon volta ao tema do docetismo mais adiante (p. 130). Depois de afirmar, como já vimos aqui, que "nós (os historiadores) não somos inquisidores e nem campeões da ortodoxia ameaçada", chama a atenção para o fato de que se deve conservar em mente que, segundo os polemistas católicos, com certeza, "a tradição docetista cátara era relativamente difusa e mal definida, e que os intelectuais da época se interrogavam, sem dúvida na melhor boa fé, sobre como formular uma doutrina coerente acerca da natureza do Cristo, da Virgem Maria e da própria Trindade".

Ou seja, o catarismo ainda não dispunha àquela altura de uma doutrina que tentasse resolver o problema da malignidade intrínseca que viam na matéria em confronto com o elevado *status* espiritual do Cristo e de Maria. Somente aí pelo século 13 – na opinião de Brenon – "o velho catarismo se adaptaria, tornando-se teológico para confrontar-se com o catolicismo em qualquer terreno e não simplesmente utilizando-se dos velhos reflexos anticlericais do patarinismo".

Aliás, a escritora manifesta em mais de uma oportunidade seu interesse pelo problema da evolução do catarismo como doutrina e se pergunta (p. 306) sobre se "o catarismo teria morrido por lhe ter sido impossível evoluir".

Ao alinhar as reflexões finais de seu livro, após o que chama de "viagem de três meses à intimidade e em torno do catarismo", Brenon menciona (p. 318) "dois eixos de pesquisa" que lhe pareceram bastante promissores para investigação mais aprofundada do assunto: o primeiro deles, a marcante presença da mulher no movimento cátaro, verdadeiro fenômeno de "busca e confirmação da identidade feminina" como grupo minoritário atuante, corajoso, destemido, "quase sempre mais engajadas, mais absolutas na fé do que os homens". Foram elas, diz Brenon "a alma dos fervores na família e na sociedade". A partir da metade do século 14, foram elas mais que meras "dissidentes individuais: a Inquisição abre com elas a série da caça às bruxas".

O segundo tema a exigir mais amplas e profundas reflexões, no entender de Brenon, é sobre "o espiritualismo absoluto do catarismo, que poderia paralisar essa corrente religiosa no imobilismo, o que, do ponto de vista da História – que é movimento –, significa sempre e infalivelmente a morte" (p. 320).

De fato, a erudita historiadora tem aí um ponto importante a exigir meditação mais demorada. É nesta passagem, aliás, que ela expõe seu bem achado conceito de que o catarismo poderia ser "uma das Igrejas cristãs dos primeiros tempos mais ou menos fossilizadas (boa expressão) em alguma região do Oriente e re-suscitadas no sentido próprio na ocasião em que as condições culturais se mostraram mais favoráveis, em torno do ano mil".

Só aqui neste parágrafo já teríamos suficiente matéria-prima para algumas das reflexões que ela entrevê com a instrumentação de seu habitual mecanismo intuitivo.

De fato, nem como movimento e nem como doutrina, o cristianismo primitivo foi uma sólida e tranquila unanimidade, mas um viveiro de seitas paralelas, tecnicamente outras tantas heresias, formatadas segundo as preferências e rejeições de cada liderança local. O ramo qualitativamente mais bem sucedido desse conjunto heterogêneo foi o que mais tarde acabaria definindo-se como o da Igreja de Roma, ou seja, o catolicismo.

Brenon vê no passado, no entanto, que *algumas* igrejas[27] ficaram fossilizadas – mais de uma, portanto – como sementes ou tubérculos que passam o inverno enterrados aguardando o momento propício para re-surgirem na primavera, no caso o ano 1000. Também intui ou percebe a autora a existência, no período que começa no ano 1000, de "uma sociedade predisposta à heresia", título que dá a um dos módulos que escreveu para o capítulo X – "Economia, sociedade, cultura e catarismo", páginas 147 a 150.

No meu entender, como ficou dito alhures, isso foi o que de fato ocorreu, depois de longo, competente e meticuloso planejamento nos bastidores da dimensão espiritual. Não é esta a única manifestação de Brenon quanto ao que caracteriza como imobilismo. À página 306 de seu livro ela se pergunta assim: "Teria sido, talvez, devido ao fato de lhe ser impossível historicamente evoluir que o catarismo morreu?"

Eu diria que não, não foi por isso. Mesmo porque o catarismo não morreu, foi assassinado, massacrado, queimado vivo na pessoa de cada um de seus formuladores e praticantes. Ademais, como costumava dizer um amigo meu, as religiões não evoluem – elas nascem, crescem, consolidam-se como instituição e se apagam. Que tipo de evolução pode, por exemplo, pretender ou promover em si mesmo o catolicismo? Se mudar, deixa de ser o que foi até aqui. Se não mudar, extingue-se engessado, mumificado e atado nas longas tiras da obsolescência, porque o tempo passou, o conhecimento ampliou-se e renovou seus conceitos fundamentais, mas a religião não mudou, continuou onde estava.

O risco – entendo eu – existe para qualquer religião institucionalizada. Talvez esteja aí uma das razões predominantes pelas quais o Cristo

---

[27] Não nos esqueçamos de que essa palavra (*ekklesia* [grego] => *ecclesia* [latim] => *igreja* [português]), quer dizer apenas *assembleia*, grupo reunido, sem, necessariamente, qualquer conotação religiosa.

não cuidou de fundar uma igreja, e sim pregar e exemplificar uma doutrina e uma prática de comportamento.

O catarismo tinha, a meu ver, condições para escapar tanto ao imobilismo quanto a deformações suscitadas pelo processo evolutivo de seu ideário e de suas práticas. Deixaria de ser o catarismo que fora até então? É possível, mas poderia ter sido outro conjunto ainda mais inteligente, harmonioso e articulado, reformatado a partir dos mesmos conceitos fundamentais de antes. Isso, desde que tivesse a ousadia de descartar-se de algum entulho ideológico incongruente e até contraditório com a sua própria essência. Exemplo de material inservível: a doutrina determinística que exclui o livre-arbítrio, ou o exagerado horror à matéria densa e ociosas e fantasiosas especulações acerca da origem do mal, que levaram à esdrúxula 'criação' de um deus secundário ou demônio responsável pela introdução do mal no esquema divino. Ou seja, Deus não quis criar, ele próprio, o mal, mas permitiu ou aceitou que alguém ou algum conjunto de circunstâncias aleatórias o fizessem.

O conteúdo doutrinário do catarismo certamente teria evoluído para uma posição ideológica mais inteligente e racional com modificações dessa ordem. Não seria mais o catarismo primitivo, mas renovada proposta de interpretação da vida com mais amplas chances de sucesso, um passo adiante na eterna busca da verdade e do conhecimento, um dos postulados fundamentais da gnose tradicional.

A doutrina de Jesus – contorno a palavra *cristã*, neste passo – representou novas posturas em relação ao judaísmo, ao mesmo tempo em que conservou importantes características da religião vigente, como o monoteísmo, a lei codificada nos mandamentos e os ensinamentos veiculados pelos profetas. Nas práticas do dia-a-dia, não apenas manteve, como reforçou e tornou ainda mais severas as normas de comportamento, determinando, nesse sentido, que não somente era errado cobiçar a mulher do próximo, mas condenando o simples olhar maculado por segundas intenções; que além de amar os amigos, amássemos também os inimigos, que perdoássemos não somente sete vezes, mas setenta vezes sete e coisas desse tipo.

Mesmo assim, contudo, o cristianismo representava substancial desvio dos padrões religiosos vigentes da época, especialmente no descumprimento de normas de estrita observação no judaísmo, entre elas o exagero que Jesus via na observância do sábado, ou no intercâmbio com pessoas ortodoxamente inadequadas, como os publicanos.

Seja como for, o cristianismo nascente caracterizava-se como clara heresia em face do judaísmo tradicional e, por isso, subversivo e potencialmente perigoso para o sistema dominante, não apenas quanto ao modelo ideológico e às práticas religiosas, mas também nos aspectos sociais, educacionais, políticos e até econômicos da comunidade.

Em suma, o velho confronto de sempre entre progressistas e renovadores que querem mudar e tradicionais que desejam continuar sendo o que são, dentro de um sistema cristalizado na rotineira e tranquila imobilidade da tradição que sempre garantiu aos líderes o controle das massas pelo exercício do poder. O mesmo confronto, enfim, que levou Sócrates à cicuta, o Cristo à crucificação e levaria os cátaros aos massacres e às fogueiras.

Seria impraticável para as modestas dimensões e pretensões deste livro mergulhar nas amplas especulações históricas que envolvem as origens do cristianismo. Não faltam obras especializadas no assunto. Limito-me a mencionar apenas uma delas: *La naissance du christianisme*, de Maurice Goguel, do qual tenho a tradução inglesa sob o título *The birth of christianity*.

A opção por Goguel tem sua razão de ser neste contexto em vista de seu especial interesse pelo que estamos discutindo aqui, ou seja, o conceito de heresia em geral, e as heresias que brotaram em torno da Igreja primitiva.

Acrescentaria, por minha conta, como disse há pouco, a heresia que foi o próprio cristianismo nascente, em face do judaísmo daquele tempo. Embora Goguel não mencione o cristianismo como heresia judaica, não deixa de abordar o tema ao escrever um capítulo intitulado "O conflito entre o cristianismo judaico e o gentio", além do de número 8, no qual discorre sobre os mais relevantes desvios doutrinários da época. O título deste é "Heresias".

De certa forma, a temática prossegue até o fim – não mais como heresia, mas como doutrina religiosa contestada – nos módulos seguintes do livro, quando o autor estuda as dissidências internas e as reações suscitadas pelo cristianismo entre os gentios, os judeus da diáspora e, posteriormente, entre os romanos, até as perseguições de Nero a Domiciano e Trajano.

Em Goguel, como em nenhum outro livro de meu conhecimento, percebe-se que não apenas o cristianismo seria, quanto ao judaísmo, a "Sagrada Heresia" – creio que no dizer de Eusebius –, como se desenvolveu entre numerosas outras pelo correr do tempo.

A muitas delas a Igreja deu combate, a princípio meramente ideológico e moderado, sem qualquer desejo de expulsar os heréticos de seu meio, mais tarde, com menor teor de tolerância e, posteriormente, depois de consolidada politicamente como núcleo de poder civil além de religioso, de modo intolerante, hostil e até com rancor.

Na verdade, contudo, exame mais atento do período formador que levou o cristianismo do Cristo ao catolicismo, não seria absurdo considerar-se de conteúdo herético o incidente ocorrido em Antioquia, onde, aliás, pela primeira vez os adeptos da doutrina do caminho passaram a ser chamados cristãos.

O que começara como sutil desvio de procedimento inspirado pela tolerância no acolhimento de gentios ou judeus-gregos não-circuncidados, acabou gerando a corrente que levaria a doutrina cristã, que mal se formulava, ao universalismo, em vez de mantê-la atrelada ao severo ritualismo judaico. É pouco provável que se houvesse instituído a Igreja católica, se o cristianismo nascente houvesse permanecido incrustado no judaísmo.

Sabemos dos choques de opiniões e até de conflitos mais ou menos sérios entre as duas vertentes que ali cuidavam de traduzir os ensinamentos do Cristo em movimento organizado.

Não há como esquecer-se, ainda, que foi dali, daquele trampolim ideológico, que Paulo se projetou como a grande figura do inesperado rumo que tomava o movimento.

Por outro lado, o pensamento de Paulo também surge com as características de uma heresia que se lança à tarefa gigantesca de proporcionar identidade e autonomia ao cristianismo, o que, certamente, não estava nos propósitos das lideranças conservadoras da igreja de Jerusalém, sob o comando de Tiago, irmão de Jesus.

Talvez em estrutura eclesiástica mais consolidada – que ainda não existia naquele momento –, Paulo seria simplesmente rejeitado e, se quisesse, daria sozinho prosseguimento à sua 'heresia' pessoal. Sabemos das desconfianças e das resistências que os dirigentes de Jerusalém opuseram às ideias de Antioquia, quanto à abertura do movimento nascente para os gentios.

Criou-se um impasse que somente se resolveu com prolongadas e complexas negociações entre Paulo e Barnabé, de um lado, e os de Jerusalém, de outro.

Para que os dirigentes da comunidade-máter concordassem em liberar os dois emissários de Antioquia para a pregação aos gentios, Paulo aceitou a circuncisão à qual, a seu ver, Tito não estava obrigado. Cedeu no acessório, como costumava fazer, para ganhar no essencial, ainda que, neste caso, com muita relutância. De minha parte, penso até que Paulo e

Barnabé não foram ali para pedir *permissão* para abrir o movimento cristão aos não-judeus; foram para *comunicar* aos dirigentes da Igreja nascente que iriam agir daquela maneira. Aliás, já o estavam fazendo. Há algum tempo, gentios e judeus não-circuncidados vinham sendo acolhidos na comunidade cristã de Antioquia.

De qualquer modo, precisavam os dois do aval dos líderes de Jerusalém, sem o que a campanha que estavam empreendendo se esvaziaria consideravelmente. Sem a concessão negociada, o cristianismo, talvez até sem esse nome, continuaria sendo seita judaica, aliás minoritária e não muito bem vista pelo demais judeus.

Como heresia, perante o tronco judaico do qual brotara, o cristianismo passava pela crise de enfrentar o primeiro desvio mais sério. A questão que se colocava era esta: admitir ou não gentios e judeus-gregos em seu seio? É pouco provável, contudo, que Paulo e Barnabé tivessem em mente, naquele dramático momento histórico, o propósito de montar uma instituição meramente quantitativa; o interesse deles era o de difundir as ideias do Cristo por toda a parte e não apenas dentro da comunidade judaica. Não resta dúvida, porém, de que a dissidência entre Jerusalém e Antioquia, resolvida pela negociação, atribuía dimensões de uma heresia ao que ali se passava.

O combate às heresias – entende Goguel (p. 393) – surgiu da "aspiração da Igreja pela unidade". O desejo foi tão intenso – acrescento eu – que levaria posteriormente ao exclusivismo salvacionista. ("Fora da Igreja, não há salvação".)

"Paulo – escreve Goguel – admite a existência de diferentes opiniões[28] (*aireseis*) na Igreja e pensa até que isto seja inevitável e, talvez, benéfico, mas não concorda com os cismas (*schismata*), separações profundas entre membros do corpo do Cristo (a Igreja), pondo-os em conflito uns com os outros."

Nem quando, mais tarde, os cristãos enfrentaram a simultânea rejeição de judeus, de um lado, e a de Roma, de outro, resolveram optar pelo em-

---

[28] Familiarizado com o grego e o latim, Goguel introduz nos seus textos frequentes citações nessas línguas. Neste trecho ele coloca o termo grego '*aireseis*' ao lado de *opiniões*, e '*schismata*', junto de *divisões*. Adverte, porém, que o grego correspondente a *heresia* é usado no seu livro "em sentido muito diferente daquele que adquiriria mais tarde" (Nota à p. 393.). Seja como for, heresia, naquele tempo, era apenas opinião divergente, mas não constituía motivo para rancorosas e veementes disputas e muito menos para eliminar os que pensavam de modo diferente.

prego da violência como instrumento de reação. Jesus ensinara o princípio da não-resistência aos maus e propunha oferecermos uma face depois de esbofeteada a outra.

> Mesmo quando, no auge de seus sofrimentos [escreve Goguel (p. 545)] e inspirados pelos mais hostis sentimentos quanto aos seus inimigos, os cristãos não lançavam mão de seus próprios recursos, recorriam somente a Deus, para que os livrasse deles e os castigasse pelos seus erros.

Aquela foi a hora do testemunho e os cristãos portaram-se com bravura, serenidade e aceitação. Seguiam em paz para as feras, para a crucificação, os massacres, as prisões.

Os cátaros praticaram essa mesma e heroica aceitação, também sem recorrer à violência e sem recuar de suas convicções. Negociações com mútuas concessões, entre os cátaros e a Igreja, em busca de soluções pacificadoras, como no cristianismo primitivo, foram impensáveis no Languedoc. A única solução admissível para o conflito que se desenhava era a da pura e simples reconversão incondicional dos cátaros ao catolicismo, com todo o seu humilhante ritual de confissão, exposição pública, flagelação, penitência, perdão e reconciliação.

Quando nem a Cruzada conseguiu esmagar a heresia cátara, a Igreja voltou-se para o terrorismo ainda mais espantoso da Inquisição.

Não é mesmo de admirar-se que os mandantes romanos daquelas chacinas tenham-se reencarnado no Languedoc para viver, como cátaros, aflições e angústias semelhantes às que impuseram outrora aos antigos cristãos. Só se percebe que a dor nos outros dói, quando dói em nós próprios.

Antes de encerrar este módulo, proponho um exame na ideologia social do catarismo. Estou destacando esse aspecto sob a inspiração do que entendi como um dramático lamento de René Nelli, ao considerar o esmagamento do catarismo uma catástrofe histórica, nas suas palavras – "aborto de uma civilização".

Como ponto de partida, conservemos em mente o que ele escreve à página 18 de *Les cathares,* ao declarar que "a eficácia 'progressista' da heresia (cátara) explica-se (...) por um retorno às fontes cristãs autênticas e não, diretamente, por deliberado propósito revolucionário".

Na verdade, o catarismo não foi um movimento ideológico subversivo no sentido de que tencionasse destruir pela força a ordem estabelecida, e sim transformar lentamente as estruturas e as práticas políticas, sociais e econômicas vigentes, pelo caminho certo, ou seja, mudando o que estava errado no *ser humano*, não na *sociedade*.

O catarismo é, sem dúvida, o movimento ideológico que melhor entendeu o verdadeiro sentido da mensagem do Cristo. Jesus não pretendeu fundar mais uma instituição religiosa nem escrever nova suma teológica, mas implantar pelo amor, sem pressões, novo modelo de comportamento humano. Igreja por Igreja, lá estava a de seus antepassados judeus. E ele sempre a respeitou, ainda que propondo modificações que, apesar de sutis, provocaram reações indignadas que o levaram à cruz. O Sinédrio viu na pregação dele o mesmo risco assustador que a Igreja católica identificaria no catarismo, cerca de mil e duzentos anos mais tarde.

Ele não contestava a lei, nem os profetas; pelo contrário, nos preceitos de natureza ética mostrava-se ainda mais severo. Além de condenar o adultério considerava erro grave o simples olhar equívoco à mulher do próximo. O perdão era para ser concedido não sete, mas, se necessário, setenta vezes sete vezes.

Com um código moral assim nítido e auto-imposto por livre e consciente vontade de cada um, profundas modificações se projetariam pacificamente na sociedade.

Era o que os cátaros estavam fazendo, mas no tempo do Cristo, como na Idade Média, e sempre, as transformações propostas eram demasiado radicais para o gosto dos eternos donos do poder. O Cristo foi sacrificado menos por haver contestado os fundamentos da religião dominante, do que por ter dado início a um processo de renovação de imprevisíveis consequências. Talvez seja até mais correto dizer que as consequências nada tinham de imprevisíveis dado que se estaria criando uma sociedade que não oferecia espaço para os poderosos continuarem sendo poderosos. Suas ideias é que assustaram o sistema.

Isso, aliás, já havia acontecido anteriormente na história e continua acontecendo até hoje. Sócrates tomou cicuta pelas mesmas razões. Condenaram-no pelo pecado imperdoável de 'corromper' os jovens, mostrando-lhes que o sistema era iníquo e precisava ser mudado. Quando aqueles jovens chegassem à idade adulta do exercício da liderança, não haveria mais como dar continuidade ao esclerosado e corrupto mecanismo sociopolítico vigente.

Nelli se mostra, como já vimos aqui, neste livro, perceptivo e sensível à conotação muito mais ampla e revolucionária do catarismo. Ou melhor, de suas aspirações evolutivas, não demolidoras. O termo *progressista* usado por Nelli teria, se empregado no contexto medieval, implicações ameaçadoras. O progresso desejado pela Igreja e pela nobreza seria, obviamente, o que promovesse a ampliação de seus respectivos poderes e da capacidade de moldar a sociedade às suas próprias aspirações.

Os cátaros tinham outra visão: as modificações estruturais com as quais sonhavam já estavam seguindo o rumo desejado por eles, mas, como consequência, como subproduto natural da renovação religiosa, não por pressão política ou ideológica. Pelo menos nesse aspecto, senão em outros, o pensamento dos cátaros sintonizava-se com o de são Bernardo, segundo o qual a fé deve resultar da dissuasão, jamais da imposição. Os cátaros não cuidavam de pôr em ação um projeto de assalto ao poder a fim de implementar pela força as modificações que pretendiam introduzir na sociedade. Talvez pensassem como H.G.Wells pensaria sete séculos após, que, implantado interiormente em cada ser o projeto de reformulação religiosa, a projeção do "Reino de Deus" no mundo lá fora seria uma decorrência natural.

Mesmo porque essa renovação progressista era, paradoxalmente, uma volta ao passado, ao próprio Cristo. Não se lhes podia negar – observa Nelli com todo o acerto – "o caráter irredutivelmente religioso" das ideias dos cátaros e de suas generosas aspirações.

Nelli cita como um dos muitos exemplos dessa postura a formal condenação do catarismo às guerras, que vinha, em linha direta, dos ensinamentos do Cristo.

Não jurar era um de tais ensinamentos. Não bastava simplesmente proibir o juramento, e sim reeducarem-se todos para que o juramento se tornasse desnecessário pela força mesma da verdade de cada um, seu comportamento, sua moral, sua honra e respeitabilidade.

Não se tratava, pois, de uma reforma dirigida especificamente para cada setor de atividade humana – o político, o social, o econômico e, paradoxalmente, nem para o religioso, mas sim um processo de reeducação ético-religiosa que, por sua vez, acarretaria as outras, como, aliás, estava acontecendo no início de civilização cátara.

Nelli oferece o exemplo da prática da usura, ou seja, o comércio do próprio dinheiro, proibido oficialmente pela Igreja, mas exercitado sub-repticiamente – ou nem tanto – pela agiotagem. Os cátaros tinham visão mais ampla do problema. O dinheiro não passava, afinal de contas, de uma variedade especial de mercadoria; poderia, portanto, ser comprado e vendido, alugado ou doado como outro qualquer bem patrimonial. Mesmo porque a prática não está condenada nos textos evangélicos.

Na parábola dos talentos (Mateus 25,27), o proprietário que viaja e deixa seus servidores encarregados de gerir seus bens, reclama do servidor que, em vez de aplicar o talento que lhe coube, enterrou-o para mantê-lo em segurança, a fim de ser restituído intacto ao seu legítimo dono. Foi repreendido por ter sido mau e preguiçoso. Deveria, ao contrário, disse o proprietário, "ter depositado o meu dinheiro com os banqueiros e, ao voltar, eu receberia com juros o que é meu".

Ao ensinar o amor aos inimigos, Jesus lembra que não há nada de especial em amar aqueles que nos amam. Até os pecadores fazem isso. E pergunta (Lucas 6,34): "E se emprestais àqueles de quem esperais receber, que graça alcançais? Até mesmo os pecadores emprestam para receberem o equivalente."

Ao liberar os *croyants* para o empréstimo de dinheiro a juros ou a tomada de recursos para financiamento de atividades comerciais, o catarismo abria caminhos para o que Nelli caracteriza como pré-capitalismo. A prática nada tinha de condenável; pelo contrário, tornava transparentes e honestas as operações financeiras, estimulava o desenvolvimento econômico e contribuía fortemente para, no dizer de Nelli (p. 21), "eliminar a sórdida usura que rouba e arruína o tomador".

Os *parfaits* nada tinham de seu e não estavam, portanto, interessados pessoalmente no sistema; esperavam, no entanto, que o novo procedimento contribuísse, de certo modo, para liberar os que hoje se chamaria de mini-empresários da "tirania da sociedade medieval". No que, aliás, estavam certos.

Ressalvando que não se dispõe de informações documentadas a respeito – apenas referências esparsas –, Nelli declara, contudo, que o catarismo como instituição aplicava produtivamente os recursos confiados à sua administração. "A alta espiritualidade dos *parfaits* – continua Nelli – garantia a exatidão de sua contabilidade e os fundos de que dispunham faziam deles banqueiros perfeitamente confiáveis."

Condicionados ao caráter ainda incerto e à mobilidade de sua instituição, os cátaros se viam forçados a priorizar a propriedade de bens igualmente mobilizáveis, em contraste com os imóveis – terras, plantações, castelos, casas – que poderiam com relativa facilidade ser tomados à força, destruídos e até confiscados, ao passo que o dinheiro podia ser escondido e transferido para outras regiões ou países estrangeiros.

O historiador acha mesmo que foi no plano econômico que o catarismo mostrou-se mais oposto ao espírito do feudalismo radical. Colocava-se do lado das tendências do momento que estavam, de certa forma, reduzindo as exageradas prerrogativas dos nobres, no confronto pacífico entre as pequenas cidades em desenvolvimento e o castelo.

Por outro lado, a Igreja era a inimiga por excelência, dado que não apenas contribuía para manter o sistema vigente, como dele participava e com ele lucrava, consolidando e ampliando continuamente seu poderio. Era, na verdade um estado dentro do estado, usualmente o mais poderoso. Estava sempre pronta para recorrer ao arsenal de que dispunha para obrigar os poderes rivais a fazerem ou deixarem de fazer aquilo que fosse do interesse da instituição ou de seus representantes, desde o papa até o pároco local.

Antes de recorrer ao poder da espada, por exemplo, tinha como pressionar com instrumentos não menos convincentes, como interdição, excomunhão, condenação por heresia, anulação de casamentos, ou licença para realizar-se um matrimônio questionável ou indesejável do ponto de vista laico ou canônico. A interdição de uma cidade ou de um condado isolava-os da comunidade cristã, como se fossem locais empestados, de que ninguém devesse se aproximar. A excomunhão excluía o individuo não apenas das práticas religiosas, mas da própria comunidade.

O rígido regime feudal somente seria derrubado pela Revolução, no século dezoito, "com quinhentos anos de atraso", lamenta Nelli (p. 26). O que nos leva a supor que, se o catarismo não houvesse sido esmagado, tais libertações teriam ocorrido bem antes. Não, certamente, nos moldes da contemporânea liberação geral de costumes, de comportamento, de procedimentos sociais, políticos, econômicos e, principalmente, pela pandêmica amoralidade. Teria ocorrido, ao contrário, uma libertação responsável, ética, amadurecida. E, certamente, sem tamanha efusão de sangue e violência.

Eu poderia, neste ponto, parafrasear e compactar as reflexões que o prof. René Nelli oferece à página 26 de *Les cathares*. Seria, contudo, injusto com o autor e com o leitor e a leitora, sem em nada melhorar o seu lúcido e elegante texto.

Prefiro, pois, traduzi-lo:

"O que se deve deduzir (de tudo isso)?"– pergunta-se Nelli.

E responde:

> Que o catarismo faz parte desses movimentos heterodoxos que, de algum modo e a partir de um ideal, prefiguram sempre

uma evolução social libertadora. Há uma espécie de harmonia preestabelecida entre as revoluções espirituais e as outras. Isso porque é próprio das ideologias 'puras' adiantarem-se sempre à sua época: elas se projetam no absoluto e nada impede seus objetivos teóricos. Isto porque elas se sabem condenadas no presente que encarnam livremente, certa modalidade de verdade futura. Ao passo que as grandes religiões se fossilizam, incrustam-se na ordem social e política do momento e se obstinam em preservá-la, ainda que obsoleta, as heresias minoritárias e perseguidas salvaguardam melhor as ideias generosas, ou seja, aquelas que correspondem ao futuro que se aproxima. É inevitável que o movimento da economia se agarre a elas para tomar consciência de si mesmo, para refletir e avançar. Quando uma ordem injusta, ou antes, inadequada, está a ponto de desaparecer o presente que sempre a rejeita, adorna-se, de início, de um idealismo religioso. Para os cátaros, a justiça senhorial, os direitos feudais, o casamento autoritário, tudo isso era o Mal, era Satã. O Bem era a liberdade – que passava naquele momento pela liberdade burguesa –, o respeito à pessoa humana, a libertação da mulher. Os cátaros não tinham razão? Para eles, Satã encarnava uma ordem condenada, o passado: e essa ordem não se extinguiu, de fato, condenada pela História?

O texto é irretocável na sua elegante e precisa didática. E por isso, ainda há pouco, em página precedente, diz Nelli que a Igreja romana adota hoje procedimentos que ela tanto reprovou no século XIII. "É preciso sermos cegos – conclui (p. 25) – para deixar de reconhecer que a Igreja católica teria hoje uma grande necessidade de promover em si mesma uma cura de catarismo!"

Nada tenho a acrescentar, senão que, se os cátaros tivessem sido bem-sucedidos na implantação de seu generoso projeto religioso, social e político, não teríamos a mortandade promovida pela Revolução de 1789. Compreende-se, daí, porque Nelli escreveu que as reformas promovidas pela Revolução chegaram, com atraso de quinhentos anos. Meio milênio a mais de opressão!

7 – Uma Reformatação do Catolicismo

Como podemos observar, o catarismo foi uma radical proposta de reformatação do catolicismo, a partir do mais autêntico perfil do cristianimso, aquele que predominou nos primeiros tempos, ainda pulsante da vida que Jesus injetara em suas artérias, sem os artificialismos teóricos que tanto o descaracterizaram posteriormente. No catarismo, como no Evangelho de João, fala o Cristo vivo e presente, ainda que, paradoxalmente, póstumo. Não o crucificado que teria subido de volta aos céus em seu corpo ressuscitado. Como vimos, para os cátaros, Jesus não havia tido, sequer, corpo físico.

Era, por tudo isso, um cristianismo sem a cruz e sem a missa.

Embora os sacramentos tenham sido considerados pela Igreja católica como instituídos pelo Cristo, a doutrina cátara mudou praticamente tudo, de vez que nada encontrou nos textos primitivos que os justificasse, especialmente como práticas salvíficas, ou seja, aquelas que supostamente salvam a alma da condenação eterna. Até mesmo o conceito de salvação fora substancialmente reformulado.

A releitura ideológica contestou, rejeitou ou modificou todos eles, desde o batismo até o da extrema-unção. Mais do que isso, mudou radicalmente a filosofia das práticas religiosas: ninguém era obrigado a frequentar o único sacramento remanescente, os cultos e a missa, que não celebravam.

Pela *convenenza*, por exemplo – termo occitano que significava acordo, convênio, pacto –, o crente pactuava com a Igreja cátara o direito de receber o *consolamentum* na hora da morte, ainda que inconsciente e incapaz de recitar em voz alta o Pai Nosso – a prece maior dos cátaros. Nelli informa que esse ritual começou a ser praticado nos meados do século 13, durante a luta armada e a perseguição inquisitorial, quando era maior o risco de vida a que todos se expunham.

O *melhoramento – amelioration*, na língua occitana – constituía a única obrigação ritualística dos crentes. Resumia-se em simples, mas formal e solene saudação dirigida aos perfeitos, sempre que se encontravam com eles. Consistia em três reverências ou genuflexões e um pedido de bênção. No primeiro melhoramento que praticasse – esclarece Nelli em *Les cathares* (p. 150) –, o crente pedia que fosse assistido pelo resto da vida, do que se supõe que a *convenenza* estivesse implícita no ato, ou que fosse feita logo a seguir.

O historiador do catarismo aproveita a oportunidade para comentar o fato de que esse singelo rito caracteriza com clareza a posição do crente, que não está ainda em condições de viver uma vida de santidade, mas revela-se disposto a trabalhar pela sua libertação espiritual. Trabalho pessoal, aliás, de renovação moral, não tarefa a ser feita por intermediação de quem quer que fosse ou por meio de rituais e sacramentos salvadores. Com o melhoramento e a *convenenza*, o crente dava testemunho de seu firme propósito de progredir moralmente a fim de merecer ser "amado por Deus".

Não deixa de haver neste ponto uma sutil contradição: ao mesmo tempo em que o crente decide livremente optar por um procedimento correto que o credencie aos remotos benefícios da perfeição, a doutrina cátara não reconhece o livre-arbítrio. E, neste caso, o rito combinado – melhoramento/*convenenza* – seria, talvez, interpretado como declarada predisposição do crente, uma formalização de seu propósito de se colocar à disposição da misericórdia e do amor divinos para dar início ao seu processo evolutivo rumo à perfeição.

A *endura* – termo occitano para privação, jejum – constitui prática sobre a qual pairam ainda controvérsias e desentendimentos entre os especialistas. Nelli informa em *Les cathares* (p. 148), que se tratava de uma "espécie de suicídio místico, nada condenável". O objetivo era o mesmo que, segundo o autor, sempre foi, da parte dos seres mais espiritualizados de todas as religiões, o de abreviar a vida terrena em troca da que – presumivelmente melhor, sem dores, doenças, ou velhice – aguarda o ser na dimensão espiritual.

Os Cátaros e a Heresia Católica 151

As coisas não eram tão simples, contudo.

A *endura* seria usualmene praticada depois que o moribundo recebia o *consolamentum,* que, por sua vez, lhe proporcionava a esperança – não a certeza – de que ele estaria salvo, por terem sido perdoados seus pecados. De alguma forma, pois, o conceito da salvação da alma, como se vê, prevalecia no catarismo como resíduo doutrinário católico. Ora, os cátaros rejeitavam a ideia do inferno, embora aceitassem a existência do demônio, outro resíduo.

Anne Brenon utiliza-se, neste passo, da expressão "inferno transitório". O que, aliás, de certo modo, a doutrina dos espíritos poderia até entender, ainda que sem o subscrever. Para o espiritismo, o inferno é um estado de espírito e, portanto, transitório, não 'local' para onde são despachados por toda a eternidade aqueles que teriam cometido os chamados "pecados mortais". Parafraseando Vinícius de Morais, o poeta, poderíamos dizer que, na concepção de Brenon, o "inferno é eterno enquanto dure".

Tanto cátaros quanto espíritas sabem que o estado de espírito em que se vive atormentado por suplícios que parecem não ter fim, chega, um dia, a termo, de vez que nenhum ser humano foi criado para sofrer por toda a eternidade. Como também sabiam os cátaros, todos *se salvam*, entendendo-se a salvação como elevação aos patamares superiores da paz, da harmonia, da felicidade, nos estágios mais altos da perfeição possível à condição humana.

Temos, contudo, outros problemas com a prática *consolamentum/endura*. Se depois de consolado o paciente não morria, ficava obrigado às severas regras de seu novo estado, ou seja, tinha de recitar o Pai Nosso antes de cada refeição, vivendo sob o temor de recair em pecado, com a perda consequente "da santificação relativa e provisória – explica Nelli – que haviam recebido, sem grandes méritos, de Deus e das circunstâncias", de vez que não eram *parfaits* ou *parfaites*, mas simples *croyants* beneficiados por uma espécie de extrema-unção cátara.

Nelli assegura que em muitos casos, pessoas nessas condições preferiam a morte provocada pela fome ou, mais raramente, pelo frio. Prática, aliás, que os *parfaits* jamais encorajavam e, menos ainda, recomendavam ou impunham.

Acrescenta o autor que a *endura* se tornou mais difundida aí pelo fim do século 13, sobretudo no condado de Foix, sob a influência de Pierre Authier, o mais influente *parfait* do renascimento cátaro. Os tempos eram ásperos de vez que "a Inquisição – escreve Nelli (p. 148) – incumbia-se de tornar impossível a vida dos crentes".

Déodat Roché discorda. "Essas histórias de 'suicídio ritualístico' – escreve em *L'église romaine et les cathares albigeois* (p. 145) – não passam de fábulas como a das sangrias.[29] Os suicídios estoicos em alguns casos isolados de perseguidos pela Inquisição foram muito raros. Pierre Authier viveu tão bem que chegou à fogueira, como muitos outros cátaros".

Para Anne Brenon, a *endura* assumiu exageradas características lendárias. Toda a comunidade cátara vivia sob a pressão inquisitorial e era natural que os próprios *croyants* ansiassem por uma "boa morte" assistidos por algum *parfait* que lhes ministrasse o *consolamentum*, através do qual se entendiam incorporados à verdadeira Igreja do Cristo e, portanto, predispostos à salvação de suas almas.

"Foi assim – prossegue Brenon (p. 84) – que se multiplicaram, no final do século 13, início do 14, práticas que podem ter originado a lenda da *endura*, ou suicídio ritual pela greve de fome, nascida talvez da ingenuidade de algum crente de Montaillou, logo veiculada pela controvérsia católica."

Como explicita a autora, o *consolamentum* era praticado a enorme risco, de vez que a Inquisição parecia ter mil olhos e eram longos os seus braços. Se a agonia se prolongasse demais, o moribundo corria o risco adicional de perder os benefícios do sacramento de vez que, a partir do momento em que era consolado, passava a ser um bom cristão, ou seja, integrante da Igreja e não apenas um *croyant*. Assumia, portanto, o compromisso de severa observância das regras como a de jamais se alimentar ou beber algo sem antes recitar o Pai Nosso. Se, por acaso, se descuidasse, ou esquecesse disso, ou não estivesse em condição de orar, estaria invalidado o sacramento. Em casos extremos, portanto, o doente, por si mesmo ou por sua família, poderia ser posto em rigoroso jejum, que acabasse por provocar-lhe a morte. Podemos imaginar o drama: como alimentar o doente em coma se ele ou ela não estava em condições de cumprir o ritual da oração prévia? E se lhes dessem o alimento sem a prece, o sacramento estaria anulado.

Brenon informa que numerosos casos foram documentados pela Inquisição nos últimos processos, nos quais os agonizantes declaravam explicitamente o propósito de continuar como bons cristãos, caso ficassem curados. Se era difícil obter-se o *consolamentum*, mais problemático ainda

---

[29] O sangramento ou sangria era uma prática da medicina da época. Parece que a estranha 'terapia' que pretendia purificar o corpo do doente fazendo correr-lhe um pouco de sangue foi, em alguns casos, confundida com práticas ritualísticas da *endura*.

Os Cátaros e a Heresia Católica 153

seria o 'reconsolo', ante a escassez de *parfaits* em condições de ministrá-lo e dos riscos envolvidos na tarefa. A propósito, a autora cita Jean Duvernoy, em *Religion des cathares*, em que escreveu: "Cinco ou seis pares de *parfaits* permanentemente encurralados, que somente se deslocam à noite, dormem nos bosques ou em cavernas, devem, a qualquer solicitação, levar os últimos sacramentos aos fiéis espalhados por um território correspondente a seis dos atuais departamentos..."

Para a historiadora dos cátaros, ademais, o consolamento aos moribundos não significava liberação definitiva do mal; era apenas um testemunho de respeito, boa-fé e confiança de antigos *croyants* à sua Igreja e demonstração de que haviam realizado progressos espirituais durante a existência. Embora sem integrar formalmente a comunidade cátara dos *bons hommes*, suas almas estavam a caminho do despertamento. "O 'bom fim' – acrescenta Brenon (p. 84) – deveria assegurar, pelo menos, a reencarnação seguinte em corpo propício a se tornar o de um bom cristão."

Michel Roquebert também se expressa com veemência, ao rejeitar a leviana afirmação de que a *endura* seria um rotineiro ritual suicida. A doutrina cátara era tão severa na observância do comando bíblico do "Não matarás!" que não admitia para seus *parfaits* e *parfaites* a alimentação carnívora, como temos visto. Primeiro porque os animais eram também gerados pelo condenado dispositivo sexual e segundo porque, para comê-los, havia que matá-los. Conta-se o caso de duas *parfaites* que se revelaram como heréticas por se haverem recusado a matar uma galinha para se alimentarem. Não havia como, na prática de tais conceitos ideológicos, justificar ou, menos ainda, estimular ou propor suicídios de seres humanos.

Roquebert – como praticamente todos os especialistas no drama vivido e sofrido pelos cátaros – lembra que, antes da descoberta do *Ritual cátaro*, em 1939, em Lyon, "tudo o que se sabia (...) do catarismo no plano dogmático (...) provinha dos escritos de seus adversários, obras de polêmica anticátara ou dos procedimentos inquisitoriais".

O valor de informações dessa origem e natureza, adverte o autor, "dependia, portanto, da boa ou má-fé de seus autores, da inteligência ou da mediocridade intelectual deles".

Mesmo assim, prossegue, exceção feita a algumas "acusações infamantes ou simplesmente maldosas – aliás, facilmente identificáveis –, tais como o *pretenso suicídio ritual* conhecido como *endura* –, a descrição que proporcionam das crenças 'heréticas' e da liturgia correspondente é globalmente aceitável". (Destaque meu.)

A *endura* não constituiu, portanto, prática regular de suicídio ritualístico, mas jejum auto-imposto pelos doentes já consolados ou determinado, no interesse dele ou dela, pela família, sob condições especiais e como risco calculado, na expectativa de que a pessoa morresse em plena vigência do sacramento.

Um participante católico introduzido por Déodat Roché nos seus diálogos (p. 144) lembra que Pierre Authier, um dos últimos *parfaits*, realmente "impunha a *endura* aos morimbundos, ou seja, recomendava que não tomassem alimento depois de haver recebido o *consolamentum*..."

Esse procedimento é admitido logo a seguir, na palavra atribuída a Paul Roché, pai de Déodat. Teria sido, contudo, prática excepcional e restrita à região pela qual se estendia a autoridade de Authier. Mas acrescenta que a privação dos alimentos não era uma 'mortificação', no sentido católico. O jejum e certas abstinências – continua – eram precritos após o *consolamentum* a fim de confirmá-lo por uma demonstração de controle pessoal sobre as paixões.

Quanto à *eucaristia*, sempre foi expressamente rejeitada pelos cátaros. Não podiam eles sequer admitir a presença do corpo do Cristo no pão consagrado e de seu sangue, no vinho, dado que para eles Jesus não tivera corpo material. Por diferentes razões e sob outros aspectos, o tema suscitou acalorados debates durante as lutas pela formação doutrinária das diversas correntes ideológicas da Reforma protestante do século 16, como sabemos.

Para os cátaros, o Cristo usou linguagem simbólica ao declarar diante do pão a ser distribuído aos presentes na ceia: "Este é meu corpo." Nelli observa, em *Les cathares* (p. 148), que Tertuliano também pensava desse modo, bem como Orígenes, segundo o qual o pão e o cálice constituem "signos e imagens do corpo e do sangue de Jesus Cristo" (*apud* Nelli). Santo Agostinho, ainda conforme Nelli, "não esteve longe de crer que o Cristo expressou-se 'simbolicamente'", nessa passagem.

Se a questão estivesse na dependência de meu parecer, eu ficaria na companhia de Tertuliano e Orígenes. Ou de Guignebert, que achava "simplesmente fantástico que Jesus haja instituído a eucaristia, afirmando que aquilo era o seu corpo e seu sangue".

É o que se lê em *Cristianismo – a mensagem esquecida*, em que cuido do problema dos sacramentos, no capítulo 10, pp. 207-217.

O episódio é narrado no contexto da última ceia de Jesus com seus amigos e é natural até que ele tenha sugerido que se fizesse aquilo em sua memória, mas não como sacramento ou ritual religioso. Mais estranho, ainda, que pão e vinho tenham sido considerados parcelas reais, materiais de seu corpo e de seu sangue.

Nas pesquisas para escrever aquele livro, como vimos, encontrei referências ao costume de cultos primitivos que divinizavam o animal – geralmente um cordeiro – para depois comê-lo ritualisticamente, com o propósito de absorver propriedades divinas com a carne e o sangue do animal sacrificado.

"Guignebert assinala – escrevi à p. 209 – que, algum tempo depois de Paulo, até mesmo autores cristãos surpreenderam-se com a identificação dada à ceia eucarística com rituais dos mistérios primitivos."

No cristianismo nascente, a partilha do pão nada tinha de tais conotações litúrgicas ou metafísicas. Tratava-se de simples refeição em comum, na qual se falava de Jesus e de seus ensinamentos, relembrando-o com saudade e reverência.

Não acreditavam os cátaros, portanto, pela atenta leitura do texto evangélico, que Jesus houvesse realmente instituído o sacramento da eucaristia tal como o considera a Igreja católica, até hoje.

O *consolament* (em occitano, latinizado para *consolamentum*), no dizer de René Nelli (*Les cathares*, p. 146), é o "Batismo espiritual, oposto ao de água de João e ministrado por imposição de mãos conforme ritos que lembram os da Igreja primitiva (sem os elementos materiais como a água e o óleo)."

Acrescenta Nelli que tal "cerimônia, essencial ao catarismo, conferia a 'consolação' do Paracleto segundo a tradição apostólica".

Anne Brenon (p. 67) descreve-o como "o único sacramento reconhecido pela Igreja cátara e o fecho da abóboda[30] de sua mensagem de Revelação e Salvação, totalmente fundamentado nas Escrituras..."

Os católicos – acrescenta Brenon – utilizam-no na "ordenação[31] dos bispos", ao passo que o valdeísmo considerava-o um segundo batismo, semelhante, talvez, à confirmação ou à crisma dos católicos.

[30] *Clef de voûte*, literalmente, chave ou fecho de abóboda, é uma antiga expressão para indicar a importância de um conceito, ideia ou procedimento. Na arquitetura medieval, notadamente, ainda muito dependente da pedra, foi relevante o papel dessa peça no acabamento de abóbodas, arcos e portais. Pedras e tijolos são dispostos de maneira a suportar não apenas seu próprio peso, mas o daquilo que se assentar na arcada, cabendo à chave ou fecho o papel estabilizador do sistema.

[31] Parece-me que a expressão correta neste contexto é "consagração dos bispos" e não ordenação, mas estou reproduzindo a expressão da historiadora, que, obviamente, entende disso melhor do que eu.

Para os cátaros, o batismo da imposição de mãos era o único verdadeiro. Brenon transcreve expressivo trecho do depoimento de um *croyant* por nome Guillaume Escaunier, de Ax, perante o inquisidor Jacques Gournier: "O herético – disse ele, referindo-se à pessoa que estava sendo investigada – disse que o batismo nada vale se não for recebido voluntária e espontaneamente; ele me disse que o batismo na água de nada vale. Ele dizia que no sacramento do altar (eucaristia) não estava (presente) o corpo do Senhor..."

O *Ritual* cátaro de Dublin – também transcrito em parte por Anne Brenon, é suficientemente explícito ao citar os pontos evangélicos nos quais se apoia para evidenciar sua autenticidade. O que valia para "esta Igreja" – a dos cátaros, naturalmente – era o batismo espiritual, pela imposição de mãos, pelo qual era "conferido o Santo Espírito". Realmente, João Batista explica (Mateus 3,11) que batizava "com a água para a conversão, mas aquele que vem depois de mim é mais forte do que eu. De fato, eu não sou digno nem ao menos de tirar-lhe as sandálias. Ele vos batizará com o Espírito Santo e com fogo".

Dentro da mais sólida lógica, o texto do *Ritual* prosseguia com um comentário irretorquível: "... Se pudéssemos ser salvos pelo batismo pela água temporal (ou seja, material) o Cristo teria vindo morrer por nada, dado que já tínhamos o batismo da água..."

Curiosamente, a *Bíblia de Jerusalém* oferece sobre esta passagem, em nota de rodapé, um comentário de certo colorido 'herético', que os cátaros certamente subscreveriam, ao dizer que "O fogo, instrumento de purificação *menos material e mais eficaz do que a água*, simboliza já no AT (Antigo Testamento) (...) a intervenção soberana de Deus e do seu espírito, que *purifica* as consciências."

Os destaques são meus, naturalmente, para lembrar o cuidado dos cátaros em rejeitar a introdução de coisas materiais como a água nas suas práticas rituais, mas, também, a significativa opção pelo verbo purificar. Nada a se admirar, portanto, que aqueles que recebessem o batismo do fogo se tornassem puros, ou seja, *cátaros*... Que era, precisamente, o que acontecia com os *parfaits* e as *parfaites* na ideologia cátara.

Aliás, o *Ritual* vale-se da oportunidade para reiterar a postura da "Verdadeira Igreja" – a cátara, naturalmente – como herdeira legítima da tradição apostólica.

> Os *bons chrétiens* – lê-se mais adiante – praticam esse batismo santo tal como o receberam eles próprios da santa Igreja (primiti-

Os Cátaros e a Heresia Católica 157

va): dado que a Igreja o manteve sem interrupção e o manterá até o fim, como o Cristo lhe disse: "Batizai-os em nome do Pai, do Filho e do Santo-Espírito, ensinado-as (a todas as nações) a observar tudo quanto vos ordenei. E eis que eu estou convosco todos os dias, até a consumação dos séculos!".

Estavam, pois, os cátaros, rigorosamente dentro da melhor tradição cristã dos tempos primitivos, ligados em linha direta com as práticas, as ordenações e os ensinamentos do Cristo, tal como documentados nos textos evangélicos.

A Igreja cátara, portanto – como comenta Brenon (p. 70), para concluir:

> [...] era, no sentido paleocristão (antigo, primitivo), a comunidade dos cristãos, dos batizados, mas dos batizados pelo Espírito Santo, dos 'revestidos do Espírito'. Os que haviam recebido esse batismo, homens ou mulheres, tinham o direito e o dever, por sua vez, de o transmitir. Desse modo, pouco a pouco, o sacramento salvador de Deus se propagaria através do tempo a todas as almas aprisionadas neste mundo.

Seria falsa, contudo – no entender de Déodat Roché (p. 92) –, a ideia de:

> [...] assimilar [ao *consolamentum*] a extrema-unção católica conferida aos moribundos. Somente uma pureza real e uma perfeição definitiva poderiam assegurar a salvação dos *croyants*; eles deviam, portanto, renascer para reparar suas faltas e seguir o caminho cristão dos *bonshommes*. A doutrina das rencarnações lhes proporcionava a explicação da evolução da individualidade humana e, ao mesmo tempo, a da necessidade das famílias para que as almas pudessem retomar corpos [físicos] sobre a terra.

Roché, aliás, identificava no *consolamentum* ministrado pela imposição de mãos aos moribundos conteúdo ainda mais sutil. Para ele, "esse rito era o sinal da reunião da alma com seu Espírito ao deixar o corpo físico". Significativamente, ele escreve alma com inicial minúscula e Espírito com maiúscula.

Nessa e em outras oportunidades, ele expõe em seu livro o conceito de que alma e espírito não são sinônimos, mas aspectos matizados e, portanto, algo diferentes no psiquismo humano, o que, a seu ver, os espíritas não definiram com maior precisão.

É verdade que os instrutores da codificação espírita preferiram não discorrer mais amplamente sobre esse aspecto do ser espiritual. Certamente, por não acharem oportuno, na época, um aprofundamento maior da questão, mesmo porque *O livro dos espíritos* é trabalho de síntese, no qual não caberiam meticulosas e complexas dissertações, inúteis, aliás, para um estágio cultural humano em que faltavam muitos e importantes conhecimentos de apoio para mais avançadas explorações sobre determinados temas.

Para melhor entendimento das complexidades que envolvem o mais relevante ritual cátaro, precisamos, ainda, consultar, no livro de Anne Brenon, o capítulo intitulado "O consolamento no seu tríplice papel", p. 80 e seguintes.

Trata-se – ensina Brenon – do "sacramento da liberação do mal", ou seja, "o batismo espiritual de Jesus Cristo".

Na Igreja cátara, portanto, o *consolamentum* era batismo, naturalmente, mas também ordenação e extrema-unção, como vimos há pouco, muito embora Roché entenda que o sacramento cátaro não deva ser confundido com o católico.

Pelo texto evangélico, concluíram os formuladores da doutrina cátara que o batismo recebido pelo Cristo provém diretamente de Deus, ainda que ministrado por João Batista. Jesus era já adulto ao recebê-lo e o teria conferido "aos seus apóstolos adultos", não a infantes ainda incapazes de manifestar sua vontade e ter plena consciência do verdadeiro sentido e conteúdo da cerimônia.

Jean Maury, um *croyant* de Montaillou, declarou o seguinte a Jacques Fournier, bispo inquisidor de Pamiers: "Não creio que as crianças tenham pecados a remir pelo batismo; não creio, além disso, que ele tenha sido ministrado aos adultos pela remissão de seus pecados, mas que o batismo era somente ministrado para que as pessoas se tornassem cristãs..."

Era, portanto, um mero ritual de admissão do neófito à comunidade cristã.

No entendimento de Brenon, o consolamento era o verdadeiro batismo, que tornava as pessoas adultas cristãs conscientes, em contraste com o batismo católico, ministrado a crianças que não têm, ainda, consciência do bem e do mal.

Já vimos que tudo quanto se sabia do catarismo antes da descoberta do *Ritual*, em 1939, provinha de obras de seus adversários, como adverte

Os Cátaros e a Heresia Católica 159

Roquebert. As palavras cátaro, *parfait* e *parfaites*, por exemplo, não figuram em seus textos e não eram empregadas pela comunidade cátara. Os que recebiam o consolamento eram conhecidos como 'amigos de Deus', 'bons homens', 'boas damas', 'bons cristãos', 'boas cristãs' ou, simplesmente, 'cristãos' e 'cristãs'.

De qualquer modo, conhecidas ou não como *parfaits* e *parfaites*, as pessoas distinguidas com o aspecto 'ordenador' do consolamento – no sentido da ordenação sacerdotal do catolicismo – passavam por profundas modificações de *status* e de procedimento.

Ao que percebo eu, o escriba que vos fala, esse aspecto do catarismo ainda não teve o tratamento mais amplo e aprofundado que precisa ter, como se pode inferir de lacônicas e até algo enigmáticas referências nos textos históricos à nossa disposição.

Vamos ver se consigo me explicar melhor.

Segundo a doutrina cátara, bem como a gnóstica, as almas são criadas por Deus, mas suas "túnicas de pele" – o corpo físico – constituem prisões nas quais elas adormecem, esquecidas de suas origens e de seus compromissos com o projeto evolutivo pessoal.

> É assim [escreve Roquebert (p. 31)] que cada alma, adormecida na matéria que a retém cativa, esquece-se de sua origem celestial. É para fazê-las lembrarem-se e como que para despertá-las que Deus enviou Jesus Cristo, portador da mensagem reveladora indicada para arrancar as almas de suas prisões terrenas...

A imposição de mãos seria o instrumento utilizado para essa finalidade, por tradição que remonta aos apóstolos, mas que, obviamente, perdera pelos caminhos sua verdadeira razão de ser e sentido.

Na concepção cátara, o procedimento, recuperado em suas realidades primitivas, suscitava a "infusão do Espírito Santo consolador – daí o termo occitano *consolament*" – esclarece Roquebert.

Aquele que for consolado no momento da morte deixará o corpo físico em melhores condições não propriamente de ganhar o paraíso – como escreve Roquebert –, mas, como vimos em Brenon, pelo menos credenciado a um melhor *status* espiritual na próxima reencarnação.

Roquebert observa, ainda, a inesperada diferença entre a concepção cátara e a católica. Para os católicos, incumbe à alma *ganhar* o paraíso, ao passo que, para os cátaros, ela *retorna* ao 'local' de onde veio.

Devo ressalvar duas referências que conservam na dissertação de Roquebert o conteúdo católico e não o responsabilizo por isso – ele está se referindo ao que catolicismo e catarismo acreditavam e não ao que ele, historiador, pensa a respeito. Refiro-me à ideia de paraíso, que, tanto quanto a de inferno, são estados de espírito, como ficou dito há pouco, e não locais onde se vive a eterna ociosidade do repouso ou o sofrimento igualmente sem fim.

É preciso reconhecer que tais conceitos se arraigaram de tal forma no imaginário humano que passaram para a linguagem corrente. Ao dirigir-se à sua falecida amada, escreve Camões:

> Alma minha gentil que te partiste,
> Tão cedo desta vida descontente,
> Repousa lá no Céu eternamente
> E viva eu cá na Terra sempre triste.

O segundo aspecto é o do Espírito Santo consolador e isto precisa de um pouco mais de espaço.

A expressão Espírito Santo está habitualmente sob forte suspeita de ter sido influenciada pelo dogma da Trindade Divina, que não havia sido formulado quando os textos evangélicos foram escritos originariamente. A ideia primitiva, portanto, é a de que a imposição de mãos conferia ao discípulo os dons do espírito – pura e simplesmente – não os do Espírito Santo, terceira pessoa da Trindade, como temos visto reiteradamente, neste livro.

Em várias passagens, especialmente em Atos, às vezes, a expressão deixou de receber a devida 'correção' – para conformar-se ao dogma da Trindade – e figura simplesmente como espírito. "... o espírito me disse que os acompanhasse..." (Atos 11,12); "... o anjo (*angellos* [grego] = mensageiro espiritual) tocou o lado de Pedro..." (Atos 12:7); "... e os espíritos maus se retiraram... (atos 19,12). Em Atos 16,9, Paulo tem a visão de uma entidade que provavelmente se identificou como macedônio a pedir-lhe que fosse à sua terra; em Atos 19,12, o texto é explícito sobre a manifestação do próprio Cristo póstumo, ao dizer: "... mas o Espírito de Jesus não lho permitiu..."

O que dizem, portanto, esses exemplos e certamente outros nos quais o texto foi 'adaptado' para acomodar o dogma da Trindade é que os espíritos participavam ativamente do movimento cristão nascente, desde o episódio do Pentecostes, aliás, a mais importante comemoração dos cátaros.

Os Cátaros e a Heresia Católica ✣ 161

O que ali ocorreu foi uma dramática e generalizada manifestação xenoglóssica,[32] na qual atuaram como intermediários (médiuns) os apóstolos.

A infusão do Espírito Santo a que se refere Roquebert era um fenômeno de despertamento da alma, melhor ainda, da mediunidade, nos que se submetiam ao consolamento cátaro por imposição de mãos de companheiros mais experimentados.

É o que atestam os textos evangélicos. Os conselhos que Paulo transmite a Timóteo nas duas epístolas são os que um bispo cátaro daria ao seu discípulo já 'consolado'. Trata-se, ali, de uma austera programação de vida com suas renúncias às coisas do mundo, pureza, devotamento e paciência ante o sofrimento e a incompreensão.

O apóstolo refere-se a instruções de origem mediúnica dirigidas a Timóteo – então caracterizadas como 'profecias', enquanto o ato mesmo de transmiti-las era conhecido como o de 'profetizar' – e lembra a solene cerimônia quando passou ao seu discípulo "o dom de Deus que há em ti pela imposição de minhas mãos". (II Tim. 1,6)

Lê-se na tradução que Déodat Roché fez do *Ritual cátaro* (*L'église romaine et les cathares albigeois,* p. 175 e seg.), módulo sobre o "Batismo espiritual ou consolação", uma referência ao curioso diálogo de Paulo com alguns joanitas (discípulos de João) em Corinto, ao tempo em que lá estava Apolo.

A cena está narrada em Atos 19,1-7. Paulo perguntou-lhes se haviam recebido o Espírito Santo ao abraçarem a fé. Mas eles revelaram desconhecer completamente essa modalidade de batismo do Espírito. Haviam recebido – disseram – o batismo de João. E Paulo, sempre enfático, declarou que esse era o batismo da penitência, ministrado por João, mas que, após ele, viria outro, isto é, Jesus.

Os joanitas concordaram, pois, em receber o batismo do espírito e "quando Paulo lhes impôs as mãos, o Espírito Santo veio sobre eles (manifestou-se), e eles se puseram a falar em línguas e a profetizar".

Para os cátaros – citação de Roquebert (p. 48) – "é o dom do Espírito Santo consolador que revela 'o sentido profundo e a verdadeira dignidade das Escrituras'".

Reiteremos, a propósito, a opinião de Déodat Roché (*L'église romaine et les cathares albigeois,* p. 63) segundo a qual o rito da imposição de mãos,

---

[32] Xenoglossia, dom de falar em línguas diferentes da utilizada normalmente pelo médium ou que lhe sejam até totalmente desconhecidas. Ver o livro *Xenoglossia*, de Ernesto Bozzano, edição FEB.

no consolamento do moribundos, "era o sinal da reunião da alma com o seu Espírito no momento em que ela deixava o corpo físico".

Se Roché está certo, ou seja, se a imposição de mãos – o passe dos espíritas – contribui para essa integração ou a promove no momento da morte, o mesmo procedimento poderia reunir alma e espírito quando se trata da 'ordenação', processo pelo qual o consolado passava a ser um *parfait* ou uma *parfaite*.

Em meu livro *Alquimia da mente*, cuidei mais extensamente da dicotomia alma/espírito, acoplada a dicotomias correspondentes como consciente/inconsciente, transitoriedade/permanência, personalidade/individualidade, razão/intuição, linguagem verbal/linguagem não-verbal, atuando cada uma delas através de um dos hemisférios cerebrais – esquerdo e direito.

Surpreendo-me ao ler agora em Roché abordagem semelhante à minha quanto ao conceito de alma e espírito e ao de personalidade e individualidade.

Vamos considerar, porém, a prática específica da imposição de mãos, que em diferentes passagens dos evangelhos figura como procedimento de cura, tanto quanto está ligada ao que Paulo caracterizou, em sua carta a Timóteo, como "dom de Deus".

Que era realmente isso?

Lemos em Johannes Weiss (*Earliest christianity*, p. 251), na sua longa dissertação sobre a relevante tarefa de Paulo no cristianismo nascente, a importância do que hoje se caracteriza como vocação para a vida religiosa, no sentido de chamamento (*vocare*, latim para chamar [com a voz], *call*, idem, no inglês), mais do que mero convite formal. Com o correr do tempo, Paulo teria chegado à conclusão de que a adesão correspondia a uma completa conversão e que não eram mais os apóstolos, mas o próprio Deus que 'chamava' ou convocava (outro termo em que aparece o mesmo radical ligado ao conceito de voz), os cristãos.

> O aspecto marcante desse chamamento, no entanto [prossegue Weiss], era não a confissão de uma nova fé, mas *a posse do espírito*. De qualquer modo, Paulo entendia que a conversão somente estaria completa quando as operações do Espírito ocorressem entre os novos convertidos; isso pode ter sido aquela generalizada e difícil de definir "alegria no Espírito Santo", (I Tess. 1,6), ou, os fenômenos perfeitamente definidos e distintos como a extática exclamação 'Abba, Pai' durante a prece. (Gal. 4,6; Rom. 8,15).

Goguel – outro autor particularmente interessado na questão da imposição de mãos – refere-se, em *The birth of christianity* (pp. 179-180), à visita de Pedro e João à Samaria como delegados da Igreja-máter de Jerusalém, após o trabalho de conversão ali realizado por Filipe. "Os dois apóstolos – prossegue Goguel – promoveram o que seria verdadeira jornada de confirmação junto aos samaritanos que Filipe havia convertido e batizado e que só receberam o espírito santo – esta palavra em minúscula no original da tradução inglesa – quando os dois apóstolos impuseram-lhes as mãos".

Ou seja, "a posse do Espírito", melhor ainda, o dom de intermediar a palavra dos espíritos, só se manifestou nos convertidos já batizados por Filipe depois que os apóstolos lhes impuseram as mãos.

Goguel chama a atenção em nota de rodapé para o fato de que o autor do texto dos Atos (Lucas, como se sabe) acreditava que "o privilégio de conferir o Espírito Santo pela imposição de mãos era privativo dos apóstolos". E isso, no dizer de Goguel, fica confirmado pelo fato de Simão, o Mago, haver proposto a Pedro propiciar-lhe os mesmos poderes – os dons do espírito, por imposição de mãos – a troco de dinheiro.

Ainda mais explícito e até em mais nítida conexão com a visão cátara do consolamento, Goguel chama a atenção para o fato de Lucas, sem dúvida por causa de sua estreita ligação com a tradição pauliniana, destacar muito mais as "manifestações do espírito" do que Mateus e Marcos.

E acrescenta esta relevante informação: "Não há dúvida de que devemos concordar com Harnack em que (atenção!) o texto original de Lucas para a Prece do Senhor (o Pai Nosso) não era "Venha a nós o vosso Reino", mas *"Possa o Espírito Santo vir a nós e nos purificar."* (O destaque é meu, como também as referências entre parênteses.) Novamente devo acrescentar que o termo "santo" está sobrando aí, o que levanta suspeitas de manipulação posterior a fim de plantar em textos evangélicos 'apoios' – mesmo que falsos – para a doutrina da trindade divina.

Carlos Torres Pastorino – professor de grego, linguista emérito, um dos mais eruditos estudiosos desses textos e autor de uma tradução dos evangelhos diretamente do grego – insiste (*Sabedoria do Evangelho*) em que os originais falam de um "espírito santificado", ou seja, de elevada condição evolutiva – melhor ainda: um *espírito*, pura e simplesmente – e não "Espírito Santo", terceira pessoa da Trindade.

Os cátaros, sempre muito atentos às minúcias textuais e interessados em resgatar práticas e conteúdos doutrinários dos antigos escritos, podem ter-se inspirado em passagens como essa para adotar o conceito de que a mais importante cerimônia religiosa do culto que professavam seria mesmo a do consolamento. Era por meio desse ritual, ministrado pela imposição de mãos, que se tornavam dotados de sensibilidades especiais à percepção das realidades espirituais, os carismas a que se refere Paulo. Em outras palavras: a imposição de mãos despertava no postulante os dons mediúnicos em potencial.

A presença de entidades de elevado porte evolutivo junto ao psiquismo dos 'consolados' cátaros, tanto quanto junto dos antigos cristãos da primeira hora, ambos 'despertados' pela imposição de mãos, suscitava na intimidade da pessoa intenso desejo de pureza e uma ânsia maior pela perfeição. Por outro lado, a reverência do *melhorament* que os simples *croyants* faziam não se dirigia à figura humana dos *parfaits* e das *parfaites*, mas às entidades espirituais que os assistiam.

Déodat Roché fala da presença de um "mestre invisível" em cada um de nós, o que seria, pelo que depreendo, algo parecido com o "*daimon*" de Sócrates ou o eu superior.

No diálogo em que seu pai, Paul Roché, discute com o amigo agnóstico a espiritualidade dos cátaros (pp. 69-70), este diz:

> Eles (os cátaros) haviam, em suma, conservado os ritos dos primeiros cristãos.
>
> Mas [responde Paul Roché] eles os consideravam como símbolos de realidades espirituais. Respondiam assim, àqueles que lhes perguntavam por que empregavam o rito exterior da imposição de mãos para ministrar a consolação, que a tradição vinha dos apóstolos. Viam nisso, um conteúdo esotérico: era para eles o símbolo da ajuda do Mestre espiritual com o qual se punham em contato graças ao estado de pureza, às meditações e às preces. Esse Mestre os guiava do próprio interior de suas almas, ajudava-os a retomar a conciência do Espírito do qual eles recebiam as mais seguras consolações e ao qual chamavam, por causa disso, pelo nome de Espírito consolador, ou Paracleto. O essencial para eles era, portanto, a pureza, a meditação e a prece, particularmente a do Pater [Pai Nosso].

Retomando o assunto mais adiante (p. 93), o amigo pergunta sobre se os *bonshommes* teriam sido os precursores dos protestantes. Paul Roché concorda, em parte; só que com maior profundidade. "... os cátaros

– prossegue – mantinham as práticas dos apóstolos, mas explicavam a imposição de mãos pela ação de um mestre invisível perfeitamente puro que os *ajudava a tomar consciência de seus Espíritos* e, por isso, não tinham necessidade de suntuosos edifícios, é o corpo humano purificado que devia ser o templo de Deus". (Destaque meu.)

Pela mesma razão, não aceitavam o pão da eucaristia senão como rememoração da cena descrita nos evangelhos e símbolo da união espiritual com o Cristo, sem conotação sacramental. Quanto à missa, os primeiros cristãos nem a conheceram, dado que foi estabelecida pelo papa Silvestre, no quarto século, e que, no dizer de Roché, "complicou-se com a idolatria do 'Santo Sacramento'.

Reiterando, ainda mais adiante (p. 147) a convicção dos cátaros a respeito do Espírito Consolador e o importante papel que desempenhava na vida deles o ritual do consolamento pela imposição de mãos, Roché (pai) menciona aspectos esotéricos do catarismo que os inquisidores colheram nos depoimentos dos crentes que, de outra forma, não teriam chegado ao nosso conhecimento.

Com toda a ênfase possível, sinto-me no dever de chamar a atenção para esse aspecto, pelo seu relevo no entendimento do catarismo e que, lamentavelmente, figura nos textos históricos – quando inserido – em brevíssimas referências redigidas aparentemente por quem tem pouca ou nenhuma familiaridade com a realidade espiritual e, às vezes, até a ironiza e ridiculariza.

Vemos exemplo disso por toda parte, em escritores mais antigos e atuais. Maurice Goguel, por exemplo, consagrado autor de obras relevantes sobre o cristianismo primitivo, faz verdadeira confissão de ignorância em nota de rodapé à página 265 de *The birth of christianity* – ao declarar, depois de citar a carta de Paulo a Timóteo – o seguinte: "É difícil dizer exatamente qual seria a função da profecia aqui. Parece ser nada mais do que uma formal sobrevivência da concepção carismática do ministério." E eu, HCM, me pergunto: O que quer dizer "formal sobrevivência carismática do ministério"? Na realidade, porém, a pergunta é desnecessária de vez que, *profetizar*, no contexto da época, era exercer determinadas faculdades mediúnicas e não prever eventos futuros. Os chamados *profetas* de então eram o que hoje conhecemos como médiuns, ou seja, pessoas dotadas de faculdades e sensibilidades que viabilizavam o intercâmbio entre 'vivos' e 'mortos', como sempre aconteceu, antes daqueles tempos, ainda hoje e, certamente, no futuro.

Mas não é apenas nesse ponto que Goguel deixa à mostra sua escassa familiaridade com a realidade espiritual, tão relevante no entendimento do que realmente se passou no contexto do cristianismo primitivo.

Referindo-se à Primeira Epístola aos Coríntios (p. 252), admite inicialmente a existência de uma forma de "espiritualismo" em Corinto, mas declara, desastradamente, a meu ver, que mesmo Paulo teria sido "incapaz de aceitá-la e até mesmo de entendê-la". Ora, o que acontece é exatamente o contrário. Paulo demonstra saber muito bem do que se passa e até escreve três capítulos para regulamentar o exercício da mediunidade entre os coríntios – os de número 12, 13 e 14, da Primeira Epístola aos Coríntios. O que ele desejava era o exercício correto do intercâmbio com as entidades espirituais que, da dimensão póstuma, acompanhavam de perto e interferiam com frequência na definição de aspectos doutrinários do cristianismo nascente, bem como do movimento correspondente. A terminologia pode variar – e não muito, aliás –, mas os fenômenos são os mesmos de sempre.

Outra avaliação equivocada de Goguel figura nesse mesmo ponto. Os coríntios entendiam – segundo ele – apenas a sobrevivência da alma, e não a do corpo físico, e isso – ainda na opinião de Goguel – Paulo considerava impensável. Ou seja, para Paulo, o corpo físico também teria de ir para o além – provavelmente céu, inferno ou purgatório – junto com a alma. Seriam, como assinala Goguel, duas concepções em irreconciliável confronto: a da imortalidade da alma e a da ressurreição, dado que, a admitir-se isto, o corpo físico também teria de ser imortal.

Não é disso, porém, que se trata. Para o Apóstolo dos gentios, a alma – ou melhor, espírito sobrevivente – precisa, evidentemente, de um corpo através do qual agir, pensar, manifestar-se, mas não o físico e sim o espiritual. Fazer o quê com o corpo material na dimensão póstuma? Como fazê-lo imortal? O que diz Paulo nessa mesma epístola, capítulo 15, é que o corpo físico vai para a sepultura e lá se transforma [decompõe], como a semente, precisamente para que o corpo espiritual possa desprender-se, desligar-se dele e dar continuidade à vida, em outra dimensão da realidade. Estava, pois, de pleno acordo com a opinião atribuída aos coríntios e não em oposição a eles.

Pela meticulosa atenção que os estudiosos cátaros dedicaram aos textos primitivos, escritos quando o cristianismo vivia toda a pureza infantil e a inocência de seus primeiros passos, não lhes poderia ter escapado o relevante papel da realidade espiritual.

Os Cátaros e a Heresia Católica 167

É sintomática, como vimos há pouco, a importância que a Igreja cátara atribuiu ao dramático episódio do Pentecostes, uma clara e explícita cena de manifestação coletiva de fenômenos mediúnicos, qualquer que seja o rótulo que se lhe aplique.

O cristianismo primitivo é, no dizer de Renan e outros especialistas desse período, um movimento pneumático, ou seja, espiritista – no sentido de que *pneuma* é o termo grego para espírito –, com admirável profusão de manifestações mediúnicas. São inúmeras, convincentes e legítimas as evidências de ativo intercâmbio entre 'vivos' e 'mortos', no crítico período da implantação da doutrina do Cristo. Estabeleceu-se vivo diálogo entre os que ficaram na terra depois que ele partiu e os que, da dimensão póstuma invisível, aconselhavam, protegiam, instruíam e dirigiam os passos dos trabalhadores incumbidos de dar prosseguimento à tarefa iniciada pelo Cristo, Paulo principalmente. Não raras vezes, o próprio Cristo póstumo se manifesta para orientar, aconselhar e consolar. É o que se vê, especialmente em Atos e nas Epístolas de Paulo, mas também nas demais, bem como no Evangelho de João.

> [...] as primeiras comunidades [escreve Guignebert, *in Jesus*] vivem na familiaridade do espírito santo [santificado, segundo Pastorino]; é quem as guia, esclarece e complementa a fé, por uma influência constante. Esse pneumatismo prático irá prolongar-se, tanto que não será possível constituir-se um clero com atribuições bem determinadas e hostil às fantasias dos inspirados. Como recusar autoridade às revelações que favoreciam os santos e que vêm da mesma fonte das comunicações autênticas do Cristo aos seus discípulos durante a vida terrestre?

Mais adiante, nesse mesmo livro, Guignebert caracteriza como "lenda apostólica" a notícia de que a comunidade cristã primitiva fora governada desde o princípio pelo Colégio dos Doze, sob a presidência de Pedro. Não foi nada disso. O que regula a vida cristã primitiva é aquilo a que o autor francês chama de *inspiração*. Em terminologia espírita mais explícita e moderna: entidades espirituais manifestavam-se através dos sensitivos que atuavam junto às comunidades cristãs, como as de Corinto e, antes dessa, a de Antioquia. De onde, aliás, o cristianismo ensaiaria os primeiros passos na tarefa da universalização.

Aliás, ordem explícita nesse sentido foi dada no decorrer dos trabalhos mediúnicos que se desenvolviam em Antioquia. O texto autoriza a suposição de que a entidade que determinou essa providência teria sido o próprio Cristo póstumo manifestado. "Separai-me Barnabé e Paulo – disse – para a obra a que os *destinei*." (Atos 13,2)

Não teriam igualmente escapado aos cátaros o tom e o conteúdo esotérico e mediúnico do Evangelho de João, o da preferência dos formuladores da doutrina cátara e de importantes aspectos do movimento correspondente, ou seja, as práticas ritualísticas – aliás reduzidas a um mínimo possível – e o comportamento verdadeiramente cristão, no seu melhor sentido, de todos os participantes da singela hierarquia 'sacerdotal' do catarismo.

Voltaremos, ainda neste livro, ao aspecto espiritista do cristianismo nascente, tema sobre o qual, aliás, há dois módulos em *Cristianismo – a mensagem esquecida*, Capítulo 11. "Paulo – uma reflexão", módulos VI – "Pneumatismo" e VII – "Os carismas" (pp. 249-281).

De qualquer modo, tanto quanto me foi possível apurar nos livros por mim consultados, Déodat Roché foi dos raros, senão o único estudioso a abordar mais abertamente a temática da realidade espiritual no catarismo. Especificamente a respeito desse aspecto, o diálogo entre Paul Roché e seu amigo agnóstico oferece, a certa altura (p. 147), algumas reflexões que também trazemos para âmbito deste livro.

Mencionando as ligeiras divergências doutrinárias entre as várias correntes cátaras na Itália, lembra que isso não acontecia com o movimento cátaro na Occitânia, ou seja, no Sul da França, especialmente entre os últimos cátaros, provavelmente por estar mais homogeneizada e mais consolidada a doutrina nos seus tempos derradeiros. Onde, porém, "alguns autores viam a confusão, identificamos vestígios de uma síntese do dualismo cósmico com o monismo metafísico". Essa postura, segundo Roché pai, consta de resumos dos sermões, referências às escrituras cristãs, mas também de *documentos esotéricos* como a "Visão de Isaías" e a "Ceia Secreta".

Lembra-se, nesse ponto, a opinião de Belibaste, tido como o último *parfait* cátaro, segundo o qual – de acordo com o apóstolo Paulo – "o casamento (sacramental) era preferível ao desregramento moral, mas superado pela renúncia e pela união da alma ao seu Espírito". Com isto, destacava-se essa verdade espiritual do ritualismo limitado. E conclui: "A alma pura que tivesse o mérito de receber a consolação, mas não pudesse recebê-la de um ministro cátaro, a receberia de um mestre espiritual e de um anjo (mensageiro divino, espírito) no momento da morte."

Para Roché, portanto, o grande mérito e objetivo maior do consolamento estava em promover a união da alma com o Espírito. Se é que

Roché está certo na sua conjetura, ele teria identificado um dos grandes achados espirituais do catarismo.

Na verdade o problema fundamental do ser encarnado é o do adequado gerenciamento de sua múltipla e complexa interação com aquilo a que costumo chamar de "o varejo da vida", ou seja, o dia-a-dia da existência terrena, as exigências e solicitações da matéria e a conciliação dos interesses maiores e permanentes do espírito (= individualidade = eu superior) em sua ligação com o cosmos, e os apelos, as pressões e ilusões que a alma (= personalidade) experimenta adormecida na carne, sufocada e esquecida de suas origens e de seus compromissos espirituais na transitoriedade do acoplamento à matéria densa.

Sabe-se o quanto os cátaros se preocupavam em não se deixar dominar pela matéria, em prejuízo de suas mais elevadas aspirações evolutivas. Deviam entender, contudo, que o mal não estava na matéria em si, mas em como cada um de nós lida com suas pressões e chamamentos e o quanto depende o nosso futuro espiritual da maneira pela qual administramos nosso envolvimento – e aprendizado! – com ela. Mesmo porque na inevitável equação – dualista, aliás – espírito/matéria figuram atrativos e mordomias de difícil rejeição como poder, glória, riqueza, beleza, posição social e coisas desse tipo, que pouco ou nada valem no contexto da eternidade, mas se nos afiguram de vital importância enquanto estamos por aqui. Para conquistas dessa ordem muitos são os que atropelam quem quer que se ponha no seu caminho e não se importam de inflingir qualquer postulado ético, em busca de objetivos pessoais prejudiciais ao processo evolutivo de cada um e de todos.

Os termos consolador ou consolamento, portanto, seriam possivelmente indicativos de uma presença espiritual invisível – do próprio eu superior e/ou de entidades altamente qualificadas – que consolava o ser encarnado por estar aparentemente na contramão, entregando-se a renúncias, sacrifícios, austeridades, ascetismos em busca de um remoto e vago futuro de felicidade e paz, quando tinha, na vida, tudo para gozá-la e ser feliz aqui mesmo. E se a sobrevivência fosse simples balela?

Melhor entendimento da figura do Consolador torna-se, portanto, relevante no aprofundamento do sentido real do ritual cátaro, que parece ainda envolto em uns tantos enigmas, ou pelo menos ainda não bem explicado.

Experimentemos, em primeiro lugar, uma leitura mais atenta do Evangelho de João, de onde provêm as referências originárias, surgidas, aliás, no contexto da última ceia, ou seja, na reunião de despedida do Cristo, de vez que se aproximava a hora de seus tormentos finais.

O momento é dramático e melancólico. Após anunciar sua partida dentro em breve para lugar ignorado e inacessível aos apóstolos – "... por pouco tempo ainda estou convosco..." e ".. para onde vou vós não podeis ir..." –, Jesus percebe a inquietação dos seus amigos. Pedro quer saber que lugar é esse, aonde ninguém poderá segui-lo.

Já a partir da interpelação de Pedro, Jesus inicia o discurso da consolação: "Não se perturbe o vosso coração." Que acreditassem em Deus e nele próprio, Jesus. Havia por lá lugar para todos, pois são muitas as moradas do Pai e ele iria à frente a fim de preparar acomodação para todos. Assegurou que voltaria para levá-los consigo a fim de ficassem com ele. E, acrescentou, algo enigmático: "E para onde vou, conheceis o caminho."

Tomé, que tudo queria explicado e entendido, retrucou, com toda lógica, aliás: como iriam conhecer o caminho se não sabiam para onde ele ia?

Filipe, ainda mais objetivo e prático, ponderou que bastava mostrar logo o Pai e mais nada seria necessário.

A conversa ocorre, pois, em clima metafórico; é um jogo de imagens e símbolos com os quais Jesus fala de coisas que, como de outras vezes, os apóstolos demonstram não entender. Sua expectativa, no entanto, era a de que eles já estivessem em condições de compreender tais aspectos, porque comenta o pedido de Filipe com uma pergunta algo desalentada: "Há tanto tempo estou convosco e tu não me conheces, Filipe?"

É certo, porém, que o consolo constitui a tônica da conversa, que prossegue, quando ele anuncia que vai, mas recomenda a prática do amor fraterno e a observância de seus ensinamentos. "Se me amais – continua –, observareis os meus mandamentos e rogarei ao Pai e ele vos dará outro Paráclito para que convosco permaneça para sempre, o Espírito da Verdade, que o mundo não pode acolher, porque não o vê e não o conhece. Vós o conheceis porque permanece convosco."

E continua o tom consolador: "Não vos deixarei órfãos. Eu virei a vós."

O que poderemos depreender de tais palavras? Primeiramente, Jesus anuncia que vai deixá-los, seguindo à frente a fim de preparar um lugar onde todos pudessem continuar junto dele. Seria mesmo um *lugar* como posteriormente se entenderia, céu e inferno, ou um *estado de espírito*? Ou seria esse *lugar*, estágio evolutivo situado em algum *tempo* futuro, que somente ele era capaz de entrever? Ou seria realização em cada um do Reino de Deus, de que tanto falara ele? O Reino não estava situado aqui ou ali, mas dentro de nós, cabendo a cada um sua realização. Talvez por isso tenha dito ele que os apóstolos conheciam o caminho para chegar lá, no Reino.

Por outro lado, ao mesmo tempo que promete voltar sobre seus passos para levar seus discípulos consigo, ele declara que irá rogar a Deus que envie, *em seu nome, outro* Paráclito e que este, o Espírito da Verdade, que os apóstolos *conheciam*, ficaria com eles para sempre.

A *Bíblia de Jerusalém* identifica o Paráclito com o Espírito Santo e o Espírito da Verdade como "revelador e princípio da verdadeira religião", em "oposição ao Príncipe deste mundo, que é 'pai da mentira'". Estamos, pois, em pleno sistema dualista. E quem seria ou o que seria esse "outro" Paráclito? Houve algum antes dele? Seria o próprio Cristo em outra etapa de manifestação, em novo cenário?

O tom consolador prevalece e continua. Parece que Jesus pretende deixar bem esclarecido que não abandonará seus amigos à própria sorte, após sua partida para o mundo espiritual, de onde veio. Não só ele, pessoalmente, estará junto deles, como virá, com o tempo, outra entidade em seu nome para dar prosseguimento ao trabalho de esclarecimento, mesmo porque, como acentua mais adiante, tinha, ainda, muita coisa para dizer-lhes, "mas não podeis *agora* compreender". Ou seja, não estavam em condições de entender aspectos ainda mais transcendentais da realidade espiritual.

Por outro lado, o Paráclito "vos ensinará tudo e vos recordará tudo o que vos disse".

Mais uma vez, portanto, em tom consolador, garantia a vinda de uma entidade ou de uma nova safra de ensinamentos que seriam reiteração ou confirmação de tudo aquilo que ele ensinara, enquanto viveu entre eles, mas também uma ampliação, um aprofundamento nos enigmas e mistérios da vida.

Os comentaristas da *Bíblia de Jerusalém* não escondem a dificuldade que o texto oferece.

> A cena do lava-pés [lê-se em a nota *f)*, que analisa o módulo intitulado "A despedida" (p. 1404, Edições Paulinas, 1981)] e as palavras que a acompanham constituem um prelúdio a longos colóquios entre Jesus e seus discípulos. Em sua forma atual os caps. 13 a 17 reúnem, certamente, os ensinamentos dados em outras ocasiões. O cap. 16, bastante complexo, não seria uma nova ver-

são das palavras de Jesus no cap. 14? Relatando-as aqui, Jo(ão) quer revelar o sentido profundo de toda a vida de Jesus, no momento em que ele passa de sua existência terrestre à celeste.

É certo que Jesus estaria reiterando nessa conversa final ensinamentos dados em outras oportunidades. De minha parte, entendo, porém, que tais oportunidades seriam posteriores à sua morte, ou seja, estaria falando nelas o Cristo póstumo, não ressuscitado como quer a Igreja, mas sobrevivente à morte e manifestado mediunicamente entre seus seguidores que permaneceram no mundo para dar continuidade à sua obra.

Nesse sentido, portanto, o capítulo 16 poderia ser, de fato, nova versão dos ensinamentos que figuram nos capítulos que o antecedem. A posição em que se coloca é diferente daquela que assumira quando ainda 'vivo' entre eles. "Não mais vos chamo servos, porque o servo não sabe o que seu amo faz; mas eu vos chamo amigos, porque tudo o que ouvi do Pai eu vos dei a conhecer."

E mais: Jesus não foi escolhido por eles; ele é quem os escolheu. Ao reiterar a vinda do Paráclito, contudo – em 15,26 –, a colocação é algo diferente. Não mais pedirá ao Pai que o envie, mas afirma que o enviará "de junto do Pai" e que seria o Espírito da Verdade, que vem do Pai e que daria testemunho dele, Jesus, confirmando o que lhes havia sido ensinado.

Significativamente, o capítulo 16 começa com a enfática afirmativa de que não dissera aquilo "desde o começo porque *estava* convosco". E continua: "*Agora*, porém, vou para aquele que me enviou."

Ao declarar isto – ao que parece, pela segunda vez, já como entidade espiritual sobrevivente –, nota que a declaração não causa o impacto que causara antes, de vez que "nenhum de vós me pergunta: Para onde vais?" Antes, "a tristeza encheu vossos corações"; agora, parece que todos entendem melhor a situação, mesmo porque o Cristo declara que, se ele não se fosse, o Paráclito não viria, pois era ele quem o enviaria. Ou, quem sabe, seria ele próprio em outra manifestação objetiva entre nós?

É legítima a queixa dos comentaristas da *Bíblia de Jerusalém*: os versículos que se seguem têm, de fato, sentido obscuro. De qualquer modo, é da maior relevância a vinda do Paráclito ou Espírito da Verdade, de vez que essa entidade ou essa doutrina programada para reiterar os ensinamentos do Cristo "vos conduzirá – disse ele (16,13) – à verdade plena, pois não falará de si mesmo, mas dirá tudo o que tiver ouvido e vos anunciará coisas futuras".

Os Cátaros e a Heresia Católica 🕈 173

Não se trata, portanto, de ensinamentos novos, mas da verdade plena, ou seja, de uma ampliação do que já havia sido dito dentro dos limites impostos pela compreensão imperfeita dos discípulos daquela época.

Como em todo esse episódio paira o tom melancólico da despedida e da ausência, a temática do consolo prevalece e continua sendo a tônica do pronunciamento. "Um pouco de tempo e já não me vereis – lê-se em 16,19 e seguintes –. Mais um pouco ainda e me vereis. Em verdade, chorareis e vos lamentareis, mas o mundo se alegrará. Vós vos entristecereis, mas a vossa tristeza se transformará em alegria."

Prevalece nesse discurso a clara evidência de que o Cristo fala situado em outra dimensão da vida, da qual confronta o que disse quando 'vivo' – se assim podemos dizer – com o que afirma agora, depois de 'morto' e sobrevivente, através dos recursos da comuncabilidade entre vivos e mortos.

"Disse-vos estas coisas por figuras – declara em 16,24. – Chega a hora em que não vos falarei mais em figuras, mas claramente vos falarei do Pai."

A nota de rodapé, neste ponto, me parece fora do tom e talvez a própria tradução. Minha leitura pessoal seria esta: "Antes, quando aí estava entre vós, falei-vos figurativamente, agora, no entanto, do outro lado da vida, é chegada a hora de não mais falar figurativamente, e sim com toda a clareza objetiva da verdade."

Tanto é assim que, após algumas expressões ainda obscuras – teriam sido acrescentadas posteriormente? Ou modificadas? –, o texto conclui: "Saí do Pai e vim ao mundo; de novo deixo o mundo e vou para o Pai."

Os próprios discípulos reconhecem, afinal, que ele deixou de falar em metáforas e declaram: "Eis que agora falas claramente, sem figuras! Agora vemos que sabes tudo e não tens necessidade de que alguém te interrogue."

Apesar da tristeza da partida, da inevitável separação, há um momento de alegria, de conforto, de paz, de *consolo*. A beleza do momento transparece na poesia do texto: "Credes agora? – pergunta o Mestre –. Eis chegada a hora – e ela soou – em que vos dispersareis, cada um para o seu lado, e me deixareis sozinho. Mas eu não estou só, porque o Pai está comigo. Eu vos disse estas coisas para terdes paz em mim. No mundo tereis tribulações, mas tende coragem; eu venci o mundo!".

A meu ver, a aparente duplicidade das falas de Jesus, que lhes empresta tonalidade algo obscura, se resolve numa realidade que ele ao mesmo tempo vela e desvela. Ou seja, tudo irá depender, no futuro, do Paráclito – o Consolador, o Espírito da Verdade – e, ao mesmo tempo em que informa que os apóstolos não mais o verão, declara que virá de novo buscá-los para um 'lugar' onde todos estejam reunidos nele e em Deus.

Qual o sentido oculto disto, senão o de que não o verão mais como Jesus, o Cristo, mas que ele retornará pessoalmente, ou com uma reiteração de seus ensinamentos, na figura do Paráclito, o Consolador ou Espírito da Verdade?

E até nisso, e, portanto, do princípio ao fim, a tônica de todo esse texto é a do consolo, da esperança, para que todos tenham confiança, creiam, amem-se entre si e ao próximo, porque a hora final da redenção chegará um dia para todos.

Os cátaros estavam certos na sua lúcida preferência pelo Evangelho de João. E o consolamento para eles era o sacramento supremo, porque relembrava as maravilhosas promessas de um futuro de harmonia, sabedoria e paz, ainda que conquistado a duras penas nas muitas vidas em um mundo hostil, no qual predominam as dores do aprendizado.

Estariam os cátaros pensando que a promessa da vinda do Paráclito se realizava com eles, nos difíceis tempos que viviam no Sul da Europa? É possível. Ou, ainda, a esperavam para um tempo futuro, quando o "louro voltasse a reverdecer", como escreveu o poeta occitano?

Ainda não temos respostas para essas perguntas. É possível que as tenhamos um dia.

É certo, porém, que as insistentes referências ao Consolador, ao Espírito da Verdade e ao Paráclito no Evangelho de João voltariam a ser cuidadosamente consideradas no contexto da elaboração da doutrina dos espíritos, codificada em meados do século 19 pelo prof. Denizard Rivail (Allan Kardec).

Em primeiro lugar, em *O livro dos espíritos*, lançado em 1857, duas manifestações dos instrutores espirituais de Kardec confirmam a gradatividade dos ensinamentos. A primeira delas, em resposta à questão número 182, na qual Kardec os indaga se seria possível "conhecer exatamente o estado físico e moral dos diferentes mundos (habitados)".

"Nós, Espíritos – ensinam –, não podemos responder senão na medida de vosso grau de evolução. Quer dizer que não devemos revelar estas coisas a todos, porque nem todos estão em condições de compreendê-las, e elas os perturbariam."

Mais adiante, na pergunta 801, a questão é colocada de outra maneira:

Os Cátaros e a Heresia Católica ✣ 175

> Por que os Espíritos não ensinaram desde todos os tempos o que ensinam hoje?
>
> Não ensinais às crianças [é a resposta] o que ensinais aos adultos e não dais ao recém-nascido um alimento que ele não possa digerir. Cada coisa tem o seu tempo. Eles ensinaram muitas coisas que os homens não compreenderam ou desfiguraram, mas que atualmente podem compreender. Pelo seu ensinamento, mesmo incompleto, prepararam o terreno para receber a semente que vai agora frutificar.

Confira-se com João 16,12: "Tenho ainda muito a vos dizer, mas não podeis agora compreender. Quando vier o Espírito da Verdade, ele vos conduzirá à verdade plena..."
Em *A gênese*, Kardec inicia seus comentários a partir dessa passagem.

> Se o Cristo não disse tudo o que poderia ter dito foi porque achou que devia deixar ocultas certas verdades até que os homens estivessem em estado de compreendê-las. Reconhecia incompletos seus ensinamentos, pois anunciava a vida daquele que deveria completá-los. Previa pois que iriam interpretar mal suas palavras, que se desviariam de seus ensinamentos; em uma palavra, iriam desfazer o que ele fez, pois todas as coisas seriam restabelecidas. Ora, não se restabelece senão o que foi abolido.

A atribuição do nome de Consolador a esse novo enviado incumbido de esclarecer melhor as coisas é significativo, comenta Kardec, e até mesmo "toda uma revelação", de vez que o Cristo estava prevendo que os seres humanos iriam necessitar de consolação, que não encontrariam nas crenças que viriam a adotar. As estruturas religiosas estariam, portanto, deformadas, descaracterizadas e esvaziadas do conteúdo humano e divino que o Cristo colocara nos seus ensinamentos. "Jamais, talvez – declara Kardec –, o Cristo tivesse sido mais claro e mais explícito, do que nestas últimas palavras, as quais poucos levam em consideração, talvez porque se evitou dar-lhes publicidade e aprofundar-se em seu senso profético."
Podemos depreender de tais observações que o cristianismo estaria por esse tempo tão desvirtuado e distante de suas verdadeiras origens que se tornaria irreconhecível. Em suma, verdadeira heresia no confronto com a pureza e a riqueza de seus ensinamentos iniciais.

A ideia era, portanto, não a de "acrescentar novas verdades", adverte Kardec mais adiante, mas a de "explicar e esclarecer" o que já havia sido dito de modo velado. Faltava – na opinião do Codificador – "a chave" que permitisse entender o sentido das palavras de Jesus.

Com esse encaminhamento da questão, Kardec conclui "que o Espiritismo realiza todas as promessas do Cristo no que diz respeito ao Consolador anunciado. "Ora – completa –, como é o Espírito da Verdade que preside ao grande movimento da regeneração, a promessa de seu advento também já se realizou, porque, pelos fatos, deduzimos que é ele o verdadeiro *Consolador*". (Cap. I, módulo 42)

A temática do Consolador é tratada novamente no capítulo XVII, de *A gênese*, em que são analisadas aos "Predições do Evangelho".

Vejamos estas observações.

> Ele [o Cristo] anuncia, sob o nome de *Consolador* e de *Espírito de Verdade*, aquele que *deverá ensinar todas as coisas e fazer lembrar de tudo* o que ele dissera. Portanto, os seus ensinamentos não foram completos. Além disso, previu que iriam esquecer-se do que dissera e que iriam deturpá-lo, já que o *Espírito de Verdade* ia ter de *fazê-los lembrar-se* e, de acordo com Elias, *restabelecer todas as coisas*, isto é, segundo o verdadeiro pensamento de Jesus. (Cap. XVII, mód. 37)

O Consolador não poderia ter sido enviado logo após ou alguns anos depois da partida do Cristo, porque não teria havido tempo suficiente para que os seres humanos se preparassem suficientemente para entender o que lhes teria de ser ensinado.

Ao dizer que rogará ao Pai que envie "outro Consolador", Jesus indica, ainda segundo Kardec, que não será ele próprio. Neste caso, teria dito simplesmente que voltaria para completar o que já ensinara. Acrescenta, porém, que esse Consolador ficaria conosco "eternamente, e estará em vós". Não se tratava, portanto, de uma entidade espiritual a encarnar-se, que obviamente "não poderia ficar eternamente conosco – raciocina Kardec – e muito menos estar em nós". O Cristo referia-se, portanto, "a uma doutrina, que, uma vez assimilada, poderia conosco estar eternamente".

Para Kardec, portanto, "o *Consolador* é, no pensamento de Jesus, a personificação de uma doutrina soberanamente consoladora, cujo inspirador deve ser o *Espírito de Verdade*".

O espiritismo seria essa doutrina consoladora e restauradora, desligada de qualquer individualidade e resultante "do ensinamento coletivo de Espíritos presididos pelo *Espírito de Verdade*".

Observa ainda Kardec, no decorrer de tais reflexões, que o conceito das vidas sucessivas está implícito no contexto da anunciada vinda do Consolador. Realmente, era aos apóstolos, seus seguidores imediatos, que ele declarara não poder dizer mais do que disse, mas que eles seriam instruídos posteriormente – em existências futuras, naturalmente – sobre aspectos complementares de seus ensinamentos, quando para isso estivessem preparados.

Pessoas mais familiarizadas com o espiritismo sabem da presença atuante de uma entidade de elevada hierarquia que se identificou como sendo o Espírito de Verdade e que presidiu os trabalhos da elaboração da doutrina, na posição de guia espiritual de Allan Kardec.

A despeito dos cuidados de Kardec em não revelar a verdadeira identidade desse ser, a entidade seria o próprio Cristo. Sugiro leitura de um pequeno artigo de minha autoria intitulado "Quem é o Espírito de Verdade, guia espiritual de Kardec?", que figura no livro *As mil faces da realidade espiritual*.

Mas não estou me propondo aqui como autoridade no assunto, e sim manifestando minha opinião pessoal.

Leia-se, a respeito, o capítulo VI – O Cristo Consolador, de *O evangelho segundo o espiritismo*, no qual Kardec retoma o assunto da vinda do Consolador e publica quatro comunicações mediúnicas assinadas pelo Espírito de Verdade.

"Vinde, pois, a mim – diz a entidade numa delas –, todos vós que sofreis e que estais carregados e sereis aliviados e *consolados*. Não procureis alhures a força e a *consolação* porque o mundo é impotente para dá-las." (Destaques meus.)

Em resumo: do ponto de vista de Allan Kardec, portanto, o Consolador não é uma entidade espiritual, e sim corpo doutrinário que retoma, complementa e amplia ensinamentos que o Cristo proporcionara quando de sua passagem pela Terra, na Palestina. O Espírito de Verdade (ou *da* Verdade) é uma entidade de elevadíssima condição evolutiva, que Kardec discretamente prefere não identificar. *Poderá ter sido* o próprio Cristo, a julgar-se pelo teor das comunicações mediúnicas divulgadas especialmente em *O evangelho segundo o espiritismo*. Não há qualquer ênfase maior na discussão do termo Paráclito ou Paracleto no contexto da obra kardequiana. Se você consultar o Aurélio, verificará que Paracleto é "*1. Designativo aplicado a Cristo e especialmente ao Espírito Santo. 2. Defensor, protetor, mentor.*"

Não sei se mestre Aurélio concordaria que acrescentássemos *Consolador*. Provavelmente, não.

De qualquer modo, creio demonstrado com o que acabamos de examinar serem muito mais amplas e ainda pouco esclarecidas as razões que levaram os cátaros a atribuir ao consolamento o relevo que lhe deram.

O catarismo foi buscar nos textos primitivos – antes da teologização, dogmatização e deformação dos ensinamentos de Jesus – os elementos necessários à completa reformatação do cristianismo, ou melhor, do catolicismo.

Queriam o cristianismo restaurado, restituído e reintegrado ao que foi, logo após a partida do Cristo. Fizeram-no com extraordinária e paciente competência, esquadrinhando quase que palavra por palavra os textos menos expostos à contaminação de enxertias, acomodações e homogeneizações posteriores, como aconteceu, por exemplo com os três primeiros evangelhos. Ficaram estes tão trabalhados pelos arranjos redacionais e pela editoração – no seu sentido jornalístico –, que passaram a chamar-se sinóticos, ou seja, em condições de serem vistos simultaneamente, para efeito de comparação. Teria sido melhor fazer uma versão sinóptica – no sentido de sumária – ao mesmo tempo que se deixassem os textos originais tal como haviam sido escritos. Com o que fizeram, no entanto, permaneceu em torno desses textos a sempre desconfiada impressão ou suspeita de que tenham sido pasteurizados com a eliminação de incômodos 'bacilos' que, no entender de antigos 'editores' poderiam chocar-se com aspectos da progressiva dogmatização da doutrina.

Se, por um lado, foram reescritos e até decepados textos que não eram de interesse conservar tal como estavam, há evidências comprometoras de enxertias destinadas a 'acomodar' aspectos como o da divindade do Cristo – na incrível exclamação de Tomé: "Meu Senhor e meu Deus!" – e, principalmente, entre tantas outras, na insistência de transformar manifestações mediúnicas de entidades espirituais – simplesmente espíritos – em Espírito Santo, terceira pessoa da Trindade, inventada posteriormente, como sabemos.

Os cátaros parece terem entendido bem essa problemática, dado que trabalharam mais intensamente, como se depreende da doutrina que elaboraram, com os textos menos sujeitos a tais deformações, como o Evangelho de João, as epístolas em geral e, em particular, as de Paulo, Atos dos

Apóstolos e até o Apocalipse, também atribuído a João, como igualmente se sabe.

O quarto evangelho não foi reescrito para se enquadrar na 'sinoptização' – desculpe-me mestre Aurélio pelo neologismo, que ele não autoriza – dos outros três. Mesmo porque seu texto é menos biográfico e mais ideológico. Além disso, tem, como vimos, uma abordagem diferente, ao priorizar na sua narrativa o Cristo póstumo. Em vez do silêncio que se faz nos demais, após a alegórica subida aos céus, é o momento a partir do qual mais amplamente fala o Cristo manifestado, de aspectos que não abordara 'em vida' ou que não o fizera com a desejável profundidade.

O Cristo de João é o dos cátaros, para os quais a cruz constitui repetível testemunho da dor e da incompreensão que ele sofreu, mas não obstáculo para que nos lembremos dele como um grande e superior ser vivo, que continua a existir e trabalhar na dimensão póstuma, com todo o esplendor de sua sabedoria e de seu amor.

Ademais, a própria complexidade, digamos, *esotérica* do texto joanino teria sido, com toda certeza, a determinante de sua preservação. Não foi muito ou nada alterado porque não foi suficientemente entendido para ser 'adaptado' às novas condições que melhor interessavam aos ocasionais donos do poder.

Quanto às epístolas – e volto a particularizar as de Paulo –, se nos apresentam como os textos menos 'editados' da época. Seja porque não lhes foi atribuída a importância que iriam ter mais tarde, seja porque elas se espalharam por várias comunidades cristãs primitivas e acabaram protegidas por essa difusão mais ampla em virtude da multiplicidade de cópias em circulação. O que, aliás, aconteceu com o Evangelho de João e com o Apocalipse, que se distribuíram pelas sete igrejas.

Ao que tudo indica, portanto, os formuladores da doutrina cátara devem ter percebido que, sem rejeitar sumariamente os demais escritos, o melhor e mais puro cristianismo estava nesses documentos.

Não nos equeçamos, por outro lado, da pertinente observação de Johannes Weiss (p. 251) para quem a atração de muitos pela doutrina do Cristo – o 'chamamento', a vocação – "não consistia apenas na confissão da nova fé, mas na posse do Espírito".

"Para Paulo, de qualquer modo – prossegue –, a conversão era considerada completa somente quando as operações do Espírito ocorriam entre os novos convertidos..."

O autor alemão confessa modestamente sua dificuldade em entender o que realmente se deve entender por isso, mas percebe a relevância do fato e o noticia de modo tal que a pessoa mais familiarizada com a realidade espiritual pode traduzi-lo em termos menos vagos.

Tanto ele, como Renan, Goguel, Guignebert, Geddes MacGreggor, Charles F. Potter e outros, cada um a seu modo, percebem que se trata da fenomenologia mediúnica, praticada pelos cristãos da primeira hora, quando o Cristo se encontrava ainda entre eles, mas de modo muito mais intenso depois que ele partiu.

Sem desejar reescrever o texto de Weiss e nem enxertar conceitos que não vieram de sua pena – mesmo porque ele assume humilde postura intermediária entre o entendimento e a incompreensão – o que se lê nas suas entrelinhas é que o cristão somente se integrava de fato à Igreja nascente – tal como no catarismo – depois que, passado pelo ritual da imposição de mãos (o consolamento dos cátaros), o noviço, ou que nome tenha tido, se tornava apto para servir de intermediário (médium) no intercâmbio entre 'vivos' e 'mortos'.

Goguel, a seu turno (*The birth of christianity*, p. 221), com mais elevada taxa de rejeição pela fenomenologia do que Weiss, caracteriza o método missionário de Paulo como "curiosa mistura de irracionalidade e de impulsos sobrenaturais expressos em sonhos e visões..."

Ainda que mais despreparado do que Weiss perante o fenômeno, Goguel não demonstra a mesma humildade daquele e nem hesita em identificar como "irracionais" aspectos da vida que lhe são – a ele, Goguel – incompreensíveis. Ou invocar o conceito de sobrenaturalidade, como se isso fosse possível, num universo regido por leis naturais. Pode algo acontecer acima ou à margem delas? Que lei as regularia, então? Não se trata apenas de eventos ocorridos na vigência de leis igualmente naturais que simplesmente ignoramos?

Renan não fica muito distante disso, na interpretação arbitrária e ignara dos fenômenos pneumáticos no cristianismo primitivo e os trata com a mesma arrogância, mas todos eles – e mais os escritores, teólogos e historiadores católicos e protestantes (Schweitzer, por exemplo) reconhecem a presença de manifestações insólitas no contexto dos primeiros respiros do cristianismo após a partida do Cristo para outras dimensões.

Os cátaros não podem ter deixado de perceber essa mesma e gritante evidência, que certamente foi levada em conta na elaboração de suas mais reservadas – para não dizer secretas – práticas, como a do consolamento. Não é difícil perceber-se que ainda hoje não temos nítida e explícita avaliação sobre o que realmente se passava não no decorer do ritual propriamente dito, mas do que ocorria depois de haverem recebido o único sacramento que admitiam e ao qual atribuíam tamanho relevo. Sem esquecermos, ademais, que, na avaliação dos cátaros, o evento máximo do cristianismo primitivo não era nem mesmo a crucificação do Cristo – pois sabiam muito bem que ele continuava vivo e atuante –, mas a dramática cena do Pentecostes, explícita demonstração coletiva de mediunidade.

Para se medir "o vento com uma varinha", na curiosa expressão de Lutero, é possível estimar a curta distância entre diferentes demonstrações de ignorância. Os que testemunharam ao vivo o fenômeno do Pentecostes não souberam reagir melhor do que rir, atribuindo aquilo que não estavam entendendo à pura e simples embriaguez dos apóstolos, um bando de bêbados! Dezoito séculos depois, ainda sem saber o que se passou ou sem aceitar a realidade espiritual ali manifestada, Renan sai-se com a historinha de que o dia estava atmosfericamente carregado, a ventania escancarou as janelas e os raios circularam amplamente por toda parte. Isto, a seu ver, explicaria as "línguas de fogo" acima das cabeças dos apóstolos reunidos em torno da mesa. Isso é história? Ou estamos apenas lendo estórias da carochinha?

Para Renan, foi "a paixão de uma alucinada" (Madalena) que deu ao mundo um Deus ressuscitado!

Para Hugh J. Schonfield – e não está sozinho nisto – o fenômeno "psíquico" da visão "alucinatória" no caminho de Damasco que mudou a vida de Paulo foi devido a uma crise epiléptica que acometeu o futuro apóstolo.

O que teriam os cátaros realmente pensado de tudo isso?

Não temos ainda resposta para indagações como essa. Nada encontramos a respeito nos raríssimos documentos que sobreviveram ao grande massacre de que foram vítimas. Teríamos informações mais amplas nos escritos retirados de Montségur às vésperas da grande fogueira? Estariam pensando numa possível retomada do movimento no futuro ignoto? Estaríamos presenciando no episódio do arriscado resgate do lendário "tesouro cátaro" a repetição do esconderijo da valiosa documentação de essênios e gnósticos resgatada cerca de dezesseis séculos depois, nas vizinhanças do mar Morto e em Nag Hammadi?

Por causa de tais indagações – que estou formulando a mim mesmo – sinto-me autorizado a supor que ainda não se disse tudo, nem mesmo o suficiente sobre os conteúdos do catarismo.

Estou dizendo isto com todo o merecido respeito pela afirmação de Anne Brenon, segundo a qual já se conhece a verdadeira face do catarismo e não há nele enigmas a decifrar ou recantos ocultos a iluminar.

Na minha maneira de ver o catarismo, como simples e ignaro curioso perdido no tiroteio entre os eruditos aos quais recorro, não há como negar que livros como os de Brenon, Roquebert, Nelli, Roché, Duvernoy, Oldenbourg e tantos outros, revelam, sim, uma face mais nítida do catarismo, tanto quanto é possível desenhá-la a partir do retrato falado contido na tenebrosa documentação deixada pela Inquisição.

Todos nós sabemos, no entanto, e esses autores e essas autoras, mais do que nós, porque nisso insistem – que se trata de uma visão deformada, deliberadamente contaminada pela obstinação em condenar aprioristicamente a doutrina e, principalmente, o movimento cátaro, que começava a projetar suas luzes sobre as sombras que envolviam o 'cristianismo' medieval na sua explosiva mistura com o jogo político e a consequente disputa de poder terreno.

Penso necessário, ainda neste módulo, introduzir algumas reflexões em torno do batismo propriamente dito.

Vemos nos textos consultados para a elaboração deste livro – especialmente em Anne Brenon – que o consolamento se parece, sob certos aspectos, com três sacramentos da Igreja católica: o batismo propriamente dito, a ordenação sacerdotal e a extrema-unção.

As diferenças, contudo, são muito mais nítidas e determinantes do que as semelhanças.

O consolamento não deixava de ser um batismo, no sentido de que o postulante estava sendo admitido à comunidade cátara, mas com responsabilidades e compromissos que o batizado cristão jamais assumiu. Aliás, os *croyants* compareciam às cerimônias, assistiam às pregações, participavam das atividades comunitárias, mas não eram formalmente membros da Igreja, apenas acreditavam – daí o nome *croyants* [crentes] nas práticas e nos ensinamentos que recebiam dos *Bons Hommes* e das *Bonnes Dames*, mas eram considerados ainda "prisioneiros do mal" predominante no mundo material.

Movidas pela pregação e pelos bons propósitos que lhes eram infundidos, suas almas começavam a despertar para o verdadeiro sentido dos ensinamentos do Cristo. Caracteristicamente, a Igreja cátara "nada lhes proibia e nada lhes exigia de especial senão as manifestações usuais de respeito que concretizavam sua boa vontade" em relação à comunidade que frequentavam, como se lê em Brenon (p. 79).

Como se percebe, os *croyants* não estavam sujeitos a qualquer tipo de cerimônia obrigatória como a do batismo católico. A Igreja cátara estava aberta a todos os que desejassem aprender e participar.

O consolamento, por sua vez, era ministrado apenas aos adultos – pois as crianças e, mais ainda, os recém-nascidos, não têm condições de participar conscientemente da cerimônia e entender suas implicações, consequências e responsabilidades. Além disso, era precedido de um período de noviciado de pelo menos um ano para o aprendizado teórico e o treinamento necessário à prática das severas abstinências exigidas.

O ritual é elaborado, solene, público, coletivo e sem qualquer elemento auxiliar material, como água, sal e óleo, nada tendo, portanto, a ver com o batismo da água, ministrado pelos católicos, mesmo porque era praticada, necessariamente, a imposição de mãos, como recomendam os textos evangélicos, o que o caracteriza como batismo do espírito.

Temos de nos deter tão ligeiramente quanto possível neste ponto, em busca de explicação que nos ajude a distinguir batismo de água, batismo de fogo e batismo do espírito.

Melhor seria remeter leitor/leitora ao *Evangelho gnóstico de Tomé*, especificamente ao capítulo IX – "Os três patamares da evolução", no qual procurei examinar com maior profundidade tais aspectos.

"Eu vos batizo com água para a conversão – proclama João, em Mateus 3,11 –, mas aquele que vem depois de mim é mais forte do que eu. De fato, eu não sou digno de tirar-lhe as sandálias. Ele vos batizará com o Espírito Santo e com fogo."

"O fogo – comenta a *Bíblia de Jerusalém* –, instrumento da purificação menos material e mais eficiente do que a água, já no AT [Antigo Testamento] (cf. I,25, Zc 13,9, Ml 3,2.3; Eclo 2,5 etc.) a intervenção soberana de Deus e do seu Espírito, que purifica as consciências."

No exame da literatura gnóstica mais abundante do que os escassos textos cátaros que nos chegaram até hoje, encontramos melhor oportunidade de entender o que essas correntes de pensamento religioso – gnósticos e cátaros – entendiam pelas diferentes modalidades de batismo.

Havia, para os gnósticos, três categorias de seres humanos: os hílicos ou materiais, os psíquicos e os pneumáticos. Essa trilogia, por sua vez, articula-se e está em sintonia com o ensinamento de Paulo, para o qual o ser humano seria um 'arranjo' de corpo físico, alma e espírito [*soma, psiquê, pneuma*] (Tes. 5,23). Conceito, aliás, que a *Bíblia de Jerusalém* considera com alguma estranheza, em nota de rodapé nos seguintes termos:

> Esta divisão tripartida do homem (espírito, alma, corpo) só aparece aqui, nas cartas de Paulo. Aliás, Paulo não tem uma 'antropologia' sistemática e perfeitamente coerente. Além do corpo e da alma, vemos aparecer aqui o espírito, que pode ser o princípio divino, a vida nova em Cristo ou a parte mais elevada do ser humano aberta à influência do Espírito.
>
> Dessa observação [lê-se em *O evangelho gnóstico de Tomé* (p. 99)] se depreende que, no entendimento dos autores da nota, uma vez mencionados corpo e alma, a referência ao espírito é supérflua, dado que ele já estaria contido no termo alma. A distinção feita por Paulo, contudo, é legítima e compatível com o pensamento gnóstico tanto quanto com o que os instrutores espirituais transmitiram a Allan Kardec por ocasião da elaboração da doutrina espírita. Em outras palavras, trata-se de uma realidade que terá de figurar necessariamente como apoio aos postulados básicos de qualquer estrutura que se preze, não porque deva ser considerada como dogma indiscutível, mas porque é da essência mesma dos fenômenos observados na interação espírito/matéria.

Devo acrescentar agora, ao escrever este livro, que a mesma trilogia foi adotada pelos cátaros, como temos tido oportunidade de conferir.

Ainda com relação à *Bíblia de Jerusalém*, nota-se que seus comentaristas oferecem como alternativa de interpretação ao texto de Paulo a possibilidade de o termo espírito referir-se à "parte mais elevada do ser humano aberta à influência do Espírito".

Duas observações adicionais temos a oferecer neste ponto. A primeira é a de que Paulo demonstra profundo conhecimento, não diria, do gnosticismo, que lhe foi posterior, mas da gnose, ou seja, do mesmo conjunto de ideias e conceitos que iria constituir aquela importante 'seita'.

Esse aspecto não escapou a Albert Schweitzer, que escreveu em *The mysticism of Paul the Apostle*, que "*todos* os elementos do gnosticismo já se acham presentes em Paulo". (Destaque meu: todos!)

Ver, por exemplo, I Cor. 2,10-15, em que Paulo escreve:

> O *homem psíquico* não aceita o que vem do Espírito de Deus. É loucura para ele; não pode compreender, pois isso deve ser julgado espiritualmente. O *homem espiritual*, ao contrário, julga a respeito de tudo e por ninguém é julgado".
>
> Quanto a mim, irmãos [diria ainda em Coríntios (3,1)], não vos pude falar como a *homens espirituais*, mas tão-somente como a *homens carnais*, como a crianças em Cristo. Dei-vos a beber leite, não alimento sólido, pois não o podíeis suportar. Mas nem mesmo agora podeis, visto que *ainda sois carnais*.

Nos textos gnósticos, a expressão correpondente, ou melhor, equivalente para estes últimos é a de homens *hílicos* [materiais].

Aliás, o dr. Hugh Schonfield (em *Those Incredible Christians*) anexou ao seu livro dois "Estudos suplementares", um sobre Paulo e outro sobre João, ambos igualmente polêmicos, como de seu costume. Sobre Paulo declarou (p. 243): "Dispomos de pistas nas cartas de Paulo que indicam que, quando jovem, ele mergulhou profundamente (*delved deeply*) no ocultismo judaico."

Schonfield lembra, em testemunho de sua tese, vários dos eloquentes exemplos em que Paulo demonstra esse conhecimento. É certo isso. Você pode até discordar, com veemência semelhante à do autor, de muitos de seus controvertidos pontos de vista, mas não há como deixar de reconhecer que ele faz jus à curta e expressiva avaliação que seus editores puseram no pórtico de seu livro, em que se lê que o "Dr. Hugh J. Schonfield tornou-se um dos mais importantes eruditos bíblicos do mundo".

Suas observações de que Paulo sabia do que estava falando ao discorrer sobre os aspectos ditos *ocultos* da vida – não tenho simpatia por esse termo inadequado – decorrem de comparações convincentes entre os escritos de Paulo nas epístolas e textos judaicos dedicados à temática da realidade espiritual. Menciona, ainda, episódios autobiográficos nas cartas, nos quais Paulo relata suas próprias experiências, digamos, mediúnicas, embora não use esse termo, naturalmente. Como seu arrebatamento, em espírito, ao "terceiro céu", onde viu e soube de coisas que nem poderia descrever; ou, sua própria mediunidade xenoglóssica (capacidade de falar, em transe, línguas estranhas), ou, ainda, sua tristeza por não ter como falar aos seus leitores e ouvintes acerca das "profundidades espirituais", de vez que tinham a mente ainda muito presa à matéria (*homens carnais*, como vimos).

Para Schonfield esse tipo de estudo tinha lá seus riscos, especialmente para alguém "predisposto, como Paulo, ao misticismo, exaltado, talvez, por uma enfermidade física [epilepsia, no entender do autor], uma aparência pouco atraente e certo grau de morbidez e egocentrismo".

Esse conjunto de circunstâncias teria, na avaliação do doutor, contribuído fortemente para certas manias de Paulo, como a de identificar-se de tal maneira com o Cristo a ponto de julgar-se ele próprio um messias. E este é um dos pontos nos quais o modesto escriba que vos fala discorda fundamentalmente do notável dr. Schonfield. Não vejo como nem por que arrolar como exemplo de tal 'distorção' a declaração do Apóstolo de que "não sou eu que vivo, mas o Cristo que vive em mim", uma das mais belas e lúcidas afirmativas de Paulo ao proclamar sua integração no pensamento de Jesus.

Schonfield adverte, ainda, que alguns "iniciados judeus" não souberam deter-se a tempo e acabaram se precipitando numa "heresia dualista ou em confusão mental", a ponto de acreditarem num deus menor. E se perguntavam: "Haveria, de fato, dois poderes no céu?" Estariam eles – pergunto eu – antecipando o dualismo atribuído aos cátaros, ou a não menos inaceitável tese do diteísmo?

Em suma, pelo que depreendemos dos escritos do ilustre doutor, Paulo teria suas esquisitices, o que está longe de ser aceitável.

De qualquer modo, estamos observando que a trilogia seres hílicos, psíquicos e pneumáticos articula-se com a classificação pauliniana soma, psiquê e pneuma – adotada literalmente pelos cátaros como corpo, alma e espírito – e ainda com as três modalidades de batismo: água, fogo e espírito.

Considerando o batismo – como de fato é, semanticamente –, um mergulho, teríamos o mergulho na água praticado pelos seres hílicos, materiais ou carnais, nas reencarnações automáticas, praticamente compulsórias. É escassa neles, quase nula, a consciência de si mesmos como entidades espirituais; estão ainda muito sob o domínio da matéria bruta à qual se acham acoplados pelo corpo físico. A água seria a que compõe o líquido amniótico, essencial ao bom andamento da gravidez, mecanismo biológico que proporciona condições para novas existências corporais. O que predomina neles e constitui objeto de sua maior atenção é o corpo físico (soma).

No contexto do catarismo, aqueles ainda muito materializados seriam os que nem de longe se interessariam pela pregação ou pelas práticas cátaras.

Os psíquicos, voltados para as primeiras inquietações transcendentais da alma (*psique*), teriam o batismo (= mergulho, não esquecer!) no fogo das purificações necessárias ao processo evolutivo através do aperfeiçoamento moral. Seriam, portanto, os *croyants*, ainda sem grandes realizações e conquistas espirituais, mas interessados nelas.

No patamar mais elevado, situam-se os pneumáticos – os espirituais a que alude Paulo –, mais adiantados em conhecimento (*gnose*) e em conquistas pessoais, principalmente de natureza ética. No catarismo, eles estariam – após o consolamento, naturalmente – passando pela fase do mergulho no próprio espírito, ou seja, o batismo do espírito, para conhecimento mais aprofundado de si mesmos. O que confere com a observação de Déodat Roché, segundo a qual o consolamento propicia uma ligação mais íntima entre alma e espírito.

A imposição de mãos, como temos visto, contribui para despertar os "dons espirituais" – faculdades mediúnicas, na terminologia espírita. O consolado passaria, portanto, a ter acesso a realidades espirituais e à prática do intercâmbio com as entidades espirituais, tal como acontecia no cristianismo primitivo. Em outras palavras: alma ou psique, ainda presa ao contexto material, passa a praticar renúncias e disciplinas que a livra aos poucos das imposições da matéria a fim de se integrar mais e mais nos interesses superiores do espítito, o eu superior. Estes seriam, portanto, os *parfaits* e as *parfaites*, ou melhor, os *Bons Hommes* e as *Bonnes Dames*, não ainda perfeitos, mas empenhados na conquista da perfeição.

A eclosão do movimento cátaro logo no início do segundo milênio parece-se, cada vez mais e quanto mais de perto o observamos, um vasto projeto meticulosamente elaborado para elevar a novo patamar o nível da civilização planetária. A grande maioria da população ainda patinhava, sem avançar, presa à matéria densa, nela envolvida e por ela dominada como que hipnotizada por suas mordomias e esquecida de suas origens espirituais – estava-se, ainda, no estágio de uma civilização predominantemente hílica, material, para ficarmos dentro da mesma trilogia pauliniana/gnóstica. Podia-se contar, no entanto, com crescente grupo de seres colocados no estágio intermediário dos psíquicos, ainda bastante comprometidos com o materialismo, mas dotados de aspirações mais elevadas, dispostos a aprender e a se comportar melhor para ascender na escala evolutiva. Estes formavam, portanto, o vetor psíquico da comunidade humana. Acima destes, localizavam-se os pneumáticos – *parfaits* e *parfaites* –, já agraciados pelo consolamento, o batismo do espírito, e consagrados à prática do bem, conscientes de suas origens e responsabilidades espirituais, esforçando-se por doutrinar os psíquicos de modo a ajudá-los a galgar mais um degrau na escalada evolutiva.

A civilização, portanto, preparava-se para dar um passo adiante, ou melhor, acima. O Languedoc parece ter sido o laboratório humano em que as experimentações com o futuro estavam se processando. Os hílicos pressentiram o perigo e reagiram com as forças e os poderes materiais de que dispunham e massacraram impiedosamente aqueles que estavam não apenas sonhando, mas realizando pacificamente o sonho de um mundo melhor.

Está certa a intuição de Anne Brenon, que suspeita uma predisposição na civilização do Languedoc para receber o catarismo e evoluir impulsionada pelos ensinamentos do Cristo, restaurados à sua pureza primitiva.

Estas reflexões nos levam, portanto, à contemplação de um quadro no qual se integram e interagem conhecimentos ainda tidos por iniciáticos ou esotéricos, com aspectos relevantes que se repetem no cristianismo primitivo, no gnosticismo, no catarismo e no espiritismo, mas que têm, ainda, conteúdos da filosofia oriental e do neoplatonismo. Atenção, contudo! Não se trata de uma 'salada' ideológica interessada em acomodar um conjunto vago e confuso de crenças e crendices contraditórias num apressado e eclético modelo religioso, mas de uma síntese estruturada com as mais bem testadas ideias selecionadas entre numerosos conceitos depurados por aproximações sucessivas, no correr dos milênios. Como costumo dizer, qualquer ideologia de caráter religioso que se preze e que busque sua integração com a verdade terá que adotar necessariamente esse ou um muito parecido conjunto de ideias, entre elas, algumas de natureza permanente, inegociável, como as de existência, preexistência e sobrevivência do ser espiritual, vidas sucessivas, os mecanismos que possibilitam o intercâmbio entre 'vivos' e 'mortos', a existência de Deus.

a) Além da luneta

Nas páginas finais de seu livro, Anne Brenon escreveu o capítulo "*Pour conclure, mythe et recherche*", como diz o título, para apresentar suas conclusões. Passou, diz ela, sobre cinco séculos de investigação acumulada em torno da temática dos cátaros. E acrescenta (p. 315) : "O volume que aqui termina não passa de um esboço, a maior parte da obra está por fazer-se."

Propôs-se, no seu trabalho, a "abrir os horizontes", no entendimento de que "a verdadeira face do catarismo" tem de ser desenhada no amplo contexto do mundo medieval onde o fenômeno ocorreu. Evitando a estreita visão contida pelos limites da luneta, e, ao mesmo tempo, a pior cilada que

Os Cátaros e a Heresia Católica 189

seria, a seu ver, abrir demais os horizontes, "sem qualquer limite, nem de referência documental, nem de espírito crítico, sem o que a história dilui-se em mitologia mais ou menos onírica, mais ou menos neurótica".

Brenon pensa bem, sabe escrever e tem, naturalmente, o respeito e a admiração do escriba que vos fala neste momento.

O problema, contudo, é que desejo, precisamente escapar de certas limitações impostas pela luneta em busca de mais uma faixa no amplo horizontes que ela menciona.

Sinto-me estimulado à prática dessa audácia pela própria escritora que acaba de dizer que seu erudito livro, com mais de trezentas páginas, é apenas um esboço, e muito ainda se tem a dizer sobre os cátaros.

Ela oferece, neste ponto, dois aspectos – "dois eixos de pesquisa" é a sua elegante expressão – que lhe "parecem particularmente promissores à investigação". São eles: o tema da "afirmação da identidade feminina", postura significativa do catarismo, e o do "absoluto espiritualismo do cristianismo cátaro, atributo que pode talvez produzir uma fixação dessa corrente religiosa no imobilismo, uma parada que, do ponto de vista da história, que é movimento, significa sempre e irreversivelmente a morte".

O propósito que trago em mente é o de explorar exatamente o "absoluto espiritualismo do cristianismo cátaro", a que se refere a historiadora. Estou bem consciente de que ela não está falando de espiritualismo puro e simples, e menos ainda de espiritismo, mas sim do conteúdo espiritualista (no seu sentido genérico) da versão cátara do cristianismo. O gancho me interessa – e creio que também a você que me lê – e serve para algumas especulações adicionais que, espero, nos ajudem na abordagem que pretendo desenvolver neste módulo, na expectativa de não enveredar nem pela mitologia onírica e nem pela neurótica a que se refere Brenon, mas busco também não estacionar neste ponto, sem maiores indagações e sem explorar o território do que ainda não foi dito sobre o catarismo. Como, aliás, temos feito neste livro. Não diz ela própria que a maior parte da obra está por fazer-se?

Também tenho, portanto, alguns "eixos de pesquisa" que gostaria de explorar e um deles pode ser colocado em poucas e explícitas palavras, numa pergunta singela, mas de certo impacto: teria o catarismo um conteúdo particular espiritista e não apenas genericamente espiritualista?

As referências ao assunto, ou melhor, à mera possibilidade de ter isso ocorrido entre os cátaros são raríssimas nos textos consultados, bem como cautelosas e reservadas, quando não abertamente hostis e até sarcásticas.

São instigantes, contudo, os indícios de uma prática espiritista no catarismo, no sentido de que a mesma impressão se colhe, como temos visto aqui, neste livro, na leitura de importantes textos do cristianismo primitivo, principalmente Atos dos Apóstolos e as epístolas.

Tal prática – se é que houve no catarismo, como tudo indica – estaria no âmbito de uma estrutura doutrinária, ainda que esquemática, da qual seria consequência lógica. Quero dizer com isso que, uma vez adotadas certas ideias-mestras do que seria alguns séculos depois o espiritismo organizado pelo prof. Denizard Rivail (Allan Kardec), os aspectos práticos ou fenomênicos seriam decorrência natural. Ou, se você prefere, podemos inverter a ordem: os numerosos e repetidos fenômenos ocorridos no âmbito do cristianismo primitivo demonstram uma realidade doutrinária que não deve e não pode ser ignorada ou rejeitada. Se, por exemplo, entidades espirituais – o próprio Cristo entre elas – se manifestam visivelmente ou falam através de sensitivos dotados de faculdades especiais aos continuadores 'vivos' da tarefa de implantação do cristianismo – e foi exatamente isso que aconteceu –, então os seres humanos sobrevivem à morte do corpo físico e têm como manter com os companheiros deixados na Terra um intercâmbio consciente e responsável. O sistema de comunicação revelou-se de vital importância no direcionamento do cristianismo como movimento e como doutrina.

Foi certamente nessa fonte confiável que os cátaros encontraram conceitos que incorporaram à sua própria doutrina, tais como o da sobrevivência do ser à morte corporal, a comunicabilidade entre 'vivos' e 'mortos', os recursos e potencialidades da imposição de mãos e a lógica das vidas sucessivas. Não há como ignorar que a guinada que levaria à universalização do cristianismo, que logo cedo transcendeu as fronteiras do judaísmo, foi iniciado a partir de instruções de entidades espirituais recebidas mediunicamente no grupo que atuava em Antioquia. Em Corinto, alguns anos mais tarde, funcionava pelo menos mais um grupo de atividades mediúnicas, conforme testemunho de Paulo, na sua primeira carta aos seus companheiros e companheiras locais. Os historiadores especializados – mesmo os mais céticos – confirmam explicitamente a existência de um cristianismo pneumático.

Não poderia ter escapado aos estudiosos cátaros, empenhados em resgatar a memória doutrinária e as práticas da Igreja primitiva, o fato de que o cristianismo daqueles tempos fora um movimento espiritista, seja qual for o nome que se lhe queira atribuir.

A terminologia pode até variar e isso realmente é o que acontece, mas lá estão os mesmos fenômenos, o que se pode conferir nos capítulos 12 e 14 da Primeira Epístola aos Coríntios e em outros documentos da época, não apenas os de Paulo. A imposição de mãos, por exemplo, era utilizada para curas de males físicos e mentais, possessão e até 'ressuscitações', ou seja, procedimentos que traziam de volta ao corpo físico espíritos em processo de desligamento já nas fronteiras da morte, como os casos de Lázaro e da filha de Jairo, pelo Cristo, ou de Êutico, por Paulo. Neste último, Paulo declarou que o espírito do desastrado rapaz que despencara da janela ao solo "ainda estava nele".

Sabe-se que os cátaros cuidavam assiduamente de doentes e assistiam os moribundos. Até onde os processos empregados pelos *parfaits* e as *parfaites* eram apenas *médicos* – como se lê nos estudos históricos – e a partir de onde seriam tratamentos espirituais, com os recursos da imposição de mãos, da prece e da colaboração de entidades invisíveis que os assistiam?

Pelo mesmo procedimento da imposição de mãos – o passe, na terminologia espírita contemporânea – eram transmitidos os "dons do espírito", ou seja, eram despertadas nos postulantes faculdades mediúnicas, como também testemunham os textos evangélicos em diferentes oportunidades, a carta a Timóteo, por exemplo.

Ao adotar tais procedimentos e adquirir esses conhecimentos deixariam os cátaros de os pôr em prática? Não teriam suas reuniões mediúnicas reservadas para a mais resguardada intimidade de suas comunidades?

Se o fizeram, dificilmente referências de tal natureza teriam vazado para a documentação que constitui o acervo de dados sobre o catarismo. Mesmo porque o retrato falado de que dispomos é desenhado predominantemente com a sombria tonalidade inquisitorial. Perguntas dessa natureza dificilmente seriam formuladas e, se feitas, não seriam respondidas adequadamente, por absoluta ignorância do assunto por parte dos depoentes e dos próprios inquisidores, que tudo reduziam, como se veria mais tarde nos 'manuais', a bruxaria, demonologia, necromancia ou feitiçaria.

Será que jamais ocorriam entre os cátaros fenômenos inesperados de vidência, de transes para incorporação mediúnica de entidades, psicofonia, psicografia, materializações? Ou desdobramentos, sonhos premonitórios, regressões espontâneas de memória?

Se, por acaso, alguma referência existe em textos inquisitoriais a respeito de tais aspectos, a tendência dos estudiosos pouco ou nada familiarizados com a realidade espiritual seria a de considerá-la com muita reserva, quando não rejeitá-la sumariamente. Mesmo porque, nos meios acadêmicos, de onde provém grande parte de tais estudos, não há o menor espaço para acolhimento e exame de temas tidos por esotéricos ou ocultistas, que costumam ser despachados sem maiores considerações para a vala comum das crendices, das fantasias, das alucinações e coisas que tais.

Brenon considera "franco-atiradores", porque "exteriores à Universidade francesa", três de quatro grandes historiadores do catarismo: Fernand Niel, Michel Roquebert e Jean Duvernoy. René Nelli escapa por um triz da classificação de Brenon porque foi com seu estudo *L'érotique des Troubadours* que ele ganhou seu merecido doutorado. Seria impraticável, aliás, negar-lhe o título, de vez que o erudito escritor era, por sua vez, 'inclassificável': poeta? romancista? filósofo? etnólogo? linguista? historiador? Ou tudo isso?

Desses quatro, aliás, é nele que encontro referências ao possível envolvimento do catarismo com o chamado *ocultismo*. Aliás, ele prefere o termo *parapsicológico* para classificar os fenômenos de que teve notícia, mesmo assim, não ocorridos *com* os cátaros, e sim nos locais onde os cátaros viveram.

A referência figura em *Les cathares*, em anexo intitulado "*Montségur et la parapsychologie*" e é descrita como uma entre as numerosas tradições que circulam na região onde ficam as ruínas do último reduto dos cátaros.

"Relato aqui – escreve Nelli (p. 201) – os fatos tais como são, sem procurar ampliá-los nem, sobretudo, explicá-los."

São estes os fatos apurados pelo ilustre autor: 1. Os inquisidores teriam perseguido os heréticos cátaros até o Tibet. 2. Um engenheiro – a quem Nelli prefere referir-se apenas como A.A. [veremos seu nome em outra fonte] – que fazia escavações em Montségur, em 1932, mantinha contato com os espíritos, isto é, era médium praticante, e evocava os *mestres tibetanos*. O escritor alemão Otto Rahn fala mais extensamente do assunto em seu livro *A corte de Lúcifer*, mas para não misturar os assuntos deixaremos o complexo caso Otto Rahn para outro capítulo. 3. Um cidadão residente em Lavelanet, que tem o nome também abreviado para M. P., conhecia os frequentadores habituais do hotel Couquet, em Montségur, e contou "dez vezes", ao próprio Nelli "e o repete ainda a quem queira ouvi-lo", acrescenta, que ao entrar certa vez num subterrâneo cavado debaixo do castelo pelo engenheiro A. – que, naquele momento não se encontrava lá – "encontrou-se bruscamente na presença da imagem de três tibetanos".

"A aparição – continua Nelli – teria durado alguns minutos..." E dá seu testemunho: "M. P. é um homem sério, culto e cético em tudo. Esse fenômeno causou-lhe profundo impacto e ele jamais encontrou qualquer explicação para o que aconteceu."

O que seriam essas "imagens"? Entidades espirituais manifestadas à vidência de M. P.? Ou materializadas diante dele? Ficamos sem saber, mas que estavam lá, estavam, ante o convicto depoimento de M. P., repetidamente reiterado a René Nelli e mais a quem quisesse ouvi-lo. 4. "Bem mais recentemente – prossegue Nelli no seu relato –, um jovem muito receptivo e que se põe facilmente em comunicação com os pretensos 'espíritos' – atenção para as cautelas com as palavras! – e com os mestres vivos, tendo ido a Montségur, quando ignorava absolutamente o mistério tibetano que ali impera, ficou estupefato ao receber uma mensagem ditada em caracteres orientais, que me mostrou e cuja tradução está sendo feita." (O livro é de 1972.)

Nelli, conforme declarou de início, não amplia e nem comenta o que soube. Limita-se, neste caso, a formular uma interrogação com duas opções não resolvidas. "Seria de concluir-se de tudo isso – pergunta-se –, com os ocultistas, que Montségur costuma ser 'visitada' por tibetanos, ou com os parapsicólogos, que o engenheiro A. teria suscitado, no seu subterrâneo, uma imagem mental, uma egrégora exteriorizada, que os sensitivos perceberiam sob certas circunstâncias?"

Mesmo contido pela sua discrição, Nelli tem ainda algo a dizer sobre os mistérios e enigmas que persistem em Montségur, onde os cátaros viveram com dignidade e morreram com heroísmo. O erudito historiador refere-se à forte impressão que sempre lhe causa a leitura de determinado trecho de *A corte de Lúcifer*, em que Otto Rahn narra a visita que fez a Arthur Cassou, de Lavenalet, em 1932. Nessa oportunidade – escreve Rahn, segundo Nelli: – "Ele (Cassou) me disse ainda, e isso muito me surpreendeu, que um de seus amigos, já morto, encontrara nas ruínas de Montségur um livro escrito em caracteres chineses ou árabes, ele não sabia precisar; e que esse livro havia, em seguida, desaparecido."

Prossegue Nelli com a informação de que, em 1971 (um ano antes da publicação de seu livro) "Charles Delpoux, autor de excelentes estudos sobre o catarismo, me mostrou um caderno que lhe fora dado há pouco por uma pessoa de Montségur."

O caderno pertencera ao já mencionado engenheiro A. A. e era uma cópia feita por este senhor em 1930 – a data está anotada na última página – de um manuscrito em que o doutor J. Guinaud, de Lavenalet, havia registrado, entre 1852 e 1872, algumas reflexões arqueológicas sobre Montségur.

Nelli reproduz no seu livro, sem nada modificar, o texto do caderno, acrescentando apenas que aquelas "páginas interessam ao mistério tibetano de Montségur".

No seu depoimento, o dr. Guinaud declara que "o objeto mais surpreendente que encontrou em poder de um habitante de Montségur foi um livro impresso em papel, encadernado em pergaminho. Guinaud não teve a boa sorte de ver o livro, mas tinha dele uma página *in-16*, que lhe parecia escrita em caracteres chineses. Há nessa página uma gravura na qual estão representadas duas figuras humanas de evidentes características orientais – chineses, assegura o autor –, ainda jovens, cabeças descobertas, sentados lado a lado, junto de uma árvore de aparência 'estranha' e desconhecida do doutor.

Os dois seres têm em mãos um livro ou, antes, um mapa maior na largura do que na altura e do qual não se vê o dorso. A gravura e os caracteres estampados na página em poder de Guinaud apresentam-se de cor acinzentada e talvez tenham sido impressos em alguma tinta de cor sépia ou nanquim.

A página do misterioso livro tem também sua história – não muito edificante, aliás. A pessoa que a deu ao doutor fora visitar em Montségur, há cerca de trinta anos, um amigo seu e colecionador "ao qual já nos referimos". Além de medalhas e armamentos antigos, o amigo lhe mostrou o tal livro chinês. Aproveitando-se de um momento de descuido do proprietário, o visitante simplesmente surripiou a página, movido pela curiosidade dos estranhos caracteres em que estavam impressos.

Mas, afinal, o que pensaria o doutor Guinaud de tudo isso?

Bem, ele tem suas desconfianças. Confessa a dificuldade em que se encontra para explicar como o livro chinês possa ter sido encontrado nas ruínas de um castelo no interior da França, ou melhor, "nos mais elevados picos das montanhas do departamento de Ariège". Ainda se fosse em algum local nas proximidades do litoral, ficaria mais fácil explicar a presença do estranho livro, talvez trazido por algum marítimo.

"Prefiro crer – conclui Guinaud – numa brincadeira de mau gosto, mistificação da parte do cidadão de Montségur praticada com aquele que me doou a página, que, ainda que muito inteligente, não é entendido em tais assuntos e que teria sido completamente enganado..."

Realmente, tal como está apresentado, o episódio do enigmático livro chinês não é muito convincente. Precisaria estar mais bem documentado do que está. A gente prefere concordar com as reservas invocadas pelo doutor Guinaud.

Já a 'imagem' de tibetanos presenciada pelo jovem sensitivo M. P. em Montségur fica com sua autenticidade dependente da idoneidade do narrador. Nelli reproduz sua história, mas preferiu não se pronunciar a respeito. Quanto ao fenômeno em si, é perfeitamente possível.

Curiosamente, e sem que eu tenha como explicar a discrepância, a tradução portuguesa *Os cátaros* (Edições 70, 1980, Lisboa, Portugal) feita da mesma edição francesa, da qual tenho também um exemplar, inclui cerca de 35 páginas de material que não constam do original francês *Les cathares* (Culture, Art, Loisirs, 1972, Paris).

Nos textos acrescidos à tradução – certamente com a aprovação do autor – há outras referências de Nelli aos aspectos, digamos, ocultistas, senão do catarismo, pelo menos aqueles que se desenvolveram em torno ou à margem dele, inclusive referências a Otto Rahn, por cuja obra Nelli manifesta suas simpatias. (Deixaremos isso, contudo, para capítulo especial, mais adiante.)

É no módulo "Os que renunciam à vida por amor da existência" que Nelli analisa, ainda que brevemente, alguns aspectos que gostaríamos de comentar aqui se dispuséssemos de mais tempo e espaço. Não desejo e nem posso produzir um maciço tratado sobre o catarismo, e sim uma notícia, pesquisada e redigida por um mero escriba.

Uma de tais ideias é a da influência exercida pelo catarismo sobre o poeta inglês William Blake, que uma nota de rodapé caracteriza como "um dos maiores esoteristas e ocultistas do seu tempo" (1757-1827). Nesse texto Nelli informa ter existido na Inglaterra, desde o século 16, uma corrente dualista baseada na meditação do Evangelho de João e que, na opinião do escritor francês "deve ser considerada 'cátara' (p. 120). Supõe-se que Blake tenha até frequentado esse grupo dualista que, no dizer de Nelli, ainda existia ao tempo em que ele escreveu o texto.

"Estou convencido – escreve Blake em *O julgamento final*, *apud* Nelli – de que o criador deste mundo é um ser muito cruel."

A mesma postura 'catarista' Blake adotava com relação à missão do Cristo, que teria vindo para ensinar e esclarecer e não para resgatar as criaturas humanas pelo sacrifício na cruz. (Com o que concordo plenamente, eu, HCM.)

"Os hermetistas – escreve Nelli mais adiante (p. 125) – e os ocultistas tentaram, como seria de esperar, ressuscitar o catarismo ou, pelo menos, praticá-lo em suas capelas. Por vezes, aprofundaram-no ou desenvolveram-no até torná-lo irreconhecível, traindo, frequentemente, o seu espírito."

Sem estender-se mais do que o necessário sobre esse aspecto, Nelli destaca dois "grandes movimentos espiritualistas modernos que, se nem sempre o compreenderam perfeitamente, interpretaram-no, pelo menos, com inteligência: *A Gnose*, de René Guénon, e *A Antroposofia*, de Rudolf Steiner."

A Gnose foi uma revista que surgiu em novembro de 1909, em Paris, como órgão oficial da Igreja gnóstica universal. René Guénon, sob o pseudônimo de Palingenius, foi, durante algum tempo, seu "animador e diretor".

Na avaliação de Nelli (p. 126), contudo, Guénon

> [...] mostrava-se bastante hostil ao dualismo absoluto e até havia tomado posição contra ele. Por outro lado – prossegue –, facto [respeito a grafia portuguesa] curioso, não aceitava facilmente a crença nas reencarnações, *pedra angular do sistema cátaro*. Acrescentemos ainda que se sentia mais atraído pela sabedoria indiana e pela mística muçulmana do que pelo catarismo, que conhecia bastante mal. [Os itálicos são meus.]

Não estava, pois, em condições de ter uma visão clara e imparcial do catarismo. Uma nota ao pé da página 126 informa que Guénon "acabou por se converter ao islamismo e morreu no Cairo, em 1951".

Quanto a mim, o escriba que vos fala, tenho antiga contenda com Guénon, por causa de sua maçuda, injusta e arrogante catilinária contra o espiritismo em *L'erreur spirite* (Marcel Rivière, 1923, Paris [406 páginas]). Espero e desejo, contudo, que, após meio século de sua morte, no momento em que escrevo isto, em 2001, Guénon tenha tido a feliz oportunidade de rever seus conceitos sobre os graves 'erros' que atribuía 'em vida' à doutrina dos espíritos. Afinal de contas, ele passou a ser um deles...

Sobre Rudolf Steiner, a palavra de Nelli é respeitosa e até de admiração, bem como nas suas referências a Déodat Roché, que considera "um dos melhores discípulos" de Steiner.

Steiner (1861-1925) – informa uma nota de rodapé à página 126 – "pretendia ter recebido a iniciação cátara e possuir a verdadeira mensagem dos perfeitos". Em 1921, alguns anos, portanto, antes de morrer, abandonou a Sociedade Teosófica, da qual era membro influente, e criou a antroposofia, "muito mais hinduísta". Foi profundo admirador de Mani e propagador da visão maniqueísta do universo. Estabeleceu vínculos mais fortes com o neocatarismo, abrindo espaço na sua "ciência espiritual" não apenas para seus próprios adeptos, como para os neocátaros, Déodat Roché, destacadamente, entre estes. Tentava – esclarece Nelli – "rejuvenescer os velhos mitos através de uma tomada de consciência directa das realidades sobrenaturais".

Em suma, parece ter entendido adequadamente o conteúdo do catarismo não apenas quanto ao aspecto espiritualista em geral, mas particularizando para o seu conteúdo doutrinário tido por sobrenatural, ou seja, a fenomenologia e as possíveis práticas mediúnicas cátaras sobre as quais nada sabemos ainda, nem para confirmá-las, nem para negá-las. Seria incongruente, no entanto, presumir-se que, após todo o meticuloso levantamento da doutrina e das práticas cristãs do primeiro século e da adoção de um modelo que tentou reproduzir a Igreja primitiva, nos seus mínimos detalhes, os cátaros tenham deixado de lado o aspecto fundamental do pneumatismo, ou seja, o intercâmbio entre os militantes vivos (reencarnados) do movimento e os que estavam "do outro lado da vida", na dimensão espiritual, programados para lhes dar orientação e apoio.

Pela lógica, portanto, me parece correto admitir-se que o catarismo teve também seu componente pneumático. O consolamento como ordenação sacerdotal foi, literalmente, uma infusão do espírito, uma abertura para o Consolador prometido pelo Cristo, no psiquismo dos perfeitos e das perfeitas; em outras palavras: o despertamento em cada um dos consolados, de suas faculdades mediúnicas em potencial, como nos asseguram importantes passagens nas cartas de Paulo e em Atos dos Apóstolos. Talvez nem todos estivessem igualmente dotados para o exercício de tais faculdades, mas é de supor-se que um bom percentual deles (e delas) estivesse apenas na dependência do ritual da imposição de mãos para iniciar esse tipo de atividade. Seria inadmissível que entre tantos *parfaits* e *parfaites* não houvesse significativa parcela de sensitivos potencialmente aptos para o exercício de suas faculdades nos trabalhos de intercâmbio com o mundo espiritual.

Acontece, como temos visto, que muito pouco ou nada a esse respeito transparece na documentação sobrevivente que chegou até nós. Em primeiro lugar, já sabemos, porque nas atas e demais papéis inquisitoriais ficou registrado apenas o que a inquisição julgou útil aos seus propósitos. E não havia o menor interesse em fazer a história da detestada 'heresia' e muito menos apresentar sua face verdadeira, e sim as deformações que seus adversários viam nela. Em segundo lugar, se é que houve no movimento cátaro uma prática mediúnica, ela teria de ser necessariamente secreta, reservada a um círculo mais restrito de participantes ligados por inquebrantável pacto de confidencialidade. Nem os perfeitos e as perfeitas interrogados pela Inquisição iriam falar qualquer coisa a respeito e, muito menos, os meros crentes, que certamente de nada sabiam sobre isso. Se é que alguma informação nesse sentido tenha figurado nas atas inquisitoriais, terá sido sumária, incompreensível, deformada. Entre os numerosos estudiosos, pesquisadores e historiadores que consultaram tais documentos nos séculos seguintes, por sua vez, e que sobre seus achados escreveram, poucos estariam preparados para se interessar pelas ocasionais referências e até mesmo para identificá-las como importantes na composição do contexto em que viveu o catarismo. A tendência da erudição contemporânea é a de considerar os aspectos ditos ocultistas ou esotéricos da vida com manifesta má vontade, quando não com desprezo e ridículo. Para a maioria dos estudiosos tais doutrinas e práticas são indignas da atenção de um erudito que se preze e que precisa manter seu *status* acadêmico e seu prestígio no ambiente em que vive e trabalha. O que, aliás, é compreensível.

Estamos vendo neste livro que são escassas e vagas – quando as há – as referências sobre o tema proibido da realidade espiritual. As raras menções a ela surgem protegidas por aspas e ressalvas, como se fossem bacilos ou vírus perigosos que precisam ser mantidos sob controle para não espalhar a contaminação por toda parte.

Os poucos autores que se arriscam a uma postura mais aberta ou menos intolerante, ainda assim se revestem de cuidados especiais, evitando qualquer envolvimento pessoal. Nelli é um desses raros, que faz até algumas simpáticas concessões ou, pelo menos, economiza sobriamente palavras de rejeição sumária ou de condenação explícita.

Interessa-nos, sobretudo, no seu texto, a avaliação que faz do pensamento de Rudolf Steiner e, por extensão, de Déodat Roché. Pela importância deste último no contexto do catarismo, voltaremos a ele daqui a pouco.

Enquanto isso, recorramos ao que diz de Steiner Jean-Michel Angebert, no seu curioso e corajoso livro *Hitler e as religiões da suástica*.

Para esse autor, Steiner teria sido a "primeira vítima do nazismo", devido ao interesse pelos seus ensinamentos da parte dos membros do grupo Thule, integrantes do fechado círculo íntimo de Hitler.

Na opinião de Angebert (p. 213), Steiner e seus discípulos se filiavam a uma corrente de magia branca e definiam "as sociedades neopagãs" – o grupo ocultista de Hitler, entre elas – como "originárias do mundo subterrâneo do mal, do pólo maléfico". Para esse ponto vista, ele encontra apoio em René Guénon (em *Le théosophisme, histoire d'une pseudo-religion*), que assim escreve, *apud* Angebert: "Mas não existirá, por detrás de todos estes movimentos, qualquer coisa de terrível, que seus chefes possivelmente não conhecerão e de quem são por sua vez simples instrumentos?"

A despeito de minhas reservas a certas ideias de Guénon, estou de acordo com ele neste particular. Meu ponto de vista sobre o envolvimento do nazismo com a magia ficou expresso no artigo intitulado "O médium do anti-Cristo", ao qual ainda recorreremos adiante, quando for discutido o envolvimento do nazismo com o catarismo.

A digressão a respeito de Steiner surgiu de sua ligação mestre/discípulo com Déodat Roché. Voltemos, pois, a este a fim de conhecer sobre ele a abalizada opinião de René Nelli, que o conheceu pessoalmente.

Para Nelli, após a publicação de "inúmeras e excelentes obras sobre o maniqueísmo e o catarismo, (Roché) esteve na origem da extraordinária renovação que atualmente (o livro é de 1972) conhecem os estudos cátaros no Sul da França..." Mas não apenas isso. Sem pretender fundar uma nova igreja – ele dizia que o tempo das igrejas já se fora –, Roché organizou um campo de férias de verão onde aqueles que o desejassem poderiam "viver física e intelectualmente quase nas mesmas condições em que os perfeitos cátaros viviam no século 13 e receber ensinamento espiritual adaptado às necessidades da nossa época".

Tanto quanto posso eu mesmo, HCM, avaliá-los, os escritos de Roché apresentam um catarismo de colorido predominantemente maniqueu e, no dizer de Nelli, de "caráter nitidamente 'antroposófico'", sendo "nula, como é evidente – prossegue Nelli (p. 127) –, a tendência que revela para interpretar em sentido tradicional e hermetista" textos que os eruditos veem de modo diferente. Entre as demais ressalvas que Nelli faz às posturas de Roché, estão a de "um pretenso espírito crítico sem cabimento", e um "preconceito (...) que o obriga a seguir fielmente Steiner, mesmo quando os cátaros digam o contrário".

Não se trata, contudo, de crítica descabida e superficial, de vez que, na opinião de Nelli, tais fatos contribuem para obscurecer, para a mentalidade de alguns, os numerosos "trabalhos precisos, úteis e fecundos que Roché acumulou". E conclui: "Não há ninguém em França, e quem o ler desapaixonadamente o admitirá facilmente, que conheça melhor o catarismo."

Ressalvados alguns textos "puramente ocultistas que o especialista pode desprezar [há, de autoria de Roché], ensaios de história e de filosofia do catarismo de reconhecida competência".

Um dúvida me assalta neste ponto. Os textos 'ocultistas' de Roché estariam condenados à rejeição por parte dos especialistas, como assinala Nelli, simplesmente por serem ocultistas? Será que não existe neles informações dignas de melhor exame?

Estou fazendo tais ressalvas porque também encontro nos textos de Roché que tive oportunidade de consultar aspectos que não são de meu agrado ou interesse, mas apresso-me a ressalvar que vejo neles também reflexões e achados que raramente ou nunca figuram nos escritos a que se refere Nelli. Mesmo porque é precisamente a visão dita 'ocultista' de Roché que confere a ele condições para ver no catarismo aspectos que os especialistas certamente não perceberiam ou sobre os quais não se detêm por mero preconceito acadêmico.

De qualquer modo, Nelli considera (p. 127) "ridículo criticar Roché e os membros da (sua) sociedade por modernizarem o catarismo e o apresentarem tal como seria se tivesse evoluído normalmente desde o século XIII até os nossos dias".

E passando um atestado a Roché e seus seguidores, declara, enfático: "É aos atuais cátaros que compete formular a sua doutrina."

Prosseguindo na sua análise do interesse suscitado em torno do catarismo, Nelli retoma, a seguir, o tema "Catarismo e parapsicologia", evidente maneira eufemística de tratar de fenômenos de natureza mediúnica ou anímica sem envolver-se mais explicitamente com os aspectos ditos ocultistas ou esotéricos, sempre temidos e evitados nos textos destinados ao grande público.

"Antes de deixar o domínio do ocultismo [escreve Nelli (p. 128)], não posso deixar de recordar as duas últimas metamorfoses – menores – do catarismo 'reencarnado'." (A palavra é dele, não minha, HCM.)

Uma delas data de 1952, a outra, de 1960.

"São – comenta o autor – demasiado singulares para que não as cite, como documentos, num dossiê da *parapsicologia da heresia*." (Destaque meu.)

O primeiro episódio é o da "brusca e insólita carreira poética occitânica" do escritor francês Denis Saurat.

Saurat nasceu em Toulouse, em 1890, e foi, entre 1924 e 1945, diretor do Instituto Francês, em Londres. Tornou-se conhecido por numerosas obras sobre história das religiões e literatura inglesa.

Os Cátaros e a Heresia Católica 201

Estava já bastante idoso e vivia sossegadamente em Nice, quando lhe ocorreu curioso fenômeno de natureza claramente mediúnica. Sentiu-se, no cauteloso dizer de Nelli, "invadido pelo espírito indiferenciado, o que sopra quando e onde pode, insinua-se junto de quem o espera e sabe captar e assume a voz de um antepassado morto há séculos".

Bastaria ao ilustre e cultíssimo prof. René Nelli dizer que o nosso respeitável Saurat foi simplesmente tomado por uma entidade que se identificou como seu antepassado. Ao que parece – Nelli é extremamente econômico em palavras – outros antepassados de Saurat também passaram a se manifestar através do próprio, que funcionava como – vá lá – *médium*, escreve Nelli em itálicos, a indicar que o termo é estranho ao seu vocabulário usual, mas não lhe é desconhecido.

Em suma, as entidades manifestantes exprimiam-se em occitano antigo e ditaram ao médium e descendente reencarnado longos poemas, que Saurat publicou com grande sucesso, pois – informa Nelli – "causaram sensação no mundo das letras".

Por onde andariam hoje, se é que ainda existem, esquecidos em alguma gaveta ou prateleira empoeirada? Diz Nelli que muitos deles permaneceram inéditos. Apresentavam "descrições de locais estranhos, evocações de personagens misteriosas, desenvolvimentos místicos incompreensíveis e, aqui e além, revelações fulgurantes e rasgos de grande poesia..."

O conteúdo era, às vezes, sobre o folclore do Ariège e, de outras vezes, lembrava William Blake, a grande referência da poesia dita ocultista. A temática era – *talvez*, ressalva Nelli – como que um recado tranquilizador para o velho poeta aposentado e que poderia ser expresso mais ou menos assim: "Não tenhas medo da morte; a morte apagou-se."

"... como se – prossegue Nelli, sempre reservado e precavido – as vozes desconhecidas tivessem o objectivo (grafia portuguesa respeitada), ao manifestar ao *medium* (em itálicos e sem acento, na tradução portuguesa) a realidade da existência póstuma, de o libertar do medo do além".[33]

A despeito de suas naturais e até compreensíveis cautelas, Nelli escreve um parágrafo também emocionado e emocionante para encerrar o episódio Saurat:

---

[33] Ah, meu Deus! quanto cuidado e quantas voltas para proclamar esta simples e dramática verdade de que a vida continua! E aí me lembro do que escrevi em *Cristianismo, a mensagem esquecida*, para recontar pela enésima vez o emocionado grito de Madalena, "esbaforida, assustando a toda a gente", para dizer que o Cristo morrera, mas continuava mais vivo do que nunca. Era aquela, sempre foi e continua sendo a grande mensagem da vida.

"Nada mais comovedor – diz ele (p. 129) – do que ouvir, em oc, este hino espiritual do catarismo, esta alma de religião que sucumbiu nas chamas e que foi tão bem purificada pelos carrascos que só consegue encarnar-se na língua dos que, em último lugar, lhe pediram, antes de voar para o Absoluto, a suprema consolação temporal."

Às vezes parece falar em Nelli um cátaro reencarnado... Às vezes... Quanto ao poeta, sempre está presente no que ele escreve.

Confesso-me vitimado por aguda frustração por não me ser possível compulsar a preciosa mensagem dos antigos cátaros desencarnados através de Saurat. Pelo menos a que foi traduzida para o francês, já que nada conheço do occitano em que foram redigidas pelos seus autores invisíveis.

A próxima referência de Nelli aos surtos cátaros contemporâneos é ao não menos impressionante e convincente episódio vivido pelo dr. Arthur Guirdham e suas antigas companheiras de infortúnio (ou de glória?), cujos caminhos convergiram com espantosa precisão para a Inglaterra do século vinte. Acasos? Coincidências? Simultaneidades? Fantasias? Alucinações? Os rótulos, por mais inventivos e variados que sejam, não mudam a realidade dos fatos; o cátaros não desapareceram para sempre na fumaça das fogueiras ou na podridão das prisões, estão por aí, aqui e no além, mais convictos do que nunca da realidade espiritual que pregaram e viveram.

Nelli descreve a "experiência dualista de Simone Weil" a partir de um encontro em Carcassonne, com Déodat Roché. O intercâmbio de ideias mantido entre eles contribuiu, no dizer de Nelli (p. 131), para que Weil achasse possível que, "para além do platonismo de que se encontrava imbuído, o catolicismo poderia ser desenvolvido até um ponto em que deixasse de ser incompatível com a gnose maniqueia".

A possibilidade de uma conciliação ideológica entre o cristianismo e os conceitos de teor gnóstico concretizou-se na doutrina dos espíritos, organizada pelo prof. Rivail (Allan Kardec). Estou falando, porém, de cristianismo, não de catolicismo.

Quanto às expectativas de Simone Weil, no entanto, tenho minhas dúvidas, ou melhor, não as tenho. A mim me parece impraticável qualquer processo evolutivo doutrinário no catolicismo. A mudança teria de ser tão radical que a teologia, a escatologia e as práticas católicas se tornariam irreconhecíveis. Ainda que isso fosse possível, no entanto, restaria a resolver-se o aspecto mais crítico e relevante do conteúdo espiritual de que necessita o catolicismo para compatibilizar Platão não apenas com o maniqueísmo, seu velho, renitente e herético adversário, mas com a realidade espiritual das vidas sucessivas. A doutrina da reencarnação é por demais subversiva em confronto com tudo quanto a Igreja ensina, pratica e representa.

No seu polêmico livro, Jean-Michel Angebert (p. 17) dispara veemente crítica à postura da Igreja católica como "perpétua adversária da gnose, que persegue sob todas as formas". Estende esse autor sua crítica à "religião de Israel", mas não me parece nada feliz nesta colocação, ao alegar que Israel "pretende desviar para seu único proveito os mistérios do conhecimento integral". Discordo não apenas do conteúdo da crítica, mas de sua formulação. Não vejo esse propósito no contexto do judaísmo, mesmo porque a gnose é um movimento universal e permanente de ideias e de busca do conhecimento que se caracteriza precisamente por ser aberto a quem quer que seja. Não há como privatizá-lo para uso próprio.

Quanto à Igreja católica, contudo, a observação me parece pertinente. Sua rejeição – ou perseguição – aos movimentos gnósticos remete-se ao problema da sobrevivência do catolicismo como instituição. Isso porque os conceitos nucleares em torno dos quais giram as especulações da gnose chocam-se irremediavelmente com a estrutura teológica do pesado e obsoleto edifício ideológico da Igreja e o põe em grave risco de irreversível implosão. Seus dirigentes sabem disso muito bem, ou não teriam acabado com o gnosticismo do segundo/terceiro séculos e, posteriormente, com o catarismo, nos séculos treze/quatorze, armando contra a pacífica religião dos *parfaits* e das *parfaites* as máquinas trituradoras da Cruzada e a da Inquisição.

A Reforma protestante salvou-se não apenas porque foi mais aguerridamente defendida pelos príncipes alemães da época, mas porque não trazia entre seus postulados conceitos gnósticos como a doutrina das vidas sucessivas, por exemplo, de fundamental relevo na ideologia religiosa dos cátaros. Em outras palavras: a despeito das divergências, dos rancores, das perseguições, as modificações propostas não eram assim tão radicais. Ainda era possível negociar a longo prazo com os reformistas uma espécie de convivência, senão pacífica e fraterna, pelo menos tolerável. Como, aliás, acabou acontecendo séculos depois, com o atual movimento ecumênico, que vem se desenrolando passo a passo. Afinal de contas as divergências não são irreconciliáveis, como o foram com os cátaros.

A prevalecer o catarismo no panorama religioso do mundo, o simples acolhimento da doutrina das vidas sucessivas teria precipitado a invalidação de princípios vitais à Igreja, como o da unicidade da vida, céu, inferno, juízo final, pecado original e, por via de consequência, sacramentos, exclusividade salvífica, mediação sacerdotal entre a criatura e Deus, divindade de Jesus e outros tantos aspectos que a Igreja considera, naturalmente, inegociáveis, porque eternos, imutáveis, irremovíveis. É preciso, ainda, lembrar que tudo isso está assentado em bases materiais e econômico-financeiras que garantem incalculável massa crítica de poder político, do qual a instituição não está disposta nem preparada para abrir mão, senão à custa de um suicídio institucional.

René Nelli colocou o título de "A última aventura do catarismo" no derradeiro módulo deste capítulo, que, como vimos, foi acrescentado à tradução portuguesa.

A "última aventura", no entender de Nelli, seria a do envolvimento do nazismo com o catarismo. Ante a complexidade do tema e a riqueza do material sobre ele existente, vamos deixá-lo, no entanto, para outro capítulo deste livro.

b) A sub-reptícia errância horizontal dos espíritos

Enquadram-se, ainda, na moldura deste capítulo, algumas referências a mais ao aspecto 'parapsicológico' (Nelli), 'folclórico' (LeRoy Ladurie), 'sobrenatural' e até 'espírita' (Bernadac), tal como as encontrei nos textos aos quais recorri na busca empreendida para escrever este livro.

O tema é tratado usualmente com ironia, arrogante superioridade e até sarcasmo, exceção feita a Nelli, que o fez com dignidade, ainda que evitando qualquer envolvimento maior no assunto e limitando-se a contar o que apurou a respeito.

No seu elegante e acadêmico linguajar, Ladurie menciona, em *Montaillou, village occitan*, "o pensamento mítico" que atribui aos mortos a "errância horizontal", ou seja, em vez de se deslocarem verticalmente, entre o céu e a terra, nos termos da "concepção cristã", as almas circulam entre os vivos, de modo "sub-reptício", perambulando daqui para ali, como o faziam quando vivos.

Para discorrer sobre esse "folcore" – o termo é dele – da horizontalidade, o erudito professor do Collège de France vai aos registros inquisitoriais, de onde extrai um diálogo entre certo depoente por nome Guillaume Fort e sua reverendíssima, o senhor bispo de Pamiers, Jacques Fournier, futuro papa.

O depoente declara não acreditar na ressurreição dos corpos humanos após a morte, como a Igreja ensinava. Jamais acreditara nisso! Para ele, o corpo do defunto se decompõe e vira terra e cinza. No entanto, acreditava na sobrevivência da alma... As almas dos maus eram atiradas pelos demônios aos precipícios e por lá ficavam.

"E por que você acredita nisso?"– pergunta o inquisidor.

Era o que se dizia nas imediações de Aillon e de Sault, informa o depoente. Uma mulher de nome Arnaude Rives, residente em Belcaïre, diocese de Alet, viu os demônios despachando as almas dos maus despenhadeiro abaixo.

As almas vistas por Arnaude – informa Guillaume – "tinham carne e ossos e todos os membros: cabeça, pés, mãos, e tudo o mais". Tinham, portanto, corpo, senão como empurrá-las para a pirambeira? "Elas até gemiam bastante – acrescenta – e se mostravam aflitas. Pois bem, e no entanto, não morrem jamais!" São, portanto, imortais.

A propósito disto, Ladurie escreve uma nota de rodapé para explicar que "a ideia de que os espíritos e as almas têm, por assim dizer, corpo espiritual em forma de corpo físico era amplamente difundida naquela época no alto Arriège... e, em geral, por toda parte; essa ideia – prossegue – pode aplicar-se a Deus, à alma dos seres humanos, aos bons espíritos etc."

E conclui, dizendo que não se deve deduzir daí que o "caráter não-espacial da alma" já seria, por aquele tempo (século 14), do conhecimento das classes populares.

Com todo o merecido respeito pelo eminente autor, devo acrescentar que, realmente, a alma pode ser, entre nós, vivos, uma entidade não-espacial, mas, na dimensão que lhe é própria, ela é tão espacial quanto o somos aqui com nossos corpos físicos, ou pelo menos dispõe de um corpo sutil constituído por um campo magnético especial. Foi para esse segundo corpo, também referido por Paulo, que Kardec criou o neologismo *perispírito*.

Quando o inquisidor lhe pergunta como pode dizer coisas tão estapafúrdias, Guillaume não se dá por achado e conta que Laurent, cura de Belcaïre, repreendeu com energia a vidente Arnaude pelas coisas que ela dizia, mas um tal de Bernard de Alazaïs, ferreiro daquela mesma localidade, confirmou ao padre que também havia visto as tais almas que perambulam pelos rochedos e pelas encostas das montanhas e acabam sendo precipitadas nos abismos. Ante esse depoimento, o sensato pároco deixou Arnaude em paz.

"Quanto a mim – diz Guillaume Fort ao inquisidor – acredito que aquela mulher e o homem de Belcaïre diziam a verdade... Aliás, tudo isso aí é conhecimento que circula normalmente pelos arredores de Sault e Aillon."

Que me desculpem, portanto, o doutor Ladurie, bem como sua eminência, Jacques Fournier, bispo de Pamiers – mas eu fico com Guillaume. Também para mim as almas não precisam de corpos físicos para ressuscitar; para quê, se dispõem de 'corpo' sutil com o qual continuam a viver do outro lado da vida?

Importante, contudo, neste depoimento, é o perfil de uma comunidade de gente simples e espontânea, tida por ignorante e crédula que, não obstante, lidava perfeitamente bem com relevantes aspectos da realidade espiritual. Ainda hoje, enquanto escrevo estas linhas, pessoas que se consideram dotadas de grande sabedoria e cultura rejeitam e ridicularizam aspectos da vida que até os tidos por ignorantes conheciam naquele tempo.

Que havia crendices e práticas ingênuas e inadequadas, não há dúvida, mas ainda hoje teríamos algo a aprender com Guillaume, Arnaude, Bernard de Alazaïs e, como veremos daqui a pouco, com Arnaud Gélis.

Aliás, Ladurie caracteriza esse pequeno trecho (p. 590), colhido numa ata inquisitorial, como "riquíssimo" ("*texte richissime*"). E acrescenta: "Ele assinala a existência de um folclore dos mortos, comum à região de Sault e de Aillou."

Folclore ou não, foi naquele meio, naquela época, com aquelas pessoas e com aquele "folclore" que conviveram os cátaros. Ali nasceram e foram criados e ali pensaram suas ideias e as praticaram. A heresia estava por toda parte, entranhada no pensamento daquela gente simples e sábia. Guillaume contesta com veemência e convicção o dogma católico da "ressurreição da carne", ainda que ressalvando que as almas têm corpo semelhante ao nosso, aparentemente de carne e ossos e tudo o mais.

Confrontando esses fatos e tais fenômenos com o que liam nos seus textos preferidos – Atos dos Apóstolos, epístolas e Evangelho de João –, os cátaros percebiam claramente no distante passado do cristianismo nascente, as mesmas crenças, as mesmas convicções e os mesmos fenômenos tidos por insólitos com os quais conviviam no Languedoc do século quatorze.

Emmanuel Le Roy Ladurie dedica os três capítulos finais de seu estudo sobre Montaillou à problemática do além. O tratamento que ele dá ao assunto não se livra de uma tonalidade um tanto olímpica, ainda que complacente, comum, aliás, à maioria dos autores acadêmicos no trato da questão espiritual. Trata-se, para ele, de aspecto meramente folclórico local tecido com as lendas, crendices e superstições de uma pobre e reduzida comunidade rural isolada na solidão dos vales e das montanhas, em plena Idade Média, a época por excelência tida como a das trevas e da ignorância.

Não que se deva negar conteúdos lendários, fantasiosos e supersticiosos no ideário daquela boa gente, como temos visto e ainda veremos. É preciso, contudo, estarmos conscientes de que, de mistura com algumas invencionices e crendices, perfeitamente compreensíveis, há uma infra-estrutura doutrinária surpreendentemente bem formulada a respeito do que costumo chamar de realidade espiritual.

Quero dizer com isto que aqueles supostos ignorantes tinham articulada, consistente e convicta noção de conceitos como sobrevivência do ser à morte corporal, existência do corpo sutil, mostravam-se familiarizados com o intercâmbio entre vivos e mortos, bem como acerca da doutrina das vidas sucessivas [reencarnação]. Da fenomenologia observada pelos sensitivos [médiuns] sabia o povo como elaborar uma doutrina rudimentar, por certo, mas suficiente a um melhor entendimento do que se passava nas dimensões paralelas do mundo póstumo. E isso punha em risco as estruturas ideológicas e administrativas da Igreja católica.

Se, por exemplo, os mortos perambulavam *horizontalmente* entre os vivos, como informavam os médiuns, então os mortos não têm um destino póstumo definitivo (céu ou inferno). A boa lógica camponesa, por outro lado, ensinava por cima dos dogmas – que todos eram obrigados a respeitar sem vacilações – que o corpo físico se decompõe e é restituído à terra. E que, portanto, não há como sustentar o dogma da ressurreição dos mortos. De que lado estaria, portanto, a crendice ou a fantasia? Era o que afirmava Guillaume Fort no ousado depoimento ao bispo-inquisidor. Conceito estranho, aliás, esse da ressurreição da carne, quando já Paulo dizia que a semente que se planta tem de morrer, para que dela ressurja (ressuscite) a vida, quando a própria Igreja assegura num dos seus textos ritualísticos que somos pó e ao pó reverteremos. Com uma correção fundamental que aqui se impõe; não *somos* pó, *estamos* acoplados a um corpo físico composto de átomos que vêm e vão, porque não fazem parte integrante de nosso ser espiritual, são apenas tomados por empréstimo, pelo tempo da existência terrena, ao imenso reservatório cósmico e a ele devolvidos.

Guillaume Fort, sentado diante de Jacques Fournier – rude campônio perante sofisticado 'príncipe' da Igreja, futuro papa – representa mais que irrelevante episódio inquisitorial –, é um confronto entre a ignorância singela e desarmada, que sabe de alguns segredos da vida, perante outra ignorância, a erudita, poderosa, revestida de autoridade, que não quer saber *daquela* verdade porque está convencida de que já tem a *sua*. E que esta é, sem a menor vacilação, a verdade única e possível, mesmo porque tem atrás dela todo o poderio da Igreja.

Que outras 'riquezas' desse tipo estarão ocultas em outros tantos textos inquisitoriais à espera de leitura atenta de quem tenha, no dizer do Cristo, olhos de ver?

O que impressiona nestas visitações a antigos textos que reproduzem diálogos multisseculares não é o conteúdo crédulo, ignorante, fantasista, mas o inesperado conhecimento que aquela gente demonstra da realidade espiritual.

Tomemos mais um espisódio que se preservou e que continua a sofrer leituras zombeteiras, irônicas e arrogantes. Trata-se do depoimento de certo Arnaud Gelis, colhido pelo mesmo competente, severo e zeloso inquisidor Jacques Fournier, bispo de Pamiers.

Temos à disposição, para essa finalidade, o texto de Le Roy Ladurie e o de Christian Bernadac, em *Le mystère Otto Rahn* (Editions France-Empire,1978, Paris).

Ambos abordam o assunto com a mesma olímpica superioridade e a mesma cortante ironia.

Ladurie vê o depoimento de Gélis pelas lentes de sua formação profissional. Depreende das informações do depoente à Inquisição que os mortos têm sua "estratificação social, nesse outro mundo que se parece com o nosso como um irmão". Os mortos andam, falam, transportam-se em carruagens. As mulheres usam roupas de seda. Gélis os vê como se vivos estivessem. E não estão? Meu Deus! Como se isto fosse a coisa mais absurda e ridícula do mundo. Há entre os 'defuntos' gente conhecida, como um tal Pons Malet, de Ax, que, por ter sido assassinado – suponho que a punhal –, mostra-se ainda a sangrar. Os médicos são vistos a perambular pelo leprosário local onde trabalharam em vida. Até os padres e bispos mortos vagam pelas suas antigas igrejas e conventos. E crianças, velhos e jovens. Tudo como aqui na terra dos vivos! Um horror!

Os textos são irônicos e seus autores aparentemente se divertem muito ao escrevê-los e certamente se interessam em divertir, com eles, leitores e leitoras. Não estariam, contudo, rindo-se de si mesmos? E se o mundo póstumo for mesmo como o descrevem os videntes?

Christian Bernardac dedica vinte e cinco páginas de seu bem documentado livro para contar a história do supradito Arnaud Gélis, de Pamiers, que se passa no século 14, e a de Thomas-Ignace Martin, de Gaillardon, Beauce, no final do século 18. Não que este tenha qualquer coisa a ver com

Os Cátaros e a Heresia Católica 209

o catarismo (ou será que teria?), mas porque se assemelham nas 'aventuras' – o termo é de Bernadac – que viveram em contato com os mortos.

Bernardac intitula o módulo em que trata do assunto no seu livro (p. 277 e seguintes) de "Uma seita de espíritas em Pamiers, em 1320."

> Escolhemos deliberadamente o termo espírita [escreve (p. 277)] para designar o grupo de heréticos que apresentamos ao leitor, a fim de estabelecer uma aproximação entre aquela gente do século 14 e aqueles de nossos contemporâneos – os quais, se acreditarmos em pessoas bem informadas, são mais numerosos do que se supõe – que mantêm ou acreditam manter intercâmbio habitual com os mortos.

Vejo-me – eu, HCM – perfeitamente enquadrado na categoria proposta pelo autor. Sou daqueles numerosos indivíduos que mantêm intercâmbio com os mortos, ainda que não dotado de faculdades mediúnicas para isso, dado que preciso recorrer a pessoas para isso preparadas. Você há de notar que eu não disse que *acredito* manter intercâmbio com os espíritos; disse que o faço. A redação de Bernardac me autoriza a escolha, dado que oferece duas opções: a dos que mantêm tal relacionamento e a dos que *acreditam* mantê-lo.

Na verdade, o correto seria, segundo Bernardac, "colocar os espíritas de Pamiers, em 1320, entre os devotos dos mortos", mas como Arnaud Gélis, líder da seita, considera-se intermediário – "digamos a palavra – médium" [escreve Bernardac (p. 278)], o grupo apresenta-se com suficiente semelhança com os espíritas modernos para que possamos nos permitir qualificar seus membros com o mesmo nome".

Além disso, "os fatos e os gestos nos são conhecidos e a descrição de seus erros consta do manuscrito 4030 da Biblioteca do Vaticano", na documentação relativa ao processo movido, em 1320, por Jacques Fournier, bispo de Pamiers e futuro Bento XII, papa de Avignon.

Em suma, tudo está bem documentado e estudado. Bernardac é um pesquisador atento e meticuloso. Ao publicar seu livro, em 1978, não tem dúvida alguma de que as práticas mediúnicas do século quatorze não diferem em nada das que podem ser observadas no século vinte. No que, aliás, não está muito errado. Com diferentes níveis de conhecimento e de ênfases neste ou naquele aspecto, espíritos e seres humanos encarnados sempre mantiveram alguma forma de intercâmbio, desde tempos inalcançáveis pela memória.

O autor, porém, está fazendo sutil, mas importante confusão nesse ponto. As práticas mediúnicas são, fundamentalmente, as mesmas através dos séculos, mas não as estruturas ideológicas e doutrinárias desenvolvidas para estudá-las e explicá-las. A doutrina dos espíritos somente seria compilada e metodizada – codificada é o termo – na segunda metade do século 19, pelo prof. Denizard Rivail (Allan Kardec). A rigor, não havia, pois, espíritas no século quatorze, e sim grupos ou indivíduos que mantinham intercâmbio com os 'mortos' através de pessoas dotadas de faculdades especiais para esse mister.

Bernardac confunde, portanto, práticas mediúnicas com espiritismo, mas não se lhe pode exigir a distinção de tais sutilezas. A pessoa pode ser médium – termo de que ele se utiliza com alguma relutância – sem ser necessariamente espírita e pode ser espírita sem ser médium. E aqui nem precisamos recorrer a textos especializados. Recorrendo ao Aurélio, verificamos que espiritismo é a:

> Doutrina baseada na crença da sobrevivência da alma e da existência de comunicação, por meio da mediunidade, entre vivos e mortos, entre os espíritos encarnados e os desencarnados.

Portanto, pessoas que mantenham intercâmbio com os mortos estão cuidando de práticas mediúnicas, sem ser, necessariamente, espíritas.

Resolvido, porém, esse ligeiro embaraço, Bernardac está certo em promover aquilo a que caracteriza como "aproximação" entre as práticas do século quatorze e as que ficaram como que regulamentadas nos textos da codificação espírita elaborada pelo prof. Rivail. Pessoas bem informadas a respeito do espiritismo certamente proporiam algumas correções às ilações e conclusões doutrinárias que 'confrades' e 'confreiras' do século quatorze possam ter elaborado a partir de seus trabalhos mediúnicos. Estaríamos, porém, todos de acordo em alguns pontos fundamentais. Estes, por exemplo: a) o ser humano sobrevive à morte do corpo físico; b) a alma tem um corpo sutil semelhante ao físico; c) a alma dos 'mortos' circula *horizontalmente*, no dizer de Ladurie, entre os vivos; d) manifesta-se visivelmente e se comunica oralmente ou por escrito com os que permanecem na carne; e) experimenta, no mundo póstumo, sofrimentos ou alegrias, segundo o comportamento que teve aqui, entre os chamados vivos.

Concordamos também com eles quanto à inexistência de céu, inferno ou purgatório em sentido, digamos, geográfico ou, no mínimo, topográfico. Isto são estados de espírito e representam consequências do severo autojulgamento da consciência de cada um perante a realidade de seus erros. Como poderiam estar em estado de felicidade e harmonia as entidades que massacraram impiedosamente os cátaros, por exemplo?

Não estaríamos de acordo, por outro lado, com a identificação de *demônios* atribuída a outras entidades igualmente 'mortas' que perseguem, castigam, maltratam e atiram os infelizes pelos despenhadeiros. Não há demônios, rivais de Deus, empenhados em perturbar a ordem cósmica. Há seres desarmonizados e alienados que deixam um rastro de perturbação por onde passam.

O importante, contudo, no depoimento de Bernardac é que ele nos propicia uma das raras evidências conhecidas de que os fenômenos por ele próprio escarnecidos e ridicularizados existiram de fato no contexto da civilização cátara, como, aliás, sempre houve, por toda parte, em todos os tempos. Os registros históricos e, principalmente, religiosos que sobreviveram ao inevitável desgaste do tempo atestam essa realidade: remotos textos orientais, Antigo e Novo Testamentos, entre muitos outros.

O que se infere do que diz Bernardac, portanto, é que os cátaros não ignoravam tais procedimentos que, segundo os textos evangélicos que muito bem conheciam, tão relevante papel exerceram na formatação do cristianismo nascente. Só temos a lamentar que tais realidades tenham sido excluídas, mais tarde, quando o cristianismo transmutou-se em catolicismo. Nesse infeliz período da história religiosa, a Igreja tornou-se, pelos seus próprios padrões, numa heresia.

Não há, pois, confronto entre a 'heresia' cátara e a ortodoxia cristã, e sim entre um cristianismo recuperado, reconstituído, resgatado na sua pureza e uma heresia vitoriosa que se outorgou o título e o poder de verdade única, como se destilada da mais pura tradição apostolar. Em outras palavras: no embate medieval entre catarismo e catolicismo este é que foi a heresia.

A teimosa persistência da realidade espiritual, de suas práticas e dos fenômenos que ela suscita testemunham em favor de uma verdade subjacente que os formuladores da doutrina católica decidiram ignorar por entender que não convinha aos seus propósitos. Um cristianismo espiritualizado, atento a essa realidade e empenhado em saudável intercâmbio entre vivos e mortos, como no cristianismo primitivo, jamais teria praticado o genocídio das Cruzadas ou os massacres morais e físicos da Inquisição.

Lamentavelmente ainda estamos sem saber até que ponto e em que profundidade os *parfaits* e as *parfaites* praticavam esse intercâmbio na intimidade mais preservada de sua instituição.

Tanto quanto podemos detectar, as fontes documentais de que se valem os historiadores do catarismo até hoje pouco ou praticamente nada dizem sobre isso. As raras referências, como as que estamos examinando neste capítulo, são tratadas com desrespeito, ironias e arrogância intelectual por gente despreparada para uma avaliação adequada da questão. Além disso, tais referências figuram em depoimentos obtidos sob pressão – inclusive torturas inomináveis – por pessoas fanáticas e insensíveis, convictas de que agiam em nome de Deus e do Cristo na preservação da única religião verdadeira na história e no universo. Não temos o testemunho sereno, descontraído, confiável, autêntico de quem estivesse realmente familiarizado com a presença dos seres invisíveis em nossas vidas e conhecesse os fenômenos e as práticas de intercâmbio com eles.

E se algum testemunho de melhor qualidade por acaso tenha sido colhido, teria sido fatalmente distorcido, deformado ou simplesmente eliminado por não interessar ao poder pressionante da época conservar quaisquer referências nesse sentido, simples e liminarmente tidas por heréticas, mentirosas, fantasistas, indesejáveis, inaceitáveis.

Arnaud Gélis foi convocado pela Inquisição não porque tenha participado ativamente do movimento cátaro, mas por ter sido "acusado – escreve Bernardac (p. 278) – de manter intercâmbio com as almas dos defuntos, de os ver, de falar-lhes e de receber deles incumbências junto de seus amigos; além do mais, de crer e professar doutrinas maculadas por heresias acerca do estado e do destino das almas".

Gélis não tinha culpa de ser médium. Os espíritos que ele via e com os quais conversava e dos quais recebia recados a serem transmitidos aos vivos, eram uma realidade indiscutível. A realidade que Gélis testemunhava não conferia com a que a Igreja adotava e impunha. Para o chamado cristianismo de então – e que perdura até hoje –, as almas dos 'mortos' têm de ficar quietinhas nos seus túmulos até o dia mágico da ressurreição da carne, quando então lhes seria dada a destinação final. Ainda que isto fosse admissível para as que tenham ido parar no purgatório, não se aplicaria a mesma norma para as que teriam ido para o céu ou para o inferno. Já não são, estas, destinações definitivas? Ademais, as almas pareciam ignorar os dogmas e as proibições e continuavam a se manifestar ao pobre médium.

Para desgraça de Gélis, ele as via por toda parte e com elas se entendia. Os sacerdotes mortos, por mais elevadas que tenham sido suas posições hierárquicas no mundo dos vivos – bispos e até arcebispos – não estavam no céu, e sim perambulando pelos lugares ermos, obviamente infelizes, perdidos, sem rumo nem destino.

E ainda mais espantoso: ele havia iniciado suas tarefas mediúnicas aí por volta de 1311 ou 1312, cerca de nove anos antes, sob a orientação de Hugues de Durfort, cônego da catedral de Pamiers! Foi um cônego, portanto, que levou Gélis para suas "macabras conferências" com os defuntos, no dizer de Bernardac.

Mas não era só Dufort que se apresentava aos colóquios com Gélis, mas "muitos outros veneráveis cônegos", como Hugues de Ros, Athon d' Unzent, Pierre Durand. O cenário em que se manifestavam era aquele mesmo que frequentaram enquanto 'vivos' – o claustro dos mosteiros ou as igrejas às quais estavam ligados. Até memo Bernard de Saisset, o falecido bispo de Pamiers, se mostrara por três vezes à vidência de Gélis, junto de sua sepultura, todo paramentado com suas vestes sacerdotais.

Além desses, eram muitos os leigos: Ponce de Malet, de Ax, que morreu assassinado, Ponce Brun, Raimond Burges, Guillaume Asnhac, Raimond Saisha e muitos outros, cujo nome Bernardac nem achou necessário relacionar. Via também muitas damas, claro, como Barchinona, mulher de Bernard Calmels, outra senhora do mesmo nome, esposa de Pons Fabre, Fabrisse Bathega, Plaisance, filha de Mengarde Pomiès, outra Fabrissa, mãe de Fabre de Saint-Bauzeil etc. etc. Tudo gente conhecida na comunidade.

Gélis exercia a penosa tarefa de elemento de ligação entre as duas faces da vida, recebendo e transmitindo recados de parte a parte.

Apesar das ironias e 'gozações' com as quais trata o médium, Bernardac faz justiça à sua honestidade. Seria um impostor? – pergunta-se o autor. E responde (p. 287):

> Parece que ele não procurou explorar seu macabro privilégio. Garante, e seus crentes o confirmam, não exigir qualquer remuneração pelas mensagens de além-túmulo. Recebe o que lhe dão, o que é muito pouco: alguma refeição, uns magros queijos, somas insignificantes de dinheiro. Não era, portanto, um aproveitador.

E, no entanto, a qualquer hora do dia ou da noite e onde quer que se encontrasse, nas igrejas, na rua, nas estradas, em sua casa ou pelos campos, os mortos, no dizer de Bernardac (p. 279), "o arrancavam de suas ocupações, de suas preces ou de seu repouso".

Num grupo espírita moderno bem dirigido e ordenado, Gélis seria aconselhado a disciplinar a utilização de suas faculdades, atendendo os espíritos metodicamente, em ambiente apropriado e a horas certas, em vez de exercê-las, como dizem os próprios franceses *à la diable*", ou seja, desordenadamente.

Ainda que os espíritos aconselhassem Gélis a manter em segredo o intercâmbio com eles, a notícia acabou por espalhar-se, mesmo porque o incumbiam de transmitir recados a familiares e amigos vivos. Dentro em breve, ele se tornaria conhecido como "o homem de Mas-Saint-Antonin[34] que falava com os mortos".

Em que consistiriam tais 'recados' dos espíritos aos vivos? Bernardac esclarece: eram pedidos de reparação póstuma ou de socorro para alívio de suas próprias dores e arrependimentos por meio de preces, missas, esmolas, lamparinas a serem acesas nas igrejas em intenção de suas almas. Eram conselhos ou repreensões, conforme o caso e o destinatário. Diz ainda o depoente – segundo Bernardac – que eles se aborreciam seriamente se as mensagens não fossem transmitidas com a devida fidelidade e precisão. Por outro lado, os vivos também queriam saber de seus mortos e isso ainda mais estimulava o relacionamento entre eles e difundia a notícia de que tal intercâmbio era possível desde que se tivesse um intermediário como Gélis.

Quatro mulheres, caracterizadas nos depoimentos como participantes do diálogo com os mortos, foram prontamente aprisionadas e levadas a depor perante o senhor bispo-inquisidor, como testemunhas, mas também como acusadas.

O pior, contudo, foi que certo Arnaud de Monesple, sacerdote de Saint-Antonin, acabou envolvendo-se no ilegal comércio com os defuntos. Era quem rezava as missas pedidas por eles. Bernardac declara que não ousaria dizer que ele estivesse mancomunado com Gélis, a quem considera "necromante", ou seja, pessoa que invoca os mortos. "A adesão do padre

---

[34] Se você, como eu, não sabia o que é *Mas*, devo dizer que se trata de uma palavra do provençal, a língua local, e que, por sua vez, vem do latim *mansum* (morada, casa de campo, pequena propriedade rural no Languedoc). Gélis, portanto, era "aquele homem da casa de Santo Antonin". Colho a informação do *Larousse*, conjugado com o meu fiel *Novíssimo Diccionario Latino-Portuguez*, (Santos Saraiva, Garnier, 1924, Paris), presente do caríssimo amigo Antônio de Souza Barbosa.

Os Cátaros e a Heresia Católica 215

à seita – comenta o autor (p. 280) – compreende-se menos do que a das ingênuas e supersticiosas mulheres. Supondo-se que (tal adesão) tenha sido real, ela não se explica senão por profunda ignorância, ou malícia verdadeiramente surpreendente."

E como viviam os mortos? Em que condições atuais e sob que perspectivas futuras? Que aparência tinham? Estavam vestidos? Enfim, a curiosidade de sempre, expressa em perguntas ditadas pela ingenuidade de quem nada sabe da vida depois da vida. Como as que foram formuladas por Pierre Cauchon, outro bispo (de Beauvais), cerca de um século depois e que, no dizer do Larousse, "adquiriu triste celebridade no processo de Joana d'Arc, que ele presidiu". Sobre a vestimenta das entidades, Joana respondeu à altura. "E o senhor pensa que Deus não tem com que vesti-las?"

Assim eram os 'fantasmas' com os quais Gélis se entendia. Vimos que Bernard de Saisset, falecido bispo de Pamiers, apresentou-se à visão do médium todo paramentado, como convinha à sua condição hierárquica. Vimos, ademais, que o cidadão assassinado ainda sangrava ou, por outra, ainda se via sangrando, congelado no tempo, entalado naquele momento que, a despeito de passado, ainda era, para ele, um terrível presente que a mente reconstruía sem cessar. Observamos também, que as entidades tinham corpos semelhantes aos que possuíram quando vivas e eram dotadas de "olhos, ouvidos, nariz e boca" e tinham, portanto, nos termos da ata inquisitorial, "a mesma aparência e a mesma *quantidade*", ou seja, se foram gordos ou magros, apresentavam-se como tal, cada um a seu jeito. Mas também continuavam fiéis às suas idades – velhos, moços, homens, mulheres e crianças. Os mortos, segundo Gélis, sentiam frio no inverno e tinham sede no verão.

Exceção feita a alguns previsíveis e compreensíveis deslizes ou fantasias, o depoimento reproduz com relativa fidelidade as condições de vida na dimensão póstuma, tal como as confirmam a prática mediúnica contemporânea e numerosos testemunhos dignos de fé.

Os mortos perambulam pelos lugares onde viveram, guardam um ar nostálgico, não se esquecem das pessoas amadas que ficaram e, podemos acrescentar, nem dos que os prejudicaram ou fizeram sofrer, mas disso não nos falam os registros consultados por Bernardac.

O que Gélis aprende com seus mortos não agrada em nada à vigilante hierarquia católica, dado que contraria frontalmente dogmas essenciais à sustentação das estruturas ideológicas da Igreja. Gélis não vê ninguém no céu, como também, é verdade, nem no inferno. Alguns se queixam de ter passado breves períodos de angústia no que lhes parece ter sido o purgatório. Ainda assim, os maus são punidos por suas maldades e os bons recompensados pelo bem que praticaram. No final de contas, aprende Gélis, todos serão salvos, até mesmo, segundo ele, os judeus, por intercessão pessoal de Maria. Além disso, ninguém precisa esperar o juízo final, pois não há ressurreição da carne.

Depreende-se, contudo, do texto que essas e outras 'heresias' desgostam também o autor do livro.

> O conjunto dessa estranha doutrina [escreve Bernardac (p. 284)] *procede, sem dúvida, da heresia cátara*. Por mais de um século, aquela seita praticara 'devastações' no sul da França e no território de Foix. A Inquisição bem que conseguira enfraquecê-la, destruindo seus líderes, mas, no final do século XIII, um grupo de *bonshommes* vindos da Lombardia, onde haviam se refugiado durante as perseguições, retomaram, sob o comando de Pierre Authier, de Ax, a pregação de suas antigas doutrinas e reuniram os velhos crentes da região de Foix e a de Toulouse. (O destaque é meu.)

Foi necessário, no dizer do autor, "toda a energia de um Geoffroy d'Ablis, de um Bernard Gui e de um Jacques Fournier (todos eles eficientes e severos inquisidores, lembro eu, HCM), foram necessários todos os esforços dos tribunais da Inquisição de Toulouse, Carcassonne e de Pamiers para combater e dominar aquele neocatarismo".

Nesse pronunciamento, Bernardac não apenas expõe com clareza sua rejeição ao catarismo, mas sua convicção de que as doutrinas que Gélis deduziu de sua prolongada convivência com os mortos eram de evidente inspiração cátara. Em outras palavras: o autor estabelece nítida vinculação cátaros-Gélis-espiritismo.

O que se confirma logo adiante, quando informa que "Os dogmas da seita (neocatarismo) estavam, portanto, difundidos na diocese de Pamiers à época em que Gélis começava a dogmatizar. O que se preservou em sua doutrina – conclui Bernardac (p. 284) – nos autoriza a crer que seu espírito fora nutrido de tais teorias."

Aos poucos, à medida que se encaminha para as conclusões deste módulo de seu livro, Bernardac vai revelando suas preferências pelos dogmas e preceitos ideológicos da Igreja católica. Claro que tem todo o direito de fazê-lo e merece nosso respeito por suas ideias. Talvez não seja essa,

Os Cátaros e a Heresia Católica 217

contudo, a melhor opção ao dissertar sobre uma situação histórica em que prevaleceu a força bruta da autoridade político-religiosa contra uma comunidade pacífica que pensava diferentemente acerca de relevantes aspectos da vida.

"A universalidade da salvação – comenta Bernardac (p. 285) – é, ainda, um erro neodualista."

Para ele, salvam-se apenas os católicos.

Não concorda, portanto, e é igualmente explícito nisso, com o conceito das vidas sucessivas ao longo das quais os seres expiam suas "imperfeições, passando de um corpo a outro, de 'túnica em túnica',[35] até que sejam todos recebidos na seita cátara, quando a heretização lhes proporcionaria o direito ao céu".

Não é, porém, a admissão à seita cátara que proporcionaria aquilo a que ele chama de "direito ao céu" – é o estágio mais avançado da perfeição, alcançada após longo processo de aprendizado e de prática de uma ética verdadeiramente cristã.

O que pensa ele, em suma, das doutrinas – cátaras, a seu ver – deduzidas pelo médium Arnaud Gélis, de sua convivência com os mortos?

> É fora de dúvida [escreve (p. 286)] que o relacionamento que ele pretende manter no dia-a-dia com as almas dos defuntos jamais existiu. A teologia católica ensina não ser permitido aos defuntos nem aos vivos atravessar à vontade o abismo cavado pela morte; Deus reserva exclusivamente a si mesmo o direito de autorizar as ligações entre os habitantes do outro mundo e os do nosso.

Além do mais, prossegue o autor, as doutrinas professadas pelos defuntos de Gélis são por demais heterodoxas, do que se depreende que tanto suas afirmações como as respectivas manifestações mediúnicas não passam de "puras fantasmagorias".

Reitera, pouco adiante, sua ressalva de que Gélis não era impostor, nem explorador da credulidade alheia, mesmo porque não vivia daquilo. Seria, contudo, algo assim como um desses pobres débeis mentais ("*esprits faibles*"), "dotados de viva imaginação e temperamento nervoso, que

---

[35] Os cátaros consideravam os seres encarnados espíritos revestidos de uma "túnica de pele". Ao final de cada existência, descartam-se da "túnica" e, ao se reencarnarem, em nova vida, vestem outra, novinha. Em outras palavras: a antiga, competente e clara doutrina da reencarnação.

se tornam joguetes, seja do espírito maligno (demônio?), seja, sobretudo, de suas próprias ilusões".

Conclui com eruditas considerações teológicas e concorda explicitamente com o enquadramento (em latim) adotado pelo tribunal inquisitorial, ao julgar o caso, no século 14, sob a incontestável autoridade do senhor bispo de Pamiers. Em suma: Bernardac acha bem possível que "tal como acontece *no espiritismo moderno*, o próprio diabo intervenha em lugar das pessoas desejadas, e que seja ele quem fala e age, que produz aos olhos de sua vítima – seu instrumento – quadros extraordinários e extravagantes. É essa a explicação admitida pelo tribunal de Pamiers, que qualifica A. Gélis de '*delusus per phantasmata diabolica*'."[36] Ou seja, um pobre sujeito iludido pelas fantasmagorias do diabo, o que, aliás, aconteceria, segundo Bernardac, ainda hoje, com todos nós, espíritas modernos...

Se não foi levado pelo demônio – admite o autor, como hipótese, aliás, de difícil verificação (p. 287) – então Gélis seria mesmo "vítima de suas próprias ilusões", produzidas por

> [...] um estado patológico e físico assaz[37] complexo: imaginação naturalmente inclinada a divagações, povoada de quimeras e de fantasmas; espírito singularmente ingênuo e supersticioso, pronto a aceitar, de um lado, as teorias mais ridículas e mais inverídicas – *como as que os cátaros difundiam pelas massas* –, e de outro, dispostos a admitir, em cega confiança, o testemunho dos sentidos (...), enfim, uma alma perturbada por falsos princípios, essencialmente mística e inclinada ao sobrenatural qualquer que seja, assim era Arnaud Gélis.

O destaque em itálicos é meu e serve para chamar a atenção para a evidência de que ainda temos historiadores contemporâneos avaliando o catarismo pelos mesmos padrões ideológicos e com os mesmos olhos e rancores que suscitaram o genocídio dos cátaros pela Cruzada de 1209 e pela Inquisição, que a sobreviveu.

---

[36] Esquecido, com boas razões, acho eu, do latim do ginásio, aprendido há cerca de sessenta e cinco anos, não preciso, contudo, do infalível Santos Saraiva para corrigir a citação de Bernardac à qual faltou um h depois do p de *pantasmata* (sic). Aproveito para acrescentar, no entanto, que, segundo o mesmo e sábio dicionário, *phantasma*, parente próximo de *fantasia*, aliás *phantasia*, quer dizer "ser imaginário, ficção, visão, aparência".

[37] Descubro, no Aurélio, que *assaz* é termo de origem provençal, outro nome para a língua falada no Languedoc. Bem-vinda ao português!

Os Cátaros e a Heresia Católica

É importante, contudo, o depoimento de Bernardac no sentido de que atesta, à sua maneira, é claro, o envolvimento das populações do Languedoc com relevantes aspectos da realidade espiritual. Podemos até concordar com ele, em que havia crendices e superstições a lamentar, naquele contexto. Ainda hoje as há, como, no entender do autor, a existência do demônio e sua interferência nas sessões mediúnicas praticadas pelo espiritisimo contemporâneo. Ainda não acham que os espíritos são fantasmas, ou seja, fantasias, ilusões, imagens fictícias? E ainda não dizem que o intercâmbio entre vivos e mortos só ocorre se e quando Deus o permitir? Teria Deus que avaliar caso por caso e permitir este e não aquele?

No entanto, ainda se pode ver, no que se considera equivocadamente como crendices e fantasias, um sólido conteúdo de verdades fundamentais ao melhor entendimento da vida, como sobrevivência do ser à morte corporal, vidas sucessivas, responsabilidade inalienável por nossos atos, palavras e intenções, comunicabilidade entre vivos e mortos, a existência de um corpo sutil do qual nos servimos na dimensão póstuma.

A despeito da visão deformada de alguns historiadores e da relutância quase unânime de tantos deles quanto à realidade espiritual embutida no ideário e nas práticas do catarismo, depoimentos como o de Christian Bernardac e de Le Roy Ladurie confirmam que tais especulações e práticas não eram estranhas às comunidades das quais participavam os cátaros.

Bernardac considera que "a superstição (...) encontrava-se, à época que estudamos, no fundo da alma popular, sobretudo na alma dos povos do Midi (sul da França)".

Do estudo do *Manuscrit de l'inquisition de Pamiers*, deduz Bernardac que os:

> [...] habitantes da região de Foix eram tão supersticiosos quanto ignorantes: as práticas da feitiçaria, dos encantamentos, da divinação e de outras ciências ocultas gozavam de grande prestígio entre eles; tinham, também, é verdade, o hábito de práticas devocionais, mas sua fé não era firme, nem esclarecida.]

Ou seja, não era a católica.

Uma pessoa razoavelmente bem informada sobre a realidade espiritual saberia perfeitamente que as práticas apontadas – feitiçaria, encantamentos, divinação e outras –, por mais sincréticas e 'ignorantes' que sejam ou possam parecer, têm um conteúdo espiritual legítimo e um componente mediúnico ou anímico.

Por estar assim, digamos, despreparada, entende Bernardac que a população do Languedoc ficava "à mercê do primeiro pregador de heresia que surgisse". Gélis teria sido um desses ignorantes, crédulos, supersticiosos, mas, acima de tudo, "dotado de imaginação sem nenhum lastro, de sensibilidade exagerada, provavelmente de um organismo desequilibrado; *a educação cátara desenvolvera nele os germes de um misticismo* que acabou deslizando por lamentável encosta".

Grifei novamente, para destacar a consistente postura do autor no sentido de vincular o catarismo às práticas tidas por ocultistas, fantasistas, místicas, heréticas e, portanto, inaceitáveis, como o seria, por inferência explícita, o espiritismo contemporâneo.

Infelizmente ainda não foi desta vez que ficamos sabendo de práticas ditas 'ocultistas' no recesso mais reservado do próprio catarismo. As pessoas que têm examinado o problema para nós não dispõem dos "olhos de ver", como – é justo admitir –, não encontram com facilidade referências suficientemente confiáveis a respeito do assunto nos textos recuperados aos suspeitíssimos e tendenciosos arquivos inquisitoriais. Para mim, os historiadores continuam a nos dever isso.

Não é de se esperar, por outro lado, que os líderes cátaros, mesmo que interrogados sob a pressão das torturas, resolvessem falar, livre e detalhadamente, de suas doutrinas e de suas práticas.

Como reconhece o próprio Bernardac (p. 289), não exatamente com estas palavras, Gélis jamais teria seu nome e seus feitos preservados na história do catarismo senão tivesse tido a duvidosa ventura de ter sido interrogado por um inquisidor – aliás, muito competente e minucioso –, que acabaria sendo eleito papa. Seu depoimento está devidamente documentado em um venerável *in-folio* de pergaminho, na biblioteca do Vaticano.

O módulo do livro em que Bernardac cuida do caso Gélis traz, ainda, um relato acerca dos fenômenos ocorridos no início do século dezenove com Thomas-Ignace Martin, simples trabalhador braçal de Beauce, recebido pessoalmente pelo rei Luís XVIII, que teve sua história contada em oito páginas do livro *Les mémoires d'une femme de qualité*.

Martin vivia na região de Gallardon, a quatro léguas[38] de Chartres, contava trinta e três anos, era casado e tinha quatro filhos, simples, bom e

---

[38] Unidade (antiga) de medida itinerária, no elegante dizer de Aurélio. Ou seja, distância a ser percorrida de um ponto a outro. Varia muito sua 'tradução' em metros, nos diferen-

sólido camponês, subitamente arrancado do anonimato por um episódio inusitado.

Eram duas e meia da tarde, no dia 15 de janeiro de 1819 – os documentos oficiais registram tudo meticulosamente –, e Martin trabalhava no campo, como de hábito, quando se apresentou diante dele, sem que ele soubesse de onde surgira, um indivíduo de uns cinco pés e uma ou duas polegadas (baixinho, portanto), magro, rosto igualmente magro e alongado, delicado de corpo e muito branco. Vestia um redingote[39] de cor amarelada, totalmente fechado e que descia até os pés. Os sapatos estava amarrados por cordões e a figura trazia à cabeça um chapéu redondo e alto.

O que desejava o cavalheiro? Nada menos que ele fosse dar um recado ao rei da França. Luís XVIII estaria, segundo a aparição, correndo sérios perigos, ele e toda a nobreza. Havia uma conspiração de "gente má" em andamento e já circulavam cartas e se tramavam conchavos subversivos para a derrubada do rei.

A conversa foi longa e difícil. Martin poderia ser ignorante, mas não era burro. O homem parecia conhecer tanta gente importante. Por que razão trazia o problema para um pobre camponês? Ou, melhor ainda, por que não iria diretamente ao rei para lhe falar de suas preocupações com a estabilidade do trono?

Bem, a história é um tanto comprida, ainda que fascinante, mas como não disponho aqui de muito espaço e o caso nada tem com o catarismo (ou tem?) vamos logo ao seu fim. Depois de muitas peripécias e negociações, Martin teve, afinal, acesso ao rei e falou com ele pessoalmente e sem testemunhas, dando-lhe o recado do homenzinho do redingote, que agora sabemos o que é.

Bernardac faz breves considerações finais, parece que feliz por não ter Martin despertado à época maior atenção pública. Felizmente ele vivia numa região "menos privilegiada", do que, certamente, a do Languedoc, apesar das preferências dos gnósticos (??) por Chartres. Não sei do que ele está falando.

---

tes países. No Brasil costumava ser de 6.600 metros, no Canadá (ver *Larousse*) eram três milhas. Na França a légua postal era de 3.898 metros, a marítima, cerca de três milhas. A milha correspondia a mil passos. De quem? Perna comprida ou perna curta? No caso do lugar onde vivia Martin seriam cerca de dezoito quilômetros (4 x 4.445 metros = 17780 metros).

[39] Salve-nos, Aurélio! Redingote, do francês, que, por sua vez, foi buscar a palavra no inglês – *riding coat* – e isto eu sei: *casaco de montaria*. Trata-se, portanto, de um casaco (feminino, diz *Aurélio*) ajustado à cintura e que se alarga para baixo.

Conclui seu capítulo ainda irônico. Monsieur Bernardac acha extremamente divertida essa história de espiritismo, antigo ou moderno.

> Parece-me, enfim [escreve (p. 298)] impossível encerrar este capítulo sem vos anunciar – com uma enorme gargalhada ["*éclat de rire*"] – a grande novidade: "Pierre Authier, o último 'bispo' cátaro voltou ao nosso meio. Ressuscitou de entre os mortos sob o nome de Werner Rihs. Glória à sua cidade natal Ax-les-Thermes, no Ariège."

Na verdade, não é bem isso, como veremos, mas é o que vê o autor e o que nos conta.

Em primeiro lugar, portanto, algumas correções. Fico com a grafia proposta por Michel Roquebert e Anne Brenon: o homem se chamava Pierre Authié, e não Authier. Em segundo lugar, não teria sido ele o último "bispo" – entre aspas, aliás, no texto de Bernardac –, e sim Bélibaste, sobre o qual Roquebert escreve (pp. 490-494) um módulo intitulado "*Guillaume Bélibaste; le dernier des Bons Hommes*", ou seja, o último *parfait*.

Em terceiro lugar, Bernardac, despreparado para esses 'divertidos' aspectos do espiritismo, confunde compreensivelmente reencarnação com ressurreição e, ainda, com manifestação mediúnica.

A história é a seguinte: Werner Rihs, nasceu em 27 de outubro de 1907, em Safnern, na Suíça, passou a infância em Tramelan, no Jura suíço, estudou teologia, foi pastor da congregação adventista e depois evangelista (?). Atraído pelo estudo das religiões comparadas, teve o interesse despertado particularmente pelo catarismo, assunto que o levou a escrever seu primeiro livro, *Le manuscrit de Montségur* (Editions D3, 1976, Genebra).

Rihs teria recebido uma "mensagem misteriosa" segundo a qual deveria ir à região onde fica Montségur, o antigo reduto cátaro. Lá chegado, foi conduzido a um "castelo" igualmente misterioso, onde Pierre Authié lhe confiou a guarda do "Tesouro de Montségur".

O livro tornou-se "um *best-seller* da literatura 'catarizante', talvez porque – escreve Bernardac (p. 299) – se trata da maior '*escroquerie*'". Você sabe que *escroquerie* quer dizer patifaria, vigarice etc.

Seja como for, Werner Rihs encontrou-se lá com um velho senhor que o atraiu para uma biblioteca, onde teve a impressão de estar entrando num santuário e onde o desconhecido identificou-se como sendo Pierre Authié.

Os Cátaros e a Heresia Católica 223

Segue-se um diálogo algo surrealista, no qual a entidade se mostra profundamente interessada em saber o que ainda se diz de Authié entre os vivos contemporâneos.

Rhis cita alguns nomes: Fernand Lequenne, Otto Rahn e Déodat Roché. (Salto, neste ponto, alguns parágrafos, dado que veremos, mais adiante, neste livro, um pouco da história de Authié.)

Segundo Rhis, Otto Rahn – sobre o qual também falaremos no capítulo sobre o envolvimento do nazismo com o catarismo – escreveu em *La croisade contre le Graal*, que Authié teria revelado à Inquisição, no seu depoimento, "certos (não explicitados) segredos albigenses", ou seja, do catarismo. Rahn teria mencionado também nesse livro "o famoso tesouro cátaro" e que, finalmente, Authié-espírito mencionou a Rhis a "existência de uma literatura cátara escondida e secreta".

Não consegui um exemplar do livro de Rahn, aliás, autor controvertido e raramente ou nunca mencionado pelos historiadores mais destacados do catarismo, exceto René Nelli, que cita na bibliografia de *Les cathares* (p. 208), *La croisade contre le Graal* e *Luzifers Hofgesinde* (*A corte de Lúcifer*). Este livro foi traduzido pelo próprio Nelli, mas ainda estava inédito, em 1972, quando saiu a edição de *Les cathares* pela Marabout.

Foi precisamente para conhecer um pouco mais sobre Rahn que comprei *Le mystère Otto Rahn*, de Christian Bernardac.

Não cometo a injustiça de afirmar, precipitadamente e sem maior exame, que a narrativa de Werner Rhis seja "uma grande patifaria". Pode até conter aspectos fantasiosos, mas o fato em si de alguém encontrar-se com entidades materializadas ou simplesmente manifestadas mediunicamente não autoriza ninguém a considerá-lo vigarista.

Aliás, Bernardac, como vimos, reproduz de documentos que merecem a melhor fé pública o curioso fenômeno em que uma entidade se manifesta, em plena luz do dia, ao honesto campônio Thomas-Ignace Martin e acaba convencendo-o a levar uma mensagem de advertência ao rei Luís XVIII. E o rei o recebe e o ouve com o devido respeito e atenção.

Como vimos alhures neste livro, Nelli também conta fenômenos "parapsicológicos" que teriam ocorrido lá mesmo em Montségur, com o engenheiro A. A., tanto quanto com M. P., outra pessoa dotada de faculdades mediúnicas. Estamos lembrados de que este último encontrou-se subitamente na presença de três monges orientais (tibetanos?) surgidos do nada e logo de volta ao invisível.

Nelli tem suas dúvidas e reservas quanto aos episódios que relata, mas dá ao assunto um tratamento digno e respeitoso, como convém.

Não há como garantir que seja inteiramente verdadeira a história do encontro de Rhis com o espírito (materializado?) de Pierre Authié nas vizinhanças de Montségur, mas caracterizar a experiência como pura vigarice e rir escancaradamente dela, sem mais aprofundados exames, constitui, no mínimo, demonstração de arrogância e despreparo cultural.

Por outro lado, se a visão ou o encontro de Rhis com o espírito de Authié é autêntica – e não temos como confirmá-la ou negá-la –, então, Rhis não pode ser a reencarnação de Authié. Não se observa, pelo menos no texto transcrito do livro, que Rhis tenha afirmado ter sido Authié reencarnado. Não poderia ele conversar com a entidade que teria sido ele próprio em existência anterior.

Vejamos, contudo, como conclui Bernardac seu relato:

"Desejo – escreve (p. 302) – não me enganar ao afirmar que tal cúmulo do ridículo e da credulidade jamais será superado. Mas, quem sabe?"

Paradoxalmente, no entanto, Bernardac, que se revela tão despreparado para um tratamento condigno à fenomenologia mediúnica, é quem mais claramente identifica um conteúdo "espírita" – o termo é dele – nos ensinamentos, quiçá, nas práticas do catarismo.

Para encerrar este capítulo, creio necessário alinhavar algumas reflexões, senão conclusivas, pelo menos de acabamento. A proposta inicial aqui considerada foi a de que o catarismo, sem procurar demolir o modelo de cristianismo medieval, tinha, de fato, uma proposta renovadora, ainda que, paradoxalmente, redesenhada a partir de um cuidadoso resgate das singelas práticas e dos ensinamentos que documentos primitivos mais confiáveis haviam preservado. Em outras palavras: o catarismo era, sim, uma proposta de reformatação do modelo adotado pela Igreja medieval.

No entender dos pensadores cátaros era preciso começar tudo de novo, a partir das origens. Daí os atritos, os choques e, finalmente, o conflito, que somente cessou com a radical extirpação do movimento contestador, primeiro pelas armas, em seguida, pela Inquisição. Se a Cruzada já era uma insensatez, por se colocar como disputa armada de cristãos contra cristãos, a Inquisição foi um desatino inqualificável de crueldade, insensibilidade e fanatismo, praticado em nome do Cristo e para maior glória de Deus.

As consequências daqueles desvarios foram desastrosas não apenas para o pensamento religioso, mas – e principalmente – para o projeto evolutivo do ser humano, como indivíduo e como sociedade. O estrangulamento do catarismo provocou, no dizer de René Nelli, "o aborto de uma civilização". Segundo o ilustrado pensador, as conquistas da Revolução Francesa chegaram com quinhentos anos de atraso. E ele nem quis comentar que vieram manchados do sangue dos guilhotinados que, por um tempo, chegou até a colorir de vermelho as águas do Sena.

Qual seria, portanto, a sociedade de hoje, se o modelo cátaro de releitura religiosa houvesse prevalecido? Não temos como saber. Sabemos, contudo, pela perspectiva que o tempo nos proporciona, que era um projeto muito mais abrangente e integrado do que todos quantos tenham sido experimentados desde então.

Era o projeto do Cristo. Não uma religião teórica, teológica, dogmática, ritualista, hierarquizada, interessada na montagem, ampliação e preservação de um núcleo de poder, mas um código de procedimento fundamentado no amor ao próximo, à verdade, à justiça social, à liberdade, à tolerância e à paz. Uma sociedade, enfim, na qual cada um tivesse seu espaço, seus direitos, deveres, compromissos, responsabilidades e oportunidades. Na qual ninguém precisasse e nem desejasse ou pudesse eliminar aqueles que fossem diferentes ou pensassem de modo diverso. Ao contrário, todos estariam convidados a conviver criativamente com a diversidade, a grande propulsora do mecanismo evolutivo individual e coletivo, material e espiritual.

Procurei, ainda, neste capítulo, responder a uma questão que ainda persiste: há espaço no modelo cristão legítimo – o do Cristo – para a realidade espiritual? Sei que a resposta formal, apressada e até impensada a que estamos acostumados é a de que sim, há, mesmo porque – nos dizem – essa realidade é da própria essência do cristianismo. *Deveria* ser, de fato, mas *ainda* não é. O que existe sob esse rótulo no cristianismo institucionalizado, infelizmente, é uma espiritualidade deformada, incongruente, incompatível com a realidade que lemos nos próprios textos primitivos do cristianismo nascente.

A alma existe, sim – admite-se –, mas é criada uma por uma, para cada ser que nasce, sem passado, sem memória e, no entanto, já marcada pelo pecado. Ao morrer o corpo, vai para um céu de eterna felicidade ou para o inferno de igualmente eterno sofrimento. Ou, então, fica provisoriamente detida num limbo purgatorial no aguardo de destino definitivo. A sobrevivência do ser é, também, uma verdade, mas só se realiza em sua plenitude quando a alma resgatar cada perdida célula de seu corpo físico desfeito para nele se reintegrar. Mas os bons mortos já não estão no céu e os maus, no inferno, mesmo sem os corpos físicos?

E os 'mortos', mesmo sobreviventes, não podem se comunicar com os 'vivos'?

E que justiça seria essa da lei divina que faz nascer seres desajustados física e moralmente, ao lado de irmãos e irmãs, belos de corpo ou de espírito, ou de ambos?

Os cátaros tinham respostas inteligentes para muitas, senão todas essas incongruências. Melhor ainda, o cristianismo tem as respostas. Não, infelizmente, os modelos cristãos que ainda prevalecem em nossos dias, e sim, o antigo, o simples, puro e esquecido, que falava das vidas sucessivas – É preciso nascer de novo... –, da dor como consequência do erro; da felicidade e da paz como construções do amor; do sim, sim; não, não, sem juramentos, ou falsidades; de Deus como criador supremo, único, amoroso, não o Deus zangado e vingativo de antanho.

Lamentavelmente, não deram tempo suficiente ao catarismo para reformatar a sociedade trabalhando com o ser humano, um por um, sem violência ou imposições, mas pelo convencimento, pelo exemplo. "A fé – dizia Bernardo de Clairvaux – deve resultar da persuasão, não da imposição."

8 – As Duas Faces da Cruzada

Vimos alhures, neste livro, que as primeiras execuções de cátaros na França ocorreram em Orléans e Toulouse, em 1002. A heresia já começava, portanto, a incomodar ou, talvez, a preocupar, de vez que os dez condenados – à fogueira naturalmente – eram cônegos na igreja da Santa Cruz.

Ao que parece, a Igreja tentou conviver com o problema por mais algum tempo, na esperança de erradicar a heresia, como fizera com outras no passado e como estava certa de poder fazer no futuro com outras tantas. Digo isso porque somente em 1049 o problema da nova heresia foi debatido num concílio – o de Reims.

Os heréticos continuaram a ser incinerados esporadicamente em 1077, 1114, 1126, 1172 e 1200, mas ainda não se cuidara de uma articulada e decisiva ação coletiva sobre eles, se bem que o assunto fosse debatido cada vez mais insistentemente nos diversos concílios: o de Tours, em 1163, o de Lombez, em 1165, o Décimo Primeiro Concílio Ecumênico, terceiro de Latrão, em 1179, que, por instigação do papa Alexandre III, vota um anátema contra os albigenses.

Devemos nos lembrar, ainda, que, em 1145, a Igreja tentara, sem êxito, a reconversão dos heréticos, valendo-se do prestígio e do carisma pessoal de Bernardo de Clairvaux, morto em 1153 e canonizado em 1174.

Em 1180, ano seguinte ao do Concílio de Latrão, o papa toma uma decisão inusitada, mandando o legado Henri (Enrico?), cardeal e bispo de Albano, pregar uma Cruzada contra os heréticos do Sul da França. Estava, portanto, lançada a ideia de uma campanha militar contra os cátaros, mas a cruzada somente se poria em marcha para o Languedoc

29 anos após, em julho de 1209, graças à determinação do papa Inocêncio III.

Vejamos como isto aconteceu e por quê.

É certo que o catarismo passou de uma heresia incômoda e localizada aqui e ali a um movimento bem articulado, em franca expansão, preocupante e, mais adiante, ameaçador e temido; conseguira atrair as simpatias das extremidades sociais – nobres e pobres – e de grande parte dos que ficavam entre uma e outra. Menos, naturalmente, e por óbvias razões, o clero. Até entre estes, contudo, não faltou quem se sentisse atraído pela doutrina e pelo comportamento dos cátaros, como vimos.

Encontramos em Michel Roquebert (p. 24 e seg.) algumas reflexões sobre isso, ou seja, por que os teólogos católicos consideravam os cátaros como assumidos neomaniqueus ou, simplesmente, maniqueus, "quer dizer, tudo, menos cristãos"? Roquebert propõe uma ampliação do escopo da pergunta, que formula nestes termos: "... por que essa verdadeira alergia, desde os Pais da Igreja, no segundo século, acerca de qualquer resposta que, recusando-se a buscar a fonte do mal na liberdade do ser humano, prefere atribuí-la a *outro princípio* que não o Deus supremo e bom"?

Os itálicos são meus, de vez que o historiador não aceita – corretamente, aliás – a apressada interpretação de que os cátaros seriam dualistas radicais a ponto de precisarem de dois deuses para justificar a existência do mal sem atribuí-lo a Deus.

A referência aos primitivos teólogos cristãos – chamados Pais da Igreja – é oportuna para que Robert demonstre com meridiana clareza que o dualismo foi rejeitado inapelavelmente por Irineu, antes do ano 180, por Tertuliano, pouco antes do ano 200, e Hipólito de Roma, dez anos mais tarde, no combate que empreenderam contra o gnosticismo "mentiroso".

Em outras palavras: cristalizou-se a postura segundo a qual a doutrina cristã ortodoxa que se estava construindo aos poucos não admitiria reservar qualquer espaço para leitura evangélica que tivesse qualquer conteúdo dualista.

Chama Roquebert a atenção para o fato de que aqueles três teólogos viveram antes de Mani, o formulador do maniqueísmo, que somente iria nascer em 216. Irineu, lembra Roquebert, denunciava, aí pelo ano 180, aspectos doutrinários idênticos aos que figurariam no ideário cátaro, cerca de oitocentos anos mais tarde. O que "basta – escreve (p. 25) – para mostrar que este último (o catarismo) nada deve a Mani..."

Os cátaros, portanto, não eram maniqueus, mas, como temos aqui insistido, tinham conexões com a corrente filosofico-religiosa que, de tempos em tempos, reemerge na história da evolução das ideias, com os mesmos ou muito semelhantes princípios, tais como: o dualismo corpo/espírito, preexistência e sobrevivência do ser, vidas sucessivas, responsabilidade cármica, comunicabilidade entre vivos e mortos. A visão que tinham de Deus, por outro lado, era mais ampla e profunda do que a divindade um tanto 'paroquiana' que somente criara e cuidava de seres inteligentes na Terra, ínfimo terceiro planeta de nossa modesta estrela de quinta grandeza situada nos arrabaldes de uma galáxia entre muitas e muitas outras. O resto do universo seria despovoado.

No entender das lideranças católicas da época, portanto, era essa 'mentirosa' doutrina que os cátaros estavam cuidando de implantar no Sul da Europa a partir das imediações do ano 1000. E o pior é que estavam alcançando inesperado êxito, incompreensível aceitação e perigosíssima expansão. Era preciso parar os cátaros. De qualquer maneira, qualquer que fosse o custo em termos éticos, religiosos, sociais, econômicos, bélicos e políticos, especialmente políticos, aliás, dado que a perseguição à heresia abria oportunidade para justificar uma campanha de conquista territorial.

Seja como for, eram sensíveis as diferenças entre o catarismo e o modelo de cristianismo da época, tanto doutrinariamente como em termos de prática e movimento. "... o catarismo – lembra Roquebert (p. 34) – acampara-se em posições radicais que haviam sido as da Igreja dos primeiros tempos".

O combate ideológico começara, há cerca de duzentos anos, bem antes, portanto, de ir para as sangrentas batalhas e para o terrorismo inquisitorial.

Rótulos como dualismo, neomaniqueísmo, seita, heresia e termos como cátaro, *parfait/parfaite*, – que passariam a identificar o movimento, a doutrina e seus participantes daí em diante – foram criados e aplicados pela Igreja que, de tolerante, passou a hostil, adversária e, finalmente, inimiga. Essa terminologia, adverte Roquebert, é "inadequada" e, embora usada até hoje, "por simples comodidade – insiste –, dado que a tradição historiográfica a fixou", não corresponde à realidade dos fatos. Os cátaros não adotavam entre si e nas suas pregações nenhum desses termos. Não se consideravam cátaros (puros), nem *parfaits* ou *parfaites* (perfeitos e perfeitas) e, claro, nem heréticos, maniqueístas ou componentes de uma seita. A si mesmos referiam-se como bons cristãos ou cristãs, ou, simplesmente, bons homens e boas damas.

Em 8 de janeiro de 1198, Giovanni Lotário, conde de Segni, tornou-se papa aos trinta e oito anos de idade, sob o nome de Inocêncio III. Vinha disposto a concretizar os propósitos de seu antecessor e até o fim de seu termo, na santa Sé [morreu em 1216], não se desviou por um instante – assegura Roquebert (p. 98) –, da luta contra a heresia. Acreditava na superioridade do poder religioso sobre o civil e sonhava com uma República cristã de amplitude planetária, ou seja, pretendia conferir à Igreja o poder político universal.

Pelo que tenho lido e relido a respeito desse período histórico, não há unanimidade entre os historiadores na avaliação da estatégia de Inocêncio III para acabar com a heresia cátara. Isso me confundiu por algum tempo, na formação de minha própria opinião a respeito. Para não nos perdermos nos detalhes, temos de nos limitar a uma escolha que talvez você que me lê considere arbitrária. Garanto-lhe o direito de escolher outra. Quanto a mim, decidi pela palavra de Roquebert, como poderia ter optado pela visão de Anne Brenon, Nelli ou Duvernoy, para citar apenas uns poucos.

"Constitui erro, frequentemente repetido – escreve o autor escolhido (p. 98) – crer que Inocêncio III iniciou sua luta contra o catarismo occitano por uma espécie de frágil bondade e generosa política de persuasão..."

Não foi nada disso. Roquebert considera uma atitude desdenhosa considerar que o papa teria promovido a campanha militar somente por causa do fracasso da "cruzada espiritual" ante a má vontade dos occitanos aos generosos apelos no sentido de regressarem ao seio da "única e verdadeira Igreja".

Mais justificado do que nunca se sentiria o papa, na sua determinação de acabar com a heresia, depois do brutal assassinato de seu legado Pierre Castelnau, no início de 1208. A verdade, porém, é que "Contra os heréticos e seus protetores – conclui Roquebert – (o papa) apelou logo de início para os meios radicais."

Não havia ainda decorrido três meses de papado, quando Inocêncio III despachou para o arcebispo de Auch a primeira das muitas cartas que escreveria com o mesmo propósito de suscitar uma repressão mais consistente, ordenada e, sobretudo, violenta contra a heresia.

A ordem ao arcebispo era no sentido de que tomasse as indispensáveis medidas contra o "crime audacioso e diabólico". A estratégia recomendada deveria estar atenta a duas frentes distintas e complementares: primeira, caçar os heréticos; segunda, punir com rigor todos os que protegessem ou mantivessem intercâmbio com eles, isto é, com seus cúmplices. "Se necessário – acrescenta Sua Santidade –, pela força da espada material, por meio dos nobres e do povo."

É preciso lembrar que desde 1179, no Terceiro Concílio de Latrão, já se outorgara aos bispos e arcebispos o poder (e o dever) de requisitar a força do poder temporal dos príncipes para combater os inimigos da Igreja, ou, eufemisticamente, da fé católica.

O arcebispo de Narbonne transmitiu burocraticamente a recomendação do concílio ao clero de sua província religiosa. Mas nem ele próprio e nem seus bispos e abades tomaram qualquer providência a respeito.

Já o arcebispo de Reims interpretou a decisão conciliar ao pé da letra e, com a cobertura militar do conde Philippe, da Alsácia, desencadeou violenta campanha – "com a brutalidade que se conhece" anota Roquebert (p. 99) –, mandando prender e queimar uma quantidade de heréticos suficiente para deter o crescimento do catarismo na sua região.

A carta de Inocêncio III ao arcebispo de Auch tinha por objetivo chamar o clero occitano ao dever de acabar com a tolerância em relação ao catarismo. Na verdade, como assinala Roquebert, alguns dos bispos da região nunca haviam visto um cátaro; eram, contudo, os mais próximos dos condados de Toulouse e Foix, onde o catarismo florescia sob o olhar complacente e até participante de importantes figuras da nobreza. Raymond VI, conde de Toulouse, o mais poderoso de todos, era tido por um sujeito tolerante e pacífico e, no dizer de Pierre des Vaux-de-Cernay, o cronista da Cruzada, um *croyant*, assíduo frequentador das prédicas cátaras.

Não se sabe muito das simpatias pelo catarismo de outro importante príncipe, Raymond-Roger Trencavel – conde de Foix a partir de 1188 –, mas sua irmã, a legendária Esclarmonde, de destacada presença na história do catarismo, e Philippa, sua filha, foram ambas elevadas à condição de *parfaites*.

A esperança do papa era a de que o arcebispo de Auch pudesse, de alguma forma, influenciar os clérigos das regiões vizinhas, fora de sua alçada, a assumirem atitude mais firme contra a heresia. O problema está em que a esperança precisa ser também realista – a do papa não era; a do arcebispo foi: não tomou e nem tinha como tomar qualquer medida para colocar em marcha a pretensão de Roma.

É provável que o papa já contasse com isso, dado que, três semanas após o documento de 1º de abril ao arcebispo de Auch, e sem esperar pelo resultado de suas determinações, despachou uma espécie de circular, em termos semelhantes, aos arcebispos de Aix, Embrum, Arles, Vienne, Lyon, Narbonne e Tarragone. Dirigiu-se também ao clero menor e, ainda, "a todos os príncipes, condes, barões e a toda a população de suas respectivas dioceses".

Tratava-se, pois, de uma convocação, verdadeira mobilização geral contra os hereges. A fim de fiscalizar o cumprimento de suas instruções, enviou para a região frei Rainier, seu próprio conselheiro e confessor, e frei Guy, um monge cisterciense, investidos do poder de excomungar os recalcitrantes e de interditar suas terras.

Determinava, além disso, que todos "se armassem contra os hereges", que a santa Sé lhes asseguraria "o mesmo (tipo de) perdão concedido, pelos seus pecados, aos que fazem peregrinação a São Pedro (Roma) ou a São Tiago (de Compostela)".

Ficavam também os detentores do poder temporal – nobres e dirigentes em geral – incumbidos de confiscar os bens dos que não se submetessem, heréticos que se recusassem a abandonar os locais onde viviam e os cúmplices que se obstinassem em tolerá-los.

A ideia de despojar de suas propriedades os que apoiassem os heréticos consolidara-se na mente de Inocêncio III e adquiriria em breve força de lei na legitimação da Cruzada. Só faltava a oficialização da medida, o que foi feito em 25 de março de 1199, quando o papa promulgou uma decretal, na qual a Igreja "como magistratura suprema", instituía "a medida de privar de seus bens todos os culpados de crime contra a coisa pública, ficando entendido que o mais grave de tais crimes é a heresia".

Os executores de tais determinações eram os nobres e senhores. Se se recusassem a cumprir a nova 'lei', estariam sujeitos às velhas e temidas penas de sempre – excomunhão e interdição de suas propriedades.

E isso não era apenas uma nova ameaça, de vez que seria posta em prática posteriormente, como ainda veremos.

Estava inaugurada uma tenebrosa era de repressão que acabaria se convertendo em terrorismo.

Com essas drásticas providências, a santa Sé entendia resolvida, afinal, a incômoda ameaça da crescente propagação do catarismo.

Mais uma vez, contudo, enganou-se o papa, que, aliás, logo se deu conta disso. Se, de um lado, a má vontade dos barões e a do povo neutralizavam qualquer movimento repressivo contra a heresia, de outro, o apático clero da região demonstrou, no dizer de Roquebert (p. 107) – "culpáveis indiferença e inércia". Mais do que isso, contudo, na avaliação descompromissada do povo, era desfavorável a situação da Igreja católica em relação ao catarismo. De um lado, riqueza, poder, arrogância, corrupção; de outro, um despojado movimento religioso renovador, convivendo no dia-a-dia com as necessidades materiais e espirituais da gente humilde por toda parte.

Mesmo à distância, Inocêncio III tinha condições e percepção suficientes para admitir que antes de revestir-se de moral para combater a heresia, tinha de pôr em ordem sua própria casa. Mas, por onde começar? O que fazer?

Numa segunda carta ao arcebispo de Auch, exigia providências para pôr fim à acumulação de benefícios eclesiásticos, impor sanções contra sacerdotes prevaricadores e promover o retorno dos monges errantes aos seus respectivos conventos.

Não tardaram alguns exemplos da reação a tais ordens:

1) Othon, bispo de Carcassonne, renunciou, alegando as canseiras da idade, após vinte e oito anos de episcopado. Para a vaga aberta, o papa nomeou Bérenger, sobrinho de Othon e arcediago, anti-herético assumido e reconhecido como tal, mas o povo não o reconheceu e o rejeitou explicitamente, recusando-se a qualquer contato com ele. Sucedeu-o Bernard-Raymond de Roquefort, de família nobre, como tantos outros. Este foi aceito pelos carcassonenses pela razão muito simples de que sua mãe era uma *parfaite* e três irmãos seus eram *parfaits*. Não iria, portanto, perseguir os cátaros; o que evidencia as simpatias da população local pelo catarismo. Bernard-Raymond somente seria deposto em 1211, com o apoio da força bruta da Cruzada, e substituído por Guy, cisterciense de 'confiança', abade de Vaux-de-Cernay, tio de Pierre, monge-cronista (historiador).

2) Em 1200 morreu Fulcrand, bispo de Toulouse, desmoralizado pelo lastimável estado geral e de endividamento de seu bispado. Mesmo assim, não faltaram ambiciosos que disputassem o prestigioso cargo pelo jogo habitual de intrigas e conchavos. Ganhou Raymond de Rabastens, arcediago de Agen. Três anos mais tarde, o novo bispo dilapidara ainda mais as finanças do bispado, numa guerra pessoal contra um de seus vassalos. Os legados pontifícios da região abriram uma sindicância para apurar os fatos. Logo se descobriu que, para ganhar o posto, ele comprara seus eleitores. Raymond foi deposto por simonia,[40] juntamente com seu preposto.

Foi substituído por Foulque, abade de Thoronet, na Provence. Este era filho de um rico mercador genovês e já se fizera conhecido como trovador, sob o nome de Foulque de Marselha. Dizia-se que, por causa de uma decepção amorosa e a morte de seus generosos protetores, resolveu entrar para a vida religiosa. O bispado de Toulouse não passava, para ele, de um sinecura.[41] Era mais um bispo que a valente população de Toulouse não conseguiu aceitar. Revelou seu lado fanático e cruel

---

[40] Simonia: tráfico de coisas sagradas ou espirituais, tais como sacramentos, dignidades, benefícios eclesiásticos – como se lê no *Aurélio*. A palavra tem origem em passagem de Atos dos Apóstolos (8,9-24), quando Simão, o Mago, ofereceu pagamento a outro Simão, o Pedro, para que este lhe transmitisse o poder de desenvolver a mediunidade através da imposição das mãos, o que, como os leitores conhecem, foi peremptoriamente recusado pelo apóstolo.

[41] Sinecura, você sabe; o latim já o revela (*sine cura* = sem preocupações ou cuidados); ou seja, um bom emprego, sem grandes responsabilidades; emprego e não trabalho.

quando Simon de Monfort chegou com a Cruzada, à qual deu todo o apoio possível.

3) Pior, contudo, na opinião de Roquebert (p. 109), foi o caso ocorrido com o arcebispo Béranger de Narbonne, que tinha sob sua jurisdição vasta região dotada de importantes bispados (Toulouse, Carcassonne, Béziers, Agde, Maguelonne), aliás, bastante infestados pela heresia.

Para combater devidamente o catarismo, ele precisava tanto do "zelo anti-herético", a fim de motivar seus subordinados, quanto do respaldo das autoridades laicas da região. Era, no entanto, na avaliação franca de Roquebert, "pior do que seus bispos".

Sabedor de seu procedimento irregular, Inocêncio mandou fazer investigação, no final do ano 1200, já com odor de uma prévia condenação, ao dizer "tal padre, tal povo". Ou seja, pelo que ele ouvira, nem o povo prestava, porque acolhia a heresia, e nem o bispo, que não tomava as providências que a Igreja lhe determinava.

O inquérito botou às claras o que mais ou menos já se sabia. Bérenger não apenas acumulava benefícios, mas levava uma existência escandalosa. Há treze anos sequer visitava sua diocese. Mantinha, num dos seus castelos, um bando de mercenários e cobrava dinheiro vivo para confirmar, nos seus respectivos cargos, os escolhidos para dirigir abadias ou bispados. Nesse ínterim, passava o tempo "divertindo-se com as caçadas e suas amantes..."

Em 30 de maio de 1203, em vez de exigir, o papa pede-lhe que renuncie, provavelmenete para não ampliar o escândalo com o impacto da destituição sumária. Bérenger não se mexeu. O papa insistiu, em janeiro do ano seguinte, quase seis meses depois, portanto. Mesmo considerando a lentidão do sistema de comunicação, Inocêncio até que demonstrava alguma paciência. Novamente Bérenger deixou Roma esperando. Em maio, um ano após a primeira carta, o papa instruiu seus legados no sentido de depor o renitente arcebispo e indicar-lhe sucessor. O teimoso prelado usou do direito de apelar ao papa, como se não fosse ele mesmo a autoridade determinante da deposição. Ganhou mais alguma sobrevida no cargo, apresentando em novembro uma ação contra os legados que, a seu ver, o perseguiam e difamavam. Em junho de 1205, Inocêncio o convoca a Roma. A época do ano era boa para viagens, mas Bérenger resolve ir somente no inverno seguinte. As comunicações eram lentas, como também a burocracia; o arcebispo sabia disso e jogava com a lentidão dos tempos em proveito próprio.

Era, também, bom de conversa. Argumentou com tamanha competência e poder de persuasão, que o papa lhe concedeu tempo para coligir as 'provas' do que afirmava. E por que não as levara consigo de uma vez? Deve ter retornado ao seu rico arcebispado com um sorriso vitorioso nos lábios, mesmo porque o papa determinara aos legados – mais alguns meses depois, aliás – que o deixassem em paz por algum tempo.

As provas jamais foram remetidas a Roma, mas queixas e acusações contra o renitente arcebispo continuavam a chegar lá. Em maio de 1207, o papa expediu nova ordem para ele fosse deposto. E novamente o arcebispo ignorou-a. Estava ainda no pleno exercício de seus poderes eclesiásticos e civis, quando chegaram os cruzados, em 1209. Aí, sim, ele agiu rápido, prestando juramento de fidelidade aos líderes das tropas invasoras, especialmente ao poderoso abade Arnaud Amaury, chefe espiritual da Cruzada, a quem pertencia sempre a última palavra em situações críticas, acima até de Simon de Monfort, o comandante militar.

Como testemunho de sua colaboração, Bérenger promulgou, afinal e imediatamente, um estatuto contra os heréticos e participou ativamente, no verão de 1210, do cerco à cidade de Minerve.

Foi necessária a "teimosa ambição" de Arnaud Amaury para se livrar, afinal, do arcebispo que nem o papa conseguira destituir. Mas isto somente se consumaria em 12 de março de 1212, quando o próprio Amaury tomou nas mãos as rédeas do poder local.

Nesse ínterim, o papa continuava a trabalhar obstinadamente para pôr em ação um plano destinado a extirpar a heresia.

Fora duvidoso, para dizer o mínimo, o resultado de seus esforços para depurar o clero católico. Por outro lado, os legados – revestidos de poderes

Ruínas do castelo da cidade de Minerve

especiais – encontravam dificuldades tanto da parte de alguns displicentes membros da Igreja, em seus vários níveis, como dirigentes laicos, tradicionalmente tidos como defensores da fé.

Já vimos que muitos deles tinham amigos e até parentes próximos ou mais distanciados como assumidos militantes cátaros. Raymond VI, conde de Toulouse, não estava nada interessado em colaborar com a Igreja na sua campanha exterminadora, mesmo porque ele próprio vivia a humilhante condição de excomungado – por Celestino III, em 1196. Inocêncio precisava dele ao seu lado e, por isso, incumbiu frei Reinier, em 22 de abril de 1198, da missão de absolvê-lo e, finalmente, em novembro, dia 4, concedeu à transviada ovelha da Igreja o perdão oficial.

No entanto, o tempo escorria inapelavelmente e nenhum sinal concreto vinha dos nobres da região em apoio das intenções da santa Sé, a não ser do mui católico Guillaume VIII, senhor de Montpellier.

Era pouco, não obstante, o que ele podia fazer, por não dispor de recursos suficientes para isso. Lutar contra a heresia custava dinheiro, ele, constrangidamente, solicitou ajuda ao papa. Sua Santidade concordou, nomeando o já mencionado frei Reinier para o posto de legado junto de Guillaume. As coisas, porém, continuaram na mesma calmaria de sempre. Reinier, de temperamento muito mais contemplativo do que de homem de ação, acabou recolhendo-se de volta ao seu convento, na Itália, em julho de 1200.

Inocêncio substituiu-o pelo beneditino Jean de Sainte Prisque (Giovanni?), que fora penitenciário.[42] O novo legado também permaneceu pouco tempo no posto, por ter sido enviado, logo a seguir, em missão diplomática à corte francesa. Enquanto esteve no Languedoc, tentou botar a casa em ordem, remanejando o alto clero.

Sem legados que o representassem, Inocêncio III dirigiu-se diretamente a Raymond VI, no final de 1201, lembrando-o que lhe competia dar caça aos heréticos e confiscar-lhes os bens.

Mais uma tentativa frustrada. O conde de Toulouse não se mexeu...

Dois anos se passaram sem que os legados conseguissem qualquer ação concreta contra a heresia. Era preciso mudar o tipo de enviado e os métodos de abordagem.

No outono de 1203 – cinco anos depois de haver subido ao trono de são Pedro (o digno e nobre pescador jamais teve trono) –, chegaram a Narbonne dois novos legados, Raoul de Fontfroide e Pierre de Castelnau.

---

[42] Sacerdote graduado – *Aurélio* define-o como cardeal – incumbido de presidir a penitenciária pontifícia, ao tempo de Celestino III.

Raoul, "arrancado à quietude da grande abadia cisterciense de Corbières" – escreve Roquebert (p. 110) –, e Castelnau, ex-arcediago de Maguelonne e que, por algum tempo, assessorara frei Reinier.

Como você está lembrado, isso foi ao tempo em que o notório Bérenger, bem ou mal, ainda era o titular do arcebispado. Os legados pediram-lhe que os acompanhasse a Toulouse. Tratava-se de uma compreensível questão de *status* – entrar na sede do condado no reluzente cortejo de um príncipe da Igreja era muito mais impactante do que sozinhos –, mas Bérenger recusou-se. Os novos emissários do papa formularam a mesma solicitação ao bispo de Béziers, que também declinou do convite.

Mesmo sem o prestígio da desejada pompa, os legados conseguiram que, em nome de todos os habitantes, os cônsules[43] assinassem um juramento de fidelidade à Igreja e à fé católica. O documento era bem menos expressivo do que o planejado, de vez que fora obtido sob condição: os legados se comprometiam a não atentar contra a liberdade e os costumes locais e concordavam em conceder anistia geral aos suspeitos de heresia que aceitassem prestar juramento. Mesmo assim, era uma vitória para os emissários do papa.

Os habitantes de Toulouse concordaram em jurar que se conservariam bons católicos, nos termos do compromisso subscrito pelos cônsules. Era o melhor que tinham a fazer no momento, a fim de que os legados não se metessem nas suas vidas. Pelo menos na vida dos católicos praticantes. A 'concessão' feita pelos legados tinha, porém, seu lado ardiloso. Provavelmente ninguém desconfiou que estava sendo aberta na mata fechada da resistência uma picada, que um dia, não muito distante, iria dar no trevoso território da Inquisição.

O papa agiu rápido dessa vez, ansioso por explorar o que considerou uma bem-sucedida negociação de seus enviados. A 24 de janeiro de 1204, enviou uma circular a todos os prelados do Languedoc solicitando-lhes apoio imediato aos legados.

Queria uma adestrada e convincente equipe de pregadores. Designou para isso um cônego de Narbonne e o abade de Valmagne. Dirigiu-se simultaneamente a Arnaud Amaury – abade de Cîteaux e futuro chefe espiritual da Cruzada –, determinando-lhe a designação de monges que lhe parecessem mais aptos para o trabalho de secundar os legados na delicada tarefa de trazer de volta ao aprisco da Igreja as ovelhas transviadas.

---

[43] Os cônsules eram, na Idade Média, magistrados municipais, assim conhecidos notadamente no Sul da França.

Estaria, ainda, convicto de que, intensificando a pregação, conseguiria reverter a preocupante situação? Roquebert acha que não. Ele ainda preferia o emprego da força, mas realisticamente estava certo de não conseguir, àquela altura (ano de 1204), colocar no Languedoc um exército suficientemente poderoso para esmagar a heresia pela simples e pura eliminação dos hereges e seus protetores.

Um inesperado e singular episódio o convenceria de que não havia mais tempo a perder em contemporizações estratégicas. Era preciso agir logo e com maior determinação.

O espaço geopolítico sempre constituiu um gigantesco tabuleiro de xadrez onde os dirigentes jogam o destino dos povos como se os seres humanos fossem meras figuras inertes, sem vida ou vontade. O Languedoc não escapava à regra. Por uma série de bem arquitetadas e complexas jogadas matrimoniais e políticas, a região transformara-se numa colcha de retalhos de poderosos interesses regidos pelo não menos complexo mecanismo do direito medieval.

Seria instrutivo oferecer aqui um quadro sumário de alguns desses aspectos, mas teríamos, para isso, de fazer uma digressão longa demais para os propósitos deste livro. Na emaranhada genealogia local, as famílias se entrelaçavam de tal modo que mal se distinguiam os troncos de onde partia a ramalhada que se espalhava por toda parte. Muitas das famílias nobres da região, senão todas, acabavam dando em casas reais e, para maior dificuldade, em diferentes troncos. Por isso, eram vários os reis que, de uma sorte ou outra, tinham interesses maiores ou menores na região.

Havia, ali, nobres que prestavam (ou deviam prestar) vassalagem ao rei de França, enquanto outros deviam obediência, pelo menos teórica e simbólica, ao de Aragão, na Espanha, e até à casa real inglesa, que durante quase três séculos – de 1154 a 1485 – foi constituída pelos Plantagenetas, de origem francesa, como sabemos, do Anjou e da Normandie. Raymond VII, por exemplo, último conde de Toulouse, era filho de Raymond VI e de Jeanne da Inglaterra.

O que nos interessa, porém, neste ponto, é o rei Pedro II, de Aragão (1174-1213), conhecido como Pedro El Catholico, filho de Alphonso II e Sancia, filha de Alphonso VIII, de Castela. Subiu ao trono em 1196 e teve, como cruzado, destacada atuação na vitória sobre os muçulmanos em Navas de Tolosa, em 1212. Foi por causa de territórios de sua propriedade ao norte dos Pireneus – especificamente Montpellier, conquistado sem guerra, por um bom casamento –, que acabou envolvido na problemática dos cátaros. Apesar de católico, assumiu a insólita atitude de lutar contra Simon de Monfort, não por simpatia pela heresia, mas por se convencer de que a Cruzada contra os albigenses era uma intervenção militar de conquista promovida pelo norte da França sob a máscara do zelo religioso. Morreria em 1213, na sangrenta batalha de Muret. A Britannica menciona suas singularidades de caráter, como admirador de trovadores, dotado de grande bravura e, ao mesmo tempo, de escassa moral.

Pois bem, Pedro foi ao Languedoc para se casar, em janeiro de 1204, e lá ficou até abril. Decidiu aproveitar esse período para "informar-se pessoalmente sobre a heresia".

Com esse propósito, promoveu um grande debate público em Carcassonne, entre valdenses e cátaros, de um lado, e católicos do outro. Para representar os 'heréticos' convocou (rei não convida!) Bernard de Simorre, bispo cátaro do Carcassès, que compareceu em companhia de uma dúzia de *bons hommes*. Da parte dos católicos, determinou a presença do nosso conhecido arcebispo Bérenger e dos dois legados papais.

O debate durou três dias. Roquebert assinala (p. 111) que a discussão "nada nos ensina que já não soubéssemos acerca de suas crenças". O resultado também não surpreendeu ninguém. Os católicos confirmaram os opositores como heréticos, ponto de vista igualmente adotado por Pedro, que, como defensor da fé católica e inimigo da heresia, mandou expedir uma circular dirigida "a todos os fiéis do Cristo". Uma dessas incongruências da história... Quais seriam, naquele confronto, os verdadeiros "fiéis do Cristo"? Os católicos? Ora, eles estavam esquecidos da mensagem de Jesus e muito bem articulados com os representantes do poder civil e, muitos deles, investidos de considerável parcela desse poder, como o arcebispo Bérenger. Ou os 'hereges', que ensinavam e praticavam um cristianismo resgatado, tanto quanto possível, às suas fontes primitivas?

De qualquer modo, o conclave teve um aspecto positivo, no sentido de que os heréticos tiveram liberdade suficiente para expor suas ideias sem serem presos ali mesmo e condenados sumariamente à fogueira.

Afinal de contas, o rei, lembra Roquebert, os convidara para debate público numa de suas cidades vassalas. Se bem que nem sempre, na história, tais 'convites' apoiados em explícitas garantias foram honrados. Jan Huss foi a Constanza com salvo-conduto oficial que lhe garantia o direito de ir e voltar aos seus afazeres e, no entanto, acabou queimado vivo.

O episódio de Carcassonne suscitou sutis e importantes jogadas no xadrez político-religioso, movimentando bispos, rainhas, torres e peões,

Ilustração representando a morte de Jan Huss
(anterior encarnação de Allan Kardec), em Constanza, 1415

chegando até a dar um susto no rei, que, sem ficar em xeque, teve que se movimentar para posição mais segura.

Foi assim: em primeiro lugar, claro, o papa não deve ter gostado nem um pouco do "extravagante comportamento" – a expressão é de Roquebert (p. 112) – de Pedro, El Catholico, considerado o mais poderoso governante daquela região da Europa. Mesmo aparentemente condenando os heréticos, era óbvia a tolerância com a qual os tratou em suas terras. E isso poderia, digamos, 'contaminar' outros dirigentes laicos, o que em nada interessava à Igreja.

Sem se referir especificamente ao debate por ele patrocinado, o papa escreveu a Pedro II uma carta a fim de "chamá-lo a seus deveres de rei católico", acrescentando que lhe concederia pleno direito de propriedade de todos os bens que ele viesse a conquistar aos heréticos.

Pedro fez prontamente sua jogada "astuciosa e um tantinho pérfida", acrescenta Roquebert (p. 112): apoderou-se de Lescure, no Tarn, tida por refúgio de heréticos. Acontece que a cidade devia vassalagem à própria Igreja e seus habitantes recolhiam tributo anual ao bispado de Albi. Xeque ao rei!, isto é, ao papa, que teve de determinar aos seus legados que entregassem Lescure – com as respectivas contribuições, lógico, ao rei Pedro II, de Aragão. Não lhe garantira o papa direito ao que conquistasse?

Desse modo, sem o menor esforço e sem desembainhar uma só espada, Pedro ganhou tudo com um só golpe de mestre: deu testemunho de boa vontade ao papa, defendendo a Igreja da heresia, e faturou um dinheirinho adicional sem aumentar imposto para seus novos vassalos.

Inocêncio III viu logo o equívoco que havia cometido. Deve ter ficado com a incômoda sensação de que alguém estava rindo-se dele pelas costas.

Além do mais, o insólito espetáculo de Carcassonne contribuiu para consolidar em sua mente a convicção de que não podia mesmo confiar nas autoridades locais, de vez que o próprio rei – católico, aliás! – promovera um encontro daquele porte, sem que ninguém em Carcassonne assumisse qualquer atitude de hostilidade aos cátaros. "... todos acharam perfeitamente normal – escreve Roquebert – que eles participassem de um livre debate de ideias".

Daí em diante, o papa promove cerrado assédio ao rei de França, em busca de apoio militar para a campanha contra a perigosa seita.

Em 28 de maio daquele mesmo ano (1204), segue para Philippe Auguste a primeira carta de uma série. Os termos vão ficando mais enérgicos com o passar do tempo: "Confisque os bens dos condes, dos barões e dos cidadãos – exige – que não queiram eliminar a heresia de suas terras. Não se demore em anexar todo o país ao domínio real..."

Além da "glória temporal" que isto naturalmente traria por tão louvável ação, o rei se credenciaria às respectivas indulgências, iguais às que eram concedidas aos cruzados na luta para conquista da Terra Santa.

"Não se podia ser mais claro – escreve Roquebert (p. 113): foi mesmo o papa que sugeriu ao rei da França a conquista do 'país dos albigenses' indiretamente por uma operação de força inspirada nas cruzadas do Oriente, único meio, a seu ver, de erradicar a heresia."

Estava implícita, ainda, nesse propósito, a ideia de que não apenas os bens dos hereges deveriam ser confiscados, mas também os de seus protetores e simpatizantes, que eram tratados explicitamente como cúmplices, fossem ou não católicos. E quem não o fosse, naqueles tempos, assumia condição de proscrito, quase um marginal.

Philippe Auguste nem se dignou responder a essa carta, mas não havia mais dúvida – se é que houve – de que as bases de um modelo de intervenção militar no Languedoc já estavam desenhadas.

Três dias depois da carta de 28 de maio ao rei francês, o papa promoveu consideravelmente o *status* de seus legados Raoul de Fontfroide e Pierre Castelnau, juntamente com Arnaud Amaury, abade de Cîteaux.

Essas três personalidades estavam destinadas a exercer importante papel nos dramáticos eventos que se gestavam nos bastidores dos poderes religiosos e civis. Amaury projetara-se na posição de 'superlegado', investido de poderes especiais para, em companhia de Fontfroide e Castelnau, negociar pessoalmente com o rei de França um acordo nos termos da carta de 28 de maio.

Já sabemos que as coisas se moviam com lentidão naquela época, mas o início da Cruzada, em 1209, estava a apenas cinco anos de distância, o que não era muito em tais circunstâncias de espaço geográfico e tempo.

Como o rei sequer respondera a carta do papa, os três delegados empenharam-se nos dois anos seguintes em percorrer a região, tentando levantar contra os cátaros o ânimo da população e, notadamente, o dos senhores feudais maiores e menores, que os protegiam ou toleravam, especialmente a nobreza rural que, no dizer de Roquebert (p. 114), constituía "vetor sociológico essencial do catarismo".

Em breves palavras: os legados se tornaram conscientes da inutilidade de seus esforços e da penosa sensação de impotência, que os levou ao desespero. Pierre Castelnau foi o primeiro a se deixar vencer pelo desânimo e pediu ao papa que o dispensasse da ingrata missão, deixando-o recolher-se de volta à tranquilidade de seu convento.

O papa negou-se a liberá-lo, mas entendeu a clara mensagem embutida naquela solicitação: se alguma ação mais enérgica não fosse prontamente desencadeada para quebrar o impasse, estaria tudo perdido.

No fundo, ele próprio parecia tomado pelo desespero, talvez até assustado ante a ameaça que pairava sobre o futuro da Igreja. Seu período na santa Sé corria o risco de caracterizar-se na história como o da crise que a Igreja não conseguira superar.

Voltou a pressionar o rei da França, em carta de 16 de janeiro de 1205, seguida de outra de 7 de fevereiro. Malhava a mesma tecla de sempre – urgia constranger os condes e barões do Languedoc a confiscarem os bens dos que se recusassem a expulsar os heréticos de suas terras. Era necessário, ainda, colocar o peso de sua autoridade e poder a serviço dos legados, "a fim de que a espada material se juntasse, naquele caso, à espada espiritual".

Não há dúvida para Roquebert (p. 114) de que o papa já definira o perfil da operação militar, que seria conhecida como Cruzada, contra os albigenses. Eram as seguintes as características: concessão de indulgências, como nas Cruzadas contra os árabes, confisco das propriedades dos protetores da heresia, comando bicéfalo para a operação, ou seja, um militar e um religioso.

Os Cátaros e a Heresia Católica 243

O rei, no entanto, continuava mudo e insensível aos aflitivos apelos do papa. Enquanto isso, durante os meses seguintes, prosseguia a inútil pregação destinada a convencer toda aquela gente de seus 'erros' e a voltarem todos para o seio acolhedor da única e verdadeira Igreja.

Na entrada do ano seguinte (1206) os cátaros deram outro 'susto' nas zelosas autoridades eclesiásticas, ao promover um concílio em Mirepoix, ao qual compareceram seiscentos *parfaits* – seiscentos! –, sob o olhar complacente e até participante de trinta e cinco senhores convertidos ao catarismo.

Aliás, eram cinquenta as 'casas' nobres já conquistadas pela incontrolável heresia somente nas margens do rio Hers, região na qual o diácono cátaro Raymond Mercier pregava abertamente às multidões.

Mais de uma centena de *croyants* eram conhecidos entre os senhores locais, inclusive Raymond de Péreille. Foi a este, aliás, que Mercier e o *parfait* Raymond Blascou solicitaram a reconstrução de Montségur, então em ruínas. Como sabemos, aquele seria o último reduto dos cátaros, despachados para a fogueira no fatídico 16 de março de 1244, trinta e oito anos mais tarde.

Começavam a cair nos seus respectivos lugares as peças que iriam constituir a máquina de guerra destinada à extirpação da heresia. Mesmo com toda a lentidão que a nós se afigura, sete séculos e meio mais tarde, o processo fora posto em marcha.

Não dava mais para esperar indefinidamente. Não foi por acaso – comenta Roquebert (114) – que os três desmotivados representantes do papa (Amaury, Fontfroide e Castelnau) se encontravam em Montpellier naquele verão de 1206.

De Toulouse a Narbonne e Béziers, toda a região se mostrava cada vez mais hostil a eles, ao passo que Montpellier era uma cidadela da ortodoxia, garantida por senhores fiéis à Igreja de Roma. Além do mais, acrescenta Roquebert, eles já haviam combinado enviar ao papa o pedido coletivo de demissão.

Estavam prontos para esse gesto de desespero terminal, quando ficaram conhecendo inesperadamente dois viajantes de origem espanhola, que retornavam de Roma, aonde haviam ido solicitar ao papa autorização para uma missão no Oriente. Em vez disso, foram encaminhados ao Languedoc francês, a fim de injetar sangue novo na combalida tarefa dos quase demissionários pregadores. Eram Diego d'Acebes,[44] velho bispo de

---

[44] O *Larousse* registra o sobrenome do bispo como Azevedo, o que seria português, e não o espanhol Acevedo. Pelo que consigo apurar, Osma ainda é, em nosso tempo, uma pequena cidade espanhola.

Osma, e um jovem cônego e subprior (31 anos de idade) por nome Domingo de Guzmán, futuro são Domingos, destinado a desempenhar relevante papel na tragédia do catarismo.

Veremos isso, mais adiante.

Domingo é caracterizado pelos seus primeiros biógrafos como um jovem sério, de expressão bondosa, ascético e introvertido, ainda que capaz de surtos de espontaneidade.

"Uma personalidade assaz contraditória – escreve Roquebert (p. 115), na sua avaliação pessoal do jovem monge –, na verdade, fascinado simultaneamente pela solitude mística e pela ação, pela meditação e pelo proselitismo, dualismo que contém certamente o segredo de seu gênio."

E conclui, breve e direto, com um cumprimento à perspicácia de Domingo: "Digamos claramente: é o único católico de seu tempo que entendeu os cátaros."

Em conversa, que imagino longa e franca, deram logo com o diagnóstico do malogro dos legados junto aos heréticos. Os três credenciados emissários viajavam com uma dispendiosa comitiva, recobertos de suntuosas vestimentas. Seus discursos eram em tom ameaçador e arrogante, "brandindo os raios fulminantes da autoridade", como escreve Roquebert.

Quem os ouvia, lá embaixo, era o povão despojado, preso a uma vida simples, de renúncias e até privações.

Não eram aquelas – ensinavam os espanhóis – as armas adequadas ao combate da heresia; era preciso fazê-lo pelo exemplo, sobretudo pelo exemplo: pobreza, humildade, caridade, como, aliás, faziam os cátaros. Em suma: era necessário descer daquele pedestal de arrogância e exibicionismo e conviver com eles, imitá-los, parecendo "mais cátaros do que os cátaros".

Os legados acharam que era muita inovação para o seu gosto, mas concordaram em segui-los, se eles fossem à frente, abrindo caminhos. Assim foi feito, exceto da parte de Arnaud Amaury, que deixou o grupo, de vez que sua presença estava sendo solicitada em Cîteaux, onde, afinal de contas, ainda era o abade. Ou teria sido mera desculpa? Ficamos, pelo menos, com direito de assim pensar de vez que, como vimos, os três pregadores já estavam decididos a enviar a Roma seus respectivos pedidos de renúncia.

A nova equipe entrou em ação imediatamente, sob a liderança dos dois espanhóis. Mudou também – e radicalmente – o procedimento. Dispensaram o séquito e suas pompas, calaram o verbo trovejante e passaram a viajar a pé, mendigando o pão, dormindo ao ar livre e com nova estratégia de abordagem ao problema da heresia.

A primeira parada foi em Servian, perto de Béziers, onde propuseram um debate público com os heréticos que por ali viviam, sob as vistas complacentes de Etiene de Servian, senhor local, que tinha como nora Blanche de Laurac, conhecida *parfaite*.

Os hereges compareceram sob o comando de Bernard de Simorre, bispo (cátaro) da região, antigo deão (católico) de Nevers, destituído em 1199.

O debate durou uma semana. Ganharam os católicos, que por pouco não levaram a multidão a hostilizar abertamente os cátaros.

Em Béziers, o confronto verbal alongou-se por quinze dias. Evidenciou-se logo que Pierre Castelnau não gozava da simpatia do público presente. Na verdade, Roquebert diz que ele era odiado. Temendo por sua vida, os amigos aconselharam-no a procurar esconderijo, o que ele fez prontamente, abandonando o grupo para abrigar-se em Villeneuve-lès-Manguelonne, onde permaneceria durante sete meses. Da primitiva equipe nomeada pelo papa restava apenas Fontfroide.

Debates semelhantes foram promovidos em Carcassonne e, em seguida, em Verfeil, notória pela sua hostilidade a Bernard de Clairvaux (são Bernardo), mais de cinquenta anos antes.

Enfrentaram, ali, dois *parfaits* de muito prestígio e competência, como Arnaud Arrufat, que ainda há pouco pregara a um auditório que contava com a presença de Pons Grimoard, magistrado local e representante de Raymond VI, em Quercy. O outro era Pons Jourda, de Verfeil.

O debate, esclarece Roquebert, girou em torno da natureza humana do Cristo e sobre a interpretação de uma passagem do Evangelho de João.

Sabedor de tais notícias, o papa aprovou a nova técnica de abordagem à problemática da heresia e escreveu a Fontfroide ordenando que a generalizasse.

A campanha verbal prosseguiu com novo ânimo, agora sob as bênçãos de Inocêncio III. É bem verdade que os emissários da Igreja nem sempre eram bem recebidos. Em muitos lugares as simpatias ficavam com os cátaros e os diligentes monges serviam de alvo a pedradas, lama e o que estivesse ao alcance dos grupos mais enfurecidos.

Mas os pregadores insistiam obstinadamente na tarefa.

De uma pequena igreja abandonada, em Prouille, doada com o respectivo terreno, por Foulque, bispo de Toulouse (ainda falaremos dele mais adiante), fizeram um modesto convento, uma espécie de 'resposta' às casas cátaras, espalhadas aqui e ali.

Estava lançado o primeiro 'convento' dominicano... Frei Domingo era a força propulsora de tais iniciativas. Alguns cátaros arrependidos foram persuadidos a reconciliarem-se com a fé católica. Roquebert menciona dezenove mulheres, entre as quais, algumas *parfaites*, foram recolhidas como monjas na nova instituição.

Enquanto isso, Domingo percorria a região, sempre a pé, mendigando e dormindo ao relento, quando não era possível algum abrigo. Era preciso ser mais cátaro que os cátaros e sua estratégia e sua eloquência continuavam a produzir conversões, ainda que muitas delas pouco convincentes e até falsas, logo revertidas quando as pessoas retornavam ao convívio de seus amigos e parentes cátaros, como assinala Roquebert.

Novo debate público realizou-se em Montréal, entre Carcassonne e Fanjeaux, na primavera de 1207. Não se sabe ao certo o que teria suscitado o evento, mas a iniciativa parece ter sido dos próprios cátaros, dispostos a reverter o trabalho de Domingo na região.

Os cátaros compareceram em massa e com toda a força de seus melhores pregadores, a começar pelo lendário Guilhabert de Castres. Foram escolhidos quatro árbitros, sendo dois cavalheiros e dois burgueses.[45] O debate girou basicamente sobre a Igreja católica em geral e a missa, sendo os contendores convidados a apresentar seus argumentos por escrito.

"Coloca-se, neste ponto – escreve Roquebert (118) –, na legenda[46] dominicana, um episódio tão miraculoso quanto célebre."

É que os documentos foram submetidos à prova do fogo. Atirados às chamas, diz a tradição, os dos cátaros consumiram-se rapidamente, ao passo que os escritos por Domingo, embora atirados por três vezes, saltaram sãos e salvos e tão brilhantes que ainda chamuscaram o portal de madeira da estufa, cuja parte calcinada – assegura Roquebert – ainda se pode ver até hoje, na igreja de Fanjeaux.

Os quatro árbitros, ao que se diz, recusaram-se a um pronunciamento decisivo sobre o debate, mas consta que cerca de cinquenta partidários da heresia se converteram ao catolicismo.

Visto retrospectivamente, o evento tornou-se um marco, um ponto de virada no curso dos acontecimentos.

---

[45] Como se sabe, o termo *burguês* se aplicava, inicialmente, aos indivíduos residentes nas pequenas cidades medievais (burgos), onde exerciam atividades lucrativas, sem se dedicarem a trabalho braçal ou artesanal.

[46] Com licença de alguns gramáticos mais severos, estou usando aqui o termo *legenda* em sua conotação original latina, ou seja, "coisas que devem ser lidas". Em outras palavras: é o que consta dos textos dominicanos sobre a vida do fundador da Ordem.

Primeiro: Pierre Castelnau voltou à cena e reassumiu sua tarefa no primitivo grupo, ora recomposto com Diogo, Domingo, Raoul de Fontfroide e ele próprio. Segundo: mal terminada a conferência, Arnaud Amaury chegou à frente de doze abades cistercienses – entre eles o já mencionado Guy des Vaux-de-Cernay, futuro bispo de Carcassonne – e uns tantos monges.

No comando da nova fase do combate (ainda verbal) aos cátaros, ele dividiu sua gente em grupos menores e os mandou por toda parte a pregar contra a heresia. Pierre Castelnau foi um deles e, mal chegado a Toulouse, a mais importante cidade da região e capital do condado, assumiu a inesperada e ousada atitude de excomungar Raymond VI, titular do condado, e interditar suas propriedades.

Inocêncio III, evidentemente satisfeito com a medida extrema adotada por Castelnau, confirmou a sentença em 29 de maio, escrevendo ao conde uma carta em termos extremamente violentos, listando as razões pelas quais havia apoiado a atitude de Castelnau. Eram muitas as acusações. O conde seria responsável ou mandante da destruição das vinhas pertencentes à abadia de Candeil, pela expulsão do bispo de Carpentras, pela conversão de várias igrejas em fortalezas, pelo acolhimento de mercenários aragoneses que haviam devastado a província de Arles, pela sua obstinação em confiar importantes cargos públicos a judeus e, enfim, pela proteção à heresia em vez de punir seus seguidores com rigor, como lhe cabia fazer como autoridade civil.

Se o conde não mudasse imediatamente tal procedimento – ameaçava o papa –, a santa Sé lhe confiscaria o condado de Melgueil e colocaria todos as suas demais propriedades – e eram muitas, ricas e importantes – à disposição de quem desejasse conquistá-las.

A excomunhão de Raymond VI por Castelnau – prontamente confirmada pelo papa, como vimos – e o "furor do santo padre" tinham por objetivo, no dizer de Roquebert, "provocar um choque psicológico", ou seja, criar um fato político de grande repercussão para chamar a atenção do mundo católico para os 'perigos' que corria a Igreja no sul da França.

Em carta de 17 de novembro, Inocêncio III volta a assediar Philippe Auguste, rei da França, mas dirige-se também aos grandes senhores da nobreza, pressionando todos ao combate em defesa à Igreja ameaçada. Reitera a concessão de indulgências equivalentes às das cruzadas e coloca todos sob a proteção da Igreja, desde que se disponham a atacar aquela região "infectada pela heresia". E justifica: "Uma vez que nenhum remédio surte efeito sobre o mal, que seja este extirpado pelo ferro" (Roquebert, p. 119).

São Domingo em oração, pintura de El Greco, retratando o fundador da ordem dos dominicanos.

Desta vez o rei resolveu responder, ainda que indiretamenete, por intermédio do bispo de Paris. Alega estar em luta armada contra a Inglaterra, sem condições de manter dois exércitos. E aproveita a oportunidade para uma proposta que Roquebert caracteriza explicitamente como chantagem. Para que ele, Philippe Auguste, possa intervir no "território albigense", é necessário que o papa force o rei da Inglaterra a aceitar uma trégua de dois anos na *sua* guerra contra a França.

Continua, portanto, o jogo pouco ético no tabuleiro de xadrez político. Alguns anos antes, aliás, o papa recusara qualquer apoio ao próprio Philippe Auguste, sob o argumento de que não devia se meter na guerra franco-inglesa em respeito ao princípio da separação entre poderes temporal e espiritual, uma pura e conveniente ficção, especialmente naqueles tempos. A separação somente era invocada quando do interesse de uma das partes envolvidas, como naquele caso.

Pelo menos a partir da ousada excomunhão de Raymond VI, a heresia passou a ter cara, nome, título nobiliárquico e cobiçadas propriedades que, sem a menor cerimônia, o papa colocava à disposição de quem quisesse tomá-las pela força.

A essa altura (abril de 1207), Arnaud Amaury, retornara de Cîteaux. Em agosto foi enviado pelo papa à Provence, seguido por Pierre de Castelnau, autor da excomunhão ao conde. Só retornará ao Languedoc no verão de 1209, já no comando 'espiritual' do exército invasor da Cruzada.

Abandonados à própria sorte, sem apoio da Igreja local, a despeito da cobertura papal, Diogo e Domingo conseguiam sucessos ocasionais e até conversões mais "espetaculares" (Roquebert), como a de Durand de Huesca, mas eram muitas as dificuldades que enfrentavam, e não apenas as financeiras – topavam ainda, com a hostilidade de muita gente simpática ao catarismo.

Roquebert (p. 121) atribui a esse período o brado impaciente que Domingo teria lançado quando de uma prédica a um auditório recalcitrante. A citação foi colhida em texto de Étienne de Salagnac, futuro prior dos dominicanos em Toulouse. "Onde a bênção de nada vale, valerá o bastão – teria dito Domingo –. Incitaremos contra vocês os príncipes e os prelados e estes convocarão nações e povos e muita gente morrerá pela espada... E, assim, prevalecerá a força, onde a doçura falhou".

"É menos uma ameaça – comenta Roquebert –, do que uma apreensão, talvez uma trágica profecia".

Foi uma profecia. Para que as espadas fossem arrancadas de suas bainhas, era preciso um acontecimento insólito, novo e dramático ou trágico que servisse de motivação para o início das hostilidades. O clima estava armado e a situação de confronto atingira perigoso ponto de tensão.

Pierre de Castelnau, após uma "tempestuosa entrevista" (Oldenbourg, p. 17) com o conde excomungado, em Saint-Gilles, preparava-se, com seus acompanhantes, para atravessar o rio Ródano, quando foi atacado por um oficial da comitiva de Raymond VI, que o liquidou com uma certeira lançada.

Foi a gota d'água que faltava. Afinal de contas, mesmo sendo um sujeito polêmico e "incômodo", como assinala Oldenbourg, Castelnau era oficialmente o legado, ou seja, embaixador da santa Sé na região.

Raymond VI foi responsabilizado pelo crime. Cometera, aliás, a imprudência de fazer publicamente ameaças de morte durante o encontro. Roquebert não concorda em atribuir-lhe essa atitude extrema. Pelo que dele se conhece – escreve o historiador francês –, o conde não tinha o perfil adequado para mandante de crime daquela gravidade, em momento em que já eram muito tensas as relações entre a Igreja e ele. Em suma: "não era homem de entregar-se a provocações e nem atirar óleo à fogueira" – analisa Roquebert (p. 121).

Seu próprio esforço em evitar a guerra desmente que ele tenha determinado precisamente o gesto que poderia, como o fez, precipitá-la.

Daí em diante seria impossível deter a marcha dos fatos rumo ao confronto, que, aliás, o papa vinha desejando há cerca de dez anos. Arnaud Amaury não perdeu tempo; foi a Roma para confirmar verbalmente ao papa o que lhe relatara em carta. Mais do que isso, para solicitar de Inocêncio III o imediato lançamento de um apelo à Cruzada, cuja liderança estava pronto a assumir desde logo.

"Avante! cavalheiros do Cristo! – lia-se na terrível bula pontifical de 10 de março (Roquebert, p. 122) Avante! corajosos recrutas do exército cristão! Que o grito universal de dor da Santa Igreja vos arraste! Que o zelo piedoso vos inflame para vingar tão grande ofensa feita ao vosso Deus!..."

As instruções expedidas aos arcebispos do Languedoc e da Provence eram severas e minuciosas: deveriam declarar excomungados e anatematizados os assassinos de Pierre de Castelnau e todos os seus cúmplices, próximos ou distantes, teriam de comparecer pessoalmente ao ato de interdição de suas terras e renovar as condenações todos os domingos, ao som de sinos, até que eles viessem se entregar. Indulgências semelhantes às das cruzadas seriam concedidas a todos os que se levantassem contra "esses pestíferos, inimigos da verdadeira fé e da paz".

Simultaneamente, ficavam todos os vassalos de Raymond VI desligados, descompromissados de seus juramentos de fidelidade. Não lhe deviam mais ajuda, nem obediência, enquanto as terras ficavam à disposição de quem desejasse tomá-las. Por esse dispositivo, os tomadores de tais propriedades teriam direito de conservar o bem conquistado caso os titulares fossem substituídos por outros.

A Philippe Auguste o apelo era no sentido de que juntasse "sua espada à nossa!" e que, "Em nome de Moisés e de Pedro, selasse tal aliança de reis e sacerdotes."

Na prática, mais uma vez – lembra Roquebert –, Inocêncio III oferecia, "de bandeja", ao rei de França, o cobiçado condado de Toulouse, ainda que não exercesse ali qualquer parcela de legítimo poder político, senão através do tradicional mecanismo de pressão manipulado pelos representantes da Igreja, em todos os níveis, desde o pároco da remota aldeia até os arcebispos e legados que circulavam pela corte de nobres e reis.

Novamente o rei francês recusou-se a juntar sua lâmina de aço à espada espiritual. Novamente esnobou o papa, ainda que dignando-se enviar-lhe uma carta em "tom rude e de grande sutileza" – qualifica Roquebert. Sutileza porque, ao mesmo tempo em que preservava suas prerrogativas reais, Philippe Auguste ressalva sua imagem – autêntica ou não – de "soberano devotado à fé católica" (p. 123).

Estaria pronto a lutar contra a heresia sob duas condições que, praticamente, inviabilizavam sua participação na proposta campanha militar. Primeira: insistia na sua postura anterior de que necessitava de uma trégua no conflito com a Inglaterra, que se reacendera. Não lhe era possível combater em duas frentes distintas. Segunda: era necessário que clérigos e leigos – a Igreja e a nobreza – contribuíssem financeiramente para os gastos da expedição.

Para encerrar, uma queixa sutil e certeira quanto ao fato de haver o papa declarado o condado de Toulouse à disposição de quem o tomasse e expulsasse os hereges. Entendia o rei, informado por "pessoas eminentes e instruídas", que o papa não tinha direito de agir daquela maneira antes de condenar formalmente o titular do condado como herético. E, mesmo que o tivesse condenado – prosseguia –, deveria ter-se comunicado com ele, rei, solicitando-lhe as providências cabíveis, de vez que o território devia vassalagem à coroa francesa.

Em outras palavras, no entender do rei, a santa Sé não tinha poderes para destituir Raymond VI e nem para dispor livremente de suas terras. O direito de investidura e o de despossessão constituíam atribuições exclusivas do rei, nos termos do complexo e severo direito medieval. Nesse documento, portanto, Philippe Auguste assumia uma atitude enérgica, ousada e afirmativa, contestando a autoridade do papa e colocando o direito feudal acima do canônico.

Ante a obstinada recusa do rei, de um lado, o papa teimou, de outro, tratando de criar o fato consumado. Aliás, mesmo antes de receber a resposta de Philippe Auguste, despachara Arnaud Amaury para a França, acompanhado do bispo de Couserans e o de Navarra, com uma bula, datada de 28 de março, que lhes conferia amplos poderes para agir em seu nome. Os três prelados constituíam o que Roquebert caracteriza como "estado-maior espiritual da expedição".

O objetivo era o de convencer alguns nobres de maior projeção a assumirem o compromisso prévio – dependente da autorização formal do rei, naturalmente – de se engajar na Cruzada contra os hereges. Deve-se a Amaury – informa Roquebert – a adesão, ainda contingente, do duque de Borgonha e do conde de Nevers. Mas o rei mantinha-se calado.

O papa insistiu, com nova ofensiva epistolar, em novembro (ainda em 1208), junto ao rei e aos prelados de França, reiterando as promessas de sempre: as indulgências – e quem não teria pecados a serem perdoados? – e a proteção da santa Sé para todos os que se colocassem a serviço da fé católica ameaçada.

Quanto aos delicados aspectos financeiros também se pronunciou. O rei e os prelados deveriam declarar-se em moratória quanto às suas eventuais dívidas e a seguir o exemplo do arcebispo de Sens, que resolvera engenhosamente o problema de dinheiro decretando o recolhimento de um "dízimo excepcional". Em suma, o povo pagaria a conta. Como sempre...

Nesse ínterim, lá no Languedoc, Raymond VI vivia as tensões da expectativa de guerra. Manteve conversações com seu sobrinho Trencavel, visconde de Béziers, Carcassonne e Albi, mas não se apurou, historicamente, o que foi tratado ou negociado entre eles.

Uma delegação composta do arcebispo de Auch, o de Toulouse e o prior da ordem dos *Hospitaliers* de São João foi enviada a Roma para manifestar ao papa o desejo de Raymond VI de negociar uma trégua com a Igreja. O conde declarava-se disposto a submeter-se às exigências, a principal das quais era a de combater com energia e determinação os hereges, expulsando-os de seus domínios.

Inocêncio III aceitou a proposta, desde que os sete castelos provençais de Raymond fossem oferecidos em garantia de suas boas intenções. Ou seja, se não cumprisse sua parte no trato, as propriedades indicadas passariam legalmente para a Igreja. Feito isso, a santa Sé estaria disposta a ouvi-lo pleitear sua inocência no caso do assassinato de Pierre de Castelnau.

Concordava, ainda, o papa, a pedido de Raymond, em substituir por outro seu legado Arnaud Amaury. Mas, aqui, também, a movimentação das peças no tabuleiro não foi das mais honestas. O papa fingiu trocar Amaury por Milon, seu secretário, e Thédise, um cônego de Gênova. Passou-lhes, contudo, instruções reservadas no sentido de não tomarem qualquer iniciativa, uma vez que suas respectivas nomeações se destinavam apenas a apaziguar as desconfianças de Raymond em relação a Amaury. Essa jogada tinha ainda um propósito adicional: o estratagema facilitaria a identificação dos inimigos da fé a fim de melhor combatê-los, um por um.

Enquanto isso, o rei continuava mudo. E o papa, insistente. Em nova correspondência de 3 de fevereiro – já em 1209, portanto, o ano em que começaria a Cruzada – o papa lembrava a Philippe Auguste que uma expedição daquele porte não poderia prescindir de um chefe, um comando único, especialmente para evitar as lamentáveis trapalhadas cometidas nas Cruzadas contra os muçulmanos na Terra Santa. Esse comandante supremo não poderia ser outro senão o rei, ou, na sua falta, seu filho, ou ainda, na falta deste, "um homem ativo, prudente e leal", a ser designado pelo rei.

Philippe Auguste percebeu logo que a intenção do papa era a de envolvê-lo na campanha, colocando a Cruzada sob a égide da coroa francesa

Os Cátaros e a Heresia Católica 253

e, ainda mais: via naquilo nova tentativa de ingerência da santa Sé nos negócios internos de seu país.

Por isso, preferiu continuar calado, para desespero do papa e seus assessores.

Nova correspondência foi entregue pessoalmente a Philippe Auguste pelos três legados – Amaury, Milon e Thédise, em audiência concedida pelo rei, que se encontrava em Villeneuve-sur-Yonne, reunido com o parlamento. Inocêncio insistia em que o rei entregasse o comando da Cruzada ao príncipe Luís,[47] seu filho.

Nada. O rei limitou-se a mandar dizer que tinha "dois leões de cada lado": o imperador Othon de Brunswick e João Sem-Terra, aliás, de ascendência francesa, como sabemos, por ser um plantageneta.

Acontece que o duque de Borgonha e o conde de Nevers, bem como outros grandes senhores, faziam parte do parlamento e estavam, aparentemente, ansiosos para empenhar-se na guerra. Ao que parece, eles próprios conseguiram que o rei concordasse, afinal, em liberá-los para que fossem combater a heresia. Nenhum compromisso assumia, contudo, em nome da coroa francesa.

"Nem os legados – escreve Roquebert (p. 125) – nem os barões conseguiram dele qualquer coisa a mais..."

De qualquer modo, com o rei de França ou sem ele, estava criada a mortífera máquina da Cruzada de cristãos contra cristãos, sob as bênçãos do "representante de Deus na terra, sucessor de Pedro, no trono pontifical", embora Deus nunca tenha passado procuração para ninguém representá-lo e nem o digno e rude pescador tenha ocupado qualquer trono.

Enquanto se afiavam as espadas e se preparavam barões, plebeus e mercenários para a nobre tarefa do massacre, Milon e Thédise seguiram para Montélimar, a fim de debater com os prelados ali reunidos em assembleia, o que fazer de Raymond VI.

O momento era oportuno para elevar o nível e o grau da pressão.

O conde de Toulouse estava excomungado, suas terras sob interdição ou empenhadas à Igreja e pesava sobre ele a acusação de ter sido o mandante do assassinato de Pierre Castelnau. Detalhe nada desprezível: a Cruzada contra ele e os demais barões languedocianos complacentes com a heresia cátara estava praticamente a caminho.

A Igreja encontrava-se em condições até de ser generosa com ele, perdoando suas gravíssimas faltas, desde que ele jurasse obediência irrestrita

---
[47] Este não era ainda Luís IX, o futuro são Luís, mas o oitavo, seu pai, que foi rei da França de 1187 até 1226.

à santa Sé, reparasse os erros cometidos e se submetesse à cerimônia pública da penitência e consequente reconciliação.

O local para o ritual da humilhção foi escolhido a dedo: a igreja de Saint-Gilles, berço de sua poderosa dinastia. Outro detalhe importante: Pierre Castelnau fora assassinado a cerca de meia légua dali – pouco mais de dois quilômetros – e seu corpo fora enterrado na cripta da nova e suntuosa basílica, cuja decoração estava ainda nos retoques finais. O cenário, portanto, era perfeito para o espetáculo do triunfo da Igreja sobre o conde rebelde.

A programação caprichou nos detalhes, fazendo o cortejo passar bem em frente ao túmulo de Castelnau...

Foi lida a lista das quinze acusações que pesavam sobre o conde e que resultaram na sua excomunhão. Ele se comprometia a reparar seus erros e combater os hereges. Do contrário, a Igreja renovaria a excomunhão e lhe tomaria as propriedades penhoradas, ficando seus vassalos dispensados dos repectivos juramentos. Mais um detalhe: o conde teria de aceitar como herege toda e qualquer pessoa indicada como tal pelos bispos locais.

Raymond concordou com as duras condições. Não havia como recusar-se, mas não tinha a menor intenção de cumpri-las. Esperava, talvez, ganhar tempo para uma eventual reação.

Estava igualmente obrigado a colocar-se à disposição dos príncipes cruzados invasores tão logo chegassem às suas terras.

Isto significava, na prática, que sua posição oficial mudava radicalmente de tolerância e até simpatia pela heresia, à de cruzado, incumbido de caçá-los de arma nas mãos, ele e seus homens, o que se podia considerar, no dizer de Roquebert (p. 131), "a mais vergonhosa das capitulações".

Havia, no entanto, um sutil benefício embutido em tal situação, de vez que, como assegurou o papa reiteradamente, as propriedades dos cruzados ficavam sob proteção da própria santa Sé e eram, portanto, intocáveis, enquanto estivessem eles empenhados na 'guerra santa' em defesa da fé.

Raymond VI era, portanto, um dos que se colocavam tecnicamente sob essa proteção.

A essa altura, porém, ele ignorava que a estratégia secreta da Igreja, segundo instruções do papa aos seus legados, era a de atacar inicialmente os mais fracos para dividir o 'inimigo' e, eventualmente, isolar Raymond, que se tornaria presa mais fácil. O conde ignorava, ainda, que já estava em marcha contra ele, do outro lado de suas vastas propriedades, um exército composto não de franceses ou alemães, mas de nobres (católicos) e prelados do próprio Languedoc: de Auvergne, Quercy e da Gascogne, bem como o arcebispo de Bordeaux e os bispos de Cahors, Limoges, Agen e Bazas. E mais: o visconde de Turenne, o conde de Clermont e os senhores de Gourdon e de Castelnau.

Não se sabe onde se formou tal exército, mas pelo texto da Canção, a famosa *Canso*, pode-se acompanhar com precisão a campanha, que Roquebert qualifica de cavalgada. Pelo caminho, iam sitiando, tomando e saqueando pequenas vilas e castelos fortificados.

Em Casseneuil, por exemplo, após vencida a resistência de seus defensores, acenderam a primeira fogueira da Cruzada para queimar – vivos, naturalmente – os *parfaits* e as *parfaites* capturados, que se recusaram abjurar às suas crenças heréticas. A ordem não era mesmo para liquidar com eles?

Pouco depois, veio juntar-se a essa tropa, um contingente comandado pelo bispo do Puy, que, de passagem, cobrara resgate das localidades de Saint-Antonin sur l'Aveyron e Caussade.

O próximo objetivo era Villemur, mas um mensageiro avisou à população que os cruzados se aproximavam e seus habitantes incendiaram todas as casas e fugiram durante a noite enluarada, levando consigo uma centena de *parfaits* e *parfaites* que ali viviam sob a liderança de um diácono por nome Raymond Aymeric.

Duas das *parfaites* as irmãs Arnaude e Peronne de Lamothe (seriam ancestrais do futuro arcebispo François de Salignac de Lamothe Fénelon, no século 18?), filhas de outra destacada *parfaite,* todas da melhor nobreza local.

Não se sabe – informa Roquebert – se esse ramo da cruzada chegou mesmo a Villemur. Tão subitamente entrara na trágica história da Cruzada contra os cátaros, como saíra. Roquebert chega a supor que, sob o pretexto de participar da Cruzada, a cavalgada teria sido, na verdade, um acerto de velhas contas e rivalidades locais, talvez uma daquelas sangrentas brigas de famílias.

Além do mais, a notícia de que Raymond VI havia feito as pazes com a Igreja punha suas propriedade a salvo de invasões, o que, aliás, não seria respeitado pelo exército cruzado que se aprestava para atacar pelo outro lado.

Mais um detalhe relevante: para ganhar as indulgências oferecidas pela Igreja, o cruzado tinha de lutar pelo menos durante quarenta dias – a quarentena. Completado o prazo e garantido o perdão de seus pecados, eram muitos os que voltavam aos seus afazeres e interesses pessoais, na certeza de já haverem se credenciado ao céu, depois de cumprida a 'piedosa' tarefa de massacrar e queimar heréticos.

Nesse ínterim, o grosso da tropa invasora entrava pelo norte, descendo pelo vale do Ródano.

Raymond VI seguiu em companhia de Milon e Thédise, ao encontro dos cruzados, comandados por Arnaud Amaury. Encontraram-se a 2 de julho (1209), nas proximidades de Valence. A caminho, Milon aproveitara a viagem para obter alguns testemunhos formais juramentados de fidelidade de umas tantas autoridades.

Raymond-Roger de Trencavel, visconde de Béziers e Carcassonne, foi também ao encontro do exército cruzado a fim de submeter-se. Não tinha escolha. Era o único meio de evitar o ataque que lhe seria fatal, de vez que não poderia mais contar com a ajuda de seu tio Raymond VI, que, formalmente, passara à condição de inimigo, aderindo à Cruzada também para salvar o que lhe restava de poder e de propriedades.

Era tarde. Numa autoritária jogada estratégica de sabedoria política – ainda que pouco ou nada ética – Arnaud Amaury preferiu dar uma demonstração de força que servisse de exemplo a todos os que estivessem pretendendo criar algum tipo de resistência. Além disso, como os domínios de Raymond VI estavam pelo menos formal e teoricamente invioláveis, sob a proteção da santa Sé, convinha expor os de Trencavel à tomada, tal como determinara o papa, legitimando, assim, a eventual conquista.

Talvez, suspeita Roquebert (p. 134), o comandante espiritual da Cruzada estivesse também de olho no butim a que seu exército tinha direito, após a longa e ansiosa espera de dez anos de esforços e preparativos.

De volta a Carcassonne, a fim de arregimentar sua gente e preparar-se para a resistência, Raymond-Roger passou por Béziers, avisou que a população se preparasse para o ataque dos cruzados, prometendo voltar logo que lhe fosse possível, à frente de seus homens.

Enquanto isso, o exército invasor atravessou o Ródano e chegou a Montpellier.

Além de fiel à ortodoxia católica, a cidade estava ao abrigo de qualquer ação belicosa, como garantira o papa Inocêncio III. Situava-se, ademais, nos domínios de Pedro II, de Aragão, o Católico, vassalo assumido da santa Sé, casado, como vimos, com a herdeira local.

Sem se demorar em Montpelllier, os cruzados deixaram-na a 20 de julho e tomaram Servian, que os habitantes haviam abandonado. No dia seguinte, chegaram às muralhas de Béziers, edificada à margem do rio Orb e muito bem protegida por defesas naturais e fortificações.

As portas de acesso estavam fechadas, naturalmente, mas Renaud de Montperyroux, bispo local, saiu ao encontro dos cruzados para apresentar

Os Cátaros e a Heresia Católica ✠ 257

Cidade de Béziers, com destaque para a catedral de Saint Nazaire, reconstruída no mesmo local onde foi queimada a anterior, no início da cruzada contra os albigenses

a Arnaud Amaury uma lista contendo duzentos e dez nomes de pessoas acusadas ou suspeitas de heresia ou cúmplices.

Amaury mandou um ultimato às autoridades locais, exigindo a entrega dos heréticos sob pena de morrerem, eles também.

A resposta foi curta e grossa: preferiam morrer todos afogados do que cumprir a ordem. Segundo conta o cronista da época, no texto da *Canso* (Canção), não cederiam aos cruzados nem o simples "equivalente a uma moedinha que pudesse provocar qualquer modificação no governo de sua cidade". Em outras palavras, não estavam dispostos a entregar pessoas da comunidade aos invasores por causa de suas posturas religiosas, ainda que a Cruzada tivesse as bênçãos da santa Sé.

Essa primeira troca de palavras ásperas serve para dar o tom ao conflito e mostrar que os cruzados contavam com valiosos colaboradores católicos dentro dos muros das cidades e vilas que pretendiam conquistar para eliminar os hereges. Uma antecipação histórica do que se conheceria mais tarde pela expressão "quinta coluna". Mas também tinham lá adversários inflexíveis.

A essa altura, no entanto, a Cruzada não contava ainda com o comandante militar, o temível Simon de Monfort. Cerca de sete anos mais tarde, em 1216, após alguns reveses e muitas vitórias esmagadoras, Monfort tornar-se-ia conde de Toulouse em lugar do espoliado Raymond VI e mandaria suprimir os cargos das autoridades que ora respondiam altivamente a Arnaud Amaury.

A grande tragédia, no entanto, ocorreu no dia seguinte, 22 de julho, consagrado a Santa Madalena.

Enquanto os barões franceses debatiam com Amaury, numa tenda, o que fazer da população assediada, uma pequena tropa de *biterrois* (antiga designação dada aos habitantes de Béziers) cometeu a imprudente bravata de sair da cidade para provocar acintosamente os sitiantes, agitando bandeiras e gritando.

Ora, a Cruzada, por mais exigente e 'cristã' que fosse na defesa da fé, não se dava ao luxo de ser muito purista na formação das tropas necessárias para eliminar os hereges; adotava a praxe da época, admitindo considerável número de mercenários, os terríveis *routiers*. Formavam eles bandos selvagens de marginais e assaltantes que vagueavam pelas estradas (*routes*) em busca de aventuras. Nada tinham a ver com as disputas religiosas em jogo e nem as entendiam e somente obedeciam aos seus próprios líderes. Eram remunerados com algum dinheiro, mas, principalmente, pela participação nos saques às cidades conquistadas.

O barulhento exibicionismo dos ingênuos habitantes de Béziers açulou a turba incontrolável dos *routiers*, que se precipitou sobre eles. Em fuga desabalada, a pequena tropa local conseguiu reentrar na cidade, mas não houve como fechar novamente as portas e por elas os assaltantes também entraram. Desencadeou-se imediatamene o espantoso massacre, que seria posteriormente contado e recontado pelos cronistas da época e seus sucessores.

Em relato posterior a Sua Santidade, os legados orgulharam-se de ter produzido, somente naquele dia, vinte mil mortos, homens, mulheres, crianças, idosos, sem poupar ninguém.

A catedral foi incendiada e desabou sobre a multidão apavorada, que nela buscara refúgio.

Na igreja de Santa Madalena, crianças, mulheres e padres foram decapitados a espada.

O assalto à cidade foi tão fulminante que o lado, digamos, 'oficial' da Cruzada – nobres, prelados, seus homens e cavalos – só depois de alertado se deu conta do que estava ocorrendo.

A preocupação maior não era propriamente a de moderar a crueldade ou proteger os inocentes, mas sim a de participar do saque, sem deixar tudo à disposição dos mercenários. Apressadamente – imagino – perguntou-se a Amaury como distinguir os católicos dos heréticos. O poderoso abade, comandante espiritual da Cruzada, teria respondido: "Massacrem todos! Deus conhece os seus!"

O episódio foi documentado por um monge cisterciense alemão por nome Cesário de Heisterbach, colhido certamente de algum compatriota renano de volta da Cruzada contra os heréticos. Quanto à frase, segundo Roquebert, passou à historiografia francesa algo modificada: "Mate-os todos! – teria dito Amaury – Deus reconhecerá os seus!"

Os diligentes representantes da fé católica estavam eufóricos. O número de mortos, segundo Roquebert foi evidentemente exagerado "para maior glória da *Milícia do Cristo*, que havia iniciado a Cruzada por uma vitória tão brilhante". Adverte, ainda, o historiador do catarismo que podia ser de fato brilhante, mas era igualmente banal, por mais cruel que seja dizê-lo; o saque à cidade e o brutal massacre da população indefesa eram práticas previstas e admitidas na dura lei das guerras medievais.

Estava implantado o regime do terror. Três dias depois, quando o exército cruzado se pôs em marcha para o próximo objetivo – o ataque a Carcassonne – uma delegação de Narbonne foi ao encontro dos invasores para entregar-lhes a cidade sem resistência e, ainda, oferecer-lhes ajuda material e financeira.

Em 1º de agosto, os cruzados estavam diante das muralhas de Carcassonne. Pelo caminho já se haviam apossado de numerosas localidades, nas quais somente encontravam aquilo que seus habitantes, em fuga, não haviam podido levar consigo.

Nada disposto a seguir o exemplo dos narbonenses, que se entregaram sem qualquer resistência, Trencavel tratou de organizar logo a defesa da cidade, mobilizando toda a cavalaria disponível em seus domínios. Acampados fora dos muros, os cruzados passaram o dia 2 a observar o local. O primeiro impulso foi o de atacar prontamente o adversário, mas foi dissuadido de fazê-lo por Pierre-Roger de Cabaret.

Igreja de Santa Madalena, em Béziers.

Pela madrugada do dia seguinte, a infantaria francesa resolveu atacar pelo lado norte, onde a defesa da cidade era mais frágil. Tomou os primeiros bairros em cerca de duas horas de luta. Enquanto isso, outros contingentes invasores ocuparam a margem oeste do rio Aube, impedindo que os habitantes da cidade tivessem acesso aos pontos de abastecimento de água.

A situação ainda era essa, dois ou três dias depois, quando Pedro de Aragão, acompanhado de uma centena de homens, apresentou-se aos cruzados. Como suserano dos domínios de Trencavel, tinha tudo para estar preocupado. Tratava-se, afinal de contas, de invasão de território de propriedade de um nobre que lhe estava subordinado, segundo o direito medieval.

Roquebert chama a atenção para esse aspecto "fundamental no desenrolar da cruzada albigense: foi porque ela desestabilizou todo o espaço geopolítico ao norte dos Pireneus que suscitou uma infinidade de dificuldades diplomáticas e que o conflito se internacionalizou rapidamente".

Não era, pois, uma guerrinha particular da Igreja para liquidar com a heresia – era um conflito de implicações locais e internacionais, em vista do complexo sistema de interesses familiares, políticos, militares e econômicos de diferentes casas reais, sendo de considerar-se praticamente até mesmo a França do norte como nação estrangeira, além de Aragão e até a Inglaterra e a própria santa Sé. Um bom exemplo de tal complexidade era o de Pedro II, de Aragão, casado, como sabemos, com uma senhora da nobreza local (de Montpellier), irmã de Raymond VI, conde de Toulouse. Como superior a Trencavel na hierarquia medieval, Pedro não podia – ou pelo menos, não devia – abandonar

Torres de Carcassone vistas do alto de sua muralha

Os Cátaros e a Heresia Católica ❖ 261

as propriedades de seu vassalo ao ímpeto conquistador dos invasores. Por outro lado, como soberano católico, não lhe era lícito envolver-se no combate direto aos cruzados que lutavam ali, teoricamente, pela mesma Igreja, que era a sua. Acresce um dado ainda mais complicador; Pedro estava empenhado prioritariamente, naquela ocasião, em combater, também em nome da Igreja, os muçulmanos. Não tinha tropas suficientes para lutar em duas frentes distintas e afastadas. Se o fizesse, aliás, seria declarado inimigo da Igreja e não seu aliado e vassalo, bem como cúmplice da heresia.

Foi esse o tema da conversação com seu cunhado, Raymond VI, em Toulouse, e foi o que transmitiu, posteriormente, a Trencavel, em entrevista em Carcassonne. O máximo que poderia fazer sob tão inquietantes circunstâncias era servir de intermediário a fim de tentar uma negociação entre os poderes em conflito.

Trencavel concordou e ele voltou à presença de Arnaud Amaury para informar-se das condições de um possível acordo. Eram duras as exigências: o comando da Cruzada permitiria que o conde se retirasse livremente, acompanhado de onze cavalheiros à sua escolha e entregasse a cidade e toda a população aos cruzados. O jovem Trencavel respondeu que preferia ser escorchado[48] vivo do que concordar com a proposta.

Pedro II, de Aragão, El Catholico, nada mais podia fazer ali. Passou a Arnaud Amaury a recusa do conde e tomou o caminho de volta à sua terra, a Catalunha.

Logo em seguida, os cruzados tomaram um bairro[49] ao sul da cidade, mas a luta foi tão rude que eles temeram o desgaste que os enfraqueceria no ataque à cidade propriamente dita, muito mais bem fortificada.

Para contornar a situação, mandaram um emissário a Trencavel que, munido de salvo conduto, veio discutir o assunto com o comando da cruzada, na tenda do conde de Nevers.

A essa altura, porém, os cruzados contavam com a superioridade estratégica de ter sob controle a água que abastecia a cidade, cujas reservas estavam esgotadas.

---

[48] Escorchar, podemos conferir no Aurélio, é "Tirar a pele ou o revestimento externo de animal, planta ou qualquer objeto". Como vemos, o dicionarista nem admite tirar pele de gente – só de animal, planta ou objeto.
[49] Esses bairros – *faubourg*, em francês – eram aglomerados residenciais construídos do lado de fora das muralhas e ficavam, por isso, mais vulneráveis aos ataques. (Informação colhida no *Petit Larousse Illustré*, 1976.)

O cronista-poeta da *Canção* pinta um quadro dramático: a cidade superpovoada, poços secos, muita mosca e um mau-cheiro insuportável por toda parte.

Não se sabe dos termos exatos da negociação, mas é certo que, desta vez, o conde não estava em condições de rejeitar qualquer proposta, por mais penosa que fosse.

Como sempre, os cruzados exigiam a pronta entrega dos heréticos locais. O problema é que Bernard-Raymond de Roquefort, o bispo, estava há apenas seis meses no cargo e tinha fortes vínculos pessoais com os heréticos: sua mãe e sua irmã eram *parfaites* e três de seus irmãos, *parfaits*.

Igualmente não se sabe ao certo como as coisas aconteceram. Se o conde se teria oferecido como refém, sob a promessa de que a população de Carcassonne fosse poupada, ou se teria sido preso traiçoeiramente durante a reunião, que não passava de um ardil. Ele foi atirado a um poço e a cidade foi ocupada sem resistência, em 15 de agosto.

A cruzada colecionava e ampliava vitórias, conquistando Albi – que se rendera –, Castres, Caussade, Fanjeaux, Gontaud, Mirepoix, Puy-le-Roque, Saverdun, Tonneins, etc. etc.

Em apenas três semanas de campanha alcançara um 'sucesso' que Roquebert (p. 139) se vê forçado a qualificar com adjetivos enfáticos: "brilhante, espetacular, fulminante" (...) e, paradoxalmente, "tudo, na mais perfeita legalidade canônica", ou seja, nos termos fixados pela Igreja; e, se estava de acordo com a vontade da Igreja, era legal e era, também, a vontade de Deus.

Numa cerimônia "menos formal do que parecia", Arnaud Amaury declarou que estavam ali para cumprir aquela vontade. Cabia-lhe, portanto, passar os títulos nobiliárquicos e as correspondentes propriedades confiscadas ao visconde derrotado, a um novo visconde "inteiramente fiel à fé católica".

Isto implicava, necessariamente, uma repercussão pela pirâmide do poder medieval abaixo. Em outras palavras, os vassalos do antecessor estavam obrigados a prestar juramento de fidelidade ao novo senhor e, logicamente, a assumir a responsabilidade de servir à fé católica e dar combate à heresia. Quem se recusasse ao juramento continuava sendo cúmplice da heresia com a carga acrescida pela rebeldia ao novo superior. Este, por sua vez, podia – e devia – exigir de todos, pela força das armas, se necessário, o compromisso juramentado da irrestrita fidelidade de todos os habitantes de seus domínios. Era o que prescreviam, neste ponto, a lei e os costumes vigentes.

Na campanha que o novo titular de Carcassonne e Béziers empreendesse contra os recalcitrantes, estaria se batendo, certamente, pelo Cristo, mas também pela confirmação e consolidação de seus legítimos direitos de senhor medieval.

É por causa desse complexo jogo de interesses, muito mais políticos do que religiosos, escreve Roquebert, que, "a partir daí, a Cruzada se presta a duas leituras diferentes": ela conserva a característica de guerra santa geradora de indulgências a quem dela participar pelo tempo prescrito – ainda que pouco se importando com os aspectos supostamente religiosos em disputa –, mas oferece, simultaneamente, uma cobertura canônica legal para conquistas territoriais até onde nem mesmo existem heréticos.

Para Roquebert, na sua penetrante análise do fenômeno, a troca de titulares no topo da pirâmide hierárquica autoriza a entender-se a Cruzada como vasta operação policial e, ainda mais, um processo de "implantação, pela força, no território invadido, de uma nobreza francesa" (p. 140).

É verdade. Parece um tanto confuso, a uma análise superficial, considerar os franceses como estrangeiros no Languedoc, mas essa é a realidade histórica. A região goza de elevado grau de autonomia política, linguística, econômica, social e administrativa. Ainda que alguns condados estejam teoricamente ligados à coroa francesa, os elos são frouxos e os próprios reis não cuidam de consolidá-los ou fortalecê-los. As demais propriedades estão vinculadas, por laços de natureza dinástica, a poderes estranhos à França, como Inglaterra e Espanha.

De qualquer modo, França e Languedoc consideram-se países distintos e adversários, empenhados em sangrento confronto, ainda que, teoricamente, "para maior glória de Deus", como então se dizia.

É legítimo, portanto, concluir-se com Roquebert que, durante os próximos vinte anos, ou seja, até ao que se considerou vitória definitiva – não tão definitiva como se supuria –, a Cruzada "apresentou-se como um rolo compressor jurídico tanto quanto militar".

Esse era o quadro que Arnaud Amaury tinha diante de si ao reunir os nobres cruzados vitoriosos naquele 15 de agosto de 1209.

Ofereceu o condado compulsoriamente 'vago', ao conde de Nevers, que o recusou, declarando que não tinha intenção de se instalar naquela região. Recusaram igualmente a oferta o duque de Bourgogne e o conde de Saint-Pol. Na verdade, estariam obviamente se expondo ao desagrado do rei francês, do qual eram vassalos, se aceitassem diretamente da santa Sé propriedades e títulos tão importantes e, além do mais, estrangeiros, de vez que vinculados à coroa catalã. Nesse delicado jogo político, poderiam até, eventualmente, suscitar, em outra frente, um conflito com os espanhóis.

O condado continuava, portanto, vago e o 'leilão' prosseguiu, descendo a escala hierárquica dos franceses participantes da Cruzada.

Arnaud Amaury ofereceu-o a seguir, a Simon de Monfort, nobre menos expressivo, senhor de uma propriedade no vale do Chevreuse. Menos preocupado com a reação da coroa francesa e, segundo Zoé Oldenbourg (p. 184), "mais suscetível de obedecer às ordens do chefe espiritual da cruzada" – Montfort concordou, após recusa formal de mera cortesia, em tornar-se o novo visconde de Béziers e Carcassonne.

Não é necessário guardar em nossa memória esse nome – a história o fez por nós. Simon de Monfort será, dentro em pouco, a face militar da Cruzada e passará os próximos nove anos que lhe restam de vida dedicado à tarefa inglória de extirpar a heresia cátara, senão do mundo, pelo menos do Languedoc.

Era o quarto Simon na genealogia dos senhores de Montfort. Trazia, ligado ao nome próprio, o significativo apelido de "o Forte". Nascera em 1150 e morreria aos 68 anos de idade, em plena luta, durante o cerco de Toulouse. Veremos isso, no momento oportuno. Ao assumir as novas responsabilidades, não era desconhecido e trazia já um bom currículo. Embora não fosse um poderoso senhor da estatura do duque de Borgogne ou do conde de Nevers, estava longe de ser um pobretão. Além disso, sua família era de nobreza antiga e de boa cepa. Herdara de seu pai, Simon III, as senhorias[50] de Montfort-l'Amaury e de Éperon, mas não o condado de Évreux, que ficou com Amaury, seu irmão mais velho. A Simon IV chamavam conde Simon ou, por extrapolação, Conde de Monfort, porque herdara de um tio materno o condado de Leicester. Infelizmente, o rei da Inglaterra, em guerra com a França, lhe confiscara essa propriedade. A rigor, portanto, Simon IV não possuía título de nobreza. O viscondado dos Trencavel (Béziers e Carcassonne) caía-lhe, portanto, às mãos, como bem-vinda compensação.

Militarmente já se distinguira nos exércitos de Philippe Auguste em 1194 e, posteriormente, em 1199, na Quarta Cruzada, quando se batera valentemente na Terra Santa durante um ano. Recusara-se, nessa oportunidade, a trair o rei em troca de dinheiro para liquidar dívidas pessoais, como outros nobres franceses fizeram.

---

[50] *Aurélio* informa que senhoria é "Domínio de um Estado ou potentado sobre uma terra." O que não outorga, necessariamente, qualquer título nobiliárquico.

Era, pois, um bravo e experimentado guerreiro, bom estrategista e severo, até cruel, quando necessário e isso aconteceria com frequência no decorrer da Cruzada contra os heréticos.

Roquebert o descreve – com base no depoimento de Pierre des Vaux--de-Cernay, o cronista oficial da Cruzada – como um sujeito de elevada e vigorosa estatura, dotado de grande força e excepcional resistência física.

Mais do que isso, emerge do perfil traçado por Roquebert (p. 142) um homem dotado de "evidente gênio militar que, mesmo amplamente ajudado pela incompetência de seus adversários, fez dele, seguramente, um dos mais sábios e audaciosos capitães de seu tempo."

Oldenbourg pensa que a recusa inicial ante a dádiva dos títulos e propriedades de Béziers e Carcassonne não foi mero gesto de cortesia de quem não quer, querendo. Para a conhecida medievalista (p. 185), ele não estava representando uma farsa, dado que "a honraria era, ao mesmo tempo, ambígua e perigosa".

Não é esse o homem que Roquebert descreve. Para este, poder-se-á até dizer que "sua piedade (religiosa) era apenas a máscara de sua ambição", sua coragem o álibi da crueldade, sua correção, de seu fanatismo". Estava, ainda, convicto de que "o terror é também uma arma". Realmente, não hesitaria em usá-la.

Era, enfim, ainda no julgamento de Roquebert, "um homem aparentemente inteiriço, que se identificou totalmente com sua missão, e que despertou a admiração e a solidariedade sem reservas dos homens que tinha para liderar".

Ficamos, aí, com duas imagens de Simon de Montfort: para seus amigos e comandados, "militavam a favor do chefe, a simplicidade de seus hábitos, o rigor de sua piedade cotidiana, a retidão de sua vida pessoal e familiar. Em suma, um modelo para os que o cercavam".

Para os adversários, "um monstro, ao qual se deviam matanças, incêndios, pilhagens, confiscos de bens de terceiros..."

Durante o cerco a Carcassonne – conta Oldenbourg (p. 185) –, quando os cruzados rechaçados batiam em retirada do assalto a Castellar, Simon, acompanhado apenas de seu escudeiro, atirou-se ao poço[51] sob uma saraivada de pedras e setas disparadas pelos defensores, para salvar um mero combatente ferido.

---

[51] Fortalezas, cidades e castelos medievais eram, com frequência, cercados por um fosso praticamente intransponível, cavado em volta das muralhas. O único acesso às reforçadas e bem guardadas portas era feito por uma ponte levadiça.

Gestos assim heroicos de solidariedade e bravura elevam o moral da tropa, provocam admiração de todos e se tornam lendários.

Quanto a aspectos de seu caráter que inspiraram aos seus inimigos a elaboração da imagem do "monstro", veremos mais adiante.

No primeiro documento assinado como Visconde de Béziers e Carcassonne, Simon manifestava seu reconhecimento à ordem de Cîteaux e a Arnaud Amaury, seu abade, concedendo-lhes três mansões pertencentes aos heréticos.

Com um olho no presente e outro no futuro, escreveu prontamente ao papa pedindo a confirmação, para si e seus herdeiros, da doação, feita, aliás, em nome da santa Sé.

A Cruzada ia muito bem, obrigado. Milon foi a Roma fazer um relato pessoal ao papa sobre sua missão na Provence. Nutria, ainda, algumas desconfianças a respeito de Raymond VI, que, mesmo 'reconciliado' – depois de humilhado – com a Igreja, não se livrara da suspeita de ter sido o mandante do assassinato de Pierre Castelnau.

Amaury, abade de Cîteaux, mantinha-se no "comando espiritual" da Cruzada e enviou a Roma um circunstanciado relatório sobre a campanha – aquele em que se orgulha da glória de ter massacrado vinte mil habitantes de Béziers. Afinal de contas, fora ele, até aquele ponto, quem exercera também o bem-sucedido comando militar da *Militia Christi*, assessorado pelos barões franceses.

A posição de Simon de Monfort é que não era das mais confortáveis, a despeito das honrarias com as quais fora distinguido. Sua análise, aliás, era honesta e realista. Uma vez alcançadas, no prazo mínimo prescrito, as indulgências que os livravam, segundo a Igreja, de seus pecados, os mais destacados cruzados estavam se retirando – juntamente com seus contingentes – para seus domínios, interesses e afazeres.

Simon ficava no comando de um reduzido grupo de cavalheiros – levara consigo parentes e amigos, companheiros fiéis de campanhas anteriores – e uns tantos mercenários que somente poderia conservar ao seu lado, dobrando-lhes a remuneração. A região conquistada mostrava-se devastada, com cidades e castelos parcialmente destruídos. Os senhores locais, por sua vez, retiravam-se, em sua maioria, para suas propriedades nas montanhas, dispostos a se fortalecerem para resistir aos invasores.

Não tinha, pois, como sustentar sozinho a campanha. "Sem a vossa ajuda – escreveu ao papa – e a dos fiéis, não poderei governar por muito tempo esta terra..." A Igreja deveria, portanto, enviar-lhe prontamente recursos que lhe permitissem reconstituir suas tropas e recomeçar a pregação em prol da Cruzada.

Como sempre acontece em tais situações, a santa Sé passou a conta ao povão. Os conquistados teriam de pagar para serem atacados com maior eficiência. Revigorou-se o sistema de cobrança do dízimo, que há muito não era recolhido regularmente. Paralelamente, instituiu-se um tributo anual de três *sous*,[52] a serem recolhidos pontualmente aos cofres da Igreja. O que leva Roquebert a comentar que, a despeito de ser de pequeno valor, o tributo não era "nada desprezível, nem do ponto de vista financeiro, nem do político", de vez que, ao criá-lo, a Igreja fazia dele "instrumento de imperialismo pontifical..." (p. 144). Afinal de contas, a santa Sé estava impondo normas tributárias em território no qual possuía propriedades mas não era a senhora absoluta da região.

Simon de Monfort conseguira convencer o duque de Borgogne a demorar-se mais algum tempo, até meados de setembro. Permaneceram com ele, naquele fim do ano 1209, cerca de duas dúzias de companheiros. Entre esses, um só titulado, Rouant, visconde de Donges; os demais, proprietários de meras *senhorias*. Esse pequeno grupo seria o núcleo do exército de Simon de Montfort, que, de tempos em tempos – incertos, aliás –, receberia reforços que Roquebert considera "úteis, mas efêmeros contingentes de cruzados em trânsito".

Baseado em meticulosas pesquisas, Roquebert oferece uma listagem comentada desses "infatigáveis companheiros de um chefe (Montfort) cuja autoridade, gênio militar e, certamente, carisma, conquistaram-lhes a fidelidade, a confiança e a admiração" (p.145).

Um pouco mais adiante, começaria "o inevitável jogo dos casamentos" (Roquebert), entre invasores e habitantes da região. Um desses casos foi o de Guy de Lévis, cujo neto desposou uma princesa de Foix. A família estendeu-se ao nosso tempo, em linha direta, através de vinte e seis gerações enraizada em terras do Ariège.

Levando-se em conta os pequenos grupos que cada chefe menor tinha em torno de si, Roquebert avalia "o efetivo total desse exército permanente em torno de três mil ou três mil e quinhentos homens".

---

[52] É difícil, sem mais aprofundadas pesquisas, determinar quanto valia um *denier* (dinheiro) naquele tempo, mesmo porque o termo serviu para designar moedas de diferentes valores em épocas e regiões diversas. Depreendo das abreviadas referências contidas no Larousse, que seria, neste caso, correspondente a 1/12 (um doze avos) de um *sou*. Este, por sua vez, corresponderia a um centésimo de 5 francos. O valor era, aparentemente, ínfimo, mas constituía tributo imposto à população que, no entender da Igreja, tinha de pagar para se ver livre dos heréticos.

Estão considerados nesse número os soldados 'regulares' e os *routiers*, ou seja, os temidos mercenários, uma confusa mistura de gente, armamento, cavalos e até um capelão, que Montfort, católico convicto e praticante, fez questão de incluir. Chamava-se mestre Clarin. Não se sabe de sua origem, mas terminaria seus dias como bispo de Carcassonne.

De qualquer modo, não era nada fácil a missão que se desenhava para Montfort, que, no entender de Oldenbourg (p. 188), contava mais com o terror que inspirava do que com os escassos efetivos de sua tropa.

Somente dessa maneira, escreve, "poderia (ele) manter-se e até mesmo triunfar numa região que lhe era ferozmente hostil. E sobre a qual ele estava condenado a não reinar senão pelo medo".

Fortes laços de amizade se formariam, dentro em breve, entre Montfort e Domingo, ainda recolhido ao seu convento de Prouille, "como longínquo espectador (...) daqueles quarenta dias que acabavam de abalar o mundo". (Roquebert, pp. 146-147)

Fanjeaux foi o próximo objetivo militar sobre o qual Monfort e seus companheiros se lançaram. Constituía, há cerca de vinte anos, importante núcleo da heresia. Roquebert atribui-lhe a condição de uma espécie de "capital do catarismo occitano".

Entre os que residiam ou frequentavam a cidade, destacava-se Guilhabert de Castres, *fils majeur* do bispo cátaro Gaucelin, "verdadeiro diretor de consciência de toda a nobreza herética da região do Lauragais e Toulouse" (Roquebert, p. 147).

Pelo caminho, encontraram Alzonne e Montreal abandonadas pela população em fuga, liderada por Aimery, o senhor local, e mais cerca de cinquenta *croyants*, o diácono Pierre Durand e uma dezena de *parfaits* e *parfaites* que haviam participado da conferência de 1207. Entre estas últimas, a nobre senhora Fabrissa de Mazerolles, que se recolheu a Gaia-la-Selve, onde fundaria uma casa destinada às *parfaites* e que seria frequentada por longo tempo pelos *faidits*.[53]

Não muito distante, situava-se o convento de Prouille, onde Domingo recolhera pequeno grupo de *parfaites* reconvertidas ao catolicismo, sem, contudo, conseguir reduzir a força da heresia naquelas paragens.

Além da concentração de hereges, Fanjeaux ocupava importante posição estratégica na geografia da região, verdadeira chave – especifica Ro-

---

[53] Eram chamados *faidits* os nobres e senhores espoliados de seus títulos e alijados de suas propriedades pelos conquistadores cruzados. Muitos deles preferiram abandonar suas propriedades à própria sorte do que colaborar com os invasores.

quebert – em vista de ser um ponto de irradiação de caminhos de penetração, pelo noroeste, rumo a Toulouse, através do Lauragais, pelo sudoeste, na direção de Mirepoix, ao sul, para Lavelanet e Olmes, ao sudeste, para Limoux e Razès e ao norte, para Castrais e Albi.

Fanjaux foi ocupada sem esforço por uma vanguarda de mercenários. A cidade estava parcialmente destruída pelo fogo e abandonada por seus habitantes. Alguns *parfaits* desapareceram dos registros históricos, como Pierre Belhoume, Arnaud Clavel e Guillaume de Carlipa. Gilhabert de Castres refugiou-se em Montségur em companhia de seu bispo Gaucelin e algumas *parfaites*, entre as quais Aude de Fanjeaux, que levou consigo seu filho Isarn-Bernard, e as filhas Hélis, Braïda e Gaia, suas netas Fabrissa e Gauzion, filhas de Braïda. Isarn-Bernard, como outros, levou a esposa, Véziade. Seguiram para lá, também, Raymond de Péreille e a *parfaite* Fournière, sua mãe. Roquebert caracteriza o evento como um "êxodo familial".

Iam todos na expectativa de dias melhores ou, pelo menos, em maior segurança. Montségur foi, de início, "uma verdadeira colônia de Fanjeaux", no dizer de Roquebert.

Seria também, em futuro ainda distante (1244), o último reduto dos cátaros.

Façamos aqui uma pausa.

Se alguns nomes contidos no texto que acaba de ler lhe soam um tanto familiares, você tem razão: Fanjeaux, Mirepoix, Foix, Lavelanet, Montségur identificam locais na geopolítica local, tanto quanto Fabrissa de Mazerolles, Guilhabert de Castres, Isarn-Bernard, Hélis, Braïda, Gaia, Raymond de Péreille, Fournière são nomes de pessoas que figuram na fascinante pesquisa do dr. Arthur Guirdham, com a qual começamos este livro. Por aquele tempo – primeira metade do século XIII – Guirdham, um idoso psiquiatra inglês, convivera com essa gente, na personalidade, então encarnada, de Roger-Isarn, filho do casal Bec de Fanjeaux/Aude de Tonneins e irmão de Isarn-Bernard e de Hélis (ou Alaïs), Braïda e Gaia. Fabrissa de Mazerolles – apurou Guirdham, com a ajuda dos espíritos – era cunhada de Hélis e Roger, e mãe do temível Pierre de Mazerolles, de relevante participação no massacre de Avignonet, onde foram assassinados (a machadinha) o inquisidor Guillaume-Arnaud e seus companheiros.

Você poderá conferir essas e outras informações em *The cathars and reincarnation* (pp. 151-174), consultando, inclusive, as árvores genealógicas ali esboçadas, bem como os demais livros do dr. Guirdham, que figuram na bibliografia.

Mas eu prometi não me alongar demais no detalhamento da Cruzada em si – as batalhas, os massacres, as crueldades, os cercos às cidades, castelos e fortalezas, os horrores, enfim –, de modo a abrir espaço para o exame de suas origens e de suas consequências.

Caso queiram, leitor e leitora, conhecer melhor o dia-a-dia da campanha, há a alternativa de recorrer a livros como os de Roquebert ou de Zoé Oldenbourg, que tanto nos têm servido aqui e que também figuram em nossa bibliografia.

Curiosamente, em sua maciça *L'histoire des cathares*, Jean Duvernoy preferiu referir-se à Cruzada de maneira meramente tópica, sem maiores aprofundamentos. O eminente historiador se mostra mais interessado no processo religioso do catarismo, em si, desde os primeiros impulsos na Bulgária, ainda no final do século X, até que, em 9 de setembro de 1329, foram queimados, em Carcassonne, Adam Baudet, de Conques, Guillaume Serre, da própria Carcassonne, e Isarn Raynaud, de Albi. Eram os últimos cátaros viventes. Referências ainda mais escassas figuram em *La religion des cathares,* do mesmo autor.

É difícil descrever a religião cátara – ensina Duvernoy, logo no início de seu livro (p. 7) – por causa do disparate de suas fontes. Muitas vezes – queixa-se –, se é que se pode considerar plausíveis e confirmadas umas tantas opiniões heterodoxas assinaladas por um documento, a única informação nele contida sobre os que professavam (a heresia) era a de que foram queimados.

Não é de se admirar, portanto – ainda segundo Duvernoy –, que a história da religião cátara se tenha tradicionalmente confundido com a da repressão imposta aos seus seguidores, o que também diz Roquebert. O exemplo típico dessa atitude, no entender do autor, colhe-se na própria França, onde, para o grande público, a história do catarismo "se limita à Cruzada albigense e à tomada de Montségur".

O empenho de Duvernoy é o de esboçar uma visão panorâmica do catarismo, tão ampla e precisa quanto possível, desde suas origens, no final do século X, na Bulgária, sua expansão pela Europa medieval, e os cento e sessenta anos que caracterizam a "época clássica" do catarismo occitano, entre 1165 e 1325.

Nesse contexto mais amplo, portanto, a Cruzada albigense será, sempre, um relevante episódio, não mais do que isso, porém.

Seguiremos o exemplo de um dos monstros sagrados do catarismo, mas não devemos, por outro lado, deixar suspenso no ar, como que bruscamente interrompido, o relato que vínhamos alinhavando em torno da campanha militar no Languedoc. Mesmo porque, necessitamos de tais fatos para algumas importantes e conclusivas reflexões.

Anne Brenon, em *Le vrai visage du catharisme*, especificamente na terceira parte do livro, conta como foi que, depois de "bem implantado na Occitânia", o catarismo foi "arrancado pelas raízes (*déraciné*) da história, no fim da Idade Média" (...), pelo ferro, pelos procedimentos e pelo fogo..."

Contrariamente à opinião dominante, Brenon entende que a Cruzada contra os albigenses não foi mero pretexto religioso para uma guerra de conquista, na qual estavam interessados os nobres do norte da França, eminentes prelados católicos e até o rei, de olho na riqueza e na prosperidade das terras occitanas.

"A caricatura – escreve (p. 221) – é grosseira, exagerada e distorce toda a perspectiva. A guerra não foi mero produto da atividade ou da cupidez aliadas à intolerância. A realidade – conclui – é, bem entendida, infinitamente mais complexa."

A autora não vê diferenças, e sim semelhanças, entre a prosperidade, a riqueza e a cultura intelectual vigentes na região francesa ao norte do Loire das que predominavam nos principados languedocianos do sul.

Para ela, portanto, a campanha iniciada em 1209 foi uma "guerra santa, uma guerra de religião".

É igualmente digna de nota sua postura ante a atitude e as motivações de Inocêncio III. A seu ver, não se deve pôr em dúvida a agoniada sinceridade do papa ao se convencer de que largas porções da cristandade corriam o risco de escapar ao controle da santa Sé.

Admite, ainda, o evidente traço 'imperialista' na personalidade de Inocêncio, no sentido de que pretendia expandir e consolidar o poder da Igreja no mundo. A despeito disso, concede-lhe o crédito de haver sido, também, "um homem de fé", certamente afetado por problemas de consciência, ao desencadear a guerra depois do fracasso de todas as tentativas de negociação e mesmo de intimidação ou repressão.

Em três importantes principados, a presença da heresia fortalecia o anticlericalismo "endêmico e ativo dos senhores". Brenon menciona alguns de tais aspectos: os direitos da Igreja eram ridicularizados, violados e espoliados; o dízimo não estava sendo pago e, sobretudo, "aquela heresia tinha a pretensão de se posicionar e se organizar contra a Igreja" (p. 222).

Para ela, portanto, trata-se, primordialmente, de uma guerra "destinada a proteger a santa fé", ainda que os barões do norte tenham tirado proveito pessoal da campanha.

Acrescenta, mais adiante, que era necessário "bem mais do que uma guerra para extirpar uma fé e que o papado deveria inventar outros instrumentos e outras armas". Nem o papa poderia ter previsto que o rei da França, que se recusara a se engajar na luta em 1209, acabou sendo, de fato e de direito, quem melhor se beneficiou dos resultados da campanha. Nem Inocêncio III, nem Simon de Montfort teriam imaginado a anexação dos territórios de Trencavel e de Toulouse à coroa francesa.

Foi, assim, como escreve Brenon (p. 224), que o exército cruzado partiu para o sul, "sob o olhar crítico do rei de França", um tanto melindrado com o papa por ter colocado à disposição de quem os conquistasse territórios que, pelo direito medieval, constituíam feudos da coroa.

Quanto ao mais, o rei deixou bem caracterizado que não tinha qualquer envolvimento com a operação militar em si. Os nobres franceses nela se engajaram por sua própria conta e risco, e o comando da tropa cabia a Arnaud Amaury, abade de Cîteaux, em nome da Igreja católica. Foi somente depois das primeiras vitórias e da doação dos títulos e das propriedades dos Trencavel a Simon de Montfort que este assumiria o comando militar da operação. Mesmo assim, a palavra final continuava com Amaury.

Uma vez invadido o Languedoc e após o sangrento assalto a Béziers, Raymond VI, "para evitar o pior" (Brenon), foi ao encontro dos cruzados com uma declaração de submissão a ser encaminhada a Roma, como também vimos. Em seguida, passou pela humilhação pública em Saint-Gilles, admitindo praticamente a responsabilidade pelo assassinato de Pierre de Castelnau.

No entanto, ao assumir, mediante juramento, o compromisso de perseguir os hereges de suas terras e investir-se da cruz simbólica de "soldado do Cristo", Raymond (Brenon prefere a grafia Raimon) colocou-se estrategicamente sob a proteção direta da santa Sé, não podendo, portanto, ser atacado e muito menos espoliado de seus títulos e bens.

Restou a Amaury a alternativa de redirecionar as tropas da Cruzada contra Raymond-Roger de Trencavel, conde de Toulouse, outro protetor dos hereges, mas a quem o abade-guerreiro recusou qualquer manobra salvadora semelhante à de seu tio, o outro Raymond.

Em suma: em dois meses, julho e agosto de 1209, Béziers e Carcassonne haviam caído em poder dos invasores.

Montfort entrou em ação com a rapidez e a competência militar que lhe eram características. Antes do fim do ano, estava praticamente terminada a conquista dos domínios dos Trencavel, com a submissão de Montréal, Fanjeaux, Laurac, Saissac, Castres e o sul albigense. *Parfaits* e *croyants* da região fugiram na direção de Toulouse, Mirepoix, Montségur. Outros tantos ficaram por ali mesmo, abrigados nas três cidadelas restantes, ainda em poder de vassalos de Trencavel: Minerve, Termes e Cabaret.

No verão seguinte, caíram Minerve e Termes, vitimadas por cercos implacáveis, bombardeadas por pedras (eram os 'mísseis' da época...) e dizimadas pela falta absoluta de água nos poços. Em Minerve, a uma fogueira coletiva para queimar cento e quarenta hereges, seguiu-se um massacre. Quanto a Cabaret, as autoridades locais preferiram render-se.

Raymond VI não conseguiria poupar suas terras dos horrores da guerra. Foi excomungado pela segunda vez, e o terceiro ano da campanha decorreu no condado de Toulouse, a partir da primavera de 1211.

Lavaur foi a primeira cidade a ser atacada. Era um objetivo prioritário, pois ficava a apenas dez léguas[54] a leste de Tolouse e, mais, ali se estabelecera o primeiro núcleo de bispos cátaros. Na vila-castelo, Guiraude, filha da *parfaite* Blanche de Laurac, empenhou-se, sem êxito, na defesa de seu irmão Aimery de Montréal com ajuda de alguns cavalheiros de Carcassonne, expulsos de suas propriedades e que ali se refugiaram.

Com a queda de Lavaur, a Cruzada contabilizou grande 'sucesso': Aimery foi enforcado; sua irmã, dona do castelo, atirada viva a um poço, prontamente recoberto de pedras. Quanto aos cavalheiros, a pena seria a de enforcamento, mas a trave partiu-se sob o peso de Aimery e Montfort tratou logo de cortar-lhes as cabeças.

Em seguida, foram queimados quatrocentos hereges – todos os que foi possível capturar –, entre eles, fugitivos de Cabaret e talvez de Roquefort-des-Cammazes. Roquebert informa que essa foi a maior fogueira humana de toda a Cruzada.

Monumento em homenagem aos cátaros martirizados na cidade de Minerve

---
[54] Cerca de quarenta quilômetros.

Depois de mais essa vitória, Simon de Monfort, confiante, assumiu uma atitude ousada – a de assediar a própria Toulouse, considerada, àquela época, a "capital da heresia". Ao cabo de quinze dias, contudo, desistiu da arriscada operação. A cidade era fortificada e, numa sortida bem-sucedida, comandada por Ugues d'Alfaro, tropas toulousianas levaram a devastação ao acampamento dos cruzados.

Montfort rendeu-se à evidência de que não tinha condições para sustentar o cerco. Além disso, surgiram dissensões internas provocadas pelos condes de Bar e de Châlon, que detestavam – diz Roquebert – Arnaud Amaury, o 'comandante espiritual' da Cruzada e estavam até dispostos a um acordo de paz em separado com Raymond VI. Pela primeira vez, os cruzados sofreram a humilhação de uma retirada.

Roquebert conta ainda, que, a caminho de Toulouse, os cruzados "devastaram os campos, arrancaram as vinhas, massacraram sem piedade homens, mulheres e crianças em plena colheita do feno" (p. 178).

Seguiram-se cerca de dois anos de batalhas indecisas. Os três mais poderosos nobres da região – os condes de Toulouse, Foix e Comminges – uniram suas forças ante o inimigo comum, mas não lhes foi possível impedir que Montfort prosseguisse com suas conquistas no Quercy e na região de Agenais e as incursões militares contra Foix, Comminges e Couseran. Além disso, o insucesso das rebeliões no Lauragais e em Albi.

Em 1212, o poder de Monfort estava suficientemente consolidado para lhe permitir botar a casa em ordem do ponto de vista administrativo. Reuniu, para esse fim, em Pamiers, uma assembleia incumbida de outorgar um estatuto político e jurídico destinado a regulamentar o comportamento dos vencidos perante os vencedores.

Por todo esse tempo, cresce o inventário das conquistas: cidades e castelos arrasados, incêndios, massacres, fogueiras para queimar heréticos.

O ano de 1213 foi decisivo. O trovador Raymond de Miraval compôs, em versos, um dramático apelo, em nome de toda Toulouse – o conde, demais autoridades e o povo –, dirigido a Pedro II, de Aragão, que acabava de derrotar os muçulmanos em Navas de Tolosas.

Monfort não se deixou abater pela derrota. Enquanto o conde se mantinha com o grosso de suas tropas encerrado em Toulouse, o comandante da Cruzada dirigiu-se ao sul. Ao passar por Auterive, deixou uma guarnição para garantir o controle da cidade, mas a população rebelou-se. Monfort voltou do caminho com suas tropas e resolveu o problema de modo radical, incendiando a cidade. Em seguida, retomou a marcha so-

Os Cátaros e a Heresia Católica 275

bre Pamiers, que, ante o exemplo, "ofereceu melhor acolhimento", como diz Roquebert (p. 179). Mais à frente, encontrou Varilhes abandonada e incendiada, certamente pelos próprios habitantes, e dali Monfort marchou sobre Foix.

Não era, ainda, hora de tentar submeter todo o condado, empenhando-se na operação mais arriscada, de pôr em estado de sítio o bem defendido castelo, situado no alto de um imponente rochedo, mesmo porque, a qualquer momento, poderia ter ao seu encalço as tropas do conde de Foix. O comandante da Cruzada preferiu arrasar a redondeza. Quanto à cidade, limitou-se a incendiar um dos bairros mais acessíveis.

As tropas do conde ficaram provavelmente intactas, mas a perda das colheitas e a destruição da plantação foram danosas para a economia da região e causaram impacto desmoralizante entre a população. Afinal de contas – e com todo respeito pela opinião de Anne Brenon –, a tragédia que se abatera sobre o Languedoc tinha por trás da máscara religiosa a face dura e cruel de uma guerra total que, teoricamente, em nome do Cristo, estava destruindo toda uma civilização, animais, plantações, castelos, cidades e, principalmente, gente, católicos, inclusive.

> A luta [escreve Oldenbourg (p. 216)] era muito desigual e no momento em que um Arnaud Amaury podia considerar-se investido de poder espiritual e no qual são Domingos, abandonando a bênção pelo bastão, transformava-se em fornecedor de fogueiras, a Igreja cátara tornava-se no sul da França a única verdadeira igreja; e os *bons hommes*, venerados como santos, podiam estar seguros da cumplicidade de toda a região.

Graças a essa cumplicidade, a comunidade cátara sobrevivia na clandestinidade nesses anos tormentosos, sob a proteção de cavalheiros que os escoltavam e os abrigavam em seus castelos e mansões, como vimos há pouco, em Lavaur, onde Guiraude, a brava castelã, pagou com a vida, esmagada por toneladas de pedras despejadas sobre ela, a audácia de proteger cristãos tidos por heréticos, dos ataques de conquistadores que se punham como verdadeiros cristãos.

Tais evidências não escapavam à atenta observação da sofrida população. Na verdade, a calamidade que se abatera sobre a região atingia em cheio também os católicos. E não apenas aqueles que davam certa cobertura aos heréticos e os respeitavam ou até tinham por eles claras simpatias. Em repetidas oportunidades, a população lutou (e morreu) unida, contra o inimigo comum – os cruzados invasores – independente de preferências religiosas. Aliás, como temos visto, o povo convivia muito bem com os cátaros, tinha entre eles amigos e parentes e deles recebia atenção, ensinamentos, assistência social, religiosa e tratamento de saúde, fossem ou não *croyants*.

A Igreja católica, ao contrário, tinha a cara do inimigo; as tropas que destruíam, matavam a espada e queimavam gente nas fogueiras operavam sob o 'comando espiritual' de Arnaud Amaury, abade de Cîteaux, devidamente credenciado pelo papa.

A fogueira acesa para esse fim após a conquista de Cassès, "inaugurou – no dizer de Oldenbourg (p. 217) – essa nova etapa da guerra santa".

"Era de tal maneira inextricável – prossegue a historiadora – a situação na qual a Igreja se envolvera, que cada vitória se convertia em derrota moral que lhe alienava, de mais em mais, os corações daqueles que ela desejava reconduzir à sua fé".

Em Toulouse, a Cruzada contava com um "terrível aliado", na pessoa de Foulques, o bispo local, "... não apenas um partidário feroz das mais radicais medidas [Oldenbourg] como um ambicioso que buscava ocupar na cidade e em todo o bispado o espaço que o conde excomungado tornara indigno". Considerava-se não apenas o dono dos corpos dos habitantes de sua jurisdição, como de suas almas, podendo fazer de todos o que bem entendesse.

Realmente, perdida na barafunda de interesses que se opunham, a situação da Igreja tornara-se crítica.

Pela sua importância geopolítica e considerada uma espécie de Paris do sul, como centro cultural e social, Toulouse contava com um bom contingente de católicos, mas, ainda assim, era tida pelo clero como a capital da heresia. Os interesses locais de Pedro II de Aragão, o Católico, introduziam um elemento complicador a mais, num quadro já muito confuso, dado que as lutas se travavam agora em territórios dos quais era ele o suserano. Em outras palavras, eram seus vassalos diretos os viscondes de Trencavel e, parcialmente, os condes de Foix e Comminges. Havia fortes laços de parentesco entre eles, o rei inclusive, e Pedro vinha, há muito, considerando a Cruzada lesiva aos seus direitos e interesses na região.

Embora solicitado a intervir na luta, sua posição era incômoda, para dizer o mínimo. Como justificar sua entrada ao lado e em socorro dos hereges, numa campanha promovida pela Igreja? Como bom, prestigioso e fiel rei católico, sua espada estivera sempre a serviço da santa Sé, mesmo no áspero confronto com os muçulmanos, que ele acabara, aliás, de vencer.

Pedro procurou contornar o problema queixando-se ao papa que, sensibilizado, escreveu a Monfort, o comandante militar da Cruzada, em 15 de janeiro de 1213, uma carta "muito severa", na avaliação de Oldenbourg.

> O ilustre rei de Aragão [dizia o papa, nesse documento] nos fez uma representação (...) no sentido de que, não contente de haver dado combate aos hereges, levantaste as armas dos cruzados contra populações católicas; que derramaste o sangue de inocentes e invadiste, em prejuízo dele, as terras dos condes de Foix e de Comminges e de Gaston de Béarn, seus vassalos, ainda que as populações de tais regiões não fossem, de forma alguma, suspeitas de heresia. Não sendo de nosso desejo privá-lo (ao rei) de seus direitos, nem desviá-lo de seus louváveis propósitos, ordenamos-te restituir a ele e a seus vassalos todas as senhorias que invadiste, a fim de que, retendo-as injustamente, não se diga que trabalhaste em teu proveito pessoal e não pela causa da fé...

No entanto, ao tempo em que o papa endereçava essa correspondência a Montfort, seus legados promoviam um concílio em Lavaur, ao qual Pedro de Aragão havia sido convidado a comparecer a fim de apresentar a defesa do conde de Toulouse. Acabou, ele próprio, Pedro, ameaçado de excomunhão pelo temível Arnaud Amaury.

O problema tinha, portanto, uma leitura diferente ali no Languedoc. Era necessário impedir a qualquer custo que o conde de Toulouse recuperasse seus direitos. "... os legados – resume Oldenbourg (p. 230) – preferem correr o risco, ainda que terrível, de uma guerra contra o rei de Aragão".

Como sabiam todos, Pedro era homem pacífico, conciliador e até disposto a submeter-se às exigências da Igreja, que, no entanto, o considerava "um leão rugidor". Em outras palavras, o homem tinha lá seus limites de tolerância, além dos quais, poderia explodir.

Parece até, no entender da historiadora, que a própria vida da Igreja no sul dependesse da eliminação do conde de Toulouse, que se tornara uma pedra de tropeço atravessada no caminho dos cruzados.

Seja como for, com o seu apelo, o conde de Toulouse conseguira atrair o rei de Aragão para uma empreitada que causou grande impacto na opinião pública mais conservadora, de vez que fazia do catolicíssimo e poderoso monarca um protetor, ainda que indireto, da heresia.

Embora Anne Brenon não concorde, como vimos, Zoé Oldenbourg não usa meias palavras para opinar no sentido de que a "'guerra santa' (...) se tornara uma pura e simples guerra de conquista, liderada por um aventureiro sem escrúpulos em terra cristã com a participação de alguns prelados ambiciosos".

E não eram apenas alguns; o comando espiritual da cruzada fora confiado a Arnaud Amaury e, ao tempo em que essas questões estavam em debate, numerosos religiosos, inclusive o futuro são Domingos, foram para Toulouse a fim de cerrar fileiras em torno de Foulques, o bispo local, no qual Oldenbourg prega rótulos veementes, como ambicioso e fanático.

Sabemos, por outro lado, que não foram poucos os abades, bispos e arcebispos – alguns deles também agraciados com títulos nobiliárquicos e grandes propriedades – que se apresentaram com seus homens para o combate aberto contra os hereges. Um deles era competente engenheiro especializado em construir poderosas e mortíferas engenhocas para atirar balaços de pedra sobre o inimigo. Seria, aliás, com essas máquinas – quase que eu ia dizendo diabólicas – que se quebrou a resistência dos heroicos defensores de Montségur, em 1244.

A entrada de Pedro de Aragão na guerra, não contra os hereges, mas contra os cruzados, teoricamente cristãos da maior confiança do papa, seria desastrosa para os interesses da Igreja. O próprio Inocêncio III – escreve Oldenbourg (p. 232) – sentiu-se "balançar por um momento". Na verdade, o papa estava mal informado; seus legados, no *front*, optaram por pintar a situação de cores demasiado carregadas a fim de justificarem-se de seus próprios erros de avaliação, ação e omissão.

Seja como for, Inocêncio, que ainda há pouco, havia enviado uma carta enérgica a Simon de Monfort, como vimos, mudou radicalmente de posição e escreveu outra, desta vez a Pedro de Aragão, no tom de repreenda a uma criança indisciplinada. Disse-lhe nesse documento o que ele tinha a fazer e concluiu com uma explícita ameaça: " São essas as ordens às quais Tua Serenidade é convidado a se conformar exatamente, sem o que (...) seremos obrigados a te ameaçar com a indignação divina e tomar contra ti medidas que te causariam grave e irreparável dano."

Pedro II sentiu-se ofendido pela severa repreenda e mesmo indignado ante a ingratidão de um papa ao qual sempre servira com fidelidade. Tinha, além do mais, outras razões de peso: estava descontente com Sua Santidade, que se recusara a conceder-lhe o pretendido divórcio de Marie de Montpellier.

Em suma: não deu a mínima importância às ordens e às ameaças do papa. Aliás, já há algum tempo, estava em preparativos para a guerra, certo de que Montfort não era pessoa com a qual se pudesse negociar – tinha de ser convencido pela força das armas.

Ao receber a carta, já se encontrava diante de Toulouse, onde concentrava suas tropas. Prometeu obedecer às determinações do papa, mas sem o menor desejo de abandonar seus aliados – e seus territórios no Languedoc – aos ataques dos cruzados.

Dispunha ainda, de forte 'argumento', se assim podemos caracterizar a situação: suas tropas, acrescidas dos contingentes trazidos pelos barões occitanos, eram muito superiores, em número, às de Montfort. Estava, pois, seguro da vitória, da qual sairia politicamente fortalecido, em vista da consequente e esperada consolidação dos territórios de seus vassalos na região. Oldenbourg lembra ainda que, como bom guerreiro, ele sabia que, afinal de contas, o vencedor sempre tem razão.

Justificava sua presença no Languedoc com o propósito de pôr fim na devastação que a Cruzada estava impondo a territórios que lhe competia defender e preservar. "O conde de Toulouse lhe pedira ajuda para que sua terra não fosse incendiada nem devastada, uma vez que ele (o conde) não causara nenhum mal e não cometera nenhuma falta contra qualquer pessoa no mundo." É o que diz o texto da *Chanson*, reproduzido por Oldenbourg.

Assustados ante o numeroso exército que se preparava para atacá-los, os bispos que acompanhavam as tropas de Montfort tentaram negociar uma saída honrosa, mas Pedro II recusou-se a recebê-los. Para quê? No seu entender, simplesmente para ouvi-los dizerem que, combatendo Montfort, estaria lutando contra o próprio Cristo. Por maiores que fossem as atrocidades, as fogueiras, as matanças contra hereges e católicos, a Cruzada continuava com a máscara de uma guerra santa atrelada ao rosto.

Até mesmo Montfort sentiu-se intimidado. Naquele momento – setembro de 1213 – contava apenas com a velha guarda formada de seus amigos pessoais e de fracos contingentes de reforço trazidos, aliás, por dois bispos – o de Orléans e o de Auxerre. Em contrapartida, o exército aliado sob o comando geral de Pedro de Aragão dispunha de mais de dois mil cavalheiros e cerca de 50 mil combatentes de infantaria.

Apoiado por toda essa gente, o rei de Aragão foi recebido em Toulouse em festa e aclamado como vitorioso. Preparou-se imediatamente para atacar Muret, onde Montfort deixara apenas uma guarnição de trinta cavalheiros e alguns infantes. O cerco iniciou-se a 30 de agosto.

Montfort, prontamente avisado, marchou ao encontro do inimigo à frente de sua tropa. Era um momento decisivo para ele. Por isso, deu uma parada na abadia cisterciense de Bolbonne para 'consagrar' sua espada, colocando-a à disposição de Deus. Na prece, teria dito a Jesus que, uma vez que ele, Monffort fora o escolhido, ainda que indigno da missão, que o ajudasse, pois ele estaria "combatendo por Ti".

Na batalha se feriu no dia 12 (setembro de 1213). Pedro de Aragão sentia-se confiante e até ansioso por se bater com a cavalaria francesa. Tinha, afinal, diante de si, um inimigo à altura de seus talentos militares.

A despeito de contar com apenas novecentos cavalheiros contra dois mil do lado adversário, Montfort repeliu ferozmente o ataque do grupo do conde de Foix e envolveu a tropa inimiga, impedindo o exército de reagrupar-se.

O objetivo de Montfort era apoderar-se o quanto antes do rei, mesmo porque não dispunha de força militar suficiente para batalha mais longa e, eliminado o rei, a tropa toda se converteria num corpo grande e desajeitado sem cabeça.

Pedro II era relativamente jovem, apenas trinta e nove anos de idade, forte, alto e dotado de força descomunal, bem como de bravura incontestada, o mais valente guerreiro de seu país.

Oldenbourg diz que demonstrava maior bravura do que habilidade. Impulsivamente, trocou de roupa e, como simples combatente, atirou-se em plena balbúrdia do combate.

Ora, dois cavalheiros de Montfort haviam jurado matar o rei ou morrer e logo descobriram-no na confusão, a despeito de suas roupas comuns, cercaram o grupo em disputa e mataram não apenas o rei, mas todos os seus acompanhantes que não quiseram abandonar o cadáver.

A notícia da morte do rei espalhou-se rapidamente, suscitando o pânico desmoralizador em todo o exército. Em perseguição aos fugitivos, a tropa de Montfort eliminou pela espada ou pelo afogamento quinze a vinte mil inimigos.

Para resumir: a vitória de Simon de Montfort foi arrasadora e de largas repercussões políticas, porque paralisava, pelo menos por algum tempo, o poderio de Aragão. A morte do rei deixava o trono praticamente vago, nominalmente ocupado por uma criança, refém do vencedor.

Terminada a chacina, Montfort saiu pessoalmente à procura do corpo do rei, só a custo encontrado naquela sangrenta barafunda. Ademais, a infantaria vencedora já se dedicara à sinistra tarefa de despojar os cadáveres e os feridos de tudo quanto pudesse ter alguma utilidade e valor.

Identificado o corpo do rei, Montfort prestou-lhe as devidas homenagens, tirou seus próprios calçados e, abandonando aos pobres, suas armas e seu cavalo, dirigiu-se à igreja para agradecer a Deus a esmagadora vitória.

"... a batalha de Muret – comenta Oldenbourg (p. 239) – representa um julgamento de Deus". Ou seja, é como se Deus houvesse demonstrado pela matança que era aquele mesmo o seu desejo, o de eliminar os que se atreviam a levantar-se contra os cruzados, legítimos defensores da verdadeira fé. Os mentores e executores da Cruzada estavam convictos de boas razões para comemorar – um rei católico que ousara paralisar a ação contra os hereges fora inapelavelmente esmagado.

Em contraposição, Simon de Montfort saía do episódio coberto de glória, reconhecido como gênio militar que, embora em desconfortável minoria, vencera uma batalha na qual dois terços do exército adversário nem chegaram a lutar.

Estavam livres e abertos, a partir daquele momento, os caminhos que levavam a Toulouse, que, no dizer de Oldenbourg (p. 241), "cai às mãos (de Montfort) como um fruto maduro".

A metáfora é algo exagerada.

A morte de Pedro de Aragão causou indescritível impacto em todo o Languedoc. Ainda há pouco, tinham-no visto passar, garboso e imponente, na liderança de suas tropas. Brilhavam as armas e as cores da vestimenta dos nobres que o acompanhavam rumo a uma vitória tida como certa.

Os príncipes estavam desolados e se acusavam mutuamente de traição. Em vez de se reorganizarem para tentar uma desforra, bastante possível ante a superioridade numérica, começaram a retirada rumo aos seus respectivos territórios. Os espanhóis atravessaram os montes que os separavam de sua terra, os condes de Foix e de Comminges recolheram-se aos seus domínios, o conde de Toulouse e seu filho foram refugiar-se na Provence.

O país não estava ainda vencido e dominado, mas desmoralizado sim. Mais do que isso, esvaíra-se de toda esperança de libertação política e religiosa.

A cidade de Toulouse fora a que mais sofrera e maior tributo pagara em vidas humanas, não para a esperada vitória, mas para humilhante derrota.

Oldenbourg diz (p. 241) que o confronto da cavalaria francesa (de Montfort) com a dos toulousianos não foi uma batalha, mas um massacre. Derrubava-se gente como quem corta árvores numa floresta. "Não havia um lar em Toulouse que não chorasse alguém", dizem as crônicas.

Simon de Montfort preferiu não entrar na cidade logo no dia seguinte. A comunidade em pranto, desamparada e abandonada pelos seus defensores, podia constituir ainda, senão um perigo para o vencedor, pelo menos fonte de aborrecimentos que ele não se sentia encorajado a enfrentar naquele momento.

Os bispos pensavam de modo diferente. Liderados por Foulques, entraram dispostos a negociar, com as autoridades menores remanescentes, a total submissão da cidade.

Montfort optou por partir imediatamente para a conquista de territórios ainda nominalmente pertencentes ao conde.

Ao cabo dos dezoito meses seguintes, Montfort julgava que a guerra estava praticamente concluída. Surpreenderam-no, entretanto, inesperados focos de resistência, alguns dos quais ele conseguiu liquidar com relativa presteza. O território estava conquistado, mas não o coração de seus líderes e habitantes, que mantinham surda atitude de hostilidade.

Narbonne e Montpellier lhe fecham as portas, Nîmes cede, após severas ameaças. Na execução do plano de metódica ocupação de seus novos domínios, a nobreza o recebia de má vontade. Narbonne revolta-se e Simon, ajudado por tropas de seu sogro, Guillaume des Barres, consegue rechaçá-los, mas não se apodera da cidade, de vez que o cardeal-legado Pierre de Benevent assume o papel de negociador e obtém uma trégua.

O vencedor segue em frente, percorrendo toda a região, tomando cidades e castelos e exigindo juramentos de fidelidade.

Parece invencível e o é, de fato, desde 1209, exceção feita ao sítio de Toulouse, do qual teve de recuar.

"Imagina-se – escreve Oldenbourg (p. 243) – a resignada exasperação de seus adversários ante a invariável boa sorte daquele homem, que, protegido por Deus ou pelo demônio, parece decididamente dotado de algum poder sobre-humano."

Tornara-se, porém, tão odiado que a própria Igreja pensa em se desembaraçar de seu incômodo aliado, cujas ambições crescem com suas conquistas. A tarefa não é fácil, mesmo porque os prelados do Languedoc o apoiam, uma vez que a presença de Montfort – escreve Oldenbourg (p. 245) – "lhes garante a segurança e as vantagens materiais que o [antigo] conde jamais pensara em lhes conceder".

Por intermédio de Pierre de Bénévent cardeal-legado, a santa Sé, provavelmente preocupada com o destino de seus próprios territórios e riquezas, começa a botar a casa em ordem, como quem diz: "Alto lá! Aqui manda o papa...".

Para isso, é chamado Robert de Courçon, cardeal-legado da França, que confirma Montfort nos territórios conquistados: Albigeois, Agenais, Rouergue e Quercy, aliás, terras das quais Philippe Auguste, rei de França, era o suserano.

Por outro lado, o mesmo Bénévent trabalha para submeter à Igreja os legítimos donos das terras outorgadas a Montfort por direito de conquista, como prometera o papa e previa o direito medieval. Estão nesse caso o conde de Foix, o de Comminges, o visconde de Narbonne, o conde de Roussillon, os cônsules[55] de Toulouse e, finalmente, o próprio conde de Toulouse. Todos compareceram ao ato de submissão total ao legado e à Igreja, prometendo solenemente combater a heresia em suas terras, fazer penitência e não atacar as propriedades conquistadas pelos cruzados. O conde de Toulouse concordou, ademais, em abandonar seus domínios, abdicando, em ato meramente formal, em favor de seu filho, o jovem Raymond, inteiramente fiel ao pai.

Isso aconteceu em abril de 1214.

Havia uma sutileza por trás dessas medidas. Todos estavam submetidos ao poder maior da Igreja e o conde de Toulouse conservava a esperança de obstruir qualquer tentativa da santa Sé em despojá-lo de suas propriedades. O recurso foi o de se colocar à inteira disposição do papa, ainda que, no fundo, não estivesse realmente decidido ou interessado em cumprir o que prometera sob juramento. De qualquer modo, ao aceitar sua submissão e exigir-lhe o cumprimento de certas medidas, a santa Sé implicitamente reconhecia nele o direito de manter suas propriedades, das quais não perdia oportunidade de se proclamar legítimo titular.

Enquanto isso, porém, Simon de Montfort tratava-se de se instalar definitivamente em seus domínios.

A jogada no tabuleiro geopolítico, como assegura Oldenbourg (p. 245), era mais hábil do que eficaz e consistia em caracterizar Montfort como usurpador e, simultaneamente, reconhecer a soberania da Igreja.

Pierre des Vaux-de-Cernay, o poeta-cronista da Cruzada, interpreta essa movimentação de pedras da parte do cardeal-legado como uma jogada matreira para acalmar as suspeitas do conde, ou seja, uma piedosa fraude: *O legati fraus pia! O pietas fraudulenta!*

Pelo julgamento da história – pelo menos, é o de Oldenbourg – Benevent foi um católico singular que repetidamente demonstrou "saborosa amoralidade". Não tinham, portanto, moral para reprimir ou sequer cen-

---

[55] No Languedoc medieval, os magistrados municipais eram chamados cônsules.

surar a ausência de escrúpulos de Montfort. Temiam, contudo, que, pelos seus excessos, o comandante militar da Cruzada maculasse (mais do que já havia feito?) a causa da Igreja, e que, pela sua desmedida ambição, conseguisse até restringir o poderio temporal da santa Sé com a incontrolada expansão de seus poderes civis na região.

Como se vê, a Cruzada convertera-se, de fato, numa campanha de conquista territorial, na qual a própria Igreja, através de seus cardeais, arcebispos, bispos e abades, estava interessada, senão em apossar-se de títulos e propriedades, pelo menos em não pôr em risco as que já possuía.

Paradoxalmente, contudo, promoveram os 'príncipes' da Igreja um concílio provisório em Montpellier, em 1215, sob a presidência de Pierre de Bénévent. Provisório porque antecipava debates e resoluções que seriam (ou não) tomadas no próximo concílio ecumênico a se reunir em Roma, naquele mesmo ano.

Perante os prelados ali reunidos – os arcebispos de Narbonne, Auch, Embrun, Arles e Aix, vinte e quatro bispos e numerosos abades e demais sacerdotes –, Bénévent propôs, "para honra de Deus e de nossa santa madre Igreja, pela paz (!!) na região, pela ruína e pelo extermínio da vilania herética", que se designasse uma pessoa de confiança geral à qual se concedesse o condado de Toulouse e demais propriedades das quais se havia apossado o exército cruzado.

A proposta foi aprovada por unanimidade, ainda que Simon de Montfort não tenha podido estar presente ao consagrador concílio. Em verdade, ele tentou, mas era tão cordialmente detestado que a população de Montpéllier não admitiu sua permanência na cidade. Ele entrou por uma porta, em companhia do legado, e saiu, às pressas, por outra, para salvar a pele.

A decisão do concílio era um tanto ambígua. Ao mesmo tempo em que promovia uma deposição branca do conde de Toulouse, atribuía a Montfort o vago e incerto título de "senhor e chefe único" (*dominus et monarcha*), lugar-tenente ou delegado do papado, mais parecido com um moderno e glamorizado xerife, incumbido de manter a ordem nos territórios conquistados.

Isso, no entanto, ele já vinha fazendo desde muito – mantendo mais a desordem do que a ordem –, sem que fosse necessária a formalidade de um título que não dizia muita coisa. É certo, porém, que Montfort recebeu de bom grado a honraria.

A despeito de tal investidura, no entanto, o comandante da Cruzada não ousa apresentar-se em Toulouse, considerada a chave do Languedoc,

Os Cátaros e a Heresia Católica 285

para exercer o mandato outorgado pelo concílio. O conde de Toulouse, por sua vez, simplesmente ignora seu novo suserano.

Por esse tempo, Philippe Auguste, livre de seus dois aguerridos adversários, João Sem-Terra[56] e o imperador, resolveu, afinal, interessar-se pelo Languedoc, onde seus poderes tinham sido até então puramente nominais. Sempre atento aos direitos reais, desejava saber se a Igreja não teria, por acaso ou de propósito, atribuído a alguém títulos e domínios dos quais era ele o suserano.

Não desejando, contudo, assumir pessoalmente a tarefa de interferir no processo – do qual ele não tinha, ainda, como avaliar vantagens e inconvenientes –, enviou, ou melhor deixou partir, seu filho, o futuro Luís VIII, que há muito vinha manifestando o desejo de participar da Cruzada.

O Languedoc estava sendo considerado, nessa essa época, teoricamente conquistado e pacificado e a expedição de Luís era apenas uma espécie de 'peregrinação', talvez uma viagem de inspeção para ver *in loco*, como estavam as coisas, e não uma expedição militar. O príncipe levou consigo, porém, uma grande comitiva de nobres franceses, com destaque para os condes de Saint-Paul, de Ponthieu, de Sées e de Alençon, além de seu próprio exército.

A mensagem subliminar era suficientemente clara; não viera para brigar, mas era bom que todos ficassem sabendo que seria, no mínimo, uma imprudência levantar-se alguém para se opor aos interesses da coroa francesa.

Oldenbourg comenta que, naquele momento difícil, até mesmo o diabo seria bem-vindo, em substituição ao detestado Simon de Montfort. Além do mais, Luís era considerado bom até os limites da fraqueza.

O príncipe foi recebido com reservas, senão hostilidade, pelas autoridades cruzadas. O legado, por exemplo, com a sua habitual arrogância e

---

[56] Sem querer entrar no detalhe, mesmo porque não há como abusar do espaço, é bom dizer que João Sem-Terra era o quinto filho de Henrique II (e de Eleonor da Aquitânia), da dinastia franco-britânica dos Plantagenetas. João nasceu em Oxford, em 1167, e foi rei da Inglaterra entre 1199 a 1216. Na juventude, entrou em disputa com seu próprio pai, com o apoio de Philippe Auguste, rei de França. Quando morreu Ricardo Coração de Leão, seu irmão, assassinou o sobrinho Arthur da Bretanha, legítimo herdeiro do trono inglês. Foi denunciado por Philippe Auguste por haver raptado Isabelle de Angoulême, a quem destituiu também da posse de suas vastas propriedades na França [Maine, Normandie etc.], pois a essa altura não era mais o João Sem-Terra. Tentou retomá-las, mas não o consegiu. Quanto ao imperador a que se referem os textos, era Otton IV, seu aliado, também derrotado juntamente com ele, na batalha de Bouvines, em 1214.

prepotência, foi logo advertindo que ele não tomasse qualquer medida intempestiva contra as normas estabelecidas pelos concílios, mesmo porque a conquista do Languedoc fora realizada por conta e risco da Igreja, sem a menor participação da coroa francesa, no que, aliás, estava coberto de razão.

Seja porque era mesmo pacífico ou porque se sentiu intimidado, Luís não se arriscou a mudar nada e, nas divergências porventura suscitadas, deu razão a Simon de Montfort.

Exemplo citado por Oldenbourg: Arnaud Amaury, comandante espiritual da Cruzada e arcebispo de Narbonne, não queria que as muralhas da cidade fossem demolidas, como desejava Montfort. O príncipe ficou com Montfort. Afinal de contas, como filho do rei, era, no momento, a maior autoridade local.

Restava decidir o caso Toulouse, o mais delicado de todos os assuntos pendentes. Luís resolveu mandar demolir as muralhas da cidade, que precisava, bem ou mal, receber Simon de Montfort, seu novo senhor.

Infomado, por essa altura, da presença de Luís na região em litígio à frente de um exército, o papa deu-se pressa em confirmar Simon de Montfort na 'guarda' das propriedades conquistadas.

A despeito de todos falarem de religião e agirem em nome da Igreja, ou melhor, do Cristo, não havia anjos no comando das operações, como temos visto.

O papa temia que o próprio Monfort, seduzido pela oportunidade que o momento lhe oferecia, se desligasse formalmente da Igreja, forçando uma outorga do título de conde de Toulouse pelos bons ofícios da coroa francesa e não da parte da Igreja.

Para encurtar, mais uma vez, a história. Em maio de 1215, o príncipe Luís, o legado papal Arnaud Amaury e Simon de Montfort entraram com toda pompa em Toulouse. O conde a havia abandonado para não servir de troféu ao triunfo dos vencedores.

Prontamente as novas ordens começaram a ser expedidas. Os fossos que circundavam a cidade seriam aterrados, as muralhas destruídas até os alicerces e que "ninguém pudesse defender-se ali protegido por armadura".

Com isso, a cidade ficava desarmada, literalmente aberta e sem defesa. Não tinha como evitar a presença de Simon de Montfort, que se instalou no castelo local, cujas fortificações conservou.

Estava concluída a 'peregrinação' do príncipe Luís ao Languedoc. Como cruzado, cumprira a quarentena de praxe (quarenta dias de engajamento numa Cruzada) e se retirava absolvido de todos os seus pecados.

Detalhe um tanto patético: levava como troféu metade do maxilar de são Vicente, venerado na igreja de Castres. Em testemunho de sua gratidão ao príncipe, Montfort conseguira a preciosa relíquia, gentilmente cedida pelos religiosos de Castres "em consideração à utilidade e ao impulso que ele promovera nos interesses de Jesus Cristo". ("... *de l'utilité et de l'avancement qu'il avait procuré dans l'affaire de Jesus-Christ*".)

Montfort – acrescenta Oldenbourg (p. 251) – guardou para si mesmo a outra metade do maxilar do santo, posteriormente doado à igreja de Laon.

Será que o santo, do outro lado da vida, aprovava essas estranhas gentilezas tendo seu antigo maxilar por objeto? E o Cristo? Estaria feliz pela sangrenta promoção de seus 'interesses' no Languedoc?

Seja como for, a Igreja entendeu chegado o momento de discutir a complexa situação, reexaminar os fatos e decidir o que fazer dali em diante.

Convocou, para isso, o Quarto Concílio de Latrão, para reunir-se em novembro de 1215.

Foi, no dizer de Oldenbourg, uma "verdadeira conferência internacional" (...) "impressionante reunião de dignitários da Igreja".

A começar pelos dois patriarcas – o de Constantinopla e o de Jerusalém – o evento contava com setenta e um arcebispos, quatrocentos e dez bispos, oitocentos abades, representando a Igreja do Norte e do Sul, do Oriente e do Ocidente. Some-se a isto, elevado número de embaixadores e delegados laicos designados por reis e governantes das grandes cidades.

No entender do papa – era ainda Inocêncio III –, a regulamentação da questão albigense (ou seja, o catarismo), nem era prioritária, e sim aspecto meramente administrativo. O que mais importava discutir para instruir relevantes decisões era o problema da heresia em si mesma – que Oldenbourg considera de "uma atualidade abrasadora". (Não encontro palavra melhor e mais apropriada para traduzir o enfático *brûlante* da autora.) Era necessário e urgente formatar um projeto mais amplo e eficaz para resguardar a Igreja daquele perigo que a campanha no Languedoc revelara em toda a sua espantosa gravidade.

Os dirigentes políticos por toda parte – no Languedoc, nos Bálcãs, na Itália – onde quer que houvesse heréticos, mesmo em pequeno número, ficavam obrigados a dar-lhes combate efetivo, a fim de extirpar suas perniciosas ideias do seio do cristianismo.

Os que se recusassem a fazê-lo teriam seus direitos cassados pelo papa e seus domínios colocados à disposição de senhores católicos que desejassem tomá-los para si.

A rigor, nem o papa, nem o concílio tinham poderes para dizer a todos os governantes do mundo o que fazer e não fazer e, muito menos, dispor livremente de suas propriedades, de seus territórios, poderes e títulos.

Atropelando explicitamente as normas éticas, a Igreja assumia uma postura teocrática, proclamando arbitrariamente sua "supremacia absoluta (...) sobre o direito secular".[57] (Oldenbourg, p. 253)

Os trabalhos foram iniciados a 11 de novembro de 1215. Na sessão de abertura falaram o papa, o patriarca de Jerusalém e Thédise, bispo de Adge, antigo legado no Languedoc.

O conclave nada tinha de religioso, como poderia pensar algum ingênuo desatento; sua coloração era eminentemene política. Urgia justificar o injustificável – a sangrenta tarefa de Simon de Montfort, em nome da fé, da Igreja e do Cristo.

Muitos e poderosos interesses estavam em jogo. Curiosamente, não eram apenas os barões despojados de suas propriedades que trabalhavam para ser reintegrados nelas, mas membros do próprio clero, que desejavam repor os condes de Toulouse e de Foix no lugar que, de direito, lhes pertencia.

Foram intensas as manobras diplomáticas de bastidores, enquanto o concílio prosseguia nos debates. Somente no dia 30 o problema da regulamentação do caso languedociano foi colocado em pauta. A decisão, como era de esperar-se, foi a que interessava à Igreja, mas o conde de Toulouse ainda não se dera por derrotado em suas pretensões. Contava para isso com um novo apoio – o do instável João Sem-Terra, rei da Inglaterra, recentemente reconciliado com o papa. Tinha, ainda, as simpatias do abade de Beaulieu, perto de Southampton, na Inglaterra, e, por estranho que pareça, as de Arnaud Amaury, o ex-comandante espiritual da Cruzada, que exercia no momento o elevado cargo de arcebispo de Narbonne e o de primaz do Languedoc. Somava-se a isto irrestrita confiança em sua própria influência pessoal – hoje se diria seu carisma –, bem como na solidez (pelo menos para ele) de seus argumentos jurídicos.

---

[57] A atitude da Igreja medieval no caso não era novidade. O poder religioso sempre tentou (e quase sempre conseguiu) sobrepor-se ao civil. Numa regressão de memória à qual assisti, a pessoa regredida situou-se numa remota existência no Antigo Egito, segundo ela, ao tempo em que as pirâmides estavam sendo construídas. Era um sumo-sacerdote e entendia o faraó como seu inferior na hierarquia dos poderes. E justificava de maneira fulminante e irresponsável que seu poder emanava do deus supremo, ao passo que o do faraó era de origem meramente humana.

Para assistir a esses debates, Raymond VI, conde de Toulouse, mandara vir da Inglaterra seu filho – o futuro Raymond VII –, que contava, à época, apenas dezoito anos de idade.

"Não é impossível supor – escreve Oldenbourg (pp. 254-255), com um toque de emoção – que o próprio papa tenha sido tocado à vista daquele jovem príncipe, sobrinho e neto de reis, que ele precisava imolar às razões de Estado."

Não eram bem razões de Estado (civil), e sim as da Igreja, empenhada em manter sua hegemonia sobre todas as religiões do mundo e o poder paralelo sobre os governantes em geral. Oldenbourg não hesita em caracterizar tal posição como "ditadura da Igreja" (p. 255).

O conde de Toulouse se defende com bravura e dignidade perante o concílio. Em uma de suas falas, ataca o bispo de Toulouse, acusando-o de ser o principal responsável por todo o mal causado ao Languedoc.

> Quanto ao bispo de Toulouse – discursa –, que exibe tanta veemência [contra ele, conde], digo-vos que, em sua pessoa, Deus e nós fomos traídos... Quando ele foi eleito bispo, abrasou-se toda a terra de um incêndio tamanho que jamais haverá água suficiente para extingui-lo. A mais de quinhentas mil (pessoas) grandes e pequenos, ele fez perder a vida, o corpo e a alma. Pela fé que vos devo, pelos seus atos, pelas suas palavras e suas atitudes, ele parece mais o Anticristo do que um legado de Roma!

Algumas vozes se levantaram em defesa do conde, como a do arcediago de Lyon e, surpreendentemente, a do arcebispo de Narbonne, que suplica ao papa que não se deixe influenciar pelos inimigos do conde. Como foi ele um dos perseguidores de Raymond, atribui-se sua palava conciliadora mais ao seu ódio contra Montfort do que a uma súbita manifestação de caridade fraterna e cristã pelo conde.

O certo é que, naquele momento, o que desejam todos é preservar suas posições: a Igreja quer a heresia erradicada para sempre e os nobres, a posse de seus bens. Para isso, todos se colocam como bons e convictos católicos praticantes e, obviamente, inimigos da perniciosa heresia. O conde de Foix, por exemplo, acusa sua própria irmã, "a venerável e venerada" (Oldenbourg) *parfaite* Esclarmonde de ser uma "mulher má e pecadora".

Trata-se, contudo, de um jogo de cartas marcadas. As grandes decisões já estão tomadas. Para Inocêncio III, o sacrifício político do conde de

Toulouse era apenas detalhe nada relevante nas questões em discussão. A heresia era o grande espantalho, cujo vulto parecia, agora, bem maior e mais ameaçador do que se imaginara, o papa inclusive e principalmente, mesmo porque o movimento contava com as simpatias do povo, de muitos nobres e até de alguns prelados católicos.

Além disso, Inocêncio foi um papa reconhecidamente teocrático. Estava certo, ademais, de que a Cruzada não conseguira erradicar a heresia, como se esperou de início; apenas a empurrara para a clandestinidade.

Como nos primeiros tempos do cristianismo, os cátaros continuavam a pregar suas ideias pelos campos, nos bosques, em esconderijos e em casas de um ou outro mais corajoso simpatizante e até nas cavernas, numa trágica simetria com as catacumbas frequentadas pelos cristãos primitivos. Não se entregavam, não renegavam suas ideias, nem mesmo quando se lhes oferecia a escolha final entre a vida e a fogueira, ou seja, entre a fé e a morte. A opção de todos – com ínfimas exceções, uma unanimidade – era pelo sacrifício supremo, sem um gemido, temor ou angústia.

De alguma forma, ainda não cogitada àquela altura, a luta contra aqueles 'fanáticos' teria de prosseguir. Simon de Montfort seria sempre peça importante nesse esquema. A santa Sé não tinha como devolver os territórios e os poderes aos seus antigos donos e retirar Montfort da cena.

Em suma: o conde de Toulouse foi formalmente condenado e devendo ficar em "local conveniente, fora do país, para fazer uma digna penitência de seus pecados".

Confirmava o concílio a decisão de que todos os domínios conquistados pela Cruzada, inclusive a cidade de Toulouse, a preferida dos heréticos, fossem doados ao conde de Montfort, "homem corajoso e católico, que trabalhou mais do que qualquer outro neste caso".

Quanto ao restante da região ainda não conquistado pela Cruzada, nos termos das ordenações da Igreja, seria confiado "a pessoas capazes de manter e defender os interesses da paz e da fé".

Havia uma ressalva no texto desse documento condenatório. Deixava-se uma porta entreaberta ao "filho único do conde de Toulouse" na eventualidade de ele se revelar, em sua maioridade, digno de "merecer o todo ou apenas parte, como seja mais conveniente".

O decreto, como assinala Oldenbourg, era de nunca vista e arrogante convicção. Os membros do concílio, ao que parece, nem se deram conta de que se convertera em vitória da verdade cristã sobre o erro, uma sangrenta e bem-sucedida campanha militar de conquista, bafejada por um conjunto de acasos, e graças à indiscutível competência do seu comandante – o temido Simon de Montfort.

"O concílio de Latrão – no entender da historiadora – consagra e erige em lei a derrota moral da Igreja."

O papa não ignorava as atrocidades cometidas em nome da santa Sé e, por extensão, do Cristo. Foram vitórias construídas em cima de massacres, mutilações, enforcamentos, fogueiras, destruição de cidades, muralhas, residências, de terras, animais de criação e colheitas.

"Após a decisão do concílio – conclui Oldenbourg – seria injusto responsabilizar o fanatismo de um Foulques ou de um Arnaud Amaury ou a brutaldiade de um Simon de Montfort: o papa e a Igreja, pela voz de seus prelados, lavaram-nos de seus crimes."

Entre essas duas correntes religiosas – uma que se mancomunava com o poder civil e com ele se confundia para uma espécie de genocídio, e outra que morria com bravura e em silêncio nas fogueiras e matanças ou nas prisões –, qual delas estaria sendo verdadeiramente cristã?

Se é que a Igreja cátara representava algum perigo para a de Roma – e isso é inquestionável – não foi porque era rica, poderosa e contasse com um bem estruturado exército, e sim porque oferecia um modelo cristão alternativo infinitamente mais chegado às suas origens, mais puro, desarmado, autêntico e praticante.

Deixadas como estavam antes da Cruzada, as coisas se encaminhavam inapelavelmente para uma vitória dos cátaros não pelo poder da espada e das matanças, mas pela força da palavra e das práticas genuinamente cristãs.

A Igreja sabia disso. Empenhava-se, portanto, na defesa de seus interesses políticos, de sua hegemonia ou, no dizer mais enfático de Oldenbourg, de sua "ditadura".

Quanto a Montfort, tornara-se um dos mais destacados nobres do reino francês.

Em 1216 ele vai à França colher os frutos de suas vitórias. Saíra dali como obscuro cavalheiro sem títulos e voltara recoberto de glória, adulado, poderoso, festejado.

O rei de França aceita a homenagem dos territórios que ele conquistara no Languedoc, legitimando, portanto, e afinal, uma situação de fato, o que implicava sua concordância com a decisão do concílio.

A julgar-se pelas aparências, estava resolvida ou em vias de uma consolidada solução a complexa problemática político-religiosa do Languedoc, ou seja, a erradicação da heresia e a submissão da região ao controle da coroa francesa.

Ou não estava? O tempo diria que não e foi curto esse tempo.

De volta de Roma, o velho conde de Toulouse, sessenta anos, desembarcou em Marselha, em abril de 1216, em companhia do filho. Pela decisão do concílio de Latrão, a Provence – onde se situa Marselha – integraria a futura herança do jovem conde. Aliás, o velho senhor nem deveria estar ali, e sim exilado, em cumprimento de penitência imposta pela Igreja, o que constituía um artifício a mais para afastá-lo da região, a fim de não lhe permitir oportunidades para rebelar-se contra os invasores. Ao que se observou, contudo, a autoritária sentença do concílio, em vez de sossegar os ânimos, ao evidenciar quem dava ordens ali, ainda mais os exaltou. Seria, afinal de contas, o sinal de partida para uma revolta generalizada.

Os condes foram recebidos em Marselha com grandes manifestações de apreço e honrarias, acolhimento que se propagou por toda parte. A cidade de Avignon mandou uma delegação de pessoas para prestar-lhes a homenagem devida e oferecer-lhes o apoio necessário à defesa de seus interesses, entre os quais se incluía, naturalmente, a reconquista de Toulouse.

Avignon não sofrera as violências da guerra nem a tirania dos cruzados franceses invasores.

A cidade atirava-se aos pés do conde exilado e batido, num impulso de genuíno patriotismo que, aliás, a guerra havia suscitado em toda a província, disposta, na grande maioria de seus senhores, a participar da libertação das regiões oprimidas.

Ali mesmo, em Avignon, começou a virada. Após a manifestação de solidariedade e apoio das cidades e dos castelos da região, Raymond VI recompõe suas tropas e convoca um conselho de guerra. Fica decidido que o conde irá a Aragão recrutar mais combatentes (mercenários) com o objetivo de atacar o inimigo ali no sul e, eventualmente, libertar Toulouse.

Estava em andamento a guerra da libertação.

A imagem do conde mostrava-se no imaginário popular aureolada pela luminosidade do martírio por ter sido ele imolado, no dizer dos historiadores, à "tirania da Igreja". Dali em diante, não seria mais um confronto entre católicos e hereges, mas entre languedocianos e franceses invasores. "Uma guerra implacável – escreve Oldenbourg (pp. 267-268) –, sem tentativas de conciliação, sem apelos ao papa, nem aos legados, uma guerra de libertação pura e simples, uma nova 'guerra santa' em nome dos velhos tempos de paz e convivência pacífica, em nome de Toulouse."

Para o povo, a Igreja passara a ser inimiga tão detestada quanto o próprio Montfort.

Cidade fortificada de Avignon (Vue génerale d'Avignon, 1700, Bobert Bonnart, Museu Calvet

O jovem conde de Toulouse, em favor do qual Raymond VI abdicara, segue com suas tropas para assediar Beaucaire, deixada por Montfort sob o controle de uma guarnição de franceses comandada pelo marechal Lambert de Croissy.

Sem poder contar com o apoio da população que, obviamente, estava de braços abertos para o conde adolescente, a guarnição recolheu-se ao castelo local, onde ficou sitiada. Raymond VII, o jovem, é acolhido em festa pela cidade.

Prontamente, Guy de Montfort, irmão de Simon, e o filho deste, Amaury, acorreram a Beaucaire para libertar a guarnição e mandaram avisar Simon, já a caminho, de retorno ao Languedoc, depois das homenagens recebidas na França.

Ele chega a 6 de junho. É impraticável estrangular a cidade e submetê-la à rendição pela tática habitual de cortar as rotas de suprimento. Beaucaire não corre esse risco de vez que recebe de Avignon, de Marselha e outras cidades da região, reforços militares, água e víveres através do rio Ródano.

O assédio à cidade exigiria enorme investimento em tropas, máquinas de guerra e fortificações. Era necessário, portanto, recrutar não apenas mercenários dispostos a enriquecer com os saques, como mão-de-obra civil para construir e montar a estrutura exigida pela situação.

Mesmo assim, Montfort insiste, durante três meses, com os recursos de que dispõe. A cidade resiste valentemente. A guarnição sitiada dá sinais de desespero, enquanto qualquer soldado francês da tropa de sítio aprisionado é enforcado ou mutilado impiedosamente. Pela segunda vez, a guarnição hasteia a bandeira negra, mensagem extrema de insuportável desespero.

Nesse ínterim, Simon é informado de que o velho conde está a caminho, à frente de um exército que se move na direção de Toulouse. O único meio de salvar sua guarnição – e é conhecida sua fidelidade a cada um de seus soldados – é negociar uma saída. Se libertarem seus homens, propõe, ele levantará o cerco a Beaucaire. Raymond VI aceita as condições e, a 24 de agosto, toda a guarnição é entregue intacta a Montfort, que se retira, batido, ante a derrota imposta por um 'menino' inexperiente de dezenove anos de idade.

De qualquer modo, o comandante militar da Cruzada entendera o recado: somente seria senhor das terras conquistadas armado até os dentes e à frente de tropas suficientes para manter a ordem – a *sua* ordem.

Depois das consagradoras homenagens e honrarias prestadas pela Igreja e pelo rei de França, Montfort imaginava estar, afinal, em condições de estabelecer-se nos seus novos domínios, para o feliz repouso do guerreiro. Logo verificou, no entanto, que deixara de ser o imbatível comandante geral da Cruzada para ser – no dizer de Oldenbourg (p. 274) "um homem que procura defender suas conquistas".

Recolhe-se, enfurecido, a Toulouse, disposto a vingar na cidade a humilhação sofrida. É recebido, no dizer de Oldenbourg, com tamanha explosão de cólera que a cavalaria francesa que controlava a cidade é perseguida e se vê constrangida a se refugiar na catedral. Os habitantes acorrem em massa às barricadas, de armas improvisadas nas mãos (valia tudo) e põem as tropas adversárias em polvorosa. Enquanto o incêndio lavra, Simon percorre a cidade a cavalo, tentando reorganizar suas tropas. A fim de retomar o controle da situação, lança-se pela rua Direita, "com uma fúria – diz o cronista – que faz tremer a terra". O objetivo é forçar a entrada pela Porta Cerdane, mas o ataque é rechaçado e ele se vê obrigado a recolher-se ao castelo Narbonnais, que tomara para sua residência e quartel-general, depois de mandar, prudentemente, reforçar suas defesas.

Em outras palavras, os languedocianos estavam dispostos a vender caro a liberdade de que haviam sido privados, independentemente dos aspectos religiosos que serviam de máscara para a conquista territorial. Brigavam por ela, heréticos e católicos, lado a lado.

Inocêncio III morrera em 15 de julho (de 1216) e o novo papa, Honório III, ainda não sabia o que fazer da reviravolta no Languedoc.

Enquanto isso, os habitantes de Toulouse, sabedores de que o Raymond VI estava a caminho, mandaram-lhe delegação credenciada a prestar-lhe as devidas homenagens e assegurar-lhe irrestrita fidelidade.

Simon, cada vez mais indignado e violento, toma medidas extremas. Com a traiçoeira colaboração de Foulques, o mesmo bispo fanático que já vimos anteriormente, atrai os líderes burgueses toulousianos para uma negociação pacificadora e os aprisiona, toma-lhes os bens e os expulsa da cidade.

Livre dos mais ricos e influentes, convoca todas as pessoas em condições de trabalhar com picareta e pá para dar imediato início à demolição de alto abaixo de todos os bairros fortificados.

Pretende, ainda, tirar o maior proveito financeiro possível da infeliz cidade que o detesta e o rejeita. Concorda em perdoar todos os 'traidores' mediante a espantosa contribuição de trinta mil marcos de prata, uma fortuna. Está desesperado por dinheiro, precisa recrutar tropas com urgência para garantir as extensas propriedades que ganhara com a Cruzada.

Sai de Toulouse para cuidar de seus interesses mais aflitivos – conseguir dinheiro para financiar os planos de defesa, reorganizar seu desestruturado exército e assegurar-se da fidelidade daqueles que havia premiado generosamente com feudos por toda a região, tentando mesmo arrebanhar novos apoios entre os senhores da região. Um exemplo destes é o da aliança com Raymond Pelet, senhor de Alès, vassalo de Raymond VI, e que ele convenceu a mudar de suserano.

Em suma, Simon de Montfort não estava nada disposto a deixar seu vasto território esvair-se pelos dedos, como água. Não era pessoa de entregar-se e desistir de seus propósitos, fosse qual fosse o custo em sacrifícios próprios e alheios, violências e crueldades.

Estava Simon ocupado com suas febris atividades pela região, no empenho de manter sua posição no Languedoc, quando recebeu de sua mulher Alix, que ficara em Toulouse com os demais membros da família, a notícia de que Raymond VI, à frente de suas tropas, entrara na cidade, onde fora recebido em festa pela população sublevada. Guy de Montfort, irmão de Simon, não conseguira deter a invasão. Os franceses que não puderam recolher-se a tempo ao castelo foram implacavelmente massacrados.

Isso aconteceu em 13 de setembro – "quatro anos – assinala Roquebert (p. 258) – mais um dia após a batalha de Muret", na qual Pedro II de Aragão perdera a vida.

Simon retorna às pressas, à frente de suas tropas, e decide tomar de assalto a cidade rebelada. São recebidos por cerrada chuva de flechas e pedradas e obrigados a recuar desordenadamente. Saem feridos do encontro o irmão de Simon e seu segundo filho.

Não restava qualquer alternativa válida – o recurso era mesmo o de sitiar a cidade. O assédio duraria dez longos e penosos meses. Enquanto isso, os habitantes, convocados por Raymond VI, reconstruíam com entusiasmo e alegria o poço que circundava a cidade e as fortificações e muralhas que Montfort mandara demolir.

Em 23 de junho, nono mês do desastroso assédio, Montfort decidiu, em conselho de estado-maior, jogar tudo num ataque vigoroso. Tinha de fazê-lo. O moral das tropas andava por baixo e os nobres que ele convencera a vir ajudá-lo a desbaratar uma horda de desprezíveis partidários do demônio rebelados contra a Igreja deram com uma grande cidade defendida valentemente por todo o povo, unido em torno de seus legítimos senhores, independentemente de preferências religiosas.

Montfort mandara construir uma gigantesca engenhoca de guerra – os historiadores chamam-na de '*chatte*' (gata), com ou sem aspas. Pelo que depreendo, era uma espécie de torre móvel e giratória que permitia aos assaltantes aproximarem-se, mais ou menos protegidos, das muralhas inimigas e manter sobre os defensores cerrado 'tiroteio' de flechas e pedras de variado tamanho – era a única 'munição' disponível naqueles tempos...

As muralhas e as torres de Toulouse estavam cobertas de arqueiros e as plataformas bem municiadas de pedras. A cavalaria e a infantaria, prontas para a defesa. A batalha começou, no dia seguinte, domingo, 24, ao alvorecer.

Passou-se o dia na troca de flechas e pedradas de parte a parte. A 'gata' acabou danificada e imobilizada, sem que os franceses tivessem conseguido, como esperavam, quebrar a resistência dos defensores.

A luta recomeçou na segunda-feira, dia 25. Os defensores tomaram a iniciativa de um ataque em campo aberto. Os franceses atocaiados saltaram sobre os cavalos e o combate foi de sangrenta ferocidade.

Em poucos momentos, Simon chegou com sua guarda pessoal e atirou-se impetuosamente no meio da confusão. Atingido por um projétil – Roquebert usa o termo "*carreau d'arbalete*"[58] (p. 263) – Guy, irmão de

---

[58] *Carreau* – vejo no *Larousse* –, do latim *quadrus* (quadrado), é um bloco de barro cozido ou de pedra. A *arbalète*, recorrendo sempre ao latim – *arcuballista* –, como o nome indica, era um instrumento em arco para atirar balas, isto é, projéteis.

Simon, caiu do cavalo. Montfort saltou ao chão para socorrê-lo e corria para ele, quando um novo e certeiro projétil de catapulta – segundo consta, disparado por uma guarnição feminina – atingiu-o no capacete, estraçalhando-lhe a cabeça.

"Essa morte instantânea e brutal – escreve Oldenbourg (p. 283) – em pleno combate, à vista dos dois campos, foi saudada pelos toulousianos com uma explosão de alegria."

A consternação era indescritível no lado francês. Tal como os cruzados desmoralizaram o inimigo em Muret, com a morte de Pedro de Aragão, o exécito francês, já um tanto desencorajado pelos recentes fracassos, parecia subitamente esvaziado. Amaury, filho mais velho – tinha apenas vinte e três anos de idade –, tentou, sem resultado, incendiar a cidade, e acabou por refugiar-se no castelo.

Um mês depois da morte de seu pai, levantou o cerco.

A Cruzada, no dizer de Oldenbourg, estava "decapitada".

Pelo que se depreende da leitura dos textos históricos modernos – que, por sua vez, repercutem os cronistas medievais –, raramente o Languedoc teria vivenciado período de tantas alegrias e renovadas esperanças. Tinham todos a impressão de acordar de um tenebroso pesadelo. Produzira-se, afinal, o milagre da tão desejada libertação.

Uma canção popular comemorava o episódio em versos. O poeta descobriu logo que Monfort rimava com '*mort*' e repetia a palavra no refrão, como que a se convencer de que era mesmo verdade que o temido comandante estava morto.

> Montfort
> Es mort
> Es mort
> Es mort!
> Viva Tolosa
> Ciotat gloriosa
> Et poderosa!
> Tornan lo paratge et l'onor!
> Montfort
> Es mort!
> Es mort!
> Es mort!

Como o languedociano se parece bastante com o português não é necessário nem esforçar-se na tradução. Toulouse (Tolosa) era a cidade gloriosa e poderosa. Estavam de volta os bons tempos da cortesia e da honra. Tudo porque, finalmente, morrera Montfort.

Outros poetas e trovadores diziam que agora era possível voltar a falar de amor platônico, ajoelhados diante de suas inatingíveis damas.

Quanto ao guerreiro, a palavra de Oldenbourg é digna de uma leitura.

> Seja qual for a sorte reservada na enternidade à alma de Simon de Montfort [diz ela (p. 284)] os que admiram Napoleão, César, Alexandre e seus semelhantes não terão como, em toda justiça, recusar sua admiração ao grande soldado; os outros estão livres para constatar que ele foi, sobretudo, um sujeito bastante medíocre, escolhido por uma necessidade cruel da qual se desincumbiu o melhor que pôde. A responsabilidade moral de seus atos lhe cabe menos do que àqueles que dispunham do poder de os absolver em nome de Jesus Cristo.

Como podemos observar, a visão da escritora traz o colorido da crença católica – a de que a alma responde pela eternidade pelo que aqui fez, de bom ou não, ao cabo de uma só vida. Mas as vidas são muitas e se repetem no cenário terreno ou alhures, num mecanismo que nos impulsiona – *malgré nous* como diriam os franceses – através de um processo de depuração e, por conseguinte, evolutivo. Aliás, inconscientemente, creio eu, a autora cita três vivências de uma só entidade espiritual: Alexandre, César e Napoleão, empenhada na tarefa do reaprendizado da vida em sucessivas passagens pela terra. Se é assim – perguntará você que me lê –, por onde andaria hoje a entidade espiritual que foi Alexandre, César e Napoleão? Ou Simon de Montfort? Ou o papa Inocêncio III?

Não tenho respostas, meu caro leitor, minha querida leitora. Estão por aí, nesse imenso espaço que Deus abriu para todos nós, onde quer que estejamos, sejá lá quem fomos, somos e seremos.

Quanto às responsabilidades, Oldenbourg tem alguma razão em atribuí-las em grande parte aos mandantes de Montfort, que, por sua vez, escudavam-se em pretenso mandato divino.

Mais uma vez vamos resumir e saltar por cima das minúcias do lamentável episódio que foi, no todo, a matança fingidamente suscitada em nome do Cristo e da "verdadeira fé cristã".

Antes, contudo, penso oportuno uma rápida passagem por algumas observações de Michel Roquebert.

Montfort morreu, como vimos, no dia 25 de junho de 1218. Tinha aproximadamente cinquenta e três anos de idade – não se sabe com precisão a data de seu nascimento. No dia seguinte, uma terça-feira, o cardeal Bertrand investiu Amaury de Montfort dos títulos e propriedades que 'herdava' de seu pai. Botei aspas no verbo por minha conta e risco. O que estava em jogo naquele momento era exatamente a própria legitimidade dessa herança, de vez que Raymond VI, titular tradicional do condado, estava de volta e reassumira o controle da capital de seus domínios, ainda que muita coisa ainda estivesse por definir-se e resolver.

De qualquer modo, o jovem Montfort se vira subitamente projetado em uma situação inesperada e indesejada. "Ironia da sorte – escreve Roquebert (p. 263) –: ser-lhe-ão necessários exatamente seis anos para perder tudo o que seu pai levara seis anos para conquistar..."

Em 1º de julho, esgotara-se o prazo durante o qual os participantes da Cruzada já haviam cumprido suas respectivas quarentenas. Estavam, por conseguinte, com suas indulgências garantidas e perdoados de todos os pecados.

Antes que partissem, de volta aos seus domínios e afazeres, Amaury de Montfort tentou novo ataque às posições defendidas pelos toulousianos. Novamente foram rechaçados pelas tropas de Raymond VI, que saíram para atacá-los fora das muralhas da cidade.

Amaury queria insistir com o cerco, mas seu tio Guy e Alain de Roucy o convenceram de que a morte de Simon tornava impraticável qualquer esperança de vitória.

Mais uma vez, foi o cardeal-legado que tomou a decisão final. O cerco tinha de ser levantado. Enquanto isso, dar-se-ia início a um novo ciclo de pregações em favor de nova Cruzada e, no devido tempo, novo e poderoso exército viria para retomar Toulouse.

Vinte e cinco de julho foi o dia melancólico da retirada final. Botaram fogo nos acampamentos e nas máquinas de guerra, bem como no castelo Narbonnais. Amaury seguiu à frente do que lhe restava de suas tropas, na direção de Carcassonne, levando consigo, num saco de couro, os restos mortais de seu pai.

Cederia suas terras, mais tarde, ao rei Luís VIII, deixando o Languedoc, para sempre, em 15 de janeiro de 1224. Morreria na França, em 1244.

Em 1219, o príncipe Luís – futuro Luís VIII – engajou-se numa segunda Cruzada contra o Languedoc e chegou a tomar Marmande, mas fracassou no cerco – o terceiro, em nove anos – à velha e gloriosa Toulouse, entre maio e junho.

A conquista de Marmande foi selada com uma carnificina. Toda a população – toda! – foi massacrada implacavelmente, homens e mulheres, jovens, velhos e crianças. Guillaume de Breton estima em cinco mil os mortos. Roquebert comenta que, pela primeira vez, a cifra não parece nada exagerada. E prossegue (p. 267): "Selvageria totalmente injustificada, que não tinha como desculpa, como o saque de Béziers, em 1209, inscrever-se na estratégia do terror indicado para encurtar a guerra com economia de outros cercos e a fim de evitar novas mortes inúteis." (Haverá mortes úteis?)

Em 17 de julho, o príncipe Luís chegou às muralhas de Toulouse. Mais uma vez a cidade foi bravamente defendida por seus habitantes – a maioria era constituída por católicos – independentemente de suas eventuais divergências religiosas.

Na correta avaliação de Roquebert (p. 269), a atitude da população, batendo-se lado a lado, católicos e hereges, "tornava inoperante, aos seus olhos, o próprio conceito da Cruzada. Tratava-se, simplesmente, de uma guerra de conquista".

Terminada – e até excedida – sua própria quarentena, ao cabo de quarenta e cinco dias de um cerco inútil, Luís levantou acampamento em 1º de agosto e partiu de volta para a França.

Na trégua que se seguiu, o jovem Raymond e seu pai trabalharam para consolidar as alianças feitas para a campanha e dar início às primeiras providências no sentido de botar ordem nos negócios públicos.

Não era uma paz ideal e nem definitiva. A região sofrera o inevitável desgaste de seis anos de guerra, a devastação era desoladora e a economia, caótica.

O novo papa Honório III insistiu em exigir dos titulares civis da região uma renovação de seus juramentos de fidelidade à Igreja perante os legados locais para uma renovada mobilização contra os heréticos, seus cúmplices e protetores. Tentava, em outras palavras, uma revitalização dos objetivos da Cruzada, como o fizera Inocêncio III. A situação, contudo, era outra. Onze anos haviam se passado, entre 1209 e 1220 e, de certa forma, caíra a máscara. "Aos olhos de todos – escreve Roquebert (p. 272) –, [os motivos] eram agora puramente políticos, como se a questão religiosa tivesse sido superada e, doravante, a ninguém mais interessasse."

Seja como for, a chamada reconquista do Languedoc pelos antigos titulares torna-se um tanto obscura a partir de 1219, ano em que se cala a fonte básica dos pesquisadores, a muito citada *Canção* de Pierre des Vaux-de-Cernay.

Daí em diante são escassos e fragmentários os documentos históricos sobre o período.

Pouco antes de morrer, Raymond-Roger, conde de Foix, retomou, na primavera de 1223, seu condado, que se encontrava em poder do marechal Guy de Lévis. Era, ao que parece, a última propriedade ainda em mãos de um antigo companheiro de Montfort.

Com a retomada de Mirepoix, os cátaros começaram a reemergir por toda parte da clandestinidade.

A capitulação final foi assinada por Amaury de Montfort, em 14 de janeiro de 1224, perante os condes de Toulouse e de Foix, numa tenda instalada fora dos muros da cidade de Toulouse.

"Ao cabo de quinze anos de guerra – comenta Roquebert (p. 277) – a Cruzada 'albigense' estava derrotada..." O concílio de Latrão, por sua vez, na opinião de Oldenbourg (p. 261), "consagrara e erigira em lei a derrota moral da Igreja".

As duas opiniões não se eliminam – somam-se. É verdade que, moralmente derrotada, a Igreja o fora também na guerra, a cuja sorte se ligara irremediavelmente, e, além disso, a Cruzada não conseguira extirpar a heresia e nem conquistar o Languedoc, onde a situação continuava, no mínimo, mal definida.

Mesmo que a campanha houvesse alcançado o esperado sucesso militar e religioso, o Languedoc estava política, econômica e socialmente desarticulado. Era necessário retomar os territórios recuperados pelos seus legítimos donos e estender a campanha para ocupar o resto do país, se é que os franceses queriam mesmo – e sobre isso não há dúvida – anexar toda a região à coroa francesa. Feito isso, ainda seriam necessários, na avaliação de Oldenbourg, vinte ou trinta anos de paz para reparar as perdas sofridas e cicatrizar as feridas deixadas pelos anos de guerra.

O catarismo saíra da campanha "mais fortalecido do que nunca". Entrara em cena nova geração de *parfaits* e *parfaites*, em sucessão à que fora queimada nas fogueiras em anos anteriores.

Em 14 de julho de 1223, morreu Philippe Auguste; em 6 de agosto, Luís VIII foi sagrado em Reims, aos trinta e oito anos de idade.

A Igreja volta a assediar o novo rei, tentando convencê-lo a assumir as responsabilidades de outra Cruzada, uma vez mais sob a velha e tênue motivação de que, em defesa da fé católica, era preciso acabar com a heresia.

Luís coloca na sua adesão uma espantosa etiqueta de preço: quer indulgências plenárias para si e para os seus cruzados, excomunhão para todos os que porventura atacassem seus domínios em sua ausência (provavelmente, de olho, entre outros, nos plantagenetas instalados no trono inglês), bem como para todos os que se recusassem a acompanhá-lo na guerra ou a dar-lhe apoio financeiro. A própria Igreja deverá conceder-lhe um subsídio de sessenta mil libras[59] por ano, durante dez anos, ou seja, um total de seiscentas mil libras. E mais: o papa (Honório III) deveria nomear para o posto de legado o arcebispo (francês, naturalmente) de Bourges e, definitivamente, depor os condes de Toulouse e os Trencavel, confirmando o rei na posse de seus domínios.

Tratava-se de mal disfarçada chantagem, e o papa hesitou, alegando – com toda razão, aliás – que o rei cuidava simplesmente de ampliar seus domínios à custa da Igreja. Tentou uma alternativa que, no fundo, era também uma chantagem, pressionando o conde de Toulouse com a ameaça de nova invasão francesa caso não concordasse em assumir ele próprio a tarefa de perseguir os heréticos.

Nesse ínterim, Amaury de Montfort vendeu ao rei seus títulos e direitos no Languedoc, com a explícita concordância da Igreja. A transação, ao mesmo tempo que invalidava de vez os direitos de Raymond VII, conde de Toulouse, e mais os dos Trencavel, selava o destino do Languedoc, que passava a ser 'legitimamente' (aspas indispensáveis) anexado à coroa francesa.

Para encurtar a história: Luís VIII resolve, afinal, assumir a Cruzada. Não que fosse uma guerra santa como as outras, pregada dos púlpitos, com a Igreja toda em campanha de propaganda e arregimentação. Desta vez, é uma Cruzada apenas no rótulo; o rei de França estaria partindo à frente de suas tropas para conquistar territórios de sua propriedade em mãos de rebeldes.

Ainda assim, Luís recebeu solenemente, em janeiro de 1226, a cruz que o credenciava oficialmente como defensor da fé católica, representante do Cristo e com direito às indulgências e tudo o mais. Ele se serve da Igreja e esta se serve dele.

Em junho, seu exército se põe em marcha. Numericamente é mais poderoso do que o de 1209.

Sucedem-se, por onde passa, as adesões e as rendições, fingidas ou não: Béziers, Nîmes, Puylaurens, Castres, Carcassonne, Albi, Saint-Gilles, Marselha, Beaucaire, Narbonne, Termes, Arles, Tarascon, Orange... Avig-

---

[59] Impraticável saber quanto representaria esse montante em termos de moeda contemporânea, mas não há dúvida de que se trata de uma considerável soma de dinheiro.

non recusa-se a ser mais uma conta no rosário de cidades 'conquistadas', é sitiada e resistiu durante três meses. Em 12 de setembro, no entanto, sem condições de sobreviver, rendeu-se.

Já era tempo, pois os franceses haviam sido pesadamente atingidos. As perdas foram muitas nos duros combates travados e uma devastadora epidemia de desinteria dizimara grande parte do exército francês. Além de numerosos combatentes comuns, morreram importantes personagens, como o arcebispo de Reims, o conde de Namur e Bouchard de Marly, um dos mais valorosos companheiros ainda remanescentes de Simon de Montfort.

Alguns cavalheiros de maior projeção, como o conde Thibaud de Champagne, cumpridas as respectivas quarentenas, resolveram retirar-se da campanha.

Quatro meses depois, Avignon pagaria caro pela afronta de haver resistido ao rei. O legado papal mandou (e foi obedecido, naturalmente!) apreender suas máquinas de guerra, destruir-lhe as muralhas, as torres e trezentas casas, exigindo, ainda, que trinta cavalheiros da cidade fossem despachados para a Terra Santa por seis meses, à custa da comunidade.

Diante de Toulouse, a tropa se deteve.

A força do exército do rei estava mais na exaustão do adversário, esgotado por quinze anos de guerra, do que em si mesma. Igreja e coroa francesa sabiam melhor do que ninguém que o momento era propício à invasão exatamente porque o adversário estava "esvaindo-se em sangue", como diz Oldenbourg.

Avignon não fora exposta aos horrores e terrores da guerra e estava em condições de reagir, como o fez, inflingindo-lhes pesadas perdas. Os cronistas da época registram o denânimo, a fadiga do exército francês, que em outubro não tinha mais força nem desejo de tomar Toulouse. Se todos houvessem resistido como Avignon, a Cruzada real teria sido um desastre total, concordam os historiadores.

A campanha militar de Luís VIII aguentou-se apenas entre junho e novembro de 1226. O rei morreu, a caminho, em 8 de novembro, em Montpensier, dias depois de haver deixado o Languedoc, onde deixara seu primo Humbert de Beaujeu, no comando do exército de ocupação, com os títulos e os poderes de vice-rei.

As tropas eram mais numerosas do que as de que dispusera Simon de Montfort e, ainda foram reforçadas em 1227. A intenção não era a de conquistar ou reconquistar o Languedoc por meio de vitórias militares, mas a de imobilizá-lo, tornando-o pouco a pouco incapaz de se defender.

O herdeiro, o futuro são Luís, tinha apenas onze anos e a regência foi confiada – para "desgraça do Languedoc", comenta Oldenbourg – a sua mãe, Blanche de Castela, mulher determinada, "dotada de mais energia e ambição do que seu marido e seu filho juntos".

Ainda sem condições de um assalto final a Toulouse, as tropas de ocupação incumbiram-se de uma destruição sistemática dos arredores, em expedições sucessivas contra vinhedos, plantações de trigo, pomares e criação de animais domésticos, além de demolir as sedes das pequenas fazendas e as mansões fortificadas.

Essa estratégia durou cerca de três meses, dia após dia, deixando um cenário praticamente devastado. E não eram um bando de marginais e assaltantes, mas um exército poderoso e bem organizado que, em vez de disputar o território em combate de corpo-a-corpo, tem por adversários, como diz Oldenbourg, "o trigo, as cepas dos vinhedos e a criação" – bois, cavalos, carneiros, cabras e porcos.

Não restou ao conde de Toulouse senão a alternativa da rendição, como vimos. A paz se revelaria mais cruel do que a guerra.

Em 1227, em substituição a Honório III, subiu ao trono papal Gregório IX, cardeal-arcebispo de Óstia, parente de Inocêncio III e amigo pessoal de são Domingos. Oldenbourg caracteriza-o como um velho "dotado de temperamento ainda mais intransigente e dominador do que o de seu primo e antecessor"(p. 309). Ficaria com a duvidosa glória de ter oficializado a Inquisição.

Pelo tratado de Meaux, assinado em 11 de abril de 1229, Raymond renunciava a seus títulos e propriedades, submetia-se a uma flagelação pública diante do altar-mor de catedral de Paris e concordava – e teria como negar? – em ceder sua filha Jeanne, ainda infante, em casamento a Alphonse de Poitiers, irmão do rei.

Como eram primos, a Igreja, também interessada na *transação* – esse é o nome apropriado – concordou em levantar a interdição canônica para que o casamento pudesse ser realizado. A desculpa foi a de que essa união ajudava a pôr fim à guerra. Como legítima herdeira do condado de Toulouse, o título e as propriedades reverteriam a ela – e ao marido, naturalmente – se tivessem filhos, ainda que como feudatários do rei de França. Não os tiveram, porém. E o rico condado passaria diretamente ao domínio da coroa francesa, em 1271.

Realmente, a Cruzada comandada por Luís VIII não fora, do ponto de vista estritamente militar, um êxito retumbante. As cidades se entregavam sem resistência e muitas delas até mesmo antes de serem postas em xeque por ataques ou ameaças de sítio. Os barões da terra pareciam paralisados, aceitando a situação como inelutável à falta de uma estrutura militar suficientemente poderosa e organizada para se opor à invasão. Roquebert acrescenta, porém, que faltou principalmente a convicção de que era "moralmente possível rebelar-se contra a pessoa do rei", revestida desde remotas eras de uma aura semidivina. E ali, no Languedoc, o rei estava presente. Era ele próprio o comandante supremo e tomava as decisões finais. Com a sua partida de volta à França e sua morte, os eventos "se banalizaram, como que dessacralizados" (Roquebert p. 293).

Além do mais, os franceses começaram a implementar um plano de reestruturação jurídica, nomeando senecais[60] de sua confiança para Beaucaire, Carcassonne e Albi, garantidos pela presença intimidante de veteranos companheiros de Simon de Montfort – Guy de Lévis, Guy de Montfort, Pierre de Voisin.

Raymond VII, contudo, ainda não se dera por vencido. Sentindo-se mais encorajado pela morte do rei, tentou um movimento de rebeldia. Começou por uma investida contra Auterive, no Ariège, que retomou, derrotando a frágil guarnição francesa. Durante o inverno, fortaleceu Labécède-Lauragais, deixando-a sob o comando de pessoa de sua confiança.

Na Páscoa de 1227, o arcebispo Pierre Amiel convocou um concílio para Narbonne, durante o qual reafirmou solenemente os princípios norteadores das Cruzadas e disparou contra os nobres rebeldes – Raymond, o conde de Foix e Trencavel e todos os que o apoiassem – a artilharia teológica da excomunhão e do anátema.

Pela primeira vez recorria-se à autoridade dos sínodos – assembleia de sacerdotes convocadas pelo bispo – para organizar sistematicamemte a caça aos heréticos, por meio de comissões de sindicância instaladas em todas as paróquias.

Chegamos, nesse ponto, a duas conclusões preliminares – a *primeira* é a de que a devastação e a matança suscitadas pelas Cruzadas não extirparam a heresia. Milhares de heréticos foram sacrificados e os restantes mergulharam por algum tempo na clandestinidade, para reemergir na primeira oportunidade; a *segunda* é a de que a Cruzada já não se preocupava mais com a máscara e mostrou a verdadeira face da campanha, cujos ob-

---

[60] O *senecal* era um funcionário público do alto escalão feudal ou real e, em alguns casos, exercia funções semelhantes às de juiz. No sul da França, usava-se o termo *bailli*, um procurador ou agente do rei, incumbido, a partir do século 12, de encargos judiciais.

jetivos, aliás, foram políticos desde o início. Com todo respeito à opinião de Anne Brenon.

A morte de Simon de Montfort, em 1218, nove anos depois da invasão do Languedoc pelos cruzados franceses, suscitou grandes esperanças de uma libertação que permitisse uma recomposição política, social e econômica da região. Vimos, contudo, que se frustraram tais expectativas. O país do Oc não estava totalmente conquistado e dominado pelos franceses, a ponto de permitir a estes a implementação de uma nova ordem – a dos conquistadores – e nem as remanescentes autoridades locais situadas em bolsões de resistência estavam em condições de recompor a região nos moldes do antigo sistema.

A Igreja católica saíra política e materialmente fortalecida do conflito, dado que suas propriedades e a de seus prelados foram preservadas e até ampliadas. Os cátaros, no entanto, continuavam contando com a simpatia da população e a de muitos dos mais destacados barões.

Por outro lado, a imagem que se guardou nos registros históricos da época é desenhada pela óptica dos católicos e ela agia, no dizer de Oldenbourg (p. 326), como se a sua salvação ou sobrevivência institucional dependesse do total esmagamento da heresia cátara.

Tanto quanto posso avaliar, essa é uma visão realista e compatível com os fatos observados.

> Moralmente [escreve Oldenbourg (p. 326)] ela já o estava. Era necessário ao povo muita determinação e uma paciência heroica para perseverar na fé numa Igreja que se apresentava com a cara do odiado conquistador estrangeiro, ainda mais que outra Igreja (a cátara) já existia no país e, perseguida, tornara-se pela força mesma das coisas, a Igreja nacional.

A santa Sé tinha, portanto, boas razões para estar assustada. São escassas as referências históricas sobre a espantosa vitalidade demonstrada pelo catarismo no tormentoso período da Cruzada e nos anos que se seguiram, até o massacre final de 1244, em Montségur.

Em 1225, a despeito das fogueiras acendidas em Minerve e Lavaur para queimar hereges, as igrejas cátaras mantinham suas atividades, tão organizadas quanto antes da Cruzada, nas suas quatro dioceses instaladas em cidades importantes como Albi, Toulouse, Carcassonne e Agen. Naquele mesmo ano, um concílio cátaro reunido em Pieusse criou mais uma diocese – a de Razès.

Historiadores católicos – denuncia Oldenbourg (p. 331) – acusam os cátaros de "confundir sua causa com a do país", mas era essa mesma a realidade.

A sorte do catarismo estava indissoluvelmente ligada à da autonomia política do Languedoc, ou seja, a da sua liberdade como país independente de interferência estrangeira, no caso, a francesa. É oportuno acrescentar que, ao suscitar a Cruzada, a Igreja se colocara também como poder constituído estrangeiro.

Por trás da assustadora catadura da campanha militar estava a face da Igreja, ostensivamente representada na guerra por Anaurd Amaury, legado papal. Ainda que não empenhado diretamente na luta armada, o catarismo não poderia deixar de assumir de direito a posição que já lhe fora outorgada de fato, como religião nacional, ao passo que o núcleo do poder católico assentava-se em Roma, nos termos de hoje, uma potência internacional. Que outra atitude poderiam ou deveriam assumir os cátaros? A de entregarem-se em massa aos cruzados – como diz Oldenbourg (p. 331) – e declarar que a religião deles merecia mesmo ser destruída?

Durante todos aqueles anos o Languedoc esvaiu-se em sangue e assistiu à desarticulação de sua vida social, econômica, política e religiosa, mas "nem mesmo os piores inimigos dos cátaros – é o depoimento de Oldenbourg – poderiam acusá-los de outra coisa senão da recusa em se converter".

Ao contrário, ante o bravo e sereno procedimento que adotaram, cresceu na alma popular a admiração e o respeito por eles. Eram, por aquele tempo, "a única força moral diante da qual se podia inclinar".

Por tudo isso, após o desastroso tratado de Paris e a consequente flagelação e humilhação de Raymond VII, na Notre-Dame, em 1229, e, ainda mais, o concílio de Toulouse em novembro desse mesmo e trágico ano, os cátaros foram novamente forçados à clandestinidade.

Em 1231, ainda sob a obstinada pressão da Igreja, os cátaros remanescentes refugiaram-se em Montségur. Ali viveriam bravamente, sob condições inconcebíveis para os tempos modernos, até 1244, quando foram desalojados após longo e duro assédio.

Enquanto conseguiram manter essa posição de autênticos "prisioneiros do Cristo", continuaram a praticar fielmente o cristianismo tal como o haviam colhido nas fontes de onde ele emanara primitivamente.

Mesmo a despeito do espantoso massacre, o catarismo não acabou em Montségur, como não acabara com a Cruzada. Em 1233, dois anos após estabelecerem no alto do rochedo a cabeça do catarismo, o papa Gregório IX – no dizer de Oldenbourg (p. 555) – "consagra definitivamente a Inquisição e concede aos dominicanos delegação geral para o exercício de tal ofício".

Isto fica, porém, para o próximo módulo de nosso livro.

9 – "Queimar não é responder!"

Após vinte anos de sangrenta luta e traumáticas devastações, encerrara-se a cruzada contra os albigenses.

Vimos que, pelo tratado de Paris, dramaticamente solenizado em humilhante cerimônia na catedral de Nôtre Dame, na presença de Blanche de Castela e do jovem rei Luís IX, futuro santo, Raymond VII continuava sendo nominalmente o conde de Toulouse e preservava suas propriedades no alto Languedoc – Agenais, Rouergue e Quercy –, mas passavam à coroa francesa os domínios mais ao sul – Beaucaire e Nîmes e a senhoria de Mirepoix, doada aos Lévis, antigos companheiros de Montfort, como vassalos diretos do rei. O marquesado da Provence tornou-se possessão pontifical, ou seja, da Igreja. O condado de Foix permanecera intacto, mas o viscondado de Trencavel simplesmente deixou de existir; as propriedades foram anexadas à coroa francesa, que prontamente nomeou senecais de sua confiança para administrá-las.

O preço pago por Raymond VII pela conservação do título não foi somente o da "reconciliação" com a Igreja e a perda territorial, mas o pesado pacote de compromissos que assumia "da maneira mais solene, mais formal" (Brenon, p. 228) – obrigava-se a retirar todo e qualquer apoio aos heréticos existentes em seus domínios e a persegui-los, a respeitar os bens, direitos e sentenças da Igreja, a partir em peregrinação para a Terra Santa, mas, acima de tudo, a ratificar o ignóbil sistema de delação institucionalizada, que o fazia partícipe do regime policialesco de colaboração entre o poder temporal e o que era tido como 'espiritual'.

Em outras palavras: obrigava-se a ser o famigerado braço secular, incumbido do sórdido trabalho de cumprir as sentenças lavradas pelos eclesiásticos – prender, enforcar, decapitar ou queimar os condenados que lhe fossem indicados.

E ainda tinha de pagar para cumprir esse dever. Dizia o documento que assinou: "A fim de melhor e mais facilmente os desmascarar (aos heréticos) prometemos remunerar com dois marcos de prata durante dois anos e, passado esse prazo, um marco, a qualquer pessoa que contribua para a prisão de um herético..."

Foi esse – adverte Brenon (p. 230) –, "o primeiro estágio da Inquisição". Os "pressupostos mentais" (Brenon, p. 238) da caça aos heréticos começaram a ser formulados, caindo cada qual no lugar certo que lhes estava destinado. Abria-se espaço para uma possibilidade antes impensável – a da "instituição da burocracia inquisitorial (...) ainda mais espantosa do que uma Cruzada em terra cristã".

Terminara, sim, a guerra. Cuidava-se agora de redesenhar o mapa das regiões afetadas, alargando consideravelmente as fronteiras da França. Como campanha de conquista territorial, pode-se até dizer que foi muito bem-sucedida.

"Confiscai os bens dos condes, dos barões e dos cidadãos que não quiserem eliminar a heresia de suas terras – escreveu Inocêncio III, em 1204, ao rei – ou que ousem conservá-la. Não vos demoreis em anexar toda a região ao domínio real..."

Quanto às expectativas religiosas, *nada*, avalia Brenon.

Ao formalizar-se a paz no draconiano documento de Paris, em 1229, a Igreja cátara demonstrava impressionante vitalidade, a despeito – ou até mesmo por causa – das próprias angústias da perseguição. Sobrevivera às fogueiras coletivas e aos enforcamentos, consolidando na prática espiritual, nas tensões da clandestinidade sempre ameaçada, no silêncio dos refúgios, na meia luz das cavernas, os vínculos sentimentais entre os crentes e os *parfaits* e as *parfaites*, um quadro, enfim, "de horrores e de esperança", no dizer de Brenon. O terror não conseguira, pois, "debilitar o entusiasmo pela espiritualidade nova". "... a espada – conclui Brenon filosoficamente – raramente constitui o instrumento mais eficaz e mais adequado para decapitar uma fé".

A Igreja cátara perdera nas grandes fogueiras coletivas mais de mil fiéis, entre os quais uma boa parte de seus líderes. Surpreendentemente, contudo, começara a se recompor em torno de personalidades carismáticas como Guilhabert de Castres.

Em suma: a Igreja católica ficara aparentemente do lado vencedor e se consolidara como potência política, no dizer de Oldenbourg. Mas pagara preço alto demais por esse duvidoso troféu. Afinal de contas, o povo do Languedoc não era totalmente herético, mas ante as atrocidades praticadas em nome do Cristo e com o aval e a participação da santa Sé tornou-se, na avaliação de Oldenbourg (p. 376), "inteiramente anticatólico".

Afinal de contas, logo na primeira vitória dos cruzados – a conquista de Béziers –, heréticos e católicos foram massacrados indiscriminadamente, dado que "Deus saberia distinguir os seus..." Na defesa de Toulouse, lutaram lado a lado, católicos e heréticos, com a corajosa participação das mulheres. Nos tempos da clandestinidade e da perseguição era comum os cátaros contarem com o apoio e até a arriscada cumplicidade de católicos, que os protegiam e os abrigavam, tentando livrá-los da sanha irracional de fanáticos que se diziam católicos.

A paz que a Igreja impunha, com o interessado e interesseiro apoio do rei, fazia lembrar a famosa *Pax Romana*, dos antigos donos do mundo, ao tempo em que o cristianismo – o do Cristo, ou melhor, o de Jesus – ensaiava seus primeiros passos na obscura província da Palestina. Era uma paz terrorista, não a paz da qual falara o Cristo. "A minha paz vos dou, a minha paz vos deixo." "Os homens querem a paz, mas não buscam as coisas que trazem a paz."

Não era, pois, na visão de Oldenbourg, uma Igreja vitoriosa, mas derrotada, duplamente vencida, aliás. Não apenas porque os verdadeiros vencedores foram os cruzados, o rei da França e, na palavra veemente da historiadora (p. 378), "a miséria", mas pela derrota moral.

Estamos lembrados de que, a despeito de toda a insistente pressão de Inocêncio III, Phillippe Auguste recusou-se obstinadamente a participar da Cruzada. Limitou-se a concordar de má vontade em que alguns de seus súditos partissem para a guerra, movidos mais por interesses pessoais – indulgências, aventura, possibilidade de enriquecimento – do que por patriotismo.

Desiludida ante o fracasso da Cruzada na extirpação da heresia, a Igreja abandonou em definitivo a ideia de lançar mão dos métodos da persuasão, sugeridos por Bernardo de Clairvaux em meados do século doze, para recorrer aos da coerção. E da coerção ao terrorismo não havia mais que um passo ou dois, logo percorridos.

As tradicionais virtudes cristãs constantes dos textos evangélicos eram pregadas dos púlpitos juntamente com o dever de se praticar a delação dos heréticos.

A primeira aparição de uma *inquisitio* (semanticamente indagação, investigação ou pesquisa) na história – ensina Brenon (p. 243) – surgiu em território germânico em 1231, quando o papa incumbiu Conrad de Marburgo, não de uma inocente sindicância, mas de uma pura e simples eliminação dos cátaros da Renânia.

Lemos em seu livro (p. 244), que a missão do dominicano Conrad, na Alemanha, e a de Robert de Bougre, na Champagne, em 1233, foram desempenhadas com tal índice de violência e terror que o primeiro deles foi assassinado e o segundo "vergonhosamente destituído".

Finalmente, em circular datada de 20 de abril de 1233, a Inquisição foi instituída por Gregório IX, ainda como "instrumento de terror – diz Oldenbourg (p. 402) –, ou não teria razão de ser". Em 27 de julho o papa nomeou Etienne de Burnin, legado apostólico para uma extensa área do Languedoc. A missão era a de extirpar a heresia. Dois inquisidores entraram logo em ação – Pierre de Seila (Brenon escreve Seilan), de Toulouse, um dos primeiros companheiros de são Domingos, e Guillaume Arnaud, um jurista de Montpellier. Além desses, Brenon cita Roland de Cremona e um terceiro dominicado, Arnaud de Cathala.

Começaram mal – diz a historiadora do catarismo –, pela exumação de cadáveres de assumidos heréticos a fim de queimá-los. O regime imposto era, francamente, o do terrorismo arbitrário e sem limites, mesmo

Queima de livros cátaro (São Domingo e os albigenses, 1480, Pedro Berruguete, Museu do Prado, Madri)

Queima de cátaros presidida por São Domingo (Queima dos heréticos, 1500, Pedro Berruguete, Museu do Prado, Madri)

porque estavam os inquisidores investidos de poderes absolutos como representantes diretos do papa. Não deviam obediência nem satisfações às autoridades civis e nem às religiosas, quaisquer que fossem seus níveis hierárquicos e a elas se sobrepunham sem a menor cerimônia.

Em Toulouse, onde predominara sempre a relativa tolerância ou indiferença dos condes, o primeiro ato de força dos inquisidores foi o de determinar a captura de Vigoros de Baconia, líder dos heréticos locais. O homem foi prontamente submetido a julgamento sumário e executado.

Foi um golpe de mestre, qualifica Oldenbourg (p. 406), dado que eliminava-se a figura-chave do catarismo local.

O passo seguinte foi o de começar a percorrer a província numa "grande *tournée* inquisitorial". As arbitrariedades eram tantas e de tal modo subvertiam os procedimentos jurídicos da época que, sem poderes e autoridade para impedir os inquisidores, o conde queixou-se ao papa. Os inquisidores – denunciava – ignoravam todas as normas legais ao interrogar as testemunhas a portas fechadas, sem qualquer assistência jurídica, e inspiravam tanto pavor que as pessoas intimadas denunciavam inocentes ou inimigos pessoais a fim de ganhar alguma simpatia dos inquisidores ou se livrarem de adversários e desafetos.

Os próprios católicos se sentiam constrangidos, condenando o procedimento da Igreja mais do que sua doutrina, à qual muitos prefeririam continuar fiéis. O que sugere a predisposição popular no sentido de uma convivência pacífica ou, pelo menos, tolerante entre católicos e heréticos.

O clima, contudo, era de repulsa às arbitrariedades e arrogâncias dos inquisidores, que só deviam obediência – se é que julgavam dever – ao papa, lá em Roma, distanciado geográfica e emocionalmente do epicentro dos conflitos.

Formalmente, mas sem muita convicção, o papa recomendou certa moderação aos seus representantes na província e ao legado Étienne de Burnin e aos bispos da região, que interferissem quando fosse necessário "proteger os inocentes". Como, porém, cumprir a recomendação se cabia aos próprios inquisidores decidir quem era inocente ou não?

Este seria, aliás, o procedimento padrão de Gregório e dos demais papas da época. Na verdade, o que nos passam os historiadores desse negro período da história é a convicção de que os papas não dispunham de poder e nem estavam muito interessados em conter o 'zelo' dos inquisidores. Estava implícito no processo ser a Inquisição em si mesma um instrumento de terrorismo, pressão e opressão. Renunciar a essas práticas seria torná-la inoperante e, portanto, inadequada para a missão que a santa Sé lhe atribuíra.

Eis porque – escreve Oldenbourg (p. 422) – "... durante séculos os papas não cessarão de sustentar e defender os dominicanos contra todos os ataques dos povos e das autoridades civis".

A vigorosa resistência do povo, de autoridades civis e até mesmo pessoas mais sensatas de dentro da própria Igreja a esse tenebroso mecanismo estava mesmo fadada ao fracasso – como diz Oldenbourg (p. 437) – "... em vista do total apoio que o papado manteve até o fim à sua nova arma de combate (às heresias)".

É sob essa óptica que, inegavelmente, deve ser considerada a Inquisição. Desgraçadamente para todos – perseguidos e perseguidores –, para a civilização e até, e principalmente, para as esperanças de uma renovação religiosa, a Inquisição impôs-se pelo seu indiscutível 'sucesso', como instrumento de proteção aos privilégios e ao poderio político da Igreja, uma vez que falhara na tentativa o tradicional método da campanha militar.

O 'êxito' da nova estratégia revelou-se tão auspicioso para os interesses e propósitos de dominação da Igreja que a Inquisição somente seria oficialmente extinta na segunda década do século dezenove, quase seiscentos anos depois de instituída.

A desculpa – ou, se você preferir, a justificativa ou a motivação oculta –, para seis séculos de atrocidades e terrorismo continuava sendo a mes-

Os Cátaros e a Heresia Católica 315

ma: a defesa da única religião verdadeira, proprietária exclusiva da única fé, fora das quais restava apenas a alternativa do inferno.

Durante dois anos Arnaud e Seila impuseram em Toulouse e em todo o território do condado um clima de terror. Temerosas das perseguições, as pessoas se apresentavam em tão grande número para acusar o próximo – em vez de amá-lo como ensinou o Cristo – que os dominicanos não tinham como ouvi-los a todos e requisitaram para ajudá-los na 'nobre' tarefa padres regulares e irmãos menores da ordem franciscana, verdadeira afronta ao espírito de tolerância e amor que marcara a presença de Francisco na terra.

"O regime do terror policial que a Inquisição impôs, durante vários séculos, aos povos do Ocidente – escreve Oldenbourg (p. 520) – iria resultar num trabalho de sapa na intimidade do próprio edifício da Igreja e produzir terrível rebaixamento no nível moral da cristandade e da civilização católica".

Não há como contestar a severa avaliação da autora, mesmo porque a própria Igreja viria, já em nossos dias, reconhecer o erro irreparável que cometera. De minha parte, contudo, tenho uma ressalva a fazer: não foi o nível da cristandade que baixou, mas o daquele modelo deformado e aviltado que passava por cristão, embora nada mais tivesse na sua prática dos ensinamentos do Cristo.

Não sei, por outro lado, se devemos considerar que igualmente se rebaixava a "civilização católica". Que devemos entender, neste contexto, por civilização? O genocídio de uma população pacífica e progressista, cujo único 'crime' era o de uma visão diferente dos ensinamentos do Cristo?

Que houve um rebaixamento, não há dúvida, mas não do cristianismo e sim nos métodos que a Igreja pôs em prática para preservar sua hegemonia. Antes da cruzada e da Inquisição, como assinalam os historiadores, vozes sensatas ainda se levantavam dentro da Igreja em favor dos que pensavam de modo diferente. Bispos e abades protestavam contra a inadmissível prática de queimar 'heréticos', pregando a misericórdia em favor de irmãos e irmãs que, por alguma razão, tenham resolvido expressar opiniões divergentes quanto a certos aspectos doutrinários.

Vimos no início deste livro a postura de Bernardo de Clairvaux, condenando até com veemência o que entendia por 'erro', na visão ortodoxa de então, mas tentando ser tolerante quanto ao que o cometesse. A fé teria que resultar da persuasão, não da imposição, proclamou ele, com a autoridade de que dispunha, ao condenar explicitamente o massacre de heréticos em Colônia, que, a seu ver, havia ultrapassado os limites do bom senso. Aprovava o zelo demonstrado pelas autoridades locais, mas não o que fizeram em decorrência disso.

O que se depreende da leitura do texto em que avaliou a situação no Languedoc, em 1145, é que a heresia estava alcançando grande sucesso precisamente porque a Igreja enveredara pelos descaminhos. "As basílicas estão sem fiéis – escreveu –, os fiéis sem padres, os padres, sem honra. Não há, pois, senão cristãos sem o Cristo. Os sacramentos são vilipendiados, as festas não mais solenizadas. As pessoas morrem em pecado. Privam-se as crianças da vida em Cristo, recusando-se-lhes a graça do batismo."

Como diz Oldenbourg, isto se passava cerca de sessenta anos antes da Cruzada e, podemos acrescentar, oitenta anos antes da Inquisição.

Ao escolher Arnaud Amaury para retomar as pregações contra os heréticos, o papa emprestava tonalidade mais viva de urgência e severidade a uma campanha na qual Bernardo falhara.

> Como é [comenta Oldenbourg, espantada (p. 134)] que uma ordem (Cîteaux) revitalizada por Bernardo nas mais puras tradições da austeridade, da obediência e da prece pode ter escolhido como seu dirigente esse batalhador nato (Arnaud Amaury), esse homem acostumado a medidas extremas e às paixões, tão distanciado da caridade cristã quanto se possa ser?

Por essa época – entre 1203 e 1208 – Inocêncio III ainda tentava, em paralelo com as articulações para a Cruzada, uma campanha de pregação, no desesperado esforço de trazer de volta à Igreja as ovelhas desgarradas. Quando, no entanto, a cruzada atacou o Languedoc pelo norte, Amaury já exercia a esdrúxula função de "chefe ou comandante espiritual" de uma campanha militar cujo objetivo era submeter pela força das armas todo um território independente, feliz, próspero e civilizado que se deixara 'contaminar' pela heresia cátara.

Ao discutir, num de seus diálogos, a resistência dos barões languedocianos aos cruzados, escreve Déodat Roché (in *L'église romaine et les cathares albigeois*, p. 80) um testemunho dessa mesma postura de relativa serenidade quanto à heresia.

> Não nos esqueçamos [escreve Roché], nesta oportunidade, de nos lembrar do testemunho de são Bernardo sobre os cátaros. Ele

Os Cátaros e a Heresia Católica 317

é precioso. Com efeito, o abade escreveu sobre eles: "Se lhes perguntarem qual é a sua fé, ela é totalmente cristã; se lhes ouvirem as conversas, não há nada de mais inocente; e *seus atos estão em harmonia com suas palavras*". (O destaque é de Roché e a citação foi retirada, segundo o autor, do Sermão 65, I, 1495 e de C. Shmidt, tomo II, página 155.)

Realmente é valioso o testemunho.

E me pergunto, volvendo os olhos do espírito àqueles tempos, o que teria sido a civilização ocidental, hoje, início do século 21, se, em vez de continuar alistado como partidário da Igreja, Bernardo de Clairvaux houvesse aderido ao movimento cátaro a partir de 1145. Teria, certamente, suscitado um escândalo de inconcebíveis proporções. Qual seria a reação da Igreja a uma atitude dessas? Alguma possível reavaliação de sua postura perante os cátaros, nos quais, num lampejo de sensibilidade, o monge de Citeaux vira apenas bons e legítimos cristãos? Pouco provável, mesmo porque restavam-lhe apenas cerca de oito anos de vida.

Enfim, isto é apenas um exercício fantasioso em torno de vãs e ociosas especulações, dado que a história não se escreve com as condicionais e com o futuro do pretérito, mas com o pretérito perfeito para contar as coisas idas e vividas, como disse Machado de Assis, ou, no mínimo, com as cautelosas inferências em torno de uma realidade admissível.

De qualquer modo, não podemos deixar de prestar atenção no que diz Bernardo – ícone de uma época [Oldenbourg considera-o "oráculo" e "apóstolo da fé católica"(p. 125)] –, que fez e desfez papas.[61] O prestigioso monge foi ao Languedoc para tentar trazer as ovelhas desgarradas ao antigo aprisco e as tratou, como convinha, como heréticos, mas ao escrever mais tarde sobre eles, no silêncio de sua cela, mais propício à meditação, passou à posteridade, como vimos, uma avaliação segundo a qual a sua própria Igreja se desviara do caminho traçado pelo Cristo, enquanto os cátaros tinham o discurso da verdadeira fé cristã – não a católica – e praticavam religiosamente aquilo em que criam e que ensinavam.

Não me sinto, pois, sozinho e desamparado ao colocar a Igreja de Roma como patrocinadora de doutrina e de prática heréticas, em contraste com o cristianismo autêntico dos cátaros.

---

[61] Eugênio III (1145-1153) fora seu discípulo e Anacleto II, (1130-1138) foi considerado antipapa porque, consultado a respeito, Bernardo optou por Inocêncio II (1130-1148), a fim de decidir a insustentável situação da existência de dois papas simultâneos.

Mas estamos, a esta altura, falando de uma época em que a Inquisição tornara-se dolorosa realidade e entrava em cena investida de autoridade nunca vista. O sistema caracterizou-se, logo de início, como um exercício de cruel autoritarismo e insensibilidade que criou e espalhou o terrorismo pelo Languedoc e, posteriormente, pelo mundo afora, durante mais de meio milênio.

Em 4 de agosto de 1235, por exemplo, comemorava-se pela primeira vez, a 'festa' de são Domingos, canonizado há uns poucos meses. Missas solenes foram rezadas com "toda pompa que convinha à glória do novo santo" (Oldenbourg, p. 412) em todas as igrejas de Toulouse e, em particular, naquelas administradas pelos dominicanos.

Terminadas as cerimônias religiosas, o bispo Raymond du Fauga, também dominicano, lavava as mãos para se dirigir ao refeitório, quando Pons de Saint-Gilles, o prior, nomeado inquisidor há poucos meses, lhe veio dizer que uma grande dama da comunidade local havia recebido o sacramento cátaro do *consolamentum*, numa casa vizinha, à rua do Olmo Seco. (Roquebert informa que o logradouro chama-se hoje rua Romiguières.)

O bispo, indignado, tomou o ato como inaceitável provocação e, acompanhado do prior-inquisidor e de numerosos monges, seguiu para o endereço indicado.

A velha senhora era sogra de certo Peytavi Borsier, conhecido *croyant* e agente de ligação com os cátaros; seu estado de saúde era muito grave, já agonizante, ao que tudo indica, sem condições até mesmo de saber ao certo o que se passava com ela. Quando lhe disseram que o senhor bispo estava a caminho para vir vê-la, ela julgou tratar-se de um bispo cátaro. (Roquebert declara que o bispo Fauga se fez passar deliberadamente por Guilhabert de Castres.)

Raymond du Fauga não fez questão alguma de desfazer o sinistro equívoco, que, ao contrário, servia bem aos seus propósitos. Prontamente passou a interrogar a pobre senhora sobre suas crenças, conseguindo dela, portanto, uma explícita confissão de heresia. Perfidamente, encorajou-a mesmo a manter-se fiel à sua fé, de vez que, "por receio da morte – disse –, a senhora não deve confessar outra crença senão a que professa, com firmeza, de todo o coração".

A velhinha concordou plenamente. Não seria pelo pouco que lhe restava de vida que iria renunciar à sua religião. Era o que bastava. O bispo declarou sua verdadeira condição e lhe exigiu imediata conversão à fé católica. Horrorizada, mas nada intimidada, a pobre senhora "persistiu

Os Cátaros e a Heresia Católica 319

mais e mais na sua obstinação herética" – são os termos do documento consultado por Oldenbourg – expondo-se, portanto, aos rigores da condenação inquisitorial.

O bispo mandou chamar a autoridade competente – o *viguier* –,[62] a velhinha foi submetida a um julgamento sumário e, como não podia mais caminhar, foi levada no próprio leito de morte ao Pré-du-Comte, onde a colocaram sobre uma pilha de lenha que foi logo acesa.

"Feito isso – lê-se no texto de Pelhisson (p. 98), consultado por Oldenbourg –, o bispo, os religiosos e o séquito retornaram ao refeitório para consumir com alegria o que lhes foi servido, rendendo graças a Deus e a são Domingos."

A macabra história – previne Oldenbourg – não pode ser considerada uma calúnia infame perpetrada pelos inimigos da Inquisição, de vez que Pelhisson, autor da narrativa, foi também inquisidor dominicano designado para exercer sua tarefa em Albi e, por certo, não inventaria um sinistro episódio como esse. Também ele deveria estar convicto de que o senhor bispo havia comemorado condignamente a data com um marcante testemunho de sua fidelidade à fé católica.

Pelhisson – informa Oldenbourg – felicita o bispo por sua "habilidade" em obter da herética a testemunhada confissão de seu "erro", e certamente diz a verdade sobre a "alegria" reinante no repasto, que fora tão "providencialmente interrompido", ou seja, retardara-se, mas por uma causa "nobre".

Não se trata, portanto, de cinismo, mas de assumida convicção de que era assim mesmo que se deveria agir na respeitável tarefa de exterminar a heresia.

Tanto é assim que o sermão pregado a seguir, por Pons de Saint-Gilles, prior dos dominicanos, equiparava o fogo que consumiu o corpo da pobre senhora ao que desceu dos céus por solicitação de Elias, com o propósito de confundir os sacerdotes de Baal.

A execução da velha senhora causou mais terror do que espanto ou indignação. Se a intenção era a de produzir um exemplar testemunho da determinação dos inquisidores, o objetivo fora plenamente alcançado.

Oldenbourg acrescenta que, como a senhora estava à morte, poderiam, pelo menos, ter esperado que ela falecesse para queimar-lhe o corpo inerte, hábito que já se instalara logo nas primeiras investidas contra os

---

[62] O *viguier* era um magistrado local, incumbido de ministrar a justiça nos casos levados a sua apreciação. A função somente seria extinta pela Revolução de 1789. (Informação do *Larousse*.)

heréticos que haviam escapado em vida ao suplício. Nem essa 'misercórdia', porém, foi concedida à agonizante...

Durante dois anos Guillaume Arnaud e Pierre Seila comandaram o terrorismo em Toulouse e adjacências.

Michel Roquebert informa (p. 325) que o primeiro documento inquisitorial que chegou até nós é uma sentença de excomunhão lançada em 10 de novembro de 1235 por Guillaume Arnaud contra dez cônsules de Toulouse [autoridades da magistratura local], que integravam uma assembleia municipal de vinte e quatro membros. Não é um documento original, e sim cópia realizada no século dezessete. O historiador do catarismo chama a atenção para o fato de que se trata de um papel tardio, quase dois anos e meio depois do início dos trabalhos, em meados de 1233.

O que mais espanta a nós, leitores e leitoras de hoje, no entanto – pelo menos a mim espanta –, é o fato de que um simples monge, só porque investido da autoridade do papa, sobrepõe-se aos poderes civis e eclesiásticos locais, excomunga e é obedecido! E por que, pergunta Roquebert, teriam sido como que fulminados os cônsules com sentença tão radical? "Precisamente porque tentavam impedir o funcionamento da Inquisição na cidade..."

A intenção era mesmo a de impor espetaculares medidas terroristas para que todos ficassem sabendo logo de início quem mandava ali. Aliás, nos termos do acordo que assinara, o conde assumira a obrigação irrecusável de colaborar sem rodeios e subterfúgios com a inglória tarefa de extirpar a 'praga' da heresia em suas terras.

A excomunhão, por sua vez, não era simples ato de rotina, como hoje nos poderia parecer; ela arrastava no seu bojo implicações que praticamente punham o excomungado na marginalidade mais que religiosa, social, política e econômica, tudo dentro da melhor legalidade.

A Igreja controlava a vida das pessoas desde o nascimento – e, em alguns aspectos, antes disso – até a morte e além, determinando, segundo as circunstâncias, sua destinação póstuma. Daí a importância do mito do inferno, com seus demônios, as caldeiras, a danação eterna, irremissível, irreversível. Não era necessário nem que os prelados acreditassem em tais fantasias, o povão acreditava e isso era suficiente.

Todos os atos naturais e civis na vida das pessoas tinham conotação religiosa e estavam ligados a um indispensável sacramento ou cerimônia – batismo, confirmação, comunhão, matrimônio, confissão, extrema-unção, ordenação sacerdotal, missas etc.

Ora, os excomungados, como diz o termo, ficavam excluídos dos 'bens espirituais' concedidos pela Igreja, como por exemplo, serem sepultados em solo abençoado,[63] uma verdadeira desgraça teológica e social, passagem direta para o inferno.

Ainda que o herege escapasse às garras da Inquisição enquanto vivo, não escaparia depois de morto, dado que eram considerados automaticamente excomungados, sem acesso, portanto, aos cemitérios cristãos. Se, por qualquer razão, isto acontecesse, teriam de ser desenterrados a fim de serem queimados seus restos mortais, dado que haviam morrido impenitentes, ou seja, não haviam purgado seus erros em vida.

Por outro lado, a incineração de heréticos já falecidos ficava circunscrita a um rito sumário, bem menos longo do que se ele ou ela estivessem vivos. Com um mínimo de investigação, citações, audiências e testemunhas, estava o tribunal suficientemente instruído para lavrar uma 'boa' sentença, canonicamente correta e legal.

Para evitar esse procedimento ignóbil e odioso, um habitante de Toulouse desenterrou o corpo de seu pai e o escondeu alhures.

Em Albi – é ainda Roquebert quem conta (p. 326) – o inquisidor Arnaud Cathala produzia uma espécie de espetáculo com as fogueiras de cadáveres. Em 15 de junho de 1234, o representante do próprio bispo local recusou-se a exumar o corpo de uma mulher que Cathala condenara à fogueira. Era demais! Cathala não se deu por vencido – apanhou uma ferramenta (*pioche*), resolvido a fazer ele próprio o serviço. Estava já a cavar para desenterrar o cadáver da herética, quando chegou um grupo de cerca de trinta homens que se atiraram sobre ele a pauladas, gritando alguns que ele deveria ser preso, enquanto outros preferiam afogá-lo no rio Tarn. Parece ter prevalecido a proposta do afogamento. Foi salvo já à margem do rio por outro grupo "mais bem-intencionado", que o levou para a catedral.

Em Albi, o mesmo Cathala e mais Guillaume Pelhisson – que narraria mais tarde o sinistro episódio da queima da velhinha agonizante – expediram cerca de uma dúzia de sentenças de peregrinação à Terra Santa. Dois *parfaits* que se recusaram a abjurar foram entregues ao braço secular e solenemente queimados vivos. Chamavam-se Pierre Pechperdut e Pierre Bonmassip e são considerados os primeiros mártires consumidos pelas chamas inquisitoriais.

---

[63] Ainda hoje, lemos, de vez em quando, a expressão 'campo santo' como sinônimo de cemitério.

E por falar em abjurações, Cathala é conhecido por haver recebido pelo menos uma abjuração de certa importância, em abril do ano seguinte – a de Raymond Déjean, de Albi, que fora, durante dez anos, um *croyant* ativo e dedicado à Igreja cátara. Foi ordenado em 1230, num bosque, e, portanto, na clandestinidade, por Bernard de Lamothe. Pela sua longa e ativa militância cátara, teve oportunidade de conhecer muitos deles e alguns do maior relevo, como Guilhabert de Castres e o já mencionado De Lamothe.

Ouvido por Cathala, em 30 de abril de 1235, confessou-se espontaneamente e conseguiu de Durand de Beaucairte, bispo (católico) local, uma "carta de reconciliação", pela qual era readmitido ao catolicismo.

Foi re-interrogado posteriormente por Ferrer, outro monge dominicano-inquisidor, em fevereiro de 1243, quando teve oportunidade de recontar toda a história de sua passagem pelo catarismo e de denunciar "*une foule de gens*", ou seja, uma porção de gente, como diz Roquebert (p. 327)

Esse Ferrer – Roquebert prefere essa grafia, em vez de Ferrier, porque o homem nascera nas imediações de Perpignan e, portanto, mais para o lado catalão – acabou ocupando espaço privilegiado na história da Inquisição languedociana por ter sido distinguido com a duvidosa 'honra' de interrogar os cátaros que conseguiram escapar com vida ao massacre de Montségur, em 1244. Sem a documentação que deixou a respeito, o terrível episódio figuraria apenas em dez linhas sumárias na *Chronique...* de Guillaume de Puylaurens.

Ferrer era mestre em teologia pela Universidade de Paris e prior do convento dos Pregadores de Narbonne, quando, em 1234, antes mesmo de ser nomeado inquisidor em Carcassonne, já demonstrava grande zelo em mandar prender heréticos e entregá-los ao arcebispo.

Um movimento popular promovido pela confraria local de artesãos – remotos precursores dos atuais sindicatos – liberou um dos detidos. Decidiu-se capturar de novo o fugitivo, escondido ali mesmo, na cidade, mas os populares impediram a polícia de fazê-lo. Criou-se prontamente grave incidente político com as características de um conflito armado entre o bairro onde se ocultava o fugitivo e que o bispo excomungara e a cidade, que constituía domínio do prelado. Sentindo-se acuado, o bispo fugiu e apelou para o legado da santa Sé, enquanto as autoridades civis do bairro solicitavam a ajuda de Raymond VII.

O conde enviou dois emissários a Narbonne para negociar a solução, mas um deles, Géraud de Niort, era inimigo assumido da Igreja católica e participou de nova revolta no final de 1234 ou início de 1235, durante a qual foi saqueado o convento dos Pregadores e depredadas suas vinhas e o pomar.

O apelo seguinte foi feito ao abade Fontfroide, que conseguiu uma trégua entre as facções em conflito, em 1236. Mas a questão somente foi encerrada com a intervenção de Jean de Friscamp, senecal do rei, em março de 1237. O representante do rei botou preço nos prejuízos de parte a parte, expediu algumas sentenças de exílio temporário e mandou interditar a confraria.

A essa altura, Ferrer já era inquisidor devidamente credenciado para as dioceses de Carcassonne e Elne.

Como se verifica, portanto, não apenas o povo, mas até membros importantes da Igreja católica, após algum tempo de perplexidade, reagiam bravamente contra os desmandos, arbitrariedades e crueldades da Inquisição.

Em Toulouse a hostilidade aos inquisidores foi mais imediata e suscitou conflitos ainda mais graves. Como assinala Roquebert (p. 328), "não era preciso ser cátaro para se sentir vítima do opressivo sistema que a ninguém deixava em paz e que prontamente se valia da menor oportunidade para uma ação repressiva".

Foram muitos os exemplos dessa natureza, relatados, segundo Roquebert, pelo cronista Guillaume de Pelhisson, auxiliar dos inquisidores.

Este por exemplo: numa altercação com o vizinho, um artesão foi chamado de herético e se dirigiu às autoridades civis – o consulado – para apresentar queixa formal de difamação. Chamado a depor, o acusador admitiu que havia mentido – pois o outro não era herético – e foi condenado à reparação devida. Saindo dali, contudo, apelou ao tribunal do bispo (como prescreve o dito popular, foi, literalmente, queixar-se ao bispo). E deu certo. O tribunal era o da Inquisição e seus dois membros Pierre de Seila e Guillaume Arnaud, já nossos conhecidos, foram pessoalmente defender o homem que já admitira ter mentido e conseguiram virar a causa. Em outras palavras: o difamado é que acabou condenado e teve de fugir para a Lombardia, a fim de não ser preso e, certamente, executado.

No fim do inverno de 1234/1235, os inquisidores promoveram uma operação mais ampla para dinamizar a caça aos heréticos. Anunciou-se uma "pregação geral", na realidade um apelo coletivo para que viessem todos confessar e abjurar suas possíveis simpatias heréticas e, principalmente, denunciar parentes, amigos, conhecidos e notadamente inimigos, fossem ou não heréticos. Concedia-se a todos um período de graça – de oito a quinze dias, informa Oldenbourg – durante o qual niguém seria preso ou exilado e nem teria seus bens confiscados. Decorrido o prazo, salve-se quem puder! "... Choviam penitências e condenações – informa Roquebert (p. 329) –, sem contar os recalcitrantes trazidos à força perante o tribunal". Nos últimos dias, a afluência foi tanta que se tornou necessária a colaboração dos franciscanos e dos curas regulares.

Entre os que não compareceram para depor no prazo devido, um artesão de nome Arnaud Domergue foi ameaçado de morte pelo magistrado (*viguier*). Para livrar-se das penas da lei canônica, ele denunciou sete *parfaits* de seu conhecimento, que foram logo capturados em Cassès, no Lauragais. Dias depois, o acusador foi assassinado enquanto dormia. Prenderam, ainda, em sua residência, um velho de nome Guillaume Delort, antigo cônsul. Alguns amigos o resgataram das mãos do *viguier* e o esconderam, mas ele foi condenado por contumácia.[64]

No início de 1235 recomeçou com nova ênfase a sinistra rotina de desenterrar cadáveres para serem queimados por heresia. Mas, a essa altura, a população enfurecida provocou agitações de rua e apelou ao conde. Que poderia ele fazer, no entanto, de mãos atadas pelos tratados que assinara e os juramentos que prestara? Limitou-se a demitir seu *viguier*, Durand de Saint-Bars, considerado complacente demais com as macabras atrocidades dos inquisidores.

Por essa mesma época, Guillaume Arnaud viajou para Carcassonne a fim de se ocupar pessoalmente de uma investigação (sinônimo mais palatável de inquisição) sobre a família Niort. De volta à sua base de operações, citou doze notáveis suspeitos (com razão!, diz Roquebert) de serem *croyants* cátaros. Em vez de se apresentarem ao sinistro tribunal, como de praxe, os acusados – apoiados pelo conde, alegavam – tomaram uma atitude inusitada e audaciosa, expedindo uma intimação aos inquisidores para que deixassem Toulouse ou encerrassem ali as atividades da Inquisição.

Como Arnaud decidiu insistir no desempenho de suas tarefas, delegadas, aliás, pelo papa, os cônsules determinaram que ele fosse preso e expulso da cidade. Arnaud refugiou-se em Carcassonne, sob a proteção do senecal do rei, e de lá escreveu ao prior Pons de Saint-Gilles e aos curas de Toulouse para que dessem continuidade, eles próprios, às perseguições. Os cônsules reagiram à altura, expulsando da cidade o prior e os curas, e ameaçando de morte a quem quer que expedisse citações contra cidadãos locais.

[64] Contumácia – recusa do criminoso em se apresentar à justiça.

Como diz Roquebert (p. 330), tratava-se dessa vez de "verdadeira declaração de guerra à Inquisição e aos seus auxiliares".

Por algum tempo se poderia pensar que a tenebrosa instituição estaria condenada ao fracasso. Ao som de trompa pelas ruas, as autoridades civis proibiram qualquer tipo de contato com os inquisidores e pregadores e, sobretudo, que nada lhes fosse vendido. A interdição atingia até o bispo Raymond de Fauga (Roquebert prefere a grafia *du* Fauga) e os cônegos da catedral. O bispo não andava bem de saúde, a residência episcopal foi invadida e pilhada, roubaram-lhe os cavalos e ele não tinha onde assar o seu pão. Viu-se obrigado a fugir da cidade.

A polícia montou guarda em torno dos presbíteros a fim de impedir que saíssem em busca de provisões. Uma turba mais agitada cercou, em seguida, o próprio convento dos pregadores. Quatro deles, contudo – entre os quais o nosso conhecido Pelhisson –, movidos pela coragem, inconscientes do perigo ou pelo gosto do martírio – resolveram desafiar a pequena multidão e saíram com o objetivo de entregar pessoalmente a domicílio as temíveis citações.

O povo os deixou passar sem problemas. Acontece que uma das citações era destinada a um velho senhor por nome Maurand, cujos dois filhos botaram os emissários para fora a pontapés e murros.

Esse era o clima na cidade, quando os cônsules resolveram determinar a expulsão de todos os pregadores. Pela manhã seguinte – 5 de novembro –, os padres celebraram a missa e se reuniram em torno da mesa para a refeição do dia. Quando chegou a patrulha, eles se levantaram e seguiram para a igreja, cantando o *Miserere*.

O comandante anunciou oficialmente a Pons de Saint-Gilles que tinha ordens para expulsá-los do convento e da cidade. Os religiosos se atiraram ao chão pelas galerias do claustro e dali foram carregados, um por um, agarrados pelos ombros e pelos pés.

Do lado de fora, foram colocados de pé e levados para o outro lado do rio, através da ponte. De lá, espalharam-se pela região, buscando abrigo nos vários conventos das redondezas.

Avisado sobre o grave incidente, Guillaume Arnaud, inquisidor de Carcassonne, expediu prontamente uma sentença de excomunhão contra os dez cônsules rebeldes, que, com razão ou sem ela, foram considerados fomentadores da heresia e responsáveis pelo golpe de força desferido contra os sagrados objetivos da Santa Inquisição. Aproveitou a oportunidade para excomungar também Raymond VII.

Todas as sentenças foram prontamente confirmadas pelo arcebispo de Narbonne e pelos bispos de Toulouse e Carcassonne.

Os franciscanos foram incumbidos de proclamar por toda a parte as medidas tomadas pela Inquisição e confirmadas pelas mais elevadas autoridades locais da Igreja.

A perseguição civil virou-se, contudo, contra os franciscanos, que foram molestados e acabaram igualmente expulsos da cidade. Enquanto isso, Pons de Saint-Gilles e Raymond de Fauga seguiram para Perúsia, a fim de se queixar ao papa.

"Gregório IX fulminou Raymond VII com uma carta exasperada e indignada", de 26 de abril de 1236. Além de permitir, tolerar ou até contribuir para aqueles distúrbios, ele não estava cumprindo os juramentos e compromissos assumidos quando da assinatura do Tratado de Paris, como, por exemplo, a sustentação da Universidade de Toulouse, e não fizera a prescrita peregrinação à Terra Santa.

Cópias de tais documentos foram despachadas para o rei, a quem o papa escreveu em 7 e 27 de maio, pedindo-lhe que enviasse seu irmão Alphonse para governar o condado de Toulouse na ausência de Raymond VII, intimado a embarcar imediatamente – mais precisamente, na Páscoa de 1237 – para a Palestina, a fim de cumprir sua penitência. Foi nessa ocasião que o papa concedeu a necessária dispensa para que Alphonse se casasse com Jeanne de Toulouse, filha do conde.

Em nova carta ao rei, o pontífice pedia a interferência do soberano francês, obrigando Raymond VII a cumprir as obrigações assumidas no sempre mencionado Tratado de Paris.

Em correspondência paralela ao legado, o papa ordenava que as pessoas condenadas a levar a cruz costurada às suas vestes também partissem para a Terra Santa, em companhia do conde. E mais: que as casas de Toulouse habitadas por heréticos fossem demolidas e que Raymond pagasse imediatamente dez mil marcos devidos à Igreja por prejuízos causados, acrescidos dos respectivos juros.

Em carta datada de 23, o papa determinava ainda que, se algum penitente morresse antes de partir para a Terra Santa, seus herdeiros deveriam entregar à Igreja o valor em dinheiro equivalente ao custo da viagem, sob pena de serem condenados como heréticos.

Há cerca de um ano, contudo, as relações entre Raymond VII e o papa eram as melhores possíveis ante as circunstâncias. Seria longo entrar no esmiuçamento dos detalhes. Por isso, depois daquela fase de bom enten-

Os Cátaros e a Heresia Católica 327

dimento, ao saber dos distúrbios que acabaram por expulsar os inquisidores, os pregadores e até o bispo de Toulouse, o papa deixava explodir o que lhe parecia ser sua justa indignação, acusando o conde de traição.

Ante a saraivada de severas admoestações despejadas sobre o conde, este deve ter repensado suas posturas, como depreende Roquebert. Seja como for, em julho de 1236, no regresso de uma viagem a Orange, Raymond VII passou por Carcassonne a fim de negociar com o legado e com Guillaume Arnaud a volta dos inquisidores e dos pregadores a Toulouse.

Temos neste ponto um 'buraco negro' na documentação histórica. Nada se sabe de tais negociações; sabe-se apenas do resultado que delas emergiu – os dominicanos retomaram a posse de seu convento em 4 de setembro.

Começava tudo de novo.

Mas a resistência à Inquisição e a seus métodos não ocorreram apenas em Toulouse, onde o conde, senão partidário assumido dos cátaros, pelo menos os tolerava ou os via com relativa indiferença. Mesmo nos territórios controlados pelo representantes do rei da França, encontraram os inquisidores "resistência surda – escreve Oldenbourg (p. 418) –, às vezes violenta, mas (a Inquisição) alcançava sucesso garantido pelo medo que inspirava". Logo no início, em 1233, os acontecimentos suscitaram até mártires, de vez que dois inquisidores designados para Cordes (no Tarn) foram assassinados durante um distúrbio de rua.

Daí em diante, os diligentes defensores da fé passaram a tomar certas precauções. Além de trabalharem sempre em grupo, faziam-se escoltar por guardas armados.

Roquebert explicita a composição do grupo que se instalou numa casa doada por Pierre Seila, futuro inquisidor, a são Domingos, seu amigo pessoal. A habitação passou a chamar-se *Maison de l'Inquisition* e era ocupada, como se lê à página 334 do livro de Roquebert, pelos inquisidores e sua *entourage*, composta de escribas, notários, amanuenses, contador (meu colega de profissão, salvo seja!), prático de farmácia, porteiro, cozinheiro, alguns empregados domésticos e, sem dúvida, uns tantos *sergents*, que hoje chamaríamos de seguranças.

Todas essas mordomias eram asseguradas, no caso de Toulouse, pelo conde, que, aliás, como beneficiário dos confiscos, obrigava-se a sustentar os temidos representantes do papa com dinheiro e provisões *in natura*.

O historiador informa, contudo – e com base nos registros deixados pelo meu colega contador –, que eram modestos os gastos com os inquisidores de Toulouse. Afinal de contas, comenta, tanto Guillaume Arnaud quanto Étienne de Saint-Thibéry vinham de ordens mendicantes.

Mesmo com todas essas garantias, no entanto, os inquisidores não viviam em plena tranquilidade e contavam, usualmente, com a hostilidade não só da população, mas até de alguns prelados católicos, que, obviamente, consideravam excessivo o zelo demonstrado pelos caçadores de hereges.

Narbonne, por exemplo, segundo informa Oldenbourg (p. 419), tida por cidade eminentemente católica e que escapara à fúria da Cruzada, recebeu os inquisidores com franca hostilidade e agitações de rua. Nessa rejeição estavam incluídos os dominicanos e o próprio arcebispo local. As manifestações adquiriram tonalidade política, de vez que os cônsules acusavam as autoridades religiosas – bispo e inquisidores – de interferir com as liberdades municipais, sobrepondo-se à autoridade civil.

No final de contas, no entanto, a resistência e as manifestações de hostilidade acabavam sempre resultando em agravamento da pressão e do terrorismo de parte dos inquisidores, fortalecidos e amparados pela autoridade do papa somada à do rei, sem contar a dos bispos e arcebispos e até dos nobres que optavam, por conveniência, pelo apoio à Igreja.

Oldenbourg entende mesmo (p. 422) que "não estava no poder e nem, talvez, nas intenções do papa refrear o zelo dos inquisidores. Como instrumento de terror, a Inquisição não podia renunciar à sua função primordial..."

Essa foi, como já tivemos oportunidade de observar, a atitude dos papas pelos séculos afora, proporcionando sempre consistente cobertura aos seus devotados agentes inquisitoriais. Seriam considerados, provavelmente, por alguns dos papas, um mal necessário para garantir a estabilidade dos interesses materiais, políticos (e espirituais?) da Igreja. Afinal de contas, alguém tinha de fazer o que se caracteriza em inglês de "*dirty work*" – o trabalho desagradável, para não traduzir ao pé da letra o termo *dirty* (sujo).

Precisamos, neste ponto, de um entendimento melhor sobre o procedimento da Inquisição no Languedoc e de suas repercussões no país. Estaremos recorrendo, para isso, aos textos de Zoé Oldenbourg, de Michel Roquebert e Anne Brenon, bem como aos de Jean Duvernoy, colhendo em cada um deles os aspectos que considerarmos de maior relevo para este livro.

Durante quase um século, os heréticos como que se habituaram a conviver com a repressão, de forma a manter seus adversários mais ou menos contidos, ou, no mínimo, menos eficazes na perseguição, mesmo porque a Igreja não adotava um plano sistemático, consistente e bem coordenado de combate à heresia. Cada autoridade civil ou religiosa – bispo, arcebispo ou pároco – tratava o assunto à sua própria maneira, com maior ou menor dose de tolerância ou agressividade, mantendo-se tanto quanto possível dentro (ou fora) das leis e costumes vigentes.

Depois de verificado, contudo, que a Cruzada não produzira o resultado para o qual foi teoricamente criada e acabou sendo, em realidade, uma guerra de conquista territorial, a Igreja decidiu que precisava tomar atitude mais enérgica e mais bem articulada, se que é pretendia erradicar a 'praga' da heresia que já ameaçava sua hegemonia na Europa Central.

Vimos, por outro lado, na manifestação de alguns historiadores, que, em vez de liquidar com o catarismo, o tumulto político, social e econômico produzido pela guerra parece ter contribuído para fortalecer ainda mais a heresia que, na primeira oportunidade, ressurgiu revigorada. Parecia uma árvore já adulta que, depois de podada, volta mais vigorosa do que nunca, disposta a retomar seu espaço e o tempo perdido.

A nova estratégia mudou o enfoque para o de uma repressão metódica, não mais deixada aos azares de posturas pessoais de cada autoridade e, além disso, confiada a uma estrutura orgânica devotada à tarefa de cuidar exclusivamente da extirpação da heresia por uma diferente estratégia.

Como assinala Oldenbourg (p. 422), "os novos procedimentos preconizados e encorajados pelo papa saíam da legalidade, ou do que até então comumente se considerava legal".

Em outras palavras: se a legalidade vigente até aquele ponto não estava produzindo os resultados esperados, então vamos sair dela ou criar uma legalidade paralela.

A mudança de atitude tinha seu lado dramático. Até então, adotara-se, bem ou mal, o código Justiniano, que assegurava, nos processos criminais, alguns direitos ao acusado.

Até então o acusador estava obrigado a oferecer ao juiz provas testemunhais do delito cometido ou evidência de estar baseado em notoriedade pública e manifesta do fato. Somente nesta hipótese poderia o juiz prosseguir no exame da causa sem necessidade de acusação ou denúncia formais, sustentadas por depoentes pessoais. Mesmo o delito notório, no entanto, precisava ser apoiado em testemunhos suficientemente convincentes e não de uma só pessoa.

A Inquisição vinha subverter o sistema.

Eram raros os casos de denúncia e, mais ainda, os de explícita acusação, como também os de notoriedade pública. Era preciso criar mecanismos mais flexíveis – para adotar uma expressão moderna – que permitissem aos tribunais inquisitoriais contornar as filigranas jurídicas e conservar, tanto quanto possível, as aparências de legalidade, ainda que fingidas.

Além do mais, como também assinala Oldenbourg, o país passara por sofrido período de guerra de opressão política e religiosa; propagara-se entre a população um "espírito de dissimulação coletiva", não por cinismo, mas como reação defensiva, um recurso de sobrevivência.

Já as novas 'leis' – se é que podemos honestamente assim considerá-las – continham dispositivos cínicos e arbitrários. Por exemplo: o testemunho prestado por heréticos era considerado legalmente válido quando acusava outros heréticos, mas sem qualquer valor legal quando favorável ao acusado. Eram considerados bons, contudo, os testemunhos de pessoas legalmente desclassificadas – ladrões, vigaristas, prostitutas etc. –, quando denunciavam ou acusavam heréticos.

Tornava-se inoperante a salvaguarda jurídica que permitia a rejeição de acusação formulada por "inimigos capitais", pela simples razão de que não era permitido ao acusado de heresia saber nem do que estava sendo acusado e nem quem o acusava.

Preservava-se – cinicamente, a meu ver – aos hereges o direito de recorrer ao trabalho profissional dos advogados para a sua defesa, mas, na prática, o sistema não funcionava, porque o advogado se tornava automaticamente suspeito de heresia ao defender um herético assumido ou simplesmente suspeito de heresia. Ademais, seus argumentos não podiam, legalmente (?), ser levados em conta e eles se expunham a graves inconvenientes se insistissem em cumprir o dever profissional de defender seus clientes. Poucos eram, portanto, raros até, os que demonstravam coragem suficiente para assumir tarefa tão ingrata, arriscada e perigosa quanto inútil.

A Zoé Oldenbourg parece que "a grande invenção da Inquisição dominicana" foi a prática de ouvir as testemunhas a portas fechadas. Essa foi, na opinião da historiadora (p. 424), "a causa dominante do terror inspirado pelos inquisidores e uma das grandes razões do sucesso final obtido por eles". Criava-se, com esse procedimento, um clima de desconfiança e suspeição até mesmo nas comunidades mais unidas. Como ninguém – a não ser os próprios inquisidores e assessores mais diretos – soubesse o que se passava lá dentro e o que diziam os depoentes, essa prática resultava em "poderoso fator de desagregação moral e acabava por impossibilitar uma resistência organizada".

Os Cátaros e a Heresia Católica ❖ 331

Quanto aos inquisidores, nada e a ninguém temiam. Estavam investidos de um poder inconstestável que se colocava acima das autoridades civis e religiosas de qualquer cidade ou região às quais chegassem, com toda a pompa e seu séquito de servidores. Impunham-se com sua "energia e uma arrogante segurança (Oldenbourg, p. 426), a uma população já habituada a ver na Igreja um terrível perigo".

Afinal de contas, fora a classe clerical que suscitara a Cruzada e, apesar de minoritários na sociedade, "tinham atrás de si (Oldenbourg) o formidável poder de uma Roma sempre pronta a causar ao país novas calamidades".

Uma vez instalados nas cidades – no palácio episcopal ou nos conventos (dominicanos, de preferência), os inquisidores passavam a ter em suas mãos, a seu único e inteiro arbítrio, a vida de todos os seus habitantes. Mesmo os suspeitos, condenados a 'moderadas' penas canônicas, tinham suas vidas desorganizadas pelas penitências reparadoras que lhes eram impostas. Ficavam obrigados a mandar costurar sobre as vestes a "cruz da heresia". Oldenbourg (p. 432) informa que esta foi inventada ou pelo menos aplicada pela primeira vez pelo próprio são Domingos. Tinham, ainda, de fazer uma peregrinação, usualmente à Terra Santa, deixando para trás famílias, encargos e interesses. E, finalmente, ficavam obrigados à prática de uma obra de caridade, sustentando um pobre, por exemplo, por algum tempo ou por toda a vida.

Por 'leves' que fossem, tais penitências aplicadas a grande número de pessoas pelas mais ínfimas suspeitas tornavam-se verdadeiro flagelo. A "cruz da heresia" – precursora da estrela de Davi, que Hitler imporia no século vinte aos judeus – a princípio não foi muito difundida e era até tolerada, mas tornar-se-ia mais frequente como marca infamante que identificava seus portadores como párias sociais, boicotados por seus concidadãos.

As peregrinações ofereciam a vantagem de se livrarem temporariamente – ou para sempre, se morressem na viagem – dos indesejáveis. Além da Terra Santa ou Constantinopla, havia outras cidades da preferência dos inquisidores: Puy, Saint-Gilles e, com maior frequencia, São Thiago de Compostela, Canterbury (na Inglaterra), Paris ou Roma, tivessem ou não os condenados recursos financeiros ou condições físicas para realizar tão longas e penosas excursões.

Despachando milhares de penitentes pela Europa afora, guardavam-se os inquisidores de represálias da parte de inimigos em potencial e, acima de tudo, livravam temporariamente a comunidade de suspeitos de heresia. Como se pode imaginar, eram muitos e graves os transtornos que esse tipo de penitência suscitava na vida das famílias afetadas e à própria economia do país, já bastante desarticulada pelos longos anos de guerra.

Além disso, a população ou, pelo menos, grande parte dela, vivia sob insuportável pressão, sistematicamente espionada, encurralada, atormentada e afligida por toda sorte de imposições de caráter vexatório. Ai de quem não comparecesse regularmente aos sacramentos, às missas, aos atos religiosos em geral! A delação tornara-se obrigatória e a punição ao faltoso, por mais ínfimo que fosse o deslize, ficava ao irrecorrível arbítrio do inquisidor.

A sinistra e obstinada rotina da caça aos hereges expandiu-se por toda parte. Ante a rejeição que estavam experimentando, Guillaume Arnaud e Étienne de Saint-Thibéry, inquisidores de Toulouse, resolveram aliviar por algum tempo a pressão. No outono de 1236, alugaram cavalos, contrataram o pessoal necessário para cuidar dos animais e partiram com toda a equipe, material de escritório e rolos de pergaminho para Lauragais.

Alojavam-se nos presbitérios, nos conventos, nas abadias e convocavam toda a população das vizinhanças para a "pregação geral". Consistia isto num sermão que conclamava os católicos a comparecerem para denunciar os heréticos locais e seus cúmplices. Todos deviam se confessar 'espontaneamente' dentro de um período de graça – fixado, como vimos, segundo as conveniências do calendário eclesiástico, usualmente uma semana –, ou para coincidir com a Páscoa, por exemplo, a fim de proporcionar maior destaque à tradicional comunhão pascal.

As audiências eram prontamente iniciadas sob o comando dos inquisidores, identificados formalmente como "juízes investidos pela autoridade da santa Sé a procederem à inquisição sobre a perversão herética". Os depoentes eram ouvidos e interrogados sob juramento, enquanto um escriba tomava notas na língua de cada um, a ser oportunamente traduzida em latim nos documentos oficiais.

Várias são as situações que poderiam ocorrer. Se o depoente nada tem a dizer ou se fala – ou, mais claramente – se denuncia alguém, e convence os juízes de que não tem qualquer envolvimento com a "perversão herética", é levado a jurar que se conservará fiel à fé católica e a abjurar, *antecipadamente*, a toda sorte de heresia.

Se a testemunha deixa perceber ou admite ter tido qualquer simpatia pela heresia, ou se acredita em qualquer de seus postulados, ou se tenha comportado como *croyant* cátaro, ou, ainda, se houver ajudado de alguma forma os *parfaits* e *parfaites*, o depoimento assume o valor de uma confissão. Fica, portanto, automaticamente obrigado à imediata e solene abjuração, seguida da penitência compatível, neste caso, leve, de vez que se encontra ainda no período de graça. Mesmo leve, contudo, a penitência pode incluir o uso da cruz infamante costurada às suas vestes e as peregrinações mais ou menos longas, conforme a gravidade da falta.

Recebe, ademais, uma "carta de penitência", documento que lhe serve de salvo-conduto perante as autoridades religiosas (católicas, naturalmente), mas que funciona ao mesmo tempo, e maliciosamente, como uma espécie de certificado de que continua católico, mas não deixa de carregar consigo suspeição de grave desvio doutrinário. Ou seja, é um católico duvidoso, marcado para o resto da vida pelo estigma da marginalização.

Tais 'privilégios' são concedidos apenas no período de graça aos que compareceram à primeira convocação. Decorrido o prazo, como assegura Roquebert (p. 336), a Inquisição muda o procedimento de passivo para ativo.

A essa altura, já dispõe de bom acervo de denúncias e a respectiva lista de nomes de suspeitos já em falta, por não haverem comparecido no primeiro momento.

Expede, portanto, as citações aos suspeitos para que se apresentam 'espontaneamente', ou os manda buscar *manu militari*, se recalcitrantes.

Nestes casos, são lidos ao faltoso os testemunhos que o incriminam, sem a menor identificação de quem o acusou. Se consegue justificar-se perante o tribunal – o que raramente acontecia –, está livre. Se os juízes 'acham' que ele é culpado, se ele admitir ou não a culpabilidade e se arrepender, recai numa das modalidades de tratamento anterior, mas com uma perigosa agravante: não está mais no período de graça, o que torna muito mais pesada a penitência, que pode chegar à temível prisão – o *mur* (do latim *murus*, termo que significa muro, parede), que, como as demais penas, tinha suas gradações: o *mur strict* – a pão e água e com os pés acorrentados –, ou o *mur large*, regime no qual o condenado podia comprar seus próprios alimentos, receber visitas e, eventualmente, até obter permissões para sair.

A prisão, que, em princípio, era perpétua, parece-nos, hoje, pesada pena coercitiva, mas, como esclarece Roquebert, era, no entender da Inquisição, penitência, não vingança.

Havia outras, como a do comparecimento ao tribunal, mas sem admitir ou reconhecer a culpa, e a contumácia (recusa do acusado em comparecer perante a justiça). No primeiro caso, os juízes tinham poderes para considerá-lo culpado à revelia e o acusado era enviado prontamente ao *cachot*⁶⁵ (masmorra). Esperava-se que, depois de passado algum tempo nessa terrível situação penal, o acusado se mostrasse mais disposto a "manifestar melhores sentimentos", ou seja, a responder às questões que lhe fossem formuladas, na mesma expectativa de sempre – a da auto-incriminação, que, por sua vez, acarretava as penas prescritas, desta vez penitenciais e não coercitivas. Como não coercitivas se a pessoa era obrigada a ir para a prisão? Muito difícil para a mentalidade moderna navegar pelas tortuosas sutilezas jurídicas inventadas pelos inquisidores...

Se a pessoa citada não comparecia – caso se ocultasse ou passasse à clandestinidade para devotar-se à resistência,⁶⁶ ou preferisse o exílio, era condenado *in absentia* como "herético, por sentença definitiva". Não se tratava, contudo, de sentença meramente formal, à espera de que, eventualmente, o condenado fosse encontrado e preso, mas de efeitos imediatos, como o confisco de seus bens. O produto da venda destes revertia em favor da autoridade que detivesse o domínio do local onde o condenado tinha seu domicílio – a comunidade, o senhor, o bispo, o senecal do rei etc.

Se o condenado fosse posteriormente capturado, as penas seriam as já previstas, no caso, a de prisão perpétua, sem qualquer atenuante ou indulgência.

Em todos esses procedimentos, o tribunal da Inquisição contava com os 'serviços' do famigerado braço secular, ou seja, os recursos policiais da autoridade civil para capturas, prisões, guarda, transferências de preso de um local para outro e a garantia da queima dos condenados. Em outras palavras, a autoridade assumia a responsabilidade de executar inapelavelmente o infeliz. Deixá-lo escapar seria impensável.

Esse procedimento, adverte Roquebert (p. 337), aplicava-se aos *croyants* e aos "cúmplices de heresia". Para os heréticos consumados – os *parfaits* e as *parfaites* – havia apenas três opções: 1) abjuração 'espontânea' – que poderia resultar em penalidade, ou melhor, penitência severa, mas também a possibilidade de acolhimento por uma ordem religiosa católica. Isto aconteceu em alguns casos, a Durand de Huesca, por exemplo, que

---

⁶⁵ *Cachot* – do verbo francês *cacher*, esconder, ocultar. Célula prisional baixa e escura, geralmente subterrânea, masmorra. Sinônimo de *geôle*, do latim *caveola*, diminutivo de *cavea*, cava, buraco, fosso. Algumas dessas verdadeiras tocas eram cavadas de tal maneira que o infeliz prisioneiro não podia ficar em pé, nem sentado ou deitado.

⁶⁶ Roquebert emprega aqui a palavra *maquis*, popularizada a partir da resistência clandestina francesa à ocupação nazista durante a guerra 1939-1945.

Os Cátaros e a Heresia Católica 335

chegou a destacada posição na hierarquia católica depois de ter sido um convicto valdense;⁶⁷ 2) captura seguida de confissão formal de reconhecimento de culpa e a respectiva contrição, caso que implicava penitência simples – não tão simples, aliás, porque podia ser a de prisão perpétua, e 3) o indivíduo que, depois de capturado, obstinava-se em permanecer no 'erro', recusando-se a abjurar, era condenado automaticamente como "herético impenitente" e encaminhado sumariamente ao braço secular, para as providências de sua alçada. Em outras palavras: a fogueira.

Como era de se esperar – e sobre isso adverte Roquebert – a tendência dos métodos inquisitoriais era a de endurecer, tornando-se cada vez mais cruéis, insensíveis e sofisticados.

As sinistras rotinas passariam logo a ser codificadas em manuais de procedimentos no melhor estilo das grandes empresas contemporâneas, sobre como fazer as coisas da melhor maneira possível. Encontramos na rica bibliografia de Roquebert (p. 502) o *Processus Inquisitionis*, atribuído a Bernard de Caux (1244), republicado por E. Vacandard, como apêndice ao livro *L'inquisition*, Paris, Bloud, 1907; bem como o de outro Bernard (Gui), *Practica Inquisitionis heretice pravitatis* (aprox. 1322-1325), reedição de C. Douais, Paris, 1886; edição e tradução da quinta parte por E. Mollat, Bernard Gui, *Manuel de l'Inquisiteur*, Paris, 1926, 2 volumes, reedição Les Belles Lettres, 1964. (Atenção 1: dois volumes! Atenção 2: Paradoxalmente, a editora chama-se Belles Lettres!)

O grande *best-seller* desse tenebroso gênero literário, contudo, seria o famigerado *Malleus Maleficarum* (*O malho dos bruxos* [ou feiticeiros]), de autoria de Jacob Spranger e Heinrich Kraner. A *editio princeps* saiu em Nurenberg, em 1494 e 1496. Pelo título já se vê que a mensagem fundamental do livro era a de 'malhar' os feiticeiros, ampla categoria que incluía heréticos, curandeiros, bruxos, feiticeiros, médiuns, inimigos, enfim da Igreja. Lê-se em *The history of witchcraft and demonology*, Montague Summers (Londres, Routledge & Kegan Paul, Londres e Boston, 1969), que entre as várias edições dessa obra já era conhecida uma em Colônia, 1489 e 1494, além de outras posteriores, em Frankfurt (1582) e duas em Lyon (1595), e outra mais alentada, na própria Lyon, em 1620.

Summers, eruditíssimo sacerdote católico especializado na temática, escreveu, também, *A história da feitiçaria* e *A geografia da feitiçaria* –, lançou

---

⁶⁷ Valdense – Membro da seita também chamada Pobres de Lião, fundada pelo mercador Pierre Valdo, por volta de 1170, na França, inspirada na pobreza evangélica e que repudiava a riqueza da Igreja Católica. (*Aurélio*, Dicionário.)

nova edição contemporânea do *Malleus Maleficarum*, em Londres, 1928, embalada em rasgados elogios aos autores e ao conteúdo do livro.[68]

Spranger (1436-1495) co-autor do *Malleus...*, foi inquisidor dominicano alemão, deão da Universidade de Colonia. Heinrich Kramer (1430-1505), também inquisidor dominicano alemão, ajudou a escrever o livro que Summers considera de indiscutível autoridade e E. R. Dalmor (*in Quien fue y quien es en ocultismo,* p. 434) caracteriza como "sinistro código de procedimento contra a feitiçaria".

No verbete sobre Kramer, Dalmor (p. 279) descreve o *Malleus...* como "código de procedimentos para ajuizar a feitiçaria, que mereceu aprovação das autoridades civis e eclesiásticas, tornando-se o ponto de partida da terrível perseguição que levou à fogueira mais de cem mil pessoas na Europa. Este livro – prossegue –, o mais sinistro e importante texto sobre a demonologia, foi traduzido para o inglês por Montague Summers (*Malleus...*, 1484, Londres, 1926)

Na verdade, a perseguição não começou com essa obra, lançada, como vimos, em 1484, dado que o livro de Bernard de Caux é de 1244, duzentos e quarenta anos antes, e o de Bernard Gui, de 1323/1325, cerca de cento e sessenta anos antes. É certo, porém, que o consagrado manual dos dominicanos alemães – elogiado até pelo papa – colocou a técnica da perseguição em níveis de eficácia que ainda não haviam sido alcançados.

De qualquer modo, como assinala Roquebert, a metodologia da opressão exercida pela Inquisição tinha mesmo de se aperfeiçoar com a prática de mais de um século. Era inevitável, por outro lado, que o modelo de sociedade opressora que então se criou teria, necessariamente, de suscitar na oprimida sociedade de então uma contrapartida de resistência, comparável à dos maquis franceses do século vinte. Tornou-se, no dizer do historiador francês, uma "queda de braço" (p. 338), que acabou resultando em "práticas de crescente violência", da parte dos que detinham o poder da repressão e do terrorismo.

Foi assim que se chegou à tortura, que, raramente empregada de início e "totalmente ilícita", seria legalizada pelo papa Inocêncio IV, em 1252.

---

[68] Por motivações que seria longo, ocioso e fora de contexto explicitar aqui, adquiri, certa vez, a edição do *Malleus...* publicada sob responsablidade de Montague Summers. Não há a menor dúvida de que o adjetivo escolhido por Dalmor (sinistro) está bem aplicado ao livro. A edição lida por mim foi a inglesa, mas vi em livrarias, uma edição em espanhol e, se não me falha a memória, há uma em português sob o título de *O martelo das feiticeiras*. Muito sucesso, portanto, até mesmo nos dias que correm, no início do século 21.

Os Cátaros e a Heresia Católica 337

Diga-se, a bem da verdade, que essa não foi uma invenção da Inquisição, e sim do direito comum. O procedimento só se tornaria mais frequente a partir da última década do século treze. Até então a prática não era sistemática e nem generalizada, mesmo porque alguns inquisidores mais atentos a certos aspectos, ainda com resíduos éticos na consciência, não confiavam nos depoimentos obtidos dessa forma.

Nesse ínterim, porém, "o jogo abominável da delação" (Roquebert, p. 338) era francamente estimulado e, em muitas circunstâncias, a única maneira de se conseguir absolvição de uma suspeita ou o abrandamento da pena no caso de acusação mais grave.

Mesmo aí, contudo, os depoentes recorriam a uma espécie de resistência passiva, denunciando crimes (de heresia, naturalmente) praticados por pessoas mortas ou que permaneciam no exílio voluntário em relativa segurança. Era muito longo, porém, o braço temível da Inquisição e ninguém estava livre de ser apanhado onde quer que estivesse.

No correr do tempo, o 'abominável' procedimento começou a esgotar-se em si mesmo por causa da obstinada resistência inspirada no espírito de solidariedade que prevalecia nas famílias e em outros grupos comunitários ligados por interesses comuns ou, simplesmente, por (perigosa) solidariedade.

Seja como for, a queda de braço continuaria até chegar-se ao ponto em que todo mundo desconfiava de todo mundo, tornando impraticável a resistência, no dizer de Roquebert.

Por outro lado, o volume de trabalho era tanto que se tornou necessário simplificar os procedimentos a fim de não engurgitar o processamento. Como seria de esperar-se, a simplificação para acelerar os trabalhos era, usualmente, conseguida à custa de ainda maiores irregularidades.

As normas prescreviam, por exemplo, que recorressem os juízes (os inquisidores) ao "conselho de numerosos bravos homens" (pessoas de valor), antes de formalizar as sentenças. Os inquisidores, porém, decidiam sozinhos, mesmo porque não citavam nenhum dos cavalheiros de elevada reputação e bom-senso que teriam sido consultados para aconselhamento. Não obstante, a frase formal figurava nos textos condenatórios como se a frouxa 'exigência' da lei houvesse sido cumprida.

Entre 1250 e 1255 – é ainda de Roquebert a informação –, adotou-se o procedimento de exigir das pessoas ainda não julgadas que se comprometessem formalmente e por antecipação a aceitar e cumprir a penitência que lhes fosse imposta pelo julgamento, qualquer que fosse ela. O que equivalia a uma confissão prévia de culpa ou pelo menos promessa formal de se arrepender de falta que ainda nem se definira, se é que falta havia.

Adotaram-se nos últimos anos da Inquisição contra os cátaros occitanos procedimentos ainda mais estranhos e até paradoxais.

Com Jacques Fournier, bispo de Pamiers, inquisidor entre 1318 e 1325, as técnicas de interrogação e documentação aproximaram-se da perfeição. Foi com base em seu caprichado e meticuloso dossiê que se tornou possível a Le Roy Ladurie escrever e publicar, em 1975, seiscentos e cinquenta anos depois, o primoroso estudo sobre as minúcias da vida cotidiana no obscuro povoado de Montaillou. (Ver *Montaillou, village occitan*, Gallimard, 1975, aliás já traduzida para o português.)

Fournier parecia mais interessado nas repercussões do fenômeno cátaro no limitado ideário das anônimas criaturas do esquecido burgo perdido nas montanhas e vales do Languedoc, do que em perseguir e mandar queimar heréticos remanescentes ou quem com eles houvesse mantido qualquer contato pessoal. Quase que se poderia dizer que foi mais um estudioso da sociologia local do que um inquisidor-padrão, daqueles que chegaram ao cúmulo de tentar eles próprios arrancar os mortos de suas covas para queimar-lhes o que restara de seus corpos físicos. Ele até permitia que os depoentes tivessem assistência jurídica de advogados.

A repressão, contudo, tornar-se-ia feroz sob o comando de pessoas como Bernard de Gui, Jean Duprat e Henri Chamayou, citados por Roquebert, tornando-se de uma severidade inominável quanto aos pobres *croyants* de reconhecida culpabilidade – a critério dos inquisidores, naturalmente – ou tidos como relapsos. Estes eram condenados, nos termos da repulsiva e odiosa expressão, como "o cão que retorna ao seu próprio vômito" e prontamente encaminhados ao não menos desalmado braço secular para serem queimados vivos.

Os primeiros mártires conhecidos da Inquisição languedociana – no dizer de Roquebert (p. 339) – foram, como vimos, dois *parfaits* de Albi. Os últimos seriam, em 1329, em Carcassonne, três *croyants* e uma *croyante*.

Mártires, aliás, não reconhecidos por ninguém, dado que, como ensina Anne Brenon, não temos – ou não chegaram até nós – textos escritos por eventuais cronistas cátaros. Só falam deles os que os odiaram e perseguiram. E a história dos cátaros, segundo vimos em Roquebert, é a história da perseguição que sofreram durante muitos anos até que os últimos deles fossem varridos da face da terra languedociana, na última fogueira de 1329, em Carcassonne, oitenta e cinco anos depois da queda de Montségur.

Há, contudo, heróis e mártires sacrificados – e posteriormente canonizados – no exercício da tarefa da opressão. Vimos, alhures, o caso de Pierre de Castelnau, monge cisterciense, arcediago de Maguelonne e, finalmente, legado papal, assassinado em 1208, segundo se propalou, por ordem de Raymond VI ou, pelo menos, com o seu beneplácito.

O mais rumoroso, porém, foi o massacre de Avignonet, em 28 de maio de 1242, de uma violência e barbarismo que marcaram o elevado índice do ódio aos procedimentos da Inquisição, que acabou suscitando um articulado movimento de resistência.

Tudo depende, em tais circunstâncias, como se sabe, do lado em que você se coloca para avaliar a questão.

Discorrendo sobre tais procedimentos, Brenon entende que a Inquisição estava apoiada "no sistema da delação" (p. 247). "Seu propósito – continua a historiadora – foi o de exterminar uma religião pela eliminação de seus pastores e pelo desmantelamento de seus núcleos de solidariedade."

Seria inadequado, na sua opinião, investir contra a Inquisição utilizando-se de processos que nela própria hoje condenamos com tanto horror, de desenterrar seus ossos para fazê-los arder nas fogueiras [mais vingativas do que purificadoras, diria eu]. Para Brenon, era assim que a instituição funcionava. "Ela foi – declara de modo contundente – o instrumento de defesa e contra-ataque ideológico de um poder religioso dominante e não uma máquina de matar."

Não estou muito certo de concordar com a autora neste último aspecto. Claro que temos de tentar ver as coisas do ponto de vista da Igreja também, se é que pretendemos chegar a uma visão balanceada da situação. A Igreja estava, de fato, na defensiva, assustada ante a ameaça que o catarismo representava à sua até então incontestada hegemonia. Parece-me, contudo, ler no texto de Brenon uma tendência a minimizar a opressão exercida pela Igreja sob a argumentação de que a Inquisição matou menos do que a Cruzada.[69] Isto é verdadeiro, no sentido de que a Cruzada foi

---

[69] Não é fácil encontrar nos textos consultados números confiáveis – e nem mesmo duvidosos. Somando, eu mesmo, os dados contidos na cronologia organizada por Zoé Oldenbourg (pp. 551-556), encontrei 1317 heréticos queimados na fogueira, entre 1002 e 1249. Nos primeiros duzentos anos, de 1002 a 1201, são 'apenas' 30, com a ressalva de que a autora não indica quantos foram executados pelo fogo, em 1114, em Soissons, dizendo que muitos (*plusiers*, número indefinido) foram arrancados à prisão e queimados pela multidão. As grandes fogueiras, no entanto, ocorreram de 1210 a 1249, num total superior a 1000, sendo, além de outras execuções menores, 140 heréticos em 1210, 400 em 1211, 210 em 1244 e 200/210, em 16 de março de 1244, na qual

uma guerra e, como vimos, uma ação militar de conquista, com objetivos políticos e religiosos.

Em algumas cidades, como Béziers, a matança foi realmente espantosa. A meu ver, a questão não pode ser reduzida a uma avaliação meramente quantitativa – quem matou mais e quem matou menos. A verdade verdadeira é que a Inquisição somente foi engendrada e posta em ação porque a guerra, mesmo com todos os seus horrores, revelou-se incapaz de alcançar o objetivo prioritário da Igreja, que foi, desde o início, o de arrancar pelas raízes a heresia cátara.

A Inquisição recorreu, para isso, a métodos qualitativamente mais eficazes do que a pura e simples matança coletiva dos combates, dos assédios, das invasões e assaltos de soldados dispostos a tudo para se apossarem das cidades, dos cidadãos e, principalmente, dos bens ali existentes, pouco ou nada interessados e até ignorantes dos objetivos supostamente religiosos da campanha.

O modelo inquisitorial foi explícitamente terrorista e conseguiu – com menos sangue derramado, se você quiser – o que anos de guerra não haviam conseguido. As tropas dos cruzados alcançaram êxito considerável na conquista territorial, nos seus propósitos políticos e expansionistas, mas a verdade é que a heresia continuou tão viva quanto antes e aparentemente mais fortalecida, como vimos, em decorrência das próprias agruras do sofrimento e da solidariedade testada nas aflições da clandestinidade.

Os métodos eram outros, não tão explicitamente empenhados na matança indiscriminada como a da campanha militar, porém mais sutil, sinuosa, artificiosa e tão fria e cruel como a violência praticada nos campos de batalha e no cerco e assalto às cidades, vilas, castelos e fortalezas.

Brenon mesma declara (p. 247) tratar-se de "repressão seletiva, terrorização generalizada, delação erigida em sistema pelo medo e pela cupidez..."

O fato de a gente se colocar hoje na óptica da Igreja, a fim de entender melhor e de modo balanceado o que se passou, nos suscita uma sensação ainda mais acentuada de horror. Em nada nos consola, nem se justifica

---

foram consumidos pelo fogo os que sobreviveram ao prolongado assédio a Montségur. O número parece inexpressivo, na fria leitura das estatísticas, mas a gente deve pensar que dois ou três já seriam demais. Afinal de contas, trata-se de uma pequena multidão de gente queimada viva porque não pensava exatamente como deveriam pensar segundo os padrões teológicos da Igreja. E as famílias que ficavam? E as vidas que se desarticulavam? E as dores, as mágoas, a revolta, a indignação que levavam para o outro lado da vida ou que deixavam atrás de si?

Os Cátaros e a Heresia Católica 341

aos nossos olhos a verificação de que a Inquisição matou menos do que a Cruzada.

A campanha militar guardava características, digamos, profissionais – eram soldados disputando contra soldados; na Inquisição eram religiosos, em quem é lícito presumir-se visão mais espiritualizada da vida, caçando religiosos tecnicamente da mesma denominação, porque havia entre as duas facções diferentes maneiras de interpretar e praticar os ensinamentos do Cristo.

A disputa não deveria ter sido, portanto, territorial, de poder terreno, mas uma busca de entendimento, de consenso ou, no mínimo, de convivência. Não uma surda e feia campanha de extermínio inspirada no ódio e fortalecida pelo fanatismo.

Claro que seria insensato estar aqui a desenterrar restos mortais para queimá-los, como adverte Brenon, mas temos o direito e o dever de buscar com o binóculo dos séculos tentar entender melhor o que se passou, para evitar, quem sabe, que coisas dessa ordem aconteçam de novo em algum incerto futuro.

O ideal seria que as antigas religiões dogmáticas, cristalizadas irremedivelmente em suas obsoletas estruturas teológicas e em suas práticas e seus rituais sem sentido, cedessem espaço às novas propostas religiosas, não por, simples e exclusivamente, serem novas, mas por serem mais inteligentes e compatíveis com os tempos e o conhecimento atualizado.

Ou, simplesmente, deixassem que as coisas acontecessem. O judaísmo não teve necessariamente que extinguir-se somente porque o cristianismo trazia uma visão renovadora à abordagem aos enigmas da vida, do cosmos, de Deus e do relacionamento entre os seres humanos.

Falei em ideal e o reitero. O ideal é sonho que precisa ser sonhado para que um dia possa acontecer. Este, reconheço, é sonho para séculos, talvez milênios de maturação, mas, como plantas, precisam ser semeados, germinados, protegidos, nutridos para que um dia se tornem a realidade da flor, do fruto, da sombra amiga que se abre espontânea no abrigo, independente das crenças ou descrenças de quem a procure no momento da necessidade. Não há razão que justifique eliminar o próximo apenas porque pensa diferente daquilo que pensam os donos eventuais do poder de oprimir.

A Inquisição pode não ter sido a máquina de matar a que se refere Brenon. Ou seja, seu objetivo pode não ter sido prioritariamente o de matar, e sim o de convencer àquele que lhe parecia equivocado a retornar ao redil. Muitos católicos, inquisidores ou não, podem ter sido sinceros nessa premissa salvacionista, mas é difícil convencer alguém, especialmente o que morre por não crer exatamente como os donos da verdade única, de que a intenção do que condena à fogueira tenha sido a melhor possível. É estreita a faixa – se é que existe – entre o devotamento à causa e o fanatismo, ou à cupidez, como lembra Brenon.

Enfim, a Inquisição, por mais que nos esforcemos por entendê-la hoje, mergulhando tanto quanto possível no contexto em que ela surgiu e prosperou, foi um tremendo equívoco, para dizer o mínimo.

Esta visão não tem de ser, necessariamente, condenatória, no confronto de ódio contra ódio, de paixão contra paixão, mas é infelizmente uma dolorosa realidade que marcou, com o signo da intolerância, largo e aflitivo período da história. O calcinado cenário resgatado hoje pelo testemunho da documentação sobrevivente mostra para aqueles que trabalham nas sessões mediúnicas o rescaldo ainda fumegante, por tantos seres nos quais ainda repercutem angústias, remorsos e ódios não resolvidos.

Sofrem, ainda, tais desconfortos os que impuseram tal regime de opressão e terror a toda uma população que somente queria viver em paz na comunidade em que se inseriam.

Abandonados aos seus supostos 'erros' de doutrina e prática religiosa e à 'depravação herética', cátaros e católicos conviviam bem no Languedoc. Os diferentes estratos sociais – desde as mais elevadas esferas da nobreza até às mais humildes camadas dos artesãos e trabalhadores rurais – tinham parentes e amigos no outro lado da imaginária linha demarcatória que teoricamente separava católicos e cátaros.

Vimos exemplos eloquentes nos quais os próprios católicos se rebelavam contra a arbitrária severidade da perseguição. Membros destacados da Igreja dominante não hesitaram em se pronunciar contra o despotismo de seus próprios companheiros de hierarquia.

Bom exemplo disso encontramos em Bernardo de Clairvaux, meio século antes de se decidir a Igreja pela campanha militar. O futuro santo pronunciou-se com veemência contra a heresia, no contexto de suas convicções doutrinárias. Estava convencido da *sua* verdade pessoal, mas, por outro lado, declarou com igual veemência seu repúdio à opressão. A fé, a seu ver, deveria ser objeto de persuasão e não de imposição. Na sua breve convivência com os cátaros, em 1145, não viu neles senão a inteireza da doutrina cristã, a inocente pureza de seus colóquios e harmonia de seus atos com aquilo que pregavam.

Os Cátaros e a Heresia Católica ✣ 343

O grande problema que suscitou o desatino da Cruzada residiu no fato de que os nobres não viam razão alguma para colaborar com a Igreja – à qual teoricamente deviam obediência e estavam obrigados a proteger – na perseguição e eliminação de um novo modelo religioso que seduziu gente de todos os níveis sociais, econômicos e culturais, seus parentes mais chegados, inclusive. Como iria o titular de um condado mandar prender e queimar seus próprios irmãos e irmãs, filhos e sobrinhos, sua mãe ou tia?

Os cátaros – informa Brenon (p. 189) – estavam por toda parte. E eram aceitos, estimados, respeitados e até venerados de cima abaixo, na escala social. Os *parfaits* e as *parfaites* pertenciam muitas vezes, às mais distintas famílias. Eram tidos por verdadeiros cristãos (Brenon) e há muito se aprendera a confiar neles e nas suas pregações, sempre calcadas nos exemplos de sua prática irrepreensível, de suas renúncias e apoiadas no conhecimento preciso dos ensinamentos do Cristo.

Brenon declara que a geração de Guillhabert de Castres, das grandes damas da família de Fanjeaux, de Garsende du Mas, já nasceu em berço cátaro.

A lendária Esclarmonde de Foix, irmã do conde Raymond-Roger, esposa de Jourdain de l'Isle, foi uma *parfaite*. Outra Esclarmonde (de Niort), mãe de Bernard-Othon, de Guiraud e Guillaume de Niort, também *parfaite*. Um terceira Esclarmonde, filha de Raymond Pereille, morreu queimada na grande fogueira humana na qual terminou a odisseia dos heroicos defensores de Montségur, aliás de propriedade da família. Era também uma cátara participante e de família nobre, Fabrissa de Mazerolles, tia de Pierre de Mazerolles, cujos nomes aparecem na aventura espiritual vivida pelo dr. Arthur Guirdham, na Inglaterra do século vinte. "Se acontecer alguma coisa comigo – dizia Roger-Isarn à sua Puerília – procure Fabrissa imediatamente."

As palavras, as dores, as angústias e os episódios vividos pelo grupo que girava em torno do dr. Guidham ainda repercutiam em suas memórias e em suas emoções setecentos anos depois, em pleno século vinte.

Pierre de Mazerolles, personagem central dos pesadelos do dr. Guirdham e da sra. Smith, foi sobrinho de Fabrissa e orgulhava-se de haver participado ativamente do massacre de inquisidores em Avignonet. Roger-Isarn – reencarnado no dr. Arthur Guirdham – e outros de seu grupo, eram ligados à família Laurac, aos Tonneins e aos Fanjeaux.

O catarismo lançara, portanto, sólidas e profundas raízes na sociedade occitana, mas não apenas entre os nobres. Havia *parfaits* e *parfaites* emergidos das classes mais modestas e era grande o número dos simples *croyants* que os admiravam e conviviam com eles sem conflitos ou atritos, ainda que, muitos deles, conservando um pé dentro da Igreja católica dominante.

A Igreja insistiu, contudo, em forçar os nobres a participarem do lamentável projeto de acabar com a heresia pela eliminação dos seus praticantes. Convencida tardiamente de que o plano fracassara, viu-se obrigada a elaborar um mecanismo mais eficaz, identificado, de início, com o rótulo algo inocente de Inquisição (de *inquisitio*, latim, para indagação, investigação, averiguação, sindicância, pesquisa).

Mesmo depois de instaurado, o procedimento continuou a contar com a força civil e policial do braço secular, ou seja, com a colaboração dos donos do poder civil. A essa altura, porém, restavam poucos dos antigos senhores simpatizantes, amigos e até aparentados com os praticantes do catarismo. Eles haviam sido substituídos por novos titulares – os franceses invasores –, interessados em consolidar seus recém-adquiridos territórios e os poderes consequentes, como líderes das tropas de ocupação.

Raymond VII, conde de Toulouse, o conde de Foix e uns poucos outros mantiveram-se por algum tempo em precárias condições como titulares de seus antigos domínios, mas sob a vigilante pressão da Igreja. A santa Sé, com olheiros por toda parte, dispostos a fiscalizar, denunciar e ministrar as punições aos indisciplinados, lançava mão de todo o seu perverso arsenal de medidas opressivas – excomunhão, interdição, humilhação e flagelação públicas, tributos, multas, enfim, tudo quanto fosse necessário e indicado pelas circunstâncias. Raymond VI, por exemplo, não pôde ser enterrado em cemitério consagrado por ter morrido – de doença, não em combate – depois de haver sido excomungado, aliás, duas vezes.

Seu filho, Raymond VII, pleiteou em vão, durante anos, a dispensa da santa Sé para enterrar condignamente os restos mortais de seu pai, que pertencera às mais destacadas famílias da Europa. Era sobrinho de Luís VII da França e cunhado de Ricardo I, da Inglaterra e, posteriormente, por um segundo matrimônio, cunhado de Pedro II, de Aragão.

Na verdade, o controle da Igreja sobre as classes dirigentes era ainda mais severo do que sobre as populações em geral. Discorrendo sobre a complexa matriz genealógica das grandes casas dinásticas da Europa, Zoé Oldenbourg (p. 467) escreve que para qualquer casamento, a não ser com uma princesa dinamarquesa, os nobres europeus necessitavam de dispensa formal do papa, de vez que eram todos ligados entre si por laços de parentesco e a Igreja não permitia, em princípio, matrimônios consanguíneos.

Ao caracterizar-se, afinal, como guerra de conquista política, a Cruzada contra os cátaros, portanto, fracassou do ponto de vista da Igreja quanto ao objetivo de extirpar os hereges do Languedoc, mas, pelo menos, contribuiu para substituir os titulares dos antigos condados por senhores mais inclinados a colaborar com a Inquisição, uma vez que não tinham compromissos de simpatia com a heresia, nem laços de amizade ou parentesco com seus assumidos praticantes.

Ainda na vigência do antigo regime em que o Languedoc era administrado pelas própras famílias locais e mesmo mais tarde, já parcial ou quase totalmente submetido à dominação francesa – considerada estrangeira –, a Igreja dominante, muitos de seus membros e, mais tarde, os inquisidores foram abertamente hostilizados, como temos visto.

Em casos mais rumorosos, foram expulsos das cidades e até assassinados, como Pierre Castelnau, em 15 de janeiro de 1208, antes do início da Cruzada, em 1209. A reação da Igreja deu bem a medida do impacto que lhe causou o episódio, de vez que canonizou Castelnau em menos de dois meses, a 10 de março.

O massacre de Avignonet, em 28 de maio de 1242, teve características mais políticas do que religiosas, e foi de violência e crueldade chocantes, mesmo para uma época em que episódios desses costumavam ocorrer.

Como estamos lembrados, no final do ano de 1236, Guillaume Arnaud e Étienne de Saint-Thibéry, inquisidores designados para Toulouse, deixaram a cidade onde a presença deles se tornara odiosa e partiram para tarefas inquisitoriais, digamos, itinerantes, percorrendo o Lauragais: Puylaurens, Avignonet, Laurac, Fanjeaux, Castelnaudary e outros locais.

Por toda parte, as condenações de vivos e mortos.

Estavam nessa tarefa, quando o conde de Toulouse, contando com um momento político internacional que lhe oferecia alguma expectativa de sucesso, tentou obter do papa a dispensa de sua peregrinação à Terra Santa, bem como a destituição de Guillaume Arnaud e Étienne de Saint-Thibéry dos cargos de inquisidores.

Quanto à primeira solicitação, o papa deferiu-a parcialmente, em carta de 9 de fevereiro de 1237, transferindo a partida do conde em peregrinação para o dia de são João Batista (24 de junho); quanto à remoção dos dois inquisidores, o assunto era mais delicado – ou, "menos simples", como está em Roquebert.

Não seria possível – alegou Gregório IX – exonerar os dois, de uma penada, sem "grande escândalo" para a Igreja. Concordou, no entanto, em expedir instruções a Jean Bernin, seu legado, recomendando-lhe que examinasse cuidadosamente as queixas veiculadas pelo conde contra eles, prometendo a este, substituí-los, se fosse o caso.

Como sempre, uma resposta tipicamente protelatória e política. Sem deixar de atender o pleito do conde, acabava por não garantir nada, mesmo porque, como temos visto, a Igreja encontrava sempre uma fórmula engenhosa para dar toda cobertura possível aos seus bem sucedidos inquisidores.

Para encurtar a história: Arnaud e Saint-Thibéry continuaram sendo inquisidores.

Roquebert acha até que o papa teria subestimado a capacidade do jovem conde de Toulouse, Raymond VII, nas suas inteligentes manobras e negociações, pois foi a partir desse breve momento político favorável que se desencadeou a vitoriosa campanha militar que em pouco tempo reconquistou boa parte do território perdido para os franceses.

A vitória, porém, foi tão surpreendente quanto breve, e disso já falamos alhures, neste livro. De qualquer modo, em 1242, os dois bravos inquisidores continuavam, de cidade em cidade, no desempenho de suas tarefas pela região. Ademais, Gregório IX morreu, já bastante idoso, em agosto de 1241 (como "criador da Inquisição dominicana", segundo Oldenbourg, p. 583). Celestino IV foi eleito em novembro, mas reinou – o termo me parece altamente inapropriado – durante apenas duas semanas. Inocêncio IV, seu sucessor, somente seria eleito dezoito meses mais tarde. Durante vinte e um meses, portanto, as tarefas da Inquisição ficaram, mais do que nunca, ao inteiro critério dos seus titulares.

Em outubro, Arnaud e seu companheiro condenaram "como heréticos, por sentença definitiva" vários rebeldes contumazes, entre os quais, três cavalheiros *faidits*[70] de Laurac refugiados em Montségur.

Depois de repetidas e indignadas reações da parte do povo ante suas arbitrariedades, a Inquisição sofrera pequenos reveses, como o de Toulouse, de onde haviam sido expulsos seus agentes. O povo chegou a nutrir, a certa altura, a ilusão de que estariam encerradas para sempre as detestadas "pregações gerais", as citações, os interrogatórios, juramentos e tudo o mais. A paciência da comunidade bordejava pelos extremos limites. O baixo clero dos vilarejos começava a sentir o peso da reação, sempre que assumia atitudes semelhantes às dos inquisidores no seu afã de exterminar a heresia.

---

[70] Eram chamados *faidits* os nobres despojados de suas propriedades e títulos.

Nas proximidades de Caraman, o magistrado de Verdun e o cobrador dos dízimos armaram uma emboscada de dez homens para apanhar o cura de Vitrac e seu ajudante. O padre conseguiu escapar, mas o auxiliar foi agarrado, morto e jogado num poço.

Os dois inquisidores continuaram bravamente no desempenho de suas tarefas. Estiveram em Auriac, Saint-Félix, Labécède, Castelnaudary, Laurac, Fanjeaux. Em meados de maio foram para Sorèze e, em seguida, para Avignonet, nos confins do domínio do conde de Toulouse, e que passava por ser um "ninho de heréticos".

O momento exigia considerável dose de coragem da parte dos denodados inquisidores, de vez que o conde de Toulouse, em temerário gesto de desesperada coragem, resolvera declarar guerra ao próprio rei da França, com o objetivo de restabelecer a autonomia de seus domínios.

Não era somente o povo simples das vilas e dos campos que se cansara da opressão. Mais do que eles, os nobres estavam decididos a tomar posição mais agressiva.

Nas vizinhanças de Avignonet, Pierre-Roger de Mirepoix em pessoa, acompanhado de cinquenta cavalheiros e soldados "armados até os dentes" – diz Roquebert (p. 353) – encontraram os inquisidores e seus acompanhantes. O grupo vinha diretamente de Montségur, que se tornara há poucos meses *domicilium et caput* (sede e cabeça) da proibida Igreja dos cátaros, na clandestinidade desde 1229 e que assim permaneceria até 16 de março de 1244, dia da grande fogueira.

Guillaume Arnaud, Étiene de Saint-Thibéry e sua equipe – eram dez, ao todo – haviam chegado a Avignonet em meados de maio, vindos de Sorèze. Foram recebidos pelo prior local e se instalaram no castelo do conde de Toulouse.

Diferentemente de Roquebert, que presta esta informação, Oldenbourg (p. 472) diz que os inquisidores foram recebidos por Raymond d'Alfaro, procurador do conde de Toulouse. Isso explicaria melhor por que os recém-chegados foram instalados na propriedade do conde e não em algum imóvel da Igreja, como provavelmente faria o prior local.

Esta versão ainda se consolida melhor quando se sabe que Alfaro mandou prontamente avisar o pessoal de Montségur que os inquisidores já se encontravam em Avignonet. A conspiração estava em marcha.

À noitinha do dia 28 de maio, véspera da Ascensão, os inquisidores e sua equipe sentaram-se à mesa para a última refeição do dia. Nem suspeitavam que seria também a última de suas vidas. Sentiam-se seguros, ainda que, provavelmente, um tanto apreensivos ante a possibilidade de qualquer movimento de hostilidade. Um grupo de trinta homens mantinha-se em guarda, lá fora.[71] Já estava tudo devidamente combinado.

O grupo de Montségur chegou após esbaforida cavalgada. Oldenbourg esclarece que a distância entre Montségur e Avignonet é de sessenta quilômetros *"à vol d'oiseau"* – ou seja, em linha reta – e cem quilômetros pelos caminhos da época. Fizeram uma parada em Gaja, onde foram recebidos na residência de Bernard de Saint-Matin. Juntou-se a eles, nesse local, um grupo armado comandado por Pierre de Mazerolles e Jordan du Vilar. Em Mas Saintes Puelles, outro cavalheiro, Jordan du Mas, no comando de um pequeno grupo, também foi acrescido ao que Roquebert chama de "comando", que é um pequeno grupo de militares para operações rápidas em território inimigo (*Aurélio*).

Quando da primeira abordagem ao local onde estavam hospedados os inquisidores, o "comando" avisou que eles estavam ainda fazendo a refeição da noite. Voltaram mais tarde e ficaram sabendo que os inquisidores e seus homens já se haviam recolhido ao dormitório.

Daí em diante, desencadeou-se a operação de crueldade e violência sem limites. Os assaltantes estavam munidos de machadinhas, com as quais arrombaram a porta.

"Os onze homens – escreve Roquebert (p. 367) – mal tiveram tempo de acordar e já estavam sendo massacrados, com uma selvageria que se pode imaginar."

Além dos dois inquisidores, estavam presentes dois dominicanos, um franciscano, o arcediago de Lézat e seu auxiliar, um notário, dois bedéis e o prior de Avignonet.

Deve ter sido uma cena espantosa. Não só acabaram com os homens a machadadas, mas apanharam tudo quanto pudessem levar como troféu para assinalar aquela noitada que consideravam memorável, inclusive, naturalmente, os textos das atas incriminadoras. Um horror!

Cúmplices e apoiadores dessa inominável barbaridade esperavam os executores da matança lá embaixo, com tochas acesas nas mãos. Saíram

---

[71] Aprendi, neste ponto, mais uma curiosa expressão da língua francesa. Roquebert diz (p. 367) que o pessoal empregado na segurança, como se diria hoje, estava no *"qui vive"*. O *Larousse* ensina que a expressão se deve ao grito de uma sentinela, quando se aproxima qualquer pessoa (ser vivo) para obrigá-la a se identificar. É portanto, interrogativa: *Qui vive?* Ou seja, quem se aproxima? Ou melhor: que ser vivo está aí? Diga quem é. Estar no *"Qui vive"*, portanto, era estar em estado de alerta.

todos dali e foram, sem a menor dificuldade, encontrar-se com Pierre--Roger de Mirepoix, em Antioche, lugarejo – ou algum castelo? – que não consigo localizar nos mapas e nem nas enciclopédias ou dicionários consultados.

Sete homens – historia Oldenbourg (p. 475) – se vangloriavam de haver desferido os golpes mortais que acabaram com os dois inquisidores, entre eles, Pierre de Mazerolles, exatamente como o veria a sra. Smith, sete séculos após, nos seus pesadelos.

É ainda Oldenbourg que acrescenta o relato de um medonho detalhe. Pierre-Roger repreendeu em altas vozes um desses homens por nome Acermat, chamando-o de traidor e cobrando-lhe a falha de não lhe ter trazido o crânio de Guilaume Arnaud, como lhe ordenara. Queria conservar o sinistro objeto como taça para tomar usualmente seu vinho. Acermat desculpou-se, dizendo que o crânio ficara espatifado em vários pedaços. "E por que você não me trouxe os cacos? – repreendeu ainda, Pierre-Roger. Mandaria costurá-los com fios de ouro e assim teria sua taça pelo resto da vida.

Não é, pois, de se admirar que aqueles antigos e exacerbados ódios tenham permanecido durante tantos séculos na memória de tanta gente infeliz. Pois se foram infelizes os perseguidos e sofridos cátaros e seus aliados, estariam livres do infortúnio e dos gemidos da consciência aqueles que lhes infligiram as dores? Se a vida fosse apenas um sopro que a morte apaga, tudo isso estaria consumado no silêncio dos túmulos.

Foi imensa – assegura Roquebert (p. 368) – a repercussão do massacre de Avignonet, meticulosamente planejado e executado. Considerados mártires, os mortos tiveram funerais condignos, em Toulouse. Por outro lado, uma sensação de alívio percorreu toda a região infelicitada por tantos anos de angústia e sofrimento. "Estamos livres! – gritava-se em Mas-Sainte-Puelles. Explosões semelhantes de alegria – nem sempre em termos publicáveis – ocorreram além do Lauragais, em Castelsarrasin. Alguém reconheceria, mais tarde, acreditar-se que todo o país estaria para sempre livre da opressão e dos conflitos.

Não foi o que aconteceu, como sabemos, ainda que, naquele momento histórico, o conde de Toulouse estivesse tomando a iniciativa da reconquista.

Obteve inesperados êxitos, termporários, contudo. Seu destino e o do Languedoc inteiro pareciam decididos e selados nos arcanos do futuro próximo a se abrirem no tempo devido.

Quanto ao pavoroso massacre de Avignonet, fico, com algumas ressalvas, com Zoé Oldenbourg. Não foi, para ela (pp. 475-476), vitória militar, nem ato de heroísmo. A considerar os fatos em toda a sua crua nudez, "foi uma história sórdida. Menos sórdida – acha ela –, levando-se tudo em conta, do que as fogueiras acendidas em nome do Cristo..."

Não sei bem como distinguir o sórdido do menos sórdido. Para mim, é tudo sordidez.

Ao contrário de Roquebert, Oldenbourg afirma que Guillaume Arnaud não foi considerado mártir pela Igreja e que, a despeito do "triunfo definitivo" da Inquisição, os responsáveis pelo abominável massacre ficaram impunes.

Se é que posso botar reparos nessas avaliações, aqui os tenho, ainda que coloridos, *"comme il faut"*, com as tonalidades de minhas convicções.

O imenso território das letras – as históricas, inclusive e principalmente – é regido por leis inescritas, mas democráticas, que garantem o direito à liberdade de opinião – o que, aliás, faltou naqueles ásperos tempos. Os fatos, não, porque obedecem aos dispositivos da realidade que os criou. Não se pode mudá-los para se ajustarem às nossas idiossincrasias e fantasias.

A autora se mostra severa, mas nos passa uma impressão de sinceridade na sua avaliação. Trata-se, contudo, de visão limitada e limitadora a sua, no sentido de que se projeta na moldura de uma só existência de cada ser em toda a eternidade passada e mais a futura, se é que eternidade pode ser desdobrada para submeter-se ao nosso conceito de tempo.

A vida vai e volta, em número incontável de ciclos, na carne e fora dela, em outras dimensões ainda pouco exploradas pela tateante mentalidade humana. Muitos, senão todos os nossos conflitos pessoais e, por extensão, sociais, políticos, econômicos e culturais, resultam dessa visão paroquial da vida. Ela é mutíssimo mais ampla, solta, sem os limites e as demarcações que ainda tentamos impor-lhe no inútil afã de controlá-la.

O 'triunfo' da Inquisição não foi definitivo e nem poderia tê-lo sido; foi momentâneo, fugaz e não acho que deva ser considerada triunfante uma instituição que produziu tantas angústias teoricamente em nome do Cristo e por amor aos seus ensinamentos. Se duas pessoas – ou duas correntes ideológicas – discordam na maneira de interpretar um fenômeno como o do cristianismo, não é melhor sentarem-se para debater fraternalmente o assunto do que tentarem eliminar-se mutuamente?

Não há triunfo a comemorar-se quando nos matamos uns aos outros, porque nossas as ideias entram em passageira dissonância; triunfo existe, digno de toda a alegria da comemoração, quando chegamos a um consenso, a uma concordância, ou, pelo menos, a um acordo de convivência. Não concordo com você, mas continuamos irmãos e irmãs. Até mais ver! Um dia nos reencontraremos alhures, no tempo e em algum espaço, e talvez, então, estejamos preparados para 'acordar' para certas realidades ignoradas e concordar.

Dentro dessa mesma óptica, não há impunidades para nossos erros ou equívocos. Não que a lei cósmica seja punitiva, mas para ser educativa, como é, ela nos concede o tempo necessário e os meios, os recursos para o ajuste, a correção de rumos, a reavaliação, a retomada, o retorno ao ponto em que falhamos, não para desfazer, mas para refazer. E aquele tempo necessário não cabe no espaço de uma só existência e nem no despacho definitivo da alma (sabem que ela existe mesmo? E que é imortal?) para o fantasioso território do inferno.

Embora você, leitor/leitora, possa dizer-me que isto é outra história e eu lhe esteja impingindo pregação barata, pleiteio a oportunidade de dizer-lhe que pregação é mesmo – não diria barata –, mas a história não é outra, não. É a mesma de que estamos aqui a tratar. Ou seja, que coisa é a vida? Por que disputamos de punhal, machadinha, espada, revólver, metralhadora ou bomba nuclear na mão, aquilo que poderia ser conversado em torno de uma lareira no inverno, ou à sombra de uma árvore amiga, no verão?

E se você discorda de mim ou eu de você e se não podemos ainda chegar a um entendimento conclusivo, tudo bem. Qual o problema? Temos, necessariamente, de pensar todos exatamente da mesma maneira? Mandando os discordantes para a fogueira, resolvemos nossas divergências? Tomando vinho no crânio de inventados inimigos estaremos comemorando o quê? Nossa vitória ou nosso fracasso em chegar ao entendimento?

Se a mensagem do Cristo foi a mesma de sempre aos católicos e aos cátaros, como seria, posteriormente aos protestantes, e, afinal de contas, a toda a humanidade – Amai-vos uns aos outros – que loucura é essa de sacarmos, de parte a parte, os punhais para decidir quem tem razão, quando estamos ambos sem razão?

10 – Montségur e o que Restou dos Sonhos

Estabelecido, ainda que precariamente e por consolidar-se, o domínio dos franceses no Languedoc, a Igreja cátara partiu para a clandestinidade, como vimos. Era como o lavrador assustado pela adversidade das condições climáticas que se empenha em preservar preciosas sementes para, no momento propício, iniciar a semeadura, ainda que, nesse ínterim, passe fome, privações e angústias.

Por isso, diz Duvernoy (p. 256) ela "se esconde e procura para salvar-se os ninhos de águia dos Pireneus, a Espanha e a Lombardia". Repete o cristianismo primitivo que, ante a obstinada perseguição romana, refugiara-se onde fosse possível aos seus pregadores e seguidores manterem acesa a chama da esperança em melhores dias.

É impressionante a simetria. Vivem todos – ou melhor, sobrevivem – precariamente, sem saber se daqui a pouco, no entardecer deste dia ou na madrugada de amanhã, serão descobertos e aprisionados para o sacrifício maior. Em Roma, esperam-nos os leões famintos do grande circo montado para que o povão não perdesse o espetáculo de assistir a eles devorando aquela gente teimosa e incompreensível que morria orando e cantando por uma fé nova. Escondiam-se pelos bosques, nas cavernas, nas catacumbas, nos lugares ermos e despovoados, onde fossem menores os riscos. Não temiam a morte de si mesmos, mas que a mensagem do Cristo ficasse sem voz.

No Languedoc, esperam-nos as fogueiras.

Já por esse tempo, Montségur abriga a hierarquia cátara toulousiana. Integravam esse grupo o *parfait* Gaucelm e seu "filho maior", Guilhabert de Castres, e outros *parfaits* e *parfaites* da nobreza de Fanjeaux.

A lendária montanha passou a ser a referência para aqueles que viviam por ali, à sua volta, lá embaixo, expostos à fogueira e à forca ou, no mínimo, à prisão por qualquer passo em falso. São muitos na população os que adotam, antecipando em sete séculos, a estratégia volátil e criativa dos "*maquis*" (termo que ambém Duvernoy emprega), não como guerrilheiros de uma resistência armada, mas combatentes da paz, sem armas senão as da fé. É o povão anônimo que protege e guia os *parfaits* – que insistem em manter o ministério da palavra evangélica em plena e perigosa clandestinidade –, de clareira em clareira, de grota em grota, levando-os a esconderijos subterrâneos, onde possam abrigar-se por uma noite ou por uns tantos dias.

Tanto os pregadores clandestinos como os que os ajudam nas suas andanças pelo território proibido contam com "o apoio da população – escreve Duvernoy (257) – e até mesmo de alguns religiosos locais", ou seja, membros da Igreja católica, por incrível que pareça.

Montségur e as ruínas do castelo onde se abrigaram os cátaros

O autor cita exemplos documentados de tal procedimento, como o de certo Guilabert Alzeu, da abadia de Sorèze, prior de Saint-Paulet (no Aude), que abrigou o diácono cátaro de Cassès, por nome Bouffil e seu companheiro. Alzeu obteve para eles cartas de reconciliação do próprio Arnaud Amaury, o poderoso legado papal, chefe espiritual da Cruzada, de quem era amigo pessoal. O mesmo tipo de compreensão, tolerância e caridade cristã Alzeu presta a duas *parfaites* que ficam autorizadas a permanecer em Cassès.

A grande figura desse período de altos e baixos para a Igreja cátara foi Guilhabert de Castres. Recorreremos para as notas a seu respeito ao excelente e respeitável texto de Jean Duvernoy (pp. 265-266) em sua *Histoire des cathares*.

Quando o catarismo ressurgiu da clandestinidade, Guilhabert foi, na opinião do historiador, a alma da retomada e "assumiu pesadas responsabilidades", tenha ou não previsto "as novas desgraças que se abateriam sobre seu país e sua Igreja".

Seu irmão Isarn foi, por algum tempo, diácono (cátaro) de Laurac e suas duas irmãs eram *parfaites*. Ao que se depreende, pertencia a uma das melhores famílias de Castres, nas quais era comum o nome Guilhabert. Antigos documentos mencionam, às vezes, sua ligação com Bernard de Castres, cavalheiro engajado na luta contra os invasores franceses.

Guilhabert é mencionado pela primeira vez nos papéis da época, em Fanjeaux, em 1195. Sabe-se ter sido ele quem ministrou o *consolamentum* ao moribundo Pierre-Roger de Mirepoix, o velho, ferido numa escaramuça. Foi também ele que recebeu na Igreja cátara Esclarmonde de Foix e outras damas da alta nobreza. Representou condignamente o catarismo no colóquio de Montréal, em 1207, e no de Laurac, em 1208. Eram, ainda, tempos relativamente calmos e tolerantes, nos quais católicos e cátaros debatiam publicamente suas ideias. Como se sabe, a Cruzada começaria em 1209.

Entre 1211 e 1219 ele é mencionado junto de seu irmão Isarn, em Montségur, onde mais frequentemente são encontrados nos intervalos de suas andanças pela região a serviço de seus ideais, mas também em diferentes castelos ao longo das fronteiras.

Em 1219, passa algum tempo em companhia de Raimond Mercier, diácono de Mirepoix, em Dun. Voltaria a essa localidade, em 1224, juntamente com Bernard de Lamothe e Guiraud de Gourdon, para consolar o cavalheiro Raimond d'Arvigna.

Em 1221, participa de uma reunião que Duvernoy caracteriza como de "interesse diplomático" na residência do prior de Manses. Estavam, ainda, presentes dois gandes senhores feudais da região dos Pireneus, o visconde Arnaud de Castelbò e o conde de Pallars Roger, o Velho, de Comminges. Não se sabe ao certo o tema em discussão no importante evento, mas Duvernoy informa que certamente se tratou ali de obter o apoio da nobreza cátara espanhola, ante a expectativa da reconquista territorial, com a sonhada e possível expulsão dos cruzados.

Num período de mal disfarçada clandestinidade, que envolvia consideráveis riscos, Guilhabert trabalhou em favor da articulação de uma trégua, entre 1223 a 1225, percorrendo a região (Laurac, Puylaurens, Castelnaudary, Fanjeaux, Mas-Saintes-Puelles).

Mandou, em seguida, construir uma casa para seu uso pessoal nos terrenos do castelo de Fanjeaux, junto da residência de Bernard-Huc de Festes, e ali passou a fazer suas pregações quase que abertamente, ou seja, sem os cuidados necessários a proteger-se melhor dos espiões.

Enquanto isso, duas *parfaites* vieram juntar-se ao grupo: uma de suas irmãs e mais Orbia de Festes, mãe de Gaillard de Festes – que, por sua vez, era tia de Bernard-Huc.

O último ato público a que esteve presente antes da chegada do exército do rei Luís VIII, foi o concílio de Pieusse, em 1225. A partir desse momento, retornou à clandestinidade. Encontrava-se em Caselnaudary, quando as tropas francesas impuseram o cerco à cidade. Foi retirado dali, incógnito, por Bernard-Oth de Niort, misturado a um grupo de monges, o que denota bom nível de convivência pacífica entre cátaros e católicos, pelo menos em circunstâncias difíceis, sob a pressão de inimigos comuns.

Os monges ficaram em Boulbonne e Guilhabert foi conduzido a Foix, onde também podia contar com a proteção de amigos como Raimond Sans, senhor de Rabat, a quem foi entregue para ser posteriormente encaminhado ao seu "ninho de águia" (abrigo) em Miramont, no Sabartès. Ficou lá por algum tempo em companhia de Isarn de Castillon, co-senhor de Mirepoix, e (atenção!), de Pierre de Mazerolles, senhor de Gaja (também se escreve Gaia), e de Gaillard de Festes de Fanjeaux.

Como podemos perceber, a turbulenta vida de Guilhabert, no corajoso exercício de seu ministério religioso e de sua indiscutível liderança, desenrola-se no cenário em que também viveu Roger-Isarn – reencarnação do dr. Arthur Guirdham, no século doze –, e no qual se movimentam as mesmas personagens mencionadas nos relatos mediúnicos, em vidências, sonhos e demais fenômenos de *"far memory"* constantes da aventura espiritual vivida pelo dr. Arthur Guirdham na Inglaterra do século vinte.

Depois de algum tempo em Gaia (grafia preferida pelo dr. Guirdham), Gilhabert de Castres retorna ao Lauragais, onde o chamam seus deveres de mais destacado líder do movimento cátaro na época. Documentos de então (Duvernoy os consultou), mencionam sua presença em Villeneuve-la-Comtal, sob a proteção de Pons, o senhor local, que, aliás, faz substancial doação aos *parfaits,* já naquele momento recolhidos em Montségur.

Há notícias de Guilhabert também em Labécède, sob a proteção de Pagan, o dono do castelo e futuro *parfait*, um dos três irmãos proprietários de Montgaillard.

Em época não indicada nos registros, três irmãs de Guilhabert vão se juntar a ele e acabam aprisionadas por Pierre de Voisins. Este cavalheiro era um barão francês (eram chamados *"terriers"*) que perdera a propriedade que lhe fora concedida durante a Cruzada e a reconquistara. Tornara-se senecal de Carcassonne.

Pierre concordou em libertar as irmãs de Guilhabert contra o pagamento de nove mil *sous*.

Em 1227, Orbria de Festes e uma das irmãs de Guilhabert que vivia com ela, deixaram Fanjeaux e foram, de início para a residência de Honors, mulher de Loup de Foix, em Montaut e, depois, a Puivert, residência do próprio Loup de Foix.

Ao cabo de três anos de cladestinidade e riscos, desde a chegada do exército real em 1226, até a capitulação de 1229, Guilhabert vai para sua residência de Saint-Paul-Cap-de-Joux, antiga sede episcopal do catarismo na região toulousiana.

A essa altura, porém, a Igreja cátara perdera o apoio dos antigos e legítimos proprietários da nobreza occitana. "Daí em diante – conclui Duvernoy (p. 266) – ela terá por defensores apenas os fora-da-lei e os *'faidits'*."[72]

Encontramos outras informações sobre Guilhabert de Castres no livro de Zoé Oldenbourg. Conta-nos a historiadora que ele fora elevado, aí por volta de 1223, à posição de bispo de Toulouse, que "se honrava de tê-lo" nesse posto. Sua residência oficial – mais um ponto de referência do que

---

[72] Como temos visto, eram chamados *"faidits"* – termo às vezes grafado com y, *"faydits"* – os antigos barões e cavalheiros expulsos de suas terras. Os textos franceses os caracterizam como *dépossédés*, isto é, despossuídos. Os que conseguiram sobreviver ou seus herdeiros ainda sonhavam com a retomada de seus antigos domínios. Meros sonhos, irrealizáveis...

de permanência, ficava em Fanjeaux, não muito distante de Prouille, onde se encontrava o primeiro convento dominicano, fundado por Domingo de Gusmán, morto em 1221.

O infatigável líder cátaro vivia em permanentes viagens pastorais por toda a região, especialmente Fanjeaux, Laurac, Castelnaudary, Montségur e Mirepoix, bem como Toulouse, naturalmente.[73]

Por essa época – assegura Oldenbourg (p. 334) –, Guilhabert estaria perto dos sessenta anos de idade, de vez que trinta anos antes já se tem notícia de seu trabalho como dirigente da comunidade de Fanjeaux. Informa, ainda, que ele teria ainda, cerca de vinte anos de vida, sempre ativa e destemida. Não se sabe, contudo, a data e as circunstâncias de sua morte.

No debate de Montréal, em 1207, confrontara-se com Domingo e os legados papais da época. Em 1222, como vimos, estava em Castelnaudary, durante o sítio a que Amaury de Montfort submetera a cidade. Mais tarde, quando os cátaros voltaram à clandestinidade, após curto período de relativa liberdade, foi ele quem solicitou a Raymond de Péreille, senhor de Montségur, que pusesse à disposição da Igreja cátara o seu castelo no alto da montanha e ali instalasse o quartel-general da resistência.

Oldenbourg declara ser "algo desconcertante" que um homem como Guilhabert, que parece ter sido uma das grandes personalidades da França no século treze,[74] tenha sido praticamente ignorado pelos cronistas da época. Paradoxalmente, queixa-se ela (p. 335), conhecemos toda a correspondência de Inocêncio III, ou o registro das "cóleras e dos impulsos de piedade de Simon de Montfort". É que, como explica Brenon, os cátaros não tiveram seus cronistas ou historiadores. Ou, se os tiveram, os documentos que porventura tenham escrito sumiram ou foram também consumidos em fogueiras 'purificadoras'.

Na sua postura francamente pró-cátara, lembra Oldenbourg que "A história dos fatos e dos gestos dos apóstolos perseguidos tenha sido, talvez, tão fecunda em inspiração e ensinamentos quanto de um são Francisco de Assis; também eles – insiste – eram mensageiros do amor de Deus".

---

[73] O leitor e a leitora de Arthur Guirdham percebem pela simples enunciação dos nomes, que essa é a geografia na qual o velho psiquiatra inglês do século vinte vivera como antigo cátaro. Apurou mesmo o doutor ter sido um dos 'filhos' hierárquicos do grande bispo

[74] Há vários outros líderes de maior porte histórico citados por ela: Bernard de Simorre, bispo de Carcassonne, Sicard Cellerier, bispo de Albi, Pierre Isarn, de Carcassonne, queimado em 1226, Bernard de La Mothe, de Toulouse, também executado na fogueira, e Bertrand Marty, sucessor do próprio Guilhabert

Os Cátaros e a Heresia Católica 359

Sinto-me no dever de repassar a você que me lê o belo texto que Oldenbourg escreveu para concluir essas reflexões. Pela minha aferição, é emocionante: "Se nada pode reparar o crime contra o Espírito – escreve (p. 335) –, pelo menos devemos, ao admitir nossa ignorância, reconhecer que algo de grande foi destruído. A história da Idade Média, tal como a conhecemos, seria falsa sem esse grande espaço que permaneceu vazio."

Na fase final da cladestinidade, aqueles que tiveram a coragem de "afrontar todas as provações – escreve Oldenbourg (pp. 431-432) – [...] refugiaram-se em abrigos inexpugnáveis como Montségur, Quéribus, ou em regiões como o Lauragais e o condado de Foix, onde a heresia continuava suficientemente forte para enfrentar a Igreja (católica)".

Na verdade, os refúgios não eram inexpugnáveis como possam ter parecido. Com tempo suficiente – dez meses – e determinação, as tropas do rei francês conquistaram Montségur.

Mais que um refúgio, porém, Montségur tornou-se a referência máxima do catarismo nos tempos da aflição e o seu ícone histórico e lendário pelos séculos afora.

Os cavalheiros, acompanhados de suas famílias, vinham em peregrinação, tanto quanto figuras anônimas do povo, em grupos ou separadas. Ali podiam assistir em paz aos singelos cultos, ouvir os pregadores, receber as bênçãos dos *parfaits*, solicitar-lhes conselhos ou instruções a respeito de como proceder lá embaixo na penosa convivência com o perigo que os espreitava de cada canto, por detrás de cada porta, árvore ou pedra.

O castelo situava-se em terras que, após a conquista, pertenciam oficialmente a Guy de Lévis, companheiro de Simon de Montfort e o novo suserano de Mirepoix. Constituíra, porém, parte da herança de Esclarmonde, irmã de Raymond-Roger de Foix e estava em poder de Raymond de Péreille, vassalo do conde de Foix.

Embora proprietário, pela força das leis da conquista, Guy não se arriscara a tomar posse do castelo, primeiro porque o conde Foix era senhor poderoso e respeitado, cujo domínio ninguém ousava contestar; segundo, porque Montségur era um ninho de águias, situado em região notoriamente devotada à heresia e de difícil acesso, longe das rotas habituais de circulação e (aparentemente) impossível de ser tomado de assalto. Tanto as tropas cruzadas como, posteriormente, as do rei Luís VIII entenderam não ser de seus interesses a conquista.

O pico de Montségur fica na vertente norte dos Pireneus, a uma altitude de dois a três mil metros, dominando por três lados os vales profundos à sua volta. É um imenso penhasco meio arredondado, na forma de um pão doce.[75] O acesso somente era viável pela vertente ocidental, que desce para o vale em forte declive e a descoberto, ou seja, sem esconderijos para quem pretendesse assaltar a fortaleza.[76]

O castelo construído no tope do maciço rochoso era muito pequeno e não podia abrigar grande número de defensores e, muito menos, ainda, acolher comunidade maior por muito tempo, mesmo em tempos de paz e sem inimigos de alerta lá embaixo, vigiando cada movimento dos assediados ou de quem porventura se aproximasse.

Anne Brenon (p. 256) chama a atenção para dificuldades que não podemos nem imaginar hoje, enfrentadas por cerca de quatrocentas ou quinhentas pessoas apinhadas em forçada convivência, no topo de um espigão rochoso, em plena montanha, sem nascentes de água, sem terreno para cultivar e até sem espaço físico para construir um mínimo de habitações, por mais precárias que fossem. Sem contar, os numerosos e constantes visitantes, enquanto isto foi possível. No entanto, ali viveu uma comunidade exclusivamente cátara, durante quarenta anos, como assinala a mesma Brenon alhures (p. 250).

Em 1204, estava em ruínas o castelo que, já há algum tempo, era considerado pelos cátaros como local particularmente adequado aos seus cultos. Como vimos há pouco, Guilhabert de Castres solicitou a Raymond de Pereille, seu proprietário, que o restaurasse e o fortificasse, ainda que não houvesse àquela época qualquer necessidade premente de se defenderem seus moradores.

Oldenbourg depreende de tais informações (p. 449) que o castelo representava para os heréticos mais do que eventual refúgio contra seus inimigos, mas não esclarece por que pensa dessa maneira. De qualquer modo, data do início do século treze o interesse dos cátaros pelo local, onde alguns bispos e, em especial, Guilhabert de Castres, vinham pregar.

Eram, por outro lado, imprecisos os direitos de Esclarmonde de Foix sobre a propriedade. O que se sabe é que ela exercia considerável influência em toda aquela região, de vez que Foulques, o turbulento bispo católico de Toulouse, lhe rende indireta homenagem ao declarar certa vez que, "com sua maldosa doutrina, ela conseguiu grande número de conversões".

---

[75] Na verdade, o texto francês de Oldenbourg (p. 448) usa a expressão "*pain de sucre*" (pão de açúcar), nome dado ao famoso rochedo que monta guarda à baía de Guanabara, no Rio de Janeiro.

[76] Vejo no providencial *Aurélio* que o termo fortaleza vem, precisamente, do occitano fortalessa. Aliás, Montségur, também é occitano para "monte seguro".

Em 1232, Raymond de Pereille é o único senhor da propriedade e foi ele que atendeu ao pedido de Guilhabert, líder espitritual incontestado de toda a região, mandando promover as obras necessárias a fim de que Motségur se tornasse refúgio e sede oficial da Igreja cátara.

Foi ali também que começaram a se abrigar em pequenos grupos, as *parfaites* que "a tormenta dispersou" das instituições equivalentes aos conventos católicos, destinadas à educação de mulheres jovens para as tarefas da seita.[77] Forçadas a abandonar as instituições cátaras, no período mais agudo da perseguição, as *parfaites* instalaram-se em Montségur em cabanas precárias, algumas delas cravadas na rocha e outras, meio suspensas sobre os precipícios, a grande altura. Como assinala Oldenbourg (p. 450), "constituíam abrigo inacessível e desconfortável que não deviam repugnar ao temperamento ascético daqueles seres em busca de Deus".

Num espaço assim difícil, inóspito e agreste, somente teria condições de viver gente "disposta a todos os sacrifícios" (Oldenbourg). É verdade. Muita coragem e, sobretudo, muita fé nos princípios que defendiam com a própria vida. Acresce que as *parfaites* e as jovens senhoras provinham, via de regra, de ricas famílias nobres, acostumadas ao conforto que as habitações da época podiam proporcionar.

Antes que expirasse a primeira metade do século treze, aí por 1240, a nobreza languedociana estava dizimada, arruinada e exilada, mas ainda preservara algum poder, e, precariamente, as respectivas propriedades. Alinhavam-se nessa situação, ainda tolerável, a maior parte dos vassalos do conde de Toulouse e os do conde de Foix, bem como alguns dos antigos vassalos dos Trencavel.

Posteriormente ao massacre de 1244, iria a Inquisição bisbilhotar minuciosamente os depoentes para conhecer com maior precisão o que se passava lá em cima, naquela comunidade disposta a tudo para preservar seus ideais religiosos.

A despeito do constante fluxo de visitantes – dezenas de cavalheiros, mulheres da nobreza e soldados que iam e vinham entre Montségur e as comunidades da região ou mais distantes, "não se apurou absolutamente nada (Oldenbourg, p. 454), a não ser que (os visitantes) ouviam os sermões".

Com prudentes ressalvas e cautelas, Oldenbourg chega a admitir a possibilidade de que as conversações entre *parfaits* e cavalheiros visitan-

---

[77] A realidade de tais instituições foi confirmada no decorrer do curioso surto memorialista ocorrido no âmbito das experiências relatadas pelo dr. Arthur Guirdham.

tes cuidassem também de aspectos políticos e até militares da siuação. Não que os *parfaits* organizassem ou participassem de qualquer tipo de atividade bélica, mas esse era o exemplo vivo de clérigos católicos, alguns até posteriormente canonizados. Afinal de contas, foi um grupo de cavalheiros vindos diretamente de Montségur – lembra a autora – que participou do espetacular ato de terrorismo, no terrível massacre de Avignonet.

Não parece a Oldenbourg que os *parfaits* hajam inspirado ou ajudado a planejar procedimento tão radical como aquele, mas ela admite que eles possam até tê-lo aprovado. Afinal de contas eram seres humanos, conscientes de que a sorte da Igreja de seus sonhos estava ligada à de todo o Languedoc, sua pátria terrestre. Podiam, portanto, ser tão patriotas quanto os cavalheiros *faidits*, mesmo porque eram eles os que mais de perto sentiam as angústias da perseguição.

Não há como minimizar o papel de Montségur nos dramáticos eventos da época e a destemida militância e respeitada liderança exercidas por Guilhabert de Castres.

É nesse ponto de seu relato (pp. 456 e seguintes) que Oldenbourg menciona o muito discutido tesouro de Montségur que acabou tornando-se relevante episódio na legendária história da montanha de pedra.

Segundo essa autora, o tesouto consistira, de início, de depósitos de prata confiados à guarda da Igreja, como vimos alhures, ou para manutenção da comunidade que, depois de instalada em Montségur, não era auto-sustentável, mesmo reduzida a uma vida de privações submonásticas.

Além dos recursos em metal valioso – talvez algum ouro também – havia, no dizer de Oldenbourg, "livros sagrados, talvez manuscritos muito antigos e obras de doutores particularmente venerados".

A literatura cátara – acrescenta – era abundante e não ficava restrita ao Novo Testamento. Os cátaros eram estudiosos e tão apaixonados por teologia como os católicos. Haveria, além disso, outras coisas? A autora especula sobre a possibilidade de relíquias ou objetos sagrados, mas deixa a pergunta no ar. Assegura, no entanto, que nenhum depoimento posterior à Inquisição jamais mencionou qualquer particularidade acerca do tesouro.

Tanto quanto posso eu avaliar, muita coisa do catarismo permaneceu ignorada. O núcleo central da hierarquia cátara afigura-se em várias passagens históricas discreto, reservado, impenetrável, inacessível ao leigo.

Se, de fato, o famoso tesouro de Montségur tenha contido mesmo livros e documentos aos quais somente os maiorais da hierarquia tenham tido acesso, não teria sido a primeira vez que uma seita ou comunidade religiosa na antevéspera de sua extinção tenha procurado preservar sua história e os textos sobre os quais construiu sua identidade ideológica. Além dos livros sagrados como a Bíblia judaico-cristã registram, há exemplos outros, como atestam os achados do mar Morto, dos essênios, e os de Nag-Hammadi, dos gnósticos.

Essa obscuridade crepuscular pode ter acolhido também, informações valiosas sobre a verdadeira essência dos procedimentos cátaros, na intimidade de suas reuniões para debates teológicos ou, quem sabe?, para o exercício de intercâmbio com os espíritos, tão amplamente referidos nos textos primitivos – Atos dos Apóstolos, as epístolas de Pedro e João e, principalmente, as de Paulo, bem como no Quarto Evangelho, que constitui documento de óbvias características mediúnicas para leitores e leitoras informados acerca da realidade espiritual.

Qualquer que seja a natureza do tesouro de Montségur, no entanto, o que se deduz, segundo Oldenbourg, é que o próprio local começou a assumir excepcional importância na mente de todos os crentes do Languedoc, "tornando-se um lugar santo por excelência". Entre 1232 e 1242, com a Igreja cátara firmemente implantada ali, Montségur adquiriu extraordinário relevo. Doentes terminais e moribundos faziam-se transportar para lá, com os grandes sacrifícios que podemos imaginar, apenas pelo privilégio de receber o *consolamentum* e serem sepultados por ali mesmo, à sombra das muralhas e dos rochedos.

Além do difícil e penoso acesso, o local parecia protegido por uma aura de sacralidade e respeito. Por três vezes consecutivas, Raymond VII, cuja atitude perante os cátaros e a própria Igreja católica, aliás, era um tanto ambígua, fracassou na tentativa de apoderar-se do local, que se tornara um espinho atravessado na garganta da Igreja e na do rei de França. Compreende-se o interesse em apagar a chama viva do que ali restava do catarismo organizado, que se tornara ativo núcleo de resistência e desafio.

Da primeira vez, em 1235, o conde mandou três cavalheiros de sua confiança incumbidos de tomar posse de Montségur. Os emissário foram bem recebidos, prestaram as devidas homenagens a Guilhabert de Castres e regressaram a Toulouse.

Pouco depois, o conde enviou, com idêntica missão, um de seus administradores – *baile*[78] – de nome Mancipe de Gaillac, mas, também ele e seus homens, limitaram-se a 'adorar' os *parfaits*, como de praxe, e a voltarem em paz para Toulouse.

Da terceira vez, o mesmo Mancipe foi reenviado a Montségur, com um séquito armado que se apoderou de Jean Cambiaire e de mais três *parfaits* e partiram com eles, de volta a Toulouse, onde foram queimados, como sempre, para "maior glória de Deus", como diziam os textos. Como se algo fosse possível acrescentar-se à glória de Deus e, ainda mais, queimando gente viva na fogueira...

O incidente, comenta Oldenbourg (pp. 455-459), caracteriza a ambiguidade de Raymond VII perante a heresia. Consta, porém, do testemunho de quem o conheceu melhor, que era bom e convicto católico e que talvez tivesse mesmo sincera rejeição pela heresia cátara, que, afinal de contas, era a causa – involuntária que seja – das desgraças de seu riquíssimo condado. É possível, por outro lado, que ele tenha procurado servir-se da heresia – concede a autora – "como instrumento para ajudá-lo a reconquistar sua independência".

Tem suas razões Oldenbourg para considerar ambígua a atitude de Raymond VII quanto aos hereges, dado que, às vezes, ele se mostra tolerante em relação à heresia e até parece protegê-la, ao passo que, em outras oportunidades, manda capturar alguns heréticos e os envia à fogueira.

Quando do assalto final à montanha, em 1244, contou-se como certo, até o último momento, que o conde enviasse uma tropa de socorro, desde que os defensores resistissem mais sete ou oito dias. Mas ele estava fora do país e ocupado demais com as intermináveis negociações com as quais fazia o desesperado esforço para salvar pelo menos o que lhe restava. Quando, afinal, conseguiu retornar ao Languedoc, Montségur já havia sido conquistado.

Seja como for, o castelo de Montségur permanece um tanto enigmático nos documentos históricos, a despeito da respeitável postura de alguns historiadores de alto escalão que parecem – pelo menos a mim, ignaro escriba a contemplá-los à distância – empenhados em desmistificar a céle-

---

[78] *Baile* – o *Larousse* informa que a palavra vem do italiano – *bailo* –, termo que identificava os governadores de colônias venezianas e que, por sua vez, vinha do latim *bajulus*, palavra que servia para várias situações, baseadas todas no conceito original de transportar ou carregar alguém ou alguma coisa, como uma mensagem, por exemplo. Em suma: um moço de recados. Os bajuladores têm, afinal de contas, uma longa história...

bre montanha segura. Anne Brenon, por exemplo, para a qual Napoléon Peyrat, na sua *Histoire des albigeois* (1872) "escancarou de um só golpe a larga porta da mitologia montseguriana. Mal descoberta – prossegue (p. 269) – Montségur despencou na quarta dimensão da fantasmagoria".

Para essa especialista, coube a Fernand Niel e, mais tarde, Michel Roquebert – na meticulosa releitura que fizeram dos depoimentos inquisitoriais prestados pelos sobreviventes do massacre, Raimon de Pereille, sua família e seus companheiros –, resgatar Montségur de "um século de delírio mais ou menos estético, mais ou menos gratuito". Montségur já teria contado sua história. "Só lhe resta – conclui – calar-se e contemplar o azul das montanhas."

Brenon escreve que é uma beleza! Certamente tem suas razões para assim pensar, mesmo porque não há como duvidar de que a gigantesca fogueira que encerrou a trágica saga vivida pelos cátaros no topo do imponente maciço rochoso tenha incendiado também a imaginação de muitos e aquecido a fantasia de outros tantos.

Jean Duvernoy, com o peso indiscutível de sua autoridade, também condena Napoléon Peyrat, atribuindo-lhe o título pouco lisonjeiro de "historiador romântico" (*La religion des cathares*, Privat,1976, Toulouse, p. 281).

Em *L'histoire des cathares* [Privat, 1979, Toulouse, p. 339], o eminente historiador refere-se novamente à "veia romântica" de Peyrat, ao descrever os cátaros como "cristãos joanistas", fixados quase que exclusivamente no Quarto Evangelho. E acrescenta que, nos cinco volumes de *Histoire des albigeois* (publicada a partir de 1870), "num estilo já então fortemente 'demodé', e atualmente ridículo, vulgarizou todo um sistema de imagens e mesmo de clichês sobre a Cruzada, Montségur e os protagonistas do drama. "[...] a maior parte de seus disparates ou de suas invenções – continua – é reproduzida até hoje por certa literatura".

Mais adiante (p. 344), menciona ainda Duvernoy, a exploração turística dos 'achados' de Peyrat. Cita como exemplo o famoso *Guide bleu* – (*Guia Azul*, para turistas) ao 'informar', desde as primeiras edições, que na grota de Lombrives, no Ussat, milhares de cadáveres foram enterrados pela Inquisição, em 1328, quando, na verdade, Quéribus, um dos últimos redutos cátaros no Languedoc, havia sido tomado em 1255, há mais de setenta anos.

Vejo-me, uma vez mais, neste ponto, em pleno tiroteio da erudição, mas insisto em manter minha ignara opinião de que o catarismo ainda tem aspectos, digamos, 'ocultistas' a revelar. Pelo que depreendo das leituras e releituras em que me empenhei, mesmo varrendo para fora os exageros da fantasia e enxotando os fantasmas a que se refere Brenon, me parece que persistem vultos e sombras, enigmas e questionamentos, indícios e pistas sobre o que realmente se passou ali, além do inacreditável heroísmo daquela estranha gente que desejava ver, sentir, estudar e seguir o Cristo a partir de uma óptica antiga e injustamente abandonada.

Talvez seja por causa de minhas atávicas inclinações pelo mistério e o desconhecido, mas o certo é que me parece algo precipitado lançar fora a água do banho com a criança ainda na bacia.

Fico, portanto, com o prof. René Nelli, que, embora timidamente, como vimos, admite indícios de envolvimento do catarismo com a fenomenologia da realidade espiritual que justificariam, no mínimo, um estudo mais aprofundado da questão.

Reconheço a dificuldade de uma tarefa dessa natureza. *Primeiro* porque os próprios pesquisadores não demonstram muito interesse pela temática, quando não a rejeitam liminarmente. *Segundo*, porque as fontes primárias de consulta – atas e demais documentos inquisitoriais – não são nada confiáveis para uma equilibrada avaliação da matéria e nem estariam os inquisidores preparados para a tarefa. Para eles, qualquer fenômeno desse tipo provindo dos cátaros seria pura e simples manifestação de bruxaria, feitiçaria, necromancia ou demonologia. *Terceiro* porque, se é que houve mesmo práticas mediúnicas de intercâmbio com os 'mortos', os cátaros seriam os primeiros a conservá-las sob a mais cautelosa reserva.

Alguma esperança de decidir, sim ou não, sobre tal aspecto, repousa na possibilidade de encontrar-se um dia o lendário 'tesouro' dos cátaros, não pelo seu valor material em prata, ouro ou objetos, mas pelos livros e documentos que, sabemos hoje, faziam parte daquele precioso acervo. Na verdade, Déodat Roché coloca os livros acima do valor puramente comercial do dinheiro dos cátaros. Conta ele (p. 134) que "Bertrand Martin (...) incumbiu quatro *bonshommnes* de salvar o *tesouro dos livros* e a reserva de prata da Igreja Cátara (que haviam sido) escondidos na floresta de Serrelongue". (Itálicos meus.)

Sabemos dos cátaros o que eles ensinavam, como pregavam e procuravam servir ao povo, desde os palácios até aos casebres e pelas estradas, bosques e furnas. Mas o que realmente pensavam, debatiam, estudavam e praticavam na intimidade de suas reuniões mais reservadas?

Os Cátaros e a Heresia Católica 🟐 367

Mesmo com toda a sua ironia e arrogante superioridade, Christian Bernardac discorre documentadamente, em *Le mystère Otto Rahn* (p. 277), como vimos alhures neste livro, sobre "Uma seita de espíritas em Pamiers em 1320."

Ao mencionar certas singularidades da arquitetura das construções de Montségur e a enigmática escolha de região tão isolada e inacessível, Zoé Oldenbourg chega a admitir a hipótese de ter sido ali, em algum tempo, praticado um culto solar, ideia essa rejeitada pelos historiadores mais recentes do catarismo.

Percebe-se, aliás, que Oldenbourg é praticamente ignorada por estes. Não se encontra qualquer referência a ela e a seus livros na bibliografia de Duvernoy, Roquebert e Brennon, pelo menos nos livros que venho consultando para este estudo.

Aproveitemos a deixa para falar um pouco de Montségur e de como os franceses conquistaram, afinal, em nome do rei, a montanha tida por inexpugnável.

Foi em Béziers, exatamente onde ocorreu a primeira matança da Cruzada, que se decidiu, em 1243, que já era tempo de se apoderar do *castrum* [castelo fortificado] de Montségur. Interesses políticos e religiosos convergiam no interesse de tal providência. A quase inacesssível fortaleza matinha-se como um enclave rebelde em território que, de direito, já pertencia a Guy de Lévis, cruzado francês, amigo de Simon de Montfort, como vimos.

Quanto à Igreja católica, não era de se esperar que assimilasse sem qualquer reação o sangrento massacre de Avignonet, praticado por um comando de cavalheiros vindos diretamente de Montségur. Era dali, como se sabia, que a Igreja cátara administrava os aspectos pacíficos da resistência religiosa em toda a região. Era "impossível – declara enfaticamente Roquebert (p. 375) – considerar-se (Montségur) como uma espécie de mosteiro de contemplativos". Abrigavam-se, ali, tanto leigos, nem todos necessariamente *croyants*, como *parfaits* e *parfaites*, o que implicava a existência de uma comunidade com vida civil e militar, em paralelo com as atividades religiosas".

Durante quarenta anos ali viveram, segundo Roquebert, mais de mil pessoas. Por ocasião do cerco, a partir de 1243, estima-se uma população mínima de trezentas e sessenta e uma pessoas, das quais cinquenta leigos, inclusive a guarnição.

Segundo Arnaud-Roger de Mirepoix e Raymond Pereille, as duas autoridades civis máximas da comunidade, o exército do senecal do rei postou-se ao pé da montanha, pelo menos em parte, para o sítio, ao fim de maio de 1243, um mês após o concílio de Béziers.

Alguns meses decorreram até que fosse possível bloquear completamente toda e qualquer comunicação dos sitiados com o exterior. Eles sempre conseguiam furar o cerco, num sentido e noutro, "com coragem e astúcia" e até com alguma cumplicidade dos habitantes da região.

Os primeiros feridos e até mortos foram do lado dos habitantes do penhasco. Nem um lado, nem o outro, no entanto, tinha como saber das intenções do adversário. No comando das tropas sitiantes, o senecal pretendia tomar Montségur de assalto antes do inverno, mas a operação era extremamente difícil e marcada pelas incertezas. A alternativa seria um jogo de gato e rato, que Roquebert caracteriza como "guerra de posições e desgaste". Como poderiam, por exemplo, os atacantes conhecer os limites da resistência dos sitiados e de sua munição e provisões?

De qualquer modo, enquanto o comandante das tropas do rei desejava liquidar o assunto antes do inverno, Pierre-Roger de Mirepoix, comandante da defesa, esforçava-se por levar a campanha até o inverno, na esperança de que o inimigo se visse obrigado a retirar-se premido pela severidade da estação fria.

Sabe-se pouco das operações de guerra nos primeiros seis meses do sítio. Foi em dezembro que os eventos começaram a tomar rumo decisivo. A ideia dos atacantes era tomar o castelo fortificado até o Natal. Sabia-se que habitualmente não nevava na região antes de meados de janeiro, no máximo até fevereiro. Não havia tempo a perder.

A tropa real organizou um comando de soldados com armas leves, que Roquebert supõe ter sido composto predominantemente de mercenários recrutados ali mesmo e que conhecessem bem a região. O grupo escalou, durante a noite, o rochedo da Torre, acima das gargantas do rio Lasset, e se apossou de surpresa de um posto de vigilância, onde as sentinelas foram prontamente assassinadas.

Foi uma importante conquista, de vez que, pela primeira vez, a tropa assaltante tomava pé na montanha. Tratava-se de uma crista rochosa a 850 metros de altura a 800 metros de distância das primeiras defesas do castelo que, por sua vez, estavam instaladas a 1207 metros de altura.

O objetivo, portanto, era prosseguir pela crista acima até confrontar-se com os defensores. Reforços humanos, armamento mais leve e as pesadas peças da 'artilharia' da época – devidamente desmontadas – poderiam subir pelo mesmo caminho percorrido pelo comando. O 'terreno' era extremamente difícil, irregular, pedregoso e açoitado pela ventania e pelos temporais de dezembro, ainda sem as nevascas do inverno.

Pouco a pouco, as tropas invasoras foram progredindo e, mais adiante, entraram em ação as catapultas. Sabe-se que os defensores tinham, incialmente, pelo menos uma delas. "Mal se pode imaginar – exclama Roquebert (p. 384) – duelos de artilharia num local daqueles!"

Antes do Natal, que se aproximava, Bertrand Marty, bispo cátaro, resolveu despachar o tesouro da comunidade para lugar seguro, já que Montségur não oferecia mais condições de honrar por muito tempo seu nome para guarda desses valores.

Recorrendo às suas fontes, Roquebert informa que se confiaram "ouro e prata e uma quantidade infinita de moedas" – *pecunia infinita*, lê-se em Oldenbourg (p. 500) –, ao diácono Pierre Bonnet e ao *parfait* Mathieu, que essa mesma autora informa ter sido o elemento de ligação com o exterior durante o cerco de Montségur. Por sorte ou porque assim tenha sido planejado com antecedência, os portadores do tesouro foram dar precisamente num posto militar guarnecido por sentinelas amigas provindas de Camon-sur-l'Hers, praticamente vizinhos dos habitantes do rochedo.

Discretamente, os guardas não apenas deixaram passar os homens e sua preciosa carga, como lhes indicaram o melhor caminho a seguir. Daí em diante, pouco ou nada se sabe do destino final do tesouro, senão que foi escondido numa *spulga* – uma gruta fortificada – no condado de Foix, administrada por um castelão do conde, por nome Pons Arnaud de Châteauverdun.

Roquebert prefere não formular hipóteses sobre a composição do propalado tesouro. "Inútil – escreve (p. 384) – sonhar infinitamente com o tesouro, que não eram mais do que os recursos da tesouraria da Igreja de Montségur..." Na sua opinião, provinham tais valores de donativos e legados dos *croyants* e, sem dúvida, produto do trabalho – basicamente artesanal – dos *parfaits* e das *parfaites*.

Nas precárias condições em que vivia toda essa gente, no alto de um rochedo praticamente inacessível, imperava, em Montségur, uma "economia de troca e não de produção". A comunidade ali instalada sempre teve necessidade de grandes reservas de numerário para simples sobrevivência. A partir do momento em que a tomada do reduto passou a ser mera questão de tempo, melhor seria mesmo colocar o tesouro em lugar seguro na expectativa de que pudesse eventualmente ser utilizado por futuros cátaros, em vez de deixá-lo cair em mãos do senecal do rei da França.

Ainda assim, como costuma acontecer em situações extremas, prevalecia um fio de esperança. Um dos fiapos de tal esperança materializou-se nos primeiros dias de janeiro, quando chegou à comunidade assediada certo Betrand, *machinator* de profissão, ou seja, um especialista na construção de máquinas, melhor ainda, um "engenheiro de catapultas".[79]

Vinha de *la Bacalaria*, uma fazenda – informa Roquebert – localizada em Capedenac-le-Haut. Bertrand, segundo se dizia, fora enviado por outro Bertrand (de Laroque), funcionário – digamos assim – do conde de Toulouse. Mais do que pelo fato de exercer profissão de extrema utilidade para aquele momento de aflição, talvez o especialista em catapultas trouxesse alguma esperança de que o conde de Toulouse conseguisse, ainda, enviar reforços humanos e até mesmo tropas mais bem preparadas para abrir outra frente de combate, atacando os sitiantes.

Tudo em vão.

Nas primeiras semanas do ano novo, a situação, que já era crítica, começou a deteriorar-se. Os franceses, ainda interessados num esforço supremo para contornar as asperezas do inverno, resolveram entre o Natal e o Carnaval (14 de fevereiro), promover uma escalada pela rocha acima, por meio de sucessivas escadas. O ataque foi repelido, com perdas importantes para os defensores da comunidade.

Em meados de fevereiro a situação se agravara consideravelmente, a despeito de pequeno reforço trazido pelo nosso já conhecido Mathieu, elemento de ligação entre os sitiados e o mundo "*là-bas*"; eram dois "sargentos", duas *arbalètes*,[80] um capacete de ferro e dinheiro, com o qual se pretendia recrutar na região um grupo que desse combate aos franceses.

Foi um daqueles sargentos, enviado por Isarn de Fanjeaux, irmão de Pierre-Roger, o comandante do reduto cátaro, que trouxe um recado, no sentido de que a comunidade resistisse a todo custo até à Páscoa, em 3 de abril. Por esse tempo, o conde de Toulouse já estaria de volta às suas terras, dizia-se, trazendo substancial reforço militar da parte do imperador.

---

[79] *Machinator* é palavra latina para a pessoa que constrói máquinas. Roquebert converte-a em "engenheiro" (*ingénieur*). A língua inglesa usa o correspondente – *engineer* – não apenas para aquele que projeta ou constrói a máquina, mas também para o que a opera. No início do aprendizado desta língua, admirei-me de que americanos e ingleses não dispusessem de outro termo – como *maquinista*, em português – para designar aquele que conduzia uma das barulhentas e fumegantes máquinas a vapor, tão familiares na minha infância de filho e sobrinho de ferroviários.

[80] A *arbalète* era uma espécie de arco de aço para atirar pedras à distância. Servia também para disparar flechas.

Enquanto isso, a situação dentro da praça forte – os textos usam com frequência o termo latino *castrum*, fortaleza, castelo fortificado, praça forte – ia-se tornando insustentável. A diminuta e compacta comunidade era bombardeada incessantemente por blocos de pedra de cerca de oitenta quilos, que destruíam as precárias residências, e por uma chuva de pedras menores expedidas pelas terríveis *arbalètes* do adversário ou por flechas, matando e ferindo muita gente.

O inverno até que não estava muito rigoroso naquele ano, mas, como escreve Roquebert (p. 387), "...viver naquela estação do ano a 1200 metros de altitude, com feridos a cuidar, num vilarejo cada dia mais demolido, demandava desesperada energia".

Se viver ali, em tempos normais, já era dificílimo, é de se imaginar por que tormentos e angústias não passou aquela gente nos dias finais do cerco.

Em 2 de março, Pierre-Roger, certamente de acordo com Bertrand Marty, sucessor do lendário Guilhabert de Castres, pediu para parlamentar com Hughes d'Arcis, o senecal, comandante das tropas francesas.

Os termos do acordo foram, previsivelmente, duros: a comunidade cátara não dispunha de qualquer poder de barganha – tratava-se de uma pura e simples capitulação.

Mas se, de um lado, os sitiados não tinham mais como resistir, do outro, os franceses também ansiavam por uma solução conclusiva.

Pierre-Roger pediu uma trégua de quinze dias antes de entregar o reduto "à Igreja e ao rei", bem como anistia geral para os envolvidos no terrível episódio do massacre dos inquisidores em Avignonet, que, como sabemos, partiram de Montségur.

Os vencedores ditaram suas condições: o dirigente de Montségur deveria designar prontamente um grupo de reféns; *parfaits* e *parfaites* seriam entregues aos representantes da Igreja, que lhes ofereceriam a alternativa da abjuração. Os que não a aceitassem seriam imediatamente queimados vivos, sem qualquer julgamento ou recurso. Os demais habitantes de Montségur, homens, mulheres, cavaleiros e soldados seriam submetidos a interrogatório pelo inquisidor Ferrer e seus colegas.

Não há, nos relatos, a mínima referência a qualquer demonstração de temor, revolta ou desespero. Os *parfaits* e as *parfaites* distribuíram seus parcos bens entre os que iriam sobreviver: o que lhes restava de trigo, fava, azeite, sal, pólvora, cera e o pouco de dinheiro que porventura tivessem ainda em seu poder. Ou pequenas e insignificantes lembranças: uma capa, um boné de linho, uma bolsa... A Pierre-Roger deram uma de tais capas "cheia de dinheiro"[81.] Esses valores não pertenciam à Igreja cátara, e sim a *croyants*, que os haviam confiado à instituição em depósito, tal como hoje se faz com um banco ou uma caixa de poupança.

Foi nesse período que o engenheiro de catapultas confirmou que fora enviado por gente do conde de Toulouse com o recado de que, se fosse possível resistir durante oito dias a mais, seriam todos libertados. Isto leva Roquebert a supor que Pierre-Roger pedira a trégua na esperança de receber ainda em tempo tropas que viessem resgatá-los da aflitiva situação.

Não deu certo.

Raymond VII estava sempre em andanças pela Europa, tentando negociar com os poderosos – o imperador, reis, e o papa – condições menos opressivas para o emaranhado de complexidades que envolviam sua vida sentimental, religiosa, política e econômica. Entre as medidas que pleiteava, figuravam coisas hoje inadmissíveis, como licença para enterrar os restos mortais de seu pai em campo santo (cemitério consagrado pela Igreja), dado que Raymond VI morrera excomungado e não tinha direito àquela 'regalia'.

Havia, ainda, complicações matrimoniais – separação e novo casamento –, bem como a preservação de seus títulos e propriedades que ele via a escorrerem aos poucos por entre seus dedos.

Tentava manter um mínimo de relacionamento com a Igreja, sem a qual estaria perdido de todo, mas ficava entre a espada e a parede, de vez que do outro lado tinha vínculos de parentesco ou amizade com os detestados cátaros. Encontramos nos historiadores especializados, como vimos, referências às suas ambiguidades e indecisões.

Para encurtar a história: demorou-se mais do que o previsto na Itália, em negociações com o papa e o imperador. Quando regressou, afinal, a Toulouse, Montségur caíra há seis meses...

Não encontro, nos textos que me têm valido para este relato, referências às razões pelas quais fora solicitada – e concedida – a trégua de quinze dias.

Fernand Niel – citado por Oldenbourg (p. 508) –, sugere que a comunidade desejaria comemorar, pela última vez, a páscoa, que ocorria mais ou menos àquela época do ano. Não há, contudo, evidências a respeito.

---

[81] Roquebert não acredita nessa história, que, para ele, se trata "de uma confusão entre muitas informações recolhidas entre os que escaparam ao massacre, em consequência de manipulação desonesta e fantasmagórica das fontes" (p. 389, nota de rodapé número 2).

Lê-se em Jean Duvernoy (*La religion des cathares*, p. 175) que os cátaros celebravam três quaresmas (quarentenas, com jejum) por ano: a primeira coincidia com a dos católicos e ia da quarta-feira de cinzas até o domingo da Páscoa; a segunda, do dia de Pentecostes a uma data necessariamente variável, situada, segundo as fontes consultadas, nas proximidades do dia de são Pedro e são Paulo, ou seja, 29 de junho, ou, ainda, em torno do dia de são João Batista (24 de junho); a terceira, de 13 de novembro (dia de são Brício), ou ainda, da primeira segunda-feira depois de são Martinho (11 de novembro) ou próximo desse dia, ao Natal.

Ora, a Páscoa – e agora pedimos ajuda ao Aurélio –, festa anual cristã para comemorar a ressurreição, cai no primeiro domingo depois da lua cheia do equinócio de março (dia 21).

Façamos algumas contas. O Carnaval naquele ano (1244) caiu no dia 14 de fevereiro, devendo entender-se essa data como a segunda-feira, dado que Roquebert informa que dia 13 foi domingo. A quarta-feira de cinzas, portanto, foi dia 16, o dia da rendição total previamente negociada. Teriam comemorado a Páscoa com toda aquela antecedência?

Pouco provável... No entanto, parece ter sido isso mesmo o que teria acontecido a crer-se na veracidade do testemunho (mediúnico) colhido pelo dr. Guirdham (*in A Foot in borth Worlds*, p. 176). Pelo que ali se lê, Braida (espírito) nega enfaticamente que a trégua de Montségur tenha sido negociada, a fim de que os cátaros sitiados pudessem celebrar pela última vez a festa maniqueia da primavera. Ela declara que a cerimônia foi a da Páscoa cristã.

Na véspera do dia da rendição, ocorreu no alto do rochedo um fato surpreendente, até hoje inexplicado. Vinte e um *croyants* e *croyantes* pediram a Bertrand Marty, o bispo cátaro, e a Raymond Agulher, para lhes ministrarem o *consolamentum*, o que significava irremediável vinculação da sorte desse grupo à dos que estavam destinados à fogueira no dia seguinte, caso não abjurassem.[82]

Na madrugada do dia 16, quarta-feira de cinzas, Hugues d'Arcis apresentou-se pontualmente para tomar posse da fortaleza em nome do rei. A Igreja também se fazia representar na pessoa do arcebispo Pierre Amiel, que foi quem mandou reunir os *parfaits* e as *parfaites* e lhes exigiu que abjurassem e se convertessem à fé católica. Ninguém quis fazê-lo. Deve ter sido, aquele, o silêncio mais dramático da história...

---

[82] Ler, a respeito, nota no final deste capítulo (p. 425).

Armou-se ao pé da montanha um espaço especial cercado de altas estacas, preenchido de lenha, à qual se ateou fogo. Em seguida, duzentos e vinte e quatro pessoas,[83] *parfaits* e *parfaites*, foram jogadas lá dentro, provavelmente – supõe Roquebert (p. 389) – com a ajuda de escadas apoiadas na paliçada. "... de mãos dadas, queimaram em massa, 'com grande alegria'", informa o historiador citando, em parte, os cronistas da época.

Uma das *parfaites*, de nome Alazaïs Raseire, foi destacada do grupo para ser queimada em Bram, onde nascera. Certamente para que seus conterrâneos testemunhassem ao vivo que não convinha rebelar-se contra a Igreja.

A despeito da ostensiva participação da Igreja no episódio – lá estavam Pierre Amiel, arcebispo de Narbonne, sucessor de Arnaud Amaury, bem como os inquisidores – o massacre de Montségur não foi considerado ação inquisitorial: "não houve tribunal, nem processo e nem sentença" – diz Roquebert.

Com todo o respeito pelo erudito historiador, eu diria de outro modo. Não foram respeitadas as formalidades que costumavam acompanhar a tenebrosa rotina, mas o ritual, ainda que sumário, estava lá, cabendo ao arcebispo o assumido papel de juiz – e, portanto, na presidência de um tribunal virtual –, que condenou os heréticos e os passou imediatamente ao braço secular para a devida execução da sentença.

E neste ponto, vem novamente à tona a história do tesouro, que, como temos visto, volta e meia é lembrada.

Na noite de 15 para 16 de março, Pierre-Roger de Mirepoix, o líder da comunidade cátara, selecionou quatro homens de sua confiança para esconderem-se *"sous terre"* – ou seja, em subterrâneos ou cavernas, descendo pelo precipício por meio de cordas.

O objetivo era o de remover o tesouro, que ainda se encontrava em algum lugar nos bosques da vizinhança. Mathieu, que retornara ao castelo em meados de fevereiro, teve tempo suficiente para explicar aos indicados onde haviam – ele e Bonnet – escondido as riquezas.

Como dois dos emissários – Peytavi Laurent e Pierre Sabatier – foram posteriormente localizados (dizem os cronistas), são e salvos, na Itália, Roquebert supõe (p. 390) que eles tenham transportado os valores para lá,

---

[83] Zoé Oldenbourg (p. 512) diz que foram cerca de 210 a 215 os cátaros queimados naquele dia. Acrescenta que os mártires de uma religião vencida não são canonizados, se bem que aqueles, a seu juízo, mereceriam a honraria...

onde teriam sido entregues a outras comunidades cátaras das várias que foram constituídas por fugitivos que escaparam com vida do Languedoc.

Os termos do acordo de rendição foram cumpridos, inclusive a anistia aos que haviam praticado o massacre de Avignonet, como Pierre de Mazerolles e outros.

Um bom número daqueles cujas vidas foram preservadas foi ouvido pela Inquisição, mas seus nomes a história não guardou, nem mesmo o de Raymond de Péreille.

Quanto a Pierre-Roger de Mirepoix, sabe-se por breve referência que, quinze anos depois, ainda vivia na penosa condição de *faidit* despossuído.

Montségur foi entregue a Guy II de Lévis, a quem pertencia por direito de conquista, como sabemos. Guy prestou as devidas homenagens ao rei, em Paris, como prescrevia o direito medieval, mas teve de cumprir também as posturas do direito canônico, que exigiam fossem arrasadas todas as propriedades onde os heréticos houvessem vivido e pregado.

Aliás, desde março de 1241 Montségur estava condenado a esse melancólico destino.

Raymond VII, conde de Toulouse, não tinha muito de que se queixar. Ao retornar da Itália, seis meses após a queda de Montségur, havia conseguido do imperador a restituição do marquesado da Provence, e, do papa, o levantamento de sua excomunhão e a respectiva absolvição. O texto oficial foi publicado pelo arcebispo de Narbonne no dia 14 de março de 1244, antevéspera da fogueira de Montségur.

Não conseguira acabar com a Inquisição, como desejava há algum tempo. Queria que o novo papa, Inocêncio IV, devolvesse o poder praticamente ilimitado de que dispunham os inquisidores ao clero regular: arcebispos, bispos, párocos e abades. Inocêncio recusou-se, confirmando a Inquisição na sua opressiva tarefa de patrulhamnento das práticas religiosas. A tenebrosa instituição tinha ainda muito que fazer.

De qualquer modo, Raymond VII parecia estar em paz com Deus e o mundo – o imperador, o papa, o rei, os prelados de suas propriedades. Para comemorar, reuniu toda a corte no castelo Narbonnais, no Natal, e deu uma "festa suntuosa", durante a qual armou duzentos novos cavalheiros.

Pouco antes de morrer – em 27 de setembro de 1249 –, mandou queimar em Barleiges, no Agen, oitenta *croyants*.

Quanto à Inquisição, o 'sucesso' de seus métodos de repressão garantiu-lhe a continuidade dos trabalhos por tempo ainda indeterminado àquela altura. Sempre apoiada discreta ou abertamente pela santa Sé, como temos visto.

Ferrer, o inquisidor incumbido de ouvir os sobreviventes de Montségur, daria continuidade à sua carreira. Era um diligente dominicano catalão e construiu para si mesmo a reputação de "juiz intratável" (Roquebert, p. 393). Por onde andou, deixou a marca de sua presença em numerosas condenações à fogueira e confiscos de bens.

Outros inquisidores se destacaram no período pós-Montségur, como Bernard de Caux e seu colega Jean de Saint-Pierre. O mais competente de todos, porém – se é que essa é mesmo a palavra indicada no contexto – foi Jacques Fournier, bispo de Pamiers, que elevou as técnicas inquisitoriais ao nível de consumada arte.

Deixou uma documentação riquíssima de vários pontos de vista: histórico, social, antropológico e, afinal de contas, religioso. Suas atas e depoimentos meticulosamente escritos, encadernados e preservados, constituem fonte preciosa para pesquisadores em várias especialidades. Foi com base em seus documentos que Le Roy Ladurie escreveu *Montaillou, village occitan*, obra volumosa – mais de 600 páginas –, consagrada pela crítica e pelos leitores. E pensar que Montaillou não passava de diminuta comunidade de apenas 250 habitantes, a 1300 metros de altitude, perdida na amplidão rural do Ariège, habitada por gente anônima e aparentemente sem história...

O livro de Ladurie, já traduzido para o português no momento em que escrevo estas linhas, é imperdível. Sei que isto nem constitui elogio condigno, mas parece um romance, com suas histórias entrecruzadas, os amores, as traições, as ingenuidades, as crendices e o padre que se ocupava mais das mulheres locais do que de seus deveres sacerdotais.

Coube a Ferrer, o inquisidor catalão, recolher o depoimento de gente do mais alto nível social da época. Roquebert menciona algumas de tais personalidades: a dama Marquésia, nascida Isarn de Fanjeaux, viúva de Guillaume de Roquefort e viúva, em segundas núpcias, de Bertrand de Pauline e, finalmente, irmã do bispo cátaro Pierre Isarn, queimado, aliás, durante a chamada Cruzada real, em 1226.

Interrogou também, Helis de Mazerolles, a velha senhora de Gaia (às vezes se escreve Gaja), filha de um magistrado de Trencavel com a dama Aude de Fanjeaux, que se fizera ordenar *parfaite* em 1204, juntamente com a lendária Esclarmonde de Foix. Esta, por sua vez, irmã do conde Raymond-Roger e viúva de Jourdain de l'Isle.

Os Cátaros e a Heresia Católica 377

Por aquela época (1204), Hélis era ainda uma criança que conservaria na memória a lembrança de sua avó Guillelme de Tonneins, também uma *parfaite*. Seu casamento com Arnaud de Mazerolles a tornaria castelã de Gaia.

Roquebert caracteriza (p. 397) seu filho Pierre como "auxiliar particularmente devotado da Igreja cátara, notadamente da comunidade de Montségur". Foi ele um dos líderes do comando que promoveu o massacre dos inquisidores abrigados em Avignonet.

Estou mencionando esses nomes – e acrescentaria o de Fabrissa de Mazerolles, cunhada de Hélis e Roger-Isarn – para lembrar que são os que ressurgiriam setecentos anos mais tarde, em pleno século vinte, no decorrer da singular experiência mediúnica que o dr. Arthur Guirdham relata em seus livros.

O próprio doutor, como vimos, teria sido certo Roger-Isarn, discípulo de Guilhabert de Castres, bem como irmão de Hélis, Braïda, Gaia, Isarn-Roger. Suponho que este último seja o Isarn de Fanjeaux, mencionado por Zoé Oldenbourg (pp. 475 e 502).

Existe aí um entrelaçamento das famílias Fanjeaux, Tonneins e Mazerolles. Lembremo-nos, ainda, de que Fabrissa, segundo o relato de Guirdham, era a pessoa que os cátaros desgarrados e perseguidos deveriam procurar em caso de perigo iminente e que Pierre de Mazerolles, sobrinho de Roger-Isarn, era a sinistra figura que atormentava o dr. Guirdham e a sua "Puerília" reencarnada como "Sra. Smith", nos seus respectivos pesadelos sincrônicos. Mazerolles parecia, nos pesadelos, ainda eufórico e orgulhoso da matança dos inquisidores.

Ferrer resolveu aposentar-se de seu cargo de repetidor inquisidor no fim do verão de 1244, ou seja, em setembro. A partir de outubro assumiram suas tarefas e responsabilidades Pierre Durand e Guillaume Raymond. Para Ferrer, no entanto, não era, ainda, o ócio com dignidade de que fala a expressão latina, porque em 1252 foi nomeado prior do convento de Carcassonne e, seis meses mais tarde, do convento de Béziers, onde ficaria até 1254. Parece ter morrido pouco depois, em Perpignan.

Durand e Raymond serviam na diocese de Toulouse, quando foram substituídos, em 1245, por Bernard de Caux e Jean de Saint-Pierre, que funcionavam como inquisidores desde 1241, embora somente sejam conhecidos documentos seus datados a partir de 1243.

Eram severos nos interrogatórios e pródigos em sentenças condenatórias. Cinquenta e duas sentenças expedidas entre 18 de março e 22 de julho de 1246 e, depois, de 11 de agosto de 1247 a 14 de junho de 1248, foram preservadas. O que significa que outras tantas podem ter existido.

Como muitas das sentenças atingiam várias pessoas, calcula-se, segundo Roquebert (p. 402), que só nesse bloco há duzentas e uma condenações. Mesmo descontando os que foram alcançados em várias sentenças diferentes, e que outros tenham fugido, a estatística é impressionante: quarenta e nove homens e mulheres foram condenados por contumácia (reincidência ou recusa em comparecer ao tribunal), cento e cinquenta e dois remetidos à prisão, cento e vinte e quatro dos quais à pena perpétua.

Do ponto de vista quantitativo, informa Roquebert, numa tentativa de avaliação, a eficácia dos dois diligentes inquisidores "é seguramente espetacular".

Para se ter uma ideia aproximada, e guardadas as proporções, seria o mesmo que condenar hoje duas mil pessoas em Toulouse por "delito de opinião". E não se pense que essa pequena multidão pertencesse às classes mais humildes da sociedade; eram, em sua maioria, os notáveis, os mais prósperos empreendedores do comércio e das nascentes indústrias locais e até ricos proprietários de terras, ainda mais porque a condenação gerava o 'direito' ao confisco das propriedades dos sentenciados.

Os inquisidores batiam forte e alto, nas camadas mais elevadas da sociedade contemporânea, inclusive em membros de uma dezena de famílias 'consulares', ou seja, da magistratura local. Os atingidos por essas arrasadoras condenações vinham, no dizer de Roquebert, da "fina flor da melhor burguesia toulousiana..."

É incrível pensar que tudo se fazia impunemente, sem contestação possível, ao arbítrio exclusivo dos inquisidores com a cobertura direta do papa, lá em Roma, sem qualquer vínculo de subordinação ou obediência às autoridades civis e eclesiásticas locais. Os condenados não tinham direito de defesa durante o procedimento e nem de recurso à condenação. E as autoridades civis – o famigerado "braço secular" – não tinham como deixar de cumprir as sentenças.

A repressão daquele tempo – assegura ainda, Roquebert – revelou-se muito mais eficaz com os meros *croyants* da religião amaldiçoada do que, anteriormente, contra os *parfaits* e *parfaites*.

O objetivo era mesmo o de erradicar para sempre o catarismo da face do Languedoc. A Igreja cátara local (Toulouse) perdeu, na fogueira acesa ao pé de Montségur, seu bispo, seu *fils mineur*, três diáconos e um número indeterminado de *parfaits*.

E isso – assegura Roquebert – não foi o fim do catarismo occitano, como costumam dizer alguns historiadores.

Os inquisidores passaram a trabalhar prioritariamente à base de denúncias, a fim de desmantelar os pequenos núcleos remanescentes, de onde o catarismo pudesse eventualmente propagar-se como bacilo que, atocaiado em algumas células do tecido social, voltasse a contaminar todo o organismo social.

Após a reconstituição do tribunal de Toulouse, na primavera de 1245, os dois eficientes inquisidores ocuparam-se por algum tempo da região de Razès, instalados em Limoux, a capital. Um ano mais tarde, já haviam lavrado sentenças de penitência por heresia contra cento e cinquenta e seis habitantes da cidade e adjacências.

Deu-se, aí, curioso incidente que serve para evidenciar – se é que isto fosse necessário – a inacreditável arrogância e autoritarismo dos inquisidores.

Os condenados de Limoux, que se davam muito bem com os monges do convento (dominicano) de Prouille, recorreram ao prior Raymond Cathala, rogando-lhe que pleiteasse junto ao papa a anulação da iníqua sentença inquisitorial. Cathala conseguiu convencer Inocêncio IV, que, sem desprestigiar completamentes os inquisidores, resolveu abrandar a penitência, dispensando a humilhante cruz de pano cosida às vestes dos condenados na frente e atrás. Em lugar disso, recomendava aos inquisidores que aplicassem penalidade menos infamantes.

Pierre Durand e Guillaume Raymond ficaram tão indignados – Roquebert escreve mesmo "furiosos" (p. 405) – que anularam suas próprias sentenças e concederam a absolvição a todos. E mais: em 1248, o papa anulou as medidas de clemência, mas os inquisidores simplesmente ignoraram o papa...

Bernard de Caux encerrou sua carreira de inquisidor no decorrer do ano de 1249. Jean de Saint-Pierre continuou a servir sozinho à causa da Inquisição por mais algum tempo, mas também aposentou-se logo a seguir.

Pouco antes disso, quando ainda serviam juntos, escreveram de parceria e a pedido do prior provincial dos Pregadores da Espanha um pequeno manual de procedimentos, com base nas suas experiências pessoais. Chamou-se o livro, como vimos alhures, *Processus Inquisitionis*.

Bernard de Caux, o "malho dos heréticos" – a expressão está em Roquebert –, instalou-se em Agen, onde trabalhou na fundação de um convento de pregadores, nos termos de um capítulo (assembleia geral de religiosos com o objetivo de tratar de algum assunto específico) reunido em 1252, em Montpellier. Caux, no entanto, morreu no final daquele mesmo ano.

Restava, ainda, uma surpresa. Em 1281, quase trinta anos mais tarde, quando se cuidava de ampliar as instalações do convento, decidiu-se trasladar seus restos mortais para o novo coro. O corpo do antigo inquisidor foi encontrado "perfeitamente intacto" – diz Roquebert, nos termos da ata de exumação, que foi preservada.

O insólito fenômeno, como não poderia deixar de ser, "provocou um movimento popular tão exaltado e tão difícil de se conter que foi necessário esconder os despojos do frade até que a polícia interviesse."

Depois de Pierre Durand e Guillaume Raymond, que, por sua vez, haviam sucedido a Bernard de Caux e Jean de Saint-Pierre, com também vimos, a Inquisição, no dizer de Roquebert (p. 412), "encontra-se reduzida, por toda região do Languedoc, a dois inquisidores aparentemente em fim de carreira".

A intenção seria a de entregar a tarefa à ordem dos Pregadores. Será, me pergunto, que as autoridades eclesiásticas estavam, afinal, pensando em pôr em prática o conselho de Bernardo de Clairvaux, para o qual a fé deve resultar da dissuasão e não da imposição? Pouco provável.

De qualquer modo, Roquebert escreve naquela mesma página que "Terminava, assim, a onipotência da inquisição dominicana."

Alguns nobres de alto nível, cumprindo sentença de prisão perpétua, foram liberados por ordem de um emissário especial do papa. Uns tantos deles haviam sido condenados por Ferrer e outros, por Bernard de Caux.

Algise de Rosciate, enviado do papa, é incumbido de rever as penalidades impostas aos heréticos de toda a província eclesiástica de Narbonne e vizinhanças, com poderes para reduzir ou mesmo anular as que considerasse injustas.

Dois meses mais tarde, "em termos extremamente violentos", acusa os inquisidores de levarem uma vida "escandalosamente dispendiosa" – o que Roquebert considera exagero. De qualquer modo, a própria Igreja manifestava sua indignação ante os abusos, a arbitrariedade e a arrogância dos inquisidores. Com o que punha os bispos da região contra o até então intocável e temido "Santo Ofício".

Enquanto isso, Raymond VII, no dizer de Roquebert (p. 414), "continuava a fazer o que sempre fez, ou seja, manobrar e manobrar sem muitos escrúpulos". O historiador atribui-lhe a responsabilidade por haver "sacrificado Montségur" aos seus interesses pessoais e "abandonar sem se envergonhar", à sua própria sorte, seus súditos envolvidos com a heresia.

Em agosto o conde foi ao encontro da filha Jeanne e seu genro Alphonse de Poitiers, irmão do rei da França, para estar com eles no momento em que partiam para uma peregrinação à Terra Santa. Na volta, foi acometido de uma febre que o prostrou no leito. Dia 23 de setembro ditou o testamento e a 27, morreu, aos cinquenta e dois anos.

Seu corpo foi depositado na abadia de Fontevrault, junto das sepulturas de seus ancestrais.

Veja bem quais eram estas pessoas: sua mãe, Jeanne da Inglaterra; seu tio, Ricardo Coração de Leão; e seu avô Henrique II Plantageneta, todos da melhor genealogia europeia da época.

Não viveu o suficiente – comenta Roquebert – para ver a realização de um de seus propósitos – o de esvaziar a Inquisição dominicana, convertendo-a em "Inquisição episcopal", pela devolução aos prelados regulares da tarefa de controlar a heresia, naturalmente que na expectativa de procedimentos menos cruéis e arbitrários.

O catarismo fora atingido na cabeça. Já não havia praticamente *parfaits* e muito menos *parfaites* no Languedoc. Os que escaparam às fogueiras atravessaram fronteiras e foram tentar, na Itália, principalmente na Lombardia, preservar a semente para futuro e possível replantio. As perseguições agora tinham de se contentar com os *croyants* remanescentes.

Por outro lado, admira-se o historiador da "incrível capacidade de resistência da religião proibida", atravessando crises sobre crises, conseguindo sempre furar as bravias ondas da repressão. E a essa altura, continua, "estávamos ainda a oitenta anos da última fogueira"!

Mesmo assim, o autor considera (p. 423) que a "desagregação da Igreja cátara deve-se mais ao exílio na Lombardia do que à repressão propriamente dita".

Se estou certo em minhas – porventura fantasiosas – especulações, o Languedoc fora a terra prometida. Para ali é que o planejamento espiritual havia encaminhado toda uma multidão de pessoas comprometidas com esse projeto renovador.

Ainda por motivações um tanto diversas, concordo com Anne Brenon, que, como vimos, escreveu um módulo em seu livro, intitulado "Uma sociedade predisposta à heresia?" Como Brenon fez um título interrogativo, eu responderia que sim, o Languedoc estava predisposto à tarefa da renovação do cristianismo, resgatando-o do oblívio o mais antigo, o mais autêntico, sem a contaminação das teorias, das teologias e das fantasias, dos rituais, dos sacramentos, das ambições pessoais na luta pelo poder civil e pelos bens materiais. O projeto queria de volta um cristianismo qualitativo, não quantitativo.

Não se sabe – como nos disse certa vez uma entidade amiga através de um médium – se as gerações subsequentes iriam manter o catarismo na trilha certa, sem desvios doutrinários ou de prática, que acabassem por descaracterizá-lo irremediavelmente como aconteceu com o cristianismo ao converter-se, por entropia, em catolicismo.

Seja como for, ficamos com o direito de imaginar como estaria a civilização, hoje, no planeta, após sete ou oito séculos de prática religiosa mais interessada no comportamento humano perante as leis divinas do que nas complexidades e sutilezas teológicas e no poder que tais instituições costumam criar para seus líderes.

A partir de 1240, o catarismo, mergulhado na clandestinidade, reduzira-se a um "punhado de *Bons Hommes*" – escreve Roquebert (p. 427).

No condado de Toulouse, novas desgraças se abateram sobre seu infeliz povo após a morte de Raymond VII. Os títulos e as propriedades passaram, como se sabe, para as mãos de Alphonse, genro de Raymond, não, porém, por força de cláusula testamentária, mas, como fez questão de deixar bem claro sua mãe, Branca de Castilha, em virtude das disposições do humilhante Tratado de Paris.

Alphonse, irmão do rei de França – a essa altura, desde 1226, Luís IX, futuro santo –, tomou posse oficialmente do condado. Sua rapacidade – informa duramente Roquebert (p. 430) – "não foi o menor de seus defeitos".

Implantou ali um regime de "pesada espoliação fiscal", sob a desculpa de que era necessário financiar as despesas da Cruzada, que continuava a castigar o Languedoc.

Os judeus foram as maiores vítimas de tal espoliação. Com o decorrer do tempo, o novo conde passou a disputar com o clero "os benefícios [?!] gerados pela repressão da heresia", no dizer de Roquebert. Ou seja, a perseguição religiosa, mais do que nunca, tornara-se fonte de renda... Os juízes civis, certamente controlados ou participantes dessa iniquidade, mandavam para a fogueira gente que os inquisidores diocesanos "haviam apenas [?] condenado à prisão perpétua..."

A repressão à heresia tornara-se, ademais, processo meramente político que nada tinha a ver com religião, se é que algum dia tivera.

Os Cátaros e a Heresia Católica 383

A conquista de Quéribus, considerado o último reduto cátaro, assinalou o início de outras jogadas políticas, numa disputa de fronteiras entre o reinado da França e o vizinho de Aragão.

"... foram necessários exatamente cinquenta anos [de 1208 a 1258] – ensina Roquebert (p. 435) – para chegar-se às últimas consequências dos derradeiros apelos lançados por Inocêncio III pela Cruzada".

Mas fora bem-sucedida a campanha, afinal de contas. Toda a região afetada pela heresia passara às mãos do rei francês.

A heresia, contudo, resistia teimosamente, aos surtos e suspiros, agonizante, desmantelada, mas ainda respirando, na clandestinidade. Para extingui-la para sempre seriam ainda necessários três quartos de século.

Acabara a era dos grandes *parfaits* e das corajosas *parfaites*, mas ainda que fosse agora apenas lembrança de um sonho que se transmutara em pesadelo e estigma, sufocada pelos estertores da agonia, a heresia ainda respirava, aqui e ali, pelos pulmões de alguns idealistas.

Discorrendo sobre Jacques Fournier, o último grande inquisidor – se é que o qualificativo deve ser posto em tarefa tão infame –, Roquebert o equipara a Bernard de Gui e comenta que "a Inquisição encontrou nele um homem de exceção" (p. 489). Fournier foi feito bispo de Pamiers em 1317, cardeal em 1327 e papa (Bento XII) em 1334. Morreu em 1342.

Roquebert faz coro com outros estudiosos, ao mencionar "o imenso interesse do (...) registro inquisitorial" deixado por ele. E não era somente sobre a heresia em si, mas sobre tudo quanto exibisse a mais remota coloração de um desvio de comportamento, ou melhor, sobre aquilo que o senhor bispo entendesse por desvio, tais como: os feiticeiros, os iluminados, os bêbados, os homossexuais, os amores clandestinos dos seus diocesanos.

Foram seus "registros inquisitoriais" que documentaram, por exemplo, a aventura amorosa de Pierre Clergue, o pároco, com Beatrice de Planissoles, filha de Philippe, senhor de Cassou e viúva de Bérenger de Roquefort, castelão de Montaillou.

Qualquer romancista ou teatrólogo mais atento perceberá imediatamente, nas atas, o rico filão para uma boa e histórica estória. Roquebert usa o termo apropriado para o texto das atas inquisitoriais, caracterizando a romântica Beatrice de Planissoles como "heroína de um folhetim herético-sentimental", no qual o senhor cura atraiu a beldade para uma "paixão muito sensual e para um catarismo no qual, como bom libertino, ele não acreditava..."

Pierre Clegue foi preso e condenado à prisão, onde morreu. Em 1329 seu corpo foi exumado e queimado, o que nem faz muito sentido, dado que, pela teologia vigente, já estaria teoricamente no inferno. Beatrice foi condenada à prisão em 1321, mas foi libertada no ano seguinte.

Com seus meticulosos e competentes interrogatórios, Jacques Fournier colocou Montaillou definitivamente no mapa e na história. Muitos são os autores fascinados pelos casos que ele conta em suas atas, por onde desfilam "personagens de espantosa variedade, frequentemente pitorescas" (Roquebert, 489).

Um de tais autores foi o erudito professor Jean Duvernoy, que publicou, em 1966, *Inquisition à Pamiers*. Não disponho desse livro, mas tenho aqui, diante de mim, uma coletânea comentada, em *Inquisition en terre cathare* (Privat, 1998, Toulouse, 175 páginas). Não sei se trata do mesmo livro, rebatizado.

As aventuras do cura e da castelã inspirariam uma ópera apropriadamente intitulada "Beatris de Planissoles", em texto occitano do erudito prof. René Nelli e música de Jacques Charpentier, criada especialmente para o Festival de Aix-en-Provence, em 1971.

Contando o tempo a partir de 1321, data em que a bela Beatrice foi condenada à prisão, Roquebert diz (p. 489) que os dois "amantes terríveis" se tornariam heróis de uma ópera sete séculos e meio depois, em 1971.

Grandes historiadores têm o justo direito de não serem muito atentos à aritmética – não são sete séculos e meio, "apenas" seis e meio, o que ainda é uma excelente demonstração de consistência histórica, mesmo que, na correta avaliação do autor, a aventura sentimental dos dois amantes não tenha grande coisa a ver com o catarismo.

De qualquer modo, "Esses retratos às vezes algo chocantes ou comoventes, vêm diretamente da Idade Média", como se lê na chamada impressa na quarta capa da coletânea de Durvernoy.

Roquebert, por sua vez, conclui que, de alguma forma, a estória dos dois amantes, resgatada após meia dúzia de séculos, constitui valioso testemunho daqueles tempos e espaço, em que as mentes foram impregnadas pelos postulados da "religião proibida que iria ainda viver uma longa e patética agonia, três quartos de século após a fogueira de Montségur" (p.490).

Indiferentes aos amores e aos temores, o poder religioso dominante entendia ser absolutamente necessário "extirpar do coração dos crentes (Roquebert, p. 494) o menor traço da *haeretica pravita*, aquela 'perversão herética', aquele desvio no qual a cristandade romana acreditara perceber o maior perigo de sua história".

Era tido como dever e direito eliminar pela morte todos os que, após recolhidos de volta ao seio maternal da Igreja, demonstrassem a mínima vacilação em termos de fé.

"Era preciso – conclui Roquebert – arrancar tais lembranças até mesmo dos cadáveres daqueles que, quando vivos, haviam aderido" à "depravação herética".

Em 11 de novembro de 1328, por exemplo, Henri Chamayoun, inquisidor de Carcassonne, e Pierre Bru, de Toulouse, expediram quinze sentenças de exumação, que atingiam, entre outros, a alta roda da nobreza, inclusive Blanche, mulher do antigo cônsul Guillaume Serre, que continuava preso nas masmorras de Carcassonne.

Em 1330, os incansáveis inquisidores preparavam-se para abrir mais dezoito processos póstumos, quando o papa João XII interferiu, considerando excessivo esse "macabro procedimento".

Pouco antes, em 1329, uma comissão inquisitorial se reunira para examinar quarenta casos semelhantes. Os debates duraram dois dias e dali saíram várias sentenças, uma de exumação da falecida mulher de Castel Fabre, bem como a condenação de mais quatro pessoas, entre as quais o "velho, muito velho" Guillaume Serre, "que voltara à heresia como o cão ao seu vômito" – dizia o texto da sentença. Guillaume, preso há cerca de quarenta anos, tinha àquela época mais de oitenta de idade. O ódio teológico[84] ainda estava no seu encalço...

"Os quatro últimos *croyants* cátaros (Roquebert p. 495) foram queimados à margem do rio Aude, junto da cidade."

Não há como simplesmente transliterar o texto conclusivo de Roquebert. Não saberia fazê-lo sem quebrar sua unidade e coerência. Prefiro passá-lo a você que me lê, em toda a eloquência de sua emoção.

> Esse catarismo [escreve o autor (p. 496)], esse cristianismo dissidente, foi erradicado após vinte anos de guerra e cem anos de Inquisição desta parte da Europa ocidental, onde se implantara tão solidamente: eis aí o aspecto religioso das coisas. Uma erradi-

---

[84] Atormentado pelos intermináveis debates e confrontos com a Igreja católica e com seus próprios companheiros (dissidentes) de ideal reformista, Melanchthon, um dos ideólogos do movimento, declarou nos momentos finais de sua existência terrena, em 1560, que morria feliz. Pelo menos, acrescentou, livrava-se do *"odium theologicum"*, a mais virulenta manifestação do rancor.

cação que deixava grande vazio nos espíritos[85] e nos corações, no seio de uma sociedade que havia, em parte, aderido à religião dos *Bons Hommes*, dos Amigos de Deus, como ela própria os chamava. Um vazio que a Igreja vitoriosa soube preencher habilmente pela multiplicação dos conventos de ordens mendicantes, franciscanas e dominicanas, que resgataram, em proveito da ortodoxia, as aspirações à vida evangélica que havia suscitado tantas vocações de *parfaits* e *parfaites*.

Mesmo tendo elogiado (sincera e merecidamente) o texto do eminente historiador do catarismo, devo colocar aqui algumas reflexões adicionais a fim de marcar algumas posições pessoais minhas.

Eu não diria que o catarismo deva ser caracterizado como "cristianismo dissidente" – a dissidência existiu, de fato, mas não em relação ao *cristianismo*, e sim ao *catolicismo*.

Estou ciente de que estes dois termos costumam ser tomados como sinônimos e os que assim pensam têm o meu respeito, mas o catolicismo é que era, ao tempo dos cátaros e há muito tempo, doutrina dissidente no sentido de que representava uma variação – para usar a expressão de Bossuet – do cristianismo primitivo. A doutrina cátara sempe esteve muito mais próxima, como que aconchegada aos ensinamentos originais de Jesus e às práticas que ele recomendava e exemplificava, ainda não sufocados por complexidades teológicas, dogmas, ritos, adaptações.

No confronto catarismo *versus* catolicismo, a que se caracterizava como facção herética, não teria sido aquele, e sim este. Referindo-se às numerosas seitas dissidentes surgidas no correr dos primeiros séculos da era cristã, Will Durant menciona o profundo envolvimento do cristianismo nascente com as religiões contemporâneas. Chega mesmo a dizer (*Caesar and Christ*, p. 595) que o "cristianismo não destruiu o paganismo,

---

[85] Sempre que encontro a palavra *esprit* em textos franceses, me pergunto qual teria sido a real intenção do autor. Isso porque, ao mesmo tempo que o termo – vindo do latim *spiritus* – quer dizer "princípio imaterial, alma, ser incorpóreo" (*Larousse*), significa, também, "faculdade de compreender, de conhecer, inteligência, atenção, julgamento, disposições, atitudes" etc. Alguns de tais signficados podem ser desconsiderados no contexto em que nos encontramos, que me leva a opção por sentidos mais amplos como os que constam da segunda série no dicionário [faculdade de compreender, de conhecer, julgamento, disposições e atitudes]. Isso porque o catarismo não foi apenas um movimento de resgate do conteúdo espiritual do cristianismo, mas uma atitude perante a vida como um todo, espiritualismo inclusive.

adotou-o". Pouco adiante, caracteriza o cristianismo como "a última das grandes criações do antigo mundo pagão".

Sim, mas isto – se dirá – é opinião de historiador laico, não especificamente interessado na história religiosa. Pode ser, mas eu os vejo usualmente mais credenciados para opinar sobre tais apectos do que religiosos que também se dedicam à historiografia. Seja como for, para Durant, o que hoje conhecemos como cristianismo é uma espécie de 'heresia' vitoriosa, entre as muitas que disputavam espaço naquele tempo.

Não faltou, por outro lado, entre os chamados Pais da Igreja, quem considerasse a variedade católica de cristianismo como a "sacratíssima heresia", ou seja, modelo no qual se cristalizaram as diferentes tendências do movimento de ideias e de práticas suscitado a partir da pregação do Cristo.

Anne Brenon também chama a atenção de quem a lê para a evidência de que, a despeito da inevitável coloração medieval, o catarismo "parece muito mais arcaico nos seus ritos e na sua organização eclesial".

Concordo com essa abordagem. Para mim, quanto mais antigo e mais primitivo, mais autêntico é o cristianismo. A água colhida a centenas de quilômetros correnteza abaixo não tem como ser a mesma linfa lustral recolhida ao pé da fonte de onde jorrou.

Por isso, agradou-me o termo "paleocristianismo" escolhido por Brenon para caracterizar o catarismo.

Vejamos mais de perto como ela situa a questão.

É, sem dúvida útil lembrar aqui [escreve à p. 99] que o cristianismo primitivo não foi um jovem e simples broto que cresceu pouco a pouco de um tronco único sob a influência da palavra dos apóstolos e dos primeiros Pais da Igreja, mas um movimento multiforme e multicéfalo, do qual numerosos galhos secos foram podados, pouco a pouco.

Como podemos conferir, trata-se basicamente da mesma reflexão de Durant, para quem o que hoje conhecemos como cristianismo é a resultante de uma tendência vitoriosa, dentre muitas, ou seja, um compósito que o tornou irreconhecível.

Por isso, ela própria se pergunta se não seria possível:

> [...] ver no catarismo um desses paleocristianismos adormecido, esquecido e um tanto fossilizado em algum monte Atos qualquer, bruscamente revivificado num período histórico que oferecia todas as condições favoráveis; não é por acaso [conclui] que tan-

tos evangelismos espontâneos se levantaram ao mesmo tempo de ponta a ponta na cristandade, no ano Mil.

Brenon não precisa do meu aplauso, mas aí o tem. Mais do que sua reconhecida competência de historiadora, penso ter funcionado, nessa e em outras relevantes passagens de seu livro, a magia da intuição.

O que ela está nos dizendo – ou pelo menos ouço-a dizer a mim pessoalmente – é que o cristianismo contemporâneo, com sua teologia, seus ritos, cultos e práticas, resulta da cristalização de um sincretismo de muitas formas e muitas cabeças e de cujo tronco foram aparados, sutilmente, galhos considerados indesejáveis. Ainda na sua avaliação – com denso colorido intuitivo –, o catarismo foi um projeto concebido para resgatar o cristianismo original, de volta ao pequeno broto que ela percebeu no velho tronco, a fim de começar tudo de novo. E que esse novo modelo era bom exatamente porque muito velho, dado que se reportava às primitivas fontes. E, finalmente, que, para que isso tudo desse certo, preparou-se também o cenário histórico-geográfico, no qual tempo e espaço foram cuidadosamente – diria mesmo carinhosamente – escolhidos. Ela chega ao detalhe de suspeitar da existência de uma "sociedade predisposta à heresia". E estou dizendo suspeitar porque ela colocou no subtítulo em que aparece essa expressão um cauteloso ponto de interrogação. (Ver pp. 119, 332.)

Infelizmente, não deu certo o plano. E não foi porque o modelo estava errado ou o ambiente fosse inadequado e o tempo não fosse aquele. Tratava-se de um projeto inteligente, generoso e competente, destinado a resgatar a mensagem esquecida e adulterada do Cristo.

Ao redigir o texto que figura em *O livro dos espíritos* sob o título "Prolegômenos", Allan Kardec lembra, em consonância com os ensinamentos de seus instrutores espirituais: "A razão diz que um efeito inteligente há de ter como causa uma força inteligente..."

O plano de restauração do cristianismo, "bruscamente revivificado", a que alude Anne Brenon, provém, portanto, de uma causa inteligente, ou seja, foi elaborado por seres inteligentes na dimensão espiritual, com o objetivo de reformular a civilização que há muito se perdera pelos atalhos e paixões.

Nesse mesmo tom, René Nelli, como também vimos, considera o aniquilamento do catarismo, a ferro e fogo, verdadeiro desastre histórico, por ter suscitado aquilo a que identificou como "aborto de uma civilização".

Os Cátaros e a Heresia Católica 389

O catarismo viveu ainda um período de espasmos, lutando desesperadamente por ar e vida, como o peixe retirado da água, mas assim como para o peixe a água não estava mais ali, para o catarismo já não existia a "sociedade predisposta à heresia" a que se refere Brenon.

A espada e o fogo haviam destruído o cenário e despachado de volta para a dimensão póstuma aqueles que ali se reencarnaram para implementar o projeto.

Caracteristicamente, a tabela cronológica preparada para o livro de Brenon menciona a queima dos últimos três *croyants* cátaros em Carcassonne, em 1325, e após algumas datas intermediárias – apenas quatro – lembra a queima de Jan Huss, em Constança, em 1415. Huss (re)nascera na Boêmia, em 1369, quarenta anos depois da queima dos três últimos *croyants* cátaros, no Languedoc. (Não havia mais *parfaits* e *parfaites* para alimentar as chamas da intolerância.)

Enquanto isso, John Wyclif, nascido em 1320, iniciava na Inglaterra sua veemente pregação contra os abusos que continuavam sendo cometidos em nome do Cristo. A Reforma protestante começa com ele, segundo o julgamento de alguns historiadores. Huss foi um dos que deu prosseguimento ao seu trabalho e, por isso, morreu queimado, como também seu amigo Jerônimo de Praga. Estavam abrindo caminho para Lutero, no século dezesseis, e, posteriormente, para Jan Huss, de volta ao cenário humano, reencarnado como Hyppolite Léon Denisard Rivail – Allan Kardec –, cujo nome sequer figura no módulo biográfico e histórico do *Larousse*. Viera incumbido de trazer de volta, mais uma vez, antigos conceitos esquecidos como preexistência e sobrevivência do ser, reencarnação, imortalidade, comunicabilidade entre 'vivos' e 'mortos', existência de Deus, como "inteligência suprema, causa primária de todas as coisas". Tal como ensinaram os cátaros.

Infelizmente, nem a Reforma, dita protestante, nem a doutrina renovada que os espíritos transmitiram a Kardec encontraram no espaço histórico-geográfico em que se desenvolveram o terreno fértil de uma "sociedade predisposta" a essas novas 'heresias'. Ainda assim, era preciso começar tudo de novo...

Os inimigos ostensivos desta vez não foram as religiões dominantes por si mesmas, mas as matrizes ideológicas que, direta ou indiretamente, elas ajudaram a criar no passado – céu, inferno, dogmas, exclusividades salvacionistas – abrindo vazios culturais que o materialismo aproveitou para ocupar. Além disso, a cultura agora entrincheirada em território ideologicamente materialista, foi gradativamente perdendo a sensibilidade e o interesse pelos aspectos espirituais da vida. Em lugar de uma entidade espiritual metida num "túnica de pele", o ser humano passou a ser considerado um mero conjunto organizado de matéria, nada mais. Em outras palavras, o ambiente não estava mais predisposto para acolher a sempre renovada mensagem espiritual de sempre.

Mas, de volta ao catarismo, como foi que tudo terminou?

A década de 50 do século treze caracterizou-se pelo desencorajamento, as abjurações e as fugas para os abrigos secretos ou para o exílio.

A Inquisição mudara de comando; não estava mais entregue às arbitrariedades dos 'profissionais' da opressão, cuja autoridade se sobrepunha, como vimos, até à do papa. Passara para as mãos do clero regular, ou, mais especificamente, dos bispos, entre 1249 e 1253. Os métodos, contudo, não mudaram muito e no que mudaram foi para pior. Anne Brenon (p. 276) fala de práticas de resgate exigidas de suspeitos que tinham de pagar "somas enormes" a troco de libertações provisórias ou adiamento de depoimentos nos temidos tribunais.

O alvo agora não eram os *parfaits* e as *parfaites*, que haviam sido mortos ou conseguiram escapar para a Lombardia, especialmente entre 1260 e 1270 – eram os *croyants* que, tecnicamente, nem eram cátaros, e sim simpatizantes, sem posição de destaque ou comando no movimento. A Igreja, contudo, os entendia contaminados irremediavelmente pela 'depravada heresia'. Especialmente os mais ricos, que ofereciam atraente potencial de lucro pela prática do confisco e do resgate em dinheiro vivo.

Em 1285, quarenta e um anos depois de Montségur, explodiu uma reação – mais uma delas – contra o procedimento 'irregular' dos inquisidores de Carcassonne e Albi, que procuravam envolver "com maior zelo" os grandes proprietários ou as mais destacadas autoridades políticas locais, que cumpria desacreditar ou intimidar para garantir e ampliar espaços para a opressão e o terrorismo.

Brenon cita casos específicos de tal procedimento, como o do inquisidor Nicolas d'Abbeville, sucessor de Jean Galand, que desejava mandar exumar Castel Fabre. O infeliz, um burguês de Carcassonne, morrera em 1278 em mãos dos franciscanos e mesmo assim foi processado postumamente pelos dominicanos. Abbeville queria queimar seus restos mortais, como a tantos outros se fizera, a fim de ficar 'legalmente' investido dos poderes para confiscar-lhe os bens, inclusive aqueles que o herético morto deixara em 'herança' (forçada, naturalmente) para os franciscanos, seus rivais.

A rivalidade entre as duas ordens 'religiosas' não era mais segredo para ninguém, porque se explicitara abertamente nas feias disputas pelo melhor quinhão. Os desmandos foram tantos que suscitou um movimento de reação popular – "a raiva carcassonense".

Em atenção a queixas formuladas a respeito, Filipe, o Belo (rei de França entre 1285 e 1314), determinou aos seus senecais que não mais aprisionassem qualquer pessoa, em desacordo com as normas jurídicas vigentes, simplesmente porque os inquisidores assim o determinassem.

A indignação foi tamanha que, mesmo naqueles tempos em que a palavra dos 'representantes de Deus' era considerada irrecorrível, a pressão pública conseguiu expulsar Bernard de Castanet de Albi e manter os dominicanos prisioneiros em seu próprio convento durante seis anos, de 1302 a 1308.

Em Carcassonne organizou-se uma milícia popular que saqueou a residência dos colaboradores da Inquisição e exigiu das autoridades locais a transferência para a cidade dos prisioneiros do Santo Ofício, que chegaram sob proteção do próprio rei.

Movimentos semelhantes ocorreram em 1235, em Toulouse, Albi, Narbonne. "... povo e patriciado [nobres] – escreve Brenon (p. 280) – unem-se contra as explorações dominicanas entre as quais as mais insuportáveis eram inegavelmente as exumações e as fogueiras póstumas".

Ainda assim, aproveitando-se de uma reviravolta política, os temíveis inquisidores retomaram o poder de opressão nas mãos e a "Inquisição dominicana (Brenon, p. 280) momentaneamente vacilante, reassumiu sua impassível eficácia graças ao trabalho de Bernard de Gui e de Geoffroy d'Albi." Este último, originário de Île de France,[86] foi nomeado inquisidor de Carcassonne em 1303 e Bernard de Gui, do Limousine, inquisidor de Toulouse em 1307. Gui teria, no tempo devido, de ocupar-se dos Authié [encontro também a grafia Authier], dos quais falaremos daqui a pouco.

A despeito de todo esse gigantesco esforço empregado pela Inquisição ao longo de tanto tempo, "no início do século quatorze – escreve Brenon – o catarismo ainda não morrera na Occitânia". Faltava o último espasmo na prolongada agonia.

Nos arredores de Carcassonne e de Toulouse, "encurralado pelos poderes civis e religiosos (Brenon, p. 280), o catarismo não fazia mais do que sussurrar..." (Brenon escolhe bem suas palavras...), mas, no condado de

---

[86] Île de France, aprendo com o *Larousse*, região da França antiga com a capital em Paris, somente seria constituída em província no século quinze. Corresponderia aos oito departamentos atuais da região parisiense e mais parte do Oise e do Aisne.

Foix, onde o príncipe conseguira manter certo grau de independência, os praticantes da nova religião gozavam ainda de relativa liberdade.

Mesmo ali, contudo, e alhures no Languedoc, os *croyants* não tinham como atender ao que Brenon chama de "fome espiritual", à falta de *parfaits* que os instruíssem e consolassem. Viviam, portanto, das recordações das antigas prédicas e, quem soubesse ler, dos raros livros doutrinários porventura existentes.

Foi esse o momento para entrar em cena uma nova personagem histórica de nome Pierre Authié.

Enquanto os inquisidores empenhavam-se em "vigorosa política de repressão" (Roquebert, p. 474) – em Carcassès e Albigeois, cuidando de eliminar ou, pelo menos, neutralizar a resistência à Inquisição, "um estranho fenômeno de vasos comunicantes" estava prestes a relançar o movimento cátaro no Languedoc.

Quem primeiro percebeu, como diria Bernardo de Clairvaux, que os lobos recomeçavam a rondar a vinha do Senhor, foi Geoffroy d'Ablis, mestre em teologia, vindo de Chartres para suceder a Nicolas d'Abeville, em 1303.

Ao ausentar-se para comparecer à cerimônia da coroação do novo papa Clemente V, em Lyon, Geoffroy recomendou ao prior Géraud de Blomac e ao frei Jean de Falgous, ambos do convento de Carcassonne, a mais severa vigilância, dado que tinha informações de que um ramo secreto da heresia continuava vivo e atuante.

Ele próprio, Geoffroy, em atenção a uma denúncia, mandara capturar, alguns dias antes, dois *parfaits* vindos do condado de Foix, por nome Jacques Authié, filho de um notário de Ax-les-Termes, e seu auxiliar (*sòci*), um tecelão chamado André Tavernier, de Prades, território de Alion e, por isso, conhecido como Prades Tavernier.

Logo se descobriu que esses dois dirigiam pequena comunidade cátara já implantada na região e que contava doze membros.

Vieram do condado de Foix dispostos à "reconquista espiritual" da antiga região ao catarismo.

Roquebert lamenta – como historiador, naturalmente – que não se tenha preservado senão pequena parte da documentação inquisitorial desse período, a relativa aos dezesseis meses que vão de maio de 1308 a setembro de 1309 e correspondente ao interrogatório de dezessete *croyants*. O suficiente, contudo, para que o historiador ateste sua "extraordinária riqueza", comparável apenas às igualmente valiosas anotações de Jacques Fournier, mais tarde, a partir de 1318.

Os depoentes falam abundantemente e com surpreendente liberdade de costumes e da vida quotidiana em suas comunidades, expandindo-se em detalhes que, com frequência, nada tinham com a heresia em si.

Lê-se em Anne Brenon (pp. 280 e seg.) que a tarefa restauradora assumida pela família Authié começou aí por volta de 1295.

Pierre Authié, notário de Ax-les-Termes, como vimos há pouco, era homem sensato e culto, de numerosa família, além de dois bastardos e uma parentela na burguesia notarial, estabelecida no Sarbatès: irmãos, genros, cunhados.

Da leitura de um livro cátaro – talvez contrabandeado, supõe Brenon, ou de uma remanescente biblioteca de família –, passou a interessar-se pela doutrina herética, abandonou seus afazeres e partiu, em companhia de seu irmão Guillaume, para a Lombardia, à procura de *parfaits* que pudessem instruí-lo melhor nas minúcias da heresia.

Em Coni encontraram-se com Pons Arnaud, de Châteauverdun, e, em seguida, com o derradeiro representante da Igreja, o velho Bernard Audoy, originário de Montségur, no Albigeois, e seu companheiro Pierre Raimon, de Saint-Papoul.

Entre 1297 e 1299, aquele punhado de cátaros exilados planejou o 'grande retorno' à saudosa Occitânia. Iriam recomeçar a difícil sementeira em terreno ainda fértil, mas vigiado implacavelmente pelos espantalhos e predadores.

Após haver passado a Pierre e a Guillaume Authié tudo quanto podia ensinar-lhes, Audoy ministrou-lhes o *consolamentum*, bem como a Mathieu Germa, seu próprio sobrinho, e a mais dois noviços vindos do condado de Foix, o já mencionado Prades Tavernier e Amiel de Perles.

O pequeno grupo se pôs prontamente a caminho de volta ao Languedoc, onde chegaram, no final de 1299. O *parfait* Pierre Raimon, companheiro de Bernard Audoy, os acompanhou.

Essa foi a equipe – de apenas seis *parfaits*, ordenados na clandestinidade do exílio – que iria trabalhar nos próximos dez anos, na arriscada e romântica aventura de reativar o catarismo na região de Sabarthès, Toulouse e Razès.

Em 1300, Pierre Authié ordenou seu filho Pierre e um *croyant* de antiga família cátara, por nome Pons Baille.

A partir de várias residências estrategicamente situadas em Toulouse, na região do Alion e Razès, expande-se o leque do trabalho pastoral na tarefa bem-sucedida de reatar os antigos laços de fraterna amizade. E, novamente, os *parfaits* clandestinos e itinerantes contam com o apoio e a cumplicidade de pessoas de confiança por toda a região, especialmente no condado de Foix, onde se esboça verdadeira reconquista.

Aliás, o capítulo em que Brenon cuida deste período tem o expressivo título de "A Igreja do deserto". Roquebert preferiu chamar o seu módulo de "A Igreja da reconquista".

É realmente o que se passa naquela região. Novamente as grandes famílias acolhem os *parfaits*, protegem-nos e os ouvem atentamente. Brenon cita alguns desses clãs: os Châteauverdun, os Rabat, os Lodat, os Niaux. Consta que Roger Bernard III, de Foix, falecido em 1302, tenha sido consolado por Pierre Authié.

O texto de Brenon a respeito é expressivo. Os três Authié, Guillaume, Jacques e sobretudo Pierre são a alma do movimento.

São cultos, doutrinariamente bem instruídos e bons pregadores. Jacques – dizem os registros – "pregava como um anjo". Parece pertencerem à melhor linhagem cátara, ressurgida em momento crítico no qual os *croyants* isolados e apavorados não tinham mais nenhum *parfait* ao qual recorrer.

Começavam a se entregar a práticas desesperadas e até supersticiosas. Conservavam piedosamente relíquias dos antigos *parfaits* e até pães abençoados por eles, para que pudessem garantir a si mesmos e aos seus "um bom fim".

"Era o puro e verdadeiro catarismo – assegura Brenon (p. 282) – que pregavam os Authié por toda a região, desde os casebres às mansões dos nobres..."

Novos adeptos começaram a ser recrutados, como certo Philippe d'Alayrac, de Coustaussa, que foi enviado à Itália como noviço e de lá voltou ordenado *parfait* em companhia de uma mulher de Limoux, Aude Bourel, conhecida como Jacoba (Jacqueline), "a última *parfaite* occitana" conhecida e que se instalou em Toulouse em contato com pequeno grupo – clandestino, como sempre – mas sem a habitual companheira, pois *parfaits* e *parfaites* viviam e trabalhavam em duplas.

Em 1306, Pierre Sans foi ordenado por Pierre Authié, e, em seguida, um jovem tecelão por nome Sans Mercadier, bem como outros, mais tarde.

Cresciam, contudo, as dificuldades e os perigos que envolviam o bravo grupo de idealistas. Os olhos vigilantes da Inquisição estavam por toda parte e eram longos os seus braços. Tinha agentes e espiões atentos ao menor sinal suspeito, alguns deles infiltrados no movimento, fingindo-se de simpatizantes da doutrina cátara a fim de melhor observar e denunciar os hereges.

A tortura moral e física começava a ser empregada para 'encorajar' a delação ou, antes, a desencorajar as tentativas eventuais de se recusarem os informantes a delatar.

Jacques Authié e Prades Tarvenier já haviam sido presos uma vez, em Limoux, em 1305, mas conseguiram escapar. Em 1308, Guillaume Authié e Prades escapam por um triz da grande operação de prisão em massa levada a efeito em Montaillou.

No ano seguinte, quase todos os *parfaits* foram capturados, um por um. Em março desse mesmo ano (1309), Jacques Authié foi queimado em Carcassonne; em agosto foi a vez de Pierre, seu pai, levado para a prisão em Toulouse, onde se reencontrou com Amiel de Perles. "Na prisão de Toulouse – escreve Brenon (p. 283) – Pierre Authié e Amiel de Perles trocam impressões acerca de sua tristeza: Bernard de Gui conseguira abater a Igreja deles." Não se preocupavam, portanto, com as próprias vidas, mas com o estrangulamento de seus ideais reformistas.

Guillaume foi preso e queimado em dezembro, juntamente com Prades Tavernier. Em 23 de outubro foi a vez de Amiel, queimado em "regime de urgência". Optara pelo extremado procedimento da *endura*, entregando-se à greve de fome. Ansiava por um fim mais breve possível, de modo a não ter que falar mais sobre tudo o que já lhe fora possível dizer.

Pierre Authié enfrentou ainda longos meses dos torturantes interrogatórios até que, em 9 de abril de 1310, Geoffroy d'Ablis e Bernard Gui leram para ele a sentença condenatória.

Como todos os outros, morreu com bravura e sem um momento de vacilação. Antes que as chamas lhe devorassem o corpo, deu o último testemunho, dizendo que, se "o deixassem falar e pregar à multidão, haveria de convertê-la toda à sua fé".

Sabedor de sua morte, Sans Mercadier suicidou-se, atitude rara num *parfait*. Quanto a Pierre Sans, continuou a pregar na cladestinidade até 1312. Supõe-se que por esse tempo se tenha refugiado, provavelmente na Catalunha ou na Lombardia. Philippe d'Alayrac e Belibaste, foragidos da prisão de Carcassonne – o terrível *mur*, o muro ou parede –, foram parar na Catalunha, via Fenouillèdes.

Um século depois de Guilhabert de Castres, em Fanjeaux, Pierre Authié retomara a tradição dos grandes pregadores,

> [...] capaz de restaurar e vivificar [escreve Brenon] uma verdadeira Igreja em toda a região, com seu punhado de intrépidos *Bons Hommes*.

> Entre os dois [continua a historiadora], um século de guerras, de grandes fogueiras coletivas, de esperanças malogradas, de repressão sistemática, de delações, de torturas, de depoimentos extorquidos, de temores, de mortes miseráveis no fundo dos calabouços, de consolamentos clandestinos e de erraticidade.

De alguma forma, a mensagem que esses bravos pregadores estavam tentando divulgar continuou a repercutir, ainda que com imprecisões e distorsões, no depoimento de gente que com eles teve algum contato ou convivência.

Guillelme Garsen, por exemplo, declararia a Jacques Fournier, dez anos mais tarde, algo do que aprendera com "os ditos heréticos".

Depois de falar – tanto quanto ela entendera – sobre o dualismo do Deus-bom *versus* Deus-mau, acrescentou que "os espíritos ou almas haviam sido criados há muito tempo e deixavam o corpo das pessoas – o texto inquisitorial fala em *hommes* – para, em seguida, reentrar no corpo de outros homens e mulheres; eles me diziam – conclui – que talvez eu tenha sido uma rainha..."

Pierre Maury, um pastor anônimo de Montaillou, também se lembrava de aspectos marcantes da pregação daquele heréticos, no seu caso, Belibaste, o último *parfait* conhecido.

Contou ele aos inquisidores que, depois da morte física do corpo, a alma abrasada pelo fogo de Satã, o deus estrangeiro, cuida logo de reencarnar-se para não mais sofrer as queimaduras. "Ela se incorpora o mais rapidamente possível em outro corpo, seja este qual for, o primeiro corpo de carne que encontrar, seja de outro homem ou o de um animal ou pássaro, a fim de conseguir algum repouso nesse corpo..."

Dias depois, em outra rodada de interrogações, o mesmo depoente continuou a expor a doutrina de Belibaste. Ouvira esse herético dizer – informa o pastor – "que matar qualquer animal, exceto ratos, serpentes, sapos e outros que tais, era pecado, de vez que nesses animais há almas humanas encarnadas".

Ao comentar esses depoimentos, ressalva Anne Brenon que "essa teoria da encarnação da alma humana-divina em corpos de animais tenha sido um traço específico daquele 'catarismo montanhês'. Pierre Authié – ressalva a autora (p. 286) – não falava senão de corpos humanos".

Quanto a estas pequenas, mas expressivas e reveladoras, amostras, algumas reflexões se impõem e não quero deixar escoar-se a oportunidade de as colocar para meditação de você que me lê, bem como minha própria.

Os Cátaros e a Heresia Católica

Ressaltam, em primeiro lugar, a nitidez e convicção com a qual se situa no catarismo a doutrina das vidas sucessivas. Para os cátaros, a morte não é o fim de tudo e nem suscita a destinação final e irreversível do ser sobrevivente. Os portais da morte se abrem para outra dimensão, onde a alma (ou espírito) prossegue suas intermináveis experimentações com a vida.

O corpo físico fica na terra, onde seus componentes orgânicos se desintegram. Liberada do acoplamento com a matéria densa, a alma sobrevivente pode encontrar-se em pelo menos duas situações póstumas, conforme tenha sido seu procedimento na Terra. Ou estará no gozo de relativa paz, quando tenha agido corretamente enquanto por aqui andou, ou estará afligida por tormentos indescritíveis comparáveis ao lendário suplício das fogueiras do fictício inferno. E, neste caso, desejará reencarnar-se tão logo lhe seja possível, a fim de encontrar em novo corpo físico certo sossego que o esquecimento da reencarnação lhe proporciona.

Algumas deformações figuram, portanto, nos ensinamentos recebidos, como a persistente ideia do inferno, incorporada há séculos naquilo que Carl G. Jung rotularia, séculos mais tarde, como "inconsciente coletivo". Tão persistente tem sido a fantasia do inferno que ela ainda prevalece na imaginação de crentes e descrentes, entre os que não sabem e os que não querem saber.

Não é de se admirar, pois, que o conceito de um espaço destinado ao castigo eterno dos pecadores tenha se infiltrado sutilmente na doutrina cátara, pelo menos na cabeça daqueles que a expunham em segunda mão, aos inquisidores, nos termos de suas limitações culturais e linguísticas e, ainda mais, segundo o que se preservara em suas lembranças do que haviam ouvido dos últimos *parfaits*.

De qualquer modo, era válido naquela época, como antes dela, tanto quanto hoje e no futuro, o conceito das vidas sucessivas. Não estamos tratando aqui de simples formulação teórica, especulativa ou filosófica e nem de crença de caráter religioso, mas de uma lei natural, ensinada pelo próprio Cristo.

O espiritismo codificado pelo prof. Rivail (Allan Kardec) em meados do século dezenove, lá mesmo, na França, colocaria tais ideias na sequência, na hierarquia e no lugar adequados, ratificando, retificando e revitalizando conceitos básicos da doutrina cátara. Ou, mais amplamente, do cristianismo primitivo.

Tanto no catarismo medieval quanto no espiritismo contemporâneo, no entanto, o eixo em torno do qual orbita o sistema de ideias é o das vidas sucessivas.

Tenho declarado alhures em outros escritos que o conceito da reencarnação traz em si um alto poder subversivo. É verdade isso, no sentido de que a realidade das vidas sucessivas põe em xeque toda a estrutura de apoio que a Igreja católica, por exemplo, mas também o protestantismo, o judaísmo e o Islã não teriam como adotar sem irreparáveis danos às suas respectivas teologias. E, por via de consequência, ao seu patrimônio material e ao poder civil de que dispõem.

Não tenho como apurar se a Igreja medieval percebeu esse risco e se, tendo percebido, teria sido esta a causa ou, pelo menos, uma das motivações dominantes da devastadora e sangrenta campanha de extermínio que moveu contra o catarismo.

É certo que eram relevantes e inegociáveis seus interesses materiais e políticos naquele tempo, como ainda hoje, e que a perspectiva de demolição de seus fundamentos doutrinários tenha assustado as hierarquias eclesiásticas mais do que hoje nos é possível admitir. O medo nunca foi bom conselheiro.

Sejam ou não estas as razões, a Igreja não poderia contemplar sem profundas inquietações o impacto positivo que o catarismo vinha suscitando por toda parte em amplo espaço geopolítico, além de religioso, no qual até então ela fora soberana, com poderes até sobre o famigerado "braço secular", que lhe cumpria fielmente as sentenças condenatórias, sob pena de excomunhão ou interdição.

As deformações doutrinárias contidas nos depoimentos dos *croyants* ou de pessoas que simplesmente dialogaram ocasionalmente com os *parfaits* e as *parfaites* são explicáveis e até esclarecedoras no sentido de que revelam o quanto o catarismo mexera com a cabeça do povão e dos nobres daquela época.

Belibaste, o último *parfait*, não vinha mais daquela linhagem cultural e doutrinária do passado, situando-se, ao contrário, à distância astronômica de figuras exponenciais como a de Guilhabert de Castres.

Brenon mesma chama a atenção, por exemplo, para o fato de que ele admitia a reencarnação de almas humanas em animais, hipótese que, de modo algum, seria endossada pelos Authié, ou, para lembrar por minha conta, pelo espiritismo, no século dezenove.

Do que se depreende que a doutrina cátara entrara em processo de entropia, de degradação, a partir do momento em que a repressão foi eliminando os grandes teóricos e líderes do passado. Após a família Authié e seus seguidores imediatos, restou Belibaste, que os historiadores do catarismo tratam com reservas, ante seu evidente despreparo para a função que pretendia exercer.

Há que se anotar, ainda, que a doutrina cátara da morte era a de Paulo, ou seja, a de que o componente espiritual se desprende do corpo físico que, abandonado à terra, decompõe-se. Esse esquema, por sua vez, apoiava-se em outras tantas convições paulinianas como a de que o ser humano encarnado é uma trilogia psicossomática composta – se assim podemos dizer – de corpo físico, alma e espírito [*soma, psique, pneuma*]. A mesma, aliás, adotada posteriormente pelo espiritismo, que considera a alma como espírito (re)encarnado.

Não há como discordar de Anne Brenon, que via nesse catarismo quase que pós-cátaro óbvias deformações doutrinárias, que surgem com mais frequência na concepção um tanto ingênua dos homens e mulheres do povo nos seus depoimentos à Inquisição. Mesmo porque tais filigranas doutrinárias estavam acima da capacidade de compreensão daquela gente simples e boa cuja prioridade maior era com o monótono varejo de suas vidas anônimas e apagadas.

Como vimos, ainda há pouco, observa a historiadora que a teoria da reencarnação de almas humanas e animais parece-lhe ser um "traço específico daquele 'catarismo montanhês', e não tem acolhida nos ensinamentos de pureza doutrinária de um Pierre Authié, por exemplo.

A mesma avaliação serviria, a meu ver, para aspectos como o diteísmo (doutrina ou crença em dois *deuses* igualmente poderosos em lugar de em dois *princípios* que se opõem ou se contrastam, como o do bem e do mal).

Tratava-se, no dizer de Brenon (p. 290) de um "dualismo pragmático" decorrente de uma metafísica – popularizada diria eu – que "não é mais a do catarismo".

O que transparece, portanto, nos depoimentos recolhidos pelos inquisidores não é a boa doutrina cátara na pureza de seus tempos de apogeu, mas o que pastores, trabalhadores do campo e donas de casas entendiam (ou não entendiam) daquilo que ouviram falar ocasionalmente aos derradeiros *parfaits*.

Como poderia Arnaud de Cogul – pergunta-se Brenon – acreditar que Deus houvesse criado o lobo que regularmente devorava suas vacas e seus carneiros? Animais nocivos, como lobos, ratos, serpentes, moscas só podiam ser criaturas do deus-mau, ou melhor, do demônio.

Já nos livros doutrinários cátaros – os poucos que sobreviveram – vemos que todos os corpos físicos eram criação do mal. As almas, não.

Como componentes divinos, ficavam neste mundo, aprisionadas nas diabólicas "túnicas de pele".

Pierre Clergue, o "cura anarquista" de Montaillou, na sua desabrida linguagem, colocava os bispos católicos na categoria de lobos e os frades dominicanos, na dos cães. Não faltou, aliás, quem desdobrasse a palavra dominicano – de são Domingos – em *Domini cani*, ou seja, os vigilantes "cães do Senhor".

Tratava-se, pois, de um catarismo que começava a entrar pelos atalhos de que fala Luciano dos Anjos, um catarismo "*devoyé*", no dizer de Brenon.

Não estou partindo da suposição elitista de que os depoentes eram de inteligência limitada e incapazes de raciocinar. A inteligência pode perfeitamente conviver com a incultura. É o que se depreende, por exemplo, dos notáveis diálogos mantidos entre Jacques Fournier, em Montaillou, com os camponeses, artesãos e donas de casa da região.

Os historiadores do catarismo, bem como antropólogos, escritores e sociólogos, não fazem segredo do encantamento que experimentam com esses curiosos textos inquisitoriais que preservaram a espontaneidade da conversa e o jogo sutil das ideias que aquelas pessoas movimentavam na mente.

É convincente nesse sentido, a leitura de Le Roy Ladurie, em *Montaillou – village occitan*. Jean Duvernoy recolheu testemunhos dessa natureza em seu interesssante livrinho. Brenon também oferece alguns recortes de tais depoimentos. Exemplo: Jacques Fournier pergunta a Grazida Lizier, jovem camponesa de Montaillou, se ela achava ter cometido pecado, ao manter relacionamento amoroso com um padre, o notório Pierre Clergue, antes e durante seu casamento.

"Como, àquela época, aquilo nos dava prazer, a mim e ao cura – responde ela com toda a pureza da espontaneidade – não acreditava e não me parece que se tratasse de pecado. Agora, porém, como aquilo não mais me causaria qualquer prazer, se eu fosse carnalmente conhecida[87] por ele, eu teria a impressão de pecar..."

Mas Fournier insiste, perguntando à jovem se, no seu entender, aquele procedimento não estaria desagradando a Deus.

Ela retruca reiterando sua doutrina do prazer, se assim podemos dizer. Não lhe pesava na consciência o ato que, naquela ocasião proporcionava prazer a ela e ao senhor cura. Embora ressalvando que a união carnal entre homem e mulher desagradasse a Deus, "não creio – disse – que duas

---

[87] Para quem não esteja familiarizado com esse verbo nesta função, devo lembrar que, segundo *Aurélio*, conhecer é, também, "ter relações sexuais com..."

Os Cátaros e a Heresia Católica 401

pessoas que se unam, pequem, desde que aquilo lhes proporcione mútuo prazer".

Dessas delicadas explorações, o interrogatório salta para o plano teológico, quando o bispo-inquisidor pergunta a Grazida se ela acredita no inferno e no paraíso. Vejam que resposta inteligente e bem colocada:

"Não sei. Ouvi dizer que o paraíso existe e acredito nisso. Ouvi dizer (também) que o inferno existe, mas nisso não acredito, nem o nego. Creio que o paraíso existe, porque é uma boa coisa, pelo que ouvi dizer, mas não creio muito no inferno porque é uma coisa má..."

"E quem lhe ensinou esses erros? – pergunta o bispo.

"Ninguém, senão eu mesma" – é a resposta.

"E você ensinou isso a alguém?"

"Não, ninguém m'o perguntou..."

De certa forma, a inteligente Grazida ganhou sua causa, de vez que, talvez bem impressionado com a espontaneidade da moça, o inquisidor atribuiu-lhe pena relativamente leve (prisão), logo comutada por outra que a obrigava a usar a cruz de pano costurada às suas roupas simples de camponesa.

Nesse ínterim, Grazida procedeu a uma releitura em sua teologia, admitiu seus erros e passou prudentemente a acreditar no inferno, "onde os maus e os demônios serão castigados para sempre".

Quanto à criação, ela expôs seu pensamento a Fournier. Deus teria feito "as boas coisas, úteis às pessoas, como seres humanos, animais comestíveis ou que transportam cargas, como bois, cabras, cavalos, mulas e os frutos da terra, árvores (vegetais) comestíveis". Acreditava, contudo, que Deus não havia feito o diabo, porque é uma coisa ruim, e "Deus nada fez de mau". Sábia Grazida...

Reflexos esses, imperfeitos, um tanto deformados, mas eloquentes da filosofia de vida dos simples e incultos *croyants*.

Nessa mesma ordem de raciocínio, Deus não poderia ter feito a Igreja católica, chamada por eles de *"la Gleisa malignant romana"*, a "maligna Igreja romana", ou a "Igreja de lobos", em vista da opressão que exerce sobre toda aquela gente que ousava pensar diferentemente. Em contraste, mais do que em oposição a essa, lá estava, *la Gleisa de Dio*, a de Deus, a dos oprimidos, a dos Bons Cristãos.

A perseguição, contudo, era condição prevista pelo próprio Cristo, sendo, por isso, necessário aprender a conviver com ela. Estava lá em João (15,20), e "onipresente na literatura cátara desde *O livro dos dois princípios*"

– informa Brenon : "Se a mim me têm perseguido, também a vós perseguirão" – prevenira Jesus. "Desde o começo do mundo, sempre os lobos devoraram os cordeiros – diz o texto cártaro –, e os maus perseguiram os bons..."

Ainda assim, a violência da perseguição que marcou a história do catarismo, no dizer de Roquebert, não deveria ser, no entender dos cátaros, respondida com a violência. "O rebanho das ovelhas do Cristo – lembra Brenon (p. 294) – não pode revidar com a violência às violências da Igreja dos lobos."

Em "diálogo bem vivo", o pastor de cabras Pierre Maury conta ao bispo Jacques Fournier (ver Brenon, p. 294) como foi que Pierre Authié lhe explicou a razão das perseguições que sofria.

O 'herético' (Authié) tomou as mãos do pastor, pediu-lhe que se sentasse ao seu lado e declarou:

> [...] vou lhe dizer a razão pela qual nos chamam heréticos. É porque o mundo nos odeia e não é surpresa alguma que o mundo nos odeie (I João, 3,13) porque também odiou nosso Senhor e o perseguiu, como também aos seus apóstolos. Somos perseguidos e odiados por causa de sua lei, que observamos firmemente. Aqueles que são bons e desejam conservar fé constante deixam-se crucificar e apedrejar quando caem em poder de seus inimigos, como aconteceu com os apóstolos. E não querem renegar uma só palavra da fé constante que guardam consigo. Há duas Igrejas: uma se afasta e perdoa, a outra prende, e arranca, e esfola.
>
> – E eu lhe respondi: Se vocês seguem o caminho da verdade, por que não pregam, como os curas, nas igrejas?
>
> – Ele me respondeu: – Porque, se pregássemos em público, a Igreja romana perderia toda a sua audiência; as pessoas preferem nossa fé à dela porque nós não dizemos e pregamos senão a verdade, enquanto que a Igreja romana diz grandes mentiras...

Por isso Brenon imagina as agonias e as perturbações de Pierre Authié na sua prisão no "*mur*" de Toulouse. Soubera por intermédio de Bernard Gui que a pequena Igreja que ele tanto se empenhara em reconstruir havia sido dizimada. Seu filho Jacques e seu irmão Guillaume haviam sido queimados, como ele próprio haveria de sê-lo em breve. Estava tudo perdido, sem qualquer sopro de esperança e, sem esperança, como se poderia continuar vivendo?

A heroica tentativa dos Authié e de seus amigos fora a última chance. Uns poucos *parfaits* sobreviviam, ainda, na clandestinidade e no exílio, na Itália. Umas poucas e ressequidas sementes para tão largas terras a semear...

Pierre Authié, imagina ainda Brenon (p. 291),

> [...] sabia que sua Igreja era a Igreja dos Bons Cristãos, a dos apóstolos, que o Cristo havia investido da missão de transmitir a mensagem e o sacramento da salvação até o fim dos tempos. Como imaginar que essa Igreja pudesse desaparecer antes de haver cumprido sua missão? Que a palavra do Cristo pudesse extinguir-se antes do fim do mundo? Que aconteceria se o último *parfait* morresse sem ter podido transmitir o Espírito Consolador?

É bonita e melancólica a palavra da historiadora do catarismo. Ainda assim, eu poria em outro contexto a legítima tristeza de Pierre Authié. Era, de fato, lamentável que aquele corajoso grupo de bravos não houvesse conseguido resgatar a sua pequena Igreja das garras dos poderosos de plantão, que, paradoxalmente, se diziam defensores da verdadeira fé e da palavra do Cristo. Mas aquela, certamente, não fora e nem seria a última tentativa, nem a última esperança.

Na mágica intuição que sempre bafejou os poetas, o trovador diria, como disse, que o ramo de louro voltaria a brotar sete séculos mais tarde...

O Cristo continuaria insistindo em enviar outros emissários para repetir insistentemente as mesmas verdades que ensinara e praticara, na sua breve passagem pela Terra.

O que de fato se perdera, com o colapso do catarismo, fora a oportunidade de ver germinar, florescer e frutificar aquela semente generosa plantada em terreno cuidadosamente preparado.

Dificilmente poderia o futuro reunir condições tão propícias como as que prevaleciam no bucólico cenário do Languedoc. Ali fora, de fato, implantada com a necessária antecedência uma "sociedade predisposta à heresia", como intuiu corretamente Anne Brenon.

Pierre Authié sabia que a vida na Terra é apenas mergulho temporário na matéria densa, no esquecimento, em contexto de equívocos e desenganos, mas que, falecidos, *parfaits* e *parfaites* voltariam em outras existências para dar continuidade ao trabalho encetado. O Cristo não deixaria perder-se para sempre sua mensagem de paz.

Proposições renovadoras, como a dos cátaros, trazem consigo aspectos polêmicos, formulam perguntas, desafiam o contexto em que se inserem, convidam a pensar e repensar. Que respostas tinham a oferecer as correntes dominantes do pensamento político, social, econômico e, principalmente, religioso? Concordavam? Discordavam? Como e por quê? Tinham alternativas? Faziam concessões?

No caso dos cátaros, as respostas foram a espada e a fogueira. Mas Brenon diz que a espada não constitui instrumento adequado para se deceparem ideias (ainda que usualmente eficaz para cortar cabeças) e Camille Desmoulins diria, em aparte a Robespierre, que "Queimar não é responder!"

Depois do sonho dos Authié e seus amigos – que acabou no mesmo pesadelo de sempre –, restou o não menos melancólico episódio da agonia do que já estava morto.

O protagonista chamou-se Guillaume Belibaste, considerado o último *parfait* occitano. Sem intenção trocadilhista, foi um *parfait* bastante imperfeito. Escapara para a Catalunha, em companhia de Philippe d'Alayrac, logo que Geoffroy d'Ablis e Bernard Gui conseguiram a proeza de apagar os derradeiros bruxuleios do catarismo mandando para a fogueira os três Authié.

Belibaste – informa Brenon (p. 298) – não estava de forma alguma predisposto ao ofício de *parfait*. Nascido em família rural rica de Corbières, era casado e jovem pai de familia, quando as coisas começaram a mudar em sua vida. Não nos demoraremos em sua biografia, ou melhor, no que dela sabemos. Foi para a Catalunha e lá ficou cerca de doze anos a pregar "bem ou mal" – diz a historiadora –, a um punhado de occitanos exilados. Era um homem de Deus sem a verdadeira vocação, pregador despreparado e sem a disposição adequada de temperamento. Vivia em companhia de Raimonde Piquier, de Axat, "falsa esposa (...), mas concubina de verdade", até que a casou com Pierre Maury, integrante do grupo, porque Raimonde estava grávida (dele próprio, Belibaste) e era preciso resolver diplomaticamente o problema.

Como seus pecados haviam invalidado a investidura anterior promovida por Philippe d'Alayrac, ele pediu a Raymond Castelnau, o *parfait* com quem fugira do Languedoc, que o confirmasse, o que foi feito. Recaído nos pecados, ficou à espera de novo *parfait* que restabecesse sua condição sacerdotal, ministrando-lhe uma terceira ordenação. Não durou muito no exercício das suas funções. Arnaud Sicre, seu companheiro, decidido a recuperar os bens que a Inquisição confiscara de sua mãe, Sibille Baille, ao condená-la à fogueira por ter sido uma *parfaite* junto ao grupo dos Authié, usou Belibaste como moeda com a qual conseguiu realizar seu intento. O infeliz *parfait* – vendido à Inquisição, no dizer de Brenon – foi capturado em Tirvia – um enclave do condado occitano na Catalunha –, entregue aos inquisidores de Pamiers e, em seguida, recolhido ao temível "*mur*", em Carcassonne. Finalmente, seu "senhor temporal", o arcebispo de Narbonne, reclamou-o para si e o fez queimar em Villerouge-Termenès, o castelo episcopal, em 1321.

Arnaud Sicre reintegrou-se na posse dos bens de sua mãe por ordem de Jacques Fournier, o bispo inquisidor que celebrizou Montaillou.

A partir dessa data (1321) – informa Brenon (p. 300) – "o catarismo occitano desaparece pouco a pouco do testemunho dos documentos. A Inquisição – conclui – vai interessar-se, daí em diante, por outros dissidentes".

Ainda se acendem, aqui e ali, algumas fogueiras esparsas, como em 1325, para queimar Guillelme Tournier, uma simples *croyante* de Tarascon-sur-Ariège. Essa pobre senhora cumpria pena de prisão perpétua em Carcassonne, quando cometeu a imprudência de confidenciar a certo 'agente duplo' – um espião –, que os irmãos Authié e Belibaste haviam sido bons e santos homens, aos quais ela devia sua salvação... Pagou sua ingênua declaração com a morte na fogueira.

Em 1328, Arnaud Morlane foi condenado postumamente à fogueira. Sem poder executar alguns hereges ao vivo, a Inquisição incinerava o que deles restasse. Morlane fora reitor de Pennautiers e irmão de Sans Morlane, arcediago da catedral de Carcassonne.

No ano seguinte, 1329, foram queimados três *croyants*, em Carcassonne: Isarn Raynaud, de Albi, Guillaume Serre, de Carcassonne e Adam Baudet, de Conques.

Precisamos, ainda, de aprender um pouco mais com Anne Brenon, nas reflexões finais que oferece antes de colocar o ponto final em seu livro.

> O catarismo surgiu e se desenvolveu [ensina ela (p. 305)] nos séculos 11 e 12, no contexto de um grande despertamento evangélico e no seio de uma efervescência de pulsões mais ou menos inovadoras, mais ou menos populares. Surgiu nesse tempo como o mais absolutista de tais movimentos e, sem dúvida, o foi: intransigente quanto à inocência do Deus de Amor, perante o mal e a

morte, quanto à literalidade da leitura evangélica e sua aplicação, e levou até os extremos de sua lógica a interpretação espiritual da palavra do Cristo. Foi o único a recusar qualquer possibilidade de compromisso com Roma e em assumir postura anti-Igreja, na legitimidade duma filiação apostólica. Foi o único também a não poder evoluir, justamente em vista do caráter absoluto e acabado de sua doutrina da revelação e da salvação.

Quis transcrever o texto de Brenon, antes que tentar apenas parafraseá-lo. Tenho reiterado neste livro meu encantamento por seus *insigths*,[88] suas ideias e pela forma literária com a qual ela as veste, ainda que, aqui e ali, não concorde inteiramente com suas colocações, ou até discorde irremediavelmente delas, o que é perfeitamente compreensível.

No parágrafo acima transcrito – penso eu –, ela identifica com sensibilidade e competência os mais dramáticos conteúdos do catarismo. Tanto quanto me é dado a mim mesmo avaliar, o catarismo foi, de fato, um movimento revolucionário e necessariamente contestador. Tinha que ser absolutista porque veio para mudar um estado de coisas que se cristalizara dentro de linhas anárquicas, em um modelo cristão deformado por um milênio de desvios e concessões. Suas intransigências eram inevitáveis exatamente porque não podia fazer concessões a certos postulados sem que ela própria, a doutrina cátara, se abastardasse. No entender de seus formuladores, aspectos como a "inocência de Deus" – inteligente achado –, quanto à existência do mal e da morte, eram inegociáveis.

O mal não é, por certo, criação divina, no sentido de que a divindade o tenha produzido deliberadamente para atormentar ou castigar suas criaturas. Ou que precisasse dele para iluminar melhor o bem e a verdade, pelo contraste de sombra e luz. *O mal é um subproduto de nossas imperfeições, ao mesmo tempo em que se coloca como inteligente mecanismo de correção de rumos, que nos reconduz ao bem a cada desvio.* Deus nos criou, no dizer das entidades instrutoras da doutrina dos espíritos, simples e ignorantes, não maus, e não necessariamente à mercê do mal, senão na medida e extensão de nossas fraquezas e imperfeições. Ao contrário, temos sempre à disposição o prêmio de nossas adquiridas virtudes e o ônus dos equívocos cometidos.

Brenon chama a atenção para o fato de que o catarismo foi um movimento que "passou ao lado do grande vento apocalíptico e profético" que soprou

---

[88] *Insights* – Não se assustem os puristas de carteirinha. Mestre Aurélio abona a palavra, ao ensinar: *insight* [Ingl.].

através do Ocidente na Idade Média, a partir do escritos de Joachim de Fiore, entre os séculos treze e quatorze, bem como de outros movimentos "inspirados – diz ela (p. 305) – na mesma fome e sede evangélicas da época". Cita, entre estes, os valdenses e os franciscanos de conteúdo renovador. Mas, conclui, "o catarismo permaneceu no caminho das esperanças celestiais".

Em mais uma de suas reflexões, ela estabelece certa vinculação ideológica entre valdenses e hussitas, atribuindo àqueles "uma concepção simbólica e racional próxima da lógica hussita".

Em outras palavras: a predisposição que ela entrevê na sociedade para a heresia, não era só no Languedoc, embora fosse ali o núcleo, e nem era somente em relação ao catarismo, mas a outros movimentos ideológicos, pela Europa afora, todos eles com características reformistas e, portanto, concentrados numa releitura crítica da cristalizada ideologia católica.

O projeto era amplo, foi competentemente elaborado e começou a ser implantado com todo o cuidado. Não foi o plano que falhou, mas os seres humanos incumbidos de levá-lo a bom termo a prazo mais longo.

São evidentes o conteúdo e o propósito reformista de Francisco de Assis, por exemplo. Quando, numa das suas visões, o Cristo manifestado lembra que sua tarefa é a da reforma da Igreja, ele, na sua humildade, entende que o Mestre lhe está falando das ruínas de uma capela modesta perdida na idílica paisagem da Úmbria. E se põe a juntar pedras e argamassa para reconstruí-la. Não era a igreja com minúscula, e sim a grande, com maiúscula...

Já os seguidores de Francisco, pouco depois, no Languedoc, juntaram-se aos dominicanos para ajudar a extirpar a 'heresia' cátara que era, precisamente, o modelo reformista no qual as mais sólidas esperanças foram depositadas.

Com o apoio do braço secular, as forças da resistência conseguiram exterminar os cátaros, não o catarismo, cujo propósito reformista voltaria como que 'reencarnado' no movimento hussita, com Wiclef e, posteriormente, no século dezesseis, com Lutero. A Reforma protestante irradiada a partir do núcleo ideológico instalado na Universidade de Wittenberg precisou, como os cátaros, do apoio da espada, desta vez proprorcionado pelos barões alemães sob a firme liderança de Frederico, o Sábio.

A essa altura, porém, não havia mais, como no Languedoc dos séculos doze e treze, a "predisposição da sociedade" de que fala Anne Brenon. A Igreja de Roma, principal alvo dos que pensavam numa reformatação do pensamento religioso, continuava mais firme e intransigente do que nunca, na sua postura de única instituição capaz de garantir a salvação das almas e, a despeito de politicamente mais enfraquecida, ainda contava com a espada de seus próprios barões, como o duque Georg.

Realmente, a sociedade não era mais tão receptiva como fora a do Languedoc e nem a Reforma em si tinha a mesma amplitude ideológica e o mesmo *animus* restaurador, em busca do verdadeiro cristianismo, lá, nas remotas fontes de onde brotara puro e fresco.

De qualquer modo, não estou pretendendo com esta análise crítica minimizar a influência positiva da Reforma protestante no processo de libertação do pensamento religioso. Foram mais três ou quatro passos adiante, ainda que parcialmente anulados por um ou dois atrás.

Preocupada com o impacto que o modelo luterano causara na comunidade e com sua rápida expansão, a Igreja de Roma tentou deter o movimento, como o fizera até então com qualquer surto ideológico semelhante, como o dos cátaros, por exemplo.

Havia passado a época das Cruzadas, mas não a da Inquisição, a cuja metodologia recorreu na desesperada tentativa de estrangular o movimento reformista logo nas suas primeiras manifestações ou mais adiante.

O fracasso das negociações, das pressões políticas, das bulas condenatórias, das excomunhões levou às práticas inquisitoriais, que tanto 'êxito' haviam alcançado no Languedoc. Mas, como não chegaram a ousar os barões occitanos simpatizantes do catarismo, Lutero queimou em praça pública a bula que o excomungava, enquanto, com sua desabrida linguagem, não hesitava em defrontar-se com o papa, ícone milenar de um poder civil que se tinha como que aureolado pelo toque sagrado da divindade.

Seja como for, como disse alhures, em outros escritos meus, sem a Reforma protestante, no século dezesseis, não teríamos a doutrina dos espíritos no século dezenove. Mesmo porque o espiritismo retomava um buquê muito semelhante de ideias com as quais se apresentara o gnosticismo entre o segundo e o terceiro séculos da era cristã, e o catarismo, setecentos anos depois.

É de notar-se reiteradamente que tais ideias e conceitos não pertencem a este ou àquele movimento (religioso ou não) e não conferem a ninguém o direito da exclusividade. Existência, preexistência e sobrevivência do ser espiritual, imortalidade, reencarnação, comunicabilidade entre vivos e mortos, responsabilidade pessoal de cada um pelos seus atos, os bons e os 'outros', constituem aspectos da vida, leis naturais que regem os mecanismos evolutivos e não meros objetos de crença ou fé, que você aceita ou não.

Estas realidades, como a óbvia e necessária existência de Deus, aí estão inseridas e atuantes nas muitas dimensões e aspectos deste universo em que vivemos. Tais aspectos da realidade invisível independem de nossas crenças ou descrenças.

Temos de nos lembrar, por outro lado, de que o catarismo não foi estrangulado, demolido, extirpado e queimado nas fogueiras da Inquisição, foram os cátaros, seus *parfaits*, *parfaites*, *croyants* e *croyantes*, tanto quanto aqueles que simpatizaram com suas ideias, defenderam o direito de ensiná-las e praticá-las, ou tinham com eles vínculos de parentesco, solidariedade, admiração, respeito e cumplicidade ou, ainda, que simplesmente os toleravam com maior ou menor dosagem de indiferença.

Aliás, para ser mais exato, é preciso retificar o que acaba de ser dito: as Cruzadas e a Inquisição não mataram os cátaros, e sim seus corpos físicos; não seus espíritos, não suas ideias. E os espíritos, como as ideias, voltam à vida em novas existências, em novas etapas, para retomar em outro nível as experiências que a intolerância não permitiu que fossem feitas.

Não necessariamente com as mesmas pessoas reencarnadas alhures no tempo e no espaço, o grupo de ideias básicas que compunham o catarismo manifestara-se anteriormente desde remotas eras no Oriente, no Egito, no neoplatonismo, no gnosticismo, como posteriormente, no século dezenove, na doutrina dos espíritos, coligida e exposta em toda a sua lucidez e simplicidade pelo prof. Rivail (Allan Kardec).

Desta vez não sofreria pressões e perseguições tão dramáticas quanto o catarismo medieval, ainda que não tenha passado sem as cicatrizes habituais das lutas ideológicas.

Não morreu nenhum espírita na fogueira e nem se armou contra o movimento uma sangrenta Cruzada, que prometesse recompensas terrenas e celestiais: propriedades, riquezas, títulos nobiliárquicos e perdão de pecados. Desta vez, o inimigo maior e mais sutil não seria tanto a poderosa Igreja de Roma, mas a 'Igreja' laica do materialismo.

Ao contrário de gnósticos e cátaros, que viam na matéria uma espécie de demônio a temer-se, a nova corrente de pensamento propôs uma abordagem pragmática e experimental ao componente material da vida, necessário à formulação de uma estratégia mais adequada de interação que resulte em benefícios ao processo evolutivo como um todo. Em outras palavras: a matéria não é para ser satanizada, temida ou desprezada e nem idolatrada, à vista das mordomias que oferece, mas estudada serenamente. Ela precisa ser situada como instrumento de trabalho, como serva, não como dona e senhora do ser humano.

Para recorrer, ainda uma vez, ao achado de Anne Brenon, a sociedade não tem mais a predisposição que tinha no Languedoc medieval para acolher a heresia da realidade espiritual, porque a heresia maior do materialismo assumiu o comando da comunidade humana, envolvendo-a numa poderosa rede de interesses que não há como ignorar no contexto em que vivemos.

Realidades invisíveis passaram a ser encaradas sob suspeita, como diversionistas, obstrutivas, depois de caracterizadas como ocultismo, crendice, infantilidade, fantasia, ignorância, enfim, admissível em povos primitivos, mas inaceitável entre executivos, acadêmicos, líderes políticos, empresariais, sociais e até mesmo religiosos, por mais paradoxal que isto possa parecer.

Decorridos um século e meio desde que foi formulada, em meados do século dezenove, e por mais que se tenha expandido como movimento, o espiritismo continua minoritário, praticamente ignorado nos sofisticados meios intelectuais pelo mundo afora. Em raros textos de referência você encontrará um resumo confiável e imparcial das ideias que o compõem. Experimente você localizar uma simples e sumária notícia biográfica de Allan Kardec nas enciclopédias e nos grandes dicionários contemporâneos. Nada, ou muito perto disso.

Eis porque não será preciso programar uma Cruzada, nem ressuscitar das sombras o fantasma de uma nova Inquisição contra o espiritismo que, de certa forma e com diferentes ênfases neste ou naquele aspecto, pode ser considerado uma reencarnação do catarismo, mas, principalmente, uma restauração do cristianismo primitivo, um retorno às suas fontes.

O processo civilizador perdeu a grande oportunidade de se reformular para melhor, quando o catarismo foi apagado na Europa medieval, ao extinguir-se a última fogueira que incinerou o corpo físico do último cátaro. Não é sem razão que René Nelli colocou aquele subtítulo em seu livro, caracterizando o fracasso histórico do catarismo como o "aborto de uma civilização".

Não pretendo deixar com você que me lê a impressão de que considero o catarismo como a doutrina definitiva, irretocável, perfeita e acabada. Seria o mesmo que dogmatizá-la, engessando-a irremediavelmente. Estamos todos cansados de dogmas, tanto religiosos quanto laicos, sejam

Os Cátaros e a Heresia Católica 411

eles científicos, filosóficos ou meramente culturais. A vida é um processo evolutivo em ação; as doutrinas que procuram interpretá-la têm, necessariamente, que evoluir também, seja no formato, seja na sua interação com o mundo que nos cerca.

Brenon vê o catarismo como incapaz de se adaptar ao mundo em que vivemos, em vista de sua explícita rejeição à matéria. O catarismo seria, para ela, um "cristianismo do Deus definitivamente ausente do mundo, estranho a toda matéria, a toda emoção dos sentidos" (p. 320). "... o catarismo – prossegue mais adiante – é o cristianismo do mundo invisível dos bons espíritos e do Bem total no eterno". Com esse modelo radical, pensa a autora, "o catarismo era o cristianismo do espiritual absoluto e não podia evoluir sob pena de cessar de ser".

Concordo parcialmente com a autora. A ênfase maior da doutrina cátara era posta na espiritualidade. A vida na dimensão material, um risco calculado, onde a alma reencarnada encontra mil tropeços e seduções a dificultar sua caminhada evolutiva. Os gnósticos haviam adotado a mesma atitude, alertando a criatura para esse perigoso envolvimento que adormece o espírito, embalando-o, através do corpo físico, nas prazerosas mordomias que a matéria lhe proporciona.

Não creio, no entanto, que essa postura, tanto gnóstica quanto cátara, fosse tão radical e exclusivista como se supõe. Aquelas correntes de pensamento estavam bem alertadas para o fato de que a vida na Terra é da essência mesma do processo evolutivo da entidade espiritual que para cá vem, reencarnação após reencarnação, para aquilo que Gandhi chamou de experimentações com a verdade. Em outras palavras: sem a muleta material de tempos em tempos, como fazer o aprendizado de envolver-se com a matéria sem deixar-se dominar por ela?

Anteriormente, como vimos, à página 306, referindo-se a similitudes ideológicas entre valdenses e hussitas, Brenon formulara uma questão que, significativamente, deixou sem resposta. "Será – pergunta-se – (...) que foi por causa da impossibilidade de evoluir que o catarismo morreu?"

Não. Não foi. *Primeiro*, porque não foi o catarismo que morreu, foram os cátaros, ou melhor, seus corpos físicos; *segundo*, porque o catarismo foi, em si mesmo, uma doutrina evolutiva, ao colocar toda a ênfase do processo de maturação espiritual na dependência do procedimento pessoal de cada ser humano, em lugar da 'salvação' pela graça; *terceiro*, porque o catarismo não teve tempo suficiente para evoluir. Sua história, como vimos, é a de uma implacável perseguição da parte do sistema que ele veio para contestar e reformular. Com o tempo, depois de consolidado, teria condições adequadas para corrigir um ou outro aspecto secundário, eliminar possíveis equívocos e ampliar sua ideologia.

É verdadeira, contudo, a ênfase que o catarismo pôs na realidade da dimensão espiritual. Zoé Oldenbourg (pp. 533-534) reproduz uma prece cátara, traduzida, aliás, por René Nelli, em 1953, e que assim começa: "Pai Santo, *Deus justo dos bons espíritos...*" e mais adiante: "Pai Santo *dos bons espíritos...*"

Ora, como poucos, em seu tempo, os cátaros sabiam perfeitamente que os seres humanos são *espíritos* encarnados e não corpos físicos, necessários às experiências que a matéria pode proporcionar. Com a mesma terminologia de Paulo (I Tes 5,23) e a mesma da doutrina dos espíritos no século dezenove, eles ensinavam que "o corpo (...) não é mais do que o instrumento da alma".[89] Sem se esquecerem, contudo, que a matéria de que se serve o espírito para esse fim é "obra do demônio".

Era absolutamente essencial ao processo evolutivo, portanto, que o espírito encarnado não se deixasse seduzir pelos prazeres e mordomias que a matéria oferece, esquecidos de suas origens e de sua destinação. Sendo Deus o Deus dos espíritos em geral, não poderia deixar de sê-lo dos que se encontram temporariamente acoplados a um corpo físico, vivendo suas experiências na Terra.

"Pelo seu corpo de carne – confirma Brenon (p. 64) –, destinado à corrupção e à morte, o homem é criatura do mal: pela sua alma eterna, parcela da luminosa criação caída na servidão das 'túnicas de pele', das 'prisões carnais',[90] ele pertence à 'terra nova', ao mundo verdadeiro do Deus verdadeiro".

Tal como pensavam os gnósticos, e quase que com as mesmas palavras, os cátaros entendiam, como também lembra Brenon, que "Nessa vestimenta – prisão de carne – a alma, criatura divina, dorme, esquecida de sua pátria celeste."

Os gnósticos diziam isso mesmo usando palavras como sono, esquecimento e embriaguez do espírito encarnado.

---

[89] Estou citando *La Religion des Cathares*, de Jean Duvernoy, p.65, que, por sua vez, refere-se à obra de Moneta de Cremona.

[90] A expressão "túnicas de pele" é mencionada por Jean Duvernoy (*Religion des Cathares*, p.62) em conexão com Gênesis 3,21 e Judas 23. São tambérm túnicas do 'esquecimento', nas quais, segundo Jeremias 5,19, as almas "servem a um deus estranho em terras estranhas".

Reportando-se aos depoimentos ao bispo de Pamiers, em Montaillou, Brenon lembra ainda que as informações que Pierre Maury ouvira dos pregadores cátaros não divergem do que se lia nos textos anticátaros do século treze. Cita um deles, no qual se lê o seguinte: "Com efeito, diziam eles, desde quando a alma humana sai de seu corpo (físico)... até que se encarna em outro corpo, ela não pode ter repouso, porque o fogo de Satã, ou do deus estrangeiro, a consome toda. Mas quando ela se (re)encarna num corpo, encontra o repouso e não sofre mais aquele fogo, dado que esse fogo não mais a afeta."

Também este ensinamento é compatível com os da doutrina espírita. Pessoas que morrem em conflito consigo mesmas e com a vida, pelos erros e crimes cometidos, levam para a dimensão póstuma pesada carga de angústias e sofrimentos. Mergulhadas numa condição em que tempo e espaço parecem inexistir, tal como os conhecemos em nossa dimensão terrena, as dores parecem mesmo eternas e 'queimam' intimamente como fogo que não se extingue. Para esses casos, a reencarnação seguinte é uma bênção, no sentido de que, novamente revestida de uma "túnica de pele" e retida em nova "prisão carnal", a alma encarnada esquece-se do suplício vivido entre uma existência e outra.

Por essas razões, Brenon vê, acertadamente, no catarismo, "uma cristologia totalmente diferente da adotada pela Igreja romana". E era mesmo.

Os cátaros fizeram da mensagem de Jesus – insiste ela – uma leitura pessoal, particular, diferente da que católicos e reformistas anteriores e posteriores ao catarismo consideravam a única possível. É verdade; para eles, cátaros, o Cristo não veio como Filho de Deus, com a finalidade de promover pessoalmente uma salvação coletiva dos que acreditassem nele. E, afinal de contas, o que é salvação? O que é salvar-se? Do inferno?

Para os cátaros – como confirma Brenon – "a mensagem do Cristo, no sentido profundo dos Evangelhos, era um apelo ao despertamento: para lembrar à alma encarnada que ela não pertence a este mundo".

O Cristo – lê-se mais abaixo (ainda p. 65) – "pregou o Reino de seu Pai, lembrando às almas adormecidas [na carne] sua pátria espiritual".

E isso nada tem a ver com a doutrina do resgate pelo sacrifício do Cristo na cruz. Era, pois – lembra a escritora –, um cristianismo sem cruz... e sem eucaristia".

Todas essas posturas cátaras assemelhavam-se às do gnosticismo e conferem substancialmente com a doutrina que as entidades espirituais transmitiram a Allan Kardec, no início da segunda metade do século dezenove. E, afinal de contas, com o ideário original do cristianismo primitivo.

Já a visão de Jean Duvernoy difere um tanto disto que vimos expondo, não na essência, mas em significativas observações marginais.

Ele reproduz os traços predominantes da moldura cátara para a leitura particular que faziam dos Evangelhos – como a de que "o corpo físico não passa de mero instrumento da alma" e, referindo-se à aversão dos cátaros pela matéria – "Toda a carne – escreve, citando Eckbert – nasce do coito. É por isso que ela é impura", mas não se mostra convencido – ao contrário – de que o catarismo possa ou deva ter resultado de 'comparações' com o marcionismo ou com os gnósticos, como dirá no texto escrito para oferecer suas conclusões, nas últimas páginas do livro, em que cuida especifamente da religião dos cátaros (pp. 386-390).

Ele entende o catarismo como "relativamente colorido de judeu-cristianismo essencialmente origenista (de Orígenes). Aliás, para Duvernoy, "A teologia dos cátaros é, na maior parte de seus detalhes, conforme ao pensamento de certo segmento dos Pais da Igreja, dos alexandrinos, dos capadócios e de Ambrósio." Mas, ao mesmo tempo ignora aspectos como as "hipóstases gnósticas [abstrações tidas como irreais], as sigízias e as personificações abracadabrantes."[91]

Seria admissível – pergunta-se mais adiante (p. 388) –, "colocar em cima desse indubitável origenismo uma influência secundária gnóstica, marcionista ou maniqueia"?

E segue, por aí, no roteiro de labirínticas complexidades teóricas a tentar descobrir por que atalhos ou picadas teria passado a doutrina cátara para chegar ao que foi, na Idade Média.

Louvo e admiro não só a competência do eminente historiador, como o seu esforço para melhor explicar o catarismo. Mas confesso-me um tanto impaciente com essas teorizações, por mais elegantemente que sejam expressas, como é o caso do professor Duvernoy.

Sem nenhum desdouro para o ilustre historiador do catarismo – Deus me livre! –, prefiro, neste ponto, a avaliação de Anne Brenon quando diz que é difícil enquadrar a doutrina cátara em qualquer esquema convencional.

---

[91] Jean Duvernoy é de uma erudição espantosa e, para nós, leitores apenas moderadamente cultos, quase uma humilhação se não soubermos converter inveja em admiração e respeito. As tais sigízias, ainda bem, encontro no *Aurélio*, que diz o seguinte: 1.Conjunção ou oposição de um planeta, especialmente a Lua, com o Sol (o que se observa no plenilúnio e no novilúnio). Entendeu?

Os Cátaros e a Heresia Católica 415

De minha parte, como tenho dito aqui reiteradamente, o catarismo – como qualquer corrente de pensamento que se interesse pela realidade espiritual – é um buquê de ideias que vão e que vêm, sumidas e reaparecidas de tempos em tempos em diferentes arranjos ou formatações.

Nem sempre as flores são as mesmas ou, se o são, diferem na cor, no perfume ou na posição que ocupam no buquê. Você poderá até perceber que, nos diferentes buquês, há umas constantes e outras ocasionais, mutáveis, como sobrevivência do ser, imortalidade, preexistência, sobrevivência, reencarnação (nem sempre!), comunicabilidade entre vivos e mortos (às vezes), existência de Deus e outras tantas...

No meu entender, muitas doutrinas desse tipo se perderam – e ainda se perdem – quando tentam seus formuladores ultrapassar seus próprios limites ou antecipar soluções e esclarecimentos para os quais nem eles nem a doutrina que expõem, ou os tempos, estão ainda preparados para recebê-los e entendê-los.

Na elaboração do espiritismo, as entidades incumbidas de ordená-lo tiveram o cuidado e o bom-senso de respeitar limites em aspectos que julgaram inconveniente explorar atabalhoadamente. Quando a pergunta formulada procurava avançar além de certas fronteiras culturais, elas respondiam que não era ainda chegada a hora de ir além daquele ponto. Seja porque o conhecimento humano não atingira estágio adequado de entendimento, seja porque não tinham como colocar o que sabiam em termos inteligíveis à mente humana contemporânea, ou, simples e honestamente, porque ignoravam as respostas.

Estavam, portanto, aconselhando indiretamente uma postura de paciência ao mesmo tempo em que indicavam o espiritismo como doutrina suscetível de posterior desdobramento e ampliação. E nem poderia ser de outra maneira, para um corpo de conhecimento que coloca o evolucionismo como um dos seus eixos mais conspícuos. Precisavam, por outro lado, de um desenvolvimento maior da ciência humana, a fim de ter condições de explicar aspectos que a ciência do século dezenove ainda não dominava.

Em alguns aspectos, recusaram-se simplesmente a qualquer pronunciamento, como o da origem da vida.

Se é que podemos apontar algum equívoco mais grave na formulação da doutrina cátara, foi o afã de alguns de seus teóricos em explicar o que ainda era inexplicável em termos de conhecimento da época e que estaria, ademais, por muito tempo, além do horizonte cultural da humanidade.

Exemplo dramático disso pode ser identificado no esforço desnecessário e inoportuno de explicar a origem, as razões e as repercussões da existência do que entendiam por mal.

A partir daí, foi necessário enveredar por teorias e hipóteses meramente teóricas, perfeitamente dispensáveis, ociosas e inoportunas, e erigir com elas uma estrutura especulativa que nada acrescentava de útil à doutrina cátara em geral; pelo contrário, criava dificuldades, antes inexistentes, como o problema de uma origem não-divina do mal.

Não seria bastante, para a época, que fosse apenas reconhecida a (ainda inexplicável ou inexplicada) existência do mal e elaborar um sistema de comportamento perante a maldade, o erro, a dor, a morte? Seria mesmo necessário explicar e justificar a existência de animais predadores – os maus – e os úteis – os bons? Quem teria criado lobos, serpentes, moscas, formigas, plantas venenosas? Será que tais aspectos da criação eram mesmo intrinsecamente maus? Ou apenas dotados de instinto ou impulso de sobrevivência?

Quando ouço ou leio pronunciamentos apaixonados que consideram certos crimes como praticados por verdadeiras feras humanas, acho que estamos sendo injustos com os animais.

Na minha avaliação pessoal, o catarismo não foi uma doutrina congelada no dogmatismo. Poderia ser aperfeiçoada com retoques num ou noutro aspecto, como, no exemplo que acabamos de discutir, o da obstinada busca para identificar quem teria sido o criador do mal.

Isto nos lembra os longos e estéreis debates teológicos medievais – dizem – para determinar-se quantos anjos poderiam pousar na cabeça de um alfinete. Seriam vinte, quatrocentos ou seiscentos mil? Ou nenhum? E daí?

No caso do mal, o que se precisa é de comportamento adequado para evitá-lo e vontade educada para corrigir os desvios que ele provocar em nossas rotas evolutivas.

Além do mais, o que é realmente o mal? A morte? Mas não é ela a porta que se abre para a renovação da vida? A dor? Mas não é ela que nos chama a atenção para o erro cometido? O Cristo ligou explicitamente o erro ao sofrimento, ao dizer: – Vai e não peques mais para que não te aconteça coisa pior.

Entendo que, em nosso estágio evolutivo, quando ainda temos muito que caminhar por aí, nesse universo que se abre diante de nós, não é preciso tentar saltar logo em busca das últimas respostas, se é que elas existem.

Estou igualmente convencido, ante as demoradas leituras que me deram alento para escrever estas reflexões sobre o catarismo, que, como diria Shakespeare, há *too much ado about nothing*, ou seja, muita conversa sobre coisa alguma, em aspectos como o exagerado dualismo que se atribui às suas concepções.

Não vejo os cátaros como diteístas, por exemplo. As referências a um segundo Deus seriam apenas metafóricas, no sentido em que Paulo usou a expressão "o Deus deste mundo", para referir-se à predominância de conceitos e comportamentos inadequados perante a ética universal, tanto quanto à alienação em que vivem as grandes massas humanas em face de aspectos transcendentais da vida, como o da realidade espiritual.

O catarismo certamente precisaria de alguns aperfeiçoamentos doutrinários e isso poderia ou não acontecer, dependendo do que fariam dele as gerações posteriores.

Foi com esse propósito aparente de "aperfeiçoar e melhorar" o cristianismo, para torná-lo explícito ao povão e, mais tarde, palatável ao intelectualismo arrogante, que fomos dar no beco sem saída do catolicismo que não tem mais como nem para onde recuar ou por onde recomeçar, sem renunciar a tudo quanto é. Em outras palavras: a Igreja quebra o cristal se tentar romper com o rígido sistema ideológico que se criou à sua volta ou continua engessada no cristal se quiser preservá-lo.

Com o catarismo poderia acontecer o mesmo, ou seja, de deformação em deformação, tornar-se irreconhecível e distanciado da fonte de onde brotou ou imobilizar-se na rigidez de uma estrutura dogmática imutável e irremovível.

Ao cumprir a parte que lhe tocara na formulação da doutrina espírita, Allan Kardec alertou honestamente para esses riscos calculados, declarando que o espiritismo seria aquilo que os espíritas fizessem dele. O conceito serve para a Igreja, no sentido de que ela se tornou aquilo que os católicos fizeram dela. Serviria também para o catarismo que teria sido, alguns séculos depois – hoje, por exemplo – o produto ou resultado das modificações introduzidas nas suas estruturas doutrinárias e em suas práticas.

Mas, como se sabe, a história não se escreve com *se* e *porém* ou *talvez e quem sabe?....*

Creio que estamos chegados ao momento de botar aqui um ponto final.

Proponho encerrar a dissertação com a avaliação final que se lê em Jean Durvernoy (*La réligion des cathares*, capítulo "Conclusion" (pp. 387-390).

E quando lê os bem cuidados textos do professor Duvernoy, você percebe que ele pesquisou muito, meditou mais ainda sobre o que estudou e escreveu, escolhendo meticulosamente as palavras com as quais vestiu seu pensamento.

No entendimento dele, nem os cátaros, nem seus adversários resolveram o problema do mal, "*et pour cause*" – acrescenta, ou seja, não sem motivo, de vez que se trata de questão realmente espinhosa.

Não adianta dizer, como Guillaume d'Auvergne ou Albert le Grand, que o princípio do mal não existe porque se trata de um não-ser. Ou, como os cátaros, para os quais o princípio do mal existe e *é* um não-ser.[92] Palavras, palavras, palavras... Isso não diz nada. Trata-se, segundo Duvernoy, de uma "pobre álgebra verbal", com a qual – acrescenta – "os cátaros estão menos preocupados do que se supõe".

> Mas [continua], por seu espiritualismo absoluto, seu otimismo integral (tudo o que existe estará um dia reunido em Deus), por sua crença na metempsicose (reencarnação), por esquivar-se de certa maneira das realidades materiais, o catarismo é uma das grandes tendências do pensamento ocidental. De Pitágoras e Platão a Bergson ou Teilhard de Chardin, ele esteve sempre associado a certa elite, para não se dizer a certo esnobismo.
>
> Esse orgulho do conhecimento [acrescenta] que levou no segundo século os "pneumáticos" a desprezar os "psíquicos", os cátaros o tiveram. E é certo que o sucesso deles junto aos clérigos, como, hoje, a moda de que se tornaram objeto, vem de que a sua fé parecia, senão melhor, ao menos mais distinta.

O catarismo teria surgido, no dizer do autor, mais autêntico, do tronco original do judaísmo, deixando, contudo, nos textos do Novo Testamento "sua marca dualista e gnóstica". Foi essa autenticidade, a seu ver, que os cátaros reinvindicaram explicitamente para si mesmos. "Eles quiseram colocar-se como cristãos e o foram. Eles se diziam sucessores dos mártires e o foram, desde os bispos de Montségur ou de Mont-Aimé, rodeados por seus fiéis cavalheiros, até o pastor de Corbières, testemunhas conscientes da fé que professavam."

---

[92] Se o texto lhe parece confuso ou oferece difuldades ao entendimento, não se preocupe – ele é mesmo difícil precisamente porque invade a área imponderável da discussão filosófica, onde nem sempre prevalece a clareza a que estamos habituados nós, os mortais.

Os Cátaros e a Heresia Católica 419

De minha parte, não vejo o catarismo emergindo do tronco judaico, como o professor, mas entendo o que ele deseja dizer com isso. Ele está percebendo no pensamento cátaro um passo a mais no processo evolutivo ao qual até as religiões se submetem.

Você percebe facilmente minha admiração por esse texto. Encanta-me predominantemente nele o fato de que não se trata de um epitáfio escrito para o túmulo do catarismo, mas uma estela comemorativa, ainda que melancólica, como que a dizer: Por aqui passou uma gente que pensava grande!

Na sua Conclusão, Duvernoy lembra que essa mesma corrente passou por Pitágoras e Platão (e, portanto, por Sócrates também).

A inclusão de Bergson e Teilhard de Chardin não resulta de impulso meramente patriótico – o que já estaria plenamente justificado – mas porque são pensadores que tiveram percepção suficientemente aguçada para a realidade espiritual, Bergson mais solto porque sem compromissos com a Igreja e Chardin, ainda mais corajoso porque ousou enfrentar o sistema para dizer o que pensava de tudo aquilo. A obra destes dois é poesia pura, dado que a filosofia também pode – e deve – ser poética.

Tenho mencionado alhures em outros escritos a curiosa convergência de Bergson, Chardin e as entidades espirituais que ditaram a Kardec os princípios fundamentais da doutrina espírita.

Bergson tece especulações em torno do que seria "pensar a matéria",[93] o espiritismo ensina que as experiências do espírito reencarnado se direcionam para o aprendizado de como "intelectualizar a matéria".[94] Enquanto isso, Chardin escreve: "No mais fundo de si mesmo, o mundo vivo é constituído por consciência revestida de carne e osso. Da Biosfera à Espécie, tudo é, pois, simplesmente imensa ramificação de psiquismo que se busca através das formas."[95]

De minha parte, vejo nessa convergência uma resposta que, provavelmente, teria levado os cátaros a uma reavaliação de sua postura de exagerada reserva em relação à matéria densa, uma espécie de conciliação com a matéria, ou pelo menos, um entendimento melhor do seu papel nos mecanismos evolutivos.

---

[93] Ver Introdução de L'Évolution Créatrice.
[94] [Matéria e espírito] "são distintos uma do outro; mas a união do Espírito e da matéria é necessária para intelectualizar a matéria". É o que ensinam os instrutores do espiritismo, em O livro dos espíritos, questão número 25.
[95] O fenômeno humano, p. 154.

De repente, a gente descobre que a matéria, por maiores que sejam seus inconvenientes e seus atrativos para os espíritos reencarnados, é *necessária* ao processo de maturação de todos nós e dela própria, que pode ser *pensada, intelectualizada* e fornecer os recursos naturais para que o psiquismo *se busque* e cresça, expanda-se e se encontre em si mesmo e em Deus.

Duvernoy percebe e destaca no seu texto a relevância da doutrina da reencarnação adotada pelos cátaros. Em várias passagens de *La réligion des cathares*, o autor aborda esse aspecto, preferindo, naturalmente, o termo metempsicose.

Claro que não podemos esperar dos historiadores do catarismo uma atitude apologética quanto à doutrina das vidas sucessivas. Seria desejar demais. A abordagem deles e delas é puramente intelectual e informativa, de modo especial da parte dos mais ligados ao meio acadêmico. Compreende-se a posição reservada que adotam. Duvernoy, por exemplo, refere-se à metempsicose relacionando-a a alguns mitos mais conhecidos [usa a expressão "mitos didáticos"]. Leiamos, a propósito, sua observação, à página 40, de *Réligion*...:

"[...] A Visão de Isaías e o mito do pelicano, para a Redenção, o adocianismo e o docetismo; o mito do cavalo, para a metempsicose; o da cabeça de asno, para explicação do composto humano: corpo, alma e espírito."

Não vamos nos demorar nos comentários que esse pequeno texto suscita. Queremos apenas destacar o colorido mítico que ele empresta à reencarnação sobre a qual oferece uma informação, não uma opinião e muito menos convicção pessoal. Mesmo porque não são esses o papel predominante e a práxis historiográfica. Não que o historiador não possa ou não deva opinar, mas porque seu objetivo principal é informar, recriar os eventos passados, por meio de um processo de raconto.

Ao cuidar da escatologia cátara,[96] o autor escreve breve notícia, declarando as almas como aprisionadas pelo princípio do mal, em "túnicas de pele [...] Essa quantidade de almas preexistentes [continua] não é nem extinta pela morte, nem acrescida pela geração ou pela contínua criação divina. Ela evolui até os últimos tempos, através da metempsicose".

É nesse capítulo – o de número V – que ele se detém no exame da metempsicose entre os cátaros, revelando serem numerosas as referências nos registros (inquisitoriais) relativos à região do Foix, no início do século quatorze.

---

[96] Escatologia2 (*Aurélio*)[De escato- + -logia.] S. f. 1. Doutrina sobre a consumação do tempo e da história.

Fala, em seguida, sobre os avatares,[97] que não é muito de nosso interesse aqui. Mas, acrescenta, citando observação colhida numa das famosas atas de Jacques Fournier, e que dizia: "[...] o mundo não chegará ao fim até que todas as almas, todos os espíritos criados pelo Pai celeste no céu, que ali pecaram e dali decaíram, sejam reincorporados (reencarnados) em corpos onde possam tornar-se bons cristãos".

Esse trecho é expressivo no sentido de que coloca o catarismo como a religião última, ou melhor, o modelo de comportamento que, afinal, 'salvaria' o ser humano, levando-o, em sucessivas etapas, aos mais elevados patamares do processo evolutivo. A salvação não seria, portanto, o produto de graça, privilégio, de crença ou de práticas ritualísticas e sacramentais, mas da purificação da criatura pelo seu próprio esforço, aprendizado e procedimento no correr de muitas e muitas vidas.

Ainda nas atas de Fournier, o bispo-inquisidor, Duvernoy resgata a informação de que o único pecado imperdoável era aquele que se cometia contra o espírito. E que isto era interpretado como denúncia de *parfaits* e *parfaites* tidos como "portadores do batismo do espírito".

Não há dúvida alguma de que o catarismo foi uma doutrina francamente reencarnacionista, o que pressupõe não apenas a preexistência do ser, mas sua sobrevivência à morte corporal, e invalida conceitos puramente mitológicos como céu, inferno e purgatório.

Vamos tentar um resumo ordenado do que colhemos em Jean Duvernoy, acerca dos conteúdos básicos da ideologia cátara, segundo sua arguta percepção e suas amplíssimas leituras.

Primeiro – o conteúdo espiritualista do catarismo que ele caracteriza como absoluto. Em face da espiritualidade, portanto, embora permaneça coerentemente dualista, no sentido de que não ignora o envolvimento do ser com a matéria – pelo contrário, reitera os riscos que isso envolve –, a doutrina cátara coloca sempre a maior ênfase no componente espiritual do ser humano.

Segundo – o otimismo, segundo o qual tudo e todos se reunirão um dia em Deus. Eu nem diria que os cátaros entendessem que tudo *se reuniria* em Deus, mas que *está* reunido. Não se trata de um vir-a-ser, mas de uma realidade primordial, existente a partir da própria criação, seja qual for a maneira pela qual você a entenda ou suponha. Como bons e atentos paulinianos, os cátaros sabiam dos ensinamentos de Paulo, para quem

---
[97] Avatar (*Aurélio*) S. m. 1. Rel. Reencarnação de um deus e, especialmente no hinduísmo, reencarnação do deus Vixnu.

"Vivemos e nos movemos em Deus e nele temos o nosso ser." Aliás, este conceito bate com sofisticadas teorias modernas, elaboradas no bojo da física quântica, de que o universo que nos cerca e nós próprios não somos coisas diferentes, separadas, isoláveis, mas uma só realidade cósmica. Ou com Chardin, que considera o psiquismo ocupado em trabalhar com a forma em busca de si mesmo.

Terceiro – a doutrina da reencarnação constitui importante eixo em torno do qual gira a compreensão cátara da realidade espiritual e da dinâmica do processo evolutivo. Estranho que esse aspecto essencial ao entendimento da vida continue a ser obstinadamente negado ou rejeitado ainda hoje. Oito séculos são decorridos – contando-se apenas a partir do catarismo, sem recuar mais longe no tempo – e a cultura ocidental ainda não se deu conta do relevo e da profundidade da realidade das vidas sucessivas. Entende-se, mas não se justifica: a reencarnação é uma doutrina decididamente subversiva no sentido de que exige uma desestruturação irremediável, verdadeiro sucateamento de todo um complexo e estratificado modelo cultural. Uma reformulação desse porte, não apenas religiosa, alcança amplitude e profundidade ainda não imaginadas em ramos de conhecimento como biologia, psicologia, sociologia, política, economia, para citar apenas alguns vetores. Ela exclui, por outro lado, crenças e crendices consagradas, ainda que totalmente obsoletas e inservíveis.

Quarto – não é de se admirar que o autor tenha situado o catarismo como doutrina de elite, quase esnobe – a palavra é dele –, pela satisfação pessoal que suscita naqueles que a adotam, o que ele identica como "orgulho do conhecimento". O que, aliás, situa no mesmo nível a visão cátara e a gnose em geral e não apenas no gnosticismo do segundo/terceiro séculos. Ambos estão em busca de maturação espiritual através do conhecimento (gnose). Não de conhecimento leigo, se assim podemos dizer, que vise à simples ilustração cultural, mas daquele que exige do indivíduo atitude comportamental adequada, compatível e indispensável ao seu projeto pessoal de aperfeiçoamento ético, ou, se você preferir, sua 'salvação' da ignorância e do erro e, portanto, da dor. Convém lembrar, ainda, que nos textos de Kardec encontramos reflexões em torno do conceito da "aristocracia intelecto-moral".[98]

---

[98] Você encontrará os comentários originais de Kardec em *Obras póstumas*, pp. 242-245, da edição FEB. Foi precisamente aí que ele formulou o princípio de que a fé precisa "encarar face a face a razão", e que "não basta crer, não basta ver, é, sobretudo, preciso compreender".

Quinto – Duvernoy identifica no ideário cátaro[99] a mesma tríade gnóstica e pauliniana que distingue seres pneumáticos, psíquicos e hílicos.

Sexto – revela-se o autor atento à clara noção que os cátaros possuíam de outra tríade, também gnóstica, pauliniana e espírita – *pneuma* (espírito) *psique* (alma) e *soma* (corpo físico).

Sétimo – Duvernoy viu, ainda, na doutrina cátara, clara tendência no sentido de trazer para o Ocidente uma leitura mais espiritualizada da vida. Este me pareceu mais um dos bons achados do erudito historiador, no sentido de que a doutrina da reencarnação, por exemplo, está há milênios incorporada à visão religiosa e filosófica da vida no Oriente. Poder-se-á realmente dizer que, lá, tais realidades são rotina e fator ordenador da vida, ao passo que de nosso lado do planeta ainda a rejeitamos ou a ignoramos. Lamentavelmente.

Oitavo – ao atribuir ao catarismo nítida autenticidade cristã, Duvernoy confere-lhe um atestado de legitimidade tal que, por contraste, resulta na caracterização da Igreja Romana como heresia. Não estou tentando ler no historiador posturas que ele não tenha assumido, nem colocando palavras e pensamentos meus nos seus textos, mas partilhando com você o que leio em suas reflexões.

Vimos, aliás, que essa é também a posição de Anne Brenon, ao considerar o catarismo manifestação paleocristã, ou seja, um cristianismo revertido às suas origens, devolvido à sua pureza primitiva. Sem dúvida, foi primoroso o trabalho dos cátaros na pesquisa e nos estudos que precederam à formulação de suas estruturas ideológicas. Foram buscar no Evangelho de João, em Atos dos Apóstolos e nas epístolas, principalmente as de Paulo, ensinamentos que circulavam nos primeiros tempos cristãos, ainda incontaminados pela posterior ginástica intelectual dos teólogos, mas que, no passar do tempo, perderam-se pelos caminhos.

Coisa semelhante diz Michel Roquebert, ao declarar que os cátaros não pretendiam ser mais do que bons cristãos ou, simplesmente, cristãos. O que certamente – garante-nos – o foram.

Finalmente, como poucos se lembram disso, mesmo os historiadores, cabem aqui alguns comentários sobre o aspecto, digamos, pentecostal do catarismo.

Déodat Roché é um dos raros autores que se mostram mais interessados ou atentos ao que se poderia considerar a metafísica do catarismo.

---

[99] Devo reiterar ao leitor e à leitora interessados nestes aspectos, meu livro *O evangelho gnóstico de Tomé*, em que o assunto é tratado mais demoradamente.

Assegura ele, como vimos (p. 193), que "o Pentecoste era a mais importante comemoração dos puros, a da liberdade espiritual". Embora não o tenha como provar documentalmente, "suspeita" – diz ele (p. 93) "que os sacerdotes (cátaros) tenham adotado tais ritos dos antigos Mistérios, como os de Elêusis, sobre os quais li alguns relatos na *Viagem de Anarchasis à Grécia*, pequena enciclopédia que recebi como prêmio escolar na oitava série".

Em outras palavras, Roché está mencionando, ainda que em rápida e sumária passagem, a possibilidade de estarem os cátaros familiarizados com práticas mediúnicas de intercâmbio com os seres espirituais da dimensão póstuma, o Cristo inclusive.

Sabemos, pelos relatos contidos em Atos dos Apóstolos, nas epístolas e no Quarto Evangelho, o quanto a instrumentação da mediunidade serviu aos propósitos do cristianismo nascente. A dramática cena do Pentecostes não passa de uma sessão mediúnica na qual numerosas entidades espirituais se manifestaram através dos recursos mediúnicos dos apóstolos e demais trabalhadores da primeira hora.

São explícitas, entre outras, as referências à mediunidade hoje conhecida como xenoglóssica, ou seja, aquela com a qual a entidade manifestante se expressa em língua que, em seu estado de vigília, o médium desconhece. Há referências também a fenômenos luminosos, no texto dos Atos – as tais "línguas de fogo", que pareciam pousadas sobre a cabeça dos apóstolos. Seriam materializações a indicar a presença de entidades de elevada condição evolutiva no ambiente?

Sabemos, mais, à simples leitura descompromissada dos textos, que as faculdades mediúnicas entre os primeiros cristãos eram suscitadas por um ritual singelo de passes e preces, semelhante ao do *consolamentum* dos cátaros. Paulo se refere especificamente a isso na sua Carta a Timóteo, alertando-o sobre as graves responsabilidades que assumira com a sua condição de intermediário entre vivos e mortos. "Por isso – lê-se em 2 Tim 1,6 – recomendo-te que reavives o carisma de Deus que está em ti pela imposição de minhas mãos."[100] Convém anotar que o termo carisma é definido como "dons espirituais" na Primeira Epístola aos Coríntios (12, 1), na qual Paulo regulamenta meticulosamente o exercício das diversas faculdades, nos capítulos 12, 13 e 14.

---

[100] Carisma – ensina *Aurélio* – é 1. Força divina conferida a uma pessoa, mas em vista da necessidade ou utilidade da comunidade religiosa.

Esse era o cristianismo primitivo, em toda a pureza e espontaneidade de suas crenças e de suas práticas. Lamentavelmente, seu perfil não confere com o da Igreja de Roma.

Não vejo, pois, qualquer justificativa em considerar o catarismo uma heresia – com aspas ou sem elas –, e atribuir ao catolicismo a condição de depositário fiel e exclusivo dos ensinamentos do Cristo e das tradições apostólicas. O Cristo jamais admitiria condenar à fogueira aqueles que pensassem diferentemente dele.

A conclusão de que o catolicismo representou – e representa ainda hoje – o cristianismo primitivo, em toda a sua pureza, e o catarismo, a perniciosa heresia que era preciso erradicar a qualquer preço, não resiste a uma honesta análise crítica.

Se é que houve uma heresia no conflito ou confronto entre catarismo e catolicisimo, certamente não é à doutrina e ao procedimento dos *parfaits* e das *parfaites* que cabe esse rótulo.

Nota explicativa à chamada na página 373:

É raro ou, no mínimo, inusitado que os editores escrevam prefácio ou apresentação para as obras que publicam. Isto foi, no entanto, exatamente o que aconteceu neste caso.

O livro estava pronto, apenas na dependência de mais uma ou duas revisões, como sempre faço, quando o enviei a Alexandre Machado Rocha, meu editor, para uma leitura preliminar, enquanto eu continuava trabalhando com o texto.

Eu sabia, naturalmente, do interesse dele pela temática do catarismo e até suspeitava de algum provável envolvimento dele no passado com a malograda 'heresia' languedociana. Não imaginara, contudo, a possibilidade de Alexandre haver participado do mais dramático episódio da implacável caça às bruxas, que foi o espantoso massacre de Montségur, em 1244. Ou – outra hipótese – de ter tido, retrospectivamente, a visão do que ali se passara naquelas horas finais de um longo e penoso sofrimento.

Sua vidência, no entanto – marcada pelo timbre autenticador da emoção –, traz à minha pesquisa duas relevantes contribuições:

Primeira, a confirmação de que os cátaros praticavam mesmo, na intimidade mais reservada de seus grupos, o intercâmbio com as entidades espirituais interessadas no movimento, tal como ocorrera no cristianismo primitivo. O fenômeno ocorrido com Alexandre – que acolho em boa-fé –

reporta-se claramente a uma sessão mediúnica em Montségur na véspera da rendição incondicional do castelo-fortaleza;

Segunda, esclarece o singular episódio segundo o qual numeroso grupo de pessoas da comunidade cátara de Montségur com boas chances de escapar à fogueira por não serem *parfaits* e *parfaites*, mas simples *croyants*, revelaram nas últimas e dramáticas horas, assumir explicitamente aquela condição, certos de que estavam assinando suas próprias sentenças de morte pelo fogo.

Em outras palavras, como simples *croyants* e *croyantes* poderiam livrar-se das chamas [outros se livraram]; como *parfaits* e *parfaites*, não.

Algo de importância transcendental teria necessariamente de ter acontecido na derradeira noite vivida no reduto de Montségur. Segundo o testemunho de Alexandre, terá sido a presença do próprio Cristo manifestado aos participantes da memorável e derradeira sessão mediúnica no alto do lendário penhasco que suscitou tão enigmática atitude entre os que o ouviram.

Portanto, o que restou dos sonhos ali sonhados foi a certeza de que, a despeito das fogueiras, o sonho continuava e se projetava num futuro que ainda não chegou, mas que talvez esteja mais perto do que imaginamos.

11 – Moldura Histórica

Dispomos como ponto de partida para desenhar uma moldura para o catarismo, de três autorizadas referências que nos ajudam a entender como o movimento de ideias nele contido situa-se no painel mais amplo da história, o que realmente se passou no Languedoc entre o século 12 e início do 14 e por quê. Uma para confirmar o que temos lido aqui sobre as perseguições e duas para mais nítida marcação da antes insuspeitada magnitude e oportunidade do fenômeno histórico-religioso do catarismo.

Michel Roquebert escreve, em *Histoire des cathares*, que a história dos cátaros é a da perseguição que sofreram. Anne Brenon intui acertadamente, em *Le vrai visage du catharisme*, a existência de uma "sociedade predisposta" à aceitação do catarismo. René Nelli, numa espécie de lamento emocional, caracteriza, logo numa das primeiras páginas de *Les cathares,* o movimento cátaro como o de uma "civilização abortada", declarando, a seguir, que a malograda proposta cátara continha "o esboço de uma sociedade futura".

Não era somente religioso, portanto, o conteúdo do catarismo. O ideário cátaro incluía uma reformatação política, social e até econômica praticamente impensável para a época, na qual predominavam conceitos medievais tidos por definitivos, incontestáveis e irremovíveis. Insuscetíveis, portanto, de renovação e progresso.

Nelli observa, ainda melancólico, que, por não ter o catarismo logrado êxito na implantação de seu projeto, atrasou-se em quinhentos anos a civilização, que somente iria conseguir sacudir o jugo que pesava nas costas do povo com a Revolução de 1789. Mais uma vez, podemos acrescentar, com muito sangue, dores, angústias e desatinos.

Poderia ter sido feito muito mais, melhor e em paz, no contexto da doutrina e, principalmente, das práticas cátaras. Parece que eles próprios entendiam que o Cristo não propusera uma nova igreja, mas uma singela e competente doutrina de comportamento, um roteiro sobre como deveria o ser humano colocar-se ante a vida, a fim de eventualmente alcançar a tão desejada felicidade naquilo que ele descrevia como o Reino de Deus. Mesmo o Reino, contudo, nada tinha com o céu teológico adotado mais tarde, depois que os líderes do movimento cristão inicial optaram por uma estratégia quantitativa em vez de qualitativa, como assinala Elaine Pagels em *The Gnostic Gospels*. O que interessava aos dirigentes de então era a quantidade, não a qualidade. A quantidade proporciona poder; a qualidade, nem sempre. Na visão do Cristo, o Reino de Deus não está aqui nem ali; é realização interior em cada um de nós e somente depois disso se projetará 'lá fora' no mundo.

Foi a partir daí que o cristianismo começou a se transmutar em catolicismo, uma espécie de efeito especial desses que os computadores modernos produzem ao fundir duas imagens diferentes numa só. O cristianismo foi assumindo as características de uma heresia em relação ao que ensinara e exemplificara o Cristo. Os cátaros empreenderam a viagem de volta, a fim de resgatar dos escombros e das paixões dos séculos a perdida imagem de Jesus e o verdadeiro conteúdo de sua mensagem imortal, em toda a pureza primitiva.

Essa foi, ao mesmo tempo, a glória e a desgraça dos cátaros. O projeto estava pronto, o contexto social predisposto a acolhê-lo a fim de promover com ele uma passagem a limpo de todo processo civilizador. Oriente e Ocidente chegariam, afinal, ao encontro marcado na agenda dos milênios. Na reformulação do modelo prevalecente do catolicismo ocidental seriam reintroduzidos conceitos tidos por "orientalistas"[101] ou "ocultistas", como a fundamental doutrina das vidas sucessivas (reencarnação), há muito extirpada como indesejável excrescência do primitivo tronco ideológico em que, aliás, o próprio Cristo as colocara.

Há que reconhecer que se tratava de uma reforma traumática essa, impossível de realizar-se de dentro da Igreja, coisa que os poderes invisíveis já haviam tentado antes e que continuariam tentando após o malogro do catarismo.

É longa a lista de tais esforços para aquele que examina com atenção e os "olhos de ver" de que falava Jesus, as linhas e entrelinhas da história. Já os gnósticos, entre os séculos II e III, haviam tentado uma releitura para o cristianismo que

---

[101] Caracteristicamente, a doutrina cátara primitiva, ainda não completamente formulada, introduziu-se no Ocidente, através do sul da Europa, como sutil 'infiltração' oriental.

Os Cátaros e a Heresia Católica 429

então se praticava e que começara a navegar à deriva, distanciando-se cada vez mais da rota originária contida na herança cultural do Cristo.

Ainda não sabemos toda a história dos cátaros. Sobre os gnósticos tentei respostas para algumas das questões que me ocorreram quando estudei o assunto para escrever *O evangelho gnóstico de Tomé*, que sugiro a você que me lê consultar em conexão com a temática deste livro.

Os gnósticos situam-se cronologicamente mais distantes de nós do que os cátaros, mas a descoberta de Nag Hammadi proporcionou aos estudiosos acesso a importante documentação na qual eles falavam por si, de si mesmos e de suas ideias. Com os cátaros isso (ainda) não aconteceu. Dispomos apenas de textos mais ou menos burocráticos – atas inquisitoriais, sentenças, decretais, ordenações e até de alguns manuais sobre como conduzir um 'bom' e eficaz interrogatório a fim de arrancar dos depoentes declarações com as quais fosse possível incriminá-los. O aspecto jurídico nunca foi problema para os caçadores de bruxas. À falta de regras ou normas jurídicas apropriadas, eles próprios elaboravam a suas e as punham imediatamente em prática, sem dar satisfações a ninguém, às vezes, nem mesmo ao papa.

Como assinalam alguns historiadores, os cátaros não falam no contexto de sua própria história. Não têm voz. Após todos esses séculos decorridos, o que se conseguiu resgatar de seu ideário e de suas práticas mal dá para compor *Écritures cathares*, que ficamos devendo à erudição do professor René Nelli.

Sabe-se o suficiente, contudo, para perceber por que razões a Igreja se assustou com o movimento, tal como se assustara há cerca de setecentos anos com o gnosticismo.

A próxima 'seita herética' foi a dos maniqueus, que, aliás, adotou conceitos gnósticos na formulação de suas estruturas doutrinárias e que obviamente continuavam a incomodar a Igreja.

Caracteristicamente, gnósticos e cátaros não tentaram inserir-se no contexto do cristianismo que então se praticava, mas era inevitável que trouxessem para o bojo de suas respectivas doutrinas o pensamento do Cristo. Entendiam acertadamente que a mensagem de Jesus não constituía propriedade particular de ninguém e de nenhuma instituição – era de todos.

Infelizmente a Igreja não pensava assim.

Antes da fundação do papado, em 607 [escreve o autor espiritual Emmanuel, em *A caminho da luz*, p. 134] *as forças espirituais*

> se viram compelidas a um grande esforço no combate contra as sombras que ameaçavam todas as consciências. Muitos emissários do Alto tomam corpo entre as falanges católicas no intuito de *regenerar os costumes da Igreja*. Embalde, porém, tentam operar o retorno de Roma aos braços do Cristo, conseguindo apenas desenvolver o máximo de seus esforços no penoso trabalho de arquivar experiências para as gerações vindouras. [Itálicos meus.]

Um dos emissários incumbidos de mais uma tentativa de corrigir os rumos equivocados pelos quais seguia o cristianismo foi, no dizer de Emmanuel, Maomé, nascido em Meca, no ano 570. O plano que lhe foi confiado pelas "forças espirituais" a que se refere o autor espiritual consistia em reunir as tribos árabes então existentes, a fim de "organizar-se na Ásia um movimento forte de restauração do Evangelho do Cristo, em oposição aos abusos romanos nos ambientes da Europa". Seria uma retomada, um recomeço. Conhecemos os resultados dessa missão.

A comunidade invisível interessada no processo evolutivo dos seres humanos prosseguiu incansavelmente no empenho de suscitar na Terra um movimento regenerador.

> As chamadas "heresias" [escreve Emmanuel mais adiante (p. 143)] brotavam por toda parte onde houvesse consciências livres e corações sinceros, mas as autoridades do Catolicismo nunca se mostraram dispostas a receber semelhantes exortações.

A próxima tentativa foi a de enviar outro missionário credenciado. Fora "um dos maiores apóstolos de Jesus",[102] no dizer do autor espiritual. Seria conhecido desta vez como Francisco e nasceu em Assis, em 1182. O objetivo de sua missão, o mesmo de sempre – o de reformar, regenerar o cristianismo, acordar a Igreja para suas responsabilidades. Na sua humildade, ele entenderia de início que lhe cabia restaurar edifícios de igrejas em ruínas na região.

Em 1208, vozes que ouviu durante a missa lhe diziam que precisava começar logo seu trabalho, sem nada possuir de seu, senão o estritamente necessário para vestir-se. Um ano depois, graças à obstinada pressão do papa Inocêncio III, as tropas francesas da Cruzada contra os Albigenses invadia o Languedoc, dando início ao massacre dos cátaros.

---
[102] Aquele que fora João Evangelista.

Os Cátaros e a Heresia Católica ❖ 431

Francisco empenhou-se inicialmente na tarefa missionária. Na primeira viagem à Terra Santa, o navio naufragou e ele voltou para casa. Foi para a Espanha, decidido a converter os muçulmanos que lá se haviam instalado. Em 1219, no Egito, tentou converter o próprio sultão.

Ainda vivia quando começaram a surgir dissensões entre seus companheiros de ordem. Francisco renunciou ao seu posto de líder da pequena comunidade de religiosos.

Morreu em 1226, aos 44 anos de idade, doente e praticamente cego.

A Inquisição, gerada no bojo da perseguição à nova seita, foi instituída em 1233. Algum tempo depois, franciscanos já disputavam com dominicanos o 'privilégio' de servir ao Cristo e à "verdadeira fé" como inquisidores. Um pequeno grupo de seus seguidores isolou-se dentro da ordem, fiel ao pensamento original de Francisco. Não dispomos de espaço suficiente nesta breve notícia para falar deles – os chamados "espirituais".

Mais uma vez, a Igreja não entendera o recado que vinha de mais alto e prosseguiu sua trajetória equivocada, agravando o 'carma' que já acumulara em séculos de desatinos. Tornava-se cada vez mais difícil despertá-la para suas verdadeiras responsabilidades.

As "forças espirituais" a que se refere Emmanuel continuaram teimosamente a enviar novos missionários incumbidos da mesma tarefa de sempre. Sem grandes êxitos a assinalar. Emmanuel lamenta que alguns destes tenham falido mais acentuadamente. Partiam da dimensão espiritual para a vida terrena "saturados das melhores intenções e mais santos propósitos" e aqui chegados, em ambiente hostil, deixavam-se trair pelas próprias forças. Muitos perderam-se pelos caminhos, deslumbrados com as atrações e mordomias do mundo, "... outros – prossegue (p. 150) –, como Luís IX,[103] de França, excediam-se no poder e na autoridade, cometendo atos de quase selvajaria, cumprindo os seus sagrados deveres espirituais com poucos benefícios e amplos prejuízos gerais para as criaturas".

Abordou-se o problema por outro ângulo, tentando, desta vez, estimular o conhecimento, provavelmente na esperança de que, mais cultas, as

---

[103] Luís IX, nascido em 1214, governou a França de 1226 – ano em que morreu Francisco de Assis –, inicialmente sob a regência de sua mãe, Blanche de Castela, até 1270. A campanha no Languedoc contra os cátaros ainda consumia vidas e a Inquisição praticava seus horrores. Luís empenhava-se na sua oitava Cruzada quando morreu. Foi, no entanto, um homem íntegro e bom administrador, considerado o mais popular dos reis da linha capetiana. A Igreja o canonizou em 11 de agosto de 1297. No século 19 participaria destacadamente, como entidade espiritual, da equipe que assistiu Allan Kardec na elaboração da doutrina dos espíritos.

pessoas começassem a pensar (e agir) melhor e por sua conta, em vez de depender do que dizia o clero católico em todos os seus níveis. As universidades de Paris e Bolonha serviram de modelo às de Oxford, Coimbra e Salamanca. (Emmanuel, p. 151.)

"O século XVI – escreve esse mesmo autor (p. 156) – alvorece com a descoberta do novo continente (América), sem que os europeus, de modo geral, compreendessem, na época, a importância de semelhante acontecimento."

A estratégia agora era a de começar tudo de novo em uma vasta região do planeta ainda não contaminada pelas mazelas que infelicitavam a viciada e cansada civilização europeia.

Nesse mesmo período – entre os séculos 15 e 16 – ocorreu o fenômeno conhecido na história como Renascença ou Renascimento, caracterizado por um despertar cultural e artístico. Emmanuel informa que "numerosos artífices da Grécia antiga" reencarnaram-se na Itália e lá deixaram valiosos testemunhos de sua passagem e a marca do seu gênio.

A prioridade, contudo, continuava sendo a reforma da Igreja, ou melhor, das estruturas do pensamento religioso. Era preciso, no dizer do autor espiritual, suscitar uma "renascença *da religião* [não necessariamente a católica, entendo eu, HCM], de maneira a regenerar seus relaxados centros de força".

"Assim – prossegue – no século XVI, aparecem as figuras veneráveis de Lutero, Calvino, Erasmo, Melanchthon e outros vultos notáveis da Reforma na Europa Central e nos Países Baixos."

O movimento liderado por Lutero abriu janelas, condenou a vergonhosa venda de indulgências, contestou a autoridade papal, rediscutiu dogmas, rituais, procedimentos e aspectos teológicos. Traduziu os textos evangélicos para o alemão popular, empenhou-se numa corajosa reformatação do ensino – tarefa de que se incumbiu Melanchthon, considerado, ainda em vida, o Preceptor da Alemanha – e acabou desligando-se da Igreja, dado que Lutero teve formação católica como agostiniano[104]. Assustada com o ímpeto do movimento e de sua aceitação pública, a Igreja deu início ao processo de perseguição, a fim de tentar sufocá-lo no nascedouro.

Não deu certo. A despeito de todo o arsenal de pressões de que dispunha o catolicismo, o protestantismo, já fragmentado em várias seitas, implantou-se rapidamente – apoiado inicialmente por alguns dos mais des-

---
[104] Da ordem religiosa de santo Agostinho.

tacados barões germânicos, como Frederico, o Sábio –, e se espalhou pela Europa afora e, posteriormente, pelo resto do mundo, América, inclusive.

A Igreja empenhou-se numa contra-reforma, tentando refazer-se internamente tanto quanto lhe pareceu possível – e não foi muito – e criou a Companhia de Jesus, como tropa de choque ou de elite, conforme o ângulo sob o qual é analisada.

Emmanuel – p. 161 –, ex-jesuíta [teria sido o padre Manuel da Nóbrega, em uma de suas existência anteriores], trata a Companhia com extrema severidade. Caracteriza-a como instituição de "nefasta memória", que "não procurava conhecer meios, para cogitar tão-somente dos fins imorais a que se propunha".

A Igreja, portanto, obstinava-se na sua linha de ação, surda e insensível aos dramáticos apelos e advertências do mundo espiritual, interessado no progresso cultural, mas, pricipalmente, moral do ser humano.

A Reforma protestante, por sua vez, acabaria não sendo tão reformista como fora legítimo esperar-se de seu ímpeto inicial. Alguns sacramentos e certos ritos foram transplantados para a nova religião e dogmas seculares continuaram irremovíveis. Continuou-se acreditando em coisas incongruentes que já nasceram obsoletas, como a existência do demônio, o grande espantalho; céu e inferno permaneciam como destinação de bons e maus, respectivamente; a vida humana continuava sendo uma só. O ser humano se salva pela fé, a autoridade papal foi substituída pela da Bíblia, cuja interpretação, mais do que nunca, passou e ser rigorosamente literal.

Observada assim à distância do ponto de vista privilegiado da história, restou à Reforma apenas o mérito de haver traduzido para o povão os textos evangélicos aprisionados desde muito, e até então, na língua latina, à qual somente tinham acesso os sacerdotes devidamente credenciados pela 'ordenação' e uns poucos leigos mais cultos, espalhados pelo continente europeu. Quebrou-se, portanto, o monopólio da palavra do Cristo.

A reforma do ensino foi igualmente um de seus aspectos positivos, ao abrir novas vistas para a metodologia da formação cultural, principalmente a dos jovens.

A não ser isso, o grande mérito da Reforma está em que contestava explícita e veementemente aspectos tidos por intocáveis na teologia e nas práticas católicas, inclusive a autoridade do papa, posteriormente reforçada com o insustentável dogma da infalibilidade.

A Igreja sentiu o golpe e pôde constatar que não dispunha mais de poder político para sufocar o movimento pela força das armas ou das fogueiras e nem suficiente autoridade para isolar os rebeldes, como bacilos perigosos à saúde da comunidade, excluindo-os da sociedade com as fulminantes excomunhões de outrora. O gesto público de Lutero ao queimar a bula que o excomungava, mais que desobediência ou desafio, marcou a postura irreversível de que a Igreja de Roma deixara de ser o bicho-papão da história religiosa e civil.

Assistia-se a um crescente esvaziamento da autoridade da Igreja como instituição, sem forças para influir positivamente nos rumos da civilização. Isso é o mínimo que se poderia esperar daqueles que assumem posição de liderança. Liderança, porém, não se impõe – ela constitui decorrência espontânea e consensual de autoridade e respeito.

Esse esvaziamento, não há como deixar de reconhecer, constitui contrapartida inevitável a clamorosos desmandos e arbitrariedades, gerados pela prepotência e arrogância que durante muitos séculos vêm servindo aos propósitos quantitavos desastradamente adotados e praticados pela instituição, sempre em nome do Cristo e para maior glória de Deus. Como se pudéssemos nós, seres humanos imperfeitos, acrescentar algo aos atributos da divindade, ainda mais com tratamento desumano de irmãs e irmãos nossos pelo simples fato de pensarem diferentemente do que prescreve o rígido e tantas vezes incompetente modelo ideológico adotado.

Por isso, falta autoridade hoje não mais para impor, mas para liderar, aconselhar, guiar os passos de multidões que se perderam pelos caminhos e vagam pela superfícide do planeta, alienadas, esquecidas de suas origens espirituais e desinteressadas de um futuro no qual não acreditam.

Nada disto teria acontecido se o cristianismo continuasse a ser uma doutrina de comportamento em vez de uma hierarquia eclesiástica em moldes que tanto o infelicita.

De qualquer modo, o projeto reformista, tão cuidadosamente elaborado na dimensão espiritual como fora o do catarismo e tantos outros, terminou em mais uma frustração.

Com inexpressivas concessões meramente cosméticas, a Igreja manteve-se onde estava e as seitas protestantes multiplicaram-se, arrebanhando multidões, muitas delas, hoje, convertidas em multinacionais da fé, como qualquer empresa contemporânea de grande porte.

Não obstante, os seres superiores que nos assistem da dimensão invisível não têm faltado com suas advertências, ensinamentos e propostas e até mesmo com interferências diretas e explícitas no que poderíamos considerar "negócios do mundo".

Uma visita, tão rápida quanto possível a *The Fatima Secret*, de Whitley Strieber, livro lançado em dezembro de 2000, proporciona – ressalvadas algumas posturas que não tenho como acatar, ainda que as respeite – uma visão adequada do obstinado esforço que aqueles seres vêm desenvolvendo há muito tempo, na tentativa de redirecionar e até reverter os passos da perplexa e confusa humanidade dos tempos que estamos vivendo, a fim de prevenir desatinos e desastres maiores.

Como o título revela, o propósito central do autor é o de discutir o episódio, com enfoque especial na estranha relutância demonstrada pelo Vaticano em dar publicidade aos chamados segredos de Fátima, especialmente o terceiro e último deles, que durante mais de oitenta anos permaneceu lacrado e guardado a sete chaves, no aposento em que dormem os papas.

Antes disso, porém, e em continuação ao que vínhamos expondo, vejamos alguns exemplos bem documentados reunidos por Strieber, em que a intervenção do mundo espiritual foi evidente, indiscutível e convincente.

Em agosto de 363, uma entidade que se identificou como Maria manifestou-se a um casal residente em Roma, pedindo-lhes que mandassem construir uma igreja no local que amanhecesse no dia seguinte coberto de neve. Como se estava em pleno calor do verão, a neve, realmente encontrada, foi um evento inexplicável, tido por miraculoso. Construiu-se naquele ponto a igreja de Santa Maria Maggiore, um dos mais importantes santuários da chamada Cidade Eterna.

Em 1026, o mesmo ser espiritual manifestou-se à visão de são Fulbert no local onde se construiria a catedral de Chartres, na França.

Em 1465, a aparição de Maria – a quem o autor se refere, inapropriadamente, como "Mãe de Deus" – recomendou a Alanus de Rupé Paris a prática do rosário.

Em 1531, no monte Tepeyac, no México – onde em tempos outros se erguera um templo a Tonantzin, deusa da terra –, a despeito das desconfianças e reservas iniciais da Igreja católica, nova manifestação de Maria suscitou enorme comoção. Desta vez a aparição ficaria conhecida mundialmente como a de Nossa Senhora de Guadalupe.

Há cerca de doze anos, Hernán Cortez (1485-1547), no comando de tropas espanholas, conseguira, no dizer do Strieber, a proeza de "destruir em poucos dias a secular cultura" dos povos locais. Disposto a acabar com tudo e a levar consigo todo o ouro que pudesse, mandou demolir não apenas templos-pirâmides dos astecas, como igrejas católicas existentes pela região.

Como de outras vezes, no passado – o que se repetiria no fututo –, o fenômeno fora testemunhado por gente simples e pobre e não pelos 'grandes' do mundo. A pessoa escolhida, desta vez, foi um humilde e inculto nativo por nome Juan Diego. Talvez as elevadas entidades do mundo espiritual tenham pretendido recomeçar com os chamados 'índios' um movimento religioso renovador com mentes ainda não contaminadas pelas deformações ideológicas e de procedimento, introduzidas durante cerca de milênio e meio no que se intitulava cristianismo. O que acontecera, aliás, como vimos em Emmanuel, com a decisão de enviar Maomé com a missão de "começar tudo de novo".

A "linda senhora" revestida de luz que Juan Diego vira no alto do morro recomendou-lhe que procurasse o bispo da cidade do México para dizer-lhe, de sua parte, que ela desejava uma igreja construída naquele local. E que contasse o que ele viu ali.

Diego partiu imediatamente para a cidade, onde chegou ainda de madrugada, e bateu às grossas portas do palácio do bispo Zumárraga.

Um criado meio sonolento abriu-a cautelosamente e contemplou desconfiado o pobre e malvestido índio que, com tanta urgência e àquela hora imprópria, queria falar com o senhor bispo. Foi-lhe ordenado que se sentasse no pátio e esperasse.

O prelado o recebeu cerca de uma hora depois, na presença de um intérprete. Não foi uma recepção hostil e sim quase paternal, mas cautelosa. O bispo precisava pensar no assunto e Diego deveria retornar para uma conversa mais longa.

De volta à Senhora, Diego lhe disse que evidentemente o bispo não acreditara no seu testemunho.

Para encurtar a história: depois de idas e vindas – o bispo queria provas –, Diego levou para ele um buquê de lindas flores colhidas por ordem da Senhora para serem entregues somente a ele, em época na qual era impossível tê-las.

Ao chegar ao palácio daquela vez, Diego levou ao bispo as flores – que somente deveriam ser entregues pessoalmente ao prelado – protegidas pelo seu rústico casaco de camponês, a *tilma*.[105] Ao abrir o casaco para depositar as flores aos pés do bispo, elas caíram ao chão e desapareceram, deixando impresso no tecido a imagem da Senhora, tal como ele a via, no alto do morro.

A história dessa imagem é longa para contar-se aqui. Você deve ler, por exemplo, o livro de J. J. Benitez, que investigou a fundo o fenômeno. [Ver Bibliografia.]

Apenas para acrescentar um detalhe relevante: modernas técnicas de laboratório revelaram que a figura não foi pintada com qualquer tinta conhecida e mantém-se até hoje, ainda que, lamentavelmente, retocada e com enfeites que não constavam do quadro original. Mais assombroso ainda: exames mais recentes [em 1929 e, depois, em 1951, 1956 e 1979] por profissinais da melhor competência técnica descobriram, refletidas nos olhos da figura ali estampada, imagens das pessoas presentes no momento em que se deu o fenômeno, no século XV. A Senhora deixara, portanto, uma mensagem também para o futuro.

E os resultados práticos dessa incrível demonstração de interferência de seres espirituais de elevada condição evolutiva em negócios humanos? Sim, certamente, suscitaram, como disse ainda há pouco, grande comoção popular e numerosas adesões à Igreja, os primeiros dos quais foram os nativos Juan Diego e seu tio, curado inexplicavelmente de suas mazelas, quando se temia pela sua vida. Os insólitos fenômenos criaram de fato um clima de grande religiosidade. A Igreja aumentou consideravelmente o número de fiéis, mas continuou a mesma.

As próximas manifestações foram nos Alpes franceses, em setembro de 1846, no vale de La Salette, quando duas crianças pastoreavam um rabanho de carneiros. Mélanie Calvat, quinze anos, e Maximin Giraud, onze anos, eram pobres, analfabetos, sem nenhuma formação religiosa. (Esse quadro se repetiria numa das mais dramáticas e espantosas manifestações, a de Fátima.) A Senhora queria falar com os humildes, tentando alcançar, através deles, o coração dos grandes, que, no seu dizer, "passariam fome e se arrependeriam". Se, ao contrário, "mudassem de procedimento, as montanhas se tornariam em pão e a terra se cobriria de batatas".

---

[105] A *tilma* era um manto feito de tecido rústico, retangular como um lençol que, amarrado por um nó sobre um dos ombros, envolvia a pessoa, ficando um lado aberto.

Como os adolescentes só conheciam o dialeto local, causou grande impacto ouvi-los narrar os fatos no mais puro francês.

Poucos anos depois do episódio de La Salette, a Senhora manifestou-se a partir de 11 de fevereiro de 1858 a Bernadette Soubirous, em Lourdes, também na França. A menina tinha quatorze anos de idade e era tão pobre que sua família morava nas ruínas de uma antiga prisão na vila. Tinha um aspecto doentio, sofria de asma e das sequelas do cólera que adquirira aos onze anos.

A visão pediu a Bernadette que se construísse uma capela naquele local, prometendo-lhe uma fonte de água mineral dotada de faculdades curativas. Foi o que aconteceu.

Bernadette teve seus tropeços. Foi levada a um psiquiatra, a água foi considerada igual a qualquer outra, sem nenhum poder curativo e o terreno em volta foi cercado a fim de impedir o acesso à fonte.

Em 28 de julho, o bispo local de Tarbes criou uma comissão para estudar o caso. Três anos depois, declarou genuínas as visões da menina. Em 1866, Bernadette entrou para um convento e morreu em 1879. Seu corpo nunca se decompôs e pode ser visto, ainda hoje, numa urna de vidro. Foi canonizada em 1925.

Lourdes tornou-se, no correr dos anos, o mais famoso local de peregrinação da cristandade.

Outras manifestações desse tipo, mais ou menos impactantes, ocorreram durante o século 20, como a de Garandabal, na Espanha, a partir de 18 de junho de 1961, a quatro meninas, entre onze e doze anos de idade. Vários fenômenos inusitados foram então testemunhados.

Quando o papa João XXIII morreu, Conchita, uma das meninas, disse à mãe que haveria apenas mais três papas. Como é que ela sabia disso? Fora informada a respeito pela Senhora, numa visão. "Na verdade – acrescentou – haverá quatro papas, mas ela não está contando um". Não explicou por quê. Questionada a respeito, a menina disse: "Ela não disse por que, apenas que não estava contando um deles. Mas que também um deles reinaria por muito pouco tempo."

Ora, após João XXIII a Igreja teve apenas três papas: Paulo VI, João Paulo I e João Paulo II, eleito em 1978.

Strieber conclui que João Paulo II seria, portanto, o último papa.

Não vejo as coisas dessa maneira. A aparição mencionou três, mas acrescentou que *não estava contando um deles*, certamente João Paulo I que morreu um mês, depois de eleito, como, de certa forma, previra a visão, que declarou não contar com um deles, sem mais amplas explicações.

Os Cátaros e a Heresia Católica 439

Restam, por conseguinte, dois papas, sendo João Paulo II o penúltimo e não o último. O que confere com a muito citada profecia de são Malaquias feita no século XII e publicada, pela primeira vez, em 1585.

Segundo o santo medieval, que criou para cada papa um dístico em latim, João Paulo II ficaria caracterizado como *"De labore solis"* (sobre os trabalhos do sol). Ora, o papa polonês – o primeiro não-italiano em cerca de 450 anos,[106] nasceu em 18 de maio de 1920 durante um eclipse do sol, na cidade de Vadovice, Polônia, que tem em seu escudo ou brasão a imagem do sol. E mais, o grande eclipse solar na Europa, o último do milênio, ocorreu em 11 de agosto de 1999, em pleno pontificado de João Paulo II.

Sem dúvida alguma, a profecia de são Malaquias (aliás, amigo pessoal de são Bernardo de Clairvaux[107]) prevê apenas o número suficiente de papas para completar duzentos e cinquenta e seis, se não me fallha a memória, sendo o último deles de nome Pedro II, o primeiro a adotar o nome de Pedro depois do apóstolo. Que, aliás, não foi papa.

Ainda segundo essa profecia, o dístico desse papa seria *"Gloria olivae"* (a glória da oliveira) e governaria "durante a última *perseguição*[108] à Santa Igreja Romana". A "cidade das sete colinas" (Roma), após muitas tribulações, "destruída e o terrível juiz pronunciaria sua sentença contra seu povo".

Coincidência ou não (mais uma), esse papa seria o de número duzentos e cinquenta e seis, mesmo porque só existem no Vaticano, duzentos e cinquenta e seis nichos destinados a receber imagens, bustos ou retratos dos papas.[109]

---

[106] Antes dele o único não-italiano foi Adriano VI, Adrian Floriszoon (1459-1523), nascido em Utrecht, na Holanda, e papa, de 1522 a 1523.

[107] Malaquias, monge irlandês, viveu entre 1094 e 1148 e Bernardo entre 1090 e 1153 – contemporâneos de fato, com precisão quase matemática. Leio, contudo, no *Larousse* que as profecias do santo irlandês são apócrifas. Serão? Apócrifas ou não, um rastreamento em confronto com os papas, desde o século XII, apresentam estranhas 'coincidências', que aprendi a assinalar como um dos pseudônimos de Deus, quando Ele prefere não assinar.

[108] Estou colocando a palavra que consta do texto original. Pergunto-me, no entanto, se seria mesmo perseguição à Igreja, ou, muito mais grave, um recado de advertência provinda do mundo espiritual, quanto aos numerosos erros que se acumularam ao longo de dois milênios e que tanto deformaram a face do cristianismo primitivo.

[109] Lamento informar a você que me lê que não sei mais onde li esta informação e nem sei onde procurá-la, mas ela está lá, na memória do escriba e leitor inveterado.

O episódio de Fátima, em 1917, foi dos mais dramáticos e convincentes – vamos examiná-lo daqui a pouco – mas não o último. A aparição de Medjugorje, na Iugoslava de então [hoje Bósnia-Herzegovina], em 24 de junho de 1981, provocou também considerável impacto.

O grupo de videntes se compunha novamente de adolescentes: Mirjana, de dezesseis anos, e Ivanka, de quinze, às quais se juntaram, no dia seguinte, Vicka e Marjia, também de dezesseis anos de idade, e dois meninos, Jakov, nove anos, e Ivan, dezesseis.

Em sucessivas visões, a Senhora insistia com as crianças em apelos à paz: "Paz, somente paz. É preciso que haja paz na terra."

A uma das crianças a Senhora mostrou alguns dos horrores que estavam acontecendo pelo mundo afora, por falta de fraternidade entre os seres humanos. Na África, uma mulher tinha um bebê nos braços. Viviam numa choça coberta de palha e estavam com fome. "Veja como eles vivem – disse a Senhora. Não há alguém em algum lugar que ame estas pessoas e lhes dê um pouco de água e um pedaço de pão?" Na Ásia, em guerra, os homens se matavam e o povo chorava em pânico. Na América, "Muito luxo e tantas coisas belas – declarou a menina –; os jovens cheiravam drogas e as injetavam em si mesmos. Pareciam felizes, mas a Senhora disse que estavam doentes e sofriam tanto quanto os que ela vira na África e na Ásia."

A Ivanka e Mirjina a Senhora confiou dez segredos. Segundo as meninas, os segredos "contêm informações específicas, com datas definidas – escreve Strieber (p. 218) –acerca do último capítulo da história do mundo e as punições que desabarão sobre a humanidade". E que isso aconteceria ainda enquanto elas vivessem.

Mas não se trata do fim do mundo e sim de ponto terminal de uma civilização transviada para que outra se instale em seu lugar. Após cumprir-se o que está predito no décimo segredo, "os que ficarem na terra viverão em harmonia com Deus". O que deixa entender – acrescenta Strieber – "que a humanidade retornará ao estado primitivo, tal como predisse Einstein".[110]

Ao escrevermos isto, Medjugorje continua envolvida em controvérsias. Mais de vinte milhões de pessoas a têm visitado desde que a notícia se espalhou pelo mundo, mas "os críticos – escreve Strieber (p. 222) – apontam para crescente mercantilização dos eventos e para a progressiva banalidade das mensagens".

---

[110] Einstein declarou certa vez que não poderia saber como seria a terceira guerra mundial, mas que a quarta teria de ser disputada com paus e pedras. Se ainda houver paus – acrescentaria eu, HCM.

Os Cátaros e a Heresia Católica 441

Embora reconhecendo a autenticidade do fenômeno, parece que mais uma vez ninguém entendeu o recado e Medjugorje passou a ser apenas um ponto turístico.

Ainda em 1981, novas aparições ocorreram em Ruanda, na África, como de hábito, a jovens pobres, anônimos e de pouca ou nenhuma instrução, entre treze e vinte e três anos de idade.

Há registros de aparições semelhantes nos Estados Unidos também, mas não há como nos demorarmos nelas a fim de não exagerar na ocupação de espaço neste livro.

Pela mesma razão, proponho apenas um resumo conclusivo do fenômeno maior e mais impactante ocorrido em Fátima, Portugal, mesmo porque a história parece ser bem conhecida no Brasil, onde circulam vários textos sobre o assunto.

As previsões de Fátima[111] provaram sua autenticidade com a precisão dos eventos já ocorridos, como o desabamento do sistema político que dominou a Rússia e inquietou grande parte do mundo, por tanto tempo. Isso aconteceu inesperadamente depois que o papa resolveu [afinal e relutantemente] atender a uma antiga reinvindicação da Senhora no sentido de que se lhe consagrasse a Rússia. Lúcia, a sobrevivente[112] do grupo de três crianças que testemunharam os fenômenos, lamentou a demora, queixando-se de que a consagração, há muito pedida pela Senhora, foi realizada "muito tarde, tarde demais".

Quanto ao terceiro segredo de Fátima, a Igreja conservou-se em absoluto silêncio por mais de oitenta anos.

Alguns papas não quiseram sequer abrir o envelope que contém o documento redigido por Lúcia, datado de 1º de março de 1944.[113] João XXIII, que o abriu e leu seu conteúdo, mostrou-se profundamente impressionado, até assustado, segundo pessoas da burocracia do Vaticano que o viram sair da sala em companhia de dois ou três cardeais, igualmente lívidos e preocupados, embora estes, ao que parece, não tenham tido livre acesso ao documento.

Segundo o texto transcrito no livro de Strieber (pp. 237-238), Lúcia vira um bispo vestido de branco (um papa, portanto) subindo uma mon-

---

[111] Strieber chama a atenção para o fato de que a mais dramática série de aparições tenha ocorrido num modesto vilarejo que traz o nome da filha de Maomé, o profeta muçulmano.

[112] Strieber informa que, ao escrever seu livro, irmã Lúcia, ainda vivia, aos noventa e quatro anos de idade, em Portugal.

[113] Gostaria de ter em mãos o texto português de irmã Lúcia, em vez de estar aqui a traduzi-lo imperfeitamente, por certo, do inglês de Strieber.

tanha em companhia de outros bispos, padres e religiosos homens e mulheres. No alto dessa elevação estava uma grande cruz feita de troncos rústicos. Símbolo, talvez, de um retorno ao cristianismo primitivo?

Antes de chegar lá em cima [escreve Lúcia], o Santo Padre passou por uma grande cidade parcialmente em ruínas. Trêmulo, com passos trôpegos, aflito por dores e tristezas, ele orou pelas almas dos cadáveres que encontrava pelo caminho. Ao chegar ao topo da montanha, de joelhos ao pé da grande cruz, foi atingido por balas e flechas. Da mesma maneira morreram ali, um após outro, bispos, sacerdotes e religiosos homens e mulheres e vários leigos, de diferentes graduações e posições.

Por isso Strieber escreve (p. 249) que "O Terceiro Segredo tornou-se a chave-mestra para a Igreja no século vinte."

Fátima, na avaliação do autor (p. 259), constitui "parte de um *plano de emergência para a humanidade*". (Itálicos meus.)

Embora interpretada oficialmente como profecia de vitória final dos inimigos da Igreja e dos cristãos, a minha leitura pessoal dos fatos é diferente. É certo que no chamado terceiro segredo a visão de Lúcia autoriza a conclusão de que se cuida ali dos últimos suspiros da Igreja católica. Não vejo isso, contudo, como final de uma bem-sucedida campanha das hostes inimigas contra a poderosa e veterana instituição. O que vejo é a vitória do bem, não a do mal, sobre um conjunto de circunstâncias que infelicitam a comunidade humana.

Luminosas entidades da dimensão espiritual – com a Senhora à frente – fizeram, portanto, tudo quanto lhes foi possível para reverter a dramática situação ainda a tempo. Foram numerosos, constantes e de grande impacto os aflitivos apelos que os episódios continham. Nada se conseguiu para evitar o desastre. Tornaram-se, por isso, necessárias providências mais drásticas para deter de alguma forma a crescente degradação da qualidade de vida no planeta que nos foi entregue puro e acolhedor, após incalculável período consumido na sua preparação para nos servir de habitação cósmica.

Em lugar de aqui prosseguir pacificamente na tarefa evolutiva, demolimos o planeta sem perceber que estamos destruindo a nós próprios, criando-se em paralelo uma civilização desorientada no bojo de uma comunidade alienada, de seres angustiados, perdidos, sem rumo, ou propósito.

Se isso poderia ter sido evitado? Certamente que sim. Estou convencido de que o catarismo medieval foi um dos mais importantes e fracassados projetos elaborados para reconduzir as pessoas de volta à pureza e à sabedoria da mensagem maior dos ensinamentos do Cristo.

É nessa moldura histórica que vejo embutido o catarismo como projeto articulado na dimensão invisível da vida para tentar, uma vez mais, repor a civilização nas trilhas iluminadas do bem, da fraternidade, tolerância e amor.

O estrangulamento do catarismo deixou uma feia cicatriz na história, um buraco negro no processo civilizador e evolutivo, que a esta altura em que vivemos (início do século 21) tornou-se irrecuperável e irreversível.

Por não se ter entendido o fenômeno cátaro e outros tantos veementes apelos vindos do Mundo Maior, parece que só nos resta agora lamentar pelas oportunidades perdidas que nos foram oferecidas e aguardar o cumprimento da assustadora profecia contida no terceiro segredo de Fátima.

De alguma forma, em algum tempo futuro, em algum ponto do planeta, um grupo de idealistas começará tudo de novo até que se instale na terra o Reino de Deus de que falava o Cristo. Estou certo de que os cátaros estarão entre eles e elas, como, provavelmente, estiveram entre os gnósticos.

Apêndice –
Catarismo
e Nazismo

Em novembro de 1931, setecentos anos depois que Montségur tornou-se abrigo-fortaleza dos cátaros, Otto Rahn, um jovem intelectual alemão, chegou ao Languedoc e instalou-se numa pensão de propriedade da família Bernadac.

Tinha 27 anos de idade, olhos claros, cabelos castanhos, um pequeno bigode, estatura mediana (cerca de um metro e setenta) e franzino. Estivera na região por alguns dias, em julho ou agosto de 1930. Desta vez, permaneceria por ali cerca de um ano, mudando várias vezes de hotel.

Vinha de Genebra com o propósito de pesquisar a história do catarismo, em particular nas grotas de Ussat e, em seguida, Lordat, Montségur, Niaux e Videssos.

Ocorrência policial da época, assinada por Albert Sarraut, datada de Paris, 23 de maio de 1938, informa que Rahn recebia muitos visitantes, especialmente alemães e suíços. Esse documento, aliás, termina com um mandado de prisão contra certo cidadão por nome Wolff.

Nat Wolff e Joseph Widegger instalaram-se também em Ussat-les-Bains e acompanhavam Otto Rahn em todos os seus deslocamentos e excursões pelas montanhas da região. Widegger, baixa estatura, pele morena, olhos escuros, era uma espécie de criado (*valet et domestique*, diz o texto de Sarraut).

Wolff, 37 anos, sujeito corpulento, pesado, cabelo curto à prussiana, dizia-se americano, mas todos o chamavam de Karl e sabiam que ele tinha apenas vagas noções da língua inglesa. Declarava-se pintor e estava incumbido da tarefa de tirar "fotografias turísticas" para o Consulado Americano em Paris. Permaneceu apenas quinze dias em Ussat e viajou para a Espanha, de onde viera. Sua ampla correspondência [de ministro, diz o documento policial] vinha de Berlim e de Munich e deveria ser remetida para dois endereços na Espanha: Hotel Falcon, em Barcelona e, depois, Hotel Ignez, de Valência. Ambos os endereços, apuraria Sarraut, mais tarde, eram considerados "bases alemãs".

Wolff voltaria muitas vezes ao Languedoc, sempre acompanhado de outras pessoas com as quais bisbilhotava dia e noite as grutas, à procura não se sabe de quê.

Em uma de suas breves visitas em maio de 1938, Wolff cometeu um engano. Seu passaporte americano indicava data de nascimento direrente da que constava dos registros policiais franceses. Daí o mandado de prisão, seguida de expulsão do país, em consideração ao fato de que "a presença (daquele) estrangeiro em território francês é de natureza a comprometer a segurança pública".

Claro que não houve como cumprir-se o mandado : Wolff preferiu fugir antes que fosse capturado.

Estamos colhendo estas notícias no livro *Le Mystère Otto Rahn – du catharisme au nazisme*, de Christian Bernadac (Éditions France-Empire, 1978).

Caso você não tenha prestado atenção suficiente, devo dizer que o autor desse livro é da família que, à época, explorava a modesta pensão de Ussat. Paul Bernadac, seu avô, tinha um táxi com o qual rodava por toda a região, que conhecia como poucos. Eram tantos os turistas alemães que o velho Bernadac teve de aprender um pouco da língua, para entender-se melhor com eles.

Não levou muito tempo, a partir de novembro de 1931, para que a imprensa local começasse a manifestar suas desconfianças, ante toda suspeita movimentação de gente estranha na região.

Em 6 de março de 1932, o jornal *Le Dépêche* publicou matéria assinada por D. Lamothe, sob o chamativo título que assim dizia: "Nova corrida ao ouro?" – perguntava. E explicava no subtítulo que "sob o comando de um alemão, um bando de 'Polares' entregam-se a escavações na região de Massat".

Os "Polares" – explicava o articulista – pertenciam a uma sociedade teosófica com sede em Paris, à avenida Rapp.

O que estaria essa gente fazendo no Arriège? Responde, ele mesmo, dizendo que procuravam localizar tesouros, que possam ter sido deixados escondidos pelos "albigenses" do século treze nas ruínas dos castelos fortificados e nas grutas da região. Estavam particularmente interessados – denuncia ainda o jornalista – "nos vestígios da relíquia cátara, entre outras o famoso *Evangelho de são Bartolomeu*... do qual, segundo afirmam alguns, o Museu Britânico, em Londres, possuiria alguns exemplares".

Pesquisas paralelas estavam sendo feitas por Arnaud, um engenheiro natural de Bordeaux, que declarava ignorar as explorações dos Polares, que depois de desaparecidos por algum tempo, haviam retornado para dar prosseguimento às escavações.

O pequeno texto jornalístico termina com uma tirada algo patrioteira, mas perfeitamente compreensível. Afinal de contas – pergunta-se o autor – quem acabaria descobrindo "os tesouros e manuscritos cátaros"? O engenheiro francês, em Montségur, ou Monsieur Rams, o 'Polar" alemão, em Ornolac? Façam suas as apostas".

Com esse artigo, escreve Bernadac (p. 16) – "abriu-se a polêmica Otto Rahn", cujo nome o texto do *Le Dépêche* havia "estropiado" para Rams.

No dia seguinte, em outro artigo, o jornal queria saber onde estavam os Polares e o que fazia Monsieur Rahu em Ussat. Já não era mais Rams, mas Rahu. Alguém parece ter lido ou escrito 'u', onde deveria estar um 'm'.

Em 10 de março foi a vez de Otto Rahn defender-se em educada carta ao jornal, iniciada com a expressão *Mon cher confrère*.

O nome dele era Rahn e não Rams; era alemão, sim, senhor. Não tinha como nem porque esconder sua nacionalidade, regularmente comunicada às autoridades locais, que lhe haviam concedido, "amavelmente", destaca, um documento (francês) de identidade sob o número 3149878, por intermédio da prefeitura do Ariège.

Quanto aos Polares, nada tinha com eles. Só ficara sabendo da existência dessa gente ali mesmo, no Languedoc. Não era Polar alemão ou francês e nem sabia se os havia na Alemanha. Talvez o jornal conseguisse até apurar isto e fazer o obséquio de informar-lhe a respeito. Não estava, também, empenhado numa "corrida ao ouro e entre seus amigos não havia nenhum "ocultista ou espiritista". "Sou apenas um escritor, meu caro confrade, um escritor que ganha a vida com a pena!" – declara.

Colocava-se à disposição do "caro confrade" para uma conversa amena, quando falaria de seu trabalho, em grande parte realizado, aliás, "na vossa bela língua materna". Assinou e declarou o endereço: "Otto Rahn, villa 'Les Charmilles', Ussat-les-Bains (Ariège)".

O jornal aceitou gentilmente o convite, enviando a Ussat Alex Coutet, um de seus repórteres, encantado ante a perspectiva de encontrar-se pessoalmente com o escritor alemão e conhecer seus estudos sobre o Ariège, acrescentando que o fazia "sem rancor e com toda a fraternidade".

O repórter foi e gostou do que viu e leu.

Foi a partir desse episódio – denuncia Bernadac (p. 19) – que se daria crédito "pelo sul dos Pireneus à fábula dos cátaros invadindo as cavernas do vale do (rio) Ariège após a queda de Montségur". Na sua explícita indignação, Bernadac declara que "o sonho poético de Napoléon Peyrat e dos amigos de Maurice Magre ('literatos de gabinete') tornara-se 'realidade histórica' à vista do trabalho de campo tido como confirmador de suas fantasias.

Trata-se – acrescenta – de "Uma lenda tenaz e burra (varrida de todos os estudos históricos modernos após a publicação dos interrogatórios da Inquisição), mas que ainda serve de guia em nossos dias aos beatos peregrinos da memória cátara."

Não pretendo entrar nessa briga, da qual o jovem intelectual alemão é caracterizado como iniciador de uma visão fantasiosa que teria causado grandes estragos à historiografia do catarismo.

É verdade, contudo – e isto pode-se conferir com facilidade –, que pouco se lê acerca de Otto Rahn nos historiadores contemporâneos dos quais me tenho servido para compor este livro. Mesmo sem referir-se a ele, contudo, é evidente que o estudo de Anne Brenon – *A verdadeira face do catarismo* – coloca-se veementemente como obra destinada a desmistificar o catarismo, livrando-o de fantasias que até então teriam impedido de contemplá-lo olho no olho.

Não encontro, por outro lado, a menor referência a Otto Rahn no respeitado volume escrito por Michel Roquebert, nem no texto, nem na bibliografia.

Nada há em *La religion des cathares*, de Jean Duvernoy e apenas uma citação indireta em *l'Histoire des cathares*, do mesmo autor, ao referir-se não a Rahn especificamente, mas ao livro *Le mystère Otto Rahn*, de Christian Bernadac, que estamos aqui precisamente a analisar.

Zoé Oldenbourg inclui na bibliografia de *Le bûcher de Montségur* – categoria "Estudos especiais", *La Croisade contre le Graal*, tradução francesa de *Kreuzzug gegen den Graal*, de Otto Rahn, mas parece ter sido apenas texto de leitura paralela, não muito aproveitado na elaboração de seu próprio livro.

Exceção a esse verdadeiro boicote a Rahn é René Nelli, que a ele se refere em diferentes oportunidades nos seus escritos, até mesmo com certa simpatia. Textos de Nelli, aliás, figuram também em longas transcrições, no livro de Bernadac. Veremos alguns mais adiante.

De qualquer modo, a impressão dominante que se colhe nos mais recentes autores – Anne Brenon me pareceu a mais enfática – é a de que chegou o momento de se passar a limpo a história do catarismo, um catarismo artificial fabricado por certos autores do início do século 20, "um catarismo mitológico – como escreve Brenon – e, ai de mim! –, comercializável, com pequenos reforços de tesouros ocultos, Graals pirenáicos, inéditos de Platão, sonhos budistas e hiperboreanos ou de esoterismo rasteiramente ocultista".

Mas, afinal de contas, quem teria sido Otto Rahn?

Bernadac menciona, a propósito, o texto que Paul Ladame escreveu como prefácio à tradução francesa de *La Cour de Lucifer* (*A corte de Lúcifer*), outro livro de Rahn. Mas prefere transcrever dados obtidos em arquivos nazistas, onde encontrou o *curriculum* de Rahn, com uma assinatura autenticadora do próprio.

Segundo esse documento, Otto nasceu em 18 de fevereiro de 1904, em Michelstadt. Em 1910 iniciou o curso de humanidades – algo parecido com o nosso antigo ginasial –, primeiramente no liceu de Bingen, depois em Giessen, onde seria aprovado, nos exames finais, em 1922.

Passou daí para os estudos universitários, em Giessen e Freiburg, incialmente interessado no direito. Posteriormente, contudo, decidiu-se pela formação em letras, disposto a tornar-se escritor profissional. Viveu por algum tempo em Berlim e Heidelberg.

A partir de 1928, passou vários anos estudando na Suíça e na França.

Em Genebra, seu interesse maior foram as figuras históricas de Calvino, Rousseau e Voltaire. Para ganhar algum dinheiro, tornou-se intérprete e professor de línguas, provavelmente alemão e francês.

Na França, mais especificamente na região dos Pireneus e no Languedoc, dedicou-se ao estudo "dos visigodos, dos trovadores e dos heréticos albigenses". Durante esse tempo, visitou com frequência a Biblioteca Nacional, em Paris.

Finalmente, expandindo as pesquisas realizadas para o doutorado, publicou na Alemanha o livro *A Cruzada contra o Graal*.

"Com um sucesso que ultrapassou as fronteiras com a edição francesa sob o título *La Croisade contre le Graal*, entrei para a literatura alemã e europeia" – explica com evidente satisfação.

Qual teria sido, no entanto, o verdadeiro propósito das pesquisas de Otto Rahn, no Languedoc?

Em manuscrito até então inédito, datado de 1975 e igualmente transcrito por Bernadac (pp. 32-37), Paul Ladame reproduz um diálogo com Rahn, no decorrer de uma das excursões de estudo pela região.

No tom entusiasta, exaltado, místico, que às vezes assumia, ele me falou – conversávamos unicamente em alemão –, fixando em mim os olhos claros, como se em busca de minha aprovação para suas pesquisas. Ele sonhava descobrir o segredo do Graal, que, segundo ele, os cátaros haviam conhecido; e que 'Kyot' havia transmitido em linguagem hermética, a Wolfram von Eschenbach, o grande, imortal trovador germânico".

"Isso aí – disse Otto Rahn a Ladame –, é a própria chave da civilização ocidental. A mensagem transmitida dessa maneira poderia unificar a Europa para sempre, numa igualdade política de todos os particularismos, e sob o reinado de uma só religião, tolerante, ecumênica que abraçasse todas as demais – a religião cátara, ou seja, o cristianismo originário.

Tais observações precisam de alguns esclarecimentos adicionais.

A conversa entre Rahn e Ladame deu-se no Languedoc, na região do Sabarthès, no outono de 1932, ao que depreendo. No ano seguinte, Adolf Hitler se tornaria chanceler, primeiro degrau mais destacado na sua fulminante carreira para a total ocupação de todos os espaços de poder na Alemanha. Isto ocorreria no decorrer dos próximos doze anos, quando terminou a Segunda Guerra Mundial com a derrota dos alemães, em 1945.

Não é, pois de admirar-se que Otto Rahn, ainda jovem – antes dos 30 anos de idade – tenha conquistado com essas ideias, a confiança do alto escalão nazista ou, para ser mais explícito, as boas graças de Heinrich Himmler, chefe da Gestapo, em 1933, da polícia do Reich, em 1938 e ministro do Interior, em 1943.

Himmler tinha o perfil adequado para se deixar seduzir pelos ideais de Otto Rahn, articulados, ao que parece, a partir de seu interesse pelo Languedoc e pelos cátaros.

Lemos em depoimento do jornalista Edouard Calic, transcrito por Bernadac (p. 362 e seg.) do livro *Himmler et son Empire* (Stock, 1965), que

> A propensão demonstrada pelas maiores personalidades do Terceiro Reich pelo ocultismo e o sobrenatural é fato conhecido de todos. Alguns porque acreditavam ou pareciam acreditar nisso, como Hitler, Himmler, Hess. Outros, como Heydrich ou Schellenberg, porque no desprezo que tinham pelo ser humano, considerassem a astrologia como 'instrumento técnico' de um

Os Cátaros e a Heresia Católica 451

sistema provocador ou alavanca suplementar para agir sobre a incredulidade.

Outros autores que tiveram oportunidade de aprofundar seus estudos a respeito colocam a questão em termos bem mais veementes para confirmar não apenas a propensão dos líderes nazistas pelo ocultismo e o chamado sobrenatural, mas a participação deles, Hitler e Himmler, inclusive, em práticas de natureza mediúnica.

Estão neste caso, Trevor Ravenscroft, em seu livro *The Spear of Destiny* e Jean-Michel Angerbert, com *Hitler e as religiões da suástica*. Ambos foram referidos brevemente, alhures, neste livro. Voltaremos a falar deles mais adiante.

Conversando acerca das profecias de Nostradamus com Schellenberg, um dos colaboradores de Himmler, Calic ouviu a recomendação de que deveria conservar como regra o seguinte: "Não basta anunciar um apocalipse ao povo, mas persuadi-lo, pelos meios mais convincentes, da necessidade de espalhar o terror entre as pessoas pelos massacres, a destruição, o assassinato. Depois disso, ficaria mais fácil controlá-las."

Funcionava junto de Himmler, certo Karl Kraft, cidadão suíço, incumbido de manter à disposição de seu chefe um "dossiê esotérico" (Bernadac, p. 362). Kraft teria, posteriormente, caído em desagraça, sendo despachado para o "Comando da Morte".

O próprio Hitler, segundo essa mesma fonte,"deixou-se rodear de marechais e acreditou na força do espírito".

Himmler teria enviado ao Tibé uma missão incumbida de avaliar com precisão e objetividade "os méritos metapsíquicos dos lamas, dado que se interessava vivamente pelas tradições e rituais ricos de mistério : ioga, xamanismo, magia negra e branca, clarividência, astrologia etc."

Tal era seu empenho pelo melhor entendimento do ocultismo, que foi pessoalmente ao aeroporto de Munich encontrar-se com o grupo quando do regresso da missão à Alemanha.

Notícias ainda mais convincentes e detalhadas do envolvimento do alto escalão nazista com o ocultismo constam do meticuloso estudo de Trevor Ravenscroft, objeto de artigo meu publicado em *Reformador*, órgão da Federação Espírita Brasileira, em março e abril de 1976, sob o título "O médium do Anticristo".

Ravenscroft, jornalista e professor de História, em Londres e Edinburgo, estudou o assunto Hitler durante doze anos, parte dos quais sob orientação do dr. Walter Johannes Stein, doutor em filosofia, nascido em Viena e que mais tarde emigrou para a Inglaterra, onde exerceu o elevado cargo de assessor especial do primeiro ministro Winston Churchill para assuntos relacionados à complexa personalidade de Adolf Hitler, tema que conhecia em profundidade.

Não há como reproduzir aqui nem mesmo um aceitável resumo, do qual meu artigo já é, em si mesmo, um resumo, do impressionante conteúdo do livro de Ravenscroft. Basta-nos reiterar, mais que o mero interesse dos figurões nazistas pelo ocultismo, a prática do intercâmbio com entidades que, da dimensão invisível, orientavam o grupo dirigente, desde os primeiros passos, quando da filiação de Hitler ao obscuro partido político que o levaria ao poder, até às grandes jogadas político-militares que mudaram a História.

Ravenscroft fala de sessões mediúnicas nas quais as entidades costumavam materializar-se para confabular com os líderes políticos da Alemanha e ajudá-los a desenvolver planos e passar-lhes instruções.

Hitler é tido como sujeito a súbitos transes de caráter mediúnico, durante os quais, especialmente nos seus carismáticos discursos, parecia "tomado" por entidades que falavam por seu intermédio.

Em um dramático episódio em plena reunião do Alto Comando, foi a vez de o general von Moltke, subitamente caído em transe, passar por uma regressão espontânea de memória, durante a qual via a si mesmo, a Hitler e a outros companheiros mais íntimos do Führer, reencarnados juntos, no passado, no século nove. Naquele época, von Moltke teria sido o papa Nicolau I, o Grande, e Hitler, Landulf, príncipe de Cápua, que serviu de inspiração a Richard Wagner na criação de Klingsor, personagem da ópera Parsifal.

Na opinião de Ravenscroft, esse Landulf fora *"the most evil figure of the century"* – a figura mais iníqua do século.

E aqui, estamos de volta à temática dos cátaros.

Não sei se Bernadac tomou conhecimento ou, se tomando, teria rejeitado sumariamente o livro de Ravenscroft. Quanto a mim, independentemente de se conceder ou não credibilidade ao historiador britânico, vejo aqui, inesperadas conexões que me sinto no dever de comentar.

Ravenscroft desenvolve seu estudo da complexa personalidade de Hitler a partir do impacto que o futuro líder nazista experimentou, aos vinte anos de idade, em visita ao Museu Hofburg, em Viena, diante da chamada "lança de Longinus", relíquia cristã, tradicionalmente tida como a arma com a qual o legionário romano teria ferido o Cristo crucificado para saber se ele já estava morto.

Com o interesse subitamente despertado pela crise emocional e espiritual no museu, Hitler mergulhou fundamente no estudo do ocultismo. Queria saber tudo acerca da realidade espiritual e, particularmente, sobre a reencarnação. Tentava localizar-se no passado, em outras existências, convicto de ter uma grande missão a desempenhar na terra. Tinha, a seu ver, de estar bem informado sobre que poderes teria à sua disposição para manipular os rumos da História.

Foi no decorrer dessa busca febril que deu com a fascinante obra na qual Wolfram von Eschenbach, um poeta do século 13, conta a lendária história do Santo Graal.

Esse foi o livro que levou Richard Wagner a compor, entre 1877 e 1882, *Parsifal*, uma de suas grandes óperas. Ora, Percival (também Perceval ou Percivale) conta em texto romanceado a busca dos cavalheiros da corte do lendário rei Arthur, da Inglarerra – o da Távola (mesa) Redonda –, pelo Santo Graal. O dicionário *Webster*, da Random House, liga o romance arturiano ao Parzival ou Pasifal da lenda teutônica e informa, ainda, que Percival é nome próprio de homem, composto de termos resgatados do francês antigo que significam, respectivamente, *"pierce"* (furar, trespassar, penetrar com um instrumento) e *"valley"* (vale).

A lenda tem, pois, raízes folclóricas ou lendárias em pelo menos três países europeus : França, Alemanha e Inglaterra, e talvez na Itália.

O Graal, por sua vez, seria o vaso no qual José de Arimateia teria recolhido o sangue do Cristo, aspecto da história que estaria ligado a Glastonbury, na Inglaterra, onde, ainda segundo esse tapete de lendas, teria ido parar Artimateia. (Tenha paciência com tantos verbos no condicional...)

Seja como for, o texto de Eschenbach tem incendiado a imaginação de muita gente, Hitler, inclusive, mas também a de Wagner, antes dele, e a de Otto Rahn, depois.

Mas como foi e quando começou o interesse de Rahn por essa curiosa história?

Temos a resposta no texto que Paul Ladame remeteu a Bernadac e que este reproduz a partir da página 28 de seu livro.

A participação de Rahn começa em 1923, quando após o fracassado golpe de novembro de 1923, Hitler foi preso como "agitador".

A Alemanha viveria a seguir, no dizer de Ladame, cinco anos de vacas gordas. Otto matriculara-se no curso universitário de letras. Pretendia tornar-se crítico literário. O que mais o interessava era o período medieval e, em paralelo, os estudos romanísticos, ou seja, a história e a literatura dos países de língua romana, sobretudo a França e nesse país, em sintonia fina com a Provence, e, ainda mais fina, com a região da língua do oc, ou seja, o Languedoc.

Ao concluir seus estudos, em 1929, aos 25 anos de idade, Otto precisava decidir-se por um tema para sua tese de doutorado. O roteiro para essa decisão parecia destinado a passar pela música, que ele adorava, especialmente a de Richard Wagner. "*Parsifal* [a ópera] – escreve Ladame (*apud* Bernadac, p. 29) – chamou sua atenção para Wolfran von Eschenbach e para a lendária busca do Graal."

Eschenbach dizia-se inspirado por certo Kyot. Mas quem seria Kyot? Era o que restava a Rahn apurar. Este seria o núcleo de seu trabalho universitário.

Os temas paralelos e subsidiários começaram a se desdobrar e ramificar na mente de Rahn, como, por exemplo, a possível ligação dos mestres cantores alemães com os trovadores languedocianos. Rahn supunha uma origem comum para esses dois grupos, a partir dos celtas, dos quais os visigodos foram os herdeiros. Ora, os visigodos, tidos na história como um dos povos "bárbaros" que invadiram a Europa e se instaram no sul da França, eram de boa cepa nórdica e ariana. Fizeram de Toulouse sua capital.

Para encurtar a narrativa : Otto Rahn acabou convencido de que os cátaros, instalados nesse contexto histórico, social, cultural, não apenas sabiam da existência do Graal, como teriam em seu poder a lendária peça. O que não surpreende Déodat Roché; pelo contrário.

Lemos, de fato, em nota de rodapé à página 105, do livro de Bernadac, trecho de correspondência de Roché a Barnadac, datada de 31 de agosto de 1974, que assim diz:

"Conheci Otto Rahn há muito tempo.[114] Encontrei nele um pesquisador entusiasta do Graal, cujo conhecimento ele atribuía (aliás, com razão) aos cátaros. Daí seu primeiro livro. Tendo assumido como meio de vida – prossegue Roché – a administração de um restaurante, ele pesquisava, com a ajuda de Gadal, vestígios da presença dos cátaros. A não ser por alguns erros históricos que tenha cometido, penso que ele era uma pessoa de boa-fé. No entanto, devemos culpá-lo, quando, sob influência dos nazistas, escreveu *A corte de Lúcifer*, negando aos cátaros o caráter cristão."

---

[114] Roché estava, a essa altura, com 97 anos de idade e confessa que nessa idade "a gente costuma esquecer os detalhes".

Importante o testemunho de Roché.

Ainda que não dispuséssemos do minucioso estudo de Bernadac, temos aqui segura indicação de que, em algum momento, a partir de seu interesse meramente cultural pelos cátaros do Languedoc, o jovem universitário entrou em contato com o alto escalão nazista e os engajou convincentemente no projeto que passou logo a transcender a mera pesquisa para documentar sua tese de doutorado.

Os líderes nazistas possuíam agudo senso de missionarismo político, a começar pelo próprio Hitler, especialmente depois da sua obsessiva fixação na lança de Longinus. Era o talismã que lhe estaria faltando. Na realidade, ele se apossou dela, quando invadiu a Áustria, em 1938, e a conservou em seu poder, guardada dia e noite por um grupo de sua inteira confiança.

Quando a situação da guerra começou a deteriorar-se, construiu-se para a peça uma secretíssima e inviolável fortaleza subterrânea para preservá-la de qualquer imprevisto. Foi desse ponto, descoberto depois da guerra, por acaso, por um extraviado soldado americano, que a peça foi resgatada e devolvida ao seu nicho no Museu Hofburg.

Leitor atento de Eschenbach, Hitler talvez tenha desejado também a posse do Graal, ou, pelo menos, investigar a fundo a história dos cátaros, que parecia entrelaçada com a do lendário vaso. Otto Rahn, outro profundo conhecedor do poema, seria a pessoa indicada para essa tarefa.

Não há como garantir-se a validade de tais especulações, mas não deixa de ser significativo o fato de que em 12 de março de 1936, Otto Rahn entrou para a SS, passando a servir sob ordens diretas de Himmler em 20 de abril desse mesmo ano. Permaneceria nesse órgão de elite até 17 de março de 1939, quando, segundo a ficha que Bernadac reproduz, ele teria renunciado.[115]

Na verdade, ele não pôde documentar sua pureza racial à plena satisfação dos severos critérios avaliadores do sistema. Rahn tinha raízes judaicas bem próximas.

É possível que, nas suas pesquisas no Languedoc, Otto tenha mesmo procurado ler nos documentos, nas grutas, nos símbolos cátaros, aspectos que interessassem aos seus chefes em Berlim, Hitler inclusive. O certo é que alguns historiadores do catarismo tratam-no com muita reserva, como temos visto.

---

[115] Em outro documento – mencionado mais adiante – Otto declara ter pertencido ao Estado-Maior da SS desde maio de 1935.

Quando Anne Brenon condena como fantasias inaceitáveis as especulações sobre o Graal, os originais de Platão, tesouros ocultos, budistas e hiperbóreos ou polares, está falando, basicamente, de Otto Rahn, embora não lhe cite o nome.

René Nelli e Déodat Roché mostram-se mais tolerantes quanto ao jovem alemão.

Em testemunho transcrito por Bernadac (p. 44), Nelli atribui a Arthur Cassou e à condessa de Pujol-Murat a iniciativa de haverem passado a Rahn a ideia – "indefensável, a meu ver", diz Nelli – de que Montségur teria sido o castelo lendário do Graal.

Em nota de rodapé, Bernadac declara não partilhar daquela "certeza" de Nelli. Para ele, Bernadac, o escritor alemão teria encontrado essa referência em um manuscrito até então inédito de Antonin Gadal, intitulado *Sur le chemin des Étoiles*.

Nelli supõe que Cassou tenha sido "ocultista". Quanto à condessa Pujol-Murat, o historiador do catarismo não tem dúvidas:

"Ela recebia mensagens dos espíritos – escreve, *apud* Bernadac, p. 45 – e dizia estar em comunicação com a grande Esclarmonde, sua longínqua antepassada." A certa época – prossegue Nelli – ela se sentiu mesmo atraída pela seita dos Polares (fundada em 1930 por Zam Bothiva) que aderiu, como se sabe, à tradição "boreal" e aos mitos da Última Thulé. Otto Rahn – conclui – suscita muitas vezes em seu livro lembranças da velha dama, pela qual experimentava viva simpatia, e até mesmo uma espécie de paixão platônica, e que morreu em 1935.

Em outro depoimento recolhido de Nelli (p. 48), lê-se que entre 1929 e 1939, houve no Languedoc uma "fraternidade", da qual participavam Maurice Magre (fundador, em 1937 da Sociedade dos Amigos de Montségur e do Santo Graal) e o nosso já conhecido engenheiro Arnaud. Os participantes daquela fraternidade [*tout le monde*, diz Nelli] acreditavam que o Graal – místico ou real – encontrava-se em alguma lugar nos Pireneus.

Teria sido desse verdadeiro "sincretismo germano-occitano – define Nelli, adiante –, mais ilusório, na verdade, do que real, que emergiram os temas essenciais de *A Cruzada contra o Graal* e *A corte de Lúcifer*, de Otto Rahn.

Anne Brenon não deixa, portanto, de ter alguma razão na sua indignada catilinária contra o que Nelli considera um sincretismo germano-occitano.

Consultando os arquivos pessoais de Himmler, Bernadac encontrou um documento em que o Otto Rahn fala de seus próprios escritos.

"*A Cruzada contra o Graal* – escreve (p. 57) – é um livro nacional-socialista, sem a mínima ambiguidade e se o 'pensamento' é mais oculto que na *Corte*... (de Lúcifer), talvez porque o livro dedicado 'aos meus amigos dos dois lados da fronteira' foi sobretudo destinado aos franceses que desejávamos ver trabalhando pela reaproximação franco-alemã, ao passo que *A Corte*... é dedicado 'aos meus camaradas', camaradas de combate ideológico, entenda-se."

Em 16 de setembro de 1932, Otto Rahn deixou apressadamente a França. A palavra de Bernadac é *fuga*.

Depreende-se da leitura de uma ata de audiência pública realizada em 6 de outubro, no Tribunal de Foix, que o jovem alemão havia arrendado um pequeno hotel (Marronniers) e ficara devendo cinco mil francos ao proprietário e mais os salários devidos durante o verão, aos três empregados, Aldo Ramane, Mary Paul e Jeanne Esquirol.

Colocando o roteiro da ópera de Wagner em confronto com a história – real e/ou imaginária – dos cátaros, Otto Rahn estabeleceu alguns paralelos. O Perzival alemão, ou o Parsifal da ópera, seria Perceval francês, ou seja, aquele que "corta bem", no sentido de decepar uma cabeça ou perfurar um coração com afiada espada; o correspondente occitano desse personagem seria Trencavel, o visconde de Carcassonne, aquele que "trincha bem", corta de um só golpe. [Lembrar o termo francês *tranchant*, que Aurélio transplantou para o português como *tranchã*, significando *categórico, decisivo, cortante*.]

A mãe do visconde, Adelaide de Carcassonne, seria, na ópera, Herzeloïde, mãe de Parsifal. Para o local onde se passa a ação da ópera, Wagner teria em mente os Pireneus espanhóis, nas proximidades do Montserrat, não muito longe de Barcelona, que seria, em realidade, o Montségur dos cátaros.

Estas informações colhemos em artigo intitulado "Descobertas alemãs em nossos Pireneus", de autoria de Robert Pitrou, tradutor de *A Cruzada contra o Graal*, para o francês. O trabalho de Pitrou figura, em transcrição, no livro de Bernadac, p. 206 e seguintes.

Você poderá consultar, ainda sobre o mesmo tema, o longo estudo de Alex Coutet, às páginas 210-218, publicado em França quando o livro de estreia de Otto Rahn ainda não fora traduzido para o francês. Neste caso, você ficaria sabendo de mais alguns detalhes.

O engimático Kyot, através de quem Eschenbach teria tomado conhecimento do assunto, seria, "sem dúvida, em francês, Guyot", que pode ter vivido aí por volta de 1150. Já o poema de Eschenbach consta ter sido escrito em 1215, ocasião em que começava a Cruzada do príncipe Luís e Simon de Monfort entrava em Toulouse. A perseguição aos heréticos já estava em andamento, ainda que a Inquisição somente tenha sido oficializada em 1233.

Coutet é um entusiasta assumido do livro do jovem alemão. No seu entender, a obra causaria "grande sensação" na França, depois de traduzida. O autor acha que Rahn, apoiado em rica documentação e numa "cascata de citações", "é mais do que engenhosa interpretação, uma argumentação persuasiva".

Não sei se foi tão grande a sensação. São muitos os pronunciamentos críticos e uns tantos deles realmente admiram a obra do alemão, outros tantos, colocam reservas cautelosas, apontando para fantasias e exageros, como há os que lhe fazem restrições bem mais sérias.

Para os historiadores mais recentes do catarismo, contudo – como temos visto reiteradamente – os livros de Rahn teriam suscitado lamentáveis distorsões à visão histórica do catarismo, em razão de fantasias ocultistas ou não, lendárias ou com algum teor de verdade.

Mas e os nazistas? – perguntará você – ; o que pretendiam com esse mergulho na história do Languedoc francês?

Também eu me pergunto. Podemos conjecturar. Sem fantasias, se possível, pelo menos, as mais desvairadas.

Minha opinião pessoal é a de que talvez Hitler e seus companheiros tivessem planos para o Languedoc. Decifrado ou não o enigma do Graal, achada ou não a peça mágica, um novo talismã para a coleção do Führer, ali pela Occitânia viveram povos nórdicos, de boas raízes raciais arianas. Não sem alguma razão, ainda que desconhecida, Wagner escrevera uma de suas importantes óperas para resgatar as lendas que Wolfran von Eschenbach, por sua vez, havia recolhido na memória medieval francesa. A história do Graal, a seu turno, ramificava-se, ou tinha raízes implantadas também na velha Inglaterra, ao tempo de outra figura igualmente lendária como a do rei Arthur, também interessado no Graal. Que, por sua vez, teria sido levado para Glastonbury, mais um lugar legendário, a misteriosa taça na qual fora recolhido o sangue do Cristo.

Enfim, uma história para ninguém botar defeito.

Arrisco-me a supor que talvez Hitler sonhasse com um império europeu ou mundial, quem sabe, protegidos por dois poderosos talismãs – a lança de Longinus e o vaso ou taça do Graal. Esse império duraria não apenas mil anos, mas muitos milhares deles, sempre dominado por aquele estranho grupo que se revezaria no poder, reencarnação após reencarnação, ora na dimensão espiritual, ora metidos em "túnicas de pele", como diziam os cátaros.

Ante o concentrado interesse de Himmler por essas lendas e pelo ocultismo em geral, não me surpreenderia saber algum dia, que se planejava a sério uma tomada do Languedoc francês para transplantar o sonho ou a fantasia – como você prefira – para a realidade.

Mas de sonhos não entendo eu, nem dos meus, muito menos ainda, dos alheios... E se, às vezes, sonho acordado – o "*day-dreaming*" dos ingleses – não são os de dominação ou poder...

De qualquer modo, os de Hitler e de seu grupo de amigos, companheiros de antigas reencarnações, a morte os teria interrompido em 1945.

Quando Otto Rahn se retirou da SS, em 1939 – mais provavelmente teria sido demitido por não ser de boas raízes raciais arianas –, a Alemanha estava a poucos meses da invasão da Polônia, episódio que destravou o mecanismo da chamada Segunda Grande Guerra.

A prioridade nazista passava a ser, daí em diante, a de ganhar a guerra. Não havia mais tempo, nem razão para especulações ocultistas em torno do Graal e do lendário tesouro dos cátaros.

Seja como for, o envolvimento dos nazistas com o catarismo constitui enigmático episódio histórico ainda por decifrar-se.

BIBLIOGRAFIA

ANGEBERT, Jean-Michel. *Hitler e as religiões da suástica*. Trad. Matilde Serpa Cardoso. Lisboa, Bertrand, 1971.
BENÍTEZ, J. J. *O mistério da Virgem de Guadalupe*, São Paulo, Mercuryo, 1991.
BERGSON, Henri. *L'évolution creatrice*. Paris, Presses Universitaires, 1948.
BERNADAC, Christian. *Le mystère Otto Rahn – du catharisme au nazisme*. Paris, Ed. France-Empire, 1978.
BÍBLIA DE JERUSALÉM. São Paulo, Edições Paulinas, 1985.
BORST, Arno. *Les cathares*. Trad. & Prefácio de Charles Roy. Paris, Payot, 1974.
BOSSUET. *Des variations des églises protestantes* – 2 vols. Paris, Garnier, sem data.
BRENON, Anne. *Le vrai visage du catharisme*. Portet-sur-Garone, Loubatières, 1995.
BUARQUE DE HOLLANDA FERREIRA, Aurélio. *Dicionário*. Rio de Janeiro, Nova Fronteira, 1ª edição.
COOKE, Ivan. (org) *The Return of Arthur Conan Doyle*. Liss, Hampshire, Inglaterra, White Eagle Publishing, 1956.
DALMOR, E.R. *Quien fue y quien es en ocultismo*. Buenos Aires, Kier, 1970.
DURANT, Will. *Vida en Grecia*.
_____. *The age of faith*. Nova York, Simon & Schuster, 1950.
DUVERNOY, Jean. *Histoire des cathares*. Toulouse, Privat, 1966.
_____. *Inquisition en terre cathare*. Toulouse, Privat, 1998.
_____. *La religion des cathares*. Toulouse, Privat, 1976.
FONSECA, José. *Novo dicionário francez-portuguez*.
GOGUEL, Maurice. *The birth of christianity*. Tradução de *La Naissance du Christianisme*. Londres, George Allen & Unwin, 1953.
GUÉNON, René. *L'erreur spirite*. Paris, Marcel Rivière, 1923.
GUILHABERT, Émile. *Jesus et la gnose*. Paris, Dervy-Livres, 1981.
GUIGNEBERT, Charles. *Jesus*. Tradução em inglês de S.H. Hooke. New Hyde Park, Nova York, University Books, 1966.

GUIRDHAM, Arthur. *A foot in both worlds*. Jersey, UK, Neville Spearman, 1974.

_____. *The cathars and reincarnation*. Londres, Neville Spearman, 1976.

_____. *We are one another*. Jersey, UK, Neville Spearman, 1974.

JULIEN, Luciene. *Os cátaros e o catarismo – do Espírito à Perseguição*. Trad. Antônio Danasi Ibrasa, São Paulo, 1993.

KARDEC, Allan. *A gênese*. Rio de Janeiro, FEB.

_____. *O livro dos espíritos*. 34ª edição. Rio de Janeiro, FEB.

_____. *Obras póstumas*. 13ª edição. Rio de Janeiro, FEB.

LADURIE, Emmanuel Le Roy. *Montaillou, village occitan, de 1294 à 1324*. Paris, Gallimard, 1975.

LUDDY, Ailbe J. *Bernard de Claraval*. Lisboa, Aster, 1959.

MACREGGOR, Geddes. *Gnosis – a renaissance in christian thought*. Wheaton, Illinois, USA, The Theosophical Publishing House, 1979.

MICROSOFT. *Encarta 96 Encyclopedia*.

MIRANDA, Herminio C. & ANJOS, Luciano dos. *Eu sou Camille Desmoulins*. Niterói, Lachâtre.

_____. *A memória e o tempo*. 5ª edição. Niterói, Lachâtre, 1996.

_____. *A reencarnação na Bíblia*. 9ª edição. São Paulo, Pensamento, 2000.

_____. *Alquimia da mente*. 2ª edição. Niterói, Lachâtre, 1998.

_____. *As sete vidas de Fénelon*. Niterói, Lachâtre, 1998.

_____. *Autismo – uma leitura espiritual*. Niterói, RJ, Lachâtre, 1998.

_____. *Cristianismo – a mensagem esquecida*. 2ª edição. Matão, SP, Clarim, 1998.

_____. *Guerrilheiros da intolerância*. Niterói, RJ, Lachâtre, 1998.

_____. *O evangelho gnóstico de Tomé*. 3ª edição. Niterói, RJ, Lachâtre, 2001.

NELLI, René. *Écritures cathares*. Mônaco, Editions du Rocher, 1994.

_____. *Les cathares*. Paris, Culture, Art, Loisirs, 1972.

_____. *Os cátaros*. Trad. Isabel Saint-Aubyns. Lisboa, Edições 70, 1980.

OLDENBOURG, Zoé. *Le bûcher de Montségur*. Paris, Gallimard, 1959.

PAGELS, Elaine. *The gnostic Gospels*. Nova York, Random House, 1979.

PALADILHE, Dominique. *Les grandes heures cathares*. Paris, Perrin, 1969.

PICAR, Michel. *Os cátaros*. Trad. Francisco José Chitas. Mem Martins, Portugal, Publicações Europa-América, 1989.

ROCHÉ, Déodat. *Survivance et immortalité de l'âme*. Arques, Aude, Cahiers d'Études Cathares, 1962.

_____. *L'église romaine et les cathares albigeois*. Narbonne, Cahiers d'Études Cathares, 1969.

ROQUEBERT, Michel. *Histoire des cathares – hérésie, croisade, inquisition du XI^{éme} au XIVème siécle*. Paris, Perrin, 1999.

SCHONFELD, Hugh. *Those incredible christians*. Nova York, Bantam, 1969.

SPENCE, Lewis. *An encyclopaedia of occultism*. Nova York, University Books, 1960.

SPRANGER, Jacob & KRANER, Heinrich. *Malleus maleficarum*.

STRIEBER, Whitley. *The Fatima secret*. Nova York, Dell Publishing, 2000.

SUMMERS, Montague. *The history of witchcraft and demonology*. Londres e Boston, Routledge & Kegan Paul, 1973.

VANCANDARD. *Vie de saint Bernard, abbé de Clairvaux*.

WEISS, Johannes. *Earliest christianity*. New York, Harper, 1959.

WELLS, H. G. *The outline of history*. Garden City, N.Y., Garden City, 1949.

XAVIER, F. C. *A caminho da luz*. Pelo espírito Emmanuel. Rio de Janeiro, FEB, 1972.

Esta edição foi impressa, em setembro de 2018, pela Assahi Gráfica e Editora Ltda., de São Bernardo do Campo, SP, sendo tiradas duas mil cópias em formato fechado 15,5 x 22,5cm, em papel Chambril Book 63g/m² para o miolo e Ningbo Star C2S 300g/m² para a capa. O texto principal foi composto em Berkeley LT 12/13,8. A capa foi elaborada por César França de Oliveira.